KARLHEINZ DESCHNER

KRIMINALGESCHICHTE DES CHRISTENTUMS

DRITTER BAND

DIE ALTE KIRCHE

ROWOHLT

KARLHEINZ DESCHNER

Kriminalgeschichte des Christentums

DIE ALTE KIRCHE

Fälschung, Verdummung, Ausbeutung, Vernichtung

ROWOHLT

Umschlag- und Einbandgestaltung von Werner Rebhuhn

1. Auflage Oktober 1990

Satz aus der Sabon bei LibroSatz, Kriftel
Druck und Bindung Franz Spiegel Buch GmbH, Ulm
Printed in Germany
ISBN 3 498 01285 1

Gewidmet besonders meinem Freund Alfred Schwarz und allen, deren selbstlosen Beistand ich, nach dem steten meiner Eltern, dankbar erfuhr:

Wilhelm Adler
Prof. Dr. Hans Albert
Lore Albert
Klaus Antes
Else Arnold
Josef Becker
Karl Beerscht
Dr. Wolfgang Beutin
Dr. Otto Bickel
Dr. Dieter Birnbacher
Dr. Eleonore Kottje-Birnbacher
Kurt Birr
Dr. Otmar Einwag
Dr. Karl Finke
Franz Fischer
Kläre Fischer-Vogel
Henry Gelhausen
Dr. Helmut Häußler
Prof. Dr. Dr. Norbert Hoerster
Prof. Dr. Walter Hofmann
Dr. Stefan Kager u. Frau Lena
Hans Kalveram
Karl Kaminski und Frau
Dr. Hedwig Katzenberger
Dr. Klaus Katzenberger
Hilde und Lothar Kayser
Prof. Dr. Christof Kellmann
Prof. Dr. Hartmut Kliemt
Dr. Fritz Köble
Hans Koch
Hans Kreil
Ine und Ernst Kreuder
Eduard Küsters
Robert Mächler

Jürgen Mack
Volker Mack
Dr. Jörg Mager
Prof. Dr. H. M.
Nelly Moia
Fritz Moser
Regine Paulus
Arthur und Gisela R[illegible]
Hildegunde R[illegible]
M. Renard
German Rüdel
Dr. K. Rügheimer u. Frau Johanna
Heinz Ruppel und Frau Renate
Martha Sachse
Hedwig und Willy Schaaf
Friedrich Scheibe
Else und Sepp Schmidt
Dr. Werner Schmitz
Norbert Schneider
Alfred Schwarz
Dr. Gustav Seehuber
Dr. Michael Stahl-Baumeister
Prof. Dr. Dr. Dr. h.c. Wolfgang Stegmüller
Almut und Walter Stumpf
Artur Uecker
Dr. Bernd Umlauf
Helmut Weiland
Klaus Wessely
Richard Wild
Lothar Willius
Dr. Elsbeth Wolffheim
Prof. Dr. Hans Wolffheim
Franz Zitzlsperger
Dr. Ludwig Zollitsch

INHALT

1. KAPITEL

CHRISTLICHE FÄLSCHUNGEN IN DER ANTIKE

«Viele heilige Texte stehen heute unter falschem Namen, nicht weil sie unter solchem Namen verfaßt, sondern weil sie später ihren Trägern zugeschrieben wurden». (Doch auch das erstere kam vor – und nicht so selten!) «Derartige ‹Fälschung› des Tatbestandes geht durch das ganze Altertum, besonders lebhaft durch die israelitische und jüdische Vorstufe des Christentums und setzt sich innerhalb der christlichen Kirche im Altertum und im Mittelalter fort». Arnold Meyer[1]

FÄLSCHUNGEN IM VORCHRISTLICHEN HEIDENTUM

Viele, vielleicht die meisten Menschen scheuen sich, gröbsten Betrug gerade auf dem für sie «heiligsten» Gebiet anzunehmen. Undenkbar scheint es ihnen, daß man die nächste Augen- und Ohrenzeugenschaft feierlich bei Gott dem Herrn versichern und doch nur ein gewöhnlicher Falschmünzer sein könne. Gleichwohl wurde nie gewissenloser, nie häufiger gelogen und betrogen als im Bereich der Religion. Zumal im Christentum, dem allein wahren, seligmachenden, grassiert das tückische Hinterslichtführen, tut sich ein schier unendlicher Dschungel der Täuschung auf seit der Antike – und im Mittelalter erst recht. Fälscht man doch noch im 20. Jahrhundert, höchst massiv, offiziell (I 86 ff). So fragt J. A. Farrer fast verzweifelt: «Wenn man erwägt, was alles aus diesem systematischen Betrug entsprang, all die Kämpfe zwischen Päpsten und weltlichen Herrschern, die Absetzung von Königen und Kaisern, die Exkommunikationen, die Inquisitionen, die Ablässe, Absolutionen, Verfolgungen und Verbrennungen usw. und bedenkt, daß diese ganze elende Geschichte das unmittelbare Ergebnis einer Reihe von Fälschungen war, von denen die ‹Donatio Constantini› und die ‹Falschen Dekretalen› zwar nicht die frühesten, aber die wichtigsten waren, so fühlt man sich zu fragen veranlaßt, ob weniger die Wahrheit als die Lüge die dauernde Einwirkung auf die Geschicke der Menschheit gehabt hat»[2].

Nun ist der folgenreichste, die meisten Seelen verheerende Trug, die literarische Fälschung, gewiß keine christliche Erfindung. Ebensowenig die eng damit zusammenhängende religiöse Pseudepigraphie. (Ein Pseudepigraphon ist ein Schriftstück unter falschem Namen, ein Text, der nicht von dem stammt, der ihn auf Grund des Titels, des Inhalts, der Überlieferung verfaßt haben soll.) Beide Methoden, Fälschung und Pseudepigraphie, waren im Christentum so wenig neu wie irgend etwas sonst – der Religionskrieg ausgenommen. Literarische Fälschung gab es längst bei Griechen und Römern, gab es von der Frühzeit bis in den Hellenismus, die Kaiserzeit hinein, gab es bei indischen Weisen, ägyptischen Priestern, persischen Königen und nicht zuletzt im Judentum[3].

In der ganzen Antike war eine ausgedehnte, sehr variable Fälschungspraxis üblich. Die große Leichtgläubigkeit der Zeit machte sie möglich. Doch wäre es verkehrt, aus der Leichtgläubigkeit gegenüber der Fülle der Fälschungen deren «Erlaubtheit» zu erschließen. Vielmehr, wie nicht ich zum erstenmal erkenne, resultiert die Fülle der Fälschungen aus der Leichtgläubigkeit der Zeit. So kam es schon seit Herodot im 5. vorchristlichen Jahrhundert, als gerade in Athen die Verbreitung einer Schrift durch den Buchhandel begann (ein lebhafter Handel mit Kopien für einen relativ geringen Preis), zur Kritik von Fälschungen, zur Aufstellung von Echtheitskriterien, zu gewissen, manchmal akribischen Methoden ihrer Entlarvung in den verschiedensten Literaturgattungen, wobei man noch verhältnismäßig harmlose Falsa erfaßte. Auch das Plagiat, soweit die Absicht zu täuschen vorhanden war, hat die antike Ästhetik entschieden verurteilt[4].

Gewiß darf man unser kritisches (und ach so ethisches) Bewußtsein nicht ohne weiteres auf das Altertum übertragen. Verwarf diese Zeit die Fälschung aber auch nicht allgemein als schweres moralisches Delikt nach heutigem Verständnis, so wurde sie doch auch nicht als beliebte Selbstverständlichkeit aufgefaßt und akzeptiert. Zwar war ein antiker Leser gewöhnlich arg- und kritiklos, allzu leichtgläubig, ohne psychologische, sittliche Skrupel, geradezu scharf auf «esoterische» Literatur und somit unschwer fehlzuleiten, ins Garn zu locken – solche Konsumenten gibt es ja auch im späten 20. Jahrhundert noch genug. Doch so grundverschieden waren die beiderseitigen philologischen Maßstäbe nicht. Die Antike kannte eine (keinesfalls nur gelegentliche) Echtheitskritik), eine oft nachweisbare wache Sensibilität; auch eine ehrliche Entrüstung über enthüllte Fälschungen. Pseudepigraphie galt schon seinerzeit als «an ancient, though not honorable literary devise» (Rist)[5].

Der Begriff «geistiges Eigentum» ist Jahrtausende alt

Das Phänomen der Fälschung – hier meist mehr oder weniger im kriminellen Sinn gebraucht, also mit einer Betrugs- oder Täuschungsabsicht, einer Schuldzuweisung verbunden – setzt die Vorstellung vom geistigen Eigentum voraus. Denn gibt es diese Vorstellung nicht, gibt es auch keine wirkliche Fälschung.

Da das Fehlen des Begriffs «geistiges Eigentum» vielen, zumal gläubigen Christen angesichts ungezählter christlicher Betrügereien sehr zustatten käme, hat man sein Vorhandensein für die klassische Antike und das ausgehende Altertum bestritten, hat es sogar mancher geleugnet, dem man dies kaum zutrauen würde, wie Gustav Mensching. «Man könnte daran denken», schreibt er, «auch die zahlreichen religiösen Schriften, die unter falschem Namen in der Religionsgeschichte bekannt sind, unter den religiösen Schwindel zu rechnen. Wie z. B. viele Schriften unter dem großen Namen des griechischen Philosophen Platon laufen, die die spätere Wissenschaft als unecht erkannte, so gibt es bekanntlich auch innerhalb des NT Schriften, die nicht von dem Autor stammen, unter dessen Namen sie noch heute dort sich finden. Manche Briefe stammen z. B. nicht von Paulus, wie etwa der Hebräerbrief, die sog. Pastoralbriefe an Timotheus und Titus, der Epheserbrief. Doch diese Form bewußter Täuschung gehört nicht in unseren Zusammenhang; denn in jener Zeit hatte man nicht unsere Anschauung vom literarischen Eigentum und von literarischer Ehrlichkeit. Man war vielmehr geneigt, die eigenen Schriften unter die große Autorität berühmter Namen wie den des Paulus zu stellen und selbst zurückzutreten, um den eigenen Gedanken mehr Nachdruck und Verbreitung zu verleihen. Dem heutigen Verständnis nach handelte es sich hier um literarischen Betrug»[6].

Eben nicht nur dem heutigen nach!

Denn war der Begriff «geistiges Eigentum» etwa im alten Orient, in Ägypten, auch nicht so ausgeprägt, ist er in Griechenland – wo schon die Verfasser von «Ilias» und «Odyssee», wie heute feststeht, ihre Epen aufschrieben – für das 7. und 6. Jahrhundert nachweisbar. Zwar kennt die Antike keine juristische Regelung, keine Kodifikation dieses Sachverhalts. Das antike Recht schützte nicht das geistige Eigentum als solches, sondern nur das «Eigentumsrecht am Werkstück», das heißt am Manuskript. Da aber nach einer Zeit anonymer Verfasserschaften und Tradierung literarischer Arbeiten in Griechenland schon während des 7. und 6. Jahrhunderts nicht nur die Nennung des Autorennamens (von Homer, Hesiod), von Spruchdichtern, Lyrikern, auch von Vasenmalern, Bildhauern aufkam, sondern ebenso Kritik an der Fälschung des Verfassernamens, der Quellen, eines Briefes, ist der Begriff des geistigen Eigentums, der literarischen Individualität, bereits für jene frühen Jahrhunderte gesichert und später den Christen samt der jüdischen und heidnischen Umwelt von Anfang an bekannt. Auch ermöglichte das gerade damals sich verbreitende Papyrusbuch eine Herausgabe bestimmter Texte mit dem Autorennamen[7].

Schon die Schriften der ionischen Philosophen im Athen des 5. Jahrhunderts waren echte Bücher, zählten Sokrates, Platon, später Aristoteles zu ihren Liebhabern, und die Schreiber zeigten ein ausgeprägtes Verfasserbewußtsein, ein starkes Selbstvertrauen wie etwa Hekataios im Auftakt seiner Genealogien: «So spricht Hekataios von Milet: Folgendes schreibe ich auf, wie es mir der Wahrheit zu entsprechen scheint; denn die zahlreichen Behauptungen der Hellenen sind meiner Meinung nach lächerlich».

Daß man die Werke der großen Autoren schon im 4. Jahrhundert kontrollierte, besonders wenn ihnen Entstellungen drohten, beweist das berühmte «Staatsexemplar», in das der Staatsmann und Redner Lykurg um 330 die Dichtungen der drei großen Tragiker in einer Textgestalt aufnehmen ließ, die fortan für alle Aufführungen verbindlich war. Der Staatsschreiber las daraus den Schauspielern den Wortlaut ihrer Rolle vor, und sie mußten ihre Kopien entsprechend berichtigen. «Diese ganze Maßnahme war augenscheinlich notwendig geworden, da die im Archiv aufbewahrten Exemplare, welche die Dichter ehedem bei der Bewerbung um Zulassung zum Agon eingereicht hatten, erneuert werden mußten. Offenbar konnte man aber als Ersatz nicht diejenigen Texte wählen, die der Buchhandel feilhielt; denn diese waren durch Lesefehler entstellt, oft auch durch Eingriffe der Regisseure und Schauspieler. Ob es Lykurg gelang, unverfälschte Kopien von den Nachkommen der Dichter zu erhalten, wissen wir nicht. Wir dürfen aber annehmen, daß er alles tat, um in jedem strittigen Falle die beste Fassung zu finden» (Erbse)[8].

Seit Beginn des Hellenismus wurden dann die Texte vieler Autoren wirklich wissenschaftlich überwacht, was vor allem die Gründung der großen alexandrinischen Bibliothek unter Alexander d. Gr. Freund, Ptolemaios I. Soter (367/366–283/282), ermöglichte, der selber Verfasser einer heute meist hoch eingeschätzten Alexandergeschichte war. Schon um 280 v. Chr. soll die Bibliothek, die kein Geld für den Erwerb wertvoller Exemplare sparte, eine halbe Million Rollen enthalten haben; die kleinere Bibliothek des Serapeions etwa 40 000. Viele namhafte Direktoren wirkten hier. Man sorgte für eine Auswahl guter Handschriften und erstrebte, methodisch meisterhaft, einen authentischen Wortlaut besonders der Klassiker[9].

Auch einzeln kümmerten sich Anspruchsvolle um eine unverderbte Form ihrer Arbeit. So verfaßt im 2. Jahrhundert n. Chr. Galen, dessen Werke man gefälscht, unter anderen Namen angeboten, durch unechte Produktionen vermehrt hatte, zwei eigene Schriften, nur um seine Bücher kenntlich zu machen und ihrer Fälschung oder doch Verwechslung vorzubeugen (vgl. S. 24). Im 3. Jahrhundert gewahrt der große Christengegner Porphyrios (I 210 ff) Falsa im pythagoreischen, gnostischen, biblischen Schrifttum. Kurz, man kannte das Phänomen der Fälschung gut und entwickelte diesbezüglich eine evidente Aversion, differenzierte Methoden, eine kritische Aufmerksamkeit bei Griechen wie Römern[10].

Viele Fälschungen können heute nicht mehr (mit Sicherheit) eruiert werden, bei vielen anderen ist dies hingegen wieder möglich. Dabei sind außerliterarische Motive, Tendenzen, natürlich stets durch eine Fülle anderer Gründe zu stützen, durch äußere und innere Kennzeichen, durch anderweitige Bezeugung, besonders durch die kritische Betrachtung der Sprache, des Stils, der Komposition, des Zitierens, der Quellenbenutzung. Nicht zuletzt spielen hier Anachronismen und vaticinia ex eventu (Prophezeiungen im nachhinein) eine Rolle. In manchen Fälschungen steckt auch Echtes. Und umgekehrt. Solche Mixturen sind häufig. Gefälschte Briefsammlungen können echte Stücke enthalten oder, viel häufiger freilich, echte Sammlungen ganz oder teilweise gefälschte Briefe, natürlich auch echte Briefe, die aber interpoliert worden sind. Versierte Fälscher mischen Falsches mit Authentischem[11]. Nicht alles ist gefälscht, was so aussieht. Natürlich ist nicht alles Fälschung, sieht es auf den ersten Blick auch danach aus.

So gibt es eine durchaus harmlose, legitime, oft (bis heute) praktizierte Pseudonymität, indem etwa ein junger, unbekannter oder ein bereits berühmter Verfasser sich dem Publikum unter anderem Namen vorstellt; der eine vielleicht aus Angst, die eigenen, öffentlich ja noch nicht bekannten oder gar anerkannten Gedanken zu verbreiten, aus Scheu also vor der Kritik; der andere, um sich über sie lustig zu machen. Gewiß auch ist es keine Fälschung, wählt ein Prominenter, was in der Antike freilich selten vorkommt, freiwillig ein Pseudonym, einen Namen, der nicht mit dem einer bekannten Persönlichkeit identisch ist, wie das gelegentlich Xenophon, Timokles, Iamblich u. a. tun. Sicher spielt bei alldem die Lust an Mystifikation, spielen Eitelkeit und Eigendünkel, die Sucht, sich interessant zu machen, als Namenloser sich wie ein Berühmter aufzuspielen, in dessen Maske zu schlüpfen, die Lust am Lügen um des Lügens willen eine Rolle[12].

Manchmal wollten solche Schriftsteller auch nicht wirklich hinters Licht führen, wollten sie nur foppen, nur vorübergehend bluffen, bis sie die Wahrheit durchschimmern ließen, der Leser sich als genarrt erkannte und der Täuscher, der gar kein ernsthafter Täuscher, kein Betrüger war, sich doppelt amüsierte. Und selbstverständlich konnten auch gleichlautende Verfassernamen oder Buchtitel zu Verwechslungen führen. Zumal bei Zitaten sind Irrtümer leicht möglich[13].

Wie ein pseudonymes Werk, ist auch ein anonymes keine Fälschung. Es kann allerdings eine sein, wenn es – wie viele Heiligen-Leben oder Märtyrer-Passionen – fälschlich als echtes Dokument erscheinen will, also außerliterarische Absichten hat[14].

Dagegen sind gewisse dichterische, gewisse dramatische, ironische Methoden, sind freie Erfindungen im Reich der Poesie, Parodien etwa, Utopien, sind alle aus künstlerischen Gründen gewollten Mystifikationen wieder keine Fälschung, vielmehr durchaus legitime literarische Lizenz. Zum Beispiel wenn ein Autor Fabeln schreibt. Oder wenn er Persönlichkeiten Worte in den Mund legt, Reden, die diese nie gesprochen, nie gehalten haben. Oder wenn er in der Maske eines anderen auftritt, wofür es ungezählte, auch sehr berühmte Paradigmen gibt; so in der Neuzeit Pascals «Briefe an einen Freund in der Provinz», worin er als Pariser Edelmann die Jesuitenmoral geißelt. In allen ähnlichen Fällen liegen nur dichterische Fiktionen vor, ohne jede betrügerische Absicht[15].

Es wäre auch lächerlich, jeden Brief, der unter falschem Namen steht, als Falsum auszugeben, schon weil ungezählte Briefe oder auch Reden Produkte bloß rhetorischer Übungen von Schülern sind, sozusagen zweckfreies literarisches Training, Spielerei, Erzeugnisse, die man in der Antike für echte Urkunden hielt – und um manche solche Texte, etwa des Sallust, streiten die Gelehrten heute noch. Auch in der Schule der Philosophen, der Ärzte, tradierte man häufig Schülerleistungen als Werke von Meistern, wie wir besonders aus pythagoreischen Schulüberlieferungen wissen[16].

All dies und derartiges mehr beiseite, wurde bereits im Altertum unbedenklich drauflosgefälscht, zugleich aber oft so undurchsichtig und raffiniert wie möglich. Man praktizierte die unterschiedlichsten Betrugsmethoden ebenso wie die verschiedenartigsten Beglaubigungsmittel, das heißt gefälsche «Echtheitskriterien», was freilich erst durch die jüngste Forschung ins Licht gerückt worden ist. So wurde evident, «daß antike (auch christliche) Autoren sich zu Täuschungsabsichten beträchtlich mehr ‹erlaubt› haben, als man nach heutigen Begriffen sich vorzustellen disponiert und bereit ist. Man kann, konkret gesagt, zum Beispiel nicht im vorhinein das Ausmaß der erwartbaren ‹Raffinesse› ansetzen oder Echtheitsthesen mit dem Hinweis auf Wahrhaftigkeitsbeteuerung eines glaubwürdigen und religiös gebundenen Autors stützen wollen» (Brox). Nicht genug: die Fakten führen hier sogar zu der Erfahrung: «Je bestimmter die Form, in der die Angabe auftritt, desto schwindelhafter ihr Inhalt» (Jachmann). Oder wie Speyer schreibt: «Je genauer die Angaben sind, desto falscher sind sie»[17].

Literarische Fälschungen bei den Griechen

Die Griechen schätzten zwar die Wahrheit sehr hoch. Ja, man hat behauptet, daß die klassische Periode ihrer Literatur in einzigartiger Weise von literarischen Fälschungen frei gewesen sei, daß sie kein authentisches Beispiel einer solchen Fälschung biete, und dies mit der Bemerkung erklärt, «literarische Fälschungen können in einer Zeit geistiger Kreativität nicht gedeihen». Und doch fälschten auch die griechischen Literaten und Priester in erstaunlichem Umfang[18].

Ein sehr früher Fälscher ist der im 6. vorchristlichen Jahrhundert am Hof der Peisistratiden lebende Autor Onomakritos von Athen, ein Orphiker, der hohes Ansehen genoß, Freund und Berater des Tyrannen Peisistratos war, dann aber wegen der Fälschung von Orakeln und ihrer Interpolation in die Musaiosorakel aus der Stadt verbannt worden ist. Auch unter dem Namen Orpheus, des berühmten mythischen Sängers, den man für älter als Homer und Hesiod hielt, scheint er seine Kunst angewandt zu haben. Jedenfalls kursierten Texte, die sich als solche des Orpheus (und Musaios) ausgaben und seinen Anhängern als «heilige Schriften» (hieroi logoi) galten, bald in vielen Varianten, Verstümmelungen, Ergänzungen, Umarbeitungen. In hellenistischer Zeit und besonders in der Kaiserzeit vermehrten sich noch die Erzeugnisse, die vorgaben, von einer bestimmten geschichtlichen Person aus der Epoche vor dem Trojanischen Krieg oder doch von frühen orphischen Dichtern zu stammen. Und obwohl sie von faustdikken Anachronismen strotzen, platonischen, stoischen, neuplatonischen, sogar biblischen, wurden sie in der Antike allgemein als historisch anerkannt, besonders von den Kirchenvätern – während als erster, ganz isoliert freilich, bereits Aristoteles sehr skeptisch war, so daß Cicero schrieb: «Orpheum poetam docet Aristoteles numquam fuisse»[19].

Unter dem Namen des Hippokrates aus Kos (um 460–370 v. Chr.), des Begründers der Medizin als Wissenschaft und Ideals des Arztes überhaupt, verbreitete man im Lauf eines halben Jahrtausends Schrift um Schrift. Doch von seinen 130 angeblichen Werken (auch diese Zahlen schwanken) erkennt die Forschung nicht die Hälfte als echt an. Und diese wurden verschiedentlich interpoliert und entstellt[20].

Viele Fälschungen gab es in der philosophischen Literatur. Darunter Dutzende unechter Texte des Platon und zahlreiche des Aristoteles. Bei Platons Briefen besteht noch heute kein eigentlicher Konsens unter den Gelehrten. Man streitet darüber, ob der siebte echt ist, vielleicht auch der achte; die Mehrzahl ist sicher unecht. Ein gefälschter Briefwechsel zwischen dem Pythagoreer Archytas und Platon beglaubigt und empfiehlt gefälschte Schriften des Pythagoreers Okellos. So dient eine Fälschung der andern[21].

Häufig wurden Pythagoras Bücher unterschoben, gerade weil er, wie Sokrates oder Jesus, nie welche geschrieben hatte. Man wußte dies. Doch angesichts der großen Schar rivalisierender Lehrautoritäten beseitigte man, um konkurrenzfähig zu bleiben, das völlige Fehlen authentischer Texte des Meisters durch eine Vielfalt von Fälschungen. Darin unternahm man auch den Nachweis, daß die (späteren) griechischen Philosophen von Pythagoras abhängig seien. Und wie bei den Orphikern ist auch bei den Neupythagoreern, den Hermetikern, Apokalyptikern die literarische Fälschung zum Zweck wirkungsvoller Propaganda geradezu die überlieferte Form, die Regel – und manche dieser Falsa ähneln manchen jüdischen und christlichen[22].

Sehr viele Reden waren unecht.

So bezeichnet zur Augusteischen Zeit der griechische Rhetor und Literaturkritiker Caecilius von Kale Akte (Sizilien), mit Dionysios von Halikarnass Begründer des literarischen Attizismus, von den 71 für Demosthenes bezeugten Reden 6, von den 60 Reden des Antiphon (404/403 v. Chr. hingerichtet) 25, von den 60 Reden des Isokrates 28 (Dionysios 25) als nicht authentisch. Von den 77 Reden des Isokrates-(nach andern Platon-)Schülers Hypereides (322 v. Chr. hingerichtet) galten 25, von den 425 der für Lysias bezeugten Reden 192 als unecht. Gewiß hatte man viele dieser unter falscher Flagge segelnden Reden ursprünglich keinesfalls in betrügerischer Absicht erstellt. Die meisten waren – oft sehr geschickte – Übungen von Schülern, die im Unterricht fiktive Reden schreiben mußten, die die Griechen melétai, die Römer suasoriae nannten, und die dann die antiken, nicht im besten Ruf stehenden Buchhändler als echte Reden in Umlauf brachten. Gleichwohl steht fest, daß man eine stattliche Zahl unechter Reden den großen Meistern mit Absicht untergejubelt hat[23].

Den Höhepunkt, zumindest zahlenmäßig, erreicht die literarische Fälschung bei den Griechen in der Briefliteratur. Alfred Gudeman fand «kaum eine berühmte Persönlichkeit der griechischen Literatur oder Geschichte von Themistokles bis hin zu Alexander, die nicht mit einer mehr oder weniger ausgedehnten Korrespondenz bedacht worden wäre». Allein 148 überlieferte Briefe des Phalaris, des Tyrannen von Akragas (570–544 v. Chr.), wurden durch R. Bentley 1697 und 1699 als antike Fälschungen erwiesen, Fälschungen von so hohem literarischem Niveau, daß sie Bentley selbst (wohl etwas übertreibend) den Briefen Ciceros ebenbürtig nannte. Auch die oft für echt gehaltenen Briefe des Brutus, der als Schriftsteller vielseitig war, akademische Abhandlungen, Gedichte, Reden verfaßte, «dürfen nun als endgültig erledigt gelten» (Syme)[24].

LITERARISCHE FÄLSCHUNGEN BEI DEN RÖMERN

Bei den Römern spielte die literarische Fälschung, entsprechend der geringeren Bedeutung ihrer Literatur, eine kleinere Rolle. Geübt wurde sie selbstverständlich auch bei ihnen aus verschiedensten Anlässen. Und gelegentlich schritt man dagegen ein[25].

181 v. Chr. fand man in Rom angebliche Schriften des Numa Pompilius, des hochverehrten Sakralgesetzgebers und Friedensregenten. Er hatte die Römer zu Recht und Sitte angehalten, Tempel und Altäre gestiftet, unblutige Sühneopfer für Blitze eingeführt – der Vergleich eines Kaisers mit ihm galt als hohes Lob. Die entdeckten Fälschungen, teils kultischen, teils pythagoreischen Inhalts, propagierten vielleicht die griechische Philosophie in Rom oder eine Religionsreform nach pythagoreischem Vorbild. Livius berichtet, man habe die dem Numa zugeschriebenen Bücher sofort verbrannt, nachdem der Betrug aufgedeckt war[26].

Ein hochberühmter Schwindel, eine Sammlung von 30 Biographien römischer Thronanwärter und Usurpatoren von Hadrian (117–138) bis zu Numerianus (284 von seinem Schwiegervater, dem Prätorianerpräfekten Aper, ermordet), ist die «Historia Augusta».

Das Opus, nicht vollständig tradiert und nur durch ein einziges (verlorengegangenes) Exemplar über das Mittelalter hin erhalten, will von sechs sonst nicht weiter bekannten Verfassern der Zeit Diokletians und Konstantins stammen. In Wirklichkeit ist die «Historia Augusta», von deren immens vielen eingelegten Aktenstücken nur ein Dokument echt ist, das Werk eines einzigen anonymen Fälschers, der etwa um das Jahr 400 schrieb. Diese Ansicht hat sich seit der scharfsinnigen Analyse H. Dessaus (1889) allmählich durchgesetzt und kann heute durch die Arbeiten J. Straubs und E. Hohls als gesichert gelten. Der Autor war Heide und schuf, offenbar um ungefährdet zu bleiben, anonym eine Art «pamphlet against Christianity» (A. Alföldi), eine «Heidnische Geschichtsapologetik», wie der Titel eines Straub-Buches beginnt, «eine der elendsten Sudeleien, die wir aus dem Altertum haben», nach Mommsen. Und doch hat diese so lange heiß diskutierte Fälschung einen geistreichen Verfasser sowie einen wertvollen Bestand an zuverlässiger Überlieferung und gehört trotz ihrer vielen erschwindelten Dokumente, ihrer eingestreuten Mirakel, Anekdoten, Kuriositäten noch immer «zu den wichtigsten, den unentbehrlichsten Quellen für die Erforschung der römischen Kaisergeschichte des 2. und 3. Jahrhunderts» (Straub)[27].

Gelegentlich wurden auch moralische Spruchbücher, politische Reden, Invektiven, wissenschaftliche Werke in Rom gefälscht; wurde das vulgärethische Handbuch der «Dicta Catonis», das als Schulbuch im Mittelalter eine breite Wirkung hatte, mit dem Namen des angeblichen Verfassers Cato verbunden; wurde einiges Cicero oder Cäsar unterschoben, das fingierte Tagebuch eines Augenzeugen im Trojanischen Krieg, des Diktys von Kreta, verfaßt. Und als Galenos aus Pergamon (129–199), nicht nur der letzte große Arzt der Antike, sondern, trotz aller Irrtümer und Schwächen, einer der bedeutendsten Ärzte darüber hinaus sowie Autor eines riesigen, fast eineinhalb Jahrtausende unbestrittenen Œuvres, eines Tages über den römischen Buchmarkt schlenderte, fand er Falsa unter seinem eigenen Namen angeboten[28].

Fälschungen werden manchmal – wenn überhaupt – erst spät entdeckt oder doch als solche erwiesen, was hier, der Kuriosität und Berühmtheit wegen, noch ein Fall bestätigen mag, der über unsren Zeitraum weit hinausführt.

Im Jahr 45 v. Chr. starb Ciceros einzige Tochter Tullia. Cicero fiel, zwei Jahre vor seiner Ermordung, in tiefe Depression und schrieb die «Consolatio», in der er als erster, wie er sagt, sich selber getröstet. Außer spärlichen Fragmenten blieb nichts erhalten. Aber 1583 erschien das Werk, ohne jedes erläuternde Wort, gedruckt in Venedig, ausgezeichnet durch den Glanz der Sprache Ciceros und die Weisheit seiner Gedanken. Einige Gelehrte schöpften jedoch sofort Verdacht; als erster, mit einer kurzen Kritik, Antonius Riccobonus aus Padua. Darauf bat der Herausgeber der «Consolatio», Franciscus Vianelli, einen der hervorragendsten Wissenschaftler der Zeit, den Lehrer auch des Riccobonus, Carlo Sigonio, Professor in Padua, Venedig und Bologna, um Stellungnahme. Trotz anfänglichen Mißtrauens und trotz einiger schlecht formulierter Stellen mißbilligte es Sigonio, das Werk als Ganzes zu verwerfen. Wenn Cicero es nicht schrieb, fragte er, welcher Mann unserer Zeit könnte es sonst geschrieben haben? Darauf antwortete Riccobonus nach einer zweiten ausführlicheren Kritik: Sigonio – und zweihundert Jahre später bekam er recht[29].

FÄLSCHUNGSMOTIVE

Die Motive für die Fälschung einer Schrift – vor allem, doch keinesfalls nur durch Verfasserschaftsfiktion – waren zahlreich und naturgemäß sehr verschieden; verschieden wie die Methoden, die technischen Verfahren. Häufig gab pure Profitgier den Ausschlag, etwa auf Liebhaberpreise für vermeintliche Arbeiten renommierter alter Autoren. So entstand beispielsweise durch den Aufbau der großen Bibliotheken in Alexandrien und Pergamon in den letzten vorchristlichen Jahrhunderten ein beträchtlicher Bedarf an Werken der Meister. Und da die Klassiker viel höher bewertet wurden als die zeitgenössischen Literaten, ließen sich nicht wenige verführen, ihre Imitationen früher Schriften als echte auszugeben, um derart nicht unerhebliche Gewinne einzustreichen[30].

Neben finanziellen Beweggründen gab es juristische, politische, lokalpatriotische Motive.

Man fälschte etwa, um irgendeinen vermeintlichen oder wirklichen Rechtsanspruch zu verteidigen. Man fälschte zum Vorteil einer Sache, einer Partei, eines Volkes oder natürlich auch zu ihrem Nachteil: um eine Stadt, eine Regierung, eine wichtige Persönlichkeit zu kompromittieren. Ein Beispiel bereits aus dem 5. vorchristlichen Jahrhundert ist ein angeblicher (im Kern vielleicht sogar historischer) Briefwechsel zwischen Pausanias und Xerxes mit dem Angebot des spartanischen Regenten, die Tochter des Perserkönigs zu heiraten. Oft brauchte man dabei erst gar nicht mit Hilfe eines fiktiven Autorennamens ganze Bücher fälschen. Man konnte aus persönlichem oder parteilichem, aus wissenschaftlichem oder pseudowissenschaftlichem Interesse in echte Werke durch Interpolationen, Verstümmelungen, «Korrekturen» eingreifen. Nicht zuletzt ließen sich Übersetzungen manipulieren zugunsten bestimmter Tendenzen. Selbstverständlich bevorzugte man dafür die Schriften anerkannter Autoritäten. So soll Solon einen Vers in die «Ilias» eingeschoben haben, um seine Ansprüche auf die Insel Salamis zu untermauern[31].

Außer pekuniären, politischen, rechtlichen Gründen gab es natürlich auch private Anlässe zu Fälschungen, persönliche Ranküne, Rivalität. Und nicht zuletzt fälschte man in apologetischer Absicht, zur Verteidigung, zur Propagierung eines Glaubens, einer Religion.

Irrtum und Fälschung in frühen Kulten

Am Beginn einer Religion, zumindest einer alten, steht wohl kaum die Fälschung, wohl aber der Irrtum, wie noch am Anfang des Christentums: das sicherste Ergebnis der modernen historisch-kritischen christlichen Theologie (S. 70 ff).

Der Mensch kam vermutlich auf ganz «natürliche» Weise, über die Natur eben und seine Psyche, zum Glauben an Gott. In langen Prozessen phantastischen Tastens, in unabsehbaren Phasen des Imaginierens, Abstrahierens, Hypostasierens, über Idiosynkrasien der Angst wohl vor allem, vielleicht auch des Glücks, gelangte er zu Dämonen-, Geister-, Göttervorstellungen, von der Ahnenverehrung über Animismus und Totemismus zum Polytheismus, Henotheismus, Monotheismus. Mit Betrug hat das *ursprünglich* nichts zu tun, um so mehr wohl mit Furcht, Hoffnung, mit Unsicherheit, Wunschträumen. Begründet an Religionen ist im wesentlichen nur, was ihnen lange vorausgeht, das Fragen nach unsrem Woher, Wohin, das Warum. Genau dies hält sie ja auch am Leben. Sobald jedoch die Antworten beginnen, die unbewußten, halbbewußten, die Unterstellungen, Behauptungen, beginnt auch das Lügen, das Fälschen zumal durch jene, die davon leben, die dadurch herrschen[32].

In der Antike geht die Kritik, der Argwohn, der Widerstand gegen Fälschungen von einzelnen aus. Die Masse ist dem Mirakulösen, Legendären ergeben, sogenannten Geheimwissenschaften, Geheimüberlieferungen. Sind doch selbst die gebildeteren Schichten oft reichlich leichtgläubig, gierig nach Göttererscheinungen, Offenbarungen, uralten Urkunden – und, wie der vielgereiste Pausanias sagt, «es ist nicht leicht, die Menge vom Gegenteil dessen zu überzeugen, was sie nun einmal glaubt»; was ohne Einschränkung weiter gilt, auch wenn die Fälschungen seltener geworden sind, seltener werden mußten, andererseits aber, anachronistisch genug, in den alten Religionen fortleben oder in neue Formen sich hüllen: Spiritismus, Theosophie, Psychomorphismus u. a.[33]

In gewissen Gebieten des Orients, des Mittelmeerraums, war die Vorstellung, Gott sei der Offenbarer und Verfasser mündlich oder schriftlich überlieferter Gesetze, sehr verbreitet, wohl auch sehr alt und vielleicht sogar unabhängig entstanden von jeder rationalen Berechnung, von Täuschung, Betrug. Jedenfalls darf man längst nicht alles, was in der Frühzeit als göttliche Urkunde galt, als Wort Gottes, Fälschung nennen, Priesterschwindel, auch wenn es, von heute aus betrachtet, so scheint oder ist[34].

Im alten Orient erschienen Götter ihren Schützlingen, sie sprachen, speisten mit ihnen, ihre Ich-Rede wird zumindest zunächst als wirklich erlebt.

Viele Beispiele liefert Ägypten, wo die – nach ältestem Glauben – in jedem Wesen wirkende Kraft Ka, ursprünglich als sexuelle Potenz des Mannes angesehen, im Lauf der Frühgeschichte Gottheiten gebiert (bzw. die Götter den Ka verleihen). Aus diesen Göttern entsteht wieder, bereits in der Herakleopolitenzeit: «Gott» (nṯr); eine Entwicklung, auf die auch die Reformation Amenophis' IV. (Echnaton, 1364–1347 v. Chr.; mit Nofretete verheiratet) hinzielt, indem sie die sichtbare Sonnenscheibe gegen die alten «Götter» durchzusetzen und diese auszutilgen sucht[35].

In Ägypten war nun der Glaube an «schreibende Götter», an

Gott im wörtlichen Sinn als Autor, wohlbekannt; eine Vorstellung, die sowohl eine Schriftkultur als auch noch einen Rest mythischen Denkens voraussetzt. Weise Priester erschienen als Inkarnation des Gottes Thot, was sie sprachen und schrieben, galt als sein Werk, was der ägyptische Name «Tintenfaß des Thot» drastisch (doch mit schiefem Bild) verdeutlicht. Und gewiß hat es auch nichts mit Betrug zu tun, wenn sich in der Totenliteratur der Ägypter – die mehr als jedes andere Volk Vorkehrungen für ein Leben nach dem Leben trafen (auch die Skepsis aber kannten gegenüber dem Jenseitsglauben) – der Tote mit der Gottheit gleichsetzt, sich sozusagen in ihre Schöpferkraft hineinrückt; wenn er bei der mit dem ausgehenden Alten Reich beginnenden Demokratisierung hofft, wie der König im Tod zu Gott Osiris zu werden, dem Schützer der Toten, und dadurch sein Weiterleben im Jenseits sichert. Oder wenn es heißt: «Ich bin Atum». «Ich bin Re». Es war dies nur, kraft der sogenannten Identifikationsformel, kraft einer magischen Usurpation des Gottes, der Versuch des Ägypters, «aus seinem Ewigkeitsdrang heraus im Blick auf den Tod den bestmöglichen Weg zur eigenen Dauer» (Morenz) zu gewinnen. Es war gleichsam eine «Waffe, um den Schlag der Ereignisse abzuwehren» (Lehre für Meri-Ka-Re). Oder banaler, doch nicht weniger zutreffend, es war die aus so vielen Religionen bekannte Bemühung, den eigenen Nutzen durch göttliche Verehrung zu erkaufen[36].

Aber auch in Ägypten gedieh die religiöse Fälschung schon früh und erfuhr nach dem Tod Alexanders, durch das Eindringen orientalischer Vorstellungen, einen mächtigen Auftrieb.

Es versteht sich von selbst, daß zur Fälschung der bewußte, der gewollte Betrug, dolus malus, gehört. Ohne Täuschungsabsicht und außerliterarische Zielsetzung gibt es keinen Tatbestand der Fälschung. Denn wo keine Täuschungs*absicht* besteht, liegt vielleicht Selbsttäuschung vor, Inspirationswahn, echte religiöse Ergriffenheit, jedoch kein Betrug, selbst wenn andere dadurch, unwillentlich, betrogen worden sind und noch dadurch betrogen werden. Fälschung setzt bewußte Irreführung voraus, verfolgt jenseits von Ästhetik und Literatur liegende Tendenzen. Es gibt also wohl, wie Wolfgang Speyer annimmt und oft auch aufzeigt, neben der Fälschung «so etwas wie ‹echte religiöse Pseudepigraphie›», gelegentlich von ihm auch «mythische Pseudepigraphie» genannt, die mit Fälschung (vielleicht) so wenig zu tun hat wie die entsprechende dichterische Erfindung, die (vielleicht) eher Selbsttäuschung ist als Betrug[37].

Freilich konnte auch die echte religiöse, die mythische Pseudepigraphie, wie alles Echte, imitiert, mißbraucht werden. Wie man jedenfalls seit langem im Namen alter Meister schrieb, so auch im Namen der Gottheit – «im eigenen Namen zu schreiben, war Anmaßung und gegen den heiligen Brauch»; und «besonders die religiösen Texte» fanden «von Anfang an und im wachsenden Maße Anklang und Anerkennung, wenn auch Philosophen von Fabeln redeten» (A. Meyer)[38].

Als religiöse Pseudepigraphen, die unter dem Namen von Göttern und mythischen Gestalten durch lange Zeiträume verfaßt werden und umlaufen, nennt die Forschung die Schriften des Chiron, Linos, Philammon, Orpheus, Musaios, Bakis, Epimenides, Abaris, Aristeas, Thymoites, der Prophetinnen Phemonoe, Vegoia u. a. Man erfand da reichlich ungeniert, um nicht zu sagen zynisch, Namen, Autoritäten, Götter, ist es doch, wie Quintilian, Roms berühmter Rhetor, spottet, nicht leicht, das zu widerlegen, was es nie gegeben hat. Man schuf Orakelsammlungen, als die Orakel allgemeine Gültigkeit beanspruchten, und schrieb sie eben berühmten Wundermännern zu – wie nachher im Christentum Traktate und Traktatsammlungen den Aposteln und Heiligen[39].

Schon längst in vorchristlicher Zeit hat man aus politisch-religiösen Gründen Orakel gefälscht, ebenso in nachchristlicher – so das um 150 n. Chr. gegründete und bis zur Mitte des 3. Jahrhunderts bestehende Schwindel-Orakel des Alexandros von Abonuteichos (Inopolis), des «Lügenpropheten», wie man freilich viele, die meisten Propheten nennen könnte; hat man angebliche Göttersprüche und Wunderzeichen (es wiederholt sich mutatis mutandis tausendmal im Christentum) zur Anfeuerung der Soldaten benutzt, so der berühmte thebanische Feldherr Epaminondas in der Schlacht von Leuktra (371), bei der er durch Anwendung der «schiefen Schlachtordnung» eine neue Ära der Kriegführung begann.

Ganz beiseite, daß man schon im 5. vorchristlichen Jahrhundert Delphi, dem berühmtesten Orakel der Griechen, politische Parteilichkeit vorwerfen, daß man hier Fälle von Korruption ans Licht bringen konnte, ohne freilich, das ist in den heiligsten Dingen so, Delphis Ansehen sonderlich zu schaden[40].

Manche alten Kritiker, der Kyniker Oinomaos von Gadara etwa, hielten die Orakel insgesamt für Schwindel; auch die Heiden Sextus Empiricus und Celsus kritisierten, Lukian verhöhnte sie. Nach den (meisten) Christen sprachen aus den Orakeln, die sie seit dem 4. Jahrhundert erledigten, die bösen Geister, von deren Existenz sie, die Christen, so überzeugt (gewesen) sind[41].

Wie erfinderisch aber die Graecia mendax auch war, die dreisten Schwindeleien der Juden übertrafen sie – wie diese dann wieder die alles in den Schatten stellenden Fälschungen der Christen.

FÄLSCHUNGEN IM ALTEN TESTAMENT UND IN SEINEM UMKREIS

«Auf diesen Schlamm, auf diesen Schlamm, großer Gott!
Wenn auch ein paar Goldkörner darunter waren ... Gott!
Gott! Worauf können Menschen einen Glauben gründen,
durch den sie ewig glücklich zu werden hoffen?!»
Gotthold Ephraim Lessing[42]

«Das kühnste und folgenschwerste Unterfangen dieser Art war es, alle Schriften des Alten und Neuen Testaments, bis auf Wort und Buchstaben, auf Gottes Geist und Diktat zurückzuführen und somit sowohl über die heiligen Texte wie über Gottes Verhältnis dazu und über die Art seines Wollens und Wirkens ein schwerwiegendes Urteil zu fällen.»
Arnold Meyer[43]

«In den Glaubenskämpfen wurde die Anklage auf Fälschung von allen und gegen alle erhoben.» «Im Vergleich mit den heidnischen Fälschungen fällt die Menge der jüdisch-christlichen auf.» Wolfgang Speyer[44]

Bibeln der Welt und einige Besonderheiten der christlichen Bibel

Das «Buch der Bücher» der Christen ist die Bibel. Das deutsche Wort findet sich zum erstenmal im «Renner» des Bamberger Schulmeisters und Verseschmieds Hugo von Trimberg (geb. um 1230; Verfasser auch einer Sammlung von Predigtmärlein, 200 Kalenderheiligenbiographien u. a.). Hugos Prägung geht zurück auf das lateinische «biblia», und dies wieder auf das Griechische, den neutrischen Plural «tà biblía» (die Bücher)[45].

Die Bibel ist eine «Heilige Schrift» – und heilige Texte, heilige Bücher, heilige Schriften gehören in der Religionsgeschichte zum Metier, Geschäft, sie hingen und hängen damit eng zusammen; nicht nur mit dem monetären, auch dem politischen, mit dem des Menschenherzens überhaupt.

Die Bibeln der Menschheit sind also zahlreich: die dreifache «Veda» des alten Indien etwa, die fünf «ching», die kanonischen Bücher der chinesischen Reichsreligion, der «Siddhānta» des Jainismus, das «Tipiṭakam» des Theravāda-Buddhismus, die «Dharma» des indischen Mahāyāna-Buddhismus, das «Tripiṭakam» des tibetischen Buddhismus, das «Tao-tê-ching» der taoistischen Mönche, das «Avesta» des persischen Mazdaismus, der «Kur'ān» im Islam, der «Granth» der Sikh, die «Ginzā» im Mandäismus. In Mengen gab es Heilige Schriften in den hellenistischen Mysterien, wo man auf sie schon in vorchristlicher Zeit mit dem schlichten Wort «Schrift» verwies, auch mit der Formel «es steht geschrieben» oder «wie geschrieben steht». In Ägypten reichten sakrale Schriften bis in älteste Zeit zurück, nannte man schon im 3. vorchristlichen Jahrtausend einen heiligen Text «Gottesworte» (mdw nṯr). Und hat nicht gerade die moderne Wissenschaft das heilige Schrifttum so vieler antiker Religionen wieder ausgegraben? Doch selbst für die Neuzeit gilt hier: Der Schoß ist fruchtbar noch, aus dem das kroch ... So schrieb im 19. Jahrhundert die Bäuerin Nakayama Mikiko die Heilige Schrift der von ihr gestifteten Tenrikyō-Sekte nieder, gleich 17 Offenbarungen (O-fude-saki, «des Pinsels Spitze»), und «Aufzeichnung alter Dinge» (Go-Koki); ja, offenbarte noch nach ihrem Tod dem Zimmermann Iburi, ihrem Jünger und Nachfolger, die «Weisungen» (Osashizu)[46].

Nun wissen wir freilich: die Bibel ist nicht nur ein Buch unter Büchern, sondern das Buch der Bücher. Kein Buch also, das man auch «neben Plato oder den Koran oder alte indische Weisheitsbücher» stellen könnte. Nein, die Bibel «steht darüber; sie ist einzig und einmalig» (Alois Stiefvater). Beiläufig: auf Einzigartigkeit insistieren besonders die monotheistischen Religionen (und *deshalb* sind auch gerade sie sozusagen einzigartig intolerant!). «Wie die Welt ohne Winde nicht bestehen kann, so kann sie auch ohne Israel nicht bestehen», behauptet der Talmud. Im Koran heißt es: «Du hast uns aus allen Völkern erkoren ... du hast uns erhoben über alle Nationen ...» Und noch Luther trumpft auf: «Wir Christen sind größer und mehr denn alle Kreaturen ...» Kurz, die Bibel ist etwas Besonderes, was unter vielem anderen auch daraus erhellt, daß die Christenheit in den ersten eineinhalb Jahrhunderten gar keine eigene «Heilige Schrift» besaß – und deshalb das heilige Buch der Juden klaute, das Alte Testament, das nach katholischem Glauben «der Sonne Christus» als «Morgenstern» vorangeht (Nielen)[47].

Der Name Altes Testament (griech. diathéke = Bund) rührt von Paulus her, der in 2. Kor. 3,14 vom Alten Bund spricht. Die Synagoge, die natürlich kein Neues Testament anerkennt, spricht auch nicht vom Alten Testament, sondern vom Tenach (t^enak), ein Kunstwort, gebildet aus den Anfangsbuchstaben von tōrāh, n^ebī'īm und k^etūbīm: Gesetz, Propheten und (übrige) Schriften. Das sind die Schriften des Alten Testaments, soweit sie hebräisch überliefert wurden, bis heute die «Heilige Schrift» der Juden. Die palästinensischen Juden legten den endgültigen «textus receptus» erst auf der Synode von Jabne (Jamnia) zwischen 90 und 100 n. Chr. fest, nämlich 24 Bücher, wohl in Angleichung an die Zahl der Buchstaben des hebräischen Alphabets. (Erst die jüdischen Bibeln des 15. Jahrhunderts übernahmen eine andere Einteilung und kamen auf 39 kanonische Bücher.) Gott jedenfalls, auf den diese «Heilige Schrift» ja zurückgeht, von dem sie recht eigentlich stammt, hatte zu ihrer Abfassung und definitiven Zusammenstellung immerhin mehr als ein Jahrtausend gebraucht; kein so langer Zeitraum indes, bedenkt man, daß vor ihm tausend Jahre wie ein Tag sind[48].

Das Besondere der christlichen Bibel zeigt sich weiter darin, daß die verschiedenen Konfessionen auch verschiedene Bibeln haben, daß man nicht einmal im Hinblick auf deren Umfang übereinstimmt, daß die einen für heilig halten, was den anderen eher anrüchig, suspekt erscheint.

Die katholische Kirche – die protokanonische, d. h. nie umstrittene, Schriften und deuterokanonische unterscheidet, deren «Inspiriertheit» zeitweise «verkannt» wurde oder als unsicher galt – besitzt ein viel umfangreicheres Altes Testament als das der Juden, aus dem es hervorging. Übernahm sie doch außer dem hebräischen Schriftkanon noch weitere Titel in ihre «Heilige Schrift», insgesamt (nach der Aufzählung des Tridentinums in der Sitzung vom 8. April 1546, bestätigt vom Vaticanum I 1870) 45 Bücher, nämlich noch die sogenannten deuterokanonischen: Tobias, Judith, Weisheit, Sirach, Baruch und Jeremiasbrief, 1. und 2. Makkabäer, Gebet des Azarias und Lobgesang der drei Jünglinge im Feuerofen, Geschichte der Susanna, Erzählung von Bel und dem Drachen, Esther 10,4–16,24.

Der Protestantismus, der ausschließlich die im hebräischen Kanon stehenden Bücher als autoritativ gelten läßt, erkennt dagegen die vom Katholizismus hinzugefügten deuterokanonischen nicht als kanonisch, als von Gott geoffenbart an, billigt ihnen nur geringen Wert zu und nennt sie «apokryph», womit die Katholiken Bücher bezeichnen, die nie als kanonisch galten. (Luther berief sich bei seiner Abgrenzung des zum Kanon Gehörigen auf das «innere Geisteszeugnis» oder das «inwendige Befinden». Das 2. Makkabäerbuch beispielsweise eliminierte er u. a., weil ihn die daraus von seinem Gegner Eck angeführte Stelle über das Fegefeuer, das er leugnete, störte. Auch meinte er vom selben Buch und vom Buch Esther, daß sie «zu sehr judenzen und viel heidnische Unart haben». Gleichwohl fand er auch die deuterokanonischen Schriften «doch nützlich und gut zu lesen». Göttlich inspiriert allerdings waren sie nicht; weniger jedenfalls als das «innere Befinden» des Reformators.) Die griechische Kirche entschloß sich 1672 auf der Synode von Jerusalem, noch vier über den normativen Kanon von Jabne hinausgehende Werke – Weisheit, Sirach, Tobias, Judith – zum Wort Gottes zu zählen, womit sie unbescheidener als die Protestanten war, aber nicht so unbescheiden wie die römisch-katholische Kirche[49].

Noch umfangreicher als deren Altes Testament war nur der Kanon des hellenistischen Judentums, die Septuaginta (abgekürzt: LXX, die Übersetzung der 70 Männer, s. Aristeasbrief S. 64). Sie wurde für die Diasporajuden in Alexandrien durch verschiedene Übersetzer im 3. vorchristlichen Jahrhundert geschaffen, war das heilige Offenbarungsbuch der griechischsprechenden Juden, ist die älteste und wichtigste Übertragung des Alten Testaments in das Griechische, die Weltsprache des hellenistischen Zeitalters, und fand als offizielle Bibel des Diasporajudentums Eingang in die Synagoge. Die Septuaginta nahm aber mehr Schriften auf, als der hebräische Kanon und eben auch der katholische später gelten ließen. Dennoch stammen die alttestamentlichen Zitate des Neuen Testaments (mit den Anspielungen 270 bis 350) vorzugsweise aus dieser Septuaginta, ja, sie stellte auch für die Kirchenväter, die sie eifrig benutzten, das Alte Testament dar und galt ihnen als «Heilige Schrift»[50].

«Charakterbilder der biblischen Frauenwelt»

Zu den Besonderheiten des Alten Testaments gehört es auch, daß dagegen im Christentum seit je eine mehr oder minder heftige Opposition bestand, da dieser Teil des «Gotteswortes», der weitaus umfangreichste, nicht nur von unerhörter kriegerischer Grausamkeit strotzt (I 71 ff), sondern auch Betrug absegnet (S. 67 f), Heuchelei, heimtückischen Mord: die Heldentat des Pinhas etwa, der in ein Zelt schleicht und mit einem Speer ein Liebespaar an dessen Genitalien durchbohrt; das Blutwerk der Judith von Bethulia, die sich ins Lager der Assyrer lügt und arglistig den Feldherrn Holofernes ermordet; den Todesstreich der Jael, die den Sisera, den flüchtenden, aufs äußerste erschöpften Feldhauptmann des Königs von Chazor gastfreundlich lockt und hinterrücks erschlägt[51].

Das und ähnliches weit mehr steht da bereits seit über zweitausend Jahren. Und es steht da nicht nur, es wird auch gerechtfertigt, es wird gerühmt durch alle Zeiten. Noch im 20. Jahrhundert feiert der Alttestamentler und Kardinalerzbischof von München, Michael Faulhaber, Feldpropst des Kaisers, Parteigänger Hitlers und post festum Widerstandskämpfer, in hohen, höchsten Tönen «die Tat Judiths», das Tun einer Frau, die, so er selbst, erst «Lüge geredet», dann «ein ganzes Gewebe von bewußten Lügen gesponnen», schließlich «einen Schlafenden meuchlerisch hingeschlachtet» hat. Doch Judith fühlte sich, «als Kriegerin des Allerhöchsten mit einer göttlichen Mission betraut ... Der Kampf um die Mauern von Bethulia war in letzter Linie ein Religionskrieg ...»[52]

Steht aber «Heiliges» auf dem Spiel, ist für die Hierarchen stets jede Teufelei erlaubt, vorausgesetzt immer, es geht auch um die Interessen der Kirche, das heißt um ihre eignen. Folglich wird Friedrich Hebbel, der leidenschaftliche Verächter des Christentums («die Wurzel alles Zwiespalts», «das Blatterngift der Menschheit»), mit seiner «Judith» (1840), die ihn berühmt machte, abqualifiziert, liefere er doch nur «ein trauriges *Zerrbild der biblischen Judith*». Dagegen schneidet ein anderer Dichter bei dem Kirchenfürsten um so besser ab. Nachdem Faulhaber nämlich an die Glanzleistung der Jahel mit den Worten der Bibel erinnert hat (– «und so nahm sie einen Zeltpflock und langte nach einem Hammer und ging ganz leise zu ihm hin, setzte den Pflock auf die Schläfe seines Kopfes und schlug ihm mit dem Hammer durch das Gehirn hindurch in den Boden»), da nennt er das zwar «unedel, hinterlistig, Heuchelei und Meuchelmord». Aber die Bibel feiere diese Frau durch den Hymnus der Prophetin und Richterin Debora nun einmal als «nationale Heldin». Und so feiert sie durch zwei Jahrtausende auch die ganze katholische Welt, auch ihr berühmtester Dramatiker, Calderón, «in einem seiner ‹Eucharistischen Festspiele› ... Der Richterin Debora gab er die allegorischen Figuren der Klugheit und Gerechtigkeit, der Jahel die beiden andern Kardinaltugenden Mäßigkeit und Starkmut zur Seite ... Jahel, die dem Feinde der Offenbarung den Kopf zertrümmert, wird zu einem Schattenbild der Immaculata, die nach dem Wortlaut der lateinischen Bibel der alten Schlange den Kopf zertritt. Daher ihre Worte, während sie dem Sisara den Kopf vernagelt: ‹Stirb, Tyrann, durch diese Waffen, die ein tief Geheimnis bergen.› Die ganze Deborageschichte gestaltet sich unter Calderóns Händen zu einer kleinen Marienlehre»[53].

Ist das nicht hübsch gesagt – die kleine Marienlehre? Jedenfalls für den, der weiß (denn nicht nur das *Gros* der Katholiken ahnt davon nichts), daß Maria eben nicht nur die Immaculata ist, die Keusche, Reine, triumphierend Triebbeherrschte, sondern, in janusköpfiger Nachfolge ihrer antiken Vorläuferinnen, der Ištar, der jungfräulichen Athene, der jungfräulichen Artemis, auch die große christliche Blut- und Kriegsgöttin; nicht nur «Unsere liebe Frau von der Linde», «vom grünen Walde», sondern auch vom Mord und Massenmord, vom frühen Mittelalter bis zum Ersten Weltkrieg, wo Faulhaber am 1. August 1916, «dem Gedächtnistag der Makkabäermutter» (vgl. I 104 ff, bes. 105), auch seine «Charakterbilder der biblischen Frauenwelt» in dritter verbesserter Auflage, als «Kriegsauflage», hinausziehen läßt, «die deutsche Frauenwelt in blutig ernsten Tagen zu immer noch lebenden Vorbildern biblischer Lebensweisheit, zu immer noch fließenden Quellen seelischer Kraft, zu immer noch flammenden Altären überirdischen Trostes zu führen». Denn die Frauenwelt könne von diesen biblischen Frauen «viel Kriegsweisheit lernen», «viel tapferen Sinn», «viel Opfergeist». «Gottes Wort bleibt auch in Kriegstagen eine Leuchte für unsere Pfade». Und in sechster Auflage legt Kardinal Faulhaber seine «Charakterbilder» in der Hitlerzeit vor, 1935, und verherrlicht Debora als «eine Heldin von glühendem Patriotismus», «die ihr Volk zur Freiheit und zu einem neuen nationalen Leben wiedergebar»[54].

«Auf diesen Schlamm, auf diesen Schlamm ...» – Opposition zum Alten Testament in Antike und Neuzeit

Auf dies mußte – pars pro toto! – hingewiesen werden, denn die «Faulhabers» sind Legion und haben durch ihre kriminelle Demagogie diese ganze grauenhafte Geschichte maßgeblich mitverschuldet. Im 2. Jahrhundert, als die Christen noch nicht auf den Krieg hin gedrillt wurden wie dann bald dauernd, gab es unter ihnen vielleicht mehr Gegner des Alten Testaments als Befürworter. Und keiner hat damals dessen Unvereinbarkeit mit zentralen Lehren des biblischen Jesus so empfunden wie der «Ketzer» Markion, zumindest keiner so die Konsequenz daraus gezogen und mit solchem Erfolg. In seinen (verlorenen) «Antithesen» legte er die Gegensätze nieder und schuf den ersten Kanon christlicher Schriften, und zwar anhand des am wenigsten hebräisch geprägten Lukasevangeliums und der Paulusbriefe[55].

Siebzehn, achtzehn Jahrhunderte später werden Theologen dem Verfemten Ruhmeskränze flechten, von Harnack bis zu Nigg; wird ihm der Theologe und Nietzschefreund Overbeck («Der Gott des Christentums ist der Gott des Alten Testaments»!) attestieren, dieses Testament richtig verstanden zu haben; wird er für den katholischen Theologen Buonaiuti «der mutigste und der scharfsichtigste Feind» der «kirchlichen Orthodoxie»[56].

Gerade «ketzerische» Kreise haben das Alte Testament bekämpft. Viele christliche Gnostiker verwarfen es in Bausch und Bogen. Zweihundert Jahre nach Markion schockierte auch den Westgotenapostel Wulfila, einen pazifistisch gesinnten Arianer, der Kontrast zwischen Jahwe und Jesus. Bei seiner Bibelübertragung um 370 ins Gotische, dem ältesten deutschen Literaturdenkmal, übersetzte der Bischof die alttestamentlichen Geschichtsbücher nicht.

Entschiedene Kritik regte sich dann wieder seit dem Jahrhundert der Aufklärung.

Der scharfsichtige Lessing, der auch die historischen Grundlagen des Christentums als mißlich erkennt, ruft angesichts des alten Judenbuches: «Auf diesen Schlamm, auf diesen Schlamm, großer Gott! Wenn auch ein paar Goldkörner darunter waren ... Gott! Gott! Worauf können Menschen einen Glauben gründen, durch den sie ewig glücklich zu werden hoffen?!«[57]

Noch leidenschaftlicher geißelt Percy Bysshe Shelley (1792 bis 1822) «die gänzliche Mißachtung der Wahrheit und die Verachtung der elementaren moralischen Grundsätze», die «beispiellose Blasphemie, zu behaupten, der Allmächtige Gott habe Moses ausdrücklich befohlen, ein harmloses Volk zu überfallen und wegen unterschiedlichen Gottesdienstes jedes seiner Lebewesen vollkommen zu vernichten, jedes Kind und jeden unbewaffneten Mann kaltblütig zu ermorden, die Gefangenen abzuschlachten, die Ehefrauen in Stücke zu hauen und allein die jungen Mädchen für Beischlaf und Notzucht zu schonen»[58].

Mark Twain (1835–1910) konnte nur noch höhnen: «Das alte Testament befaßt sich im wesentlichen mit Blut und Sinnlichkeit; das Neue mit dem Heil, der Erlösung. Der Erlösung durch Feuer»[59].

Auch Theologen haben nun wieder das Alte Testament als Lebens- und Lehrgrundlage verworfen, darunter so namhafte wie Schleiermacher oder Harnack, der sich scharf dagegen wandte, dies Buch «als kanonische Urkunde im Protestantismus noch zu konservieren ... Hier reinen Tisch zu machen und der Wahrheit in Bekenntnis und Unterricht die Ehre zu geben, das ist die Großtat, die heute – fast schon zu spät – vom Protestantismus verlangt wird». Doch was hülfe es: die Massen würden weiter belogen werden mit dem Neuen Testament und mit den Dogmen[60].

Das katholische «Wörterbuch christlicher Ethik» der Herderbücherei aber findet noch 1975 den «Wurzelgrund für das Alttestamentliche Ethos» in «der entschiedenen personalen Zuwendung» Jahwes «zu Welt und Mensch», findet im Alten Testament «grundsätzlich bereits die Anwälte dessen, was wir die Menschenrechte nennen. Nur steht hinter ihrem ‹Humanum› Jahwe mit seinem ganzen göttlichen Gewicht» (Deissler)[61]. Vgl. dazu I 71 ff!

Die fünf Bücher Mose, die Moses nicht geschrieben hat

Das Alte Testament ist eine ziemlich zufällige, sehr bruchstückhafte Auswahl dessen, was von der Überlieferung übrigblieb. Die Bibel selbst erwähnt 19 Schriftentitel verlorengegangener Werke, darunter «Das Buch der Wackeren», «Das Buch der Kriege Jahwes», die «Schrift des Propheten Iddo». Doch nimmt die Forschung an, daß es noch viele andere biblische Texte gab, von denen uns nicht einmal der Titel erhalten blieb. Ob auch diese heilig, inspiriert und göttlich gewesen sind[62]?

Jedenfalls: genug noch blieb, mehr als genug.

Vor allem die angeblich ältesten und ehrwürdigsten, die sogenannten fünf Bücher Mose, die Thora also, der Pentateuch (griech. pentáteuchos, das «fünfbehältrige» – weil aus fünf Rollen bestehende – Buch), eine um 200 n. Chr. bei gnostischen und christlichen Schriftstellern aufgekommene Bezeichnung. Bis ins 16. Jahrhundert glaubte man einhellig, diese Texte seien die ältesten des Alten Testaments und stünden zeitlich am Anfang. Davon kann längst keine Rede mehr sein. Auch steht die Genesis, das erste Buch, in dieser Sammlung zu Unrecht an der Spitze. Und glaubten noch im 19. Jahrhundert namhafte Bibelkundler einen «Archetyp» der Bibel, einen eigentlichen Urtext rekonstruieren zu können, so ist auch diese Meinung abgetan. Ja, schlimmer: «Höchstwahrscheinlich hat es einen solchen Urtext niemals gegeben» (Cornfeld/Botterweck)[63].

Das Alte Testament wurde (großenteils) anonym überliefert, schreibt aber den Pentateuch dem Moses zu, und die christlichen Kirchen haben seine Verfasserschaft bis ins 20. Jahrhundert verkündet. Während die Patriarchen Abraham, Isaak, Jakob, die israelitischen Erz- und Stammväter, zwischen dem 21. und dem 15. Jahrhundert gelebt haben sollen, oder zwischen 2000 und 1700, falls sie gelebt haben, soll Moses – «ein Marschall Geradeaus, in den Tiefen seines Wesens aber doch mit einem reichen Gemütsleben» (Kardinal Faulhaber) – im 14. oder 13. Jahrhundert gelebt haben, wenn er gelebt hat[64].

Außerhalb der Bibel jedenfalls werden diese ehrwürdigen (und noch jüngere) Figuren nirgends «beurkundet». Es gibt keine Existenzbeweise für sie. Nirgendwo haben sie eine handgreifliche historische Spur hinterlassen; nicht in Stein, in Bronze, Papyrusrollen, nicht auf Tontafeln, Tonzylindern, und dies, obwohl sie jünger als zum Beispiel viele der geschichtlich wohldokumentierten ägyptischen Herrscher sind, als viele berühmte Grabstätten, Hieroglyphen, Keilschrifttexte, kurz, echte Lebenszeugnisse. Also wird man, schreibt Ernest Garden, «entweder geneigt sein, die Existenz der großen Bibelgestalten zu leugnen oder, falls man ihnen mangels jeglichen Urkundenmaterials dennoch Geschichtlichkeit zubilligen will, annehmen, ihr Leben und ihre Zeit habe sich in den Formen der Bibeldarstellung abgespielt, die ihre schließliche Niederschrift allein aus in vielen Generationen umgehenden orientalischem Sagen- und Erzählungsstoff findet»[65].

Für das Judentum ist Moses die wichtigste Gestalt des Alten Testaments; es nennt ihn über 750mal, das Neue Testament 80mal als Gesetzgeber. Denn allmählich behandelte man alle Gesetze so, als habe man sie von Moses auf dem Sinai erhalten. Derart bekam er für Israel «eine epochale Bedeutung» (Brockington). Er wurde immer mehr glorifiziert. Er galt als inspirierter Verfasser des Pentateuchs. Man schrieb ihm, dem Mörder (eines Ägypters, weil dieser einen Hebräer schlug), sogar Präexistenz zu. Man machte ihn zu einem Vorherbild des Messias und den Messias zum zweiten Moses. Es entstand eine Vielzahl von Moses-Legenden, im 1. Jahrhundert v. Chr. ein Moses-Roman und schließlich eine ungeheure Fülle von Darstellungen in der Kunst. Doch ein Grab des Moses ist unbekannt. Die alttestamentlichen Propheten nennen ihn insgesamt fünfmal. Echeziel erwähnt ihn nie! Und diese Propheten schauen zwar auf die Zeit des Moses zurück, aber nicht auf ihn selbst. In ihren religiös-ethischen Appellen berufen sie sich nie auf ihn. Auch der Papyrus Salt 124 kennt keinen «Moses urkundlich» (Cornelius). Auch die Archäologie lieferte keinen einzigen Hinweis auf Moses. Die syro-palästinensischen Inschriften erwähnen Moses so wenig wie die Keilschrifttexte oder die hieroglyphischen und hieratischen Texte. Herodot

(5. Jahrhundert v. Chr.) weiß nichts von Moses. Kurz, es gibt keine außerisraelitische Moses-Bezeugung, unsere einzige Quelle über ihn ist – wie bei Jesus – die Bibel[66].

Nun zweifelten einzelne schon in Antike und Mittelalter an Mosaität und Einheitlichkeit des Pentateuch. Man fand, daß Moses schlecht seinen eignen Tod berichtet haben könne – «eine beinah so außerordentliche Angelegenheit», spottet Shelley, «wie die Schöpfung der Welt zu beschreiben». Man entdeckte auch sonst «Postmosaica» (1. Mos. 12,6; 36,31 u. a.). Doch eine grundsätzlichere Kritik kam nur von christlichen «Ketzern». Schon die frühe Kirche aber sah keinerlei Widersprüche im Alten Testament und zu diesem weder Jesus noch die Apostel im Gegensatz[67].

In der Neuzeit stiegen zuerst A. (Bodenstein von) Karlstadt beim Bibellesen gewisse Zweifel auf (1520); einige mehr dem Holländer A. Masius, einem katholischen Juristen (1574). Doch während sie und etwas Spätere, die Jesuiten B. Pereira und J. Bonfrère, immer nur einzelnes nachmosaisch nannten, an Moses als Verfasser des Ganzen aber festhielten, erklärte der englische Philosoph Thomas Hobbes jetzt einzelnes im Pentateuch mosaisch, das Ganze jedoch nachmosaisch (Leviathan, 1651). Noch weiter ging kurz darauf, 1655, der französische reformierte Schriftsteller I. de Peyrère. Und 1670 gab Spinoza in seinem «Tractatus theologico-politicus» das Ganze preis[68].

Im 20. Jahrhundert bestritten einige Religionswissenschaftler, darunter Eduard Meyer (es ist «nicht Aufgabe der Geschichtsforschung, Romane zu erfinden»), und die Schule des Prager Gelehrten Daněk, die historische Existenz von Moses überhaupt, wurden von ihren Gegnern aber abgewiesen.

Es ist merkwürdig: selbst die klarsten Köpfe, die größten Skeptiker, Forscher, unter deren unerschrockenen Zugriffen das Quellenmaterial nur so hinwegschmilzt, die eine bibelkritische Subtraktion nach der anderen vornehmen, so daß für eine Moses-Gestalt kaum noch Raum bleibt, weder im Vorder- noch Hintergrund noch dazwischen – selbst diese Unbestechlichen präsentieren dann doch wieder wie Taschentrickspieler Moses in voller Größe, ja, als die dominierende Figur der ganzen israelitischen Geschichte. Ist auch alles um ihn herum allzu farbenreich oder allzu dunkel, der Held selbst kann nicht erdichtet sein. Wie sehr die Quellenkritik den historischen Wert dieser Bücher beschnitten, immer mehr eingeengt, fast aufgehoben hat – «es bleibt ein weiter Spielraum (!) des Möglichen ...» (Jaspers). Kein Wunder, wirklich, wenn Moses bei Konservativen noch bedeutender erscheint als in der Bibel![69]

Überhaupt: nach Auschwitz wird die christliche Theologie wieder judenfreundlicher. «Heute ist wieder eine positivere Vorstellung vom ältesten Israel und seiner Religion möglich». Dennoch bleibt auch Moses für die Forscher «ein Problem», fällt «kein unmittelbares Licht auf die Mosesgestalt selbst», stehen die entsprechenden Überlieferungen «jenseits historischer Kontrollierbarkeit» (Bibl.-Hist. Handwörterbuch). Diese Gelehrten wehren sich zwar scharf dagegen, Moses «auf eine nebelhafte, nur aus der Legende bekannte Figur zu reduzieren» – und müssen doch gleichzeitig zugeben, daß «Moses selbst schattenhaft bleibt». Sie schreiben, daß «sich die Einzigartigkeit des Sinai-Ereignisses nicht leugnen läßt» – und fügen im selben Atemzug hinzu, «wenn der historische Nachweis auch schwierig ist». Sie finden in den «Erzählungen über Moses einen beträchtlichen historischen Kern» – und in den nächsten Sätzen finden sie, daß sich dieser Kern «nicht mit Tatsachen belegen», daß er «sich nicht mit historischen Tatsachen beweisen läßt» (Cornfeld/Botterweck)[70].

Nach dieser Methode verfahren viele jener, die nicht gleich das Blaue vom Himmel lügen, aber auch nicht alles ganz sausenlassen wollen. Nur das nicht!

Für M. A. Beek beispielsweise sind die Patriarchen zweifellos «historische Gestalten». Zwar sieht er sie nur «im halbdunklen Hintergrund», doch erkennt er sie als «Menschen von hoher Bedeutung». Dabei räumt er selbst ein: «Es ist bisher nicht gelungen, die Gestalt Josephs in der ägyptischen Literatur urkundlich nachzuweisen». Weiter auch: daß man außerhalb der Bibel «keine einzige Urkunde» kenne, «die irgendeinen selbständigen und historisch zuverlässigen Hinweis auf Moses enthielte». Weiter auch: daß, wieder abgesehen von der Bibel, «keine Quelle für den Auszug aus Ägypten bekannt» sei. «Die reichhaltige Literatur der ägyptischen Historiographen schweigt mit einer geradezu beunruhigenden Hartnäckigkeit über Ereignisse, die doch Ägypten tief beeindruckt haben müssen, wenn die Erzählung des Exodus auf Tatsachen beruht».

Beek wundert sich auch, daß das Alte Testament «merkwürdigerweise jede Angabe» verweigere, «die eine chronologische Fixierung des Auszugs aus Ägypten ermöglichen könnte. Wir hören weder den Namen jenes Pharao, den Joseph noch gekannt hat, noch den Namen des Pharao, der Israel bedrückte. Das ist um so erstaunlicher, als die Bibel sonst viele ägyptische Bezeichnungen für Personen, Orte und Ämter bewahrt hat . . . Noch bedenklicher als das Fehlen chronologischer Anhaltspunkte im AT ist die Tatsache, daß in keinem uns bekannten ägyptischen Text eine Katastrophe erwähnt wird, die einen Pharao und sein Heer bei der Verfolgung flüchtender Semiten betroffen hat. Da die historischen Urkunden gerade für die in Betracht kommende Zeit eine Überfülle an Material bieten, hätte man wenigstens irgendeine Anspielung erwarten können. Man kann das Schweigen der ägyptischen Urkunden auch nicht etwa mit der Bemerkung abtun, daß Hofhistoriographen über Niederlagen nicht zu sprechen pflegen; denn die von der Bibel beschriebenen Ereignisse sind zu einschneidend, als daß die ägyptischen Geschichtsschreiber sie ganz hätten übergehen können». In «der Tat merkwürdig» findet dieser Gelehrte es schließlich, «daß kein Grab des Moses bekannt ist». So bleibt für ihn «der einzige Beweis für die Geschichtlichkeit des Moses» (mit Elias Auerbachs «Moses») «die Erwähnung eines Urenkels zu einem späteren Zeitpunkt». Aber Pech auch beim einzigen «Beweis», sei die entscheidende Stelle (Ri 18,30) doch «unsicher und unklar, weil man statt *Moses* ebenso gut *Manasse* lesen kann». Überschrift: «Moses der Befreier»[71].

«Und Mose war hundertzwanzig Jahre alt, als er starb», erzählt die Bibel, doch seine Augen «waren nicht schwach geworden, und seine Kraft war nicht verfallen», Gott habe ihn selbst begraben und «niemand sein Grab erfahren bis auf den heutigen Tag».

Schon seltsam dieser Schluß. Nach Goethe hat Moses Selbstmord verübt, nach Freud sein eignes Volk ihn ermordet. Streit gab es da nicht selten, mit allen, mit einzelnen, mit Aaron, mit Mirjam. Doch wie auch immer, der unmittelbare Schluß des fünften und letzten Buches, der Satz mit dem alles endet, erinnert sinnigerweise noch einmal an «die großen Schreckenstaten, die Mose vollbrachte vor den Augen von ganz Israel»[72].

Mit großen Schreckenstaten geht man stets in die Geschichte ein – ob man nun gelebt hat oder nicht.

Mag das aber im Falle Moses sein wie es will, über seine Bedeutung ist die Forschung völlig zerstritten.

Fest steht heute nur, was schon Spinoza klar erkannte, daß die fünf Bücher Mose, die diesem das unfehlbare Wort Gottes direkt zuschreibt, nicht von ihm stammen; es ist das übereinstimmende Ergebnis der Forschung. Natürlich gibt es noch genug Leute vom Schlag des Alois Stiefvater und noch genug Traktätchen vom Schlag seines «Schlag-Wörter-Buch für katholische Christen», die der Masse der Gläubigen weiterhin vorgaukeln (müssen), daß die fünf Bücher des Moses «zwar nicht alle (!) direkt (!) von ihm geschrieben sind, aber doch auf ihn zurückgehen». (Wie viele und welche direkt von ihm geschrieben sind, das wagen heute freilich nicht einmal mehr Stiefvater und Konsorten zu sagen.) Fest steht weiter, daß Gesetzesverordnungen, die als eigenhändige Niederschriften des Moses galten oder gar auf den «Finger Gottes» zurückgeführt wurden, natürlich ebenso unecht sind. (Übrigens: obwohl Gott selbst das Gesetz auf zwei steinerne Tafeln schreibt – «von Gott angefertigt, und die Schrift war Gottesschrift, eingegraben auf die Tafeln» – hat Moses so wenig Respekt davor, daß er sie in seiner [heiligen] Wut über das goldne Kalb zerschmettert!)[73]

Fest steht weiter, daß der Niederschrift dieser fünf Bücher eine jahrhundertelange, immer wieder umgestaltende mündliche Überlieferung vorausging. Und dann waren Verfasser und Redaktoren, waren die Schreiber, Masoreten, Punktatoren vieler Generationen an der Abfassung der «Moses»-Schriften beteiligt, was sich schon in den verschiedensten Stilen spiegelt. So ähnelt nicht wenig einer unzusammenhängenden Materialsammlung, zum Beispiel das ganze Buch Numeri, das 4. Buch. So entstand eine höchst diffuse, unsystematische, von weitverbreiteten Legendenmotiven, von ätiologischen und folkloristischen Sagen überwucherte, von Widersprüchen und Dubletten (die schon *allein* die Niederschrift durch nur einen Autor ausschließen) strotzende Sammlung. Dazu kommt eine Vielheit heterogener oder sich erst ganz allmählich entwickelnder Auffassungen selbst in den wichtigsten Fragen. So ist die Auferstehungsvorstellung im Alten Testament nur sehr langsam entstanden, fehlt in den Büchern Sirach, Prediger, Sprüche die Bezeugung eines Auferstehungsglaubens überhaupt. Zudem haben die jeweiligen Schreiber, Bearbeiter dauernd geändert, korrigiert, interpoliert. Die Texte erhielten immer wieder sekundäre Zusätze. Und diese Prozesse erstreckten sich über ganze Epochen. Der Dekalog (die Zehn Gebote), von Luther als Inbegriff des Alten Testaments verstanden, stammt in seiner ältesten Form vielleicht aus dem Beginn der Königszeit. Große Teile des Pentateuch, den der im 14. oder 13. Jahrhundert lebende Mann – wenn er gelebt hat – verfaßt haben soll, nicht weniger als gegen 60 Kapitel des 2., 3. und 4. Buches, sind sogar erst im 5. Jahrhundert von jüdischen Priestern produziert oder zusammengestellt worden. So erfolgte die Endredaktion der dem Moses zugeschriebenen Bücher – ich zitiere den Jesuiten Norbert Lohfink – «erst etwa siebenhundert Jahre später». Und die Abfassung aller Bücher des Alten Testaments erstreckte sich – ich zitiere den Katholiken Otto Stegmüller – «auf einen Zeitraum von ungefähr 1200 Jahren»[74].

Die alttestamentliche Forschung hat längst ein fast einschüchterndes Ausmaß erreicht, und wir können hier nicht – dem Leser erspart das vieles (und mir noch mehr) – das Gewirr von Methoden und Hypothesen betrachten: die ältere Urkundenhypothese des 18. Jahrhunderts, die Fragmenten-, die Ergänzungs-, die Kristallisations-, die neuere Urkundenhypothese, die wichtige Unterscheidung von einem ersten Elohisten, zweiten Elohisten, einem Jehowisten (H. Hupfeld, 1853), die formgeschichtliche Methode (H. Gunkel, 1901), die diversen Quellentheorien, die

Zweiquellen-, Dreiquellen-, Vierquellentheorie, die Quellenschriften des «Jahwisten» (J), des «Elohisten» (E), der «Priesterschrift» (P), des Deuteronomium (D), der «kombinierten» Schrift, wir können uns nicht in all die Erzählungsfäden, Traditionen, die Fülle von Zusätzen, Ergänzungen, Einschaltungen, Anhängen, Wucherungen, redaktionellen Veränderungen, in das Problem der Varianten, Parallelversionen, Dubletten, kurz den immensen «sekundären» Zuwachs, die Textgeschichte und Textkritik verlieren. Wir können nicht die Gründe für die Ausweitung des Pentateuch in einen Hexateuch, Heptateuch, ja Oktateuch oder auch seine Beschränkung auf einen Tetrateuch erörtern, so interessant das auch im Zusammenhang mit unserer Thematik wäre.

Schon ein flüchtiger Blick in kritische Kommentare, etwa in die Erklärungen der Moses-Bücher von Martin Noth, wird dem Leser zeigen, wie fast auf jeder Seite von Ergänzern, Redaktoren, späteren Bearbeitern, von Zutat, Erweiterung, Nachtrag, Kombinationen, von verschiedenen Stadien des Hinzufügens, Umgestaltens etc. etc. die Rede ist, von einem alten, älteren, einem ziemlich jungen Stück, wie oft da etwas sekundär genannt wird, vielleicht sekundär, wahrscheinlich sekundär, sicher sekundär. Das Wort sekundär kommt hier in allen fast nur denkbaren Verbindungen vor, es scheint geradezu das Schlüsselwort, ja, ich möchte, ohne eine exakte Häufigkeitsanalyse gemacht zu haben, behaupten: vermutlich gibt es in all diesen Untersuchungen Noths kein anderes Wort häufiger. Und sein Werk steht da für viele. Neuerdings schrieb die «Geschichte der historisch-kritischen Erforschung des Alten Testaments» Hans-Joachim Kraus. Bahnbrechend und wegweisend für das 19. Jahrhundert wurde besonders W. M. L. de Wette (gest. 1849), der die mannigfachen Erzählungsstränge, Traditionen dieser Bücher erkannte und «David», «Mose», «Salomo», «Jesaja» nicht als «Autoren», sondern als namentliche Symbole, als «Kollektivnamen» erklärte[75].

Wegen der immensen gelehrten Arbeit im Laufe des 19. Jahrhunderts und der daraus resultierenden systematischen Destruktion der biblischen Heilsgeschichte suchte Papst Leo XIII. durch seine Enzyklika «Providentissimus Deus» (1893) die Freiheit des

Forschens zu behindern. Eine «Gegenoffensive» wurde eröffnet und unter seinem Nachfolger Pius X. in einem Dekret «De mosaica authentia Pentateuchi» vom 27. Juni 1906 an Moses als inspiriertem Verfasser festgehalten. Am 16. Januar 1948 erklärte zwar der Sekretär der Päpstlichen Bibelkommission in einer offiziellen Antwort an Kardinal Suhard, die Entscheidungen der Kommission «widersetzten sich nicht einer weiteren wahrhaft wissenschaftlichen Untersuchung dieser Fragen ...». Doch «wahrhaft» bedeutet im römischen Katholizismus *immer*: im Sinne des *römischen Katholizismus*. Ebenso zu verstehen ist die abschließende Aufforderung: «Daher laden wir die katholischen Gelehrten ein, diese Probleme unvoreingenommen zu studieren, im Lichte einer gesunden Kritik ...» Denn «unvoreingenommen» heißt da wieder: voreingenommen für die Interessen *des Papsttums*. Und mit der «gesunden Kritik» ist wieder nichts anderes gemeint als eine Kritik *zugunsten Roms*[76].

Nun hat die historisch-wissenschaftliche Analyse der alttestamentlichen Schriften gewiß keine sichere Entscheidung darüber erbracht, wann die Texte entstanden sind, wenn auch bei manchen Teilen, etwa der prophetischen Literatur, die Sicherheit über das Alter größer ist als bei anderen, etwa bei der Kultlyrik, oder wenn vom Alter der Gesetze die Rede ist, wo die geringste diesbezügliche Sicherheit besteht. Doch spricht die religionsgeschichtliche Forschung angesichts des Tetrateuch (1.–4. Mose) und des deuteronomistischen Geschichtswerks (5. Mose, Josua, Richter, Samuels- und Königsbücher) mit allem Grund von «epischen Werken», «mythologischen Erzählungen», «Legenden», «Heldensagen» (Nielsen)[77].

Welcher Wirrwarr da herrscht, zeige einmal, um nur diesen Aspekt anzudeuten, die Fülle der Wiederholungen: ein doppelter Schöpfungsbericht, eine doppelte Genealogie Adams, eine doppelte Sintflut (wobei einmal die Flut nach 150 Tagen sich verläuft, einmal ein Jahr und zehn Tage dauert, einmal nach einem vierzigtägigen Regen und weiteren drei mal sieben Tagen endet; wobei Noe – er war damals 600 Jahre alt – nach Genesis 7,2 je sieben Paar reiner Tiere und je ein Paar unreiner mit in die Arche nimmt, nach Genesis 6,19 und 7,16 je zwei Stück reiner und unreiner Tiere – doch hätten wir viel zu tun, alle Widersprüche, Unvereinbarkeiten, Abweichungen eines von Gott inspirierten Buches aufzuzählen, in dem insgesamt 250 000 Textvarianten stehen. Weiter kennen die fünf Bücher des Moses einen doppelten Dekalog, eine sich wiederholende Gesetzgebung über die Sklaven, das Passah, das Leihen, eine doppelte über den Sabbat, zweimal wird das Betreten der Arche durch Noe erzählt, zweimal die Verjagung der Hagar durch Abraham, zweimal das Wachtel- und Mannawunder, die Berufung des Moses, dreimal wird vom Vergehen gegen Leib und Leben gehandelt, fünfmal vom Festkatalog, mindestens fünf Gesetzgebungen gibt es über die Zehnten usw.[78]

Weitere Fälschungen im Alten Testament (und in seinem Umkreis)

Ähnlich wie mit dem Pentateuch verhält es sich mit dem, was die «Heilige Schrift» David und seinem Sohn Salomo unterjubelt. Beide sollen um das Jahr 1000 gelebt, regiert und gedichtet haben, ihre angeblichen Werke aber sind meist Jahrhunderte jünger.

Die jüdische und die christliche Tradition der Bibel schreiben den ganzen Psalter, das Psalmen-Buch, immerhin 150 Psalmen, König David zu. Höchstwahrscheinlich jedoch stammt kein einziger Psalm von ihm. Laut Bibel aber hat David alles geschrieben.

Nun gibt es Methoden, die Sache plausibler zu machen. So schildert eine «Sachkunde zur Biblischen Geschichte» unter dem Stichwort «David als Sänger» verhältnismäßig ausführlich «Harfen» der damaligen Zeit. Das bringt uns der königlichen Autorschaft etwa ebenso nahe wie M. A. Beeks Behauptung, die Tradition, die David als Psalmen-Dichter in die Geschichte eingehen ließ, habe «sicherlich einen historischen Hintergrund» – zumal wenn wir Beeks nur wenige Zeilen vordem gemachte Versicherung erwägen, «daß wir außerhalb der Bibel noch immer keine Texte kennen, die auf die Regierungszeit Davids Licht werfen oder auch nur seinen Namen erwähnen». Was nun wieder sehr an Beeks historischen Moses erinnert! Von David freilich weiß er: «David spielte ein Saiteninstrument, das man besser als Leier denn als Harfe bezeichnen könnte. Die Abbildung einer solchen Leier findet sich auf einem um das Jahr 1000 v. Chr. gefertigten Gefäß...»[79]

Nun, wenn es um das Jahr 1000 eine Leier gab, wenn man die sogar noch abgebildet sehen kann, sollte dann nicht auch David eine solche Leier gehabt, sollte er nicht mit ihr gespielt und – zwischen seinen Raubzügen, Abschlachtungen, Vorhaut- und Verbrennungsofen-Aktionen (I 85 ff) das biblische Buch verfaßt haben können? Der Schluß scheint beinah zwingend! Zumal David ja als Poet und Musiker tatsächlich im Alten Testament erscheint, nämlich in den beiden Büchern seines älteren Zeitgenossen, des Propheten und Richters Samuel (I 85), eines Augen- und Ohrenzeugen gleichsam. Allerdings sind «Samuels» Bücher nach Auskunft der Forschung in einem Zeitraum zwischen frühestens etwa 100, spätestens 400 Jahre nach Samuels Tod entstanden – wie viele der Psalmen «Davids» oft erst in der Zeit des Zweiten Tempels (nach 516 v. Chr.), ein halbes Jahrtausend und mehr nach Davids Tod. Mittlerweile gesammelte Psalmen wurden immer wieder ergänzt, redigiert, interpoliert (alle Überschriften u. a.). Die Auswahl und Zusammenstellung kann bis zum 2. Jahrhundert v. Chr. gedauert haben. Es ist nicht einmal ausgeschlossen, daß noch im 1. nachchristlichen Jahrhundert Hinzufügungen kamen[80].

Nichts als Sexismus aber ist es, die Sphärenklänge am biblischen Königshof um das Jahr 1000 ganz anders zu deuten, wie einige deutsche Dichter, Kollegen Davids, dies dreitausend Jahre später tun, darunter Rilke, nicht ohne starke Stütze durch die Bibel. Ja, einer behauptet geradezu, weniger Davids Musik «denn sein Hinterer» habe König Saul «Erleichterung verschafft»[81].

Wie man aus David, dem «Bluthund» (I 88), den «lieblichen Psalmisten» machte, so aus seinem Sohn (mit Bathseba gezeugt, deren Mann David hatte umbringen lassen) den «weisen König Salomo», wodurch dieser erst berühmt geworden ist: der Schöpfer religiöser Gesänge. Ob Salomo jedoch jemals literarisch tätig war, ist völlig unbeweisbar. Fest steht dagegen, daß er durch einen Staatsstreich im Bund mit seiner Mutter, mit dem Priester Sadok, dem Propheten Nathan und dem Heerführer Benaja sich des Thrones bemächtigt, daß er seine Gegner teilweise hingerichtet, teilweise abgesetzt, verbannt, dann von seinen Untertanen drückende Steuern, Zwangsarbeit (Fron) verlangt hat, was zu wachsender Unzufriedenheit und allgemeinem Verfall führte – während er, laut Bibel, 700 Haupt- und 300 Nebenfrauen zu befriedigen hatte («und seine Frauen verleiteten sein Herz»: 1. Kön. 11,3), was zumindest nicht gerade auf eine große *dichterische* Produktion schließen läßt[82].

Die «Heilige Schrift» aber erkennt ihm drei Bücher zu: den «Prediger Salomo», die «Sprüche Salomos», die «Weisheit Salomos». «Ich glaube, daß dies größtenteils absichtliche Täuschung sein sollte und es auch war» (S. B. Frost)[83].

Das Buch «Prediger Salomo» oder «Ecclesiastes» (im Hebräischen «Kohelet») behauptet ausdrücklich, «die Worte des Predigers, des Sohnes Davids, des Königs zu Jerusalem» wiederzugeben, und allgemein wurde Salomo früher als Autor angesehen. Nur deshalb kam das lang umstrittene Opus überhaupt in die Bibel. Doch den tatsächlichen Verfasser kennt man nicht, weder seinen Namen noch seine Lebenszeit. Sicher ist nur, daß es – erstmals klar von H. Grotius 1644 erkannt – nicht Salomo geschrieben hat, von dem es im ersten Vers herrühren will. Vielmehr strotzt dies, nach Sprache, Geistesart, Anspielungen vermutlich im 3. vorchristlichen Jahrhundert entstandene Werk von stoischer, epikuräischer Philosophie, von den Einflüssen hellenistischer Zeit und Umwelt. Und kein Buch der Bibel, das so nonkonformistisch, so fatalistisch ist, das so eindringlich die Eitelkeit alles Irdischen beschwört: «Nichts als eitel, nichts als eitel, alles ist eitel» (hebel), Reichtum, Weisheit, alles «unter der Sonne». Ein Buch, das kaum ein Ende findet, die Kürze des Lebens zu beklagen, seine Enttäuschungen, wobei Gott selbst reichlich nebulos in weiter Ferne thront. Kein Wunder, daß man es mehrfach interpoliert, mehrfach abgeschwächt hat, daß seine Kanonizität erst 96 n. Chr. endgültig gesichert war. Eine beeindruckende jüdische Fälschung jedenfalls, das «Hohelied der Skeptiker», das auch keine Auferstehung kennt und durch dessen letzte Verse ich mich immer besonders (vergeblich) angesprochen fühle: «Und über dem allen, mein Sohn, laß dich warnen; denn des vielen Büchermachens ist kein Ende, und viel Studieren macht den Leib müde». Ergo: «Genieße das Leben mit deinem Weibe, das du liebhast . . .; denn bei den Toten, zu denen du fährst, gibt es weder Tun noch Denken, weder Erkenntnis noch Weisheit». (Niemand sage, ich fände in der Bibel nichts lesenswert.)[84]

Nach dem Redaktor der Königs-Bücher hat Salomo auch dreitausend Sprüche sowie eintausendundfünf – nach anderer Überlieferung fünftausend – Lieder verfaßt: «. . . von den Bäumen, von der Zeder an auf dem Libanon bis zum Ysop, der aus der Wand wächst. Auch dichtete er von den Tieren des Landes, von Vögeln, vom Gewürm und von Fischen». So wurde auch das Buch der «Sprüche» lange König Salomo zugeschrieben. Die Kapitel 1 bis 9 stehen ja noch heute unter der Gesamtüberschrift «Sprüche Salomos» in der Bibel, und auch die Kapitel 25 bis 29 werden eindeutig als «Sprüche Salomos» erklärt. In Wirklichkeit aber bekundet die Struktur des Buches verschiedene Verfasser, die es in ganz verschiedenen Epochen erstellt haben, die Kapitel 1 bis 9 nach dem 5. Jahrhundert. Und insgesamt erstreckt sich die Entstehung der einzelnen Sprüche fast über die gesamte alttestamentliche Zeit, könnte die endgültige Zusammenstellung um 200 v. Chr. erfolgt sein[85].

Auch die «Weisheit Salomos», nicht nur von der frühen Christenheit bewundert, galt ihr als sein Werk, zumal sich der Autor auch ausdrücklich Salomo und auserwählter König des Gottesvolkes nennt, galt als prophetisches und inspiriertes Buch. Clemens von Alexandrien, Origenes, Tertullian, der hl. Hippolyt bezeugen die Kanonizität ebenso wie der hl. Cyprian, der es wiederholt als Heilige Schrift zitiert. Die meisten alten Exegeten hielten es dafür. Und war ein Mann wie Hieronymus auch kritischer, ließ er doch die öffentliche Lesung daraus weiter zu. Schließlich prangt das Buch noch heute in der Bibel der Papstkirche.

In Wirklichkeit aber ist die «Weisheit Salomos» (fast) ein rundes Jahrtausend jünger als Salomo, war die Ursprache der Fälschung das hellenistische Griechisch, lebte der Verfasser (manche Kritiker nehmen zwei an) in Ägypten, wahrscheinlich in der hellenistischen Gelehrtenstadt Alexandrien, und schrieb sein Opus, das er dem (angeblich) Weisesten der Israeliten in den Mund legt, entweder im 1. vor- oder im 1. nachchristlichen Jahrhundert. Die Fortwirkung dieser Fälschung war groß[86].

An Salomo knüpfen noch zwei jüngere «Apokryphen» an. Einmal die erst im 17. Jahrhundert wiederentdeckten «Psalmen Salomos». In keinem der 18 Psalmen selbst namentlich erwähnt, wurden sie dem berühmten König wohl aus Prestigegründen unterschoben, um Aufmerksamkeit und die Erhaltung des Werkes zu erreichen – eine Anknüpfung an den David zugeschriebenen kanonischen Psalter, dessen Form auch (schlecht) imitiert wird. Zunächst hebräisch verfaßt, stammen diese Psalmen von einem (oder mehreren) orthodoxen Juden, und mit Sicherheit erst aus der Mitte des 1. vorchristlichen Jahrhunderts.

Die «Oden Salomos», eine Sammlung von 42 Liedern, syrisch überliefert (außer Ode 2), doch ursprünglich griechisch geschrieben, kommen aus christlichen Kreisen des 2. Jahrhunderts, ohne daß der Abfassungsort auszumachen wäre. Offenbar um seinem Machwerk den Anschein der Echtheit zu geben, hat der Autor den Parallelismus membrorum aus der hebräischen Poesie nachgeahmt. Bemerkenswerterweise ist die Fälschung die älteste uns bekannte christliche Hymnensammlung. «Die Lieder, die alle mit ‹Halleluja› schließen, dienen dem jubelnden Lobpreis Gottes» (Nauck)[87].

Außer den Moses, David und Salomo zu Unrecht zugeschriebenen Büchern des Alten Testaments sind auch dessen weitere frühe Teile – Richter, Könige, Chronik u. a. – Produkte viel späterer Zeit und anonym, sind sie sämtlich lange nach den Ereignissen, die sie schildern, endgültig zusammengestellt worden.

Dem Buch Josua, das der Talmud, viele Kirchenväter und noch jüngere Autoren Josua selbst zuschreiben, sprechen manche Bibelwissenschaftler jede historische Verläßlichkeit ab. Doch auch für wohlwollendere Betrachter ist es als Geschichtsquelle «nur mit Vorsicht ... zu benutzen» (Hentschke). Zu offensichtlich setzt es sich aus einer Vielfalt von Legenden, ätiologischen Sagen, lokalen Überlieferungen zusammen, die man in verschiedenen Zeiten ergänzt, willkürlich verknüpft und mit Josua in Verbindung gebracht hat, von dem schon Calvin klar erkannte, daß er das Buch nicht geschrieben haben kann. Die Endredaktion stammt erst aus dem 6. Jahrhundert aus der Zeit des babylonischen Exils (das nach der Bibel einmal etwa 67, einmal 73, einmal 49 Jahre gedauert hat). Ganz ähnlich verdanken die Bücher Samuel ihre Entstehung einer losen Überlieferung, sehr verschiedenen Traditionen und Kreisen, sehr verschiedenen Redaktoren oder Editoren, sehr verschiedenen Epochen[88].

Sogar ein großer Teil der prophetischen Literatur ist, bewußt oder durch Zufall, pseudonym, auch wenn andere Teile von dem Propheten stammen, unter dessen Namen sie stehen und die Visionen, die Auditionen, subjektiv durchaus wahr, «echt» gewesen sein können (die spätere literarische Arbeit daran einmal beiseite). Das läßt sich mit Sicherheit weder beweisen noch bestreiten. Vieles aber ist selbst in den prophetischen Büchern, die zu Recht den Namen ihres Verfassers tragen, schwer abgrenzbar, ist in späterer Zeit stark redigiert, also erst nachher hinzugefügt, erheblich verändert, aus dem Zusammenhang gerissen, vieles interpoliert worden, ohne daß man gewöhnlich weiß, wann und von wem.

Ganz besonders gilt das auch für das Jesaja-Buch, eines der längsten und berühmtesten Bücher der Bibel, von dem bereits Luther erkannte, daß es Jesaja ben Amos nicht herausgegeben hat. Die sogenannte große Jesaja-Apokalypse (Kapitel 24–27), eine Sammlung von Weissagungen, Liedern, Hymnen, ist erst verhältnismäßig spät dazu geschwindelt worden (ihre letzte Gestalt erhielt sie im 3. oder frühen 2. Jahrhundert), anscheinend in absichtlicher Nachahmung des jesajanischen Stils. Und gerade das besonders bekannte und folgenreiche 53. Kapitel stammt, wie alles andere von Kapitel 40–55, nicht von Jesaja, den man lange (bis zu Eichhorn, 1783) für den Autor hielt. Vielmehr schrieb es ein unbekannter, zwei Jahrhunderte jüngerer Verfasser aus der Zeit des babylonischen Exils, ein Mann, der wahrscheinlich in den Klagefeiern der verbannten Juden zwischen 546 und 538 aufgetreten ist, meist Deuterojesaja (zweiter Jesaja) genannt wird und in mancher Hinsicht bedeutender erscheint als Jesaja selbst.

Gerade dieser Einschub aber – in dem Bestreiter der Geschichtlichkeit Jesu (neben dem Gerechten in der gleichfalls gefälschten «Weisheit Salomos») die Keimzelle für die Ausschmückung des evangelischen Jesusbildes und des Christentums erblicken – wurde in umfassender und eindeutiger Weise das Vorbild für die Leidensgeschichte Jesu. Erzählt das 53. Kapitel doch, wie der Gottesknecht, der «Ebed-Jahve», verachtet und gemartert wurde und zur Vergebung der Sünden sein Blut vergoß. Das Neue Testament enthält mehr als hundertfünfzig Anspielungen und Hinweise darauf. Und viele frühchristliche Schriftsteller zitieren das 53. Kapitel ganz oder auszugsweise. Auch Luther deutete diese «Weissagung», das schuldlose Leiden des jesajanischen Gottesknechtes (das ja schon geschehen war!), noch auf Jesus. Und selbstverständlich bestätigt auch die Päpstliche Bibelkommission noch am 29. Juni 1908 den traditionellen Standpunkt. Doch nehmen inzwischen auch (fast) alle katholischen Exegeten die babylonische Datierung an. Und die letzten Kapitel des «Jesaja» (56 bis 66) sind aus abermals jüngerer Zeit. Man spricht etwas irreführend (seit Duhm, 1892) von einem Tritojesaja (dritter Jesaja), von der Forschung mit einem ironischen vivat sequens begrüßt; wahrscheinlich stammen diese Kapitel von mehreren nachexilischen Verfassern. Jedenfalls sind u. a. Jes. 56,2–8 und 66,16–24 auch nicht von «Tritojesaja», sondern wieder später eingefügt. Erst um 180 v. Chr. lag das Jesaja-Buch «im wesentlichen in seiner heutigen Gestalt vor» (Biblisch-Historisches Handwörterbuch)[89].

Dem Propheten Jesaja werden auch einige «Apokryphen» zugewiesen: das jüdische «Martyrium des Jesaja», wahrscheinlich aus dem 1. vorchristlichen Jahrhundert und später noch einmal christlich bearbeitet; die «Himmelfahrt des Jesaja», wahrscheinlich aus dem 2. Jahrhundert, ein auf christlicher Seite gefälschtes

Opus mit jüdischem Einschlag, worin «Jesaja» berichtet, wie er zum siebten Himmel reist und das ganze Christusdrama schaut; endlich die «Vision des Jesaja», eine zusätzliche christliche Fälschung zum «Martyrium des Jesaja», der jüdischen Fälschung[90].

Nicht viel anders als mit dem biblischen Jesaja-Buch steht es mit dem Buch des Propheten Sacharja, an den im Jahr 521 «das Wort des Herrn» erging. Seine gleichfalls ins Alte Testament aufgenommene Schrift enthält 14 Kapitel. Doch nur die ersten acht sind von ihm. Der ganze Rest, die Kapitel 9 bis 14, wurden, wie sich aus vielen Gründen ergibt, erst hinzugefügt; nach vielen Bibelwissenschaftlern während der Feldzüge Alexanders des Großen (336–323 v. Chr.)[91].

Wie das Jesaja-Werk verbindet auch das Buch Ezechiel, so gut wie durchweg in der Ich-Form geschrieben, Unheil- und Heilsprophetie, Schelt- und Drohreden mit Hymnen und verlockenden Verheißungen. Lange galt es unangefochten als Schrift des wohl symbolstärksten jüdischen Propheten, des Mannes, der 597 v. Chr. mit König Jojachin (I 96) von Jerusalem nach Babylon ins Exil zog. Ja, bis zum Beginn des 20. Jahrhunderts erblickte man im Buch Ezechiel fast allgemein ein Werk des Propheten selbst und eine gänzlich authentische Einheit. Seit den literarkritischen Untersuchungen R. Kraetzschmars (1900) und mehr noch J. Herrmanns (1908, 1924) setzte sich jedoch die Überzeugung durch, daß dies angeblich so einheitliche Buch sukzessiv entstanden ist und eine spätere Hand es überarbeitet hat. Einige Forscher schreiben Ezechiel sogar bloß noch die poetischen Partien zu, die prosaischen aber dem Bearbeiter, der demnach zumindest umfangmäßig den Hauptteil, immerhin rund fünf Sechstel, fabriziert hätte. Nach W. A. Irwin stammen von den insgesamt 1273 Versen nur 251 von Ezechiel, nach G. Hölscher gar nur 170. Andere Forscher halten zwar an der Authentizität der Schrift fest, nehmen aber mehrere Redaktionen und Redaktoren an, die zwischen die für echt gehaltenen Stücke gefälschte einschoben und auch sonst allerlei manipulierten. Bezeichnenderweise schreibt die jüdische Tradition das Werk nicht dem Propheten Ezechiel zu, sondern den «Männern der großen Synagoge»[92].

Ganz eindeutig und durchgehend gefälscht wurde das Buch Daniel, was bereits der große Christengegner Porphyrios (I 210 ff) bewundernswert klar erkannt hat. Zwar fielen seine eigenen fünfzehn Bücher «Gegen die Christen» den Vernichtungsbefehlen schon der ersten christlichen Kaiser zum Opfer. Doch einiges blieb durch Auszüge und Zitate erhalten, darunter auch die folgenden Sätze des Hieronymus im Prolog seines Daniel-Kommentars: «Gegen den Propheten Daniel hat Porphyrios das XII. Buch (seines Werkes) gerichtet; er will nicht anerkennen, daß das Buch Daniel von dem, dessen Namen es im Titel trägt, verfaßt worden sei, sondern von jemandem, der zur Zeit des Antiochos Epiphanes (d. h. ca. 400 Jahre später) in Judäa lebte, und er meint, daß Daniel nicht etwa Zukünftiges vorausgesagt, sondern jener lediglich Vergangenes nacherzählt habe. Was er über die Zeit bis zu Antiochos gesagt habe, entspreche der Wahrheit; wenn er aber darüber Hinausliegendes in Betracht gezogen habe, so habe er, da ihm die Zukunft ja unbekannt gewesen sei, falsche Angaben gemacht»[93].

Das Buch Daniel soll von dem angeblich im 6. Jahrhundert am babylonischen Königshof lebenden Propheten Daniel stammen, dessen Autorschaft in der Neuzeit auch Thomas Hobbes schon bezweifelte. Inzwischen wurde sie von der kritischen Forschung längst preisgegeben. Das katholische «Lexikon für Theologie und Kirche» aber schreibt noch 1931: «Die einzelnen Episoden können in ihrem Kern in sehr frühe Zeit zurückreichen, auch in die des Daniel . . . Die katholischen Exegeten halten zum großen Teil an Daniel als Verfasser des Buches im wesentlichen fest». Hauptsächlich die Ich-Form der Visionen Kapitel 7–12 (und selbstverständlich sein Platz in der «Heiligen Schrift») ließ die christliche Tradition so lange an «Daniels» Urheberschaft glauben, von dessen Leben und Wirken wir nur durch sein eigenes Werk wissen. Es kam wahrscheinlich als letztes in den Kanon des Alten Testaments und muß somit als authentisch verteidigt werden. In Wirklichkeit stammt die «Offenbarungsschrift» aus der Zeit des Syrerkönigs Antiochos IV. Epiphanes (I 105 ff), vermutlich aus dem Jahr des Makkabäer-Aufstands 164 v. Chr. Ergo lebte der

Autor lange nach den Ereignissen, die er im historischen Teil seines Buches in der dritten Person beschreibt (Kap. 1–6). So aber kann «Prophet Daniel», der vier Jahrhunderte früher als Diener des Königs Nebukadnezar in «Babel» wirkt und sich «auf Gesichte und Träume jeder Art» versteht, leicht prophezeien; das hat Porphyrios schon aufgedeckt. Dagegen gerät dem «Propheten» im historischen Teil der Schrift, in der Zeit, in der er angeblich lebte und die er schildert, verständlicherweise allerlei durcheinander. So ist Belsazar, der Veranstalter des berühmten Gastmahls, zwar zeitweise Regent, doch nicht «König» gewesen. Belsazar war auch nicht der Sohn Nebukadnezars, sondern der Nabonids, des letzten babylonischen Königs (555–539). Artaxerxes kam nicht vor Xerxes, sondern nach ihm. «Darius, der Meder» ist überhaupt keine geschichtliche Gestalt. Kurz, «Daniel» war im Visionären weit besser zu Hause als in der Zeit, in der er gelebt haben soll. Sonderfälschungen sozusagen in der Fälschung sind einige besonders bekannte (von den Katholiken deuterokanonisch, von den Protestanten apokryph genannte) Stücke in der Septuaginta, wie die Geschichte von den drei Jünglingen im Feuerofen, von der Susanna, die Erzählungen vom Bel und vom Drachen. Auch diese Sonderfälschungen stehen somit noch heute in der katholischen Bibel[94].

Das Buch Daniel ist die älteste Apokalypse und unter all den anderen Apokalypsen die einzige, die ins Alte Testament gelangt und damit kanonisch geworden ist. In die katholische Bibel kam allerdings eine weitere eindeutige Fälschung, das «deuterokanonische» Buch Baruch, womit wir uns einer speziellen, aus lauter Fälschungen bestehenden Literaturgattung zuwenden, die dann ganz organisch, geradezu bruchlos ins Christentum übergeht.

Die jüdische Apokalyptik

Die Apokalyptik (von griech. apokálypsis, «Enthüllung») spielt eine wichtige Rolle, eine Art Übergangsrolle zwischen dem Alten und Neuen Testament, besonders in der Zeit vom 2. Jahrhundert v. Chr. bis zum 2. Jahrhundert n. Chr. Man kann in der Apokalyptik eine Abart der jüdischen Eschatologie sehen, sozusagen eine inoffizielle, ins Kosmische, Jenseitige ausufernde Eschatologie neben der offiziellen nationalen der Rabbinen. Im Gegensatz zu dieser war die apokalyptische Literatur universalistisch; sie umfaßte Erde, Himmel und Hölle. Doch ihr Anhang führte eher ein Konventikeldasein (nicht unähnlich vielen Sekten heute und ihrem Verhältnis zu den Kirchen).

Die Forschung sieht in diesem Schrifttum ein «Bindeglied» zwischen dem Alten und Neuen Testament und zählt die Apokalyptik zur zwischentestamentlichen Periode. Dies erscheint um so sinnvoller, als (auch und gerade) die Apokalyptiker – Juden, deren genauere Herkunft (Essener, Pharisäer, Chasidäer) sich nur schwer feststellen läßt – Fälscher sind, Leute, die nicht unter ihrem Namen, sondern pseudonym schreiben; die ihre Enthüllungen göttlicher Geheimnisse, der Urzeit, Endzeit, des Jenseits, ihre mysteriösen Offenbarungen der Zukunft auf Träume, ekstatische Entrückungen (gelegentlich bis in den Himmel, u. a. Henoch, auch der christliche Apokalyptiker Johannes), auf «Visionen» zurückführen, während die Propheten sich meist auf «Auditionen» berufen. Häufig werden die Erleuchteten und zu Erleuchtenden von einem Offenbarungsmittler, Deuteengel, einem «angelus interpres» begleitet, der ihnen das Geschehene deutet – und uns natürlich.

Typisch für die oft nur so gebetsüberschwemmten Fälschungen ist ihr stark von iranischen Vorstellungen geprägtes dualistisches Weltbild, ihre Lehre von den zwei Äonen, einem vorläufigen und einem ewigen Äon. Typisch ist, daß sie die geschauten endzeitlichen Ereignisse, die «Wehen des Messias», als in Kürze bevorstehend schildern. All das reicht von grauenhaften menschlichen und kosmischen Katastrophen (die Weiber gebären nicht mehr, die Erde wird unfruchtbar, die Gestirne geraten durcheinander) bis zum göttlichen Gericht und phantastisch ausgemalter messianischer Herrlichkeit; wozu nicht zuletzt die Qualen der Gottlosen gehören, woran man sich weidlich erbaute, verbunden mit eindringlichen Mahnungen zu Buße und Umkehr. Die Naherwartung des Endes ist hier ebenso typisch wie die Jenseitshoffnung und der Determinismus, denn von Gott ist «alles vorbedacht» (4. Esra 6), der Anfang und das Ende. «Diese Welt hat der Höchste um vieler willen geschaffen, aber die zukünftige nur für wenige» (4. Esra 8,1) – wieder eine Demonstration mehr seines Allerbarmens. Weiter ist charakteristisch für die Zwischentestamentler, daß sie ihr Opus, das voller geheimnisvoller, verschlüsselter Bilder (Tiere, Wolken, Berge) und komplizierter Zahlensymbolik steckt, einer religiösen Koryphäe der Vorzeit unterschieben, es als von Adam, Henoch, Abraham, von Esra, Moses, Jesaja, Elia, Daniel stammend ausgeben und suggerieren, ihre Schrift sei lange verborgen oder bloß einem Gremium Auserwählter bekannt gewesen; jetzt aber wünsche Gott die weitere Verbreitung[95].

Häufig stellen die Schwindler ihre Geschichtsüberblicke als Prophezeiungen dar, in Futur-Form. Sie sagen, meist viele Jahrhunderte später schreibend als die «Großen» einst vielleicht gelebt haben, denen sie ihre Weissagungen in den Mund legen, natürlich alles sehr präzis voraus. Ihre Leser sind verblüfft und glauben jetzt bereitwillig auch das, was sie für die fernere Zukunft prophezeien an endzeitlichen Schrecken und Herrlichkeiten. Diese «pia fraus», diese «Geschichtsdarstellung als vaticinium ex eventu» (Vielhauer), hat entferntere alttestamentliche Parallelen schon im Pentateuch (1. Mos. 49; 4. Mos. 23 f; 5. Mos. 33), ihr eigentliches Vorbild aber vielleicht in der sibyllinischen Orakelliteratur der hellenistisch-römischen Zeit (S. 64 ff)[96].

Neben der schon vorgestellten biblischen Fälschung «Daniel» gehört auch das Buch Baruch hierher, das angeblich von Baruch ben Nerija, dem Schreiber, Begleiter und Freund des Propheten Jeremia stammt, dessen Weissagungen er im Jahr 605 niederschrieb. Sein eigenes Buch will «Baruch», der als Gottesbote auftritt und umfangreiche Schauungen empfängt, nach der Zerstörung Jerusalems in Babylon verfaßt haben. Auch will er vieles mehr und besser wissen und auch sagen als die Propheten – und noch 1931 sah das katholische «Lexikon für Theologie und Kirche» «keinen Anlaß, die Autorschaft des Baruch zu beanstanden». Inzwischen wird die Echtheit dieser (wie das gefälschte «Buch Daniel») im Alten Testament stehenden Schrift nur noch von ganz wenigen behauptet, wurde sie doch mehr als ein halbes Jahrtausend nach Baruch verfaßt: der erste Teil vielleicht im 1. Jahrhundert v. Chr. (der früheste Zeitpunkt), der zweite Teil vielleicht erst in der Mitte des 1. Jahrhunderts n. Chr.[97]

Außer dem Baruch-Buch gibt es noch andere gefälschte Baruchschriften, etwa die zu den Pseudepigraphen des Alten Testaments zählende syrische Baruch-Apokalypse ungefähr aus dem frühen 2. nachchristlichen Jahrhundert; ferner eine ganz dem Jenseits geltende griechische Baruch-Apokalypse, auch in slawischer Fassung erhalten, die Baruchs Reise durch fünf (bzw. zwei) Himmel schildert – eine ursprünglich jüdische Fälschung, die aber noch einmal durch christliche Hände gefälscht und frühestens um 130 n. Chr. geschrieben worden ist – um von einer Reihe weiterer auf Baruchs Namen fabrizierter Bücher zu schweigen[98].

Auch unter dem Namen des Moses wurde noch Außerbiblisches erschwindelt; die «Apokalypse des Moses» erst rund eineinhalb Jahrtausende nach seiner mutmaßlichen Lebenszeit durch einen begreiflicherweise gut informierten jüdischen Verfasser. Und in der «Assumptio Mosis», vom Judasbrief des Neuen Testaments benutzt, brilliert der Titelheld nur so als Prophet, indem er die Zukunft Israels bis zum Tod des Königs Herodes voraussagt – allerdings durch den gleichfalls jüdischen Fälscher im 1. Jahrhundert n. Chr.[99]

Andere jüdische Apokalypsen, an denen sich christliche Hände noch stark vergriffen haben, sind: die Apokalypse des Elia, des Zephanja, das apokryphe Ezechiel-Buch, das Testament des Abraham, das auch dessen Reise in den Himmel und zurück berichtet, die Apokalypse des Abraham, worin dieser in Visionen die Zukunft seines Geschlechts und Israels vorausschaut (in

Wirklichkeit wieder der Fälscher etwa zweitausend Jahre später darauf zurückblickt) und andere mehr[100].

Gerade aus der apokalyptischen, von den Christen dann weitergeführten Gattung gingen die Fälschungen fast mit innerer Notwendigkeit hervor; sie wurden typisch für sie. Was lag näher, war leichter, als die «Werke» alter und ältester Autoritäten, der Männer der «besseren» Vergangenheit, der zwölf Erzväter sowie der Daniel, Henoch, dessen Echtheit schon Origenes bezweifelte, Abraham, Noah, Moses, Jesaja, Esra, immerhin eine Liste von zwanzig Namen, just zu der Zeit aufzufinden, da ihre Prophezeiungen, ihre Offenbarungen, einzutreten begannen?!

Weitere Fälschungen des (Diaspora-) Judentums

Nicht wenige literarische Fälschungen der Juden aber verdanken ihr Dasein der Bemühung, einen beträchtlichen Teil der griechischen Philosophie auf den Pentateuch zurückzuführen, den die Griechen angeblich bestohlen hatten. Zum Beweis dieser frechen Unterstellung fälschten die Juden zum Beispiel entsprechende orphische Hymnen; schwindelten sie in die Werke Hesiods und anderer heidnischer Epiker Texte aus dem Alten Testament; machten sie Homer zum strammen Verfechter der Sabbatvorschriften! Abraham erschien als Vater der Astronomie, Moses nahm bereits Platon vorweg, ja, nach Clemens Alexandrinus gewann sogar Miltiades die Schlacht bei Marathon (490 v. Chr.) mit christlicher Strategie: der Feldherrnkunst des Moses. Schon der hl. Justin, der führende Apologet und große Judenfeind des 2. Jahrhunderts (I 127), protzte so: «Wir lehren also nicht dasselbe wie die übrigen, sondern alle andern sprechen nur das Unsrige nach» – damit übrigens gestehend, was er bestreitet, nur in Umkehr der Abhängigkeit[101].

Was hatten die Juden kulturell gegenüber den Griechen zu bieten? Welche großen Philosophen, Dichter? Das Alte Testament?

Auch die heidnische Welt achtete heilige Texte. Die biblischen Bücher aber schätzte sie gering. Das Wesentliche darin stammte für sie aus anderen Religionen, die Weissagungen der Propheten waren ex eventu, die Wundergeschichten töricht, die Zeremonien lächerlich, der jüdische Nationalismus war verhaßt[102].

Die Rabbinenschulen verpflichteten nun zwar zur peinlichen Genauigkeit bei der Überlieferung. «Irgendeinem Schriftgelehrten ein Wort, das er nicht gesagt hat, zu unterschieben, wäre schlechterdings ein Verbrechen gewesen» (Torm). Und doch grassiert in der gleichzeitigen jüdischen Literatur das Phänomen der Pseudonymität in der anrüchigsten Form, wird die sehr expansive jüdische Mission zur Zeit Jesu mit Hilfe einer umfangreichen Propagandaliteratur betrieben, mit bedenkenlosen Fälschungen, gibt es «eine Blüte jüdischer Pseudepigrapha» (Syme)[103].

Gerade in der Diaspora mochten die Juden, trotz des Erfolges ihrer Proselytenmacherei, den Griechen sich besonders unterlegen fühlen. Und diesem Mangel suchten sie abzuhelfen. Sie wollten ihr Judentum, ihren Glauben aufwerten, die Überlegenheit ihrer Religion dartun: indem sie durch angeblich alte Schriften ihre Superiorität bewiesen, die jüdischen Propheten viel älter als die heidnischen Philosophen, jene gleichsam deren Lehrer sein ließen. Indem sie selbst durch Aristoteles Sympathien für den Monotheismus suggerierten, durch Sophokles und Euripides die Vielgötterei angriffen. Oder indem sie Hekataios von Abdera, einem Zeitgenossen Alexanders des Großen, ein glorifizierendes Werk über Abraham zuschrieben. Oder indem sie dem im 6. Jahrhundert lebenden Spruchdichter Phokylides aus Milet im 1. Jahrhundert ein aus 230 Hexametern verfaßtes Lehrgedicht unterjubelten, eine populäre Moralphilosophie, die Griechisches und Jüdisches verknüpft, mit der leiblichen Auferstehung die Fortdauer und Vergöttlichung der Seele verbindet – Selbstbehauptungsbestreben in einer überlegenen Umwelt, ausgeklügelte Werbefeldzüge eben für das hellenistische Judentum unter heidnischer Maske. Und gerade bei den Christen hatten diese Fälschungen viel mehr Erfolg als die pseudepigraphen Apokalypsen und Patriarchenbücher[104].

In diesen Zusammenhang gehört etwa der bekannte jüdisch-alexandrinische Aristeas-Brief, zur Anerkennung und Verherrlichung des Septuaginta-Pentateuchs, des jüdischen Gesetzes und des Judentums überhaupt geschrieben; angeblich im 3. vorchristlichen, tatsächlich im ausgehenden 2., wenn nicht gar erst im 1. Jahrhundert. Der Hofbeamte Aristeas berichtet darin u. a. die Übersetzung des jüdischen Pentateuchs ins Griechische durch 72 jüdische Männer (6 aus jedem Stamm) auf der Insel Pharos in 72 Tagen für die königliche Bibliothek in Alexandrien. Die von 72 auf 70 abgerundete Zahl der Übersetzer gab der ältesten und wichtigsten Übertragung des Alten Testaments ins Griechische den Namen (S. 35). Der frommen Sage nach arbeitete jeder Übersetzer für sich, doch brachte ein jeder, Wort für Wort, denselben Text zustande – was alle Kirchenväter, Augustin eingeschlossen, geglaubt haben[105].

In diesen Problemkreis gehört ferner, daß sich Juden der heidnischen Sibyllen bedienten, indem sie, wie dann die Christen, Sibyllinen schrieben, Prophezeiungen, natürlich unter nichtjüdischen Verfassernamen und natürlich vaticinia ex eventu, glatter Betrug.

Die Sibyllinen (deren Namen selber sibyllinisch und bis heute nicht geklärt ist) waren heidnische Prophetinnen anscheinend des 8. vorchristlichen Jahrhunderts im griechischen Kulturraum, als deren bedeutendste die Erythräa gilt; kaum minder berühmt die von Cumae, die tausend Jahre alt geworden und zuletzt nur noch als flüsternder Laut in der vulkanischen Grotte, ihrem Orakelsitz, umhergeschwebt sein soll. An diese gottbesessenen Seherinnen jedenfalls knüpfte die griechische Sibyllenliteratur an, prophetische Gesänge in Hexametern unheilvollen Inhalts. Und diese literarische Gattung wieder griff im 2. vorchristlichen Jahrhundert eben das Diasporajudentum auf und machte sie zu einem Mittel der Mission, zu ihrem Propagandainstrument. Man fälschte in die heidnischen Texte Attacken auf das Heidentum hinein, vor allem auf den Polytheismus, und bereicherte sie gleichzeitig durch Weissagungen auf Israel, auf die jüngste Vergangenheit und Gegenwart[106].

Auch die «Sibyllinischen Orakel», 14 Bücher voller göttlich inspirierter Weissagungen, deren Entstehung vom 2. vorchristlichen (3. Buch) bis ins 3. oder 4. nachchristliche Jahrhundert reicht (11. bis 14. Buch), bezogen sich auf diese gottbegeisterten Prophetinnen der Alten, ihre geheiligte Autorität. Durch archaisierenden Stil, gekünstelte homerische Einfachheit, durch Verwendung paganen Orakelgutes oder sonstiger Anleihen bei heidnischen Schriftstellern erhielten sie den Anschein von Echtheit, von Originalität, die Glaubwürdigkeit tatsächlicher Prophezeiungen. Schon wegen der Ähnlichkeit der sibyllinischen Drohweissagung mit der alttestamentlichen faszinierten sie das Judentum und galten auch den antiken Christen ausnahmslos als echt, obwohl sie sämtlich teils jüdische, teils christliche Fälschungen sind – nicht etwa dichterischer Kunstgriff, literarisches Stilmittel, wie in Vergils vierter Ekloge die Übertragung Sibyllinischer Orakel auf ein römisches Kind oder die Prophezeiung Miltons gegen Ende von «Paradise Lost».

Die Bücher 1 bis 5 wurden von hellenistischen Juden gefälscht, freilich nicht ohne daß dann Christen durch zahlreiche Einschübe weiter hineingefälscht hätten. Die Bücher 6, 7 und 8 sind rein christliche Fälschungen aus der zweiten Hälfte des 2. Jahrhunderts, u. a. mit einem vielgepriesenen Preislied auf Christus und das Kreuzesholz. Bei den Büchern 11 bis 14 ist offenbar schwer zu sagen, wer mehr fälschte, Juden oder Christen. Viele Führer der letzteren haben diese Schwindeleien auch als Autoritäten betrachtet und entsprechend verwendet: Hermas, Justin, Athenagoras, Theophil, Tertullian, Clemens Alexandrinus, Euseb, besonders aber Laktanz (der das 8. Buch 30mal zitiert). Doch noch ein Kirchenlehrer wie Augustinus förderte das Ansehen solcher Falsa, in denen die Sibyllen, der persische Prinz Hystaspes, der Beschützer und erste Anhänger Zarathustras, dieser selbst, der Religionsstifter, Mittler und Erlöser Hermes Trismegistos, Orpheus zu Verkündern Christi wurden, mitunter auch der Jungfrauengeburt, der Gottesgebärerin, und gelegentlich bekämpfte man dabei sogar die Heiden.

Der Einfluß dieser jüdisch-christlichen Sibyllistik war groß und reicht weit über die Antike hinaus bis zu Dante, Calderón, Giotto, Michelangelo[107].

Seit dem 2. Jahrhundert übernahmen christliche Apologeten die jüdischen Sibyllinen, vor allem, um gegen das christenfeindliche Rom zu kämpfen. Und wie die Juden einst an die heidnische Sibyllistik angeknüpft hatten, so knüpften die Christen nun an die jüdische an. Sie rezipierten diese auch ähnlich, sie bearbeiteten sie und erfanden neue[108].

Jüdisch-christliche «Kooperation»

Vom 2. vorchristlichen bis zum 2. nachchristlichen Jahrhundert ahmte man häufig kanonische Bücher des Alten Testaments nach oder fälschte sie frei weg und gab ihnen biblische Verfassernamen, wie etwa dem pseudohistorischen apokryphen 3. Buch Esra (auch «griechischer Esra» genannt), dem voller altpersischer und griechischer Mythen steckenden und auch im Neuen Testament zitierten Henochbuch, das an jenen Henoch anknüpft, der in den Kainitenlisten von 1. Mos. 4,17 ff der Sohn des Kain und der Vater des Irad, in der Sethitenliste 1. Mos. 5 der Sohn des Jared und der Vater des Methuselach ist. Und obwohl wir durch das Zeugnis der Gräber Palästinas wissen, daß die Lebensdauer jener Zeit nicht mehr als 50 Jahre betrug, behauptet die Bibel (in diesem Fall noch relativ bescheiden), Henochs «ganzes Alter ward 365 Jahre. Und weil er mit Gott wandelte, nahm ihn Gott hinweg und er ward nicht mehr gesehen». Wohin Gott ihn nahm, verschweigt die «Schrift». Dafür wurde er dann von jüdischen und christlichen Kreisen als himmlischer Prophet und Heiliger verehrt und taucht in weiteren Fälschungen auf: im «Buch Jubiläen» 4,23 im Garten Eden, in der «Himmelfahrt des Jesaja» 9,9 (S. 55 f) im siebten Himmel; und natürlich im äthiopischen Henochbuch (von der äthiopischen Kirche kanonisiert) sowie im sehr ähnlichen slawischen Henochbuch, das man im 1. oder 2. nachchristlichen Jahrhundert auf jüdischer Seite gefälscht und darauf wahrscheinlich noch einmal «in christlichem Geiste überarbeitet» hat (A. van den Born)[109].

So entstanden in jenen Jahrhunderten laufend jüdische «Apocrypha», von vielen Kirchenvätern als echt, manchmal sogar als heilig anerkannt. Und zahlreiche jüdisch-alttestamentliche «Apokryphen» haben Christen interpoliert und erweitert, wie das gerade genannte Buch Henoch. Einige dieser Fälschungen wurden sogar dem Kanon zugezählt: Das im 1. nachchristlichen Jahrhundert unter dem Namen des Esra geschriebene 4. Buch Esra etwa. Oder das 3. Makkabäerbuch, das nichts mit den Makkabäern (I 104 ff) zu tun hat, vielmehr sehr dem gleichfalls gefälschten «Aristeasbrief» ähnelt (S. 64). Oder die 18 Psalmen Salomos (S. 53). Sahen manche Christen doch «in der Fälschung das wirksamste Mittel . . ., die äußeren Feinde des neuen Glaubens zu widerlegen» (Speyer)[110].

Auch das «Testament der zwölf Patriarchen» ist eine dieser ungezählten Betrügereien und zudem ein schönes Beispiel für eine produktive jüdisch-christliche «Kooperation» über Jahrhunderte. Denn dies ungefähr zwei Jahrtausende nach der fraglichen Lebenszeit der Patriarchen frühestens im späteren 1. nachchristlichen Jahrhundert erstellte «Testament» besteht sozusagen, wie erstmals F. Schnapp 1884 in einer gründlichen kritischen Analyse im wesentlichen wohl zutreffend gezeigt hat, zunächst aus einer jüdischen Grundschrift. In diese Fälschung fälschte darauf ein weiterer Jude viele Einschübe hinein. Und diese doppelte Fälschung bereicherte dann ein Christ noch durch entsprechende christliche Einschübe. Ja, noch nachnicaenische Christen haben hier interpoliert[111].

Das «Testament der zwölf Patriarchen» besteht aus zwölf Abschiedsreden der Söhne Jakobs an ihre Nachkommen sowie aus Weissagungen, die sich zweitausend Jahre später gut voraussagen ließen. Von Patriarch Jakob selbst aber, den das 1. Buch Mose 27 «einen gesitteten Mann» nennt, liest man schon 1,36, er heiße mit Recht Jakob, der Hinterlistige, «denn er hat mich nun zweimal betrogen. Meine Erstgeburt hat er genommen, und siehe, nun nimmt er auch noch meinen Segen». Wenn ein solcher, übrigens schon im Mutterleib von Jahwe bevorzugter Mensch durch ein Linsengericht das Recht der Erstgeburt erkauft und von seinem erblindeten Vater den Segen des Erstgeborenen erschleicht, wenn also der Stammvater Israels bereits im ersten Buch der «Heiligen Schrift» als ausgemachter «Betrüger» erscheint, warum sollte man dann in ihr nicht weiter betrügen, zum Beispiel durch literarische Fälschungen[112]?

Als der katholische Romancier Stefan Andres die «Biblische Geschichte» kompetenterweise nacherzählte, schloß er sein 1965 in Rom geschriebenes Nachwort mit der Bemerkung, er wäre glücklich, wenn die Leser seines Buchs «die in ihm enthaltene Heilige Schrift wie einen atemberaubenden Roman läsen, und vielleicht ist sie es sogar: ein roman fleuve mit vielen Autoren . . .». Und mit vielen Fälschern, wie sich nun gleich auch im Neuen Testament zeigen wird[113].

FÄLSCHUNGEN IM NEUEN TESTAMENT

«. . . was das Christentum vor allen geschichtlichen Ereignissen voraus hat, ist der Umstand, daß diese Schriftsteller nicht bloß mit ihren eigenen Erfahrungen und mit ihrem ehrlichen Namen für die Treue und Gewissenhaftigkeit ihrer Berichterstattung einstehen, sondern gleich *alles, was sie sind und haben, zum Pfand einsetzen*, der Wahrheit und nur der Wahrheit Zeugnis gegeben zu haben. So etwas hat die Welt noch niemals gesehen . . .» Der katholische Theologe F. X. Dieringer[114]

«Außerdem hat die moderne Bibelkritik dafür gesorgt, daß die Bibel wissenschaftlich exakt untersucht wurde. Es steht heute fest: die Bibel ist zu 99% in Ordnung». Der katholische Theologe Alois Stiefvater (mit kirchlicher Druckerlaubnis)[115]

«Die Alte Kirche ist in Mode gekommen. Nicht nur, weil man sich erneut bewußt ist, daß Wasser in Quellnähe am lautersten quillt . . .» Der katholische Theologe Frits van der Meer[116]

«Die Fälschungen beginnen in neutestamentlicher Zeit und haben nie aufgehört». Der evangelische Theologe Carl Schneider[117]

Der Irrtum Jesu

Am Beginn des Christentums steht freilich kaum die Fälschung – vorausgesetzt: Jesus von Nazareth ist historisch und nicht der ins Menschliche transponierte Mythus eines Gottes. Hier wird jedoch die Geschichtlichkeit vorausgesetzt, denn sie ist – verschwindende, beachtliche Ausnahmen beiseite – die communis opinio des 20. Jahrhunderts: aber noch kein Beweis. Ebenso billig wie unverschämt indes sind hundertfach kursierende apologetische Betisen, wie die des Jesuiten F. X. Brors (mit Imprimatur): «Aber wo findet sich denn irgend *eine Persönlichkeit, deren Existenz so historisch verbürgt ist, wie die Person Christi*? Dann können wir auch einen Cicero, einen Cäsar, ja auch den ‹großen Fritz› und einen Napoleon zur Mythe machen: besser verbürgt als die Existenz Christi ist auch deren Existenz nicht»[118].

Dagegen steht fest: es gibt kein beweiskräftiges Zeugnis für Jesu Geschichtlichkeit aus der sogenannten Profanliteratur. Jedes dieser Zeugnisse hat nicht mehr Wert als die gelegentliche Bezifferung der Länge Christi auf 189 cm, die der Maria auf 186 cm. Sämtliche außerchristlichen Quellen schweigen entweder über Jesus: Sueton etwa, der jüngere Plinius auf römischer Seite, Philon und, besonders eklatant, Justus von Tiberias auf jüdischer. Oder sie kommen nicht in Betracht, wie die «Testimonia» von Tacitus und Josephus Flavius, was heute sogar viele katholische Theologen zugeben. Und ein so wohlangesehener Katholik wie Romano Guardini wußte, warum er schrieb: «Das Neue Testament bildet die einzige Quelle, die von Jesus Kunde gibt»[119].

Wie es aber mit dem Neuen Testament und seiner Zuverlässigkeit steht, das hat die historisch-kritische Theologie in ebenso umfassender wie akribischer Weise gezeigt, und zwar mit weithin negativem Resultat. Sind die biblischen Bücher doch nach den kritischen christlichen Theologen «an der Historie nicht interessiert» (M. Dibelius); «weithin nur eine Anekdotensammlung» (M. Werner); «nur mit äußerster Vorsicht (zu) benutzen» (M.

Goguel); sie stecken voller «Kultlegenden» (von Soden), «Erbauungs- und Unterhaltungsgeschichten» (C. Schneider), voller Propaganda, Apologetik, Polemik, Tendenz. Kurz, der Glaube ist hier alles, die Geschichte nichts[120].

Das gilt auch und gerade von jenen Quellen, die uns fast allein über Leben und Lehre des Nazareners unterrichten, den Evangelien. Alle Leben-Jesu-Darstellungen sind, wie ihr bester Kenner, Albert Schweitzer, schrieb, «hypothetische Konstruktionen». Und dementsprechend sieht auch die moderne christliche Theologie, soweit sie kritisch, dogmatisch nicht geknebelt ist, die historische Glaubwürdigkeit der vier Evangelien in umfassender Weise in Frage gestellt, kommt sie einmütig zu dem Schluß, daß sich vom Leben Jesu so gut wie nichts mehr ermitteln lasse, daß auch die Nachrichten über seine Lehre meist sekundär, hernach hinzugedichtet seien, daß somit die Evangelien weithin keineswegs Geschichte spiegeln, sondern Glauben: die Gemeindetheologie, die Gemeindephantasie des späten 1. Jahrhunderts[121].

Weder Geschichte steht demnach (!) am Anfang des Christentums noch Fälschung; wohl aber als Mittelpunkt, als sein eigentliches Motiv: der Irrtum. Und dieser Irrtum geht auf keinen Geringeren als Jesus zurück.

Wir wissen: der Jesus der Bibel, besonders der Synoptiker, steht ganz in der jüdischen Tradition. Er ist viel mehr Jude als Christ; wie denn die Mitglieder der Urgemeinde seinerzeit auch «Hebräer» hießen – erst die neuere Forschung nennt sie «Judenchristen». Ihr Leben aber unterschied sich kaum von dem der übrigen Juden. Sie sahen auch die jüdischen heiligen Schriften als maßgeblich an, ja, blieben noch mehrere Generationen lang Mitglieder der Synagoge. Jesus propagierte eine Mission auch nur unter Juden (S. 111 f). Er war stark von der jüdischen Apokalyptik beeinflußt. Und diese, besonders die apokalyptisch-henochitische Tradition, wirkte stark auf das Christentum. Nicht von ungefähr betitelte Bultmann eine Studie: «Ist die Apokalyptik die Mutter der christlichen Theologie?» Das Neue Testament jedenfalls wird weithin von apokalyptischen Gedanken geprägt. Es verrät auf Schritt und Tritt ihren Einfluß. «Es kann kein Zweifel bestehen, daß es vorzugsweise ein apokalyptisches Judentum war, in dem der christliche Glaube seine erste und grundlegende Form gewann» (Cornfeld/Botterweck)[122].

Geradezu die Keimzelle dieses Glaubens aber ist Jesu Irrtum über das unmittelbar bevorstehende Ende der Welt. Solche Enderwartungen waren häufig. Sie bedeuteten auch nicht immer das Weltende, sondern vielleicht nur den Anbruch einer neuen Weltperiode. Man kannte entsprechende Vorstellungen im Iran, in Babylonien, Assyrien, Ägypten, und vom Heidentum übernahmen sie die Juden, gingen sie als Messiasidee ins Alte Testament ein. So wurde auch Jesus einer der vielen endzeitlichen Propheten, verkündete er, wie die jüdischen Apokalypsen, die Essener, Johannes der Täufer, seine Generation als die letzte; predigte er, daß die gegenwärtige Zeit abgelaufen sei und einige seiner Jünger «den Tod nicht schmecken werden, bis daß sie sehen das Reich Gottes kommen mit Macht»; daß sie mit der Mission in Israel nicht zu Ende sein würden, «bis der Menschensohn kommt»; daß Gottes Strafgericht sich «noch an diesem Geschlecht» vollziehe; daß es nicht vergehen werde, «bis dies alles geschehen ist»[123].

Obwohl all das aber schon eineinhalb Jahrtausende lang in der Bibel stand, hat erst Hermann Samuel Reimarus, der 1768 gestorbene Hamburger Orientalist, den Irrtum Jesu klar erkannt, dann Lessing Teile aus der unveröffentlichten, 1400 Seiten umfassenden Arbeit des Gelehrten publiziert. Doch erst um die Wende zum 20. Jahrhundert wurde die Entdeckung des Reimarus durch den Theologen Johannes Weiß entscheidend aufgezeigt und durch den Theologen Albert Schweitzer besonders ausgebaut. Inzwischen gilt die Erkenntnis vom fundamentalen Irrtum Jesu als kopernikanische Tat der modernen Theologie und wird von ihren historisch-kritischen, dogmatisch ungebundenen Repräsentanten fast allgemein vertreten. Für den Theologen Bultmann bedarf es «keines Wortes, daß sich Jesus in der Erwartung des nahen Weltendes getäuscht hat». Und nach dem Theologen Heiler wird «Jesu felsenfeste Überzeugung von dem baldigen Kommen des Gerichtes und der Vollendung . . . von keinem ernsten und unbefangenen Forscher mehr bestritten»[124].

Vorboten der Fälscher

Doch nicht nur Jesus hat sich getäuscht, auch *die gesamte Urchristenheit*, da man, wie ein nun ganz unverdächtiger Gewährsmann zugibt, der Freiburger Erzbischof Conrad Gröber (Förderndes Mitglied der SS), «das Wiederkommen des Herrn als demnächstig ansah, wie es nicht nur einzelne Stellen in den Briefen des hl. Paulus, der hll. Petrus und Jakobus und die Apokalypse, sondern auch die Literatur der apostolischen Väter und das urchristliche Leben bezeugen»[125].

Marana tha – Komm, unser Herr, das war der Gebetsruf der ersten Christen. Als aber die Zeit verging und der Herr nicht kam, als sich Zweifel mehrten, Resignation, Spott, Lächerlichkeit, Zwist, da milderte man allmählich die Radikalität der jesuanischen Aussagen. Und schießlich, nach Jahrzehnten, Jahrhunderten, als nicht der Herr kam, sondern die Kirche, da machte diese aus der Naherwartung Jesu die Fernerwartung, aus seinem Reich-Gottes-Gedanken den Kirche-Gedanken, setzte sie an die Stelle des ältesten christlichen Glaubens – das Himmelreich: eine totale Verkehrung, im Grunde eine gigantische Fälschung, innerhalb des Christentums dogmatisch die größte überhaupt[126].

Der Glaube an die Naherwartung des Endes bedingte die späte Entstehung der urchristlichen Schriften entscheidend: erst in der zweiten Hälfte des 1. und im Laufe des 2. Jahrhunderts. Denn Jesus und seine Jünger, die kein abstraktes Jenseits, keinen transzendenten Seligkeitszustand erwarteten, sondern das unmittelbar bevorstehende Eingreifen Gottes vom Himmel her und eine völlige Verwandlung aller Dinge auf Erden, hatten natürlich gar kein Interesse an Aufzeichnungen, Niederschriften, Büchern, zu deren Abfassung sie auch kaum imstande waren.

Und als man schrieb, da schwächte man von Anfang an Jesu Prophezeiungen des so nah bevorstehenden Weltendes ab. Die Christen erlebten dies Ende ja nicht, und so durchziehen die Fragen danach ihre ganze alte Literatur, Skepsis macht sich breit, Unwille. «Wo ist denn seine verheißene Wiederkunft?» heißt es im 2. Petrusbrief. «Seitdem die Väter entschlafen sind, bleibt ja alles doch so, wie es seit Beginn der Schöpfung gewesen ist». Und aus dem 1. Clemensbrief dringt die Klage: «Dies haben wir auch schon in den Tagen unsrer Väter gehört, und siehe, wir sind alt geworden, und nichts von all dem ist uns widerfahren»[127].

Solche Stimmen werden bald nach Jesu Tod laut geworden sein. Und sie mehren sich durch Jahrhunderte. So reagiert bereits der älteste christliche Autor, der Völkerapostel Paulus. Hatte er den Korinthern zunächst erklärt, die Frist sei «nur noch kurz bemessen», die Welt «geht dem Untergang entgegen», «Wir werden nicht alle entschlafen, wir werden aber alle verwandelt werden», so spiritualisierte er dann den von Jahr zu Jahr suspekteren Endzeitglauben. Er ließ nun die große Welterneuerung, den heißersehnten Äonenwechsel für die Gläubigen innerlich bereits durch Jesu Tod und Auferstehung eingetreten sein. Paulus setzte anstelle der jesuanischen Reich-Gottes-Predigt, anstelle der Verheißung, daß dieses Reich bald auf Erden anbrechen werde (S. 72), nun individualistische Jenseitsgedanken, die vita aeterna. Christus kommt jetzt nicht mehr zur Welt herab, sondern der gläubige Christ kommt zu ihm in den Himmel! Auch die später schreibenden Evangelisten mildern Jesu Endzeitprophezeiung und bringen Korrekturen im Sinne eines Aufschubs an; wobei am weitesten Lukas geht, indem er den Glauben an die Naherwartung durch den Glauben an eine gottgewollte Heilsgeschichte mit Vorstadien und Zwischenstufen ersetzt[128].

Die «Heiligen Schriften» sammeln sich oder Vierhundertjähriges Nachdenken der dritten göttlichen Person

Kein Evangelist hatte freilich die Absicht, eine Art Offenbarungsurkunde zu schreiben, ein kanonisches Buch. Keiner hielt sich für inspiriert, auch Paulus nicht, überhaupt kein neutestamentlicher Autor. Nur die Apokalypse, die mit knapper Not in die Bibel kam, erhebt den Anspruch, ihrem Verfasser von Gott diktiert worden zu sein. Noch der rechtgläubige Bischof Papias aber hielt um 140 die Evangelien nicht für «Heilige Schriften» und zog ihnen die mündliche Tradition vor. Noch der hl. Justin, der wichtigste Apologet des 2. Jahrhunderts, sieht in den Evangelien (die er kaum nennt, während er das Alte Testament fortwährend bemüht) nur «Denkwürdigkeiten».

Der erste, der von einer Inspiration des Neuen Testaments spricht, der die Evangelien und die Paulusbriefe als «heiliges, göttliches Wort» bezeichnet, ist Bischof Theophilus von Antiochien im ausgehenden 2. Jahrhundert – ein ganz besonderes Kirchenlicht, was schon daraus erhellt, daß er als erster Kirchenmann von der Trinität der Gottheit spricht. Andererseits schrieb er, trotz der von ihm behaupteten Heiligkeit und Göttlichkeit der Evangelien, selber eine «Evangelienharmonie», da jene ihm offenbar zu unharmonisch waren (vgl. S. 76)[129].

Erst in der zweiten Hälfte des 2. Jahrhunderts erkannte man die Evangelien allmählich als autoritativ an, doch längst nicht überall. Noch im ausgehenden 2. Jahrhundert wurde das Lukasevangelium nur zögernd, das Johannesevangelium nicht ohne beträchtliche Widerstände akzeptiert (S. 113). Ist es nicht auffallend auch, daß die Urchristenheit nicht im Plural von den Evangelien sprach, sondern nur im Singular von *dem* Evangelium? Jedenfalls hatte man im ganzen 2. Jahrhundert «noch keinen festen Evangelienkanon und empfand die Mehrzahl der Evangelien wohl wirklich als Problem» (Schneemelcher)[130].

Deutlich demonstrieren dies zwei berühmte Unternehmen jener Zeit, die beide das Problem der Evangelienvielzahl durch eine Reduktion zu lösen suchten.

Zunächst einmal die weitverbreitete Bibel Markions. Denn dieser «Ketzer» (S. 439), ein wichtiges kirchenhistorisches Faktum, schuf das erste Neue Testament und wurde der Begründer der neutestamentlichen Textkritik, indem er seine «Heilige Schrift» bald nach 140 zusammenstellte. Dabei schied er das blutrünstige Alte Testament (S. 35 ff) völlig aus und nahm nur das Lukasevangelium (ohne die total legendäre Kindheitsgeschichte) und die Paulusbriefe auf, letztere jedoch bezeichnenderweise wieder ohne die gefälschten Pastoralbriefe (S. 99 ff) und den ebenfalls unpaulinischen Hebräerbrief (S. 103). Die übrigen Briefe aber reinigte er von «judaistischen» Zusätzen, und sein Tun wurde der ausschlaggebende Grund dafür, daß die katholische Kirche ihre Kanonzusammenstellung begann bzw. beschleunigte, sich überhaupt erst als Kirche zu konstituieren anfing.

Das zweite in etwa vergleichbare Unternehmen war das «Diatessaron» des Tatian. Dieser Schüler des hl. Justin in Rom hat das Problem der Pluralität der Evangelien anders, doch gleichfalls reduzierend gelöst. Er verfaßte (wie Theophilus) eine Evangelienharmonie, indem er die drei synoptischen Erzählungen frei in den chronologischen Rahmen des Vierten Evangeliums fügte samt allerlei «apokryphen» Geschichten (wobei man noch immer darüber streitet, ob er dies Opus in Rom oder Syrien schuf). Jedenfalls hatte es großen Erfolg und wurde von der syrischen Kirche als «Heilige Schrift» bis ins 5. Jahrhundert gebraucht[131].

Die Christen des 1. und weithin auch noch die des folgenden Jahrhunderts besaßen also noch kein Neues Testament. Als maßgebende Texte dienten zuerst, zu Beginn des 2. Jahrhunderts, die Paulusbriefe; dagegen wurden die Evangelien erst seit der Mitte dieses Jahrhunderts im Gottesdienst als «Schrift» zitiert[132].

Die eigentliche «Heilige Schrift» der Christen aber war vordem das heilige Buch der Juden. Noch um 160 beruft sich der hl. Justin in dem bis dahin umfangreichsten christlichen Traktat fast ausschließlich auf das Alte Testament, und zwar meist um die Juden in ungeheuerlicher, manchmal noch Streicher und Hitler in den Schatten stellenden Weise zu verleumden (I 127). Der Namen «Neues Testament» (gr. hē kainē diathékē, «der neue Bund», erstmals von Tertullian mit Novum Testamentum übersetzt) taucht im Jahr 192 auf. Doch damals steht der Umfang dieses «Neuen Testaments» noch lange nicht fest, streiten die Christen darüber noch durch das ganze 3. und einen Teil des 4. Jahrhunderts, verwerfen die einen, was die anderen anerkennen. «Überall sind Gegensätze und Widersprüche», schreibt der Theologe Carl Schneider. «Die einen sagen: Gültig ist ‹was in allen Kirchen gelesen wird›, die anderen: ‹was von den Aposteln stammt›, die dritten unterscheiden sympathischen oder unsympathischen Lehrgehalt»[133].

Zwar gibt es um 200 als «Heilige Schrift» in der Kirche ein Neues Testament neben dem Alten, wobei den Kernbestand, wie im früheren Neuen Testament des verketzerten Markion, Evangelium und Paulusbriefe bilden. Doch die Apostelgeschichte, die Offenbarung und die «Katholischen Briefe» sind damals noch umstritten. Im Neuen Testament des hl. Irenäus, des bedeutendsten Theologen des 2. Jahrhunderts, steht der «Hirt» des Hermas, der nicht zum Neuen Testament gehört; aber der Hebräerbrief, der dazugehört, steht nicht darin[134].

Kirchenschriftsteller Clemens Alexandrinus (gest. um 215), immerhin in mehreren Martyrologien unter den Heiligen des 4. Dezember angeführt, kennt kaum eine auch nur halbwegs abgegrenzte Sammlung neutestamentlicher Bücher. Er kommentiert ebenso biblische wie nichtbiblische Schriften, etwa die gefälschte Petrusapokalypse (S. 125 f) oder den Barnabasbrief, den er für apostolisch hält. Hermas, dem Verfasser des «Hirten», attestiert er gar «ein hochbegnadigtes Organ göttlicher Offenbarung», die gefälschte Zwölfapostellehre (S. 131 f) nennt er schlechthin «die Schrift». Er benutzt das Ägypter- oder das Hebräerevangelium genauso wie die «kanonischen» Evangelien, außer«kanonische» Apostelgeschichten genauso wie die apostolischen Legenden des Lukas. Er glaubt an wirkliche Offenbarungen der «Sibylle» und zögert nicht, ein Wort des «Theologen» Orpheus neben eines aus dem Pentateuch zu stellen. Warum auch nicht – war nicht das eine so echt wie das andre[135]?!

Selbst die römische Kirche aber zählt um 200 weder den Hebräerbrief noch den 1. und 2. Petrusbrief noch den Jakobusbrief und 3. Johannesbrief zum Neuen Testament. Und die Schwankungen in der Einschätzung der verschiedenen Schriften sind, die Papyrusfunde neutestamentlicher Texte zeigen es, noch im 3. Jahrhundert sehr groß. Rechnet doch auch noch im 4. Jahrhundert Kirchengeschichtsschreiber Bischof Euseb zu den bei vielen umstrittenen Schriften: den Jakobus-, den Judasbrief, den 2. Brief des Petrus sowie «den sogenannten» 2. und 3. Johannesbrief. Zu den unechten Schriften zählt er, «wenn man so will», die Offenbarung des Johannes. (Und noch fast um die Wende zum 8. Jahrhundert, 692, approbiert in der griechischen Kirche das Trullanische Konzil Kanonverzeichnisse mit und ohne Johannes-Offenbarung!). Für die nordafrikanische Kirche gehören um 360, nach dem Kanon Mommsenianus, der Hebräerbrief, Jakobusbrief, Judasbrief, nach einer anderen Überlieferung auch 2. Petrusbrief und 2. und 3. Johannesbrief *nicht* zur «Heiligen Schrift». Andererseits rechneten prominente Kirchenväter eine ganze Reihe später von der Kirche verdammten Evangelien, Apostelgeschichten und Briefe zu ihrem Neuen Testament, erfreuten sich im Osten noch bis ins 4. Jahrhundert hinein Barnabasbrief, Hermas, Petrusapokalypse, Didache u. a. großer Wertschätzung oder galten da und dort sogar als «Heilige Schrift». Und noch im 5. Jahrhundert trifft man «apokryphe», das heißt «unechte» Schriften mit «echten» in einem Codex[136].

Die sogenannten Katholischen Briefe benötigten die längste Zeit, um als Gruppe von sieben Briefen in das Neue Testament zu kommen, dessen Umfang als erster der hl. Kirchenlehrer Athanasius, der «Vater der wissenschaftlichen Theologie», von der Forschung auch der Dokumentenfälschung überführt (I 374 ff), im Jahr 367 entschieden festgelegt hat, indem er die bekannten 27 Schriften (darunter 21 Briefe) aufnahm, gleichzeitig eiskalt lügend, bereits die Apostel und Lehrer der apostolischen Zeit hätten den seit je genau feststehenden Kanon geschaffen. Der Entscheidung des Athanasius folgte unter Augustins Einfluß der Westen und begrenzte entsprechend um die Wende zum 5. Jahrhundert den katholischen Kanon des Neuen Testaments definitiv auf den Synoden von Rom 382, Hippo Regius 393 und Karthago 397 und 419[137].

Der neutestamentliche Kanon (im Lateinischen synonym mit «biblia» gebraucht) wurde in Nachahmung des heiligen Buches der Juden geschaffen. Das Wort Kanon, das im Neuen Testament nur an vier Stellen erscheint, erhielt in der Kirche die Bedeutung von «Norm, Beurteilungsmaßstab». Als kanonisch galt, was als Bestandteil dieser Norm anerkannt war; und nach dem endgültigen Abschluß des neutestamentlichen Sammelwerks hat das Wort «kanonisch» so viel bedeutet wie göttlich, irrtumslos. Die gegenteilige Bedeutung bekam das Wort «apokryph»[138].

Der Kanon der katholischen Kirche blieb bis zur Reformation allgemein in Geltung. Dann bestritt Luther die Kanonizität des 2. Petrusbriefes (der manchmal «ein wenig herunter unter den apostolischen Geist» gehe), des Jakobusbriefes («ein recht strohern Epistel»; «stracks wider S. Paulum»), des Hebräerbriefes («vielleicht etwa Holz, Stroh oder Heu mit untermengt») sowie der Apokalypse (weder «apostolisch noch prophetisch»; «mein Geist kann sich in das Buch nicht schicken») und erkannte nur an, was «Christum treibe». Demgegenüber bestand das Konzil von Trient durch Dekret vom 8. April 1546 noch einmal auf sämtlichen Schriften des katholischen Kanons, da Gott ihr «auctor» sei! In Wirklichkeit war ihr «auctor» die Entwicklung, die jahrhundertelang dauernde Auswahl dieser Schriften in den einzelnen Kirchenprovinzen nach ihrem mehr oder weniger häufigem Gebrauch im Gottesdienst und die unwahre Behauptung ihres apostolischen Ursprungs[139].

Wie die Forschung den Heiligen Geist respektiert

Das Neue Testament ist das meistgedruckte und (vielleicht) meistgelesene Buch der Neuzeit. Es wurde in mehr Sprachen übersetzt als jedes andere. Es wurde mit einer Intensität ausgelegt, sagt Katholik Schelkle, «die alles übersteigt. Wäre nicht jedes andere Buch durch eine solche Erklärung längst erschöpft?» Schon möglich. Denn welches andere Buch, vom jüdischen Ahnen einmal abgesehn, bietet, bei manch Gutem, so viele Widersprüche, Legenden, Sagen, soviel sekundäre Gemeindebildungen und Redaktionsarbeit, so viele Parallelen, wie etwa Bultmanns «Geschichte der synoptischen Tradition» zeigt, zu den Märchen der Weltliteratur, angefangen von alten chinesischen Fiktionen über Indianer-, Zigeunermärchen, Märchen der Südsee bis zum germanischen Sagenschatz, so viele Ungereimtheiten, Unsinnigkeiten, die alle bitter ernstgenommen wurden – ja von vielen noch ernstgenommen werden[140]?

Das Neue Testament ist nicht nur formal, sondern vor allem auch inhaltlich so verschiedenartig, widerspruchsvoll, gegensätzlich, daß der Begriff einer «Theologie des Neuen Testaments» in der Forschung längst mehr als problematisch wurde. Es gibt jedenfalls keine einheitliche Lehre im Neuen Testament, aber erhebliche Abweichungen, Inkongruenzen, schreiende Diskrepanzen – sogar im Hinblick auf das eigentliche «Christuszeugnis». Nur *daß* man den Herrn bezeugt, verbindet das Ganze zu einer höchst heterogenen Einheit. Was aber wurde nicht alles bezeugt schon auf Erden, zumal in den Religionen[141]!

Angesichts dieses Befundes von Inspiration, Irrtumslosigkeit zu sprechen, verschlägt noch dem Spötter die Sprache. Doch die heiligen Väter müssen aufs Ganze gehn, denn dafür ist das Ganze wie geschaffen, und auf dies Ganze nicht zu gehn, wäre für sie gefährlich, das Gefährlichste überhaupt, weshalb sie auch stets, das zeigt Konsequenz, eine grauenhafte freilich, aufs Ganze gingen und gehen.

Die römisch-katholische Kirche hat auf dem Konzil von Florenz (Bulle «Cantate Domino» vom 4. Februar 1442), auf dem Konzil von Trient (4. Sitzung vom 8. April 1546) und auf dem I. Vatikanischen Konzil (3. Sitzung vom 24. April 1870) die Lehre von der Inspiration der Bibel, die bekanntlich Irrtumslosigkeit in sich schließt, zu einem Glaubensdogma gemacht. Sie hat auf dieser letzteren Versammlung dekretiert, daß «die heiligen Schriften, unter Eingebung des Heiligen Geistes verfaßt, Gott zum Urheber haben». Demgemäß bestritten die großkirchlichen Theologen Widersprüche oder gar die pure Möglichkeit von Fälschungen in der Bibel grundsätzlich und bis ins 20. Jahrhundert hinein, wo inzwischen die «Progressisten» einer andren Taktik frönen, wo etwa für den französischen Theologen Michel Clévenot «die unglaubliche Freiheit, mit der die Evangelisten sich untereinander zu widersprechen wagen», gerade die «Einzigartigkeit» Jesu bezeugt! Doch Widerspruch und Irrtumslosigkeit, Fälschung und Heiligkeit, Unechtheit und Kanonizität harmonieren, bei aller Katholizität, schlecht miteinander. Auch die den biblischen Verfassern attestierte hohe sittliche und religiöse Würde, ihr angeblich strenges Wahrhaftigkeitsbewußtsein, paßt schlecht dazu. Beruhte und beruht doch die «Autorität» ihrer Bücher gerade darauf, «daß sie die Christusweissagungen der Propheten und das Christuszeugnis der Apostel zuverlässig wiedergeben» (v. Campenhausen). So wehrten und wehren sich die Apologeten meist beredt gegen den Vorwurf der Fälschung, zumal damit auch stets eine spätere Datierung dieser Schriften verbunden ist, bei neutestamentlicher Pseudepigraphie also keine Apostolizität mehr vorliegen kann – «das Spitzenkriterium für Ursprungsnähe»[142].

Natürlich gibt es auch sonst genug Gelehrte, die die Pseudepigraphie noch immer verteidigen, bedeutend für den Humanisten, den Juden, den Christen, und einst «determinative for the thoughts of Dante, Bunyan, and Milton» (Charlesworth). Will doch sogar ein nicht unkritischer Kopf wie Arnold Meyer am Ende seines die Kirchen nicht eben schonenden Artikels über «Religiöse Pseudepigraphie . . .» das Wort «Fälschungen» (von mir den dezenten Zungenschlägen «seriöser» Szientifik gegenüber stets bevorzugt) vermeiden und «eher von einer antiken Form der dichterischen Schöpfungskraft reden, die sich bemüht, alte Gestalten erneut zum Reden zu bringen, und zwar so wirklich und wirkungsvoll wie möglich, damit die Wahrheit heute wie ehemals einen würdigen Mund und erfolgreiche Vertretung fände»[143].

In Wirklichkeit müssen gerade die Fälschungen der Christen (und Juden) entschieden strenger beurteilt werden als die der Heiden. Zwar kannten auch die Altgläubigen heilige Bücher, in der Orphik etwa, der Hermetik (S. 32 f), aber diese Bücher besaßen nicht die Bedeutung wie die einer ausgesprochenen Buch- und Offenbarungsreligion. Die jüdischen und christlichen Offenbarungen, die Lehren der Propheten und des Jesus, hatten verpflichtenden Charakter, waren unantastbar. Gleichwohl änderten Christen Schriften des Neuen Testaments, aber auch der

Kirchenväter, der Kirchenversammlungen, ja, sie fälschten ganz neue Traktate unter dem Namen von Jesus, seinen Jüngern, den Kirchenvätern, fälschten ganze Konzilsakten[144].

Angesichts der Wichtigkeit des Fälschungsphänomens für die Geschichte des Ur- und Frühchristentums überrascht es einigermaßen – vielleicht aber auch nicht –, wie sehr selbst die Forschung die Hagiographie geschont, wie sehr sie diesen Komplex bis in die jüngste Zeit nicht thematisiert oder gar ganz ignoriert hat. Wurde das prekäre Gebiet von ihr doch derart lange umgangen und übergangen, daß sie noch heute eine «beträchtliche Unwissenheit über die Fälschungsgeschichte bekennen muß» (Brox)[145].

Es spricht wohl für sich, daß Norbert Brox (ein katholischer Theologe!) noch 1973 beziehungsweise 1977 die wissenschaftliche Erforschung altchristlicher Pseudepigraphie «mißlich» nennt. Brox kennt bis dahin überhaupt «keine konsequent betriebene Methodenreflexion für dieses Phänomen auf breiter Basis». Vielmehr sieht er die Forschung auf diesem Gebiet «merkwürdig wenig kommunikativ (bzw. auch untätig)», jedenfalls «noch ganz überraschend wenig und halbherzig mit der Pseudepigraphie als einer Form theologischer Literatur des Christentums beschäftigt»[146].

Zwar tauchten allenthalben tausend Fragen auf, doch sei es erstaunlich, «wie rudimentär, zufällig und unzureichend die Antworten blieben . . ., wie überraschend ‹genügsam› sich die Forschung verhielt», wie bei aller umfassenden und repräsentativen Bestandsaufnahme sie sich doch «sehr schnell mit oberflächlich gewonnenen Pauschalurteilen und improvisierten Wertungen zufriedengab». Für die ältere klassische Philologie war dies überhaupt «kein seriöses Thema». Und was die Untersuchung des jüdisch-christlichen Schrifttums unter diesem Aspekt betraf, so herrschte natürlich auch da «eine große Zurückhaltung», bestand nur «geringe Motivation, das Problem möglicher oder tatsächlicher Fälschung in der biblischen und frühchristlichen Literatur zu thematisieren». Tat und tut man es doch, so läuft hier «bis in die jüngste Zeit hinein die Lösung dann recht unkompliziert und zielsicher ab . . ., indem die Echtheit sämtlicher biblischer Schriften trotz allem ‹nachgewiesen› wird und Fälschung unvermittelt nach heutigen Maßstäben auf einem moralischen Niveau angesiedelt wird, das für jeden religiös engagierten Schriftsteller (und dann erst recht für die Hagiographen) von vornherein als ausgeschlossen gelten muß oder jedenfalls nachträglich sich als deren moralischem Anspruch und Standard weit unterlegen erweist. Auch wo man es vermeiden will, führt Apologetik die Feder . . .» Der katholische Theologe ferner: «Alle derartigen Bemühungen suchen der Kalamität zu entkommen, daß man Autoren mit nachweislich hohem ethischem und religiösem Anspruch dubioses Verhalten nicht glaubt nachsagen zu dürfen, und sie wollen dazu aus der ganzen Masse von Fälschungen einen integren, religiös motivierten und über Verdacht erhabenen Bereich ausgrenzen.»[147]

Die Christen fälschten bewusster als die Juden und noch viel häufiger

Machen wir uns zunächst eine gravierende Tatsache klar: Von keinem Evangelium, keiner neutestamentlichen, ja, überhaupt von keiner biblischen Schrift besitzen wir ein Original – auch wenn man bis in das Jahrhundert der historischen Aufklärung hinein behauptet hat, das Original des Markusevangeliums zu besitzen, sogar zweimal, in Venedig wie in Prag; und beide Originale in einer Sprache, die kein Evangelist je schrieb, in Latein. Doch auch die ersten Abschriften fehlen. Wir haben nur Abschriften von Abschriften von Abschriften, und noch immer tauchen neue auf. (1967 zählte man mehr als 1500 Handschriften des griechischen Alten und 5236 Handschriften des griechischen Neuen Testaments, wovon allerdings ein und dieselben nicht so selten irrtümlicherweise mehrfach sigliert worden sind. Auch enthalten bloß sehr wenige dieser Schriften das vollständige Neue Testament, und die meisten sind verhältnismäßig jung. Nur die

Papyri reichen weiter zurück, manche bis ins 3. oder 2. Jahrhundert. Doch sind alle sehr fragmentarisch; der älteste Papyrus besteht aus wenigen Worten: Jh. 18,31–33 und 37–38.)[148]

Da man in der Antike Bücher nur handschriftlich vervielfältigte, waren Falsifikate sehr erleichtert, konnte man beim Abschreiben jederzeit Textveränderungen vornehmen, Einschübe machen, Auslassungen oder am Schluß Ergänzungen. So entstanden auch in den neutestamentlichen Handschriften unentwegt unabsichtliche und absichtliche Fehler, Abschreibfehler durch Achtlosigkeit oder Unkenntnis, aber auch bewußte Verfälschungen; letztere ganz besonders in der ältesten Zeit, im 1. und 2. Jahrhundert, als das Neue Testament eben noch keine kanonische Geltung besaß und man sich, das lehren ja auch die sonstigen Fälschungen, nicht scheute, den Wortlaut zu ändern. Fortwährend griffen Kopisten, Redaktoren und Glossatoren in die Texte ein, hat man nach Belieben gestrichen, erweitert, anders geordnet, gekürzt. Man hat geglättet, poliert, hat harmonisiert und paraphrasiert, es entstand eine immer größere Verwirrung, Verwilderung, «ein ganzer Urwald von gegeneinander stehenden Lesarten» (Lietzmann), ein Chaos, das es uns heute unmöglich macht, an vielen Stellen den ursprünglichen Text «mit Sicherheit oder auch nur Wahrscheinlichkeit» festzustellen (Knopf)[149].

Finden sich viele Christen schon mit diesen unleugbaren Fakten schwer ab, so irritiert es ihren «Glauben an das Neue Testament», ihre Gefühle für die große Zeit des Urchristentums noch mehr, daß neutestamentliche Schriften, Bücher der «irrtumslosen» Bibel, daß Werke der frühen Kirche, theologische Traktate, Briefe, Predigten unecht sind, daß sie einen falschen oder gefälschten Namen tragen. Man nennt solche Zuschreibung, sei es durch die Verfasser oder die Überlieferung, Pseudepigraphie.

Mancher christliche Fälscher zwar, vor allem der ältesten Zeit, mag durchaus «guten Glaubens», in «ehrlicher Absicht» gefälscht haben und somit nicht im strengen psychologischen Sinn einer «Lüge», eines Vergehens, schuldig, sondern subjektiv leidlich gerechtfertigt sein; objektiv bleibt sein Tun, was es immer war, eine

Zweckfälschung, Betrug. Niemand bezweifelt natürlich, daß viele unrichtige Verfasserangaben durch alle möglichen Zufälle, durch Verwechslungen, Irrtümer zustande gekommen sind, durch Fehler der Abschreiber, der Herausgeber. Und niemand auch wird solche falschen Zuschreibungen als Fälschungen bezeichnen wollen und dürfen – wenngleich das irrtumslosen, göttlich inspirierten Schriften seltsam zu Gesicht steht.

Immerhin schneidet hier das Alte Testament im Vergleich mit dem Neuen sowie der ur- und frühchristlichen Literatur noch besser ab. Denn den Juden der alttestamentlichen, besonders der frühen alttestamentlichen Zeit war das Fälschungswesen und alles, was es involviert, viel weniger vertraut. Diese Menschen hatten noch nicht den Realitätsbezug, den Wirklichkeitssinn der späteren Christen, die, wenn auch nur *vergleichsweise*, etwas rationaler, weniger mythisch entrückt, etwas geschichtlicher dachten. Die Pseudepigrapha der alten Juden entstanden noch nicht in einer durch konstante «Ketzer»-Bekämpfung geprägten Aura gegenseitiger Beargwöhnung, grassierenden Mißtrauens. Sie wurden deshalb auch noch gar nicht angegriffen, vielmehr begeistert begrüßt. Auf Fälschung waren diese Menschen kaum vorbereitet und haben darum auch viel weniger mit ihrer Möglichkeit gerechnet. Der Vorwurf der Fälschung war unter den Juden längst nicht so in aller Mund und aller Ohren wie dann unter den Christen, als bald jede der vielen «Sekten» fälschte, um ihre Glaubenslehren gegenüber der «Großkirche» durchzusetzen, und diese sich durch Gegenfälschungen behauptete oder dann einfach durch Vernichtung der gegnerischen Schriften. Wo man aber ständig von Fälschung sprach und hörte, kann ein Fälscher kaum noch guten Glaubens gefälscht haben. Die Abfassung echter (!) religiöser Pseudepigraphie (vgl. S. 29) ist da «ziemlich unwahrscheinlich». Und sie nimmt offenbar auch «im christlichen Bereich einen wesentlich kleineren Raum» ein «als im jüdischen und heidnischen» (Speyer). Das heißt: die Christen fälschten mehr, am meisten[150].

Gewiß ist auch im Dschungel ihrer Pseudepigraphie nicht alles bewußte Täuschung, beruht nicht jede falsche Verfasserangabe auf Absicht, wird vieles einfach Irrtum, Verwechslung gewesen sein. Oft bewirkte die Gleichnamigkeit verschiedener Autoren (Homonymität) falsche Zuweisung, oft der identische Inhalt mehrerer Schriften. Oft überschrieb man einen – aus Versehen, Vergeßlichkeit, wegen Verlust des Namens – namenlos umlaufenden Traktat (Anonymität) mit einem bekannten Namen; was freilich auch mehr oder weniger zufällig geschehen sein mag und dann oft genug (bewußte) Manipulation, gewollte falsche Zuordnung war, methodischer Mißbrauch, eben Fälschung[151].

Eindeutig ist solch gewollte Täuschungsabsicht, wenn man beispielsweise in längst nachapostolischer Zeit für irgendeine Schrift apostolische Autorschaft beansprucht. «Die literarische Ausführung der Täuschung ist dabei so ungeniert exakt gemacht und so bedenkenlos ‹historisch› gehalten, daß man mit gar keiner anderen Beschreibung auskommt als der, daß es sich um wohlüberlegte Irreführung der Leser mit Hilfe literarischer Tricks handelt, um einen bestimmten Zweck mit dem Geschriebenen zu erreichen» (Brox)[152].

In ungezählten Fällen handelt es sich so um (bewußtes) Hintergehen, um Schwindel, Betrug. Und gerade dort, wo man «im Namen des Heiligen und Großen» zu reden wagte, wurde «viel und in ernster Absicht gefälscht» (A. Meyer). Dies aber gilt besonders für die christliche Pseudepigraphie. Zumindest bei fast all den ungezählten apokryphen Schriften vom 3. Jahrhundert bis ins Mittelalter hinein «dürfte die falsche Verfasserangabe weder mit religiösem Erleben noch mit literarischer Fiktion zu erklären sein. Sie wurde bewußt angewendet, um damit zu täuschen» (Speyer)[153].

Ehe wir jetzt die Evangelien unter unserem Gesichtspunkt betrachten, wollen wir uns im Hinblick auf sie und die altchristliche Literatur überhaupt noch der Frage nach den Motiven und Methoden der Fälscher zuwenden.

WARUM UND WIE FÄLSCHTE MAN?

Nun, für das Warum gab es eine Fülle von Gründen. Ein wichtiges Motiv war die Autoritätssteigerung, wenn auch oft nur ein Begleitumstand. Man suchte Ansehen und Verbreitung für eine Schrift zu erringen, indem man einen namhaften Verfasser vortäuschte oder Alter, also durch Rückdatierung Teilnahme an der apostolischen Vergangenheit in Anspruch nahm. «Rechtgläubige» und «Ketzer» verfuhren so, wobei die Fälscher ihre Leser irreführten über den Verfasser, über den Ort und die Niederschrift. Denn unter den wachsenden christlichen Gemeinden gab es mit fortschreitender Zeit natürlich bald neue Probleme, Situationen, Interessen, die die älteste literarische Tradition, die sozusagen klassische Epoche, die apostolische Frühzeit, nicht beantwortet hatte. Da man aber deren Plazet brauchte oder doch wenigstens die legitime Kontinuität zum Ursprung vorspiegeln wollte, fabrizierte man entsprechende Schriften und «Offenbarungen», Falsa, die man vordatierte, als «Norm am Anfang», als verläßliche Wahrheit ausgab. Man überschrieb sie mit dem Namen eines berühmten Christen, behauptete Verfasserschaft durch Jesus, die Apostel, ihre Schüler oder prominente Kirchenväter. Derart steigerte man nicht nur das Ansehen der Fälschung, sondern sicherte ihr auch weite Verbreitung und hoffte zugleich, sie vor Entlarvung zu schützen[154].

Die Katholiken fälschten, um neu auftauchende Probleme der kirchlichen Disziplin, des kirchlichen Rechts, der Liturgie, Moral, der Theologie angeblich im Sinne Jesu und seiner Apostel «apostolisch», also autoritativ, lösen zu können. Ferner fälschten die «Rechtgläubigen», um die oft sehr versierten und infolge ihrer angemaßten Autorität vielgelesenen Fälschungen der «Ketzer», etwa der Gnostiker, Manichäer, Priszillianisten u. v. a., durch Gegenfälschungen zu bekämpfen, zum Beispiel durch das Kerygma Petrou (S. 125), die Paulusakten (S. 136 f), die Epistula Apostolorum (S. 131). Dabei warnen solche Gegenfälschungen gern vor «häretischen» Fälschungen, wie der 3. Korintherbrief (S. 139). Sie beschimpfen und verdammen ihre fälschenden Gegner, indem sie genau das gleiche praktizieren, nur oft noch raffinierter, weniger durchschaubar. Und die «Ketzer» fälschen vor allem zur erfolgreicheren Durchsetzung und Verteidigung ihres vom Kirchendogma abweichenden Glaubens[155].

Gefälscht wurde auch aus kirchenpolitischen und lokalpatriotischen Gründen, etwa zum Erweis der «apostolischen» Gründung eines Bischofsstuhls, dann auch zur Errichtung von Klöstern, zur Sicherung oder Erweiterung ihres Besitzes, zur Propagierung eines Heiligen. Besonders seit dem 4. Jahrhundert stellte man Reliquien her, unechte Heiligenleben, Mönchsviten, Urkunden um rechtlicher und finanzieller Vorteile willen[156].

Schließlich fälschte man, um durch eine Fälschung die «Echtheit» einer anderen zu sichern. Man fälschte auch, um persönlichen Gegnern zu schaden, Rivalen in Verruf zu bringen. Sogar Freunde wurden, wenn auch selten, durch eine Fälschung verteidigt, wie die vermeintlichen Briefe des Comes Bonifatius zeigen[157].

Nur selten allerdings wird uns der Name eines Fälschers übermittelt, wie der des Katholiken Johannes Malalas (Rhetor oder Scholasticus: II 384), über den wir sonst nichts wissen. Er soll 565 Patriarch von Konstantinopel geworden sein und in Alexandrien die Monophysiten durch Fälschungen bekämpft haben, und zwar unter dem Namen des monophysitischen Gegenpatriarchen Theodosius von Jerusalem und unter dem Namen Petrus des Iberers, des gleichfalls monophysitischen Bischofs von Majuma (bei Gaza). Zacharias Rhetor, ein Monophysit, berichtet darüber in seiner Kirchengeschichte, Johannes wollte der Menge, nämlich den Dyophysiten unter Patriarch Proterios (II 285,295), «gefallen, sich einen Namen machen, Gold sammeln und wegen dieses eitlen Ruhmes gefeiert werden . . . Da er es für möglich hielt, wegen des Inhaltes seiner Bücher getadelt zu werden, gab er sie nicht unter eigenem Namen heraus, sondern schrieb auf das eine Buch bald den Namen des Theodosios, Bischofs von Jerusalem, auf das andere bald den Namen des Petros des Iberers, damit auch die Gläubigen (d. s. die Monophysiten) durch sie getäuscht würden und sie annähmen»[158].

Welcher Methoden bedienten sich die Fälscher?

Die leichteste und wohl auch häufigste Methode der Fälschung war die Verwendung eines falschen, doch illustren Verfassernamens der Vergangenheit – das war im heidnischen Raum schon ganz ähnlich wie im jüdischen, geschieht in christlicher Zeit aber systematischer. Eine alte Autorität zählte in der Spätantike und darüber hinaus in aller Regel mehr als eine neue, zumal wenn der fälschende Autor – die übliche Voraussetzung für sein Tun – sich unterlegen fühlte, keinen «Namen» hatte. Die Berufung auf einen bekannten Zeitgenossen war zu riskant, konnte dieser doch durch eine Erklärung die Fälschung jederzeit aufdecken und so um ihre Wirkung bringen. Zwar muß ein Werk mit einem falschen Verfassernamen als solches noch keine Fälschung sein, doch gewöhnlich ist der Fälscher auch der Verfasser des Werkes. Ungezählte «apokryphe» Bücher, aber auch neutestamentliche Schriften sind so in betrügerischer Absicht entstanden, sind zielbewußte Fälschungen einer in der Antike immer beliebter werdenden Literaturgattung, Machwerke, die den Anspruch erheben, der Feder eines ganz anderen Autors zu entstammen, eines Mannes, der durchaus nicht mit ihrem Verfasser identisch ist, einer Persönlichkeit, die als älter, verehrungswürdig, heilig hingestellt wird[159].

Bei vielen dieser Fälscher sind schwere Mißgriffe, offenkundige Widersprüche, Anachronismen prima facie verdächtig und oft ausreichend zur Unechtheitserklärung, besonders wenn sie von übertrieben betonten Echtheitsbeglaubigungen begleitet werden. Solche Fehler sind etwa: allzu auffallendes Vorherwissen, rückdatierende Konstruktionen, vaticinia ex eventu, eklatante Nachahmung eines späteren Autors oder immer wiederkehrende literarische Muster, stilistische Klischees. Raffinierte Fälscher aber verwenden oft die dreistesten Tricks, die verblüffendsten Details, um Echtheit, Unmittelbarkeit, Einmaligkeit vorzutäuschen. Sie imitieren frappant den Stil. Sie machen, mit scheinbarer Autorität auftretend, die dezidiertesten Aussagen. Sie simulieren situative und biographische Daten, geben genaue Zeit- und Ortshinweise, geschickt eingebaute zeitgeschichtliche Begebenheiten.

Sie sorgen auch für Nebensächlichkeiten, Einzelheiten, um den Anschein der Echtheit zu erzeugen, um die Hauptsache um so glaubwürdiger, den Erfolg der Fälschung desto sicherer zu machen. Sie streuen Anspielungen auf legendäre oder auch geschichtliche Umstände ein, die unbedingte Echtheit suggerieren, den Eindruck der Historizität. Sie steuern falsche, doch klug eingefügte Namen bei (besonders seltene Namen, die Glaubwürdigkeit suggerieren, oder ganz gewöhnliche, die unverdächtig wirken). Sie entleihen große Namen nicht nur der Geschichte, sondern erfinden auch passende Gewährsmänner.

Die Fälscher warnen, indem sie fälschen, ebenso kaltblütig wie geschickt vor Fälschern. Sie warnen mit Fluch und Drohung davor. Sie stellen Echtheitskriterien auf und machen derart die eigene Fälschung plausibler, deren «Authentizität» sie zudem in vielen Briefen durch den Hinweis auf ihre Unterschrift betonen. So schreibt der Katholikos Papa an Kaiserin Helena: «Friedensgruß sende ich, Papa, mit meiner Handschrift deiner gläubigen königlichen Hoheit.» Manche Fälscher beteuern pathetische Augen- und Ohrenzeugenschaft, manche unterschreiben und siegeln, manche leisten am Anfang und Schluß ihrer Fälschung heilige Eide, nur Wahres mitzuteilen, wie der Verfasser eines Sonntagsbriefes, der sich als der Apostel Petrus ausgibt. Ein weiterer Fälscher, Ps. Hieronymus, verspricht für seine Übertragung eines angeblichen Matthäusevangeliums: «Ich werde den Text, wie er im hebräischen Original steht, sorgfältig Wort für Wort übersetzen». Andere Christen zögern auch nicht, um das Vertrauen in ihre Fälschung zu steigern, andere der Fälschung zu bezichtigen. Wieder andere suchen ihren Betrügereien größere Wirkung durch Drohungen zu geben. «Wehe aber denjenigen», warnt der katholische Fälscher der Epistula Apostolorum, «welche dies mein Wort und mein Gebot fälschen». Und die pseudepigraphische Apokalypse des Esra droht: «Wer aber diesem Buche keinen Glauben schenkt, der wird verbrannt wie Sodom und Gomorrha»[160].

Zu den Methoden der Fälscher gehörte es auch, das plötzliche Auftauchen von angeblichen Schriften alter Verfasser durch wunderbare Auffindungsgeschichten oder durch die Entdeckung von Abschriften, von angeblichen Übersetzungen fremdsprachiger Originale in Gräbern, in berühmten Bibliotheken oder Archiven glaubhaft zu machen, was das bisherige Unbekanntsein sowie die späte Entdeckung wichtiger Inhalte erklären soll. Auch «Traumoffenbarungen» führten zur Auffindung von Fälschungen oder die Berufung auf «Geheimüberlieferung». Überhaupt gaben die Betrüger gern Visionen vor, Schauungen von Christus, Maria, den Aposteln, und sie beglaubigten die vorgespiegelte Vision durch andere Falsa[161].

Besonders die Fälscher vieler Heiligenleben benutzten den Ich-Bericht, die Augenzeugenschaft zur erfolgreichen Erhärtung ihrer Lügen. Und nicht minder wirkungsvoll operierten vor allem die Fälscher christlicher Offenbarungsbücher, indem sie den Lesern und Verbreitern ihrer Produktionen das Blaue vom Himmel verhießen, ihren Verächtern aber drohten. Die Schwindler warteten auch mit Schwurzeugen als Bürgen ihrer Betrügereien auf und sagten zur Stärkung des Vertrauens in Nebensächlichkeiten sogar einmal etwas Wahres. Und gibt es, wie überall, auch hier wechselnde Moden und Methoden, andere technische und thematische Verfahrensweisen, so doch auch stets wiederkehrende Formen, um nicht zu sagen Kennzeichen, wenn auch kaum gleichbleibend Allgemeines, Typisches[162].

Nun gilt das Vorstehende zwar vor allem für die nachneutestamentliche Zeit, teilweise aber bereits auch für früher. Denn es steht fest, daß schon ältesten Christen das Problem zumal der Pseudepigraphie nicht zu schaffen machte, daß sie (auch) in diesem Punkt nicht sehr skrupulös gewesen sind. Schließlich ist im Christentum um Gottes willen (und der deutsche Aufschrei «um Gottes willen!» bedeutet *nie* etwas Gutes) praktisch – die Geschichte lehrt es – alles erlaubt. Und in der Antike geschahen die meisten Fälschungen zur Stütze des – bergeversetzenden – Glaubens. (Im Mittelalter fälscht man besonders zur Sicherung oder Ausdehnung von Besitz und Macht. Bereits im 9. Jahrhundert werden im ganzen Abendland päpstliche Urkunden gefälscht, natürlich von Geistlichen.) Jedenfalls ist der Anteil der Pseudepigrapha an der tradierten Literatur schon des Urchristentums sehr groß, hat es eine rücksichtslose Fälscherpraxis im Christentum stets gegeben, auch in der Frühzeit. «Leider», gesteht der Theologe von Campenhausen, «ist Wahrhaftigkeit in diesem Sinne keine Grundtugend der alten Kirche»[163].

Weder das Matthäus- noch das Johannes-evangelium noch die Offenbarung des Johannes (Apokalypse) stammen von den Aposteln, denen sie die Kirche zuschreibt

Wegen der großen Bedeutung der «apostolischen Tradition» im sogenannten großkirchlichen Christentum gab die katholische Kirche alle Evangelien als Bücher von Uraposteln oder Apostelschülern aus, was ihr Ansehen gerade begründet hat. Doch ist völlig unbewiesen, daß Markus und Lukas, deren Namen über je einem Evangelium stehen, Apostelschüler sind; daß Markus mit dem Begleiter des Petrus, Lukas mit dem Gefährten des Paulus identisch ist. Alle vier Evangelien wurden anonym überliefert. Die früheste kirchliche Bezeugung für «Markus», den ältesten Evangelisten, rührt von Bischof Papias von Hierapolis her, aus der Mitte des 2. Jahrhunderts. In neuerer Zeit aber üben immer mehr Forscher an Papias' Zeugnis Kritik, nennen es «historisch wertlos» (Marxsen), und er selbst gibt zu, Markus habe «den Herrn nicht gehört und begleitet». Markus scheint sogar eher Heidenchrist gewesen zu sein; seine scharfe antijüdische Polemik legt dies nahe. Und ob Lukas Paulusschüler war, ist zumindest fraglich, treten doch gerade typisch paulinische Vorstellungen im Lukasevangelium zurück[164].

Dagegen steht fest, daß der Apostel Matthäus, der Jünger Jesu, nicht der Autor des (wie meist angenommen zwischen 70 und 90 entstandenen) Matthäusevangeliums ist. Wir wissen noch nicht einmal, wie er in den Ruf kam, ein Evangelist zu sein. Offenbar geht die erste Bezeugung auf Kirchengeschichtsschreiber Euseb zurück, der sich dabei wieder auf Bischof Papias bezieht, von dem er selber schreibt, er müsse «geistig sehr beschränkt gewesen sein». Der Titel «Matthäusevangelium» entstammt späterer Zeit. Er findet sich zuerst bei Clemens Alexandrinus und Tertullian, beide im frühen 3. Jahrhundert gestorben. Hätte übrigens der Apostel Matthäus, der Zeitgenosse Jesu, der Augen- und Ohrenzeuge seines Wirkens, das nach ihm benannte Evangelium verfaßt, hätte er dann derart ausführlich auf Markus sich stützen müssen? War er so gedächtnisschwach? So wenig inspiriert?

Wie auch immer, die gesamte kritische Bibelwissenschaft sieht den Namen des Apostels Matthäus zu Unrecht über dem Evangelium stehn, da dies nicht, wie die altkirchliche Tradition behauptet, hebräisch, sondern ursprünglich griechisch geschrieben worden war. Niemand ist bekannt, der das angeblich aramäische Original gesehen, niemand bekannt, der es ins Griechische übertragen hat, und keinerlei Reste eines aramäischen Urtextes sind in Handschriften oder auch nur Zitaten erhalten. Mit Recht zählt Wolfgang Speyer das Matthäusevangelium den «Fälschungen unter der Maske religiöser Offenbarungen» zu. K. Stendahl vermutet, es sei gar nicht das Werk eines einzelnen, sondern einer «Schule». Jedenfalls geht es auf keinen Augenzeugen zurück – das Urteil beinah der ganzen nichtkatholischen Bibelforschung[165].

Jüngere katholische Theologen drücken sich oft peinlich um diese Tatsachen herum. «Wenn (!) unserem griechischen Matthäusevangelium eine aramäische Urschrift voranging ...», schreibt K. H. Schelkle. Ja, wenn ... Wenn ist das deutscheste aller Worte, sagt Hebbel. (Und mein Vater quittierte Wenn-Fälle gern mit einem anschaulichen, doch allenfalls in den Anmerkungen zitierbaren Spruch – ein Anreiz für das Gros meiner Leser, sich auch einmal dort umzusehn.) «Ein aramäischer Ur-Matthäus müßte Jahrzehnte vor dem griechischen Matthäus geschrieben sein». Man spürt, sie glauben's selber nicht. (Und einmal dürfen sie dies vielleicht sogar schreiben, wenn es denn gar nicht mehr anders geht. Als 1954 ein «Enchiridium biblicum» kirchliche Dokumente über Bibelfragen in zweiter Auflage gesammelt herausgab, hatten die katholischen Theologen schon nicht mehr alles zu glauben, was ihnen noch fünfzig Jahre früher zugemutet worden war. Die Sekretäre der Bibelkommission erklärten die einstigen Dekrete durch die Zeitumstände, in denen man sie vor fünfzig Jahren zur Abwehr einer maßlos rationalistischen Kritik erließ . . . Aber Zeitumstände gibt es immer, tyrannische Hierarchen auch und Opportunisten wie Sand am Meer. Nicht erst Lichtenberg wußte, doch sagte es, wie meistens, besser als andere: «So viel ist ausgemacht, die christliche Religion wird mehr von solchen Leuten *verfochten*, die ihr Brot von ihr haben, als von solchen, die von ihrer Wahrheit überzeugt sind.»)[166]

Bemerkenswert immerhin, daß sich die drei ersten Evangelien selbst überhaupt nicht als apostolisch ausgeben; ebensowenig die Apostelgeschichte, deren Verfasser wir gleichfalls nicht kennen. Wir wissen nur sicher, daß der Schreiber der Apostelgeschichte alle darin mitgeteilten Reden der Apostel weder dem Gedankengang noch gar dem Wortlaut nach wiedergegeben, sondern daß er alle frei erfunden, daß er seinen «Helden» ganz nach Bedarf – übrigens auch ganz nach den Gepflogenheiten der antiken Historiographie – passende Reden einfach in den Mund gelegt hat. Diese freien Erfindungen aber machen nicht nur ein Drittel der Apostelgeschichte aus, sondern stellen auch ihren theologisch entschieden wichtigsten Inhalt dar, und, besonders bemerkenswert, von diesem Autor stammt immerhin mehr als ein Viertel des ganzen Neuen Testaments. Denn er ist, wie man als sicher allgemein voraussetzt, mit dem Verfasser des Lukasevangeliums identisch, dem Reisebegleiter und «geliebten Arzt» (Kol. 4,14) des Apostels Paulus. Doch weder Lukasevangelium noch Apostelgeschichte wirken sehr paulinisch. Im Gegenteil. Und so kann sich die neuere Forschung beide Werke kaum von einem Paulusschüler geschrieben denken; sie verneint dies gewöhnlich[167].

Die Apostelgeschichte und die drei ersten Evangelien waren keine orthonymen (mit ihrem wahren Namen gezeichneten) und keine pseudonymen, sondern anonyme Erzeugnisse, wie manch andres urchristliche Opus, etwa der neutestamentliche Hebräerbrief. Kein Autor der kanonischen Evangelien nennt seinen Namen, nennt nicht einmal, wie spätere christliche Traktate so oft,

Gewährsleute. Erst die Kirche schrieb diesen sämtlich anonym tradierten Schriften einem Apostel und Apostelschülern zu. Doch Namensunterschiebungen sind «Fälschung», sind «literarischer Betrug» (Heinrici). «Sicher ‹echt› apostolisch», betont Arnold Meyer, «sind nur die Briefe des Apostels Paulus, der kein unmittelbarer Jünger Jesu war». Doch auch längst nicht alle Briefe, die unter Pauli Namen stehen, stammen von ihm (S. 99 ff)[168].

Zu Unrecht erkennt die Kirche seit dem ausgehenden 2. Jahrhundert, seit Irenäus, wenn auch zunächst noch nicht unbestritten, das Vierte Evangelium dem Apostel Johannes zu, dem es die gesamte kritische christliche Bibelwissenschaft seit bald zwei Jahrhunderten abspricht, wofür es eine Reihe schwerwiegender Gründe gibt.

Zwar behauptet der Verfasser dieses Vierten Evangeliums, der auffallenderweise keinen Namen nennt, an Jesu Brust gelegen zu haben und zuverlässiger Augenzeuge zu sein, beteuert er feierlich und wiederholt, «daß sein Zeugnis wahrhaftig» sei, daß er «das gesehen habe . . . und sein Zeugnis ist wahr, und er weiß, daß er die Wahrheit sagt, damit auch ihr glaubet . . .». Entstanden aber ist dies Evangelium frühestens um 100, und der Apostel Johannes war schon lange vorher getötet worden, entweder im Jahr 44 oder, wahrscheinlicher, 62. Auch hat Kirchenvater Irenäus, der als erster die Autorschaft des Apostels Johannes behauptet, diesen (den er spät noch in Ephesus leben läßt) wohl absichtlich, wie das einem christlichen Heiligen zusteht, mit einem Presbyter Johannes von Ephesus verwechselt. Und der Verfasser des 2. und 3. Johannesbriefes, die man gleichfalls dem Apostel Johannes zuerkennt, bezeichnet sich jeweils eingangs als «der Presbyter»! (Eine ähnliche Verwechslung gab es auch zwischen dem Apostel Philippus und dem «Diakon» Philippus.) Sogar Papst Damasus I. hat in seinem Kanonverzeichnis (382) zwei der Johannesbriefe nicht dem Apostel Johannes zuerkannt, sondern einem «anderen Johannes, dem Presbyter». Und selbst Kirchenlehrer Hieronymus sprach den 2. und 3. Johannesbrief dem Apostel ab. Hat der hl. Bischof Irenäus, der gegen Ende des 2. Jahrhunderts das Evangelium dem Apostel Johannes zuschreibt, nun aber absichtlich diesen Namen verwechselt oder nicht, getäuscht hat er sich wiederholt; etwa auch behauptet, den Evangelien und der Überlieferung des Apostels Johannes gemäß habe Jesus zwanzig Jahre öffentlich gelehrt und sei mit fünfzig Jahren unter Kaiser Claudius gekreuzigt worden. Verdient ein solcher Zeuge Glauben, zumal er auch sonst von «raffinierter Unwahrhaftigkeit» war (Eduard Schwartz: I 152; 157 f), aber lehrte: «überall predigt die Kirche die Wahrheit» (II 88)[169]?

Doch auch eine Reihe von inneren Gründen, der Charakter des Evangeliums selbst, spricht gegen eine Abfassung durch den «Urapostel». Zum Beispiel hätte er, der Jude, die judenfeindlichste Schrift des ganzen Neuen Testaments geschrieben, um weiteres hier zu übergehen; ich habe es anderwärts zusammengefaßt. Die ganze historisch-kritische Forschung jedenfalls stimmt darin überein: der Autor dieses Evangeliums hat zu den zwölf Aposteln «sicher nicht gehört» (Kümmel)[170].

Die Argumente gegen die Verfasserschaft des Apostels Johannes, des «Evangelisten», sind so zahlreich und schlagend, daß auch katholische Theologen allmählich Bedenken äußern. Sie, die offiziell weiter diese Verfasserschaft vertreten müssen (gern von nachlassendem Gedächtnis, der verblassenden Erinnerung des alternden Apostels sprechen, von seiner «verklärten und höheren Wahrheit»), sie fragen etwa, ob das – auch in späteren Jahrhunderten noch interpolierte: Jh. 5,3 f, 8,1–8,11 – Evangelium des «Johannes» vielleicht «mit Benützung seiner schriftlichen Aufzeichnungen und Entwürfe» (freilich nirgends erwähnt und belegt), «zuletzt durch seine Schüler gestaltet und geschaffen wurde» (Schelkle). Doch die feierliche Versicherung nächster Augenzeugenschaft bleibt bestehen! Und gerade sie «ist aus dem Evangelium schwerlich beweisbar» und deshalb auch der Standpunkt, der Autor sei ein Ohren- und Augenzeuge von Jesu Leben und Wirken gewesen, «heute aufgegeben» (Bibel-Lexikon)[171].

Auch die Offenbarung des Johannes, deren Verfasser sich wiederholt am Anfang und gegen Schluß Johannes nennt, auch Knecht Gottes, Bruder der Christen, allerdings gar nicht als Apostel auftritt, sondern als Prophet, wurde nach altkirchlicher Lehre von dem Sohn des Zebedäus, dem Apostel Johannes geschrieben. Denn man brauchte natürlich eine «apostolische» Tradition, um das kanonische Ansehen des Buches zu sichern. Nun stand es mit diesem Ansehen lange nicht zum besten. Die christliche Apokalypse, die gerade noch auf den letzten Platz des Neuen Testaments gelangte, wurde schon im späteren 2. Jahrhundert von den sogenannten Alogern verworfen, Bibelkritikern, die sonst kein Dogma leugneten[172].

Aber auch der Origenes-Schüler Bischof Dionys von Alexandrien (gest. 264/65), mit dem Beinamen «der Große» bedacht, bestritt entschieden die Abfassung der Apokalypse durch den Apostel Johannes. Er tat dies in dem zweiten seiner beiden Bücher «Über die Verheißungen» im Kampf gegen den Chiliasmus des Bischofs Nepos von Arsinoë, Ägypten, den er sonst durchaus schätzt «wegen seines Glaubens, seines Fleißes, seiner Beschäftigung mit der Schrift und seiner zahlreichen geistlichen Lieder»[173].

Leider blieben Dionys' beide Bücher, wie auch seine anderen, nicht erhalten. Doch überliefert Kirchengeschichtsschreiber Euseb längere Auszüge daraus. Darin aber teilt Bischof Dionys mit, daß schon früher Christen die «Offenbarung des Johannes» «verworfen und ganz und gar abgelehnt» haben. «Sie beanstandeten Kapitel für Kapitel und erklärten, daß der Schrift Sinn und Zusammenhang fehle und daß der Titel falsch sei. Sie behaupten nämlich, dieselbe stamme nicht von Johannes und sei überhaupt keine Offenbarung, da sie in den so dichten Schleier der Unverständlichkeit gehüllt sei. Der Verfasser dieser Schrift sei kein Apostel, ja überhaupt kein Heiliger und kein Glied der Kirche, sondern Cerinth, der auch die nach ihm benannte cerinthische Sekte gestiftet und der seiner Fälschung einen glaubwürdigen Namen geben wollte».

Der alexandrinische Bischof will nicht leugnen, daß die Apokalypse von einem Johannes verfaßt sei, einem «heiligen und gotterleuchteten Mann». Doch bestreitet er, «daß dieser Johannes der Apostel sei, der Sohn des Zebedäus, der Bruder des Jakobus, von welchem das Evangelium nach Johannes und der katholische Brief stammen». Er verweist darauf, daß der Evangelist nirgends seinen Namen nenne, «weder im Evangelium noch im Brief», und auch «in dem sogenannten zweiten und dritten Johannesbrief» stehe der Name Johannes nicht an der Spitze, sondern ohne Namensnennung heiße es nur «der Presbyter». Dagegen setzte der Autor der Apokalypse seinen Namen gleich an den Anfang. Und das genüge ihm noch nicht einmal. «Er wiederholt: ‹Ich, Johannes, euer Bruder und Mitgenosse in der Trübsal und im Reiche und in der Geduld Jesu war auf der Insel, welche Patmos heißt, um des Wortes Gottes und des Zeugnisses Jesu willen.› Und am Schlusse sprach er so: ‹Selig, wer die Worte der Weissagung dieses Buches bewahrt, und ich, Johannes, der dies sah und hörte.› Daß es ein Johannes war, der diese Worte schrieb, muß man ihm glauben, weil er es sagt. Welcher Johannes es aber war, ist nicht bekannt. Denn er bezeichnete sich nicht, wie es oft im Evangelium heißt, als den Jünger, den der Herr liebte, oder als den, der an seiner Brust geruht, oder als den Bruder des Jakobus, oder als den, der den Herrn mit eigenen Augen gesehen und mit eigenen Ohren gehört. Eine dieser Bezeichnungen hätte er sich wohl beigelegt, wenn er sich deutlich hätte zu erkennen geben wollen. Doch gebraucht er keine davon. Nur unsern Bruder und Genossen nennt er sich und den Zeugen Jesu und einen, der selig ist, da er die Offenbarungen gesehen und gehört»[174].

Kirchenvater Dionys «der Große» untersucht gedanklich, sprachlich, stilistisch sehr aufmerksam Johannesevangelium und Johannesbrief und schreibt: «Völlig anderer und fremder Art ist gegenüber diesen Schriften die Apokalypse. Es fehlt jede Verbindung und Verwandtschaft. Ja sie hat sozusagen kaum eine Silbe damit gemein. Auch enthält weder der Brief – vom Evangelium nicht zu reden – irgendeine Erwähnung oder einen Gedanken der Apokalypse noch die Apokalypse vom Briefe»[175].

Der protestantische Theologe und Bischof Eduard Lohse kommentiert: «Dionys von Alexandria hat zutreffend beobachtet, daß die Offenbarung Johannes und das vierte Evangelium ihrer Form wie ihrem Inhalt nach so weit voneinander unterschieden sind, daß man sie nicht auf denselben Verfasser zurückführen kann.» Es mag dahingestellt bleiben, ob der Autor der Apokalypse mit seinem Namen Johannes suggerieren wollte, der Jünger und Apostel Jesu zu sein. Er selbst nahm jedenfalls diese Gleichsetzung nicht vor. Das tat erst die Kirche, um seiner Schrift apostolische Autorität und kanonisches Ansehen zu sichern. Und damit beginnt die Fälschung – die Fälschung der Kirche[176].

Keines der vier Evangelien wurde somit von einem «Urapostel» geschrieben. Weder stammt das Matthäusevangelium von dem Apostel Matthäus noch das Johannesevangelium von dem Apostel Johannes noch stammt die Offenbarung des Johannes von dem Apostel. Doch brachten es Menschen fertig, im Alten Testament freiweg wie Gott zu sprechen, warum sollten sie im Neuen Testament nicht alles mögliche Jesus in den Mund legen und seinen Jüngern, die ja, neben dem Alten Testament und Jesus, die dritte Autorität für die Christen waren?

Sechs gefälschte «Paulusbriefe» stehen im Neuen Testament

Eine lange Reihe wichtiger neutestamentlicher Schriften will so mehr oder weniger bestimmt von Aposteln geschrieben worden sein. Bei einigen dieser Schriften zwar kann man zweifeln, ob eine Täuschungsabsicht wirklich vorliegt, bei anderen ist dies wahrscheinlich, bei wieder anderen sicher; wird die Echtheit doch, entgegen dem Tatbestand, ausdrücklich bezeugt. Eine Hauptabsicht ist dabei, das bereits Gewordene, vor allem aber auch das erst noch Erstrebte, als «apostolisch» zu qualifizieren und als Norm verbindlich zu machen[177].

So wurden im Neuen Testament mehrere Briefe auf den Namen des ältesten christlichen Autors, des Paulus, gefälscht, der freilich selbst bekennt, daß es nur darauf ankomme, Christus zu verkünden: «mit oder ohne Hintergedanken».

Völlig unecht im Corpus Paulinum sind die beiden Briefe «An Timotheus» und der «An Titus», die sogenannten Pastoralbriefe. Sie waren seit der Mitte des 2. Jahrhunderts in der Christenheit bekannt und wurden als Paulinische Briefe schließlich bedenkenlos zum Neuen Testament gezählt – bis ins frühe 19. Jahrhundert. 1804/05 aber bezweifelte J. E. Chr. Schmidt die Echtheit des 1. Timotheus-Briefes, 1807 verwarf ihn Schleiermacher ganz, und 1812 erkannte der Göttinger Gelehrte Eichhorn die Unechtheit aller drei Briefe. Seitdem hat sich diese Erkenntnis unter den protestantischen Forschern durchgesetzt, neuerdings auch immer mehr unter katholischen Exegeten, wenn die Echtheit oder doch partienweise Echtheit (2. Tim. 4,9–22; Tit. 3,12–15: man spricht von Fragmenten- oder Billettenhypothese) selbst heute noch von einigen wenigen namhafteren Auslegern vertreten wird[178].

In allen drei Briefen, wahrscheinlich in Kleinasien zu Beginn des 2. Jahrhunderts entstanden, bezeichnet sich der Fälscher gleich anfangs als «Paulus, ein Apostel Christi Jesu». Er schreibt in der Ich-Form und protzt, gesetzt zu sein «als Prediger und Apostel – ich sage die Wahrheit und lüge nicht –, als Lehrer der Heiden im Glauben und in der Wahrheit». Er zieht hart gegen die «Ketzer» vom Leder, von welchen er schon einige «dem Satan übergeben». Er geißelt «die ungeistlichen Altweiberfabeln», «die Heuchelei der Lügnerredner», die «unnützen Schwätzer und Verführer, sonderlich die aus den Juden, welchen man muß das Maul stopfen». Doch er stopft es auch den Frauen: «Einer Frau gestatte ich nicht, daß sie lehre, auch nicht, daß sie sich über den Mann erhebe, sondern sie sei stille». Und ebenso kuschen sollen die Sklaven und «ihre Herren aller Ehre wert halten»[179].

Diese drei Fälschungen, die bezeichnenderweise in den ältesten Sammlungen der Paulusbriefe fehlen, wurden bereits von dem an Paulus anknüpfenden Markion (S. 75 f) als unecht erkannt. Ja, man schuf sie sehr wahrscheinlich gerade, um Markion durch Paulus widerlegen zu können, wie dies auch mit anderen kirchlichen Fälschungen im 2. und 3. Jahrhundert geschah (S. 120 ff, 128 ff). Und es spricht für sich, daß diese gegenüber Paulus viel späteren und deshalb theologisch wie kirchenrechtlich auch viel weiter entwickelten gefälschten «Paulusbriefe» im Katholizismus sich bald besonderer Beliebtheit erfreuten; daß sie von prominenten Kirchenschriftstellern mit Vorliebe zitiert und gegen die echten Paulusbriefe ausgespielt worden sind; ja, daß die Fälschungen den fast verketzerten Paulus erst kirchenfähig und zu einem Mann der katholischen Kirche gemacht haben. Gerade mit ihnen haben dann die Päpste ungezählte Male ihre «Ketzer»verdammungen gestützt und die Anerkennung ihrer Lehrentscheidungen verfochten[180].

Gegen die Echtheit der Pastoralbriefe sprechen geschichtliche, mehr aber noch theologische und sprachliche Gründe, und diese Gründe wurden inzwischen nicht nur vermehrt, sondern auch sehr präzisiert. «Für die evangelischen Forscher», schreibt Wolfgang Speyer, einer der besten heutigen Kenner der literarischen Fälschung der Antike, «gilt die Pseudepigraphie der beiden Schreiben an Timotheus und des Briefes an Titus für ausgemacht». Der Theologe von Campenhausen spricht von einer «geistig ungewöhnlich hochstehenden Fälschung» und erkennt sie dem hl. Polykarp zu, dem «greisen Fürsten von Asien» (Euseb). Der katholische Theologe Brox, ebenfalls ein Experte auf dem von der Forschung bisher so vernachlässigten Gebiet, nennt «die literarische Manipulation perfekt», wenn auch «als Fiktion erkennbar», eine «methodisch angelegte Täuschung, eine bewußte und künstlerisch raffiniert durchgeführte Autoritätsanmaßung», wohl «das Kabinettstück» der Fälschung innerhalb des Neuen Testaments. Mehr konservative Gelehrte behelfen sich angesichts der Diskrepanz zu den (sicher) echten Paulusbriefen mit der «Sekretärshypothese», wonach ein Sekretär des Paulus, der ihn längere Zeit begleitet haben müßte, der Verfasser war. («Freilich weiß die Überlieferung von einem solchen Manne nichts»: Bibel-Lexikon.) Oder man besteht auf der «Fragmentenhypothese», der Annahme also, es steckten auch echte Teile, wirkliche Paulus-Texte, in den unechten. Selbst für Schelkle aber «scheinen» die Pastoralbriefe «nicht bloß anders, sondern später als die echten Paulusbriefe zu sein»[181].

Mit hoher Wahrscheinlichkeit ist auch, wie man oft und mit schwerwiegenden Gründen annimmt, der 2. Thessalonikerbrief unter dem Namen des Paulus «bewußt als Fälschung konzipiert worden» (Lindemann).

Das erstemal wurde die Echtheit des 2. Thessalonikerbriefes 1801 wieder durch J. E. Chr. Schmidt (S. 100) bezweifelt, dann die These der Unechtheit entscheidend durchgesetzt vor allem durch W. Wrede 1903. Zu Beginn der dreißiger Jahre meinten Forscher wie A. Jülicher und E. Fascher, daß wir durch die Feststellung einer nichtpaulinischen Verfasserschaft des Briefes «ja nicht allzuviel verlieren». Nun, *wir* nicht. Aber die Bibelgläubigen. Denn wie finden sie sich damit ab, daß durch zwei Jahrtausende (doch nicht nur) diese Fälschung in einer, in ihrer «Heiligen Schrift» stand, ja noch steht? Daß der Fälscher, der vor allem Zweifel an der Parusie, der ausbleibenden Wiederkehr des Herrn, beheben will, am Schluß seines Briefes dessen Echtheit auch noch durch Betonung der eigenhändigen Unterschrift des Paulus bezeugt? «Hier mein, des Paulus, eigenhändiger Gruß. Dies ist das Kennzeichen in jedem meiner Briefe: so schreibe ich ...» Wie der Fälscher, der uns weitgehend unbekannt bleibt, auch nicht versäumt, vor Fälschungen zu warnen, offenbar um so vom Echtheitsproblem in seinem Fall abzulenken. Niemand solle sich wankend machen lassen, «weder durch eine Offenbarung im Geist noch durch ein Wort noch durch einen Brief, wie von uns gesandt, als ob der Tag des Herrn schon da sei. Lasset euch von niemand verführen, in keinerlei Weise ...» Er ist sich seines Betrugs also durchaus bewußt. Doch nicht genug: er will mit einem gefälschten Paulusbrief einen echten Paulusbrief desavouieren. So wird die Echtheit des 2. Thessalonikerbriefes «heute nur noch selten» verteidigt (W. Marxsen)[182].

Auch den Kolosserbrief hält die Mehrzahl der Forscher für «deuteropaulinisch», für «unpaulinisch». Und mit hoher Wahrscheinlichkeit ist auch der mit ihm eng verwandte Brief an die Epheser, der von Anfang an als Paulusbrief galt, «bewußt» gefälscht. Bezeichnenderweise finden sich hier Anklänge an alle bedeutenden Paulusbriefe, besonders an den Kolosserbrief, aus dem manche Formulierungen fast wörtlich stammen; ist der Wortschatz auffallend rhetorisch, ja, dieser Brief im Grunde kein Brief, sondern eine Art «Meditation über große christliche Themen» (Guthrie), eine «Mysterien- oder Weisheitsrede» (Schlier).

Und in keinem anderen Paulusbrief wird das Wort «Kirche» so ausschließlich im katholischen Sinn gebraucht[183].

Der Hebräerbrief, von einem Unbekannten vielleicht im ausgehenden 1. Jahrhundert geschrieben, wurde zunächst auch anonym überliefert und von keiner alten Handschrift mit Paulus in Verbindung gebracht. Er enthält den Namen des Paulus auch gar nicht, bringt aber zuletzt «mit betonter Absichtlichkeit die Schlußformeln eines Paulusbriefes» (Lietzmann). Doch bis um die Mitte des 4. Jahrhunderts galt er weithin weder als apostolisch noch paulinisch noch kanonisch, kam aber nur als «Paulus»-Brief ins Neue Testament, und bis zu Luther hielt man ihn fast allgemein dafür. Der Reformator jedoch bestritt dies, fand Holz, Heu und Stroh darin, «eine Epistel von vielen Stücken zusammengesetzt». Und heute schreibt man den Hebräerbrief sogar auf katholischer Seite nur noch selten dem «Paulus» zu.

Seit dem 2. Jahrhundert aber wurde er ihm von der orthodoxen Überlieferung zuerkannt. Er steht in den liturgischen und amtlichen Büchern der katholischen Kirche als «Brief des heiligen Apostels Paulus an die Hebräer». Ebenso im Neuen Testament in der lateinischen Übersetzung (nicht im griechischen Text). Tatsächlich wissen wir weder wo noch von wem er geschrieben worden ist. Und alle Namen, die man als Verfassernamen genannt hat oder nennen könnte, sind nichts als blauer Dunst. – Andere Paulusbriefe gelten der kritischen Theologie als echt, doch enthalten sie, wie auch andere Bücher des Neuen Testaments, einzelne Fälschungen[184].

Nicht weniger als sechs Briefe, die nach der Selbstbezeugung von Paulus geschrieben sein wollen, sind in Wirklichkeit also deuteropaulinisch, nicht von Paulus, stehen aber als Paulusbriefe in der Bibel. Rechnet man den Hebräerbrief hinzu, sind es sogar sieben Briefe.

Alle «Katholischen Briefe» des Neuen Testaments, immerhin sieben, sind Fälschungen

Zu den sogenannten Katholischen Briefen zählen: 1. und 2. Petrusbrief, 1., 2. und 3. Johannesbrief, der Jakobusbrief und der Judasbrief. Noch im 4. Jahrhundert, zur Zeit des Kirchenvaters Eusebius, wurden diese Briefe zwar in den meisten Kirchen verlesen; doch allgemein als echt anerkannt waren nur zwei: der 1. Johannes- und der 1. Petrusbrief. Erst am Ende des 4. Jahrhunderts galten dann im Westen alle «Katholischen Briefe» als kanonisch. Inzwischen freilich sieht das anders aus, erklärt man all diese Briefe, auch wenn sie die alte Kirche unter Verfassernamen geführt hat, als «anonyme bzw. pseudepigraphische Schreiben» (Balz). Von den Johannesbriefen abgesehen, war auch die Briefform der ganzen Gruppe fiktiv[185].

Auf den Namen des Petrus wurden durch einen rechtgläubigen Christen zwei Briefe gefälscht.

Ganz sicher gilt dies von der spätesten Schrift des Neuen Testaments, dem 2. Petrusbrief, heute sogar von katholischen Gelehrten kaum noch bezweifelt. Doch war dieser Brief, der übrigens, schon verdächtig genug, fast den ganzen Judasbrief oft beinah wörtlich sich einverleibt, nicht zufällig bereits in der alten Kirche lange suspekt. Im ganzen 2. Jahrhundert wird er nirgends erwähnt. Zum erstenmal bezeugt ihn, als umstritten, Origenes. Noch im 4. Jahrhundert nennt ihn Bischof Euseb, der Kirchenhistoriker, unecht, Didymus der Blinde, ein prominenter alexandrinischer Gelehrter, zu dessen Schülern Rufinus (I 172 ff) und der hl. Hieronymus zählten, gefälscht.

«Simon Petrus, ein Knecht und Apostel Jesu Christi», so beginnt der Fälscher und behauptet, um sich als Augen- und Ohrenzeuge zu legitimieren, die Herrlichkeit Jesu «selber gesehen» und auch Gottes Ruf bei seiner Taufe «vom Himmel her» gehört zu haben; wobei er nicht nur die Gläubigen mahnt, «fleckenlos und unsträflich» von Gott erfunden zu werden, sondern auch noch gegen «falsche Propheten», «falsche Lehrer» hetzt und rät, sie «wie vernunftlose Tiere» zu fangen und abzutun.

Der 2. Petrusbrief, der als Testament des Petrus aufgefaßt werden will, wurde beträchtliche Zeit nach dessen Tod, vielleicht in der dritten Generation geschrieben und dem Apostel unterschoben, um dem Zweifel an der Parusie zu begegnen (S. 72 ff). Das Schriftstück strotzt von ebenso massiver wie pauschaler «Ketzer»polemik, attackiert aber besonders die Spötter, «die nach ihrem eigenen Gelüst wandeln und sagen: Wo ist denn seine verheißene Wiederkunft? Seitdem die Väter entschlafen sind, bleibt ja doch alles so wie es seit Beginn der Schöpfung gewesen ist». Der dreiste Fälscher, der dieselbe apostolische Autorität wie Paulus beansprucht, täuscht die Fiktion einer petrinischen Herkunft konsequent und nachdrücklich vor, vom Praeskript, vom üblichen Briefeingang, bis zum Schluß. Er stützt sie durch seine Augen- und Ohrenzeugenschaft, er beansprucht, an «die lautere Gesinnung» seiner «Lieben» appellierend, auch den 1. Petrusbrief für sich, obwohl die großen Unterschiede der beiden Briefe die Herkunft von ein und demselben Autor ausschließen[186].

Doch auch der 1. Petrusbrief, für Luther 1523 «eins der edelsten Bücher im Neuen Testament und das rechte lautere Evangelion», ist offensichtlich gefälscht. Und gerade die evidente, von der modernen Exegese bestätigte Verwandtschaft mit den Paulusbriefen, die Luther enthusiasmiert, macht die Verfasserschaft des Petrus von vornherein wenig wahrscheinlich. Hinzu kommt: der Ort der Niederschrift ist angeblich Rom; denn der Autor grüßt zum Schluß ausdrücklich «aus Babylon» (5,13) – ein gebräuchlicher Deck- und Geheimname in der Apokalyptik für die Hauptstadt des Reiches, wo Petrus zuletzt gewesen und anno 64 das Martyrium erlitten haben soll. Aber der Name Babylon für Rom kam nach aller Wahrscheinlichkeit erst unter dem Eindruck der Zerstörung Jerusalems auf, und die war 70 n. Chr., mehrere Jahre nach Petri Tod. Höchst befremdlich ferner, daß das berühmte Kanonverzeichnis der römischen Kirche, der Kanon Muratori (um 200), ausgerechnet den 1. Petrusbrief nicht erwähnt, den Brief ihres angeblichen Gründers (II 58 ff). Übergehen wir weitere, auch formale Kriterien, die eine petrinische Herkunft immer unwahrscheinlicher machen.

Nun lassen Konservative das Schriftstück gern von einem Sekretär des Apostelfürsten stammen; heißt es doch am Ende: «Durch Silvanus, den treuen Bruder – wie ich meine – habe ich euch wenige Worte geschrieben ...» (5,12). Doch beiseite, daß «schreiben durch» auch den Diktat-Schreiber bezeichnen kann oder sogar bloß den Boten des Briefes, die «Sekretärshypothese» scheitert vor allem an der stark paulinischen Theologie der Epistel – «ein durchschlagendes Argument gegen Petrus als Verfasser» (Schrage). Auch von diesem 1. Petrusbrief, dessen erstes Wort «Petrus» lautet mit dem Zusatz «ein Apostel Jesu Christi», sagt neuerdings Norbert Brox in seinem Buch «Falsche Verfasserangaben», er zeige vom Inhalt, Charakter, historischen Umständen her «keinerlei Verbindung zur Gestalt des historischen Petrus ... nichts im Brief macht diesen Namen plausibel». So nimmt man auch für ihn «durchweg heute ... Pseudepigraphie an» (Marxsen), ist er «ohne Zweifel eine pseudonyme Schrift» (Kümmel), kurz, eine weitere, etwa, wie gewöhnlich angenommen, zwischen 90 und 95 fabrizierte Fälschung im Neuen Testament – wobei der Betrüger nicht zögert, den Christen zuzurufen, «in eurem ganzen Wandel heilig» zu sein, «alle Bosheit und alle Falschheit» abzulegen, «nicht Trug» zu reden, nur nach der «lauteren Milch Verlangen» zu haben[187].

Drei biblische Briefe sind nach kirchlicher Lehre von dem Apostel Johannes. Doch in keinem der drei Johannesbriefe nennt der Schreiber seinen Namen.

Der 1. Johannesbrief wird am frühesten, schon gegen Mitte des 2. Jahrhunderts erwähnt und ist dann unumstritten. Der Kanon Muratori nennt um 200 nur zwei Johannesbriefe, den 1. und einen der beiden kleinen Johannesbriefe. Erst zu Beginn des 3. Jahrhunderts bezeugt Clemens Alexandrinus alle drei. Doch gelten der 2. und der 3. Brief bis ins 4. Jahrhundert hinein längst nicht überall als kanonisch. Sie werden, schreibt Bischof Euseb, «nicht allgemein als echt anerkannt», sie sind «entweder dem Evangelisten oder einem anderen Johannes zuzuschreiben»[188].

Nun ähnelt der 1. Johannesbrief in seinem Stil, Wortschatz, seiner Gedankenwelt so sehr dem Johannesevangelium, daß die meisten Bibelwissenschaftler beide Schriften demselben Verfasser zuschreiben – wie übrigens die Tradition seit je. Da aber das Johannesevangelium nicht von dem Apostel Johannes stammt (S. 95 ff), kann auch der 1. Johannesbrief nicht von ihm sein. Und da der 2. Brief sozusagen eine Kurzfassung (13 Verse) des 1. Briefes ist und man fast allgemein für beide denselben Autor annimmt, kann auch der 2. Johannesbrief nicht von dem Urapostel sein. Und daß er den 3. Johannesbrief schrieb, war schon in der alten Kirche sehr umstritten und schließt, neben anderen Gründen, auch die Selbstbezeichnung «Presbyter» aus. (Beiläufig: während der 2. Brief die «Ketzer» bekämpft, sie weder ins Haus aufzunehmen noch zu grüßen heißt, streiten im 3. zwei kirchliche «Würdenträger», hetzt der Verfasser gegen Diotrephes, der «hochgehalten» sein wolle: «er schwätzt mit bösen Worten wider uns und läßt sich an dem nicht genügen, sondern nimmt selbst die Brüder nicht auf und wehret denen, die es tun wollten, und stößt sie aus der Gemeinde». Die Religion der Liebe – schon im Neuen Testament!)[189]

Heute nehmen sogar konservativere Bibelforscher an, daß der Schreiber der drei Johannesbriefe nicht, wie von der Kirche durch zwei Jahrtausende gelehrt, der Apostel, sondern einer seiner Schüler war und die «johanneische Überlieferung» weitergab. Und von der Hauptepistel, dem seit Anbeginn unumstrittenen 1. Johannesbrief, sagt jetzt Horst Balz: «So wenig der Apostel Johannes, Sohn des Zebedäus und Bruder des Jakobus, als Verfasser des Johannesevangeliums gelten kann, so wenig kann er hinter dem 1. Joh. stehen»[190].

Gefälscht wurde auch der angeblich von Jakobus stammende Brief. Wie die meisten der «Katholischen Briefe», täuscht auch er die Briefform nur vor; sie ist bloße Einkleidung, Fiktion. Überhaupt enthält dieser zeitlich (besonders) schwer einzuordnende Text verhältnismäßig wenig christliche Züge. Er ist angereichert mit vielen Elementen kynisch-stoischer Popularphilosophie, noch mehr mit solchen aus den alttestamentlich-jüdischen Weisheitsbüchern, weshalb manche eine nur leicht überarbeitete jüdische Schrift in ihm sehen. Obwohl der Brief den Anspruch erhebt, vom

Herrenbruder Jakobus geschrieben worden zu sein, schließen das viele und gewichtige Gründe aus. So erwähnt er nur zweimal den Namen Jesu Christi, seines göttlichen Bruders. Er verliert keine Silbe über das jüdische Ritual- und Zeremonialgesetz, benutzt aber, anders als die meisten biblischen Briefeschreiber, zu Beginn die griechische Briefkonvention. Er schreibt überhaupt, jedenfalls für einen neutestamentlichen Autor, ein ungewöhnlich gutes Griechisch, erstaunt durch seinen reichen Wortschatz, seine vielfältigen Kunstformen wie Parechese, Paronomasie, Homoioteleuton u.a. Das und Triftiges mehr macht deutlich, daß dieser Brief, der den immer wieder apostrophierten «Geliebten Brüdern» den «Glauben an Jesus Christus, unsren Herrn der Herrlichkeit» verkündet, nur eine noch geschicktere, eine «intensivere Version von literarischer Fälschung» ist (Brox) als der erste Petrusbrief.

Der Jakobusbrief, im Westen erst spät kanonisiert, fehlt bezeichnenderweise im Muratorischen Kanon, bei Tertullian, Origenes, und noch Bischof Euseb berichtet von seiner mangelnden Anerkennung und umstrittenen Kanonizität. Auch Luther verwarf den Brief (wegen seines unleugbaren Widerspruchs zum Völkerapostel, zum paulinischen sola gratia und sola fide) als «eyn rechte stroern Epistel», ohne «ordo noch methodus» und versprach dem seinen Doktorhut, der den Jakobusbrief (der «Täter des Wortes» fordert; vgl. S. 431) mit den Briefen des Paulus «zusammenzureimen» vermöchte. Luther drohte sogar, er werde «einmal mit dem Jeckel den Ofen heizen» und ihn «schier aus der Bibel stoßen»[191].

Endlich gehört auch der kurze Judasbrief, die letzte Epistel im Neuen Testament, die im ersten Vers von «Judas, Jesu Christi Sklave, dem Bruder des Jakobus» geschrieben sein will, zu den vielen Fälschungen der «Heiligen Schrift», ist doch ausgeschlossen, «daß die Angabe historisch zutrifft». Vielmehr weist auch der Judasbrief «ganz eindeutig in spätere Zeiten» (Marxsen)[192].

Tatsache ist somit, «daß schon in ganz früher Zeit Fälschungen auf den Namen der Apostel vorgekommen sind» (Speyer); daß dabei die Echtheit genau beglaubigt wird, die «Apostel» ihren Namen nennen und in der ersten Person sprechen. Tatsache ist weiter, «daß wir von allen neutestamentlichen Schriften», wie Theologe Marxsen hervorhebt, «nur zwei Verfassernamen sicher angeben können: Paulus und Johannes (den Verfasser der Offb.)». Und Tatsache ist schließlich, und zwar die bemerkenswerteste: *mehr als die Hälfte aller Bücher des Neuen Testaments sind unecht, das heißt entweder ganz gefälscht oder sie stehen unter einem falschen Namen*[193].

Daß es daneben im «Buch der Bücher» noch eine Fülle von Fälschungen in Form von Einschüben gibt, soll pars pro toto gezeigt werden.

Beispiele für Interpolationen im Neuen Testament

Interpolationen waren bei den Christen sehr beliebt. Immer wieder haben sie derart Schriften verändert, verstümmelt, erweitert, und sie hatten dafür die verschiedensten Gründe. Sie bedienten sich der Interpolationen etwa zur Erhärtung der Geschichtlichkeit Jesu. Oder zur Förderung und Festigung bestimmter Glaubensvorstellungen. Nicht jeder war fähig, gleich ein ganzes Werk zu erschwindeln, aber er konnte recht leicht ein gegnerisches fälschen, indem er zum Nutzen der eignen Sache etwas im eigenen Sinn einschob oder unterdrückte. Man interpolierte auch zur Durchsetzung unpopulärer Meinungen, für die man selber nicht geradestehen, doch unter dem Namen eines Berühmten mehr Erfolg haben mochte; in der Zeit des religiös toleranten Heidentums war dies allerdings weit weniger nötig und deshalb seltener als unter den verfolgungswütigen christlichen Herrschern und Hierarchen[194].

Auch potentere Autoren freilich vergingen sich. Die Briefe des Paulus hat Tatian aus ästhetischen, Markion aus inhaltlichen Gründen überarbeitet. Dionysius von Korinth im 2. und Hieronymus im 4. Jahrhundert beklagen das mannigfache Interpolieren der Evangelien. Der hl. Hieronymus aber, der Patron der katholischen Fakultäten, der selber die «gewissenlosesten Verleumdungen und Fälschungen» beging (C. Schneider, vgl. I 179 f), nahm im Auftrag des Mörderpapstes Damasus (II 111 ff) eine Revision der lateinischen Bibeln vor, von denen auch nicht zwei in längeren Abschnitten übereinstimmten. Dabei änderte der Patron der Gelehrten den Text der Vorlage für seine «Berichtigung» der Evangelien an etwa 3500 Stellen. Und das Konzil von Trient hat diese «Vulgata», die allgemein verbreitete, von der Kirche jahrhundertelang verworfen, im 16. Jahrhundert für authentisch erklärt[195].

Nun, hier handelt es sich sozusagen um Eingriffe «offizieller» Art. Gewöhnlich aber geschahen sie insgeheim. Und eine der berühmtesten Interpolationen im Neuen Testament ist mit dem Trinitätsdogma verknüpft, das die Bibel, spätere Zutaten beiseite, aus guten Gründen nicht verkündet.

Zwar kannte das Heidentum Hunderte von Trinitäten, stand eine göttliche Dreieinigkeit schon seit dem 4. vorchristlichen Jahrhundert an der Spitze des Weltganzen, hatten alle großen hellenistischen Religionen ihre Götterdreiheiten, gab es die Apis-Trinitätslehre, die Sarapis-Trinitätslehre, die Dionysos-Trinitätslehre, gab es die kapitolinische Dreieinigkeit: Jupiter, Juno, Minerva, gab es den dreimal großen Hermes, den dreieinigen Weltgott, der «allein ganz und dreimal einer» war etc. etc. Nur eine christliche Trinität gab es in den ersten Jahrhunderten nicht. Denn hielt man selbst Jesus bis weit ins 3. Jahrhundert hinein meist nicht für Gott, so dachte da an die Persönlichkeit des Heiligen Geistes, wie dezent der Theologe Harnack höhnt, «kaum einer». (Ausgenommen, seien wir gerecht, der Valentinianer Theodot: ein «Ketzer»! Er hat im späten 2. Jahrhundert wohl als erster Christ Vater, Sohn und Geist Trias genannt, wovon der kirchlichen Tradition noch nichts träumte.) Vielmehr bestand, schreibt der Theologe Weinel, «eine wild durcheinanderwogende Masse von Vorstellungen über diese himmlischen Gestalten»[196].

So taten sich noch im 4. Jahrhundert die größten Kirchenleuchten schwer, die Einheit, Zweiheit und Dreiheit der göttlichen Personen aus der Bibel zu beweisen. Die Zweiheit etwa bewies der hl. Bischof und Kirchenlehrer Basilius «der Große» aus Gen. 1,26: «Und Gott sprach: Laßt uns einen Menschen machen». Denn welcher Handwerker, sagte sich Basilius, spreche zu sich selbst! «Wer sprach? Und wer schuf?» fragte «der Große», sichtlich vom Heiligen Geist, zu dem die katholische Vergottungschristologie inzwischen fortgeschritten war, erhellt. «Erkennst du darin nicht die Zweiheit der Personen?» Und der jüngere Bruder dieses Heiligen, der hl. Bischof Gregor von Nyssa, «ausgezeichnet durch große spekulative Begabung» (Altaner/Stuiber), demonstrierte die Dreiheit der göttlichen Personen aus Psalm 36,6: «Durch das Wort des Herrn wurden die Himmel befestigt und durch den Odem seines Mundes all ihre Macht». Denn das Wort, so Gregor, ist der Sohn, und der Odem der Heilige Geist[197].

Doch seien wir wieder fair: Trinitäten gab es auch seinerzeit schon im Neuen Testament, ganz echte Trinitäten, nämlich: Gott, Christus, *Engel*; recht häufig sogar, denn sie hatten bereits die Juden. Und immer wieder sei betont: alles, was im Christentum nicht heidnisch war, stammt von den Juden. Auch eine weitere Trinität prangt in der «Heiligen Schrift», in der Offenbarung des Johannes: Gottvater, die sieben Geister und Jesus Christus. Bald darauf kennt der hl. Justin gar eine Quaternität: Gottvater, Sohn, das Heer der Engel und der Heilige Geist. Wie gesagt – «eine wild durcheinanderwogende Masse ...» Doch allmählich wurde die ältere Lehre, die – bis ins 4. Jahrhundert auch in kirchlichen Kreisen weit verbreitete – Engelchristologie, niedergerungen, verketzert, und statt ihrer kreierte man das bis heute wahre Dogma, übrigens für alle christlichen Kirchen: Vater, Sohn und Heiliger Geist[198].

Nun hatte man zwar endlich die rechten Personen beisammen, aber leider noch immer nicht – in der Bibel. Ergo fälschte man sie hinein. Um so notwendiger, als darin ganz falsche Sprüche standen und stehen, selbst von Jesus. Zum Beispiel das Logion bei Matthäus 10,5: «Den Weg zu den Heidenvölkern schlagt nicht ein und betretet auch keine Samariterstadt, geht vielmehr (nur) zu den verlorenen Schafen des Hauses Israel». Ach, was wäre uns erspart geblieben, nebenbei: auch den Juden, hätten die Christen dies Jesuswort befolgt! Doch sie hatten längst das Gegenteil getan. Im krassen Widerspruch zu Matthäus 10,5 sagt deshalb ebenda der «Auferstandene» (28,28 ff): «So gehet hin und lehret alle Völker und tauft sie auf den Namen des Vaters und des Sohnes und des heiligen Geistes . . .» Der erste Spruch, der Befehl der Judenmission, gilt als echt, gerade weil die Christen bald die Heidenmission betrieben, das Gegenteil des (ersten) Jesusbefehls. Und gerade um diese Praxis zu rechtfertigen, schmuggelte man an den Schluß des Evangeliums den Befehl zur Weltmission. Und hatte, scheinbar ganz beiläufig, auch die biblische Grundlage, den locus classicus, für die Trinität. Doch beiseite, daß Jesu Predigt selbst das geringste Anzeichen einer trinitarischen Vorstellung fehlt, daß auch die Apostel keinen Taufauftrag bekamen: – wie hätte Jesus, der fordert, «nur zu den verlorenen Schafen des Hauses Israel» zu gehen, aber ausdrücklich «den Weg zu den Heidenvölkern» verbietet, wie hätte dieser Jesus die Weltmission verlangen können? Dieser Befehl, schon seit der Aufklärung immer wieder bezweifelt, gilt allen kritischen Theologen als Fälschung. Kirchliche Kreise schoben ihn ein, um sowohl ihre Praxis der Heidenmission wie der Taufsitte nachträglich zu rechtfertigen. Und um ein biblisches Kronzeugnis zu haben für das Dogma der Trinität[199].

Eben deswegen kam es im 1. Johannesbrief zu einer weiteren, einer scheinbar geringfügigen, doch besonders berüchtigten Fälschung, dem «Comma Johanneum».

Man änderte nämlich – und die Heilige Dreifaltigkeit mag wissen wer, wann und wo – die Stelle 1. Jh. 5,7: «Drei sind es, die da zeugen: Der Geist, das Wasser und das Blut, und die drei sind eins» um in: «Drei sind, die da zeugen im Himmel, der Vater und das Wort und der heilige Geist, und die drei sind eins». Der Einschub fehlt in so gut wie allen griechischen Handschriften und so gut wie allen alten Übersetzungen. Er wird vor dem 4. Jahrhundert von keinem griechischen Kirchenvater benützt, wird weder, wie eine genaue Prüfung ergab, von Tertullian noch Cyprian noch Hieronymus noch Augustinus je zitiert. Die Fälschung stammt wohl aus Nordafrika oder Spanien, wo man sie um 380 zum erstenmal anführt. Zum erstenmal bezweifelt wird sie erst 1689 durch R. Simon. Heute verwerfen sie die Exegeten so gut wie einmütig. Doch noch am 13. Januar 1897 erklärte ein Dekret des römischen Offiziums ihre Echtheit[200].

Zahlreiche Interpolationen gibt es im Johannesevangelium; nicht ohne Grund.

Dies Evangelium wurde zunächst nur in «Ketzer»-Kreisen geschätzt und auch zuerst kommentiert. Dagegen führt es keiner der «Apostolischen Väter» an. Die «rechtgläubigen» Gruppen, besonders Rom, standen der in Kleinasien sehr bekannten und beliebten Schrift ablehnend gegenüber. So wurde sie gegen Mitte des 2. Jahrhunderts von einem Redaktor überarbeitet und kirchenfähig gemacht. Da er zwar Streichungen vermied, doch mit Zusätzen nicht sparte, figurieren die Juden einmal als Teufelskinder, das andere Mal kommt das Heil von ihnen. Das 3. Kapitel versichert zweimal, Jesus habe getauft, das 4. Kapitel versichert das Gegenteil. In dieser Weise lassen sich zahlreiche spätere «Zutaten» erkennen. Wie das Johannesevangelium überhaupt «Spuren einer langen Entstehungs- und Redaktionsgeschichte» zeigt. Größere kirchliche Einschübe sind die bekannte Geschichte von der Ehebrecherin (Jh. 8,1 ff) und das ganze 21. Kapitel. Es ist «ohne jeden Zweifel ein späterer Nachtrag» (Cornfeld/Botterweck)[201].

Nun gibt es neben den Fälschungen im Neuen Testament auch und sehr viel mehr christliche Fälschungen außerhalb; Fälschungen, die den literarischen Formen der biblischen Schriften mehr oder weniger ähneln: den Evangelien, der Apostelgeschichte, der Apokalypse, den Briefen. Sie knüpfen auch meist an die neutestamentlichen Gattungen an, strukturell, formal, inhaltlich, und sind in der Antike ungemein häufig, womit wir uns den Fälschungen der nachneutestamentlichen, der frühpatristischen und altkirchlichen Zeit zuwenden.

FÄLSCHUNGEN IN DER NACHNEUTESTAMENTLICHEN UND ALTKIRCHLICHEN ZEIT

«Aus der nachneutestamentlichen und altkirchlichen Epoche ist eine große Menge literarischer Fälschungen bekannt. Sie gehören bei weitem nicht alle der häretischen Literatur an, sondern konnten genau so gut im orthodoxen Milieu entstehen und akzeptiert werden ...» Norbert Brox[202]

«Die Christen verfemten die Fälschung des Gegners und fälschten selbst.» «Viele Fälschungen haben entscheidend auf die Entwicklung der kirchlichen Dogmatik, die Kirchenpolitik, die Geschichte und Kunst eingewirkt.» «Alle christlichen Fälscher, die zumeist Kleriker waren, rechneten mit der Hilfe Gottes». W. Speyer[203]

«Nachdem die Fälschung einmal in die Kirche eingedrungen war, wuchs sie fast ins Unbegrenzte. Die Bedeutung der auf dem Spiel stehenden Interessen, der Wetteifer der einzelnen Lehren und Kirchen riefen für die unersättliche Nachfrage einen unbeschränkten Vorrat von gefälschten Dokumenten hervor». J. A. Farrer[204]

Alle Seiten fälschten – am meisten die Priester

Nachdem im Westen zu Beginn des 5. Jahrhunderts der Umfang des Neuen Testaments offiziell anerkannt war, unterschied die Kirche streng zwischen kanonischer und nichtkanonischer Literatur. Alles, was nicht als kanonisch galt, was man nicht brauchen konnte oder brauchen wollte, wurde «apokryph» genannt und als «ketzerisch» scharf bekämpft, gelegentlich schon mit dem Scheiterhaufen; obwohl es ja, da es lange keinen (festumrissenen) Kanon gab, lange ganz anders gewesen war. Die meisten alten Theologen hielten viele «Apokryphen» für apostolisch, völlig echt, wahr, für Glaubenszeugnisse, einige zog man den neutestamentlichen Büchern zeitweise vor – ganz beiseite, daß die Kirche selbst mit der ihr eigenen Willkür «apokryphe» Bücher anerkannte, nämlich im Alten Testament. Lange stand so ein Teil des dann verteufelten «apokryphen» Schrifttums «gleichwertig neben den später als kanonisch angesehenen Werken» (Schneemelcher). Und zumal alle alten «apokryphen» Evangelien, Apostelgeschichten, Apokalypsen, wovon es wimmelte, wovon ein kleiner Teil sogar erhalten blieb, wenn auch meist nur in Fetzen, in Zitaten, wurden in manchen Gegenden mit derselben Selbstverständlichkeit gelesen, geachtet, wie in anderen die kanonischen Schriften[205].

Erinnern wir uns daran, daß das Christentum keine einheitliche Größe war, daß bereits anfangs keine «Rechtgläubigkeit» bestand (I 144 ff), sondern eine große Vielfalt der Lehren und des Glaubens. Somit gab es auch eine Fülle verschiedener Evangelien, Apostelgeschichten, Apokalypsen, wie sie den Vorstellungen der Gemeinden entsprachen. Erst als man, freilich recht früh, dazu überging, einander zu bekämpfen und stets mehr zu bekämpfen (I 3. Kap.), als besonders die sogenannte Großkirche immer mächtiger wurde, verteufelte sie auch immer mehr alle Christen außer ihren Reihen, drängte ihr Schrifttum in den Untergrund und erklärte es als unecht, gefälscht, eben als «apokryph» (vom griech. apokrýptein, verbergen). Dieser Sprachgebrauch ist aber relativ jung, noch nicht in den alten Kanonverzeichnissen üblich, zunächst überhaupt nicht in Verbindung mit der Kanongeschichte, sondern eben mit der «Ketzer»-Bekämpfung verwendet worden; bei Irenäus etwa oder Tertullian, dem späteren Parade-«Ketzer», der «apocrypha» und «falsa» synonym gebraucht[206].

In «häretischen» Zirkeln, wo man Geheimschriften sehr schätzte und «verborgen» nannte, hatte das Wort eine durchaus positive Bedeutung. Sogar Origenes stuft noch die Pseudepigraphen als «kirchliche» Apokryphen gegenüber den «häretischen» Geheimbüchern positiv ein. Doch für die Kirchenväter bekam das Wort in ihrem Kampf gegen die «Irrlehrer» bald etwas Negatives, Absprechendes. «Apokryph» wurde für sie gleichbedeutend mit unterschoben, gefälscht, wenn auch erst nach rund 400 Jahren Christentum die Ausscheidung der «Apokryphen» aus dem Kanon definitiv feststand. Man kann sich aber kaum bewußt genug machen, daß der Begriff «Apokryphen» und «apokryph» nie einheitlich, immer mehrdeutig war und daß er dies auch literarisch wie theologisch in der Kirchengeschichte immer geblieben ist[207].

Ein weiteres wichtiges Faktum, das die Apologeten seit je ebenso wortreich wie gedankenschwach bestreiten: zwischen dem neutestamentlichen und dem «apokryphen» Schrifttum bestehen zwar Unterschiede, sie sind aber sachlich nicht schwerwiegend[208].

Schließlich: alle nachneutestamentlichen «Apokryphen» schrieben natürlich ausnahmslos Christen. Es sind somit sämtlich christliche Traktate. Sie knüpfen in Form und Anlage auch mehr oder minder an die neutestamentlichen Bücher an. Und alle, ob großkirchlicher, ob sektiererischer Herkunft, sind «durchgängig Fälschungen» (Bardenhewer)[209].

Am wichtigsten ist jedoch: Die «Apokryphen» trugen zur Verbreitung des Christentums genauso bei wie die kanonischen Schriften, vielleicht sogar mehr. Mit allen hat man missioniert, Anhänger geworben und gewonnen. Viele «Apokryphen» wurden in zahlreiche Sprachen übersetzt und weithin verbreitet. Sie lagen in ungezählten und mannigfaltigen Überarbeitungen, Erweiterungen, Kürzungen vor. Nicht selten weiß man kaum oder gar nicht, ob man es mit einer kirchlichen oder «ketzerischen»

Fälschung zu tun hat, weil genaue Grenzlinien nicht zu ziehen, die Überreste zu klein, die Überformungen, Verfremdungen, Entstellungen zu häufig, die Entstehungsverhältnisse, dies ist die Regel, zu dunkel, gewöhnlich undurchdringbar dunkel sind. Es kommt dazu, daß auch die Kirche sehr wohl und sehr lang, noch im Mittelalter, durch die «Apokryphen» profitierte. Nicht nur schuf man solche in altkirchlichen Kreisen selber eifrig (S. 119 ff, 128 ff), sondern die Kirche hat auch nachweislich sehr früh «häretische Apokryphen» revidiert und retouchiert; ja, «nahezu alles», was von diesen überhaupt noch vorliegt, «ist nicht im echten Wortlaut, sondern in katholischer Bearbeitung überliefert» (Katholik Bardenhewer), das heißt, die «Ketzer»-Fälschungen wurden im kirchlichen Lager noch einmal gefälscht. Und während der ursprüngliche Text fast durchweg für immer verschwand, wurde ein Teil dieser «Überarbeitungen», dieser doppelt, oft vielfach verfälschten Schriften noch durch das Mittelalter gelesen, verschlungen, besonders anscheinend die Apokalypsen und Pilatusakten (S. 125 ff, 150 f)[210].

Man wird die Verbreitung und Wirksamkeit gefälschter Literatur – ein heute noch sehr ungeklärtes Problem – nicht gering einschätzen können. Ihre Ausstrahlung, ihre Anerkennung muß um so größer gewesen sein, als die Arglosigkeit beträchtlich war, gerade, doch nicht nur, bei den Massen, wo überdies und zumal auf religiösem Gebiet eine gierige Bereitschaft für das Ungewöhnliche, Unwahrscheinliche, Wunderbare bestand, ein starkes Faible für Verborgenes, Geheimnishaftes; eine Leichtgläubigkeit, die mutatis mutandis ja jetzt wieder grassiert zum Vorteil aller, die im Trüben fischen. Deshalb reagierte die frühe Kirche gewöhnlich auch nicht ungehalten auf Fälschungen, sie trat für ihre Echtheit ein, freilich nur solange sie ihr nützten und ihren Lehren nicht widersprachen: die entscheidenden Kriterien für Tolerierung oder Propaganda gar. Der Inhalt einer Schrift bedeutete offenbar mehr als ihre Authentizität[211].

Dagegen galten die Fälschungen der «Ketzer», zu denen man häufig Gegenfälschungen fabrizierte, als Teufelsdienst, als moralische Ungeheuerlichkeit. So bereitwillig die Kirche bei eigenen

Betrügereien oft und verhältnismäßig lange durch die Finger sah, so empört geißelte sie die der Gegner. Gewiß bezichtigte sie die «Häretiker», besonders die Gnostiker, oft zu Recht des Betrugs. Gewiß hat sie auch die Apollinaristen als Fälscher entlarvt; wie sie überhaupt versuchte, unter dem Namen von «rechtgläubigen» Autoren kursierende «Ketzer»-Traktate zu verbrennen. Doch die Katholiken fälschten eben gleichfalls. Und sie beantworteten die Fälschungen andersgläubiger Christen nicht nur durch gefälschte Gegenschriften, wobei der eine Fälschungstyp so alt ist wie der andere, sondern ein weiterer Teil ihrer Schwindeleien diente der Erbauung – wie letzten Endes ja auch der (erste) Teil, der dem «Glauben» diente. Das hängt untrennbar zusammen, und keinesfalls nur beim Volk. Ein ganz neuartiger – und sehr wirksamer – Betrug der Christen aber war es, unter dem Namen des Gegners Fälschungen zu verbreiten und darin dessen «Häresie» übertrieben darzustellen, um sie desto leichter widerlegen zu können[212].

Nicht zu vergessen: die meisten christlichen Gauner, gleich auf welcher Seite, waren Priester. Ja, die Kirchenführer selber warfen einander Fälschungen vor. So bezichtigte der hl. Hieronymus den Kirchenschriftsteller Rufinus – mit dem er eine der übelsten «Väter»-Fehden führte (I 172 ff) – wiederholt und äußerst gehässig des literarischen Betrugs. Bischof Johannes von Jersualem aber klagte den hl. Hieronymus der Fälschung an. Der hl. Kirchenlehrer Kyrill von Alexandrien soll bei seiner Attacke gegen Nestorios (II 156 ff) Zitate desselben gefälscht haben. Bischof Eustathios von Antiochien, ein wilder Bekämpfer der Arianer, bezichtigte Bischof Euseb von Caesarea, den «Vater der Kirchengeschichte», der Verfälschung des Nicaenischen Glaubensbekenntnisses[213].

Kurz, jede Seite fälschte. Zwar hatten nach modernen älteren Katholiken nur die nichtkatholischen Christen die «Frechheit», in «außerordentlich» großer Zahl «die Erzeugnisse ihrer Phantasie für göttliche Offenbarungen» auszugeben und ihnen «apostolischen Ursprung» zu vindizieren (Kober). Tatsächlich aber fälschten alle: nicht bloß Gnostiker, Enkratiten, Manichäer, Novatianer, Mazedonier, Arianer, Luziferianer, Donatisten, Pelagianer, Nestorianer, Apollinaristen, Monophysiten, sondern selbstverständlich auch die Katholiken; im Kampf gegen die Gnosis beispielsweise verfaßten sie auch «unechte» Evangelien. Der Apostolische Protonotar Otto Bardenhewer (gest. 1935) führt in seinem vierbändigen Standardwerk «Geschichte der altkirchlichen Literatur» zwar (und wahrscheinlich mit Recht) die «Mehrzahl» der neutestamentlichen «Apokryphen» auf «häretische Sonderlehren», doch eine weitere «große Gruppe» auf «orthodoxe Hände» zurück. Also noch einmal: alle Seiten fälschten. Und alle, die fälschten, waren Christen! Und viele davon waren Christen innerhalb der Kirche. Der Tübinger Rechtshistoriker Friedrich Thudichum (gest. 1913) sammelte «Kirchliche Fälschungen» in drei umfangreichen Bänden und plante noch einen vierten, allerdings nicht erschienenen Band[214].

Auch in kirchlichen Kreisen waren zeitweise «apokryphe» Evangelien in Gebrauch

Wie man schon in neutestamentlicher Zeit gründlich gefälscht hatte, besonders durch Angabe eines falschen Verfassernamens, aber auch durch jede Menge sonstiger Eingriffe in echte oder bereits gefälschte Texte, so fälschte man nun in nachneutestamentlicher Zeit fort. Ja, es ist durchaus möglich, sogar wahrscheinlich, daß manche der von der Kirche als «apokryph» verketzerten Texte älter sind als die neutestamentlichen. Und es ist, darf man dem Evangelium glauben, sicher, daß es auch ältere Evangelien gab als die vier «kanonischen». Berichtet doch das Lukasevangelium gleich in seinem ersten Vers, daß «schon viele es unternommen haben, Bericht zu geben von den Geschichten, die unter uns geschehen sind».

Ein Teil der «apokryphen» Evangelien ist offensichtlich mit den synoptischen eng verwandt. Da aber viele jener Evangelien nur (sehr) fragmentarisch vorliegen, läßt sich oft schwer sagen, ob sie auf vorsynoptische Tradition oder auf die synoptische zurückgehen, ob sie also älter oder jünger sind als die kanonischen

Evangelien. Und gerade bei den ältesten «apokryphen» Evangelien werden sich auch mündliche und schriftliche Tradition überschneiden. Man sieht jedenfalls, daß der geschichtlich Denkende all dies nicht einfach durch das Schema «kanonisch» oder «apokryph» betrachten kann – ganz beiseite eben, daß überall gefälscht worden ist[215].

Sogenannte apokryphe Evangelien sind mehr als fünfzig namentlich bekannt, wenn auch meist bloß bruchstückhaft und nur ganz selten in ihrem vollen Text überliefert. Von vielen wissen wir außer dem Titel nichts oder fast nichts mehr. Etwa von dem gänzlich verlorenen, vielleicht um die Mitte des 2. Jahrhunderts entstandenen «Evangelium des Judas», das die Kainiten gebrauchten, «Gnostici», die in Konsequenz ihrer Lehre vom bösen Gott des Alten Testaments alle darin schlechtgemachten, verteufelten Figuren verehrt haben sollen, besonders Kain und die Schlange. Und Judas, sagten sie, verstand als einziger Apostel den Herrn. Wenig oder nichts wissen wir von dem «Evangelium der Vollendung» oder dem «Evangelium der Eva», das die Nikolaiten hatten, eine schon Ende des 2. Jahrhunderts verschwundene angeblich libertinistische gnostische Sekte, der die Kirchenväter, im Anschluß an Irenäus, sexuelle Exzesse nachsagten, weshalb man im Mittelalter die Zölibatsgegner Nikolaiten nannte[216]!

Gleichwohl gab es Zeiten und Gegenden, wo Katholisches und Gnostisches (noch) nicht streng getrennt war. Gleichwohl gebrauchten auch kirchliche Gruppen sogenannte apokryphe Evangelien anstelle der sogenannten kanonischen. Besonders die judenchristlichen – Nazaräer-, Ebionäer- und Hebräerevangelium – erhielten sich lang und wurden noch im 14. Jahrhundert zitiert[217].

Das Nazaräerevangelium stammt vermutlich aus der ersten Hälfte des 2. Jahrhunderts und war, wie Fragmente zeigen, ein Evangelium synoptischen Typs, war vor allem eng mit dem biblischen Matthäusevangelium verwandt, wenn auch kein «Urmatthäus», gegenüber dem neutestamentlichen Matthäusevangelium meist sekundär, von «epigonenhaftem Charakter» (Dibelius), nach Inhalt und Art aber «nicht judenchristlicher als Matthäus»

(Waitz). Sind doch überhaupt die syrischen Judenchristen (Nazaräer), aus denen dies Evangelium hervorging, keine «Ketzer» gewesen, sondern «großkirchlich» (Vielhauer)[218].

Wie das Nazaräerevangelium ist auch das vermutlich gleichaltrige Ebionäerevangelium mit Matthäus verwandt. Doch war es «ketzerischer» Herkunft. Die Ebionäer (Ebioniten) bestritten die jungfräuliche Geburt Jesu, weshalb ihr Evangelium die Vorgeschichte des Matthäus (1 und 2), wo der Heilige Geist die Jungfrau Maria schwängert, strichen. Die Ebionäer, die unmittelbaren Nachkommen der Urgemeinde (!), waren antikultisch eingestellt und Vegetarier.[219]

Im «Ebionäerevangelium» erzählt Jesus manchmal in der Ichform. «Als ich am See Tiberias entlang ging, erwählte ich Johannes und Jakobus . . . und dich, Matthäus, der du am Zoll saßest, berief ich, und du folgtest mir . . .» Doch berichten auch die Jünger im «Wir»-Stil, und es besteht kein Zweifel, daß der Wir-Bericht die Fälschung unter die Autorität aller Apostel stellen und die Hervorhebung des Matthäus diesen als den Verfasser erscheinen lassen sollte[220].

Auch im «Hebräerevangelium», das sich stark von allen kanonischen und den anderen judenchristlichen Evangelien unterscheidet, erzählt Jesus gelegentlich selbst. Wie er im «Ebionäerevangelium» die Wahl der Apostel mitteilt, so hier die Versuchungs- und Entrückungslegende, wobei der Heilige Geist, echt semitisch, als weibliche Größe figuriert: «Sogleich ergriff mich meine Mutter, der heilige Geist, an einem meiner Haare und trug mich weg auf den großen Berg Thabor». Daß die Auferstehung des Herrn in den «Apokryphen» gern etwas drastischer gezeigt wird, um sie glaubhafter zu machen, läßt Jesu Aushändigung des Leinentuchs an den «Knecht des Priesters» (des Hohenpriesters wohl) erkennen. Und wirkt es nicht sehr christlich, wenn diese Fälschung – das Fälschen zu den schwersten Verbrechen zählt[221]?

Evangelienfälschungen unter dem Namen Jesu

Mehrere der fiktiven Evangelien laufen direkt oder indirekt unter dem Namen Jesu, zum Beispiel die «Pistis Sophia».

Im 3. Jahrhundert in Ägypten gefälscht, «protokolliert» die Sammlung der drei ersten Bücher Unterredungen Jesu mit Jüngern und Jüngerinnen im zwölften Jahr nach seiner Auferstehung, das vierte, etwas spätere und selbständige Buch, bereits am Tag danach. Jesus, hier auch Aberamentho genannt, berichtet in der Ichform. «Du Vater aller Vaterschaft der Unendlichkeiten, erhöre mich um meiner Jünger willen . . ., damit sie an alle Worte Deiner Wahrheit glauben . . .» Oder ein anderes Mal: «Vortrefflich, Philippus, Du Geliebter. Jetzt nun komm, setze Dich und schreibe . . . Und sofort setzte sich Philippus nieder und schrieb». Derart sollte die Sache wohl aktenkundig werden[222].

Wie die «Pistis Sophia» laufen weitere Evangelien oder evangelienartige Schriften direkt oder indirekt unter Jesu Namen: die «Sophia Jesu Christi», der «Dialog des Erlösers», «Die beiden Bücher des Jeû». Jesus spricht auch hier in der Ichform, hält gelegentlich längere Reden, wird von den Aposteln unterbrochen, auch von den «heiligen Frauen», den «Jüngerinnen», Maria, Maria Magdalena u. a. Im «Dialog des Erlösers» werden alle Fragen der Wißbegierigen nach bestem Können beantwortet und Jesu Erklärungen jedesmal mit der Formel eingeleitet: «Und der Herr sagte» oder «antwortete». In den gefälschten beiden «Bücher des Jeû» appelliert er an die Jünger, seine Offenbarungen geheimzuhalten, sie nur jenen weiterzugeben, die ihrer würdig sind. «Nicht gebet sie Vater noch Mutter, noch Bruder, noch Schwester, noch Verwandten, nicht für Speise noch Trank, nicht für eine Weibsperson, nicht für Gold noch Silber, noch überhaupt für irgend etwas dieser Welt. Bewahret sie und gebet sie überhaupt niemandem um der Güte dieser ganzen Welt willen»[223].

Erst aus dem 5. Jahrhundert stammt das «Testamentum Domini nostri Jesu Christi». In zwei Büchern dokumentieren darin die Apostel Johannes, Petrus und Matthäus – mit Unterschrift und Siegel – wörtliche Instruktionen ihres Herrn, die dieser aber auch gleich selbst erteilt; über die Zeiten des Weltendes etwa oder über die Beschaffenheit eines Kirchenvorstehers: «Jesus sagte zu uns: Weil ihr Fragen gestellt habt über eine kirchliche Bestimmung, übergebe und erkläre ich euch, wie ihr denjenigen ordinieren und einsetzen sollt, der Kirchenvorsteher ist, und wie ihr die Bestimmung vollkommen, richtig und ganz bewährt bewahren müßt, woran mein Vater, der mich gesandt hat, sein Gefallen hat»[224].

Unter dem Namen eines einzigen Apostels gefälschte Evangelien oder andere Schriften

Zu diesen Produktionen gehören das «Evangelium nach Mattias», das «Evangelium des Judas», das «Thomas-Evangelium» oder das nach dem Zweiten Weltkrieg in Ägypten entdeckte «Buch von Thomas dem Athleten, das er geschrieben hat den Vollkommenen», worin der Fälscher auch behauptet: «Die geheimen Worte, die vom Erlöser Judas Thomas gesagt wurden, und die ich aufgeschrieben habe, ich, Matthäus, der ich sie gehört habe, während sie beide miteinander redeten». Eine Fälschung ist das Philippus-Evangelium, worin eine Personengruppe Erklärungen abgibt, die sich «hebräische Apostel» nennt; auch «drei» heilige Frauen «ständig mit dem Herrn» wandeln: «seine Mutter Maria und deren Schwestern . . . und Magdalena, die man seine Gefährtin (koinōnós) nennt».

Gefälscht ist das ebenso alte wie erfolgreiche «Apokryphon des Johannes» aus dem früheren 2. Jahrhundert. Es blieb in vielen Exemplaren erhalten und war in einigen gnostischen Gemeinschaften bis zum 8. Jahrhundert in Gebrauch. Weiter gehört das gleichfalls dem 2. Jahrhundert entstammende «Apokryphon des Jakobus» hierher mit Belehrungen des Auferstandenen, mit langen Ermahnungen, drohenden Warnungen, bis zu der Ankündigung: «Hier muß ich aufhören . . . Und jetzt steige ich wieder auf . . .» Dabei sollen Jakobus und Petrus die Hymnen hören, «die mich in den Himmeln erwarten. In der Tat, ich muß heute mich an die Rechte des Vaters begeben ...» Und die Apostel versichern, «mit unseren Ohren gehört und mit unseren Augen gesehen» zu haben «den Lärm des Krieges ... die Stimme der Trompete ... und eine große Verwirrung», doch auch «Hymnen und Gebete der Engel. Und die Engel und die Hoheiten der Himmel freuten sich»[225].

Vom «Petrusevangelium» kannte man bis zum Fund eines Fragments in Akhmim/Oberägypten 1886 kein einziges Zitat. Dann lag es (mit Fragmenten der griechischen Petrusapokalypse und des griechischen Henochbuches) im Grab eines christlichen Mönchs aus dem früheren Mittelalter.

Auch dies Evangelium ist klar auf den Namen des Petrus gefälscht, und zwar, wie man annimmt, Mitte des 2. Jahrhunderts in Syrien. Es weidet nach Belieben die kanonischen Ahnen aus, bürdet den Juden und Herodes alle Schuld am Tod des Herrn auf, entlastet ganz Pilatus, ja, macht ihn zum Zeugen von Jesu Gottheit und beschreibt, im Unterschied zu sämtlichen christlichen Darstellungen, wunderreich die Auferstehung in aller Öffentlichkeit, vor den heidnischen Soldaten und den jüdischen Oberen. Der Verfasser besteht auf Augenzeugenschaft, spricht in dem sehr knappen Bruchstück zweimal in der Ichform und nennt sich namentlich: «Ich aber, Simon Petrus, und mein Bruder Andreas nahmen unsere Netze und gingen ans Meer»[226].

Doch einen so bedeutenden Mann wie den Apostelfürsten ehrten die Christen mit vielen Fälschungen. Zum Beispiel auch mit dem in freilich nur kümmerlichen Resten erhaltenen «Kerygma Petrou», das die jüdische Gottesverehrung ebenso wie die heidnische Vielgötterei bekämpft. Es steht allerdings nicht ganz fest, ob das Opus von Petrus selbst stammen wollte. Clemens Alexandrinus jedenfalls hat dies um die Wende zum 3. Jahrhundert so verstanden. Zweifel an der Echtheit der Schrift kannte er kaum. Er zitiert ganz selbstverständlich daraus[227].

Weiter fälschte man auf den Namen des princeps apostolorum die sogenannte Petrusapokalypse; neben den Apokalypsen des Paulus, Johannes, Thomas, Stephanus, der Maria eine der wichtigsten «apokryphen» Apokalypsen. In der ersten Hälfte des 2. Jahrhunderts entstanden, liegt die pseudopetrinische Schrift seit 1910 vollständig vor; wobei der äthiopische Text sehr stark abweicht von dem 1886/87 im Grab des erwähnten Mönchs gefundenen griechischen Fragment.

Pseudo-Petrus wendet sich gleich mit seinen ersten Worten wider die vielen «Pseudopropheten», die «mannigfache Lehren des Verderbens predigen ...». Und da er selbstverständlich das Gegenteil tut, darf er auch samt den übrigen elf Jüngern bald den Herrn Jesus schauen. Sie bitten ihn, er möge ihnen «einen von unseren gerechten Brüdern, welche aus der Welt gegangen, zeigen». Und der Herr läßt sie gleich zwei in ihrer ganzen Glorie sehen. «Wir waren nicht imstande», erzählen die Zwölf, «dieselben geradeaus anzuschauen; denn ein Strahl ging von ihrem Antlitz aus wie von der Sonne und leuchtend war ihr Gewand, wie es niemals eines Menschen Auge sah ... ihre Leiber waren weißer als jeder Schnee und röter als jede Rose».

Petrus darf sogar einen Blick in den Himmel selber schicken, kurz nur, hat aber das Vergnügen, die Hölle viel länger genießen zu können. Auf der «rechten Handfläche» des Petrus illustriert Jesus, was sich am jüngsten Tage erfüllen wird ... und wie die Übeltäter für alle Ewigkeit ausgerottet werden» – stets eine starke Hoffnung vieler Christen. Der Erlöser schildert denn auch recht anschaulich die künftigen Greuel (noch in der Hölle muß Ordnung sein) nach Sündergruppen: «Einige waren dort, welche an der Zunge aufgehängt waren. Das waren die, welche den Weg der Gerechtigkeit lästerten, und ein Feuer brannte unter ihnen und peinigte sie. Und es war dort ein großer See, angefüllt mit brennendem Schlamme, in welchem sich solche Menschen befanden, die die Gerechtigkeit verdrehten, und Engel bedräuten und folterten sie. Es waren aber auch andere dort: Weiber, welche an den Haaren aufgehängt waren über jenem brodelnden Schlamme. Das waren die, welche sich zum Ehebruch geschmückt hatten. Und die, welche sich mit ihnen vermischt hatten in der Schande des Ehebruchs, waren an den Füßen aufgehängt und hatten die Köpfe in dem Schlamme stecken ...»

In dieser informativen Art fährt die Offenbarung fort bis zum Schluß des Fragments. Der Schwindel stand einst in hohem Ansehen, auch in geistlichen Kreisen. Die «Apokalypse des Petrus» wurde in der Ost- und Westkirche verbreitet, von Clemens Alexandrinus anerkannt und sogar kommentiert, von Methodius als inspiriert betrachtet, im Kanon Muratori der neutestamentlichen Johannesapokalypse an die Seite gestellt, auch in sonstige biblische Bücherverzeichnisse aufgenommen und noch im 5. Jahrhundert in den Kirchen Palästinas am Karfreitag vorgelesen. Sie wirkte in vielen christlichen Opera fort, ja, sie übte noch auf das Mittelalter einen großen Einfluß aus, u. a. auf Dantes «Divina Commedia».[228]

Wie man eine Petrusapokalypse fälschte, so auch, vielleicht um die Wende zum 5. Jahrhundert, eine «Apokalypse des Paulus», wobei dieser Fälscher auch jene Fälschung gekannt und benutzt hat und diese Fälschung auch noch mehrfach interpoliert worden ist. Der phantasievolle Autor knüpft an 2. Kor. 12 an, wo Paulus erzählt, daß er «entrückt ward bis an den dritten Himmel», «entrückt in das Paradies», das er auch wiederholt betritt, von zahlreicher jenseitiger Prominenz begrüßt. Er sieht die von Herodes gemordeten bethlehemitischen Kinder, sieht und hört auch David vor einem hohen Altar Halleluja singen. Nicht zuletzt unternimmt er, viele Kapitel lang, eine Besichtigung der Hölle und ihrer verschiedenen Folterstätten. Schon wer in der Kirche schwätzte, muß sich die Zunge zerbeißen. In Strömen aus Feuer stehen die Gottlosen, Männer und Weiber, je nach Sündenschwere bis zu den Knien, zum Nabel, ja zum Scheitel in den Feuerstrom getaucht. In einem anderen büßen sogar Kleriker, Lektoren, Diakone, Presbyter, Bischöfe. Ob der Anblick der Geistlichkeit den «Paulus» mitleidig stimmte? Um seinetwillen und auf Bitten der Engel gesteht der gute Christus den Verdammten Freiheit von allen Qualen am Sonntag zu! Und zuletzt sucht Paulus noch das Paradies auf, wo Adam und Eva einst sündigten . . .[229]

Durch Augustinus wurde die Fälschung verdammt, da sie «von der nüchternen (!) Kirche nicht anerkannt wird und voll ist von ich weiß nicht welchen Fabeln». Doch wie schwört dieser Augustin selbst auf die Fabeln des Alten und Neuen Testaments! Wie glaubt er an Wunder, an Totenauferweckungen gar – und an jede Menge böser Geister! Und die gefälschte Paulusapokalypse ist doch gut katholisch. Sie hat – nach der Annahme Bardenhewers – «einen wohlmeinenden Mönch in einem Kloster bei Jerusalem zum Verfasser». Sie fand auch bei sehr vielen Mönchen Glauben und lebhaften Beifall, war noch im Mittelalter hochbeliebt, erlebte zahlreiche Neubearbeitungen, Übersetzungen. Und nach Ansicht hervorragender Danteforscher hat der Dichter der «Divina Commedia» die Fälschung – die man, laut einer kurzen Vor- bzw. Schlußbemerkung, zur Zeit des Kaisers Theodosius auf Weisung eines Engels unter dem einstigen Wohnhaus des Paulus in Tarsus in einer Marmorkapsel entdeckte – nicht nur gekannt, sondern ausdrücklich (Inferno 2,28) auf sie hingewiesen[230].

FÄLSCHUNGEN ZU EHREN DER HL. JUNGFRAU

Gefälscht wurde im großkirchlichen Lager auch zur größeren Ehre Mariens. Sie, die in ältester Zeit arg vernachlässigte Gottesmutter, galt es in der ausgehenden Antike und im Frühmittelalter immer mehr durchzusetzen. So erschienen Marienevangelien und andere mariologische Fiktionen unter den Namen der Apostel Jakobus, Matthäus, des Evangelisten Johannes, des Johannesschülers Melito, des Petrusschülers Evodius, des Joseph von Arimathia u. a. Auch eine unter dem Namen Kyrills von Alexandrien gefälschte Predigt gehört hierher, ein koptisches Evangelium der zwölf Apostel und weitere Marien«apokryphen», deren Einfluß auf die Theologie zwar nicht sehr groß war, auf Volksfrömmigkeit und Kunst aber desto mehr. Doch stützten diese Falsa auch die besonders im 5. Jahrhundert gemachten dogmatischen Aussagen über Maria und ihren immer hysterischer herausgestellten Rang[231].

Das «Prot(o)evangelium Jacobi», im 2. Jahrhundert auf «rechtgläubiger» Seite gefälscht, will kein Geringerer verfaßt haben als Jakobus der Jüngere, der Bruder des Herrn und Heilands und «Bischof» von Jerusalem. Das Selbstzeugnis ist eindeutig: «Ich aber, Jakobus, welcher diese Geschichte in Jerusalem schrieb, zog mich, als beim Tode des Herodes Unruhen entstanden, in die Wüste zurück, bis die Unruhen in Jerusalem ein Ende genommen hatten, Gott den Herrn preisend, welcher mir die Gabe und die Weisheit verlieh, diese Geschichte zu schreiben».

Vor allem geht es dem Betrüger um einen «wahren Bericht» über die Jugend Mariens, worüber man absolut nichts wußte, sowie um Propagierung ihrer dauernden Jungfräulichkeit. Schon gleich nach der Geburt verschwindet das Baby in einem Hausheiligtum für unbefleckte Töchter, empfängt vom vierten Jahr an im Tempel seine Nahrung aus der Hand eines Engels, wird mit zwölf Jahren, auf einen Wink des Himmels, dem hl. Joseph anvertraut (einem Witwer, der sicherheitshalber schon Greis ist) und mit sechzehn Jahren durch den Heiligen Geist schwanger. Zudem stellt nach der Geburt des Heilands Hebammenkunst Mariens ganz unverletztes Jungfernhäutchen fest. Einer Frau Salome, die an Mariens Jungfräulichkeit zweifelt und ihren Zustand «unter Anlegens ihres Fingers» untersucht, fällt sogleich die Hand ab, wächst aber, nachdem Salome auf Weisung eines Engels das göttliche Kind getragen, ebenso rasch wieder an. Die Kirchenväter Clemens Alexandrinus und Zeno von Verona haben das Dogma von Mariens immerwährender Jungfräulichkeit unter Berufung auf diesen «historischen Bericht» propagiert[232].

Während die Fälschung, in die man mehrere Kapitel offenbar später noch zusätzlich schmuggelte, sich im Osten großer Beliebtheit erfreute, ins Syrische, Armenische, Georgische, Koptische, Äthiopische übersetzt und auch in kirchlichen Kreisen weit verbreitet worden ist, verwarf man sie im Westen. Gleichwohl wirkte die von Legenden und Wundern strotzende «Mariologie» nicht nur ikonographisch und liturgisch, sondern sogar dogmengeschichtlich (virginitas in partu!) fort, ja, spielt im Erbauungsschrifttum wie in der bildenden Kunst noch des 20. Jahrhunderts eine gewisse Rolle[233].

Nicht zuletzt den katholischen Marienmythus förderte auch

ein gefälschtes Matthäusevangelium mit einem (als Beglaubigung dienenden!) Briefwechsel der Bischöfe Chromatius und Heliodorus, eine Korrespondenz, die gleichfalls gefälscht war, sowie eine gefälschte Schrift «De nativitate Sanctae Mariae» mit einem gefälschten Hieronymus-Brief, ein Schwindel des Paschasius Radbertus erst, Mitte des 9. Jahrhunderts Abt von Corbie und Heiliger der katholischen Kirche. (Er wußte sich «in besonderer Weise» dem Marienkloster von Soissons verbunden, dessen Äbtissin Theodora eine leibliche Tochter Imma hatte, die dort wieder Äbtissin wurde.)[234]

Ja, fromme Damen. Es gibt auch einige Evangelien unter dem Namen heiliger Frauen, wie das «Evangelium nach Maria», «Die ‹Genna› Marias» oder «Die Fragen Marias», welch letztere der Herr offenbar mit obszönen Praktiken beantwortet. Jedenfalls hat Jesus hier, nach dem erfahrenen «Ketzer»bekämpfer Erzbischof Epiphanius (I 163 f), der Heiligen Jungfrau auch folgende Offenbarung vermittelt: er habe sie beiseite genommen auf den Berg, gebetet, dann eine Frau aus seiner Seite hervorgebracht und begonnen, sich mit ihr zu vereinigen, und so habe er dann, indem er seinen (Samen-)Ausfluß nahm, gezeigt, daß «man so handeln müsse, auf daß wir leben». Maria, überrascht anscheinend, bestürzt, fiel zu Boden; doch richtete sie (wie immer) der Herr wieder auf und sprach: «Weswegen hast du gezweifelt, Kleingläubige?»[235]

Die gelehrte Forschung gewinnt hier den Eindruck, daß derartige «Fragen» zum «gewöhnlichen Typ gnostischer Evangelien gehörten», zu Spezialoffenbarungen sozusagen, die der Erlöser bevorzugten Gläubigen zuteil werden ließ, wenn man auch annimmt, die «Gesprächspartnerin des Erlösers» sei da, wie «in anderen Werken der gleichen Gattung», weniger die Mutter des Herrn als Maria Magdalena gewesen (Puech)[236].

Fälschungen im Namen aller Apostel

Mehrere gefälschte Evangelien oder verwandte Dokumente werden der Gesamtheit der Apostel zugeschrieben. Man fingierte sie, um gleich durch die Autorität aller Jünger gedeckt zu sein. Doch es sind Schriften, von denen wir wenig, und das wenige nur unsicher und entsprechend umstritten wissen. Hierher gehören «Das Evangelium der Zwölf», «Die Memoria Apostolorum», «Das (manichäische) Evangelium der zwölf Apostel», «Das Evangelium der Siebzig» sowie einige weitere «Evangelien der zwölf Apostel», die besonders späte Fälschungen sind[237].

Ein seltsames «Apokryphon» ist die «Epistula Apostolorum», von deren Existenz bis 1895, bis zu ihrer Entdeckung durch Carl Schmidt (in einer koptischen Fassung) überhaupt nichts bekannt war.

Die elf Apostel verkünden in dem offenbar katholischen Machwerk ihre Gespräche über diverse Themen mit Jesus nach dessen Auferstehung und vor allem über diese. Wie andere christliche Fälschungen, etwa der 2. Petrusbrief, betont das Schreiben die Augenzeugenschaft, wurde aber erst im Lauf des 2. Jahrhunderts (nach Harnack zwischen 150 und 180) verfaßt. «(Wir) Johannes und Thomas und Petrus und Andreas und Jakobus und Philippus und Bartholomäus und Matthäus und Nathanael und Judas Zelotes und Kephas, wir haben geschrieben (= schreiben) an die Kirchen des Ostens und des Westens, gen Norden und Süden, indem wir euch erzählen und verkünden das von unserm Herrn Jesus Christus, wie wir + geschrieben + und ihn *gehört* und *betastet* haben, nachdem er auferstanden war von den Toten, und wie er uns offenbart hat Großes, Staunenerregendes, Wirkliches». Unter den elf Aposteln ist (wem fiel es auf?) nicht nur Petrus, sondern auch – Kephas! Und das Ende der Gesprächsrunde, ein würdiger Abschluß, bildet Jesu Himmelfahrt[238].

Die «Didache» oder «Zwölfapostellehre», deren Entdeckung 1883 in der konstantinopolitanischen Bibliothek des griechischen Patriarchen von Jerusalem internationales Aufsehen erregte, gibt sich als Lehre des Herrn durch die zwölf Apostel an die Heiden aus, obwohl auch sie erst aus dem 2. Jahrhundert stammt, als kein «Urapostel» mehr lebte. Und diese Fälschung zog mehrere andere Fälschungen nach sich oder beeinflußte sie zumindest stark, wie die Syrische oder Apostolische Didaskalia – «Katholische Lehre der zwölf Apostel und heiligen Jünger unseres Erlösers». Das Opus, 1854 von de Lagarde in syrischer Sprache veröffentlicht, ist eine Kirchenordnung des 3. Jahrhunderts und will dennoch auf dem Apostelkonzil in Jerusalem erstellt worden sein. «Da nun die ganze Kirche in Gefahr stand, in Häresie zu verfallen, so versammelten wir zwölf Apostel uns allesamt in Jerusalem und berieten, was geschehen solle, und beschlossen alle einmütig, diese katholische Didaskalia zu schreiben zu euer aller Befestigung»[239].

Nun, das glaubt heute nicht einmal die katholische Seite, auf der sich ein Experte der altkirchlichen Literatur wie Otto Bardenhewer offenbar gar nicht der Ironie bewußt ist, wenn er schreibt, die Fälschung (die «unter der Maske der Apostel auftretende Sammlung») sei «der älteste uns bekannte Versuch eines ‹corpus iuris canonici›», worunter man die Zusammenfassung der hauptsächlichsten kirchlichen Rechtsquellen des Mittelalters versteht[240].

Immer wieder, am Anfang, am Schluß und während des Machwerks (das u. v. a. eine ganz neue Chronologie der Leidensgeschichte enthält), erinnert der Betrüger, ein katholischer Bischof, daran, daß hier die Apostel persönlich sprechen; die Fiktion der apostolischen Verfasserschaft ist «ständig durchgehalten» (Strecker). Partien der Passions- und Apostelgeschichte werden in Ich- und Wirform erzählt. Einzelne, Matthäus, Petrus und Jakobus, treten namentlich hervor. Sogar die eigene Entstehung der Schrift wird geschildert, wobei es etwa heißt, daß «wir unter uns die zwölf Zwölftel der Welt verteilt hatten und zu den Völkern auszogen, um in aller Welt das Wort zu predigen . . .». Wie so viele Fälschungen stützt sich auch die «Apostolische Didaskalia» wieder auf eine Reihe von Fälschungen, auf die «Didache», das «Petrusevangelium», die «Paulusakten»[241].

Eine angebliche, seit 1843 bekannte «Apostolische Kirchenordnung» (Canones apostolorum ecclesiastici) schrieb man im früheren 4. Jahrhundert wahrscheinlich in Ägypten. Der Reihe nach reden hier die Apostel und erteilen ihre Anweisungen unter dem wohl ältesten Titel: «Kirchliche Kanones der heiligen Apostel».

Die «Apostolischen Konstitutionen», die aus acht Büchern bestehende umfangreichste Kirchenordnung der Antike, mit Vorschriften über Sitte, Recht, Liturgie, fabrizierte man um 400 in Syrien oder Konstantinopel. Die ersten sechs Bücher werden als Brief der Apostel hingestellt. Diese sprechen in der Ichform oder im Wir-Stil, und das ganze Opus will in ihrem Auftrag von dem angeblichen römischen Bischof Clemens, «durch unsern Amtsgenossen Klemens», verfaßt beziehungsweise verbreitet worden sein, den die christliche Legende zum Konsul und Mitglied des flavischen Kaiserhauses machte. Das 7. Buch offeriert unter vielem anderen sogar ein Verzeichnis der von den Aposteln geweihten Oberhirten. Das 8. Buch enthält die älteste vollständige Messe und vergißt auch nicht die Zehnten! Eiskalt lügt der Fälscher durch den Mund von Pseudo-Clemens: «Deshalb (nämlich weil es ‹Häresien› gab) haben wir: Petrus und Andreas, Jakobus und Johannes . . ., Philippus und Bartholomäus, Thomas und Matthäus, Jakobus und . . . Thaddäus und Simon, der Kananäer, und Matthias . . . und Paulus . . . uns alle zugleich jetzt versammelt und haben diese katholische Lehre zu eurer Bestärkung aufgeschrieben». Ja, der Schwindler gibt seine ganze Schwindelei als Schrift des Neuen Testaments aus. Und den im letzten Buch und letzten Kapitel stehenden 85 «Apostolischen Kanones» hat das 692 tagende Konzil von Konstantinopel (Quinisextum) Gesetzeskraft zuerkannt: «Die heilige Synode beschließt, daß die unter dem Namen der heiligen und ehrwürdigen Apostel uns überlieferten 85 Kanones . . . auch in Zukunft fest und unverrückt in Geltung bleiben sollen» (c. 2).

Länger als ein Jahrtausend war der Betrug erfolgreich, galt er als Werk der Apostel und des in ihrem Auftrag schreibenden Clemens von Rom. Dabei warnt der Verfasser, Pseudo-Clemens, ein Arianer, auch noch ausdrücklich vor den Fälschungen der «Ketzer» unter Apostelnamen. «Denn wir wissen, daß die, welche in Begleitung des Simon und Kleobius waren, vergiftete Bücher angefertigt haben auf den Namen Jesu und seiner Jünger». Indem der Fälscher selber fälscht, kritisiert er das Fälschen der andern; indem er sein Gift verspritzt, warnt er vor dem Gift der «Ketzer». Er empfiehlt die Kindertaufe (ohne die heute die Kirchen in zwei Generationen zu unbedeutenden Sekten zusammenschrumpften). Er verlangt ein vierzigtägiges Fasten vor Ostern und verbietet gänzlich das Lesen heidnischer Literatur. Immerhin propagiert er bereits die Fünftagewoche. «Ich, Petrus, und ich, Paulus, ordnen an, daß die Unfreien fünf Tage arbeiten und den Sabbat und den Herrentag frei haben sollen»[242].

Gleichfalls gefälscht sind die Kanones einer apostolischen Synode von Antiochien, die überhaupt nie einberufen worden ist. (Der 2., 4. und 5. Kanon attackieren die Juden.) Und wie man zunächst Kanonessammlungen unter dem Namen der Apostel erschwindelte, so später entsprechende Sammlungen auch unter dem Namen prominenter Kirchenväter, wie die Kanones des Pseudo-Athanasius, Pseudo-Basilius und anderer[243].

Nun enthalten zwar manche dieser Kirchenordnungen größtenteils echtes älteres «Gut». Doch haben ihre Fälscher Jesus und seine Jünger persönlich sprechen lassen. Sie haben ebenfalls die Einkleidung hinzugeschwindelt, das Beiwerk, komplette «Entstehungslegenden»; sogar ganze Abschnitte im Hauptteil. Und schließlich ist das echte ältere «Gut» noch lange nicht das älteste, wie durch die angeblichen Reden Jesu und der Apostel unterstellt wird. Und ist es denn, selbst im ältesten, im kanonischen Fall – ein Gut?[244]

Auf Fälschung läuft auch das sogenannte Apostolische Glaubensbekenntnis hinaus, seit dem 4. Jahrhundert «Symbolum Apostolorum» genannt.

Nicht anders als irgendwelche den Aposteln lange nachher zugewiesenen «apostolischen» Kirchenordnungen, machte man auch das großkirchliche Glaubensbekenntnis zu einem Text der Apostel. Sie hatten es aber nicht nur nicht verfaßt, sondern es gibt auch gar nicht ihre Glaubensüberzeugungen wieder. Sein ursprünglicher Wortlaut entstand höchstwahrscheinlich zwischen

150 und 175 in Rom, war jedoch im 3. Jahrhundert noch überall in Fluß. Die Kirche aber behauptete die Abfassung ihrer Bekenntnisformel durch die Apostel und verbreitete dies seit dem ausgehenden 2. Jahrhundert. Zweihundert Jahre später erklärt beispielsweise der hl. Ambrosius: «Die heiligen Apostel kamen also an einem Ort zusammen und machten einen kurzen Auszug aus der Glaubenslehre, damit wir die Folge des ganzen Glaubens in Kürze begreifen». Erstunken und erlogen. Die heiligen Apostel, die an das unmittelbar hereinbrechende Weltende glaubten, dachten überhaupt nicht an eine «Kirchengeschichte» – und der Text des angeblich von ihnen herrührenden «apostolischen» Glaubensbekenntnisses stand endgültig erst im Mittelalter fest[245].

Gefälschte Apostelakten

Neben oft sehr heterogenen «apokryphen» Evangelien, evangelienähnlichen Texten, Apokalypsen, «apostolischen» Kirchenordnungen etc. gibt es auch noch eine beachtliche Reihe unechter Apostelgeschichten, die u. a. das neutestamentliche Pendant «vervollständigen»[246].

Die Apostelgeschichten des 2. und 3. Jahrhunderts, aus ganz verschiedenen Gegenden stammend, mit ganz verschiedenen Tendenzen, wurden, wie die übrigen «Apokrypha», meist nur bruchstückhaft überliefert und später noch vielfach nachgeahmt, weiter verfälscht. Bei allen Unterschieden indes ist für viele, bemerkenswert genug, die sexuelle Askese der eigentliche Inhalt des Christentums, was zweifellos auf Paulus zurückgeht. (Hier hat man also altes, ältestes «Gut»!) Viele Apostelgeschichten enthalten jedoch katholische und «ketzerische» (gnostische) Elemente zugleich, denn das alles war damals eben noch nicht so klar getrennt, die Grenze fließend (S. 167).

Der Hauptzweck dieser Fälschungen aber ist die Erbauung, besonders die der sogenannten kleinen Leute, der breiten Schichten. Die «apokryphen» Apostelakten, von der modernen Apologetik stets als Unterhaltungslektüre verharmlost, waren freilich nicht nur regelrechte Volksliteratur, wahrscheinlich die wichtigste, sondern sie wurden von den Christen noch bis in das Frühmittelalter hinein als echte Geschichtsquellen betrachtet und bewertet, wie die neueste Forschung belegt. Hielten doch die meisten Leser der Antike und des Mittelalters selbst den historischen Roman für Geschichtsschreibung[247].

Wohl am Anfang dieser Apostelliteratur stehen die im Stil heidnischer Wunderromane verfaßten Johannesakten. Sie entstanden nach 150 in Kleinasien, wurden dann von Kirchengeschichtsschreiber Euseb, zusammen mit vielen anderen Schriften, «als völlig fehl und als religionswidrig» verworfen, auch von Augustinus abgelehnt und vom Ökumenischen Konzil 787 für reif erklärt, «dem Feuer übergeben zu werden». Sie sind denn auch als Ganzes zugrunde gegangen. Gleichwohl hat man noch mit ihnen emsig missioniert. Sie wurden kirchlich überarbeitet und fanden «in Übersetzungen weite Verbreitung» (Opitz)[248].

Auch die «Akten des Petrus», wahrscheinlich im späteren 2. Jahrhundert gefälscht, liegen in mannigfachen Bearbeitungen und Sprachen vor; sie wollten wohl die kanonische Apostelgeschichte ergänzen. Vom Herrn gerufen, eilt Petrus hier nach Rom und fährt dem Simon Magus, einem ganz üblen Patron, versteht sich, und seinen Zauberkünsten auf dem Forum in die Parade, indem er einerseits die unglaublichsten Mirakel tut, auch den Widersacher in diversen Wunderwettkämpfen schlägt und schließlich ganz erledigt. Bereits auf seiner Himmelfahrt begriffen, stürzt er durch Petri Gebet ab, bricht sich dreifach das Bein und gibt bald danach seinen unguten Geist auf. Auch Petri Tage jedoch sind gezählt. Denn nachdem er so virtuos die Keuschheit gepredigt, daß viele Römerinnen den ehelichen Umgang verweigern, dem Stadtpräfekten Agrippa gleich vier Konkubinen auf einmal entspringen, bringt dieser ihn wegen «Atheismus» ans Kreuz. Die Fälschung ist «häretischer» Herkunft, wurde aber offenbar ganz katholisch überarbeitet, um sie kirchenfähig zu machen[249].

Dagegen sind die gleichfalls im späteren 2. Jahrhundert erschwindelten «Akten des Paulus» von vornherein katholischen Ursprungs, das Werk eines großkirchlichen und deshalb auch abgesetzten, doch nicht ausgeschlossenen Priesters; eines Mannes, der die ketzerischen «Akten des Petrus» benutzt und ausgeschrieben hat (wenn auch einige Forscher eine umgekehrte Abhängigkeit behaupten). Sowohl der hl. Hippolyt als auch Origenes haben die Paulusakten gekannt und sie nicht abgelehnt. Auch Bischof Euseb erschienen sie weit besser als die gnostischen «Akten des Petrus», ja, er zählte die Paulusakten zu den Antilegomena, den umstrittenen Schriften des Neuen Testaments. Und Otto Bardenhewer erblickt noch im 20. Jahrhundert in der Produktion des frühkatholischen Fälschers «eine jedenfalls glänzende Probe seines schriftstellerischen Talentes»[250].

Gefälscht ist die «Predigt des Petrus» von einem Katholiken und die «Predigt des Paulus» gefälscht von einem «Ketzer». Gefälscht sind die «Akten des Petrus und des Paulus» (nicht zu verwechseln mit den gleichfalls gefälschten Petrusakten und Paulusakten) von einem Katholiken, gefälscht sind die «Akten des Andreas» von Gnostikern. Eine katholische Fälschung sind die «Akten des Philippus», eine «ketzerische» die «Akten des Thomas». Eine katholische Fälschung die «Akten des Matthäus»[251].

Unter all den «apokryphen» Evangelien, Apostelgeschichten, Offenbarungen fand J. S. Candlish wenig moralisch Gutes, viel Kindisches aber, Absurdes, Verderbliches. Vergeblich wäre es, «unter ihnen nach einem Beispiel für einen hohen moralischen Charakter eines pseudonymen Buches zu suchen». Vielmehr seien sie nichts als «ein frommer Betrug . . ., den man anwandte, weil man glaubte, er diene der Religion . . .»[252].

Von der alten Kirche aber wurde allmählich immer mehr als «apostolisch» ausgegeben. Alles, was ihr wichtig war, führte man hemmungslos auf die Apostel zurück.

Man tat so, als habe Jesus die Apostel, zu denen man spätestens seit etwa 120 auch Paulus zählt, über die kirchliche Zukunft genau informiert und die Jüngerschar bereits das Unglaublichste mit divinatorischem Scharfsinn verordnet, was groteske Geschichtsanachronismen ergab. Doch noch und gerade die größten

Kirchenlehrer beteiligten sich an dieser «pia fraus», Augustinus ebenso wie Papst Leo I. oder selbst der in sozialer Hinsicht so achtbare Basilius – selbstverständlich in fast allen Fällen ohne die Spur eines Nachweises. Da stammt dann nicht nur das christliche Glaubensbekenntnis von den Aposteln, hatten sie nicht nur die wichtigsten Kirchen der Welt gegründet, sondern es wurden auch die Gebetshoren der Mönche auf sie zurückgeführt, die Gebetshaltung, das Kreuzzeichen, die Salbung mit Öl, die Kindertaufe, die Segnung des Taufwassers, die Tauffeier an Ostern und Pfingsten, die liturgischen Feste, die Bischofsweihe am Freitag, der Brauch, dem Priester nur eine Frau zu erlauben, das Quatemberfasten und so weiter und so fort[253].

Erschwindelte Briefe und erschwindelte Personen

Auch die neutestamentliche Gattung der Briefe wurde im «apokryphen» Schrifttum der Christen kopiert, bestand allerdings schon im Neuen Testament zum großen Teil aus Fälschungen. Und wie man dort unter dem Namen des Paulus bereits verschiedene Briefe gefälscht hatte (S. 99 ff), so fälschte man im späten 2. Jahrhundert in markionitischen Kreisen einen Brief an die Laodiceer (der nach Kol. 4,16 verlorenging). Man erfand, vielleicht als Gegenfälschung zu der markionitischen, aus lauter Wörtern und Sätzen mehr oder minder echter Paulusbriefe einen weiteren Laodiceerbrief auf «rechtgläubiger» Seite, der immerhin vom 6. bis zum 15. Jahrhundert (in greulicher Sprache) in vielen lateinischen Bibelhandschriften stand. Der Fälscher appelliert darin an die Laodiceer, alles zu tun, «was lauter, wahr, sittsam, gerecht» ist . . . Die Markioniten fälschten weiter unter dem Namen des Paulus einen Brief an die Alexandriner. Und um 180 fabrizierte ein katholischer Priester in Kleinasien einen 3. Korintherbrief, worin er auch warnt: «Denn mein Herr Jesus Christus wird schnell kommen, da er verworfen wird von denen, die seine Worte verfälschen» – freilich ein häufiger Brauch der Fälscher. So droht Jesus in der gefälschten «Epistula Apostolorum»: «Wehe aber denjenigen, welche dies mein Wort und mein Gebot fälschen».

Der 3. Korintherbrief gehört zu den unechten Paulusakten, die der kleinasiatische Priester «aus Liebe zu Paulus» verfaßt hatte. Bald entlarvt, wurde der Betrüger von der Kirche zwar abgesetzt (S. 136 f), doch stand der fingierte Briefwechsel zwischen den Korinthern und «Paulus» bis zum Ende des 4. Jahrhunderts in den syrischen (und dann jahrhundertelang in den armenischen) Ausgaben des Neuen Testaments; kein Geringerer als Kirchenlehrer Ephräm kommentierte ihn um 360 als kanonisches, den übrigen Paulinen gleichwertiges Schreiben. Überhaupt sind die gefälschten Paulusakten «nur langsam aus dem kirchlichen Gebrauch ausgeschieden worden» (Kraft)[254].

Immer ungehemmter gaben sich Christen als Apostel Jesu aus. Und schrieben sie nicht unter dem Namen von Aposteln – die in vielen Apostelakten, den Pilatusschriften, das Christentum bereits vor den prominentesten Würdenträgern und an den Höfen der Kaiser predigen –, dann traten sie mit Vorliebe als Jünger oder Schüler von Aposteln auf. So werden ein Leukios, ein Prochoros zum Schüler des Johannes gemacht, ein Evodius von Antiochien und ein Marcellus zu einem Schüler des Petrus, ein Euripos zu einem Schüler des Täufers usw. Auch die Katholiken Grathon, Linus, Clemens, Melito fälschten noch in späteren Jahrhunderten Apostelakten unter dem Namen von Apostelschülern. Weiter wurden Figuren der ältesten christlichen Zeit, über deren literarische Arbeiten nichts bekannt ist, noch erhaltene Fälschungen, Apostelakten und sonstige Schriften unterschoben: Nicodemus, Gamaliel, Joseph von Arimathia, einem Lucius, Charinus, Rhodon, Zenas, Polykrates. Ferner ersetzten Christen im ausgehenden Altertum nicht selten vordem verlorengegangene oder nur angekündigte Traktate durch literarischen Trug. Ja, sie erschwindelten ganze Figuren, unter deren Namen sie dann irgendwelche Opera produzierten. So sind im patristischen Schrifttum frei erfunden: Eusebius von Alexandrien, der Bischof Agathonicus von Tarsus, Bischof Ambrosius von Chalkedon sowie diverse Oberhirten, die Briefe an Petrus Fullo, den Patriarchen von Antiochien, geschrieben haben sollen[255].

Doch auch unter dem Namen bekannter Personen der Kirchengeschichte fälschte man freiweg.

Fälschungen unter dem Namen von Kirchenvätern

Vom 3. Jahrhundert an fälschen sogenannte Rechtgläubige und sogenannte Ketzer unter den Namen renommierter Kirchenautoren. Je bekannter sie sind, desto mehr wird ihre Autorität mißbraucht. Ja, die Anzahl der in ihrem Namen begangenen Fälschungen signalisiert geradezu ihr Prestige.

Von Clemens Romanus, dem angeblich dritten Nachfolger des Petrus, der Clemens noch selbst für Rom ordiniert haben soll, gibt es eine einzige echte Schrift; alle Pseudo-Clementinen wurden mit dem Ziel, für wahr gehalten zu werden, gefälscht – «eine ganze Bibliothek» (Bardy). Darunter der sogenannte 2. Clemensbrief – «die älteste uns erhaltene christliche Predigt», wie Altaners «Patrologie» im Sperrdruck hervorhebt; «eine Mahnrede zur Besserung der Sitten im Blick auf die Nähe des Endes der Dinge», wie Kraft von der Fälschung schreibt. Ferner: zwanzig gefälschte Homilien, angebliche (umfangreiche) Predigten des Petrus, worin Jesus, gemäß der judenchristlichen Tendenz, einmal sagt: «Es ist nicht gestattet, die Heiden zu heilen, die den Hunden gleichen . . .»; zehn gefälschte Bücher Recognitiones, über die Reisen, die Clemens mit dem hl. Petrus gemacht haben will; zwei pseudoclementinische Briefe «Ad virgines», ein christlicher Knigge sozusagen für Jungfrauen und Asketen, wonach sich Jesus aus Gründen der Keuschheit die Berührung der Maria verbeten habe: lauter Falsa, die fast alle erst im 3. und 4. Jahrhundert entstanden.

Mit der herrschenden sozialen Ordnung ist der christliche Fälscher, der immerhin im Zeitalter der Sklaverei, der schlimmsten Form der Ausbeutung, schreibt (vgl. S. 413 ff), offensichtlich sehr zufrieden. Alle auftretenden Reichen sind die Güte in Person, der Kaiser wird in den höchsten Tönen gefeiert, der Polytheismus natürlich verworfen, doch manch heidnischer Brauch zur Beibehaltung empfohlen, wie das Bad nach dem Koitus. Während (der echte) Clemens von Rom nach den einen ein Freigelassener oder Sohn eines Freigelassenen war, stammt er nach anderen Fälschungen «aus senatorischem Geschlecht und vom Stamme der Cäsaren» (Hennecke). Man weiß nichts von ihm, was auch nur halbwegs sicher wäre. Aber er ist sehr berühmt[256].

Von dem antiochenischen Bischof Ignatius (I 155 ff), im frühen 2. Jahrhundert verstorben, sind uns sieben Briefe überliefert, deren Echtheit sich immer wieder einmal begründet bestreiten ließ. Im späten 4. Jahrhundert jedenfalls wurden die (echten) Briefe durch tendenziöse Einschübe überarbeitet und ergänzt. Und wieder einmal hat dieser Fälscher eine andere Fälschung, die «Apostolischen Konstitutionen» (S. 133) zitiert und ausgiebig geplündert. Derselbe Betrüger, ein Katholik, hat damals sechs Briefe aber noch dazugeschwindelt. Pseudo-Ignatius mischte sie recht geschickt unter die echten und edierte sie alle, wobei er, mit zwei Fälschungen beginnend, abwechselte «im Verhältnis 2 : 2 : 2 : 3 : 2 : 2» (Brox). Und vier weitere lateinische Falsa, in denen Maria im Mittelpunkt steht, kommen im Mittelalter dazu – auch ein Brief an die Hl. Jungfrau nebst einer Antwort von ihr! –, und diese Fälschungen wurden «allgemein für echt gehalten» (Altaner/Stuiber)[257].

Jahrhundertelang fälschte man auch unter dem Namen des hl. Justin, des wichtigsten Apologeten und großen Antijudaisten (I 127) aus dem 2. Jahrhundert. Wir besitzen von ihm drei echte, doch nicht ganz vollständige, vermutlich verstümmelte, und neun gefälschte Schriften, letztere wohl im 4. und 5. Jahrhundert abgefaßt. Drei unechte Apologien, deren Titel sich mit denen echter, aber verlorener Opera Justins decken, sind vielleicht noch im 3. Jahrhundert entstanden: eine «Mahnrede», eine «Rede» (beide an die Heiden gerichtet, die entsprechend abgekanzelt werden, da sie nur Wahres bieten, wenn sie aus Moses oder den Propheten schöpfen, den allein zuverlässigen Lehrern der Wahrheit), sowie

«De monarchia» (Über die Einheit Gottes). Die letzte Fälschung will die Wahrheit des Monotheismus mit Zitaten griechischer Dichter beweisen, wobei auch die Zitate zum Teil gefälscht sind[258].

Unter dem Namen des etwa um 150 in Karthago geborenen späteren «Ketzers» Tertullian fälschte man den Traktat «De execrandis gentium diis», der die unwürdigen Gottesvorstellungen der Heiden geißelt; ferner, in fünf Büchern und schlechtem Latein, das «Carmen adversus Marcionitas», wohl aus dem 4. Jahrhundert; sowie eine Zusammenstellung von 32 «Ketzereien» unter dem Titel «Adversus omnes haereses», eine Fälschung, die Papst Zephyrin (199–217) oder einen seiner Kleriker zum Verfasser hat[259].

Dutzende von Schriften wurden unter den Namen des hl. Cyprian von Karthago gestellt, Traktate, Briefe, Gedichte, Gebete; auch ein Buch «Gegen die Juden». Mehrere der Fälschungen stammen sicher oder wahrscheinlich von katholischen Bischöfen aus Afrika, wie «Ad Novatianum», «De singularitate clericorum», «Epistula ad Turasium», «Adversus aleatores». Andererseits erklärte man – 150 Jahre nach Cyprians Tod – alle seine (echten) Briefe über die Ketzertaufe auf katholischer Seite für Fälschungen, da sie nicht der katholischen Lehre entsprachen[260].

Die Anhänger des Pelagius (I 492 ff) verbreiteten nach dessen Verketzerung seine Schriften unter den Namen von «Rechtgläubigen», von Hieronymus, Papst Xystus, Athanasius, Augustinus, Sulpicius Severus, Paulinus von Nola. Der sogenannte Praedestinatus, ein unbekannter Pelagianer – vielleicht der Mönch Arnobius (der jüngere) oder Bischof Julian von Aeclanum (I 501 ff) –, suchte sein ausgemachtes Schwindelopus (in drei Büchern) dadurch zu schützen, daß er unter dem Anschein der Rechtgläubigkeit als Verteidiger Augustins auftrat, dessen Praedestinations- und Gnadenlehre er in Wirklichkeit systematisch treffen wollte[261].

Je mehr Autorität ein Heiliger genoß, desto lieber fälschten Christen unter seinem Namen. Doch so gewaltig die Masse dieser Fälschungen ist, die Namen der Fälscher sind gewöhnlich so selten bekannt, wie sie es vermutlich schon ihren Zeitgenossen waren.

Durch riesige Mengen gefälschter Schriften ehrte man den hl. Kirchenlehrer Athanasius, selber ein großer Fälscher vor dem Herrn (I 374 ff). Luziferaner, Apollinaristen, Nestorianer haben sowohl echte Bücher des Athanasius «bearbeitet», interpoliert, als ihm auch fremde völlig unterschoben. Und manche dieser letzteren wurden fast bekannter als die echten. Die stark antijüdische unechte «Historia imaginis Berytensis» beispielsweise hat man auf dem zweiten Nicaenum (787) verlesen und im Mittelalter mehr vervielfältigt als irgendeine echte.

Da der «Vater der Rechtgläubigkeit» ein Fels der nicaenischen Orthodoxie war, schrieb man ihm mit Vorliebe Bücher zum Thema der Trinität zu oder der Christologie, überhaupt eine ganze Flut dogmatischer Schriften. Man fälschte unter seinem Namen einen «Sermo maior de fide», eine «Expositio fidei», «Interpretatio in symbolum», zwei «Dialogi contra Macedonianos», fünf «Dialogi de sancta trinitate». Von all seinen kurzen Abrissen des katholischen Glaubens sind bestenfalls zwei echt. Allein sechs pseudoathanasianische Predigten haben den Metropoliten Basilius von Seleukia (gest. um 468) zum Verfasser (S. 314 f), unter dessen von Migne gebotenen 41 Predigten selber wieder einige unecht sind. Doch können die Fälscher nur selten benannt werden. Schon die sogenannten Mauriner, der 1618 gegründete, 1621 päpstlich bestätigte französische Zweig des Benediktinerordens, deren Hauptkloster St.-Germain-des-Prés bei Paris war, haben sämtliche Athanasius handschriftlich zugeeigneten Predigten entweder als Dubia oder Falsa erklärt[262].

Auch das berühmte «Symbolum Athanasianum», das großes Ansehen gewann und in die Liturgie einging, hat man im 17. Jahrhundert als unecht erkannt, ohne bis heute den wirklichen Autor zu kennen. Ziemlich sicher ist nur, daß dieses «Symbolum Athanasianum» (nach seinem Anfang auch «Cuicunque» genannt) gegen Ende des 5. Jahrhunderts in Südgallien entstand[263].

Ein Freund des Athanasius, der verketzerte Bischof Apollinaris von Laodicea (gest. um 390), «eine hervorragende Persönlichkeit, ein Mann von Geist und Wissen, Schriftkenner ersten Ranges» (Bardenhewer), hat mit beachtlichem Erfolg eine ganze Reihe von Büchern gefälscht, die der hl. Kyrill als echte Zeugnisse benutzte (vgl. S. 321 ff). Bischof Apollinaris schrieb unter den Namen von Athanasius, Gregor Thaumaturgos, Papst Julius I. Auch die Schüler des Apollinaris fälschten unter dem Namen des Athanasius sowie der Bischöfe Julius und Felix von Rom, sie fälschten einen Brief des Bischofs Dionysius von Alexandrien an Bischof Paul von Samosata und weitere Dokumente ganz sowie einen Brief an Athanasius zum Teil, ferner einen kompletten Briefwechsel zwischen Kirchenlehrer Basilius und Apollinaris, auch ein Glaubensbekenntnis, das als Symbol der Synode von Antiochien (268) oder von Nicaea ausgegeben wurde und in den Akten des Konzils von Ephesus steht[264].

Die Monophysiten, die viele apollinaristische Fälschungen in ihre Florilegien aufnahmen, fälschten auch selber häufig; etwa Episteln auf den Namen des Simeon Stylites, eine Korrespondenz zwischen Petrus Mongus und Acacius über das Henoticon, eine zwischen Theodoret von Kyros und Nestorios. Sie fälschten (arabisch und äthiopisch tradierte) Auszüge aus Briefen des Ignatius von Antiochien. Sie bekämpften die Nestorianer mit erschwindelten Schriften und sogar sich selber. Auch interpolierten sie zahlreiche katholische Traktate[265].

Unter dem Namen des Kirchenlehrers Ambrosius gibt es gleichfalls viele unechte Schriften, etwa eine lateinische Übersetzung «Hegesippus sive de bello Iudaico» (auch Sextus Julius Africanus, Eusebius und Hieronymus wurden Übersetzungen angedichtet); die rechtsgeschichtlich wichtige «Lex Dei sive Mosaicarum et Romanarum legum collatio», die eine Abhängigkeit des römischen Rechts vom Alten Testament nachweisen möchte; eine Reihe unter seinem Namen gefälschter Versinschriften, «Tituli», ferner Hymnen. Der sogenannte berühmte Ambrosianische Lobgesang «Te Deum laudamus» stammt ebenfalls nicht von Ambrosius. Auf seinen Namen erschwindelt ist ferner ein unter Papst Damasus (366–384) in Rom entstandener Kommentar zu 13 Paulusbriefen, den man seit Erasmus «Ambrosiaster» nennt

(= Pseudo-Ambrosius), ohne daß, wie so oft, die Verfasserfrage gelöst wäre; jedenfalls eine «hervorragende Leistung» (Altaner/Stuiber) – aber sicher nicht von Ambrosius. Ein gefälschter Ambrosiusbrief (ep. 2. PL 17,821 ff) enthält die gleichfalls gefälschte Passio der Märtyrer Gervasius und Protasius, deren Gebeine freilich schon Ambrosius selbst auf so begnadete Weise entdeckt hatte, daß manche Forscher (in Übereinstimmung mit dem damaligen christlichen Kaiserhof) von «frommen Betrug» und «großangelegten Betrug» sprechen – nicht der einzige, den sich der Kirchenlehrer geleistet (I 431 ff)[266].

Eine gewaltige Anzahl fiktiver Schriften schrieb man dem hl. Hieronymus zu. Allein in der Sammlung seiner 150 Briefe sind mehrere Dutzend unecht. Gefälscht ist auch eine Korrespondenz zwischen Hieronymus und Papst Damasus I., die sinnigerweise den «Liber Pontificalis», das offizielle Papstbuch, einleitet, das seinerseits wieder derart von Fälschungen strotzt, daß es bis um die Wende zum 6. Jahrhundert historisch so gut wie wertlos ist (II 70 f). Einen weiteren gefälschten Briefwechsel zwischen dem Mörderpapst und dem Kirchenlehrer bietet Pseudo-Isidor. Die häufigen Fälschungen zeigen indes nur, «wie groß das Ansehen war, das er als rechtgläubiger Verfasser von gelehrten Abhandlungen genoß» (Kraft).

Doch dieser Heilige ist (wie Ambrosius oder Athanasius) auch selber Fälscher. Verdanken wir dem Patron der Gelehrten ja eine ganze gefälschte Biographie, die «Vita sancti Pauli monachi», die das wahrhaft wunderbare Leben des angeblich ersten christlichen Mönchs, des Paulus von Theben, schildert, des Vorgängers des hl. Antonius. Dieser buchstäblich fabelhafte «Ureremit», der laut Hieronymus neunzig Jahre lang, ohne einen Menschen zu sehen, doch von einem Raben täglich mit einem halben Brot versorgt, in einer Höhle gehaust haben soll, bis ihm schließlich zwei Löwen das Grab gruben, wurde schon zu Lebzeiten seines Schöpfers angezweifelt. Auf katholischer Seite aber wird die Lügengeschichte noch heute zu den «historischen Schriften» (Altaner/Stuiber) des Heiligen gerechnet; ebenso seine «Vita sancti Hilarionis» und seine «Vita Malchi», gleichfalls hochlegendäre

Mönchsbiographien, die von unglaublichen Mirakeln wimmeln[267].

Jede Menge Schriften fälschten Christen unter dem Namen des Augustinus, und nicht etwa nur, besonders naheliegend, zum Thema Gnade. Mit einer (echten) Schrift Augustins «Gegen die Juden» (vgl. I 511 ff), wollte man sich nicht begnügen und stellte noch zwei unechte unter seinen Namen: «Sermo contra Judaeos, Paganos et Arianos de symbolo» sowie die «Altercatio Ecclesiae et Synagogae» . Ein ebenfalls Augustin zugeschriebenes asketisches Werk «Soliloquia» entstammt wahrscheinlich erst dem 13. Jahrhundert, wurde aber viel gelesen und auch in neuerer Zeit noch wiederholt gedruckt, meist zusammen mit zwei weiteren Augustinus unterschobenen Erbauungsbüchern, «Meditationes» und «Manuale». Der «Sermo de Rusticiano subdiacono a Donatistis rebaptizato et in diaconum ordinato» ist offenbar sogar eine moderne Fälschung. Er wurde erstmals, ohne daß eine Handschrift hätte aufgetrieben werden können, durch Hieronymus Vignier (gest. 1661) herausgegeben, einen «als Urkundenfälscher bekannten Oratorianer» (Bardenhewer), das heißt Mitglied eines von dem hl. Philipp Neri 1575 in Rom gegründeten Oratoriums, einer Priester und Laien zusammenfassenden klosterähnlichen Gemeinschaft. Doch noch 1842 hat in Paris A. B. Caillau 164 unedierte Predigten Augustins vorgelegt, wovon kaum eine echt ist. Und genau so oder ganz ähnlich verhält es sich mit den (angeblichen) Augustinuspredigten «S. Augustini sermones ex codicibus vaticanis», die Kardinal A. Mai zehn Jahre später, 1852, in Rom edierte. Von den weit über sechshundert Predigten, die unter Augustins Namen stehen, wurden immerhin weit über hundert gefälscht[268].

Ein christlicher Fälscher: «Für Jahrhunderte der Lehrmeister der westlichen Welt ...»

Besonders berühmte Fälschungen verdankt die Christenheit einem Syrer, der um 500 vier große Abhandlungen und zehn meist kurze Briefe verfaßte, mit einem so durchschlagenden und dauerhaften Erfolg, wie er einem literarischen Fälscher «niemals wieder» (Bardy) beschieden war.

Dieser Christ gibt sich als der von Paulus in Athen bekehrte Ratsherr Dionysius Areopagita aus (Apg. 17,34), weshalb er seine Schreiben auch an Apostel und Apostelschüler adressiert, Einzelheiten bietet, häuft, die den Leser täuschen, ihn glauben machen sollen, das Werk eines Zeitgenossen der Apostel vor sich zu haben. Er will Zeuge der Sonnenfinsternis bei Jesu Tod, will mit Petrus und Jakobus beim Begräbnis der Hl. Jungfrau gewesen sein. Tatsächlich aber sind seine Schwindeleien frühestens gegen Ende des 5., wenn nicht erst Anfang des 6. Jahrhunderts entstanden[269].

Das Römische Martyrologium – «aus sicheren Quellen gesammelt, geprüft ...» – verzeichnet den gottbegnadeten Fälscher unter dem 9. Oktober als heiligen Märtyrer. Er, der fast ein halbes Jahrtausend nach Paulus lebte, wurde «von dem heil. Apostel Paulus getauft», heißt es da, zum ersten Bischof von Athen geweiht, dann in Rom «von dem heil. Römischen Papste Clemens, das Evangelium zu predigen, nach Frankreich gesandt, und gelangte auf solche Weise nach Paris, wo er das ihm übertragene Amt einige Jahre hindurch treulich verwaltet, und zuletzt unter dem Pfleger Fescennin nach grausamen Peinen sammt seinen Genossen durch Enthauptung die Marter vollendete»[270].

Der fälschende Dionysios, der übrigens auch die Figur seines Lehrers Hierotheus frei erfand, wurde also auch offiziell als Bischof von Athen und von Paris ausgegeben. Nicht zuletzt dadurch wirkte das gloriose Corpus der Areopagitica – eine Mixtur aus antiker Philosophie und Christentum, doch bis in die Politik hinein ausstrahlend – nach anfänglicher Ablehnung durch die Katholiken länger als ein Jahrtausend in gar nicht abzuschätzender

Weise auf das Abendland. Der Betrüger wurde «für Jahrhunderte der Lehrmeister der westlichen Welt», indem er deren (angeblich) Denkenden deutlich machte, daß «das Christentum nicht mehr als ‹barbarische› und in ihrer Wunderlichkeit einem kultivierten Geist unannehmbare Offenbarung zu gelten brauchte» (Roques). Bereits im frühen 6. Jahrhundert zitiert Erzbischof Andreas von Cäsarea die Bücher «des seligen großen Dionysius». Ein Jahrhundert später bewundert sie der hl. Maximus und verteidigt ihre Echtheit. Im 9. Jahrhundert eroberten sie das gläubige Abendland vor allem infolge ihrer Übertragung ins Lateinische durch Joh. Scotus (Eriugena) und den zweifellos dafür prädestinierten Abt Hilduin von St. Denis (814–840), der selber eine Reihe gefälschter Urkunden verfaßte, wie die Conscriptio des Vispius, einen Brief des Aristarchos an Onesiphoros, Hymnen des Venantius Fortunatus, des Eugenius Toletanus, und der auch die gefälschten Briefe des Areopagiten durch ein eigenes Falsum, die «Epistula ad Apollophanium», bereicherte.

Das Machwerk des Pseudo-Dionysius aber wurde von den berühmtesten Theologen, Maximus Confessor, Hugo von St. Viktor, Albertus Magnus, Thomas von Aquin, wie die Bibel studiert, ausgelegt und für ein Werk des Heiligen Geistes gehalten. Es genoß «fast kanonisches Ansehen» (Bihlmeyer). Thomas schrieb einen eigenen Kommentar zu den «Namen Gottes» (De divinis nominibus) und hat in seinem übrigen Werk rund 1700 Zitate aus der Fälschung aufgenommen. Die Universität von Paris feierte im 13. Jahrhundert den Fälscher – kurioserweise der einzige Autor des Ostens, der im Abendland lebendig blieb – als Apostel Frankreichs und großen Lehrer der Christenheit. Die Echtheit seiner Schriften, erstmals von dem kritischen Humanisten Laurentius Valla (gest. 1457), dann von Erasmus (1504) bezweifelt, wurde noch im 19., ja im 20. Jahrhundert verteidigt, nachdem freilich schon früh, bald nach der Entstehung dieses gewaltigen Schwindels, der Bischof Hypatios von Ephesus, zeitweilig Vertrauensmann Kaiser Justinians, die Echtheit bestritten hatte: «Wenn keiner der alten Schriftsteller jene (Schriften) erwähnt, so weiß ich nicht, wie ihr jetzt beweisen könnt, daß sie Dionysios gehören».

Wer dieser hl. Pseudo-Dionysius war, ist bis heute fraglich: möglicherweise ein «Ketzer», ein Monophysit. Etwa einer der beiden Patriarchen von Antiochien, Petrus Fullo (gest. 488: II 305 ff) oder Severus von Antiochien (512–518: II 346 ff), der zumindest auch den Verteidigern des Chalcedonense mehrfach Fälschungen nachgewiesen. Kaum verwundern dürfte, daß zu dem großangelegten Betrug des Pseudo-Dionysius noch deuterodionysische Fälschungen kamen, vor allem am Anfang des Mittelalters; daß sich schließlich die «Legende» seiner bemächtigte und der Märtyrer St. Dionys oder vielmehr seine bildliche Darstellung, ein Pariser Produkt, zum weitverbreiteten Motiv der Legende vom Kopftragen führt. Nach seinem Vorgang tragen Märtyrer und Heilige ihr edles Haupt in der Hand: Lucianus trägt sein abgeschlagenes Haupt, Jonius von Chartres, Lukanus von Chartres, Nicasius von Rouen, Maximus und Venerandus von Evreux, Clarus der Eremit in der Normandie, die Jungfrau Saturnina im Artois. St. Chrysolius, dem man beim Martyrium den Kopf spaltet, daß das Gehirn durch die Gegend spritzt, sammelt es wieder und trägt Hirnschale nebst Inhalt von Urelenghem nach Comines. Fuscianus und Victoricus tragen ihre Häupter meilenweit. Der enthauptete Knabe Justus von Auxerre trägt seinen Schädel, während sein Rumpf, zum Entsetzen der Verfolger, betet. Die Heiligen Frontasius, Severinus, Severianus, Silanus von Périgueux, Papulus von Toulouse, Marcell von Le Puy (Anitium), Bischöfe und Erzbischöfe, Jungfrauen und Prinzen vom Süden bis zum Norden tragen ihr Haupt, der Donauprinz Severus, der Merowinger Adalbald, Erzbischof Leo von Rouen, der Preußenapostel Adalbert, der Königssohn Fingar in Cornwall, die Königstocher Ositha im Norden ... Nein, fast kein Ende haupttragender christlicher Blutzeugen – und alles so echt wie «Dionysius Areopagita»[271].

Eine ganze christliche Fälscherwerkstatt gab es im 7. Jahrhundert in Alexandrien. Unter Leitung des Präfekten von Ägypten, Severianus, fälschten hier vierzehn Schönschreiber kirchenväterliche Schriften, besonders des Kyrills von Alexandrien, im monophysitischen Sinn[272].

Da gerade in der ältesten Geschichte des Christentums fast alles halt- und bodenlos, historisch höchst unsicher, kaum begründet war und ist, sollten manche Fälschungen auch geschichtliche Fundamente schaffen.

FÄLSCHUNGEN ZUR BEGRÜNDUNG DER HISTORIZITÄT JESU

Eine Reihe von Schriften fälschten Christen, um bessere Zeugnisse für die – bis heute unbewiesene, aber auch nicht widerlegte – Historizität Jesu (S. 70 f), für sein Leben und seine Auferstehung zu erhalten. Denn in der sogenannten profanen Literatur stand darüber nichts[273].

So schuf man unechte Dokumente nichtchristlicher Schriftsteller zum Leben Jesu, indem man beispielsweise nicht nur die «Jüdischen Altertümer» des Juden Josephus interpolierte, das sogenannte Testimonium Flavianum, sondern Josephus sogar zum Autor ganzer christlicher Bücher machte. Analoge Ziele verfochten die christlichen Pilatusschriften; während die heidnischen Pilatusakten, zu denen die Christen wieder eine entsprechende Gegenfälschung erstellten, im frühen 4. Jahrhundert zu einem auch in der Schule eingesetzten Propagandainstrument der Heiden gegen die Christen wurden[274].

Es kam zu einem gefälschten Brief des Pilatus an Kaiser Tiberius, zu einer Fälschung, die wieder weitere Fälschungen dann als Urkunde anführen in eindeutig apologetischer Absicht. Vor allem gewann man durch das Falsum Pilatus als namhaften heidnischen Zeugen für die, mit Kirchenhistoriker Euseb, «wunderbare Auferstehung und Himmelfahrt unseres Erlösers». Nicht unerwähnt blieb auch die Jungfrauengeburt. Ebensowenig fehlten, bei wohlwollender Behandlung der Römer, antijüdische Attacken. «So erleuchtete mit einem Mal durch das machtvolle Walten des Himmels das erlösende Wort gleich einem Sonnenstrahl die ganze Welt» (Euseb)[275].

Es gibt eine ganze Reihe weiterer «Pilatusschriften», die durch viele Jahrhunderte entstehen. Sie zeigen immer mehr «legendenhafte» Züge mit einer gleichfalls meist römerfreundlichen und judenfeindlichen Tendenz. Einmal sagt Nicodemus geradezu von Pilatus: «Er führt das Wort für Jesus», und der Statthalter bestätigt es. Man fälschte eine Korrespondenz zwischen einem Theodoros und Pilatus, einen «Brief des Pilatus an Claudius», worin Pilatus von der Jungfrauengeburt spricht, die vielen Wunder Jesu aufzählt, die Hohenpriester bezichtigt: «und Lüge auf Lüge häufend erklärten sie, er sei ein Magier und handle ihrem Gesetz zuwider». Pilatus erwähnt noch Tod und Auferstehung Jesu und schließt: «Dieses aber habe ich deshalb deiner Majestät vorgetragen, damit nicht ein andrer lüge und du den Trugreden der Juden glauben zu sollen vermeinst». Indem man selber lügt, wirft man, wie so oft, den andern Lügen vor. Man fälschte einen Briefwechsel des Pilatus mit Herodes, ja mit Augustus, der bei Jesu Kreuzigung bereits zwei Jahrzehnte tot war. Man fälschte auch ein Gamalielevangelium, worin Pilatus Jesu Auferstehung bezeugt. Und die Christen jener Zeit (darunter ein Gregor von Tours) hielten «allgemein derartige ... Schriften für geschichtliche Quellen» (Speyer). Die «Paradosis» des Pilatus macht den Landpfleger gar zum christlichen Märtyrer. Die koptische, die äthiopische Kirche verehren ihn als Heiligen. Dagegen muß er in der «Cura sanitatis Tiberii», in der dieser Kaiser als gläubiger Christ figuriert, in der «Mors Pilati», für seine Schuld an der Kreuzigung büßen[276].

Die Zeit von Geburt und Taufe Jesu sollte ein wohl im 6. Jahrhundert gefälschter Briefwechsel zwischen dem (dreimal abgesetzten und verbannten) Bischof Kyrill von Jerusalem (348–386) und Papst Julius von Rom bestimmen. Man wollte damit allerdings nicht die Geschichtlichkeit Jesu, sondern das neue abendländische Datum seiner Geburt im Osten, besonders in Palästina, akzeptabel machen. Ebenso erstellten rechtgläubige Christen Falsa im Streit um die Berechnung des Osterfestes[277].

Fälschungen zur Hebung des christlichen Ansehens gegenüber Juden und Heiden

Häufig haben sich Christen den Kampf mit den Juden durch Fälschungen erleichtert, haben sie deren Vorwürfe durch literarischen Betrug entkräftet, um den eigenen Glauben desto heller leuchten zu lassen, nicht zuletzt, um Jesus deutlicher als den verheißenen Messias zu erweisen, auch als Jungfrauensohn.

Das geschah zunächst in zahlreichen Einschüben, wobei die jüdischen Pseudepigrapha den Christen besonders zustatten kamen. So interpolierten diese die Sibyllinischen Weissagungen, das 4. Esra-Buch, die meistverbreitete Apokalypse des Altertums, das Martyrium Iesaiae, den griechischen Baruch, die Apokalypsen des Abraham, Elias, Sophonias, die Paralipomena Ieremiae, die Prophetenleben, die Testamente Adams, Abrahams, Isaaks, des Ezechias, des Salomon, der Zwölf Patriarchen usw. Die Christen fälschten Prophetensprüche, mit deren Hilfe sie bis ins Mittelalter die Juden zu bekehren suchten. Sie fälschten aber auch ganze Schriften unter den Namen von Personen des Alten Testaments, die Himmelfahrt des Jesaia etwa, die Apokalypse des Zacharias, verschiedene Danielapokalypsen, die Apokalypse des Esra, das 5. und 6. Esra-Buch, Fälschungen, in denen nicht nur immer wieder Esra, sondern auch Gott, der Herr, in der Ichform spricht, Fälschungen, aus denen sogar die Stelle 5. Esra 2,42–48 in vollem Wortlaut im 11. Jahrhundert in die offizielle römisch-katholische Liturgie einging.

Häufig fälschten Christen, um die von den Juden und «ketzerischen» Judenchristen (die Joseph selbstverständlich den leiblichen Vater Jesu nannten) bestrittene Jungfrauengeburt urkundlich zu erhärten, etwa in den christlichen Sibyllinischen Orakeln, im Protevangelium Jacobi oder, wohl zur Zeit Kaiser Justinians, in der Schrift «Das Priestertum Christi», einem jüdisch-christlichen Dialog. Statt eines verstorbenen jüdischen Priesters soll hier Jesus in das Kollegium kommen. So holt man genaue Personalangaben von seiner Mutter ein und schreibt sie in den Tempelkodex. Die Christen fälschten die Werke jüdischer Profanschriftsteller, wie die des Philon und Josephus. Nicht selten haben Christen verschiedener Jahrhunderte dieselben Schriften interpoliert. Die Forschung der letzten Jahrzehnte hat freilich kaum zufällig gerade die Erhellung dieses Gebietes vernachlässigt, und eine Geschichte der entsprechenden «Interpolations-Literatur» fehlt überhaupt[278].

Gefälscht wurde im 3. und 4. Jahrhundert auch ein ganzer Briefwechsel zwischen dem Apostel Paulus und dem Stoiker Seneca (4 v. Chr.–65 n. Chr.).

Verfaßt in einem grauenhaften Latein, war ausgerechnet dies Machwerk wohl eine Werbeschrift, die den Gebildeten Roms die Briefe des Paulus empfehlen sollte, die man dort ihres Stiles wegen mißachtet hat. Die kaum glaublich primitive Korrespondenz, acht Briefe des «Seneca» und sechs des «Paulus» (die als erster Gelehrte erst Erasmus von Rotterdam mit großem Nachdruck Fälschung nannte), sollte das Ansehen des Paulus festigen. Denn viele seiner Gedanken stimmten derart mit der stoischen Philosophie der Kaiserzeit überein, daß Tertullian sagen konnte: «Seneca saepe noster». So vertauscht das Falsum das Abhängigkeitsverhältnis, verherrlicht Seneca den Apostel («Heil dir mein liebster Paulus . . .») als Sprachrohr des Himmels, als einen «von Gott auf jede Weise geliebten Mann», ja attestiert ihm, «der heilige Geist ist in dir», während Paulus nur gelegentlich und reichlich von oben herab den Philosophen ermuntert, in seinen Bestrebungen fortzufahren. Die Fälschungen, wie der hl. Hieronymus bezeugt, selbst ein großer Fälscher vor dem Herrn, «a plurimis leguntur». Und sie wurde von ihm selbst nicht nur für echt gehalten, und im Anschluß an ihn auch von Augustinus, sondern Hieronymus hat den Heiden Seneca aufgrund dieses Schwindels offensichtlich zu den christlichen Heiligen gerechnet. Der Kirchenlehrer schreibt nämlich: «L. Annaeus Seneca aus Corduba . . . führte ein sehr enthaltsames Leben. Ich würde ihn nicht in das Verzeichnis der Heiligen aufnehmen, wenn mich nicht jene Briefe dazu veranlaßten, die von sehr vielen gelesen werden, (die Briefe) des Paulus an Seneca bzw. des Seneca an Paulus»[279].

Der gefälschte Briefwechsel, in einer ungewöhnlichen Fülle

von Handschriften erhalten, lebte im Mittelalter fort, wirkte auf Petrus Cluniacensis, Petrus Abaelard, sogar noch auf Petrarca[280].

Manchmal erfanden Christen nicht nur Briefe und Korrespondenzen, sondern auch ganze öffentliche Disputationen, beispielsweise das sogenannte Religionsgespräch am Hof der Sassaniden.

Der Verfasser gibt sein Opus gleichsam als Protokoll einer in Persien veranstalteten Debatte über Christus und das Christentum aus, als die Niederschrift eines Augen- und Ohrenzeugen. Vor dem glanzvollen Hintergrund des Hofes und dem Höhepunkt sassanidischer Macht sowie unter dem Ehrenpräsidium eines Sassaniden erproben die Vertreter der Kirche ihre – natürlich auf der ganzen Linie siegreichen – Waffen gegen Griechen, christliche «Ketzer», das persische Magiertum und die Juden. Gelegentlich werden auch die Samaritaner, die Buddhisten und der römische Staat attackiert; am mildesten, fast liberal, die Hellenen, die Wegbereiter sozusagen des Christentums, am giftigsten die Juden.

Der Fälscher ist Katholik. Er feiert die volle Gottheit und Menschheit Jesu, die Herrlichkeit Mariens, den Triumph der christlichen Bischöfe über die persischen Zauberer durch jede Menge Wunder, durch die Heilung von Aussätzigen, die Auferweckung einer Toten, einen Habicht aus Lehm, der lebendig wird. Wen wundern da noch geschichtliche Anachronismen, fingierte Quellen, die Auftritte des persischen Königs Arrinatus, nach dem schon der Bollandist G. Henschen im 17. Jahrhundert vergeblich fahndete, ein (auch anderswo figurierender) Fabelkönig, unter dem das Religionsgespräch stattfindet, der christliche Mirakel beglaubigt und die Verhandlungen feierlich durch ein Diplom. Wohlweislich ist nicht alles erfunden, auch Historisches eingestreut. Der Verfasser selbst aber bleibt anonym. Er schweigt über sich, über die Zeit – und beutete schamlos die den meisten unbekannten Schriften des Philippus von Side aus, entweder noch im 5. oder 6. Jahrhundert[281].

Zu einer ganzen Flut von Fälschungen kam es im Zusammenhang mit den antiken Christenverfolgungen: je weniger echte Märtyrer, desto mehr gefälschte Märtyrerakten.

Die meisten Märtyrerakten sind gefälscht, galten aber sämtlich als vollwertige historische Urkunden

Zunächst fälschten die Christen vom 2. Jahrhundert an Toleranzedikte der Kaiser: so das Edikt des Antoninus Pius (um 180). Oder ein Schreiben Mark Aurels an den Senat, in dem der Imperator die Rettung römischer Truppen vor dem Verdursten durch Christen bezeugt. Gefälscht haben Christen auch eine Epistel des Statthalters Tiberianus an Trajan mit dem angeblichen Kaiserbefehl, die blutige Verfolgung zu beenden; gefälscht ein Edikt des Nerva, das Domitians harte Maßnahmen gegen den Apostel Johannes widerruft. Ja, Domitian selbst, berichtet Kirchenhistoriker Euseb (sich auf den orientalischen Christen Hegesippos stützend, den Verfasser von fünf Büchern «Erinnerungen»), Domitian selbst habe «die Verwandtschaft des Herrn», nachdem man sie als Nachkommen Davids verhaftet hatte, in Freiheit gesetzt und befohlen, «die Verfolgung der Kirche einzustellen»[282].

Fälschten die Christen aber zunächst Dokumente zu ihrer Entlastung durch die Kaiser, so fälschten sie schließlich, als ihre Verfolgung vorüber war und sie selbst, viel schlimmer, die Heiden zu verfolgen begannen, Dokumente zur Belastung der heidnischen Herrscher; fälschten sie am laufenden Band einerseits eine große Zahl christenfeindlicher Edikte und Briefe der Regenten und Statthalter (besonders des späten 3. Jahrhunderts), angebliche Urkunden, die meist in den ungeschichtlichen Märtyrerakten stehn, andererseits jede Menge Martyrien. Die Christen, die sich bei all den glatt erschwindelten Passionen oder Lebensberichten als Augenzeugen ausgeben, sind kaum zu zählen[283].

Schon die erste angebliche Verfolgung unter Nero, die diesen Kaiser durch zwei Jahrtausende zu einem Christen schindenden Scheusal sondergleichen machte, ist gar keine Christenverfolgung gewesen, sondern ein Brandstifterprozeß. Selbst die Nero feindlichen Historiker Tacitus und Sueton beurteilten den Prozeß als gerecht und vernünftig – «das Christentum selbst stand dabei überhaupt nicht zur Diskussion», schreibt der evangelische Theologe Carl Schneider. Und auch die Christentumsgeschichte des katholischen Theologen Michel Clévenot hält fest, «daß weder Nero noch seine Polizei noch die Römer gewußt haben dürften, daß es sich um Christen handelte. Sie bewegen sich noch zu sehr im Dunkeln und sind zu gering an Zahl, als daß ihre Hinrichtung eine Angelegenheit des öffentlichen Interesses gebildet hätte . . .»[284].

Doch da es mit der Logik katholischer Theologen selten zum besten steht, nicht stehen darf, schließt Clévenot sein Kapitel über den Brand Roms im Juli 64 – nicht ohne unmittelbar zuvor das «verblüffend» gute Andenken des Kaisers Nero bei den Römern registriert zu haben: bei den Christen lebe er als bluttriefender Narr fort bis heute. Und dies sei «vielleicht (!) doch der beste Beweis dafür, daß die Christen wirklich zu den Opfern des schrecklichen Massakers vom Juli des Jahres 64 zu rechnen sind»[285].

Bezeichnenderweise spielten religiöse Motive bei dem Prozeß keine oder eine ganz nebensächliche Rolle. Bezeichnenderweise beschränkte sich Neros Vorgehen auf die Christen in Rom. Zwar fälschte man später Akten, die Martyrien auch anderwärts in Italien und in Gallien lokalisieren. Doch, so der katholische Theologe Ehrhard: «Alle diese Märtyrerakten sind geschichtlich ohne Wert»[286].

Die Duldsamkeit der Römer war in religiöser Hinsicht gewöhnlich groß. Sie übten Toleranz noch gegenüber den Juden, garantierten ihnen volle Glaubensfreiheit, forderten selbst nach dem Jüdischen Krieg keine Verehrung der Staatsgötter und befreiten sie auch vom obligatorischen Opfer für den Kaiser. Bis ins frühe 3. Jahrhundert ging der Haß gegen die Christen, die sich hochexklusiv gebärdeten, die sich, bei aller Demut!, als etwas ganz Besonderes, als «Israel Gottes», «Auserwähltes Geschlecht», «Heiliges Volk», als den «goldenen Teil» fühlten, vor allem vom Volk aus. Die Kaiser wähnten sich gegenüber der obskuren Kleinleutesekte lange viel zu stark, um ernsthaft einzuschreiten. Sie gingen den Christenprozessen «so viel wie möglich aus dem Wege» (Eduard Schwartz). Zwei Jahrhunderte lang ließen sie die

Christen überhaupt nicht «verfolgen». Kaiser Commodus hatte eine christliche Mätresse. Und in Nikomedien stand die christliche Hauptkirche gegenüber der Residenz Diokletians. Auch dessen Rhetorikprofessor, Kirchenvater Laktanz, blieb während des schärfsten Christenpogroms in der nächsten Umgebung des Herrschers völlig unbehelligt. Laktanz kam weder vor Gericht noch gar in den Kerker. Fast jedermann kannte die Christen, aber man machte sich mit ihrer Verfolgung nicht gern die Finger schmutzig. War es doch einmal nötig, weil das Heidenvolk zu sehr tobte, taten die Beamten alles, um Verhaftete wieder freilassen zu können. Die Christen brauchten bloß vom Glauben abzufallen – und sie fielen massenweise ab, es war überall die Regel – und niemand belästigte sie mehr. Noch während der strengsten Verfolgung, der Diokletians, bestand der Staat nur auf Erfüllung der für jeden Bürger gesetzlich vorgeschriebenen Opferpflicht. Bloß deren Verweigerung wurde bestraft, in keinem Fall die Ausübung der christlichen Religion. Blieben die Kirchen doch sogar während der diokletianischen Verfolgung vermögensfähig[287].

Von einer allgemeinen und planmäßigen Christenverfolgung kann erst unter Kaiser Decius im Jahr 250 gesprochen werden. Damals starb, als erster römischer Bischof Opfer einer Verfolgung, Fabian – und er starb im Gefängnis; man hatte über ihn gar keine Todesstrafe verhängt. Bis dahin aber gab die alte Kirche von siebzehn römischen Bischöfen bereits elf als «Märtyrer» aus, obwohl keiner von ihnen Märtyrer war! Dabei hatten sie bereits zweihundert Jahre lang Seite an Seite mit den Kaisern residiert. Und doch lügt man auf katholischer Seite – mit kirchlicher Druckerlaubnis (und Widmung: «Der lieben Gottesmutter») – noch in der Mitte des 20. Jahrhunderts: «Die meisten Päpste sterben in jener Zeit als Märtyrer» (Rüger).

Der 253 friedlich in Civitavecchia verschiedene «Papst» Kornelius (II 100 ff) wird in den kirchlichen Märtyrerakten enthauptet. Ebenso gefälscht sind die Akten, die den römischen Bischof Stephan I. (254–257) zum Opfer der valerianischen Verfolgungen machen. Der hl. Papst Eutychian (275–283) soll gar 342 Märtyrer «mit eigener Hand» begraben haben, bevor er sich ihnen selber beigesellte. Den Abfall mehrerer Päpste im frühen 4. Jahrhundert suchte man gleichfalls durch Aktenfälschungen zu verdecken. Der Liber Pontificalis, die offizielle Papstliste, läßt den römischen Bischof Marcellinus (296–304), der den Göttern geopfert und die «heiligen» Bücher ausgeliefert hat, alsbald bereuen und den Märtyrertod sterben, eine glatte Fälschung. Im römischen Martyrologium erringt ein Papst nach dem andern die Märtyrerkrone – fast alles erstunken und erlogen. (Bezeichnenderweise ist der Märtyrerkult in Rom überhaupt erst im späteren 3. Jahrhundert aufgekommen.)[288]

Gerade Bischöfe – deren Martyrium selbstverständlich als «etwas Höheres» gegenüber dem der einfachen Christen galt, rangieren sie ja noch im Jenseits höher – gerade Bischöfe wurden besonders selten Märtyrer. In Haufen flohen sie, manchmal von Land zu Land, ja, bis an die Grenzen des Römischen Reiches, von Gott natürlich eigens dazu beauftragt und ohne zu vergessen, aus sicherem Versteck Durchhaltebriefe an eingekerkerte Gläubige geringeren Grades zu schicken. In der alten Kirche war dies so bekannt, daß sogar in den zahlreichen *gefälschten* Märtyrerberichten wenig Bischöfe als Märtyrer figurieren! (Dem Patriarchen von Alexandrien, Dionysius, pressierte es bei Ausbruch eines lokalen Pogroms derart, daß er auf einem sattellosen Reittier entfloh – mit Recht trägt er den Beinamen «der Große».)[289]

So gut wie alle «Heiligen» der ersten Jahrhunderte aber wurden noch nachträglich zu «Märtyrern» erklärt, «selbst wenn sie in Frieden gestorben waren. Jeder Verehrungswürdige aus der Zeit vor Konstantin mußte eben Blutzeuge gewesen sein» (Kötting). Dabei sind «nur wenige» der sogenannten Acta Martyrum «echt oder beruhen auf echtem Dokumentarmaterial» (Syme). Und vor allem vom 4. Jahrhundert an haben katholische Christen Akten und Märtyrerberichte, die ihnen von «Ketzern» verfälscht schienen, durch Gegenfälschungen «gereinigt». Sie erkannten zwar die mitgeteilten Wunder der Apostel an, wollten indes die gleichfalls dastehenden «falschen Lehren» nicht gelten lassen. So warteten rechtgläubige Fälscher wie Pseudo-Melito, Pseudo-Hieronymus, Pseudo-Abdias und andere mit Gegenfälschungen auf[290].

Die christlichen «Märtyrerakten» schrecken vor keiner Übertreibung, keiner Unwahrheit, keinem Kitsch zurück.

Da die Kirche vom Martyrium der Gattin des Apostelfürsten und ersten Papstes, des hl. Petrus, das ein Kirchenvater überliefert, keinen Gebrauch gemacht hat, gilt als erste Märtyrerin die hl. Thekla (S. 308 ff), obwohl sie durch ein Wunder entkommen sein soll.

Streng aktenkundig aber wird die katholische Blutzeugenschaft durch das Martyrium Polycarpi, dessen Todesstunde man sogar kennt – fast einmalig in der frühchristlichen Literatur. Das Datum jedoch ist unbekannt; man weiß nicht einmal, ob unter Mark Aurel oder Antoninus Pius. In diesem ältesten Augenzeugenbericht über den Tod eines christlichen Märtyrers, einem Text, in den allerdings vorn und hinten und dazwischen hineingefälscht wurde, in dem es Bearbeitungen und Interpolationen, voreusebianische und nacheusebianische Einschübe sowie einen unechten Anhang gibt, kennt der hl. Bischof im voraus seine Todesart. Beim Betreten des Stadions ermutigt ihn eine Stimme vom Himmel: «Polykarp sei standhaft!» Er verbrennt nicht auf dem Scheiterhaufen, zu dem «besonders die Juden» Holz herbeigeschleppt haben, alle Flammen lodern vergeblich. So muß der Scharfrichter ihm den Todesstoß versetzen, worauf sein Blut das Feuer löscht und aus der Wunde eine Taube zum Himmel steigt ... Diese Akten sind nämlich nur «langsam und stückweise gewachsen» (Kraft). Und noch im 20. Jahrhundert glänzt im katholischen «Lexikon für Theologie und Kirche» der Bericht als «der kostbarste Zeuge für die katholische Heiligen- und Reliquienverehrung». Noch heute auch wird der wackere Märtyrer, der übrigens, wie das einem Bischof zusteht, mehrmals zuvor geflohen war, mehrmals sein Versteck gewechselt hatte, als Heiliger gefeiert: von der byzantinischen und syrischen Kirche am 23. Februar, von den Melchiten am 25., von den Katholiken am 26. Januar, und fungiert auch noch immer als «Patron gegen Ohrenweh»[291].

Blicken wir einmal, nur beispielsweise, in die «Akten persischer Märtyrer».

Da laufen die Christen gleich scharenweise ihrer Hinrichtung zu, «die Psalmen Davids jubelnd». Da lachen sie nur, während der Henker schon das Schwert wetzt. Da haut man ihnen alle Zähne ein und zerdrischt ihnen alle Knochen. Man kauft eigens neue Peitschen, um sie zu Brei zu machen. Man schlägt sie, bis sie bloß noch *eine* Beule sind. Man reißt ihnen die Gelenke auseinander, man schindet sie von Kopf bis Fuß, schneidet langsam von der Nackenmitte bis zum Hirnschädel, schneidet ihnen Nasen und Ohren ab, stößt glühende Nägel in ihre Augen, man steinigt, zersägt sie, man läßt sie hungern, bis die Haut von den Knochen fällt. Einmal bietet man auch 16 Elefanten auf, um die Helden zu zertreten ... Doch was auch immer, fast alles ertragen sie erstaunlich lang und guten Mutes, pudelmunter sozusagen. Vielfach zerstückelt, nur noch Blut und Eiter, halten sie die erbaulichsten Reden. Sie jauchzen: «Mein Herz freut sich im Herrn und meine Seele frohlockt in seinem Heile». Oder sie bekennen: «Diese Pein ist nur Erquickung»[292].

Mâr Jakob, der Zerschnittene, stellt, nachdem man ihm schon zehn Finger abgenommen und drei Zehen, lachend tiefsinnige Vergleiche an: «Folge auch du, dritte Zehe, deinen Genossinnen und sei unbesorgt. Denn wie Weizen, der in die Erde fällt und im Frühling seine Genossen hervorbringt, so auch verbindest du dich am Tage der Auferstehung in einem Augenblick mit deinen Genossinnen». Ist das nicht schön gesagt? Nach dem Fall des fünften Zehs freilich schreit er nach Rache: «Richte, o Gott, mein Gericht und räche meine Rache an dem erbarmungslosen Volke»[293].

Überhaupt werden diese Heiligen oft ruppig und beschimpfen ihre ja auch gar gottlosen Peiniger oder Richter nach allen Regeln der Religion der Liebe; verheißen ihnen «Zähneknirschen in Ewigkeit», schmähen sie «unrein, schmutzig, Blut leckend», «einen frechen Raben, der sich auf Leichen niederläßt», «eine Zauberschlange, die zu beißen dürstet», «grün gefärbt» vor Haß «wie eine böse Viper», einen geilen Kerl, der sich mit «Frauen im Schlafgemach» herumtreibt, einen «unreinen Hund». Der «heilige Aitillâhâ apostrophiert seinen Henker: «Wahrlich, du bist ein unvernünftiges Tier». Und der heilige Joseph denkt offenbar nicht daran, seinen Feind zu lieben, ihm die andere Backe hinzuhalten, o nein, trefflich heißt es: «Joseph nahm den Mund voll Speichel, spie ihm plötzlich das Gesicht voll und sprach: ‹Du Unreiner und Befleckter, schämst du dich nicht . . .›»[294]

Nachdem man Mâr Jakob bereits alle Finger und Zehen einzeln abgeschnitten hat, stets von ihm mit je einem edlen oder auch giftigen Spruch gegen «die reißenden Wölfe» begleitet, wird er immer fester im Glauben und folterungssüchtiger. «Was steht ihr müßig?» ruft er ungeduldig. «Nicht mögen eure Augen schonen. Denn mein Herz frohlockt im Herrn und meine Seele ist zu dem erhoben, der die Demütigen liebt». So säbeln denn die Henkersknechte, nach allen zehn Zehen und allen zehn Fingern, zähneknirschend weitere Glieder ab, ganz systematisch, und jedes fallende Glied kommentiert der heilige Mann wieder mit einem frommen Spruch. Nach Verlust des rechten Fußes sagt er: «‹Jedes Glied, das ihr mir abschneidet, wird als Opfer dem König des Himmels dargebracht.› – Sie schnitten ihm den linken Fuß ab und er sprach: ‹Erhöre mich, o Herr, denn Du bist gut und groß ist Deine Güte allen, die Dich anrufen.› – Sie schnitten ihm die rechte Hand ab und er rief: ‹Die Gnade Gottes war groß über mir; befreie meine Seele von dem tiefen Scheol.› – Sie schnitten ihm die linke Hand ab und er sprach: ‹Siehe, den Toten tust du Wunder.› – Sie traten hinzu und trennten seinen rechten Arm ab und er sprach wieder: ‹Ich will loben den Herrn in meinem Leben und lobsingen meinem Gott, solange ich bestehe. Es gefalle ihm mein Lob; ich will mich freuen im Herrn.›»

Die bösen Heiden entfernen weiter den linken Arm, lösen den rechten Schenkel aus dem Kniegelenk . . . und schließlich liegt «der Herrliche» nur noch mit «Kopf, Brust und Unterleib» da, bedenkt kurz die Lage und öffnet «wieder den Mund», um Gott in einer kleinen Rede – schon bravourös in diesem reduzierten Zustand – genau aufzuzählen, was er schließlich alles um seinetwillen schon verloren hat: «Herr, Gott, Barmherziger und Erbarmer, ich bitte Dich, höre mein Gebet und nimm mein Flehen an. Ich liege hier meiner Glieder beraubt; zur Hälfte liege ich hier und schweige. Nicht habe ich, Herr, Finger, mit ihnen Dich anzuflehen; noch haben mir die Verfolger Hände gelassen, sie zu Dir auszustrecken. Die Füße, sie sind abgeschnitten; die Kniee, sie sind abgetrennt; die Arme, sie sind losgelöst; die Schenkel sind abgeschnitten. Jetzt liege ich vor Dir wie ein zerstörtes Haus, von dem nur ein Stück Dachkranz geblieben ist. Ich flehe Dich an, Herr, Gott . . .» etc. etc.

Und am Abend, das übliche, stahlen die Christen die Leiche oder vielmehr «sammelten sie alle achtundzwanzig abgeschnittenen Glieder» samt Rest – und da fiel Feuer vom Himmel, «leckte das Blut aus der Streu . . . bis die Glieder des Heiligen sich röteten und wie eine reife Rose wurden»[295].

Märtyrerakten!

Nach solchen Mustern konnte man fast beliebig viele christliche Helden sterben lassen.

Man vergleiche einmal mit dem Martyrium des Mâr Jakob in Persien das des (auch im Römischen Martyrologium prangenden) hl. Arkadius in Nordafrika, dessen Gedächtnis die katholische Kirche noch heute am 12. Januar begeht[296].

Wie der hl. Jakob ist der hl. Arkadius Held und Christ vom Scheitel bis zur Sohle, also buchstäblich durch nichts aus der Fassung zu bringen. Vom wütenden Statthalter schließlich mit den Marterwerkzeugen konfrontiert, höhnt er nur: «Befiehlst du, daß ich mich entkleiden soll?» Und auch das Urteil, ihm ein Glied nach dem andern vom Leib zu säbeln, aber langsam, hört er «mit heiterem Gemüte». «Jetzt stürzten die Henker auf ihn los, und schnitten von ihm die Gelenke der Finger, der Arme und Schultern, und zerstückelten die Zehen, die Füße und die Schenkel. Der Blutzeuge gab willig ein Glied nach dem andern hin . . . Schwimmend in seinem Blute betete er laut: ‹Herr, mein Gott! alle diese Glieder hast Du mir gegeben, alle opfere ich Dir wieder . . .›» etc. Und alle Anwesenden schwimmen in Tränen wie der Heilige im Blute. Selbst die Henker verfluchen den Tag ihrer Geburt. Nur der böse heidnische Statthalter bleibt ungerührt. «Als dem heiligen Bekenner alle kleinern Glieder abgeschnitten waren, befahl er mit stumpfen Beilen auch die größern vom Leibe zu hauen, so, daß nur der bloße Rumpf mehr übrig blieb. Da brachte der heilige

Arkadius noch lebend (!) seine umherliegenden Glieder Gott zum Opfer, und rief: ‹Glückliche Glieder!›», worauf – alles, wie erwähnt, mit «bloße(m) Rumpf» – auch noch eine flammende Religionspredigt an die Heiden folgt ...

Der Herausgeber des zitierten katholischen Mammutwerks, der im Vorwort versichert, er wolle «Begründetes an die (!) Stelle der sogenannten Legenden bieten», «nur geschichtlich Begründetes und Wahres», offeriert in dieser Weise ungezählte Schauergeschichten[297].

Und die katholische Seelsorge zieht aus solch grauenhaftem Kitsch noch im 20. Jahrhundert – mehrfach obrigkeitlich genehmigt – die *«Lehre»* mit den Worten des hl. Arkadius: «Für Ihn sterben, heißt leben. Für Ihn leiden ist die größte Freude! – Ertrage, o Christ! die Leiden und Widerwärtigkeiten dieses Lebens und laß dich durch nichts vom Dienste Gottes abwendig machen. Der Himmel ist alles wert»[298].

Zurück noch kurz zu den «Persischen Märtyrerakten».

Wem selbst das Martyrium des Mâr Jakob nicht wunderbar genug ist: es geschieht natürlich oder übernatürlich Großes zusätzlich. Einen Christen, der einen Christen töten soll und will, erhebt die «Kraft Gottes» zweimal und zerschmettert ihn beinah am Boden; drei Stunden liegt er wie tot. Den seligen Narsê konnte man das Haupt, das standhafte, nicht einmal mit achtzehn Schwertern abschlagen; dann tat's ein Messer. Und dort, wo diese Heroen, da sie doch einmal enden müssen, enden, steigen «oft nachts ... Heere von Engeln auf und ab ...». Ja, einmal, kein Zweifel, sahen sogar heidnische Hirten, daß «drei Nächte Heere von Engeln» über «dem Mordplatz der Heiligen auf und ab schwebten und Gott lobten»[299].

Märtyrerakten!

Bleibt nur noch zu sagen, daß es sich hier nicht um fromme Legenden, sondern eben um Akten, um historische Berichte handelt; daß zudem diese Dokumente selber noch einmal die «korrekten Aufzeichnungen» ausdrücklich betonen; daß sie schreiben: «Die genaue Geschichte derer, die vor uns waren, haben wir aus dem Munde greiser, wahrheitsliebender und vertrauenswürdiger

Bischöfe und Priester niedergeschrieben. Diese sahen sie nämlich mit ihren Augen und lebten in ihren Tagen»[300].

Es versteht sich von selbst, daß die Christen in immer größeren Scharen ihren Glauben mit ihrem Blut bezeugen, daß sie in solchen Mengen und auf so heldenhafte Weise unter- oder hinübergehen, daß die Henker vom vielen Schlachten ermüden. Einmal sterben mit ihrem Bischof sechzehn, dann hundertachtundzwanzig Märtyrer, dann einhundertelf Männer und neun Frauen, dann zweihundertfünfundsiebzig, dann achttausendneunhundertvierzig, dann sind sie gar nicht mehr zu zählen, da «ihre Zahl die von vielen Tausenden übersteigt»[301].

In Wirklichkeit gab es sehr, sehr viel weniger christliche Märtyrer als man der Welt durch alle Jahrhunderte weisgemacht hat. Mancher echte war überdies spurlos verschwunden, seine Asche in die Flüsse geworfen worden, in alle Winde verstreut. Es gab weite märtyrerarme oder -leere Gegenden. Und da man begann, Reliquien in den Altar einzuschließen, pilgerte man oft weithin, unternahm strapaziöse Translationen, was immer man auch in Wirklichkeit überführt haben mochte. Reste bekannter Blutzeugen standen hoch im Kurs, doch auch große Mengen waren gefragt, Teile vieler Märtyrer, ob man ihren Namen nun kannte oder nicht.

Immer beliebter wurden deshalb Gruppenmärtyrer: die 18 von Saragossa, die 40 von Sebaste, sämtlich «Kriegsknechte», die 70 Genossen des hl. Mönchs Anastasius, die man im Fluß ertränkte, die 99 mit dem hl. Nicon in Casarea/Palästina Hingerichteten, die 128, die mit dem hl. Bischof Sadoth unter dem persischen König Šāpūr starben; die rund zwei Dutzend Bischöfe und 250 Kleriker, die das Martyrium ebenfalls in Persien errangen, die 200 Männer und 70 Frauen, die unter Diokletian auf der Insel Palmaria heroisch ihre Marter vollendeten, die von Prudentius (dem im Mittelalter am meisten bewunderten und gelesenen christlichen Dichter) erfundenen 300 Selbstmörder, die sich angeblich, um nicht opfern zu müssen, unter Valerian in eine Grube ungelöschten Kalkes stürzten, die – weitere Lügengeschichten – hl. 1525 Märtyrer in Umbrien, die Thebäische Legion, nicht weniger als 6600 Mann, die angeblich in der Schweiz den Märtyrertod starben (schon allein wahrscheinlich sehr viel mehr als es überhaupt christliche Märtyrer in der ganzen Antike gegeben hat), die vielen tausend Märtyrer, die Kaiser Diokletian, da sie alle das «Götzenopfer» verweigerten, zu Nikomedien in einer Kirche lebendig verbrennen ließ – ausgerechnet «am heil. Weihnachtstage» und beim «heil. Meßamte ...» (Römisches Martyrologium), weiter die 10 000 auf dem Berg Ararat gekreuzigten Christen oder die 24 000 katholischen Gefährten des hl. Pappus, die unter Licinius in Antiochien in fünf Tagen auf einem einzigen Felsen für Christus verbluten. Immer wieder nennt man gar keine Zahlen, sondern läßt «eine unzählbare Menge von Gläubigen» sterben, spricht von «unzählbaren» Märtyrern, behauptet nur ganz stereotyp den Tod «sehr vieler heil. Märtyrer», oder prahlt auch, daß «fast die ganze Heerde» ihrem Bischof in den Tod gefolgt sei, oder berichtet «das Leiden sehr *vieler heil. Weiber*, welche ... um des christlichen Glaubens willen auf das qualvollste gepeiniget und getödtet wurden» (Römisches Martyrologum oder «Verzeichniß aller jener durch Heiligkeit und Martertod gekrönten Christgläubigen, deren Leben, Wirken und Heldentod die römisch-katholische Kirche aus sicheren Quellen gesammelt, geprüft und zur ewigen feierlichen Gedächtniß derselben verzeichnet und aufbewahret hat. Mit beigefügtem kurzen Abriß der vorzüglichen Momente ihres Lebens, Veranlassung ihrer Bekehrung, ihres Wirkens und schmerzvollen Todes».) Begreiflicherweise war die Bezeichnung der Reliquien mit der Formel: «Deren Namen Gott kennt» häufig[302].

Und obwohl die Zahl aller christlichen Märtyrer in den ersten drei Jahrhunderten auf 1500 geschätzt werden konnte (eine gewiß problematische Zahl); obwohl unter angeblich 250 griechischen Martyrien in immerhin 250 Jahren nur etwa 20 als historisch erwiesen wurden; obwohl überhaupt eine schriftliche Kunde von nur ein paar Dutzend Märtyrern erhalten blieb; und obwohl der größte Theologe der vorkonstantinischen Zeit, der in so vielem Respekt abnötigende Origenes, die Zahl der christlichen Blutzeugen «klein und leicht zu zählen» nennt, schreibt noch 1959 der katholische Theologe Stockmeier: «Drei Jahrhunderte lang hetzte man sie zu Tode ...»; schreibt, ebenfalls noch Mitte des 20. Jahrhunderts, Jesuit Hertling: «Eine sechsstellige Zahl wird man wohl annehmen müssen». Müssen? Warum? Er sagt es selbst: «Der Historiker, der die Quellen kritisch untersucht und die Dinge so darstellen will, wie sie gewesen sind, läuft ständig Gefahr, fromme Gefühle zu verletzen. Schon wenn er zu dem Ergebnis kommt, daß es nicht Millionen von Märtyrern waren ...»[303]

Die Kirche hat aber nicht nur die Zahl der Martyrien kriminell übertrieben, sondern auch deren Schilderung. Noch in der Mitte des 20. Jahrhunderts prahlt Katholik Johannes Schuck (mit doppeltem Imprimatur), als setzte er die eusebianische Kirchengeschichte aus dem 4. Jahrhundert fort: «Das war ein Kampf! Auf der einen Seite die Bestien der Arena, der um die zuckenden Glieder aufzüngelnde Feuerbrand, Folter, Kreuz und all die Quälereien, die wie eine schmutzige Gosse aus der Hölle zu kommen schienen – auf der anderen Seite die unerschütterliche Kraft, womit die Christen gegen eine ganze Welt standen, hilflos und doch von einer Hilfe gestützt, an der jeder Sturm, wenn auch mit rasendem Wüten zerbrach – Menschen mit dem Fuß noch auf der dunklen Erde, mit dem Herzen schon im ersten Lichtglanz der Ewigkeit ...»[304]

Dabei frohlockt Schuck selbst darüber, daß die so grauenhaften Christenverfolgungen, «so widersinnig sich das anhören mag, dem Reich Gottes auch großen Gewinn brachten», daß «die Kirche nur gewonnen» hatte, bis «hoch in den Himmel hinauf» und «auch weit in die Welt hinaus». Brachte doch das «Blut ihrer Martyrer» gerade «die wertvollsten Seelen außerhalb der Kirche» herein, wurden just diese Besten «durch den Glauben und den Opfermut, die Liebe und den sittlichen Adel der Christen in die Hürde des Herrn gezogen ...».[305]

Und durch eine Flut von Fälschungen.

Solche Fälschungen gab es auch auf einem ganz anderen, freilich damit zusammenhängenden Gebiet, dem kirchenpolitischen. Denn wie man zur Mehrung des Glaubens unechte Märtyrerakten schuf, so zur Mehrung klerikaler Macht unechte Bischofskataloge. Das heißt, man dichtete allmählich allen Bischofssitzen eine apostolische Abkunft an.

So gut wie alle Bischofslisten zum Erweis der apostolischen Tradition sind gefälscht

Mit Geschichts-Fiktionen Führungsansprüche zu stützen, war natürlich wieder eine alte Sache. Ein frühes Beispiel: der griechische Historiker und Leibarzt des Perserkönigs Artaxerxes II. (404–358 v. Chr.), Ktesias. In seinen 23 Büchern «Persika» – als Hauptquelle für die Geschichte des Orients viel benutzt, nachweislich auch von Isokrates, Platon, Aristoteles – erschwindelte er aus den Archiven der Perser eine ganze Dynastie ihrer Herrscher über das 550 v. Chr. annektierte Meder-Reich[306].

Man kannte Sukzessionen und Traditionsketten in den Philosophenschulen, bei Platonikern, Stoikern, Peripatetikern, kannte sie in der ägyptischen, römischen, griechischen Religion, wo sie manchmal bis auf Gott selbst zurückgingen, man kannte auch dies also längst, ehe dann in fast allen christlichen Ländern die Behauptung einer ununterbrochenen rechtmäßigen Amtsnachfolge der Bischöfe seit den Tagen der Apostel, die angebliche apostolische Sukzession, zu großen Betrugsmanövern führte. Denn gerade weil man sich dogmatisch stets mehr vom Ursprung entfernte, suchte man den Schein des semper idem zu wahren, täuschte man mit drastischen Fälschungen überall eine apostolische Tradition vor, die so gut wie nirgends bestand.

Die Lehre von der «successio apostolica» an jedem alten Bischofssitz scheitert schon daran, daß in vielen Gegenden, soweit sich das noch ermitteln läßt, zu Beginn des Christentums gar kein «rechtgläubiges» Christentum bestand (I 144 ff). In einem großen Teil der alten Welt, im mittleren und östlichen Kleinasien, in Edessa, Alexandrien, Ägypten, Syrien, im gesetzestreuen Judenchristentum sind die ersten christlichen Gruppen nicht sogenannte Rechtgläubige, sondern «Andersgläubige» gewesen. Sie vertraten dort aber keine Sektensituation, keine «ketzerische» Minderheit, sondern das vorgegebene «rechtgläubige» Christentum[307].

Doch um der Fiktion der apostolischen Überlieferung willen, um überall das Bischofsamt durch ununterbrochene rechtmäßige Sukzession legitimieren zu können, fälschte man selbst und gerade an den berühmtesten Bischofssitzen der alten Kirche. So gut wie alles ist da bare Willkür, ist nachträglich erfunden und mit lauter handgreiflichen Konstruktionen gestützt. Und natürlich konnten auch die meisten «Häretiker» mit entsprechenden Falsa aufwarten, die Artemoniten, die Arianer, Gnostiker wie Basilides, Valentin oder der Valentinianer Ptolemäus. Beriefen sich die Gnostiker doch sogar früher auf eine feste Lehrüberlieferung als die werdende katholische Kirche, die ihren Traditionsbegriff erst schuf, um den älteren der «Ketzer» zu bestreiten – und dabei noch das gnostische Beweisverfahren genau übernahm![308]

Was Rom betrifft, wurde die Fälschung der dortigen Bischofsreihe – bis 235 sind die Namen sämtlich unsicher und für die ersten Jahrzehnte reine Willkür – bereits im Zusammenhang mit der Entstehung des Papsttums besprochen (II 69 ff; ebenfalls die allerdings ganz anders geartete ausgedehnte Symmachianische Fälschung II 341 ff). Und da Rom sich durch den Petrusgedanken und die darauf basierende unechte Bischofsliste kolossale Vorteile verschuf, setzte sich Byzanz gegen die römische Fälschung entsprechend zur Wehr, allerdings recht spät, erst im 9. Jahrhundert. Damals gab sich ein Fälscher als ein im 6. Jahrhundert lebender Herausgeber Prokopios aus und erfand die Verzeichnisse eines angeblich im 4. Jahrhundert lebenden Literaten Dorotheos von Tyros. Der Betrüger versuchte das Patriarchat von Byzanz als Gründung des Apostels Andreas zu erweisen. Da er die erhobenen Ansprüche aber nicht von einem Apostel ableiten konnte, ließ er den Apostel Andreas auf einer Reise nach Byzanz kommen und dort einen gewissen Stachys als ersten Bischof einsetzen – eine sehr plumpe Täuschung, die ganze Apostel- und Apostelschüler-Verzeichnisse sowie Bischofsnamen fingierte, um Byzanz die gleiche Würde wie Rom zu vindizieren, um behaupten zu können, Andreas sei der erste Bischof Konstantinopels gewesen und dort auch gestorben[309].

Die christliche Kirche in Alexandrien wollte von Markus, dem angeblichen Schüler und Begleiter des Petrus, gegründet worden sein. Doch die alexandrinische Bischofsliste, die zehn Bischöfe von Markus bis in das ausgehende 2. Jahrhundert anführt, hat der Kirchenautor Julius Africanus offensichtlich frei erfunden, ein Christ, der in seinen «Stickereien» (Kestoi) höchstwahrscheinlich auch Homer in unverschämter Weise verfälscht. Im 4. Jahrhundert wurde die alexandrinische Liste dann von Euseb übernommen, wenn nicht erst durch ihn erstellt. Jedenfalls fehlt «jede begleitende Tradition», haben wir «eine fast vollständige Unkenntnis der Geschichte des Christentums in Alexandrien und Ägypten . . . bis zum Jahre c. 180» (Harnack); sind die ersten zehn Namen dieser Bischofsliste nach dem Apostelbegleiter Markus «für uns Schall und Rauch. Und sie sind schwerlich jemals etwas anderes gewesen» (W. Bauer). Markus soll die christliche Gemeinde Alexandriens gegründet haben. Doch trotz ungezählter Papyrus-Texte aus dem 1. und 2. Jahrhundert fanden sich keine Spuren von Christen dort. Der erste, historisch wirklich faßbare Bischof Alexandriens war Demetrius (189–231), und er ist, so wenig «rechtgläubige» Christen gab es seinerzeit in Ägypten, der einzige Bischof des ganzen Landes gewesen, der dann allerdings drei weitere eingesetzt hat[310].

Die Kirche in Korinth und Antiochien wollte von Petrus herrühren; auch als erster Bischof galt Petrus hier. Doch was man nachträglich von der Gemeindegründung in apostolischer Zeit berichtet, «beruht zum allergrößten Teil, wenn nicht ganz auf Erfindung» (Haller). Auch die Namen der antiochenischen Bischöfe bis zur Mitte des 2. Jahrhunderts hat Kirchenvater Julius Africanus zu Beginn des 3. Jahrhunderts wieder frei aus der Luft gegriffen. Und als der Patriarch Petrus Fullo, infolge der älteren «apostolischen» Gründung Antiochiens, die Gewalt über Zypern erstrebte, konterte Erzbischof Anthemios damit, daß er, gerade noch rechtzeitig, die Gebeine des hl. Barnabas fand, unter einem Johannisbrotbaum: auf seiner Brust das Matthäusevangelium, und in eigenhändiger Abschrift des Barnabas! «Aufgrund dieses Vorwandes erreichten die Zyprer, daß ihre Metropole unabhängig wurde und nicht mehr unter Antiochien stand» (Theodoros Anagnostes). Dagegen wollte ein anderer Fälscher das Bistum Tamasos zum ältesten Bischofssitz Zyperns machen[311].

Der Bischof Juvenalis von Jerusalem suchte 431 auf dem Konzil von Ephesus (II 172 ff) durch gefälschte Urkunden seine Ansprüche auf Palästina, Phönizien, Arabien – zwar nicht unentlarvt, doch nicht ganz erfolglos – gegen den Patriarchen Maximos von Antiochien durchzusetzen, der seinerseits offenbar die Konzilsakten von Chalkedon zu seinen Gunsten fälschte[312].

Alles wollte und sollte eben «apostolisch» sein. Die Armenier nahmen apostolischen Ursprung in Anspruch durch die Apostel Thaddäus und Bartholomäus, ja, Gründung durch Christus selbst[313].

Ein berüchtigter, wohl um 300 gefälschter Briefwechsel zwischen dem Toparchen (Fürsten) Abgar Ukkama von Edessa (gemeint ist Abgar V., 9–46 n. Chr.), und Jesus, der eigenhändig unterschrieb und siegelte (!), bezweckte wieder nichts anderes als die Zurückdatierung der edessenischen Kirchenstiftung in apostolische Zeit[314].

Der «Vater der Kirchengeschichte», Bischof Euseb von Caesarea, hat uns die denkwürdige Korrespondenz erhalten, die in «den Archiven» Edessas unter den «dortigen amtlichen Urkunden . . . bis auf den heutigen Tag aufbewahrt» worden sei. Ja, der berühmte Historiker will den Briefwechsel selbst dem Staatsarchiv von Edessa entnommen und wörtlich aus dem Syrischen übersetzt haben. «Abgar Ukkama, der Fürst, entbietet Jesus, dem guten Heiland, der in Jerusalem erschienen ist, seinen Gruß. Ich habe von dir und deinen Heilungen Kunde erhalten und erfahren, daß diese ohne Arznei und Kräuter von dir gewirkt werden. Du machst nämlich, wie erzählt wird, Blinde sehend, Lahme gehend, Aussätzige rein, treibst unreine Geister und Dämonen aus, heilst die, welche schon lange von Krankheiten gequält werden, und erweckst Tote. Auf alle diese Nachrichten hin sagte ich mir: entweder bist du Gott und wirkst diese Wunder, weil du vom Himmel herabgestiegen bist, oder du bist, weil du dieses wirkst, der Sohn Gottes. Daher wende ich mich in diesem Brief an dich mit der Bitte, dich zu mir zu bemühen und mich von meinem Leiden zu heilen. Ich habe nämlich auch gehört, daß die Juden wider dich murren und dir Böses tun wollen. Ich habe eine sehr kleine, würdige Stadt, welche für uns beide ausreicht»[315].

Jesus nimmt das Schreiben gut auf. Er repliziert und schickt dann durch Ananias, den Kurier des Fürsten, seine Antwort ab: «Selig bist du, weil du an mich glaubst, ohne mich gesehen zu haben. Es ist nämlich über mich geschrieben, daß die, welche mich gesehen haben, nicht an mich glauben, und daß die, welche mich nicht gesehen haben, glauben und leben sollen. Bezüglich deiner schriftlichen Einladung, zu dir zu kommen, mußt du wissen: es ist notwendig, daß ich zuerst all das, wozu ich auf Erden gesandt worden bin, erfülle und dann, wenn es erfüllt ist, wieder zu dem zurückkehre, der mich gesandt hat. Nach der Himmelfahrt werde ich dir einen meiner Jünger senden, damit er dich von deinem Leiden heile und dir und den Deinigen das Leben verleihe»[316].

Tatsächlich, meldet Euseb, kommt nach der Himmelfahrt der Apostel Thaddäus und heilt den Fürsten, der so sehr an den Herrn glaubte, daß er «bereit gewesen wäre, mit einem Heere die Juden, welche ihn gekreuzigt hatten, niederzuhauen», hätte nicht die Herrschaft der Römer ihn gehindert. Natürlich heilte Thaddäus auch «noch viele andere Bürger . . ., wirkte große Wunder und predigte das Wort Gottes . . .».[317]

Der ganze «Fall Thaddäus», Briefwechsel und anschließender Wunderbericht, entstand offenbar erst zur Zeit Eusebs und geht vermutlich auf den Kreis um Bischof Ḳûnê von Edessa zurück, der damit wohl starke «häretische» Kreise in die Schranken weisen, aber auch an die Apostel anknüpfen wollte, um seiner Kirche apostolisches Ansehen zu verleihen. Die Edessenische Chronik nennt Ḳûnê den ersten Bischof von Edessa (gest. 313), und es ist nicht unwahrscheinlich, daß Ḳûnê die «Akten» Bischof Euseb selbst in die Hände gespielt hat. Dank dieser Fiktion jedenfalls war Edessa schon im 4. Jahrhundert ein weithin berühmter Wallfahrtsort. Lange prangte das aus dem Archiv gezauberte Machwerk als Palladium, als schützendes Heiligtum, über dem Tor der Stadt. Doch zur Zeit des Euseb, der als erster den mysteriösen Briefwechsel auftischt, wußte die edessenische Öffentlichkeit noch gar nichts davon[318].

Ferner fälschte man zugunsten Edessas die «Acta Thaddaei»,

worin der Auferstandene mit den Zwölfen «viele» Tage ißt und trinkt, die syrische «Doctrina Addai» (von der Wende des 4. zum 5. Jahrhundert), um eine apostolische Gründung der Stadt durch den Apostel Thaddäus beziehungsweise durch Addaios, einen der 70 oder 72 Jünger, zu sichern. In Wirklichkeit läßt sich selbst um 200 in Edessa, sooft auch das Gegenteil behauptet wird, noch kein kirchlich organisiertes Christentum nachweisen. In der Edessinischen Chronik beginnt die Reihe der dortigen Bischöfe erst im 4. Jahrhundert[319].

In den Thaddäusakten, die man immer wieder neu «bearbeitet», wird u. v. a. erzählt, wie man in Edessa Kirchen baut, Priester weiht und «Götzenaltäre» niederreißt. Ja, auf briefliches Ersuchen Abgars läßt Kaiser Tiberius einige Anführer der Juden zur Strafe für Jesu Kreuzigung hinrichten. Auch liest man hier die Geschichte von der Auffindung des heiligen Kreuzes, aber nicht durch die hl. Helena, die Mutter Konstantins, die übliche Version (S. 281 f), sondern durch Protonike, die Gattin des Kaisers Claudius. Eine viel jüngere «Bearbeitung» berichtet dann, vielleicht um den Widerspruch zu beseitigen, die Kreuzauffindung durch Protonike und Helena[320].

Der wunderbare Brief Christi wurde indes ganz verdunkelt, fast vergessen durch ein wunderbar entstandenes Christusbild, ebenfalls in Edessa. Während der Belagerung der Stadt 544 durch die Perser rettet sie in höchster Not «das gottgemachte Bild, das Menschenhände nicht gefertigt hatten, vielmehr Christus, der Gott, dem Abgar, da dieser ihn zu sehen begehrte, gesandt hatte» (Euagrios); und die Feinde unter Khosrev, kurz vor dem Sieg stehend, ziehen ruhmlos ab[321].

Nun gab es Götterbilder aus dem Jenseits längst bei den Griechen, wie das vielbesungene Palladion von Troja, das Bild der Pallas Athene, das als Diipetes galt, von Zeus herabgeworfen. Der Glaube an solche Diipetē war weit verbreitet. In Rom kannte man zum Beispiel die Geschichte von dem kraft Numas Gebet vom Himmel gefallenen Schild, dem ancile – und erst das Verschwinden der Götterbilder rottete auch den Glauben an die vom Himmel stammenden Bilder aus[322].

Aber auch «Himmelsbriefe» fielen in der vorchristlichen und christlichen Welt weithin herab; anscheinend fast überall, wo es Schriftkulturen gab. Und auffallend sind die Übereinstimmungen zwischen den heidnischen und christlichen «Himmelsbriefen», die auf christlicher Seite göttliche Befehle zur Sonntagsheiligung, zum Lesen des Rosenkranzes enthalten, zur Gründung eines Klosters etc. Seit dem 4. oder 5. Jahrhundert kolportierte man in griechischen, lateinischen, syrischen, äthiopischen, arabischen Handschriften einen vom Himmel gefallenen Brief Jesu Christi. Eine griechische Fassung, die beteuert, der Brief sei nicht von Menschenhand, sondern von der unsichtbaren Hand des Vaters geschrieben, verflucht jeden Schwätzer und Feind des Heiligen Geistes (pneumatomachos), der dies bezweifelt. Zweck der Fälschung war es, den Glauben an Jesu Auferstehung zu festigen, die Erlaubtheit des Eides darzutun, die Notwendigkeit des Sonntags, der Enthaltung von Fleischspeisen (am die Veneris, laut einer lateinischen Version, nur Gemüse und Öl: Botschaften aus dem Jenseits). Und nicht zuletzt befiehlt der Herr bei furchtbaren Strafandrohungen, den Bischöfen den Zehnten zu entrichten[323]!

Später fallen die «Himmelsbriefe» immer öfter herunter. Sie werden zu Fälschungszwecken im Mittelalter benutzt, von Mystikern zur Dokumentation ihrer Begegnung mit Jesus. Sie erlangen eine große Zukunft als Schutzmittel gegen Feuer und Krieg, so daß sie noch in den Kriegen des 19. Jahrhunderts ihre Bedeutung haben[324].

Kehren wir zu der überall in Schwang kommenden Erschleichung der apostolischen Tradition zurück. Vom 5. Jahrhundert an fälscht man auch in vielen Bistumsstädten von Spanien, Italien, Dalmatien, den Donauländern und Gallien bis nach Britannien, um die apostolische Gründung der jeweiligen Bischofsstühle zu beweisen; wegen des Vorrangs sehr wichtig[325].

So war der Kampf zwischen den Bistümern Aquileja und Ravenna sowie Aquileja und Grado um die Metropolitanrechte von kirchenpolitischen Fälschungen begleitet.

Durch die Marcus- oder Hermagoraslegende beanspruchte das Erzbistum Aquileja apostolischen Ursprung und den Patriarchentitel, was zu einem langen Schisma mit Rom führt. Mit einer Fälschung sucht Aquileja auch seinen Führungsanspruch gegenüber den Bischöfen von Ravenna durchzusetzen. Doch in Ravenna fälscht man ebenfalls, und Erzbischof Maurus (642–671) erreicht die Selbständigkeit Ravennas im Streit mit Rom durch ein gefälschtes Privileg angeblich Valentinians III. und der gleichfalls gefälschten Passio des vermeintlichen Petrusjüngers Apollinaris. Ebenso kommt es im Rechtsstreit zwischen den Bistümern Aquileja und Grado um die Metropolitangewalt zu Fälschungen. Und durch Fälschungen wird auch Barnabas zum Gründer des Bistums Mailand, der Petrusschüler Domnius zum Gründer des Bistums Salona in Dalmatien gemacht[326].

Im frühen 5. Jahrhundert erstrebte Bischof Patroclus von Arles (II 250 f) durch noch verhältnismäßig harmlos erfundene historische Fakten den Primat in Gallien.

Patroclus (412–426), zweifellos ein ebenso gewiefter wie machtgeiler Kirchenfürst, war der Nutznießer eines Regierungswechsels in Gallien, der seinen Vorgänger, Bischof Heros von Arles, in die Verbannung und ihn selbst auf den Bischofsstuhl der reichen, blühenden Stadt gebracht. Da Trier bereits zu gefährdet war, wurde Arles, das «gallische Rom» (gallula Roma), die Reichspräfektur Galliens, eine Art zweite Hauptstadt des Westens, und Patroclus Metropolit, zwar wohl auf krummem, doch nicht unüblichem Weg.

Durch Patroclus nämlich hatte in Rom Zosimus den Papstthron bestiegen, und schon vier Tage später erhob Zosimus den Patroclus zum Metropoliten über die drei gallischen Provinzen Viennensis sowie Narbonensis I und II (die heutige Provence und Dauphiné). Die Bischöfe von Marseille, Narbonne und Vienne protestierten, und in dem ausbrechenden Kampf berief sich Patroclus auf die apostolische Gründung seines Sitzes durch den hl. Trophimus (II 250 f). Eine spätere Eingabe des gallischen Episkopats an Papst Leo I. im Jahr 449 nennt den hl. Trophimus von Arles ausdrücklich einen Schüler des hl. Petrus selbst. Dies war er freilich erst durch Bischof Patroclus geworden. Er hatte den Trophimus, den bis dahin niemand kannte, frei erfunden – noch im

9. Jahrhundert stand dessen Name nicht im Arler Bischofskatalog. Und wie hier Patroclus und Arles, so suchten auch andere Bistümer sich über viele Jahrhunderte durch Fälschungen, zunächst durch hagiographische Falsa, sogenannte Legenden, dann durch gefälschte Urkunden, apostolischen Ursprung, ihren Anspruch auf Metropolitan- und Primatrechte zu sichern[327].

Wie fast alle Diözesen, besaßen auch die rheinischen keine «Apostolizität», keine entsprechende Tradition. Deshalb fälschte man sie für die ersten drei Jahrhunderte durch jeweils aus der Luft gegriffene Lebensbeschreibungen – stets mit Erfolg. Metz berief sich auf Clemens, Trier beanspruchte die Petrusjünger Valerius, Eucharius, Maternus für sich, Mainz den Paulusschüler Crescens. Gefälscht wurde auch die Bischofsliste von Speyer samt den ganzen Akten eines Konzils, das angeblich im Jahr 346 gegen den Arianismus in Köln tagte. Tatsächlich aber entstanden diese Akten erst 400 Jahre später in Trier, das mit allen Mitteln Kölns Aufstieg zum Metropolitansitz zu verhindern trachtete[328].

Diese Gaunereien, in der Antike begonnen, setzen sich im Mittelalter durch viele Jahrhunderte fast uferlos fort, am Rhein ebenso wie in Österreich, in Spanien, Italien, Dalmatien, Frankreich oder England. Dabei greift der literarische Betrug, zuerst nur in den größten Bistumssitzen, den alten Patriarchaten üblich, allmählich auch auf kleine und kleinste Bistümer, sogar auf zahlreiche Klöster über – «in allen Ländern der christlichen Welt», «überall sieht man Fälscher am Werk, die aus kirchenpolitischer Machtgier ihre Urkunden anfertigen» (Speyer), überall «fälschte man ohne Hemmungen um des Traditionsprinzips willen» (C. Schneider)[329].

Doch noch im 20. Jahrhundert lügt ein katholischer Theologe – mit kirchlicher Druckerlaubnis – «für das Christenvolk»!: «Wo immer ein Bischofssitz ist, kann ich nachweisen, daß der erste Bischof daselbst entweder ein Apostel oder der Schüler eines Apostels war, oder doch von einem rechtmäßigen Nachfolger der Apostel die Weihe und Sendung zu seinem Amt erhalten hat»[330].

Eine Menge Fälschungen entstanden während der dogmatischen Wirren des 5., 6., 7. Jahrhunderts[331].

Die christologischen Querelen führten zu Betrug auf allen Seiten und auf jede Weise.

Im 4. Jahrhundert begann man, die eigenen echten, aber nicht mehr auf der Höhe der Zeit, das heißt der Lehrentwicklung stehenden früheren Schriften zu fälschen, nämlich die «Väter» des 2. Jahrhunderts zu interpolieren. Sogenannte Rechtgläubige und sogenannte Ketzer erfanden während der nicht mehr abreißenden dogmatischen Kämpfe auch Konzilsakten. Und vom 5. Jahrhundert an wurde es immer beliebter, des «richtigen» Glaubens wegen gefälschte Zitate in die aufkommenden Florilegien zu setzen. Allein im Streit um das berühmte Konzil von Chalkedon (451) erstellten «Rechtgläubige» und Monophysiten Fälschungen in Menge, was man schon in der Antike wußte. Der Abt Anastasius Sinaita, ein eifriger Fechter wider die «Ketzer», besonders gegen Monophysiten und Juden, bezeugt ein von ihm selbst auf den Namen des Flavianus gefälschtes Florilegium an Papst Leo. Im Kampf gegen die Monophysiten fabrizierte man acht Briefe meist fingierter Figuren an Petrus Fullo (II 301). Johannes Rhetor, der Patriarch von Konstantinopel (gest. 577), edierte Texte unter dem Namen von Petrus Iberus und Theodosius von Jerusalem[332].

Auch der Streit mit dem im 4. Jahrhundert entstehenden Ordensklerus, das Gerangel zwischen Kloster und Bistum, führte zu stets neuen Betrügereien, vor allem im Mittelalter zu unübersehbaren Urkundenmanipulationen. Und ebenfalls förderte man vom 4. Jahrhundert an das Aufkommen des Heiligenkultes durch viele lokalpatriotische und liturgisch-kultische Falsa. Mehrere Orte Ägyptens erhoben den Anspruch, die Zufluchtsstätte der heiligen Familie gewesen zu sein, was dortige Klöster durch frei erfundene Lügengeschichten belegten, feiner gesagt: durch Tendenzlegenden. Auch wurden diverse Fassungen des Transitus Mariae, der Tod und Aufnahme Marias in den Himmel erzählt, vermutlich zugunsten Jerusalems gefälscht. Im Interesse Lyddas erschwindelte man einen Bericht, der Joseph von Arimathia zum Verfasser haben sollte, tatsächlich aber erst sechshundert Jahre danach entstand. «Die spätantiken Überlieferungen über das Leben syrischer Heiliger, besonders der großen Mönchsheiligen des vierten und fünften Jahrhunderts, sind voller Erfindungen, die auch der Verherrlichung einzelner Klöster gedient haben» (Speyer)[333].

Wie man erlogene Heiligenviten schuf, erlogene apostolische Traditionen, erlogene Himmelsbriefe oder erlogene Martyrien, so auch, ebenfalls in Analogie zu entsprechenden heidnischen Bräuchen in vorchristlicher Zeit, jede Menge Wunder und Reliquien, was das nächste Kapitel zeigt.

Zuvor aber wollen wir noch die altchristlichen Fälschungen im Spiegel der modernen Apologetik betrachten sowie die Erlaubnis des «frommen» Betrugs im Christentum bis heute.

Wie die Apologetik die altchristlichen Fälschungen zu rechtfertigen sucht

Die Kirche hat nichts unterlassen, um den altchristlichen Dschungel von Fälschungen, soweit sie ihn überhaupt zur Kenntnis nahm, zu bagatellisieren, beschönigen, zu entschärfen. Ihre Literatur strotzt von Verharmlosungen, schiefen Erklärungen, Lügen.

Bis in die jüngste Zeit wurde häufig behauptet, das Bewußtsein des geistigen Eigentums (vgl. S. 14 ff) im jüdisch-hellenistischen Bereich sei «gegenüber der griechisch-römischen Welt unterentwickelt» gewesen (Hengel). In Wirklichkeit war es eher umgekehrt, erfuhr offenbar der literarische Eigentumsbegriff in der späthellenistischen Ära bei Juden und Christen «noch eine gewisse Verschärfung» (Speyer)[334].

Bis in die jüngste Zeit war es beinah Mode der Theologen, das Fälschen als fast übliche Gepflogenheit der Antike hinzustellen, als etwas nahezu Alltägliches, somit als moralisch unbedenklich. Immer wieder bezeichnete man insbesondere die so verbreitete frühchristliche Pseudepigraphie als Sektor einer Literaturgattung, der im Altertum selbstverständlich, unanstößig, auch psychologisch ganz plausibel war. Immer wieder betonen die Verteidiger der Kirche, die Pseudonymität sei in den ersten christlichen Jahrhunderten nicht nur eine literarische Form gewesen, sondern auch von den Lesern als solche aufgefaßt worden[335].

Vor allem «göttliche» Schriften konnte oder wollte man sich nicht durch Betrug entstanden denken, Bücher, die kanonische Verbindlichkeit beanspruchen, Inspirationscharakter! Um so wenigstens das Neue Testament zu salvieren, nahm August Bludau, Bischof von Ermland, in seinen «Schriftfälschungen der Häretiker» sogar die «Ketzer» in Schutz; und dies, obwohl sie schon die Kirchenväter deshalb vielfach beschuldigt hatten. Sieht Bischof Bludau aber von Markion ab, laufen «die den Ketzern vorgehaltenen absichtlichen Verfälschungen auf Kleinigkeiten hinaus»; können ihre «vermeintlichen Fälschungen . . . unser Vertrauen zur Tradition des Bibeltextes nicht im mindesten erschüttern»[336].

Wurde freilich eine falsche Zuschreibung erwiesen, so entschuldigte man den falschen Verfassernamen eben mit der Erklärung, im antiken Schrifttum sei das, was heute als fraudulös gelte, ein anerkannter Literatenbrauch, ein geläufiges Hilfsmittel gewesen. Man habe solche Erfindungen guten Glaubens machen können, habe solchen Autoren keine unehrenhaften Absichten unterstellt, nichts Anstößiges darin gesehen, vielmehr ihr Handeln als zulässigen Kunstgriff empfunden[337].

Aber konnte man, wo so viel nicht nur gefälscht, sondern auch Gefälschtes so oft getadelt und verdammt worden ist, wirklich guten Glaubens fälschen? «Ketzer» wie «Rechtgläubige» warfen einander doch fortwährend Betrügereien vor – der beste Beweis, daß diese auch und gerade auf christlicher Seite zumindest nach außen streng verpönt und gleichwohl in allen Lagern in Schwang gewesen sind. Die Christen bekämpften durch Fälschungen ja auch Heiden und Juden, um deren Einwände zu entkräften und den eigenen Glauben zu propagieren. Und sie kritisierten auch die jüdische Literatur im Hinblick auf ihre Echtheit. Die immer erneut erhobenen Fälschungsvorwürfe bestätigen ebenso wie die nicht selten angewandte Echtheitskritik, daß das Gewissen der damaligen Menschen durchaus geschärft war für das Phänomen der Fälschung, des Plagiats, der Pseudepigraphie. Noch die Fälscher, meint Norbert Brox, seien sich der Unzulässigkeit ihres

Tuns bewußt gewesen, insofern sie durch Gegenfälschungen die primären Fälschungen inkriminierten[338].

Nur zu begreiflich also, daß man sich um den Beweis für die Behauptung, das Fälschen in der Antike sei ein anerkannter Literaturbrauch, ein tolerierter Kunstgriff gewesen, wohlweislich herumgedrückt hat. Ahnte man doch spätestens im frühen 19. Jahrhundert ziemlich deutlich den Sachverhalt. Denn tatsächlich war selbst Pseudonymität, wie oft sie auch vorkam, immer das Ungewöhnliche, nie das Gewöhnliche, immer die Ausnahme, nie die Regel, auch in der «sakralen» Literatur, von den Fälschungen der Apokalyptiker abgesehen. Und wenn im übrigen religiösen Schrifttum die Pseudonymität nicht überwog, so kaum deshalb, wie manche meinen könnten, weil religiöse Menschen Unwahrhaftigkeit besonders scheuen; denn schließlich herrscht diese auch in der nichtreligiösen oder antireligiösen Literatur nicht vor. War sie aber gerade in der religiösen häufiger als sonst, so wohl deshalb, weil gerade hier der Zweck die Mittel heiligt, das Sendungsbewußtsein den Schwindel, weil man vermutlich glaubte, durch Fälschungen der «Wahrheit» zu dienen[339].

Auch im frühen Christentum aber, wo die Pseudonymität geläufig war, galt sie nicht als berechtigt. Bei aller Leichtgläubigkeit verfolgte man wenigstens manchmal die Frage der Abfassung genau und mißbilligte erwiesene Pseudonymität entschieden. So wurde der kleinasiatische Presbyter, der die «Acta Pauli» fälschte (S. 136 f), seines Amtes entsetzt, und zwar nicht, wie man zuweilen behauptet, wegen «Häresie»; sie liegt nach «keiner Seite hin» vor (C. Schmidt). Und die christliche Gemeinde hätte damals «unmöglich ihre Verurteilung jeder literarischen Fälschung deutlicher an den Tag legen können», betont der Kopenhagener Gelehrte Frederik Torm und schreibt: «Die pseudonymen religiösen Schriftsteller müssen also in den nüchternen (!) Augenblicken ihres Lebens gewußt haben, daß ihre Zeitgenossen ihr pseudonymes Vorgehen nicht als eine Anwendung einer literarischen Form auffassen und es daher als moralisch verwerflich ansehen würden»[340].

Nicht selten sucht man die christlichen Schwindeleien auch

insofern abzuschwächen, als man unterstellt, die Fälscher selber hätten ihr Tun gar nicht so ernst genommen, gar nicht den Erfolg ihrer Täuschungsmanöver wirklich erzwingen wollen. Ja, sie sollen damit gerechnet haben, schadlos von ihren Lesern durchschaut zu werden; obwohl doch jede Entdeckung einer Fälschung den Fälscher um seine Absicht brachte[341].

Zumal für die samt und sonders gefälschte apokalyptische Literatur führte die Apologetik und sogar die Forschung Gründe an, die all jene entlasten sollen, die ihre Offenbarungen unter dem Namen von Henoch, Moses, Elias, Esra, Baruch, Daniel und anderer publizierten. Man gestand ihnen einen grundsätzlich anderen «Rahmen» zu, angeblich jüdisch-christliche Besonderheiten des Denkens, religiös «echte» und darum moralisch «legitime» Motive, vermutete dieselbe «psychologische Situation», eine ganz ähnliche Inspiriertheit und visionäre Erfahrung, wie bei den ursprünglichen «Offenbarungsträgern». Das alles mag vielleicht mehr oder weniger zutreffen, mag von Fall zu Fall mehr oder weniger plausibel sein, ist aber nur Vermutung, nicht wirklich beweiskräftig und zudem kein fundamentaler Unterschied zur nichtapokalyptischen Verfasserfälschung. Überdies wurden Apokalypsen, wie andere Bücher, auch aus ganz «gewöhnlichen» Gründen gefälscht, zur Autorisierung eben, speziellen Beglaubigung[342].

Richtig und wichtig ist allerdings, daß gerade in christlichen Kreisen – und hier kaum zufällig – die kritische Sensibilität abgestumpft und eine gewisse «Großzügigkeit» in der Hinnahme von Fälschungen auffallend war. Richtig und wichtig ist weiter, daß für die Annahme oder Ablehnung von Texten in keiner Weise das uns selbstverständliche Kriterium literarischer Echtheit entschied, sondern daß der Inhalt zum Maßstab kirchlicher «Wahrheit» wurde, das heißt zum Maßstab dessen, was man brauchen konnte oder wollte und was nicht! Statt um literarische Echtheit ging es also der entstehenden Kirche um die Übereinstimmung einer Aussage mit der katholischen Lehre. Nicht die Verfasserschaftsfrage, nicht Authentizität war der Prüfstein für die Aufnahme in den neutestamentlichen Kanon, sondern die angebliche

Apostolizität, das heißt in Wahrheit: die Verwendbarkeit für die eigene Praxis und das eigene Dogma (S. 87). *Sie* wurde die «apostolische Autorität» – ohne Apostel! Die tatsächliche Herkunft war zweitrangig, die Echtheitsfrage nicht entscheidend. Durch falsche Namenszuweisung konnten Evangelien, Briefe, sonstige Traktate gleichsam echt, nämlich «apostolisch» gemacht werden – und so wurde es gemacht[343].

Doch nicht genug damit.

Es gab viele Christen, die Betrug nicht nur betrieben, sondern ausdrücklich erlaubten, ja, es gab einige gerade unter den Prominentesten, die ihn priesen! Hat doch der kriminelle Satz: «Der Zweck heiligt die Mittel» selten eine schlimmere Rolle gespielt als in der Geschichte der christlichen Kirche[344].

Der Zweck heiligt die Mittel – Frommer Betrug ist im Christentum von Anfang an erlaubt

Neu freilich war auch dies so wenig wie alles andere. Die Meinung, daß der Zweck die Mittel heilige, daß Fiktion und Unwahrheit im Dienst der Religion, des Heiligsten, der Glaubensverteidigung, erlaubt seien, daß es sich da eher um «Notlügen» oder, bei Gegenfälschungen, um eine Art «Notwehr» handle, die Lehre, daß die Masse «wie Kinder oder Geistesschwache» zu ihrem eignen Besten getäuscht werden müßte, ist bereits in vorchristlicher Zeit geläufig gewesen, besonders unter Pythagoräern und Platonikern[345].

Schon Platon, der Unwahrhaftigkeit so schroff verwarf, erlaubte doch in gewissen Fällen Irreführung, Lüge sowohl gegen Feinde wie Freunde als «nützliches Mittel», als «untadelig und heilsam». Welche Bedenken er auch grundsätzlich dagegen hat, Kundigen, Berufenen sozusagen, gestattete er, Menschen zu ihrem Heil zu hintergehen, um sie vor Fatalerem zu schützen oder um einer Stadt zu nützen. Platon kennt also zur Rechtfertigung des Betrugs private und politische Gründe. Ähnlich rät der jüdische Gelehrte Philon von Alexandrien – der Jesus um zwanzig Jahre überlebte, doch in seinen rund fünfzig Schriften weder ihn noch Paulus erwähnt – zur Unwahrheit zum Heil einzelner oder des Vaterlandes[346].

An solche und analoge Auffassungen konnten Christen anknüpfen und knüpften viele an. Die Tatsache einer ganzen derartigen patristischen Tradition ist unbestreitbar. Handelt es sich vielleicht auch nicht um die Mehrheit der Kirchenführer, so doch um eine beträchtliche Gruppe und um weithin im Christentum grassierende Ansichten[347].

Wie später praktisch Krieg um des Glaubens willen gebilligt wird, Ausbeutung, Gewalttat, so von Anfang an Betrug – der dadurch, daß man ihn «fromm» nennt, nicht besser wird.

Eine lange Reihe antiker Kirchenväter hat die Fälschung, die Lüge, zumindest die «Notlüge», die eines «guten» oder «frommen» Zweckes wegen, beredt verteidigt, u. a.: Clemens von Alexandrien, Hilarius von Poitiers, Didymos der Blinde, Synesios, Cassian, Theodoret von Kyros, Prokopios von Gaza, Martin von Braga, Johannes Klimakos, Germanos von Konstantinopel. Und Nietzsche wußte schon, warum er schrieb: «Der Christ, diese *ultima ratio* der Lüge, ist der Jude noch einmal – *dreimal* selbst»[348].

Bereits der älteste Autor des Neuen Testaments, der hl. Paulus, steht unter dem Verdacht, die christliche «Wahrheit» durch Lügen erhärtet zu haben, meint er doch: «Wenn aber Gottes Wahrhaftigkeit infolge meines Lügens um so stärker zu seiner Verherrlichung hervorgetreten ist, warum werde ich dann noch als Sünder gerichtet?»[349]

Für Clemens von Alexandrien (gest. vor 215) sind Lüge und Täuschung unter bestimmten Umständen erlaubt, in strategischem Zusammenhang etwa oder des Seelenheiles, der Heilsgeschichte wegen. Hier wird, nach Clemens, auch und gerade der vollkommene Christ, der «wahre Gnostiker», lügen; doch dann ist es überhaupt keine Lüge, keine Täuschung mehr. Sind Lügner ja für diesen Kirchenvater «tatsächlich also nicht diejenigen, die um der Heilsökonomie willen nachgeben, auch nicht die, die in einer Einzelheit irren, sondern diejenigen, die in den entscheidenden Fragen in die Irre gehen»[350].

Dementsprechend waren Christen in der Antike beim Tolerieren von Fälschungen oder falschen Zuschreibungen oft besonders generös. Zum Beispiel hielt Origenes den Hebräerbrief für sicher unpaulinisch, rechtfertigte aber dessen Zuschreibung an Paulus, weil ihm die Rückführung des Briefinhaltes auf Paulus möglich schien. Ganz «offen» gestand er, «daß die Gedanken vom Apostel stammen, Ausdruck und Stil dagegen einem Manne angehören, der die Worte des Apostels im Gedächtnis hatte und die Lehren des Meisters umschrieb. Wenn daher eine Gemeinde diesen Brief für paulinisch erklärt, so mag man ihr hierin zustimmen ... Wer indes tatsächlich den Brief geschrieben hat, weiß Gott»[351].

Origenes, der größte christliche Theologe der ersten drei Jahrhunderte, schränkt zwar das Lügen sehr ein, erlaubt aber gleichwohl nicht nur die zweideutige Rede, nicht nur «Rätselworte» (aenigmata), sondern mit aller Entschiedenheit auch Betrug, die «Notwendigkeit einer Lüge» (necessitas mentiendi) als «Gewürz und Heilmittel» (condimentum atque medicamen). Sogar Gott kann, nach Origenes, lügen, entwickelt dieser doch eine ganze Theorie der «ökonomischen» oder «pädagogischen Lüge» zugunsten des göttlichen Heilsplanes. Von Gott getäuscht zu werden, ist, so Origenes, geradezu das Glück des Menschen[352].

Auch andere hochgeachtete Theologen, Bischöfe und Heilige übernehmen den Gedanken vom Betrug Gottes, Gregor von Nyssa etwa oder Kirchenlehrer Gregor von Nazianz, auch wenn er jenen kritisiert[353].

Ebenso plädiert Kirchenlehrer Johannes Chrysostomos energisch für die Notwendigkeit der Lüge zum Zweck des Seelenheils. Ein listiger Kunstgriff sei durchaus nicht stets zu verwerfen; nur die Absicht mache ihn gut oder schlecht. Eine rechtzeitige und in richtigem Bedacht vorgebrachte Finte habe «großen Gewinn zur Folge», und derartige Taktiken erwiesen sich als heilsam nicht nur für die, «welche sie in Anwendung bringen, sondern auch für die Überlisteten selbst ...». Wie so viele verweist auch Chrysostomos auf den schon von Platon stammenden Topos der Medizinerlüge, das Irreführen der Kranken durch die Ärzte. Unmoral und Gift sonst werde so zur Arznei, die «Maske der Täuschung» unter gewissen Umständen legitim. Krasse Lügen im Alten Testament deutet der Patron der Prediger («Das Predigen macht mich gesund») jubelnd in Tugenden um. «O schöne Lüge!» ruft er entzückt angesichts des biblischen Lügenstücks der Dirne Rahab – und wird noch heute gerühmt als «auch für die nachfolgenden Jahrhunderte der hauptsächlichste moralische Erzieher seines Volkes ... Gott allein weiß, wie viel Gutes für ungezählte Seelen aus diesem immer sprudelnden Born seitdem geflossen ist und noch fließen mag»[354].

Auch eine Fülle anderer alttestamentlicher Gaunereien wurden von den Kirchenvätern aufgegriffen, gesammelt und stets von neuem vorgebracht, um den Christen – in bestimmter Absicht – alle Bedenken gegen Betrug und Doppelzüngigkeit zu nehmen: die Verstellung Davids vor Achis, dem König von Gath; die Hinterlist der Judith gegenüber Holofernes; Jakobs massiven Schwindel bei der Erschleichung des Segens von Isaak; die Täuschung des Pharao durch die israelitischen Hebammen in Ägypten; Jehus Niedermetzelung sämtlicher Baals-Priester durch eine «nützliche Hinterlist» (utilis simulatio: Kirchenlehrer Hieronymus). Und ebendieser Heilige und Patron der Gelehrten, der die Realinspiration, die absolute Irrtumslosigkeit der Bibel vertritt, pries die «simulatio» auch im Neuen Testament, die Verstellung des Petrus in Antiochien oder die des Paulus, der «allen alles geworden, um wenigstens einige zu retten» – und konnte doch Origenes tadeln wegen seiner Gedanken über den legitimen Betrug[355]!

Nach Johannes Cassianus, den Johannes Chrysostomos in Konstantinopel zum Diakon ordinierte, ehe er dann maßgeblichen Einfluß auf die Ausbreitung des abendländischen Mönchtums gewann, ist ein Christ zur Lüge sogar verpflichtet, wenn er, um anderen beizustehen, sich selber an seiner moralischen Integrität schadet. Unter gewissen Bedingungen ist Lüge, an sich ein tödliches Gift, wie Pharmaka heilsam und unentbehrlich – «sine dubio subeunda est nobis necessitas mentiendi». Bezeichnenderweise tauchen Lüge und Betrug in Cassians Achtlasterlehre, seiner Geißelung der acht Hauptlaster (Unmäßigkeit, Unkeuschheit, Habsucht, Zorn, Traurigkeit, Überdruß, Ruhmsucht, Hochmut) gar nicht auf[356]!

Durch derartige Maxime von Kirchen- wie Sektenführern war das gute Gewissen betrügender, lügender, gleisnerischer Christen auf allen Seiten gut gedeckt. Schlicht rechtfertigt der Monothelet Makarios von Antiochien (um 650/81) seine Fälschung mit dem Satz: «Ich habe so gehandelt, um meine Absicht durchsetzen zu können». Und um dieselbe Zeit beruft sich Kirchenvater Anastasius Sinaita, Abt auf dem Sinai, bei seinem schurkischen Vorgehen gegen die Monophysiten auf Paulus, 2. Kor. 12,16: «Doch gewandt wie ich bin, habe ich euch mit List gefangen»[357].

Norbert Brox, der die verbreitete Vorstellung betont, wonach um der «Wahrheit» und ihrer wirksamen Vermittlung willen List, Tricks, Täuschung im Christentum ausdrücklich gestattet, ja, gelegentlich geboten waren, nimmt doch die meisten Kirchenväter von dieser patristischen Tradition aus und zählt zu ihren entschiedensten Gegnern Augustinus[358].

Doch sollte ausgerechnet Augustin, der schon in seiner heidnischen Zeit, nach eigenem Bekenntnis, viel log, gerade als Christ nicht mehr gelogen und getäuscht haben? Ein Jahr vor seiner Konversion, 33jährig, hielt er in Mailand eine flammende Lobrede auf Kaiser Valentinian II. – der Herrscher war damals 14 Jahre alt! Dabei zögerte Augustin nicht, mit allem rhetorischen Glanz «viel zu lügen und mir den Beifall solcher, die wußten, daß ich log, zu verschaffen», was ihn später nicht hinderte, «all die hochtönenden Schmeicheleien und die kriechende Dienstfertigkeit» in der Umgebung der Kaiser zu geißeln. Doch auch für den Bischof Augustinus ist eine Lüge in der Bibel, etwa die Jakobs im Alten Testament, «keine Lüge, sondern Mysterium». Ausdrücklich erlaubt Augustin fromme Erfindungen zum Vorteil der Kirche. Denn «wird unsere Erdichtung (fictio) auf irgendeinen Sinn bezogen, ist sie keine Lüge mehr, sondern Ausdruck (figura) der Wahrheit»[359].

Ein Christ mußte also keinesfalls mit schlechtem Gewissen, er konnte skrupellos lügen und fälschen, wenn er es in «guter» Absicht tat. Auch Katholik Brox attestiert seinen «Vätern»: «Die patristischen Gedankengänge zeigen eine Findigkeit und Flexibilität in etlichen der rechtfertigenden Argumentereihen, die ein Terrain altkirchlichen Denkens widerspiegeln, das – noch einmal sei's gesagt – zwar nicht von allen (!) toleriert und betreten wurde, das aber immerhin in respektabler Breite der Tradition auf uns gekommen ist. Und es dokumentiert eben die eigentümliche Mentalität, nach welcher eine Fälschung Fälschung und Betrug Betrug ist und auch genannt wird, trotzdem aber durch das Merkmal der Angemessenheit, des Nützlichen oder des Heilsamen positiv eingeordnet werden konnte»[360].

Auf Kirchenlehrer Augustinus stützt sich Kirchenlehrer Thomas von Aquin. Denn weil es nach ihm «die größte Wohltat» ist, «jemand vom Irrtum zur Wahrheit» zu führen, erlaubt er auch großzügig Fiktionen, die sich auf eine «res significata» beziehen, eine «Heilswahrheit»; also: um des Katholizismus willen darf gelogen werden und betrogen[361].

Später wurde diese Art der Unwahrhaftigkeit keinesfalls eingeschränkt, sondern immer mehr ausgedehnt. Besonders die hervorragendsten Theologen des hervorragendsten katholischen Ordens, die Jesuiten, haben eine wahre Virtuosität im Lehren der Täuschung entwickelt und eine Fülle von Exempeln dazu geliefert. So nennt es der Jesuit Cardeñas in seiner 1710 erschienenen «Crisis theologica» keine Lüge, äußere jemand, der einen Franzosen (hominem natione gallum) getötet habe, «er habe keinen Hahn (gallum) getötet, indem er dasselbe Wort in der Bedeutung von ‹Hahn› nimmt». Ebenso sei es keine Lüge, von einem Anwesenden zu sagen, «er ist nicht hier», wenn man meine, «er ißt nicht hier». Auch leiste der keinen Meineid, der schwört 20 Krüge Öl zu haben, selbst wenn er mehr hat; denn er leugne «dadurch nicht, daß er noch mehr habe, zugleich sagt er die Wahrheit, da er ja 20 Krüge besitzt» etc. etc.[362]

Über diese Jesuitenmoral und -praxis mokierte sich Dostojewski: «Der Jesuit lügt und ist überzeugt, daß lügen um eines guten Zweckes willen nützlich und gut sei. Sie loben es, daß er seiner Überzeugung gemäß handelt, das heißt: er lügt, und das ist schlecht, da er aber aus Überzeugung lügt, so ist das gut. Also einerseits ist lügen gut, andererseits schlecht. Wunderbar!»[363]

Angesichts solcher Wahrheits- und Moralbegriffe erklärt es der Jesuit Lehmkuhl, dessen «Theologia moralis» noch um die Wende zum 20. Jahrhundert an den Priesterseminaren Europas weit verbreitet war, zwar für Todsünde, «einen Priester oder frommen Ordensmann als Lügner zu bezeichnen». Andererseits aber schreibt Lehmkuhl: «Wer würde es für eine schwere Verleumdung halten, zu sagen, man halte einen Atheisten fähig, jedes Verbrechen (quaelibet crimina) heimlich zu begehen?»[364]

Selbstverständlich gilt das, was die ersten Autoritäten der Kirche in Antike und Mittelalter, im 18., 19. Jahrhundert verfochten, auch heute noch. Es wird von den Theologen nur sorgsamer umschrieben. Einer der führenden Moralisten der Gegenwart, Bernhard Häring, bezeichnet das, was Johannes Chrysostomos noch freiweg Lüge, was Augustinus (und analog der Aquinate) Fiktion nennt, als «verhüllende Rede» (den geistigen Vorbehalt) und rät, zunächst einmal «indiskrete Frager» durch «überhaupt keine Antwort» abzuspeisen. Sie können aber auch «eine Zurückweisung erhalten oder durch eine Gegenfrage abgelenkt werden». Und schließlich, wenn alles versagt, darf der «Jünger Christi» auch weiterhin die «verhüllende Rede» als Notweg «in der argen Welt» (!) anwenden, wenn auch nicht gerade «wegen jeder Kleinigkeit». (Da Dinge des Glaubens, der Kirche, aber nie Kleinigkeiten sind, kann diesbezüglich auch stets «verhüllt» gesprochen werden.)[365]

Hier dagegen wird stets deutlich gesprochen, zu deutlich für alle kirchlichen und christgläubigen Ohren, auch in den nächsten Kapiteln, immer.

2. KAPITEL

WUNDER- UND RELIQUIENBETRUG

«Ohne Wunder wäre ich kein Christ». «Ohne die Wunder wäre es keine Sünde gewesen, wenn man nicht an Jesus Christus geglaubt hätte». Blaise Pascal[1]

«Warum sind die Wunder Jesu Christi wahr und die Wunder des Äskulap, des Apollonius von Tyana und des Mohammed unwahr?» Denis Diderot[2]

«Daß die Lehre göttlich ist, sollen mir die Wunder beweisen; daß aber diese selbst göttlich und nicht vielmehr teuflisch sind, soll ich aus der Lehre ersehen». David Friedrich Strauß[3]

«Nachrichten von Wundern sind nicht Wunder».
Gotthold Ephraim Lessing[4]

«Je mehr ein Wunder der Vernunft widerspricht, desto mehr entspricht es dem Begriff des Wunders». Pierre Bayle[5]

«Ein eigentliches Wunder wäre überall ein Dementi, welches die Natur sich selber gäbe». Arthur Schopenhauer[6]

«Ein *höherer Bildungsgrad* ist für die Feststellung eines Wunders auch nicht erforderlich: ein offenes Auge und gesunder Menschenverstand sind vollständig ausreichend».
Der katholische Theologe Brunsmann[7]

WUNDERBETRUG

In seiner «Theologie des Wunders» schreibt Jesuit L. Monden: «Die Tatsache des ‹großen Wunders› in der katholischen Kirche muß für den unvoreingenommenen Untersucher unleugbar feststehen . . . Einer so beträchtlichen Zahl von Wundern gegenüber, die sich immer auf glaubwürdige Zeugnisse und objektive Wahrnehmungen stützen, die unter den verschiedensten Umständen des Ortes, der Zeit und der Kultur geschehen . . ., ist jeder ehrliche Zweifel an der Realität der Geschehnisse ausgeschlossen»[8].

Als wäre es nicht genug des Lächerlichen, erlaubt sich Monden sogar die Lüge: «Das wiederholte, unvorhersehbare, aber doch regelmäßige Vorkommen des ‹großen Wunders› in der katholischen Kirche kontrastiert nur um so deutlicher zu dessen Fehlen bei anderen christlichen Bekenntnissen und in den nichtchristlichen Religionen»[9].

Wunder, das heißt hier natürlich nicht: die «Sieben Weltwunder», «Wunder der Technik», das «Wunder an der Marne», «an der Weichsel», das «Wunder von Dünkirchen», das Wunder des «20. Juli 1944». Gemeint sind auch nicht Wunder jenes Schlags, wie sie Gott, nach Bertrand Russell, an den Erbauungspredigern Toplady und Borrow wirkte. Toplady sei von einem Pfarrhaus zum anderen gezogen, eine Woche später das Pfarrhaus, das er gerade bewohnt hatte, mit großem Schaden für den neuen Pfarrer niedergebrannt. «Daraufhin dankte Toplady Gott; aber was der neue Pfarrer tat, ist nicht bekannt». Borrow, der andere Gottesmann, habe unbehelligt einen von Banditen belagerten Bergpaß durchquert. Schon die nächste Reisegesellschaft freilich wurde an diesem Paß ausgeraubt und zum Teil erschlagen; «als Borrow davon hörte, dankte er, wie Toplady, Gott»[10].

Gemeint sind hier vielmehr sogenannte übernatürliche Wunder, Wunder wider die Naturgesetze (oder doch von ihnen abweichend) scholastisch gesagt: Wunder supra, contra, praeter naturam. Gemeint ist das religiöse Mirakel im Zwielicht magischer Weltanschauung, das die frühe Menschheit umfängt, auch noch das Christentum, dessen Glauben nicht einmal ein Aberglaube sui generis ist, wie gerade dieses Kapitel zeigen wird[11].

Die meisten Wunder in der Bibel sind so phantastisch wie die meisten anderen Wunder

Nun gibt es Wunder nicht nur im Christentum. Die Geschichte der Religionen wimmelt davon. Doch da alle Kirchenväter den katholischen Wundern Beweiskraft zuschrieben für die Glaubwürdigkeit der eigenen Sache, und die mittelalterlichen und nachmittelalterlichen (katholischen) Theologen mit verschwindenden Ausnahmen desgleichen, kann man die nichtchristlichen, ja, alle nichtkatholischen Wunder kaum gelten lassen. Man disqualifiziert sie meist kurzerhand sämtlich als Schwindel, satanisch, als allzu phantastisch, um glaubwürdig zu sein – und ignoriert, wie nicht minder phantastisch die Wunder der eigenen «Offenbarungsquellen» sind, etwa im Alten Testament.

Welche Wunder wirkt da allein Elia! Er erweckt den Sohn einer Witwe zum Leben. Mit Hilfe seines Mantels teilen sich die Wasser des Jordan. Und als er stirbt, brilliert er durch eine Himmelfahrt. Immerhin. Und Moses erst! «Der Herr sprach zu Moses: Was ist das, was du in der Hand hast? Und er antwortete: ein Stab. Und der Herr sprach: Wirf ihn auf die Erde! Und er warf ihn hin, da ward er zur Schlange, also, daß Moses floh. Und der Herr sprach: Strecke deine Hand aus und fasse sie am Schwanze! Und er streckte seine Hand aus, und faßte sie: da ward sie wieder zum Stabe. Damit sie glauben, sprach er, daß dir der Herr erschienen . . . Und abermals sprach der Herr: Stecke deine Hand in deinen Busen. Und da er sie nun in den Busen steckte und wieder hervorzog, war sie aussätzig wie Schnee. Und er sprach: Stecke deine Hand wieder in deinen Busen! Und er steckte sie hinein, und zog sie wieder heraus, da ward sie gleich dem anderen Fleische». Geht's noch phantastischer? Und billiger? Es geht: die ägyptischen Plagen, das Manna in der Wüste, Feuer vom Himmel für das Brandopfer auf dem Karmel, Balaams redende Eselin, die Rettung des Judas Makkabäus durch fünf himmlische Reiter, der Durchzug durch das Rote Meer, der Durchzug durch den Jordan – und bei Gibeon steht sogar die Sonne fast einen ganzen Tag am Himmel still, ja, wenn das nicht phantastisch ist! Ein hybrides Gruselkabinett – «Heilige Schrift»[12]!

Dabei lehrt schon das Alte Testament, wie dann das Neue: Wunder wachsen im Lauf der Zeit; die jüngeren Traditionen steigern das Mirakel. Bei dem großartigen «Meerwunder» weiß die J-Überlieferung noch gar nichts vom Durchzug der Israeliten durch das Meer. Die verfolgenden Ägypter ertrinken einfach darin. In der P-Überlieferung aber spalten sich die Wassermassen und stehen zu beiden Seiten wie eine Mauer[13].

Und sind nicht auch im Neuen Testament (wo die Wunder dýnamis, érgon, sēmeîon, thaûma, thaumaśion, téras heißen) viele Taten Jesu phantastisch? Das Weinwunder zu Kana? Die Stillung des Sturms? Das Wandeln auf dem See? Die grandiose Brotproduktion? Oder immerhin drei Totenerweckungen, wobei der arme Lazarus vor Verwesung schon stinkt!? Oder selbst ein scheinbar so unscheinbares, fast beiläufig berichtetes Mirakel wie die mangels Münze aus dem Meer gefischte Tempelsteuer: «und den ersten Fisch, der heraufkommt, den nimm; und wenn du sein Maul aufmachst, wirst du ein Zweigroschenstück finden . . .» Ist das nicht phantastisch? Zu schweigen vom Gipfel des Ganzen: der eignen Auferstehung[14].

Doch selbst sie hat damals viel weniger überzeugt als heute. Die Juden jedenfalls blieben «ungläubig», als wäre nichts gewesen – weshalb Diderot auch höhnt: «Also muß man dieses ‹Wunder›, die Ungläubigkeit der Juden, geltend machen – und nicht das Wunder der Auferstehung». (Und Goethe: «Offen stehet das Grab. Welch herrlich Wunder, der Herr ist Auferstanden! Wer's glaubt! Schelmen, ihr trugt ihn ja weg».)[15]

Jesus bedient sich allbekannter Praktiken

Die Evangelisten lassen Jesus 38 Wunder wirken; wobei freilich, bemerkenswert genug, 19 Wunder, die Hälfte, nur jeweils ein einziger Verfasser erzählt: zwei Markus, zwei Matthäus, acht Lukas und sieben Johannes. Diese Mirakel aber, «als *geschichtliche Taten* durch die vier Evangelien sichergestellt» (Zwettler), beweisen den Katholiken Jesu göttliche Würde. Und weil sie auf Gott zurückgingen, seien sie eben nicht Zauber, Schwindel, wie alle sonst, seien sie vielmehr echt, die anderen falsch[16].

Um die Originalität, die «Einzigartigkeit» Jesu herauszustellen, hat die katholische Theologie ihn seit je von den übrigen Weisen, Sehern, Mystagogen, Thaumaturgen abgehoben, die seinerzeit im ganzen Römischen Reich umherzogen, die wie er predigten und Wunder wirkten, ja, man hob ihn ab von allen Wundertätern überhaupt, von archaischen wie Orpheus, Abaris, Aristeas von Prokonnesos, Hermotimos, Epimenides, Euklos oder von späteren wie Pythagoras, Empedokles, Apollonios von Tyana, Plotin, Iamblich aus Chalkis, Sosipatra, Proklos, Asklepiodotos von Alexandrien, Heraiskos etc. etc. So schreibt der bekannte «Holländische Katechismus»: «Man braucht das Auftreten Jesu nur mit dem vieler Magier, Wundertäter und Anhänger okkulter Wissenschaften zu vergleichen, um von der Einfachheit, Reinheit und der ehrfurchtgebietenden Würde seines Auftretens betroffen zu werden»[17].

Doch benimmt sich Jesus mitunter nicht wie andere antike Quacksalber auch? Bedient er sich nicht üblicher Praktiken? Gebraucht er nicht das Zauberwort «Hephata» («Tu dich auf!»)? Berührt er nicht Zunge und Ohren eines Taubstummen mit seinem Finger, benetzt sie mit Speichel? Knetet er nicht einen Teig aus Speichel und Erde und legt diesen einem Blinden auf? Spuckt er einem nicht in die Augen? Aber das, belehrt uns der Theologe Gnilka, ruft nicht die Heilung hervor. Es soll nur zeigen, «daß das Wunder der Macht Jesu verdankt ist». Dann wußte man dies also gar nicht, wirkte Jesus Wunder ohne solche Methoden? Doch warum wirkte er sie dann? Und signalisierte Analoges anderer

Wundertäter nicht auch, daß das Mirakel ihrer Macht entsprang[18]?

Im strikten Widerspruch zu zahlreichen Bibelstellen betonen freilich viele Kirchenväter, Justin, Irenäus, Arnobius, Eusebius, Jesus habe ohne alle äußeren Mittel, allein durch bloßen Befehl, allein durch sein Wort Wunder gewirkt. Auch in Fälschungen insistiert man darauf, etwa in dem Brief, den Fürst Abgar Ukkama von Edessa «dem guten Heiland, der in Jerusalem erschienen ist», geschrieben haben soll (S. 170 f). Ebenso heilt der Apostel Thaddäus, der, laut einer weiteren Fälschung, in Edessa erscheint, «ohne Arznei und ohne Kräuter». Ja, er heilte, prahlt Kirchengeschichtsschreiber Euseb, «jede Krankheit»[19]!

Wunder wachsen in der Überlieferung, sie werden gesteigert und vermehrt.

Das evangelische Wunderarsenal – nichts ist originell

Die Wunderherstellung des Neuen Testaments läßt sich gut verfolgen. Wie nämlich die jüngeren Evangelisten den ältesten, Markus, in vieler Hinsicht fast systematisch verbessern, das Jesusbild steigern, wie sie, ganz konsequent, auch die Apostel immer mehr von Schwächen reinigen und erhöhen – «Alle Mängel, die ihnen bei Markus noch anhaften, sind beseitigt»: der Theologe Wagenmann –, so steigern die vermehrten und verbesserten Auflagen des Markus, Matthäus und Lukas auch dessen Wunderüberlieferung, indem sie etwa statt einer Heilung wiederholt zwei Heilungen berichten. Oder statt der Heilung «vieler» die «aller» melden. Oder aus der «Speisung der Viertausend» bzw. «Fünftausend» eine doppelt so große Menge machen. Oder indem sie die Totenerweckungen dramatisieren, gegenüber Markus ganz neue Taten einfügen. Wie ja auch Johannes, der vierte Evangelist, vier weitere, von keinem seiner Vorgänger erwähnte größere Wunder hinzubringt: erst die Weinverwandlung zu Kana, wobei sein Christus immerhin sechs- bis siebenhundert Liter erzeugt, und zuletzt, die Krönung des Ganzen, die Auferweckung des bereits in Verwesung übergehenden Lazarus – «er riecht schon»[20].

Zur Zeit Jesu waren Wunder üblich, fast alltäglich. Man lebte, so der Theologe Trede, «denkend und glaubend in einer Wunderwelt, wie der Fisch im Wasser». Schlechthin jedes Wunder hat man gewirkt und für möglich gehalten. Auch das Wunder des Gegners wurde nicht bezweifelt, doch gern auf den Teufel zurückgeführt. Auch jede Menge Weissagungen grassierte. Selbst Teile der oberen Schichten waren so unkritisch wie die Massen. Das scheint zu allen Zeiten ähnlich zu sein. Was Thomas Münzer während der Reformation schrieb: «Das Volk gläubet jetzt so leichthin, wie eine Sau ins Wasser brunzet», das galt jedenfalls schon bei der Entstehung der evangelischen Wundermären und gilt, was die gläubige Masse betrifft, doch fast noch heute[21].

Der «Holländische Katechismus» nun behauptet wieder, die Wunder Jesu hätten «einen so eigenen und originellen Charakter, daß man sagen muß, es ist nur eine Erklärung möglich: Er hat in der Tat selbst Wunder gewirkt». Doch originell ist da nichts; wenn auch nicht alles Geflunker sein muß. Manche Wunder im Neuen Testament – das gewöhnlich, aber nicht stereotyp, dem klassischen Schema der Wundererzählungen folgt: Exposition, Vorbereitung, Aufschub, Technik, Feststellung etc. – lassen sich durchaus als Heilungen psychogener Krankheiten, als Heilungen neurasthenischer, hysterischer, schizophrener Naturen erklären, das ist selbstverständlich[22].

Im übrigen aber sind diese Wunder ausnahmslos Plagiate. Die religionsgeschichtliche Forschung hat längst erwiesen: alle in den Evangelien Jesus zugeschriebenen Wunder wurden schon in vorchristlicher Zeit vollbracht. Wunderbare Heilungen von Tauben, Blinden, Krüppeln, Dämonenbannungen, Wandel auf dem Wasser, Stillung von Seestürmen, mirakulöse Speisevermehrungen, Verwandlung von Wasser in Wein, Totenerweckungen, Höllen- und Himmelfahrten, all dies und mehr war wohlbekannt. Sie alle sind Standardwunder nichtchristlicher Religionen gewesen und wurden in den Evangelien auf Jesus übertragen und mit geläufigen Mirakelmotiven ausgeschmückt. Die frappantesten Parallelen dazu – alle fabriziert offenbar nach dem von Ovid überlieferten Rezept: «Wunder erzähl ich, das Wunder geschah» – begegnen bei Buddha, Pythagoras, Herakles, Asklepios, Dionysos, um nur sie zu nennen. Doch hat auch Alttestamentliches auf die evangelische Wunderproduktion eingewirkt[23].

Eine besonders frappierende Parallele zu Jesu Wandel auf dem See gibt es bei Buddha. Auch die Stillung von Seestürmen zählt zu den typischen Wundertaten. Man kannte sie aus der Asklepios-, der Sarapisreligion. Ebenso geläufig waren Geschichten von wunderbaren Speisungen im Heiden- wie im Judentum; der evangelischen Legende auffallend ähnlich ist der alte Bericht einer indischen wunderbaren Brotvermehrung. Selbst Totenerweckungen waren nicht ungewöhnlich – es gab sogar eigene Formeln dafür, und in Babylonien hießen viele Götter geradezu «Totenbeleber». Asklepios, von dem Jesus auch die Titulaturen «Arzt», «Herr», «Heiland» übernimmt, weckte sechs Tote auf, wobei die Einzelheiten dieselben sind wie bei den Toten, die Jesus auferweckt. Auch Höllen- und Himmelfahrten waren wohlbekannt, gleichfalls sterbende und nach drei Tagen wiederauferstehende Gottheiten. Ja, das Schwanken der Evangelien zwischen dem dritten und dem vierten Tag (nach drei Tagen!) hat seine Ursache offenbar darin, daß man die Auferstehung des Osiris am dritten, die des Attis am vierten Tag nach seinem Tod beging. «Dies Wunder», sagt Origenes von Jesu Auferstehung, «bringt den Heiden nichts Neues und kann ihnen nicht anstößig sein»[24].

Längst vor Jesus kamen schon andere Gottheiten vom Himmel: vom Vater gesandt, von Engeln verkündet, als Jungfrauensöhne in der Krippe geboren und schon in der Wiege verfolgt. Sie heißen Erwecker, Herr aller Herren, König der Könige, Heiland, Erlöser, Wohltäter, Gottessohn, der gute Hirte. Sie zeichnen sich mit zwölf Jahren aus, beginnen manchmal mit etwa dreißig zu lehren, werden vom Teufel versucht, haben einen Lieblingsjünger, einen Verräter, machen Kranke gesund, Blinde sehend, Taube hörend, Krüppel gerade, heilen nicht nur den Leib, auch die Seele.

Sie wirken, Jahrhunderte früher, ein Weinwunder, wie auf der Hochzeit in Kana. Sie verkünden: «Wer Ohren hat, zu hören, der glaube». Doch soll ihre Sendung keine Schaustellung sein. Sie werden gemartert, gegeißelt, sterben, einige am Kreuz, auch mit einem Verbrecher, während ein anderer Verbrecher freikommt, eine Frau wischt das Herzblut des Gottes ab, das aus einer Speerwunde quillt. Sterbend sagen sie: «Es ist vollbracht», «Nimm meinen Geist, ich bitte dich, zu den Sternen auf . . . Siehe, mein Vater ruft mich und öffnet den Himmel»; sogar Sühnecharakter hat manchmal ihr Tod. Sie überwinden ihn, erlösen die armen Seelen in der Hölle, fahren zum Himmel auf – um *nur einiges* von dem zu skizzieren, was dann die Bibel wieder offeriert, wobei es in ihr gerade, aber nicht nur, beim größten Wunder, der Auferstehung, von Widersprüchen wimmelt[25].

Was ist im «Leben Jesu» religionsgeschichtlich betrachtet originell? Nichts. Es ist viel, wenn die Historizität bleibt (S. 70 f). Und wenn nicht, die Welt geht *deshalb* nicht unter. Die Wunder jedenfalls gehören wesentlich zum Christusbild. Ohne sie wäre der Herr «ein blutloses Schemen«. Seine Wunder leugnen und ablehnen, betont Katholik I. Klug, *«heißt Jesus Christus selbst leugnen und ablehnen»*. «Christus, ein Betrüger! Ein Betrüger!» ruft er rhetorisch. «Er, der Reine, der Heilige, den auch seine Todfeinde keiner Sünde zu beschuldigen wagten – ein Betrüger! Ein Gaukler, der mit der Majestät eines Königs einherzuschreiten vermochte!» Nun, dies besagt gewiß nicht viel, wenn man bedenkt, wie viele falsche Majestäten schon wie Könige dahergekommen sind – und wie viele echte nicht! Und wer zeiht denn Jesus des Betrugs? Selbst für den von der Kirche vielgeschmähten Alfred Rosenberg war Jesus «die große Persönlichkeit». Doch die Schreiber der Evangelien, der übrigen neutestamentlichen und urchristlichen Traktate – das steht auf einem ganz anderen Blatt![26]

Nun sieht die Kirche den Beweis für Jesu Gottheit nicht nur in den Wundern erbracht, sondern auch in der vermeintlichen Erfüllung der Prophezeiungen des Alten Testaments. Wie aber steht es damit?

Der Schwindel des christlichen «Weissagungsbeweises»

Wie die Wunder, so waren auch die Weissagungen nicht Neues, vielmehr der ganzen Antike wieder wohlvertraut. Bereits unter Augustus gab es so viele Weissagungsbücher, daß der Kaiser zweitausend von ihnen, die ungenügend beglaubigt umliefen, verbrennen ließ. Weissagungen wurden von Buddha, Pythagoras, Sokrates überliefert, wurden von den Stoikern, Neupythagoräern, den Neuplatonikern verteidigt, ja, von Männern wie Plinius dem Älteren oder Cicero, die nicht an Wunder glaubten. Weissagungen schätzten die Heiden sogar höher als Wunder[27].

Mit Wundern nämlich konnte man weder die jüdische noch die griechisch-römische Welt sehr beeindrucken. Das Wunderbare grassierte, war normal, fast alltäglich, der Mirakelglaube grenzenlos. Auch die Gegner der Christen haben deren Wunder geglaubt, nur unterstellt, sie geschähen mit Hilfe der Dämonen. Schon Jesu Taten hielten die Juden für Zauberei und führten sie auf den Teufel zurück. So bedurften die Christen eines Kriteriums, das ihre Wunder sozusagen stützte, legitimierte, und dies Kriterium wurde der Weissagungsbeweis, das Hauptanliegen ihrer Schriftinterpretation. Erst in Verbindung mit ihm bekamen die Wunder ihr besonderes Gewicht. Der Weissagungsbeweis galt, wie die Traktate von Pseudo-Barnabas, Justin, Irenäus, Origenes und anderen zeigen, mehr als die Wunder – wenn es auch alte christliche Schriftsteller gibt, Melito von Sardes, Hippolyt, Novatian, Victorinus von Pettau, Origenes selbst, denen die Wunder des Herrn der beste Beweis für seine Göttlichkeit sind[28].

So sieht man es ja auch heute wieder. Denn seit der Entlarvung des Weissagungsbeweises insistiert man viel lieber auf dem Wunder. Zwar erblickt der Katholizismus weiter durch Wunder *und* Weissagung Jesu Gottheit bestätigt. Doch besonders das Wunder ist theologisch jetzt Zeichen der Offenbarung und Grund ihrer Glaubwürdigkeit. Auf das Wunder legt nun die katholische Theologie «als objektives Kriterium besonderes Gewicht» (Fries)[29].

Bereits Paulus, der älteste christliche Autor, verwendet die

Floskel «gemäß der Schrift» (1. Kor. 15,3 f). Bereits für Paulus ist Jesu Leiden, Tod und Auferstehung das ganze Erlösungswerk, ist das Evangelium überhaupt im Alten Testament bezeugt. Doch auch das älteste Evangelium, das des Markus – und noch mehr, am häufigsten, das des Matthäus –, zeigt eindringlich, wie sehr man darauf aus war, Jesu Leben mit allen Details aus den heiligen Büchern der Juden herzuleiten, wie man da alles geweissagt finden wollte. Systematisch haben die Christen diese Schriften durchforscht, haben sie alle Lücken der Überlieferung des jesuanischen Lebens mit Hilfe des Alten Testaments gestopft und vieles, was dort stand, einfach auf ihn bezogen. «Wir aber», heißt es bei Clemens Alexandrinus, «schlugen die in unserem Besitz befindlichen Bücher der Propheten auf, die teils durch Parabeln, teils durch Rätsel, teils zuverlässig und ausdrücklich den Christus Jesus nennen, und fanden seine Ankunft und den Tod und das Kreuz und alle übrigen Peinigungen, die ihm die Juden angetan haben, und die Auferweckung und die Himmelfahrt vor dem Gericht (?) über Jerusalem, wie dieses alles aufgeschrieben war, was er erleiden mußte und was nach ihm sein werde. Als wir dieses nun erkannt hatten, kamen wir zum Glauben an Gott durch das, was auf ihn hin geschrieben ist ... Denn wir haben erkannt, daß Gott es wirklich angeordnet hat, und sagen nichts ohne Schrift»[30].

Nicht nur in den Evangelien aber, nicht nur im Neuen Testament, sondern weit darüber hinaus spannen die Christen den Weissagungsbeweis immer mehr aus, vom Barnabasbrief etwa, der in den 318 Knechten Abrahams den Kreuzestod Jesu erkennt (S. 378), bis zu Gregor I., den «Großen», der die sieben Söhne Hiobs als Weissagung auf die zwölf Apostel auslegt. Besonders bei Justin, dem bedeutendsten Verteidiger des Christentums seiner Zeit, tritt der Beweis aus den Wundern völlig zurück, wird jedoch der Weissagungsbeweis ständig strapaziert, zumal ja auch die angeblich in Christus erfüllten Prophezeiungen den christlichen Anspruch auf das Alte Testament zweifellos am besten legitimierten.

Wenn man aber keine «beweiskräftigen» Prophetensprüche

fand, fälschte man sie bei der so beliebten «Überarbeitung» jüdischer Texte kurzerhand in diese hinein. Das war besonders nötig bei der Geburt Jesu aus einer Jungfrau. So stehen in den gefälschten «Petrusakten» die beiden angeblichen Prophetenworte: «In den letzten Zeiten wird ein Knabe geboren werden vom heiligen Geist; seine Mutter kennt keinen Mann, noch sagt jemand, daß er sein Vater sei». Und: «Nicht aus der Gebärmutter eines Weibes ist er geboren, sondern von einem himmlischen Ort ist er herabgestiegen». Harnack nennt diese Prophezeiungen «plumpe christliche Fälschungen». Sie finden sich nirgends im Alten Testament. Und ebensowenig weitere, etwa Salomo oder Ezechiel nachträglich zugeschriebene Sprüche[31].

Die jesuanischen Wunder allein hatten, wie gesagt, wenig Beweiskraft. Man bestritt sie kaum, aber schrieb sie Zauberkräften des Galiläers zu. Das alles kannte man von vielen Wundertätern. Erst in Verbindung mit den Weissagungen gewannen Jesu Mirakel an Bedeutung. Kein Geringerer als der hl. Irenäus stützte sie dadurch. Sah die alte Kirche doch überhaupt gern die Echtheit der Wunder durch die Weissagungen bestätigt. Diese hatten jene vorausgesagt, also waren sie wahr. So wurden die angeblichen Prophezeiungen ein Hauptmittel der christlichen Mission und galten, wie Origenes bezeugt, «als der stärkste Beweis» für die Wahrheit ihrer Lehre. Zählte er ja selber «tausend Stellen», an denen die Propheten von Christus reden. Und wirklich stehen allein im Neuen Testament zirka zweihundertfünfzig Zitate aus dem Alten und über neunhundert Anspielungen darauf. *Denn die Evangelisten hatten ihm viele vermeintliche Fakten von Jesu Leben entnommen und bewußt in seine Geschichte hineingeschrieben – jeder konnte sie leicht als «erfüllt» herauslesen*[32].

Warum aber ließen diese Christen Jesus «nach der Schrift» sterben? Weil sie nur so das Fiasko seines Wirkens verschleiern, nur so dem Spott der Welt über den gekreuzigten Messias wirksam begegnen konnten. Jesus mußte nach der «Schrift» sterben, es war vorhergesagt. Und die Welt sollte es wissen, sollte sich überzeugen. Ergo gab man, in Zitaten, in Anspielungen, all dies Schmähliche, den Verrat, die Jüngerflucht, das Ärgernis der Passion, den Tod am Kreuz als Erfüllung alttestamentlicher Prophezeiungen aus. Das feige Verhalten der Jünger wird nach Sacharja 13,7 vorhergesagt; die Bestechung («dreißig Silberstücke») für den Verrat des Judas nach Sacharja 11,12; die Rückerstattung dieses Geldes nach Sacharja 11,13; der Kauf des Töpferackers nach Jeremia 32,6; Jesu Wort vor dem Hohen Rat über sein Sitzen zur Rechten der Macht und sein Erscheinen auf den Wolken nach Daniel 7,13 und Psalm 110,1; sein Wort «Mich dürstet» nach Psalm 22,16; sein Tränken mit Essig nach Psalm 69,22; sein Ruf der Gottverlassenheit nach Psalm 22,2, die Sonnenfinsternis – am Passafest (bei Vollmond) zumindest astronomisch unmöglich – nach Amos 8,9 usw. usw.[33]

Besonders schwer war die «Prophezeiung» des Kreuzestodes aus dem Alten Testament zu erweisen, heißt es doch dort: «Denn wer am Holz hängt, der ist von Gott verflucht» (5. Mos. 21,23). Um so wichtiger wurde gerade diese «Vorhersage». Dabei verfielen die ältesten Christen auf die absurdesten Kombinationen, was ich anderwärts gezeigt habe. Das besondere Vorbild aber für die evangelische Passionsgeschichte lieferte, neben den klassischen Leidenszeugnissen von Psalm 22 und 69, vor allem das unechte 53. Kapitel des Jesaja (S. 54 f)[34].

Das Groteske an all diesen «Prophezeiungen» ist: die Propheten hatten sie, Jahrhunderte früher, nicht im Futur, sondern in der Vergangenheitsform niedergeschrieben. All dies war also schon geschehen, noch bevor es geschah, ein wirklich wunderbares Phänomen. Und die Leidensvoraussagen Jesu selbst hat schon Celsus (I 207 ff) als nachträgliche Erfindungen enthüllt. Markus, der älteste Evangelist, konnte, als er Jahrzehnte nach Jesu mutmaßlicher Kreuzigung, sein Evangelium schrieb, leicht dessen Tod in allen Details voraussagen lassen. Kurz, mit dem Theologen Hirsch: «Der Weissagungsbeweis ist für uns abgetan. Wir wissen alle, daß er nicht stimmt»[35].

Natürlich wissen wir dies auch – die erwähnten Ausnahmen beiseite – von den Wundern, womit wir uns den sogenannten Apokryphen zuwenden wollen.

Wunder in den «Apokryphen» oder Ein geräucherter Thunfisch wird wieder lebendig

Wie die «Apokryphen» die Erzählungsgattungen des Neuen Testaments in der älteren Zeit als Parallelentwicklung begleiten, dann weiterbilden, ergänzen (S. 120 ff), so auch die darin berichteten Wunder[36].

In Weiterführung der kanonischen Geschichten erscheinen ganze Wunder-Listen, nicht ohne die häufige Versicherung, Jesus habe noch viel mehr Wunder getan. Die Tendenz neigt zur Steigerung, zum Superlativ. Auch die Tendenz von «er heilte viele» beim ältesten Evangelisten Markus bis «er heilte alle» beim jüngeren Matthäus setzt sich fort. Und heißt es in der Apostelgeschichte, Jesus habe «Gutes getan und alle geheilt, die vom Teufel überwältigt waren», so läßt Ps.-Clemens Jesus «*jede* Krankheit» heilen. Der kaum mehr überbietbare Gipfel steht in den Johannesakten: «Seine großartigen und wunderbaren Taten sollen für jetzt verschwiegen bleiben, da sie unaussprechlich sind und vielleicht überhaupt weder erzählt noch gehört werden können»[37].

Viele früheren Wunder waren den Späteren zu simpel. Sie schmückten sie also aus, erweiterten, bereicherten sie.

So findet bei Jesu Taufe, wo ursprünglich, immerhin, die Himmel sich auftun, eine Geistestaube herabschwebt und Gottes Stimme erschallt, jetzt auch noch eine Lichterscheinung statt, der Jordan weicht zurück, wirft erregt sein Wasser empor, selbst die Sterne huldigen dem Herrn und Engel assistieren. Eine frühchristliche Schrift meldet: «Und über dem Jordan lagerten (breiteten) sich weiße Wolken, und es erschienen viele Geisterheere, die in der Luft Gloria sangen, und der Jordan stand still von seinem Lauf, indem seine Wasser Rast hielten und ein Duft von Wohlgerüchen duftete von dorther»[38].

Und wie Jesu Taufe wunderbar ist und alles danach, so selbstverständlich auch noch das Ende.

Im Bartholomäusevangelium sieht Bartholomäus bei der Kreuzigung die Engel vom Himmel steigen und den Herrn anbeten.

Nicht genug, der Jünger vermag gleich darauf, auch bis in die Hölle zu hören. Denn «als die Finsternis eintrat, da schaute ich hin und sah, daß du vom Kreuz verschwunden warst; nur deine Stimme hörte ich in der Unterwelt, und wie dort plötzlich ein gewaltiges Jammern und Zähneknirschen anhub . . .». Immer die schönste Musik für christliche Ohren[39].

Besonders entfaltet sich die gläubige Phantasie in den außerordentlich zahlreichen Kindheitsevangelien. Die Zeit der Geburt, des Heranwachsens, der Jugend Jesu war von Markus und Johannes gar nicht, von Matthäus und Lukas nur knapp beleuchtet worden, wenn auch bereits reichlich mirakulös mit Parallelen vor allem zur indischen, ägyptischen, persischen Literatur. Diese Übernahme fremder Legenden aber wächst in den späteren Kindheitsgeschichten gewaltig. Was immer man über Götter- und Wunderknaben wußte, übertrug man jetzt eifrig auf Jesus. Selbst durch das ganze Mittelalter setzte sich die üppig wuchernde Legendenbildung fort. Ja, dies ganze, von der Kirche offiziell verurteilte Schrifttum übte über Prudentius, die Nonne Roswitha und viele andere bis zur Renaissance einen stärkeren Einfluß auf Literatur und Kunst aus als die Bibel. Sogar Päpste griffen Motive daraus auf, wie Leo III., der im 9. Jahrhundert in der St.-Pauls-Kirche zu Rom die gesamte Geschichte von Joachim und Anna darstellen ließ. Im 16. Jahrhundert wurde zwar unter Pius V. das Offizium des hl. Joachim, des nur durch ein «Apokryphon» bekannten Vaters der hl. Maria, im römischen Brevier getilgt und der Text ihrer Darstellung im Tempel abgeschafft, doch beides dann wiederhergestellt. – Wenn übrigens die Kirche die «legendenhaften Apokryphen» kritisiert und abgelehnt hat, so *nicht* wegen ihrer Wundergeschichten, wie unglaubhaft immer sie uns erscheinen, sondern wegen moralischer, dogmatischer Bedenken, wegen gewisser asketischen oder doketischen Tendenzen. Wurde doch gerade der Wunderglaube «selbst von den aufgeklärtesten Kirchenmännern gehegt und gepflegt» (Lucius)[40].

Das Thomasevangelium berichtet eine Reihe bemerkenswerter Taten Jesu von seinem fünften bis zum zwölften Jahr. Das göttliche Kind wirkt Wunder durch seine Windeln, sein Waschwasser, seinen Schweiß. Es läßt einen schmutzigen Bach mit einem einzigen Wort sauber werden, läßt Vögel aus Lehm auf und davon fliegen, einen bösen Spielgenossen wie einen Baum verdorren und einen weiteren sterben, weil dieser an seine Schulter stieß. Doch zeigt der junge Meister sich auch menschenfreundlich und erweckt mehrere Tote wieder zum Leben[41].

Wie der Herr, so brillieren natürlich auch seine Apostel, Jünger und viele andere Christen in den «Apokryphen».

Auch dazu gab das Neue Testament den Anlaß. Bereits Paulus tut «Zeichen und Wunder». Und auch im Markusevangelium steht schon: «Sie zogen aus und predigten, man solle Buße tun. Auch trieben sie viele Geister aus, salbten viele Kranke mit Öl und heilten sie». Ebenso meldet die Apostelgeschichte «viel Zeichen und Wunder im Volk durch der Apostel Hände». Sie berichtet sogar Wunder der Jünger durch deren Schürzen, Schweißtuch oder Schatten[42].

Die Apologeten betonen stets das Fehlen von Übertreibungen bei den neutestamentlichen Wundern. Doch jedes Wunder, gewisse Heilungswunder, die eben keine Wunder sind, ausgenommen, beruht auf Übertreibung, sei es nun «kanonisch» abgesegnet oder «apokryph». Und sind durch Schatten vollbrachte Wunder nicht übertrieben, darum glaubhaft, warum sollten andere übertrieben und unglaubhaft sein? Etwa wenn der Apostelfürst Petrus einen Hund zum Sprechen bringt? Oder wenn er ein Kamel, und gleich mehrere Male, durch ein Nadelöhr gehen, wenn er einen Thunfisch, der schon geräuchert am Fenster hing, wieder lebendig im Wasser schwimmen läßt? Schließlich ist bei Gott kein Ding unmöglich. Und wenn er einen Fluß, ja, die Sonne in ihrem Lauf anhalten kann, wird er auch einen simplen Räucherfisch lebendig machen können. Oder ginge das gegen seinen «Geschmack»? Doch woher kennen diesen die Theologen? Wie auch immer: mit all solchen Geschichten wurde missioniert, wurde das Christentum verbreitet. Die bekanntesten Kirchenväter traten als Zeugen für solche Texte ein und die meisten alten Theologen hielten sie für völlig wahr. Immer wieder auch sei daran erinnert: selbst mit solchem Schund – und nicht zuletzt mit solchem! – wurde das

Christentum propagiert, selbst mit solchen Schund seine geistige und physische Barbarei ausgedehnt, gefestigt; er wurde geduldet, gefördert, ganze Bibliotheken ließen sich mit ihm füllen, nein – er füllt sie![43]

Alles in den Schatten stellen die Blutzeugen

Die kühnsten Wunder vollbrachten in der vorkonstantinischen Kirche die Märtyrer. Die Akten über sie sind zwar meist gefälscht, galten aber sämtlich als vollwertige historische Urkunden (S. 155 ff). Und der Übergang zu den reinen Märtyrerlegenden und -romanen, worin «der vollständige Mangel an geschichtlichem Sinn» (Lucius) triumphiert, war fast natürlich, wie wunderbar auch immer. Stimmen schallen vom Himmel, Tauben entsteigen dem Märtyrerblut, wilde Tiere verenden durch das Gebet der frommen Heroen oder durchbeißen deren Fessel. Götzenbilder, ganze Tempel stürzen vor ihnen zusammen. Der hl. Laurentius, fast schon verschmort auf seinem Rost, philosophiert gelassen über das heidnische und christliche Rom. Halbverkohlt schmettern andere zündende Missionsreden. Der Märtyrer Romanus, dessen Fest die katholische Kirche noch immer am 9. August begeht, attackiert in 260 Versen das Heidentum und deklamiert nach abgeschnittener Zunge noch 100. Für den einstigen Bonner Theologieprofessor Franz Joseph Peters liegt – mit Imprimatur – «die volle Beglaubigung» durch «zwei Augen- und Ohrenzeugen» auch dafür vor, daß der Vandalenkönig Heinrich – offensichtlich: Hunerich – «im Jahr 483 den Katholiken von Tipasa in Nordafrika die rechte Hand abhauen und die Zunge abschneiden ließ, weil sie den arianischen Bischof nicht anerkennen wollten. Durch ein Wunder blieben sie im Gebrauch der Sprache»[44].

Der unter Kaiser Antoninus gemarterte hl. Pontianus geht mit bloßen Füßen unverletzt über heiße Kohlen, wird vergeblich gefoltert, vergeblich den Löwen vorgeworfen, vergeblich mit siedend heißem Blei übergossen. Weshalb ihn auf einmal das

Schwert erledigt, ist kaum zu begreifen. Doch fragt man sich oft, warum diese Helden die tollsten Torturen überstehn – und dann einem ganz banalen Schwerthieb erliegen oder einem simplen Würgegriff, wie der hl. Bischof Eleutherius von Illyrien samt Mutter Anthia unter Kaiser Hadrian.

Denn wenn auch so mancher in einem Fluß, einem Brunnen, im Meer die Märtyrerpalme gewinnt, manchmal mit schweren Steinen am Hals oder in einem Sack mit Schlange und Hund, wenn mancher durch den Hungertod, am Galgen «gekrönt», wenn er gepfählt, gekreuzigt, durch Brechung der Gebeine oder langsames Braten für den Himmel «geboren», wenn er durch brennendes Pech erstickt, als lebende Fackel oder im Feuerofen verbrannt, wenn er durch wilde Tiere zerrissen, gesteinigt, mit einer Säge zerfleischt wird oder wenn Quiricus, ein Knäblein von drei Jahren, an den Stufen des Richterstuhles zerschmettert «die Krone des ewigen Lebens» erringt – weitaus die meisten enden doch ganz einfach enthauptet. Das hilft fast immer. Die Frage aber bleibt: warum haben die bösen Heiden dann so lange erst so vergebliche Todesarten an den Christen ausprobiert, und warum diese selbst die wohlersonnensten, raffiniertesten Martern überstanden, doch so gut wie nie das primitive Köpfen?[45]

Wunder über Wunder jedenfalls.

Die christlichen Helden, wiewohl ganz scharf darauf zu sterben, um den Lohn zu empfangen, den höchsten, das Himmelreich, sterben oft lange nicht, nein, sie entgehen nicht nur gewöhnlichem Feuer, wie Apollonius, Philemon und ungezählte, sie überdauern sogar im Feuerofen, ganz unverletzt, versteht sich, der hl. Neophytus zum Beispiel. (Warum auch nicht, wenn in der «Heiligen Schrift» Daniel und seine Genossen im glühenden, «siebenmal heißer» als sonst geschürten Feuerofen «unversehrt» überleben! Sind die «Apokryphen» übertrieben, ist es die Bibel auch.) Der hl. Mönch Benedikt hält die Prozedur im Feuerofen eine ganze Nacht heile aus. Und der hl. Lucillianus, ein ehemaliger «Götzenpriester», entkommt dem brennenden Kamin gleich mit vier Knaben, wenn auch nur infolge eines einsetzenden Regens. Immerhin. Denn schließlich sind die meisten dieser Blutzeugen schon vorher auf den Tod geschunden worden, häufig allerdings vergebens. Erscheinen doch immer wieder Engel – es gibt sehr viele –, und im Märtyrerbeistand mögen sie eine Lebensaufgabe gefunden haben. Den hl. Priester Felix befreit ein Engel eines Nachts sogar. (Warum auch nicht, wenn im Neuen Testament den Aposteln ein Engel nachts die Gefängnistür öffnet! Sind die «Apokryphen» übertrieben, ist es die Bibel auch.) Den hl. Eustathius holt ein Engel aus einem Fluß und dann eine Taube vom Himmel «zur Glorie der ewigen Freude». Bei Stephanus, dem vielgeprüften Abt, sind wenigstens bei seinem Tod «die heil. Engel» zugegen; kein Geringerer als Papst Gregor I., «der Große», bezeugt dies, und sie wurden «auch von den andern gesehen». Wer wollte da noch zweifeln! Der hl. Kerkermeister Apronianus sieht zwar keine Engel, nicht jeder kann Engel sehn, hört aber, als er den hl. Sisinius aus dem Gefängnis führt, eine Stimme vom Himmel: «Kommet, ihr Gebenedeite meines Vaters . . .» etc., worauf er gläubig wird und für den Herrn stirbt. Ja, dieser selbst sozusagen erleidet den Bekennertod, eines der tollsten Martyrien, in Syrien geschehen, das Martyrium *«eines Bildes unseres Heilandes«*, welches von den Juden gekreuziget ward, und so viel Blut dabei vergoß, daß die orientalischen und occidentalischen Kirchen reichlich davon empfingen»[46].

Und natürlich prallen alle Verlockungen an den christlichen Heroen ab. Keiner verrät seinen Glauben. Was immer man bietet, nichts macht sie wankend, keine Vorteile, Geschenke, Ehren. Umsonst offeriert ein Richter die eigene Tochter zur Ehe. Umsonst verspricht gar ein Kaiser, eine Christin zu heiraten, umsonst verspricht er ihr die Mitherrschaft und Ehrensäulen im ganzen Reich . . .[47]

Die bekanntesten antiken Kirchenväter haben sich an den widerlichen Übertreibungen dieser Heldensage schamlos beteiligt. Das ganze achte Buch der Eusebianischen Kirchengeschichte strotzt davon. Auf der einen Seite die unausdenkliche Bosheit der christenschändenden «Dämonendiener», auf der anderen die Ruhmestaten der «wahrhaft wunderbaren Streiter», über die alles hereinbricht, «Feuer, Schwert, Annagelung, wilde Tiere, Meerestiefen, Abschlagen der Glieder, Brenneisen, Ausstechen und Ausreißen der Augen, Verstümmelungen am ganzen Körper ...». Bischof Euseb lügt «zahllose» Opfer zusammen «nebst kleinen Kindern», auch jede Menge unglaublicher Details: «Und wenn die Bestien je zum Sprunge gegen die ansetzten, wichen sie, wie von einer göttlichen Kraft angehalten, immer wieder zurück ...» «Ja, sie jubelten und sangen dem Gott des Alls Lob- und Danklieder bis zum letzten Atemzuge». Es sei ihm, so sagt der «Vater der Kirchengeschichte», «unmöglich, die Zahl und die Größe der Märtyrer Gottes in Worte zu fassen«. Und gleich zu Beginn bekennt er, es «übersteigt unsere Kräfte, in würdiger Weise» dies alles zu schildern – wie wahr[48].

Euseb selbst starb übrigens nicht den Heldentod. Ja, seine christlichen Gegner warfen ihm vor, er habe in der Verfolgung geopfert oder wenigstens zu opfern versprochen; vielleicht eine Verleumdung. Doch hatte der große Blutzeugenbesinger, als es gefährlich wurde, sich abgesetzt und sogar die Christenverfolgung Diokletians unversehrt überstanden. So viele Zehntausende von Märtyrern er gepriesen und erschwindelt hat, er, der «Vater der Kirchengeschichte», gehört nicht zu ihnen. Und warum sollte er auch? Kein einziger Bischof Palästinas starb den Märtyrertod[49].

Dabei spürten die Märtyrer nach Kirchenlehrer Ephräm, dem wüsten Antisemiten (I 131 f), nach Kirchenlehrer Gregor von Nazianz u. a. gar keine Peinigungen. Nach den Kirchenlehrern Basilius und Augustin bereiteten ihnen die Foltern Genuß. Sie gehen, schreibt Kirchenlehrer Chrysostomos, über glühende Kohlen, als wären es Rosen, und stürzen sich ins Feuer wie in ein frisches Bad. Prudentius, der größte altchristliche Dichter des Abendlandes, im Mittelalter mehr als alle bewundert, berichtet das Martyrium eines kaum der Mutterbrust entwöhnten Kindes, das lächelnd die Streiche ertragen habe, die seinen kleinen Körper zerrissen. Natürlich nicht das einzige Fast-Säuglings-Opfer in der katholischen Glorienfabel! Auch von der schon etwas älteren hl. Agnes schreibt Kirchenlehrer Ambrosius, der begnadete Auffinder so vieler Märtyrer (I 431 ff): «Bot denn überhaupt des Kindes zarter Leib Raum für eine Todeswunde?» Für Ambrosius wie für alle seinesgleichen konnte kaum ein Wunder wunderbar genug sein. «Hat doch selbst eine Eselin geredet, da Gott es wollte». Andererseits freilich war das alles in den Schatten stellende Blutzeugnis des hl. Georg dermaßen unsinnig, durch so verrückte Mirakel geprägt, daß es Kirchenmänner des Ostens wie Westens in «Bearbeitungen» abgeschwächt haben, um es glaubhafter zu machen[50].

Heilige wären keine Heiligen, wirkten sie nicht auch post mortem noch Wunder und gerade dann. So wird der unfruchtbare Baum, an dem Papas nach üblen Folterungen stirbt, darauf fruchtbar. Das Haupt des Mönchs Anastasius, samt seinem ehrwürdigen Bildnis aus Persien nach Rom gesandt, vertreibt bei seinem bloßen Anblick die bösen Geister und heilt Krankheiten. Auch die Garderobefetzen des hl. Abraham bewirken wunderbare Errettungen, ebenso die zerteilte Decke, auf der Martin von Tours gelegen. Aus dem Leib des hl. Beichtigers Theodorus, eines wunderbaren Dämonenbanners, quillt Öl, das sie Siechen gesunden läßt. Das Wasser des Brunnens, in dem der hl. Isidor gar glorreich «gekrönt» wurde, kuriert die Kranken wenigstens «zum öftern». Doch sind jene, die, wie die Jungfer Agnes, «auch im Grabe noch mit vielfacher Gnadenwirkung» leuchten, gar nicht zu zählen[51].

Überhaupt brillieren auch Frauen, meist Jungfrauen natürlich, wobei auffällt, wie oft die Chronisten der Christen die schlimmen Heiden die katholischen Jungfrauenbrüste abschneiden lassen: der hl. Jungfrau Agatha werden die Brüste abgeschnitten, der hl. Jungfrau Macra, der hl. Jungfrau Febronia, der hl. Jungfrau Encratis, der hl. Märtyrerin Helconis, der hl. Calliopa usw. Von der hl. Jungfrau Anastasia der Älteren berichtet das Römische Martyrologium anschaulich: «Anastasia ward in der Verfolgung des Valerian unter dem Pfleger Probus mit Stricken und Banden geknebelt, mit Backenstreichen, Feuer und Schlägen gepeiniget, und, als sie gleichwohl im Bekenntnisse Christi unbeweglich verharrte, wurden ihr die Brüste abgeschnitten, die Nägel ausgerissen, die Zähne eingeschlagen, Hände und Füße abgehauen, und zuletzt das Haupt vom Rumpfe abgeschlagen, und eilte so zu ihrem himmlischen Bräutigam». Ein eindrucksvoller Schluß, fürwahr. Unter

Konstantius läßt der «Ketzer Macedonius», also ein Christ, «den gläubigen Weibern» offenbar ganz systematisch die Brüste absäbeln und sie noch mit glühenden Eisen brennen. Und wachsen die Brüste auch nicht immer wieder an, oft sogar nicht, geschehen doch andere bemerkenswerte Dinge durch die Damen.

Die hl. Jungfrau Agnes wird ins Feuer geworfen, ihr Gebet aber löscht es. Die hl. Jungfrau Juliana verschmäht den Landpfleger Evilasius als Ehegatten und übersteht sowohl Feuerflammen wie ein siedendheißes Tropfbad. Auch die hl. Erotis überwindet, «von Liebe zu Christo entzündet», die Gluten. Ebenso bleiben die unter Diokletian gepeinigten hl. Jungfrauen Agape und Chionia mitten im Feuer heil. Die hl. Jungfrau Encratis überlebt (vorerst) trotz abgeschnittener Brüste und herausgerissener Leber, von anderen Martern zu schweigen. Auch die hl. Helconis, unter dem Kaiser Gordianus vielfachen Qualen ausgesetzt, überdauert die Amputation ihres Busens, den Wurf ins Feuer und unter die wilden Tiere, bis sie endlich doch dem Schwert erliegt. Die hl. Jungfrau Christina, schon schwer zerfetzt, rettet ein Engel aus einem See, in einem brennenden Ofen bleibt sie fünf Tage «unverletzt», übersteht auch giftige Schlangen, das Ausschneiden ihrer Zunge, worauf sie freilich «den Lauf ihrer glorwürdigen Marter» (Römisches Martyrologium) beschließt[52].

Bei der Christenverfolgung in Gallien 177 unter Mark Aurel – die nach Kirchengeschichtsschreiber Euseb «zehntausende von Märtyrern» kostete, während nun im katholischen «Lexikon für Theologie und Kirche» noch acht übrigbleiben! (I 200 ff, bes. 202) – «hatten die heiligen Märtyrer Qualen zu ertragen, die jeder Beschreibung spotten» (Euseb)[53].

Besonders die hl. Blandina (Fest 2. Juni), eine zarte Dienstmagd, sticht mit Kraftleistungen hervor. Vom Morgen bis zum Abend gefoltert, erschlafft nicht sie, sondern die Meute ihrer Peiniger. Bereits am ganzen Körper zerfleischt, wird sie den wilden Tieren vorgeworfen, gegeißelt, geröstet, und dies derart, daß das Braten ihrer Glieder «sie in Fettdampf hüllte». Nachdem man sie dann noch einmal gegeißelt, den wilden Tieren vorgeworfen, geröstet hat, segnet sie schließlich das Zeitliche»[54].

Der katholische Kirchenhistoriker Michel Clévenot, der zwar betont, man habe damals gemäß den seit Trajan gültigen Gesetzen «nicht nach den Christen ‹gefahndet›», sondern sich damit begnügt, lediglich die Angezeigten festzunehmen (für ihn, mit Recht, ein erneuter Beweis dafür, «falls es dessen noch bedurft hätte, daß die römische Obrigkeit gegen die Christen keineswegs feindselig eingestellt war»), spricht dann doch vom «Blutbad von Lyon» und singt einen längeren Hymnus auf die hl. Blandina. «Blandina, du Liebreizende, du arme Kleine, die von gebildeten Beamten, Humanisten, geschmückt mit Diplomen und Ehrungen, der stumpfsinnigen Grausamkeit einer entfesselten Masse zum Fraße vorgeworfen wurde, du bist das Symbol all jener Opfer dieser entsetzlichen Staatsräson ... Du sorgtest dich wohl kaum um deinen Körper, Blandina, und du beklagtest nicht deine Seele. Du warst ganz, mit Leib und Seele, diesem Jesus ergeben ...»[55]

Fast noch großartiger als die Heilige hielt sich der mit ihr gefolterte Diakon Sanktus. Nachdem man ihn schon jeder Art von Tortur unterzogen, zuletzt auch noch die zartesten, empfindlichsten Teile seines Körpers mit glühenden Eisenplatten beschwert hatte, so daß er eine einzige Wunde, gänzlich zerstoßen, verbrannt, entstellt war, voller Geschwüre, Entzündungen, Blut, wurde er zwei Tage später wieder torturiert, alles erneut aufgerissen, doch auf wunderbarste Weise auch alles wieder heil. Pumperlmunter, gesund und kräftig stand er von der Folter auf. «Wer in der Kirche die Großen waren? Ausschließlich die Märtyrer» (Katholik van der Meer)[56].

Sanktus, Blandina und Genossen verbrannte man und warf ihre Asche, nach dem Zeugnis des hl. Bischofs Gregor von Tours, in die Rhone, wo sie freilich auf wunderbare Weise – das kann man sagen – wieder gefunden und zu Lyon beigesetzt wurde. Der weitaus berühmteste Christ dort, der hl. Irenäus, zu Beginn der Verfolgung noch in der Stadt, befand sich dann rasch auf einer Dienstreise in Rom, wurde aber später noch Märtyrer – auf dem Papier[57].

Die «Erzmärtyrerin»

Als erste Märtyrerin überhaupt, als «Erzmärtyrerin», gilt die hl. Thekla, obgleich sie durch ein Wunder entkommen sein soll – so fürchterlichen Peinigungen, wie die von einem Katholiken gefälschten und den ganzen christlichen Erdkreis erbauenden «Akten des Paulus und der Thekla» beweisen, daß man sich fragt, wer all dies heute selbst von den Gläubigen noch glaubt. Doch die größten Kirchenlehrer, Gregor von Nazianz, Johannes Chrysostomos, Ambrosius, Hieronymus, Augustinus und andere haben über sie berichtet, sie gerühmt.

Als schöne Tochter eines reichen «Götzenpriesters» zu Ikonium geboren, öffnet Gott durch die Enthaltsamkeits-Predigt des hl. Paulus ihr Herz. Er entflammt sie für Keuschheit, so daß sie sich ihrem Verlobten Thamyris verweigert, dafür aber, in Männerkleidern, mit dem hl. Völkerapostel durchbrennt. Zurückgebracht bieten der Bräutigam und die ganze götzendienerische Verwandtschaft alles zur Wiedergewinnung der christlichen Gottesbraut auf – vergeblich. Paulus wird gegeißelt, verjagt, Thekla, von ihrem Bräutigam und der eigenen Mutter als Christin verklagt, splitternackt fürchterlich brüllenden Leoparden, Löwen, Tigern vorgeworfen. Doch die Bestien lagern sich wie Lämmer zu ihren Füßen und belecken sie ganz lieb. «So wunderbarer Zauber liegt über der Jungfräulichkeit», schwärmt Kirchenlehrer Ambrosius, «daß ihr selbst Löwen ihre Bewunderung bezeugen: ob auch hungrig, der Fraß verleitete sie nicht; ob gereizt, das Ungestüm riß sie nicht fort; ob aufgestachelt, die Wut entflammte sie nicht; ob daran gewöhnt, die Gepflogenheit beirrte sie nicht; ob wild, die Natur hatte sie nicht mehr in ihrer Gewalt. Sie wurden Lehrer der Frömmigkeit, indem sie der Märtyrerin huldigten, ebenso Lehrer der Keuschheit, indem sie der Jungfrau nur die Füße kosten, die Augen gleichsam aus Schamhaftigkeit zur Erde gesenkt, daß nichts Männliches, und wäre es auch tierischer Art, die entblößte Jungfrau anblicke». Ogottogottogott!

Nun kommt die Gottesbraut in Rom auf den Scheiterhaufen. Doch inmitten der lodernden Flammen bleibt sie unversehrt. Sie landet in einer Schlangengrube, wo aber die gräßlichen Nattern, noch ehe sie Thekla wieder zärtlich belecken können, aus sprichwörtlich heitrem Himmel ein Blitz erschlägt. Auch später entgeht sie allen Nachstellungen Satans. Einmal zwar stürzt sie sich schon mit dem Ruf: «Im Namen Jesu Christi empfange ich am letzten Tage die Taufe» in ein Bassin voller Seehunde. Doch ist's auch jetzt nicht aller Tage Abend. Die Seehunde tötet ein weiterer Blitzstrahl, und von zwei wilden Stieren, an die man sie fesselt, wird sie wunderbar befreit. Der Bräutigam stirbt, sie begleitet den hl. Paulus noch auf mehreren apostolischen Reisen, versammelt andere fromme Jungfrauen um sich und predigt bis ins höchste Alter. Und wenn sie nicht gestorben ist, lebt sie noch heute.

Wer's nicht glaubt: die meisten Kirchenväter, darunter der hl. Chrysostomos, der hl. Augustin, feiern Thekla um der vielen Leiden willen, derer sie gewürdigt ward, als Märtyrerin und rühmen ihre jungfräuliche Reinheit; der Dom zu Mailand, wo man sie als Schutzheilige verehrt, besitzt auch Reliquien von ihr, hatte sie zumindest im 19. Jahrhundert noch, und die hl. katholische Kirche begeht das Fest der hl. Thekla weiter am 23. September[58].

Noch zu Beginn des 20. Jahrhunderts wird von einem katholischen Theologen (mit Imprimatur) in einer «Kirchengeschichte für Schule und Haus» dies Martyrium mit all den Wundern, durch die Gott seine Dienerin schützte, als bare Münze ausgegeben. Und auch die katholische «Forschung» findet hier «Körner geschichtlicher Wahrheit». Wie Otto Bardenhewer, einst Doktor der Theologie und der Philosophie, Apostolischer Protonotar und Professor der Theologie an der Universität München, denn auch weiter betont: «Die reichen Zeugnisse der späteren kirchlichen Literatur über Thekla können nicht in Bausch und Bogen auf die Akten zurückgeführt werden. Bedenklicher steht es um den historischen Wert des Porträts des Apostels. Gegen Eingang wird Paulus beschrieben als ‹ein Mann klein von Statur, kahlen Kopfes, mit krummen Schienbeinen, gewandt in seinen Bewegungen (euektikós), mit zusammengewachsenen Augenbrauen, ziemlich langer Nase, voller Anmut; bald nämlich erschien er wie ein Mensch, bald hatte er das Aussehen eines Engels›»[59].

Die katholische Seelsorge aber steuert dazu das *«Kirchengebet»* bei: «Wir bitten dich, allmächtiger Gott! verleihe uns, die wir das Andenken deiner hl. Jungfrau und Martyrin Thecla feiern, daß wir bei ihrem jährlich wiederkehrenden Feste für die wahre himmlische Wonne stets empfänglicher und zur Nachahmung ihres heldenmütigen Glaubens immermehr entzündet werden. Amen.» Übrigens: «Mit Approbation des Hochwürdigsten Bischöflichen Ordinariates Augsburg und mit Erlaubnis der Obern», nämlich der des Kapuzinerordens. Motto dieses Hausschatzes (mit «Lehre und Gebet für jeden Tag des Jahres»): «Nimm und lies! ‹Wer vermag es würdig auszudrücken und nur zu denken, welch einen mächtigen Antrieb zum Heile das Leben der Heiligen Gottes und ihre Tugenden frommen Gemütern, die sie betrachten, verschaffen? Der Glaube wird dadurch befestigt, die Gottesfurcht genährt, die Verachtung der Welt (!) erzeugt, das Verlangen nach den überirdischen Dingen erweckt.› Hl. Paschasius»[60].

Welch edle katholische Form all dies annehmen kann, machen Ludwig Donin deutlich und sein Standardwerk «Leben und Thaten der Heiligen Gottes oder: Der Triumph des wahren Glaubens in allen Jahrhunderten. Mit Angabe der vorzüglichsten Geschichtsquellen und praktischer Anwendung nach den bewährtesten Geistesmännern» und «Mit Genehmigung des hochwürdigsten fürsterzbischöflichen Ordinariates von Wien». Zeigt es doch folgende *«Anwendung»* aus dem Leben der hl. Thekla: «Unsere Hausgenossen, unsere Eltern, unsere Freunde sind oft unsere grausamsten Feinde. Die fleischliche und unordentliche Liebe (!), die sie zu uns haben, verursachen mehr Übel, als der Haß der Teufel. Sie setzen sich unseren guten Absichten entgegen, die wir haben, uns Gott hinzugeben; und ihre Schmeicheleien haben oft mehr Macht, uns entweder vom Guten abzuhalten oder zum Bösen zu verleiten, als die Drohungen und Peinen der Tyrannen». Dazu, im Sperrdruck, ein Wort des hl. Cyprian: *«Fremde Treulosigkeit hat uns zu Grunde gerichtet, unsere Eltern sind Mörder»*. Diesen Haß auf Freunde, Nächste, selbst die eigenen Eltern, stehn sie kirchlichen Zwecken im Weg, lehrt das Christentum seit fast zweitausend Jahren (vgl. I 152 ff) und hat vielleicht *allein* dadurch mehr Unglück heraufbeschworen als mit allen Scheiterhaufen[61].

Als die Märtyrer ausstarben, jedenfalls auf katholischer Seite, begannen besonders die Mönche, aber auch jede Menge Bischöfe, eine wunderbare Rolle zu spielen.

MÖNCHE UND BISCHÖFE ALS WUNDERMÄNNER

In nachkonstantinischer Zeit lebte der Wunderglaube in der Kirche stark auf und, kein Zweifel, was sie vordem an den Heiden verdammte, pflegte sie jetzt selbst, ja, suchte sie noch «durch die forsche Behauptung größeren und durchschlagenderen Erfolges zu übertreffen» (Speigl). Alle Welt, Laien, Kleriker, sogar Kaiser glaubten im 4., 5. Jahrhundert immer schrankenloser an Wunder, und noch an die seltsamsten. Keinerlei Kritik ist mehr spürbar, man denkt unselbständig, steril, jede geistige Kraft erlahmt. Die Märtyrer zwar büßen jetzt, da es keine mehr gibt, ihre Ausnahmestellung ein. Doch dafür präsentiert man den Gläubigen neue «Vorbilder»: Mönche, Asketen, Wüstenheilige, die «Athleten des Exils», die «Ringkämpfer Christi» (S. 345 ff), die man noch ungehemmter verehrt als die Märtyrer, von denen man manche, wie einen gewissen Paphnutius, «eher für einen Engel als für einen Menschen» hält (Rufinus). Und obwohl schon ihr Dasein an sich wirklich wunderlich genug ist, tun sie Wunder obendrein. «Denn noch heute», behauptet um 420 Bischof Palladius, Verfasser der «Historia Lausiaca», einer vielzitierten Sammlung von Mönchsgeschichten, «erwecken sie Tote und gehen wie der heilige Petrus auf dem Wasser . . .» Ein leibhaftiger Beweis gleich: der weinende Wandereremit Bessarion. Gelassen spaziert er über die Fluten des Nils, und er erweckt Tote, wenn auch nur versehentlich, weil er sie für Kranke hielt – das Tränenwasser in seinen Augen hat ihn wohl getäuscht; sonst hätte ihm seine Bescheidenheit das Wunder verboten![62]

Dabei konzentriert sich das Interesse der Christen doch gerade wieder auf das Wunder, das diese idealisierten, verhimmelten Existenzen ja erst zu Heiligen macht; einen Heiligen ohne Wunder gibt es nicht; zumindest erfordert dies die populäre Vorstellung. Doch auch offiziell sind seit einem Jahrtausend wenigstens zwei oder drei vom Papst beglaubigte Wunder Voraussetzung einer Kanonisation. In der Antike aber ist ohne Wunder überhaupt keine Heiligen-«Biographie» denkbar. Die Wunder sind ihr «eindeutiges Kennzeichen» (Puzicha). Und in der gängigen Vitenliteratur werden die historisch-individuellen Züge des Heiligen «stark stilisiert, verzeichnet oder gar frei erfunden» (Schreiner). Ohne Zögern übertragen christliche Legendenfabrikanten auch Wunder des einen Heiligen auf andere Heilige, obwohl sie von diesen nie «bezeugt» worden waren, ihnen freilich ebenso heilig zu Gesicht stehen wie irgendeinem sonst[63].

Die christlichen Mönchshistoriker sind etwa so zuverlässig wie die christlichen Martyriumshersteller. Daß sie feierlich beteuern, nur die Wahrheit zu schreiben, nichts erfunden, alles vielmehr selbst gesehen, gehört oder doch von Augen- und Ohrenzeugen übernommen zu haben, all das ist in der Regel «reine Fiktion» (Lucius). Ebenso erschwindelt sind gewöhnlich die Reisen, die sie oder ihre Gewährsmänner zu vielen Wüstenheiligen gemacht haben wollen. Die meisten dieser Berichte entstammen irgendwelchen Büchern oder ihrer Phantasie und waren literarische Gepflogenheiten, denen schon die Heiden ausgiebig gehuldigt hatten[64].

Die abseitige Existenz der Mönche, der Reklusen war für den Wunderglauben wie geschaffen. Besonders mit dem ägyptischen Mönchtum im 4. Jahrhundert wird der christliche Mirakel- und Dämonenwahn immer aberwitziger und überallhin verbreitet. Räuber werden auf der Stelle festgebannt, Tote wieder lebendig, Dämonen brüllen und winden sich vor einer Reliquie. Leibhaftige Engel verpflegen Asketen in Minimaldiät, die christlichen Helden überqueren den Nil zu Fuß oder auf dem Rücken eines Krokodils, ja, auf ihr Geheiß steht die Sonne wieder einmal stundenlang still[65].

Diese demütigen Mönchswundertäter wurden fast wie Götter verehrt, wie Engel im Himmel. Ihre Besucher näherten sich voller Scheu, sanken vor ihnen zu Boden, umfaßten ihre Knie. Man begehrte ihren Rat in Glaubensfragen, gestand ihnen bereitwillig tyrannische Gewalt zu, selbst Kaiser sollen sich glücklich geschätzt haben, sie an ihrer Tafel bewirten zu dürfen. Einigen errichtete man noch bei Lebzeiten Kirchen – meist ein aufwendiger Bestechungsversuch, der den Heiligenleib als Reliquie sichern sollte, da man glaubte, die Wunderkräfte des Lebenden wirkten auch in den toten Gebeinen fort[66].

Herrliche Wohlgerüche dieser Verstorbenen sind fast obligatorisch. Sogleich nach dem Verscheiden des Säulenheiligen Symeon und des hl. Johannes von Eleemos verströmen die Leichen köstliche Düfte. Und der Leib des hl. Hilarion verbreitet bei der Überführung von Cypern nach Syrien ein Aroma, als wäre er mit Salben bestrichen worden[67]!

Angeblich der erste christliche Mönch, der hl. Paulus Eremita (Fest 15. Januar), der «Ureremit», wird ähnlich wie bereits der Prophet Elia ernährt: sechzig Jahre lang läßt ihm Gott durch einen Raben täglich ein (halbes) Brot servieren. Beim Besuch des hl. Antonius aber bringt der Rabe zwei Brote. Und als Antonius, schon wieder auf dem Heimweg, den Tod des Paulus «schaut», umkehrt und nicht weiß, wie er den (113jährig) Entschlafenen bestatten soll, kommen zwei jämmerlich heulende Löwen und scharren ihm ein Grab. 97 Jahre lebte dieser Heilige «allein in der Wüste» (Römisches Martyrologium) – wenn er gelebt hat, was höchst unwahrscheinlich ist. Erklärte doch sogar ein Papst, Benedikt XIV. (1740–1758), die Eintragung ins Römische Martyrologium beweise keinesfalls die Heiligkeit, ja, nicht einmal unbedingt die Existenz einer bestimmten Person[68]!

Dem hl. Antonius gehorchen in seinem von Dämonenkämpfen und Teufelsvisionen durchtobten Leben die wilden Tiere wie heute den Dompteuren im Zirkus. Er heilt Kranke, eine Jungfrau darunter, deren Absonderungen aus Augen, Nase, Ohren auf der Erde sofort zu Würmern wurden. Die Seele eines Mönchskollegen Ammun, des Gründers der (südöstlich von Alexandrien gelegenen) nitrischen Mönchskolonie, sieht er stracks zum Himmel fahren, war Ammun doch gleichfalls ein großer Wundertäter (und hatte auch mit seiner Frau seit ihrem Hochzeitstag achtzehn Jahre lang ganz keusch und rein zusammengelebt)[69].

Der Einsiedler Zosimus verlor einst sein Lasttier durch einen Löwen. Darauf belud Zosimus den Löwen, der, freundlich schweifwedelnd und ihm die Hände leckend, offenbar nur darauf gewartet hatte und setzte mit ihm seine Reise nach Caesarea fort. Die Sache wird noch in einer Kirchengeschichte (mit Imprimatur) des frühen 20. Jahrhunderts als Faktum angeführt. Der Mönch Eugenios der Ägypter blieb – wieder einmal (vgl. S. 211) – in der Glut des Backofens unversehrt und verhalf seinem bischöflichen Freund Jakob von Nisibis, berühmter Wundertäter seinerseits und als «Moses Mesopotamiens» gefeiert, zum Auffinden einer kostbaren Reliquie, einer Planke von der Arche Noahs, ausgegraben auch noch mit Hilfe eines Engels. Der hl. Makarios heilt einen Drachen, der vor seinem Helfer dankbar aufs Knie sinkt, sich verneigt und ihm die Kniescheibe küßt; während ein weiterer Drache, den der hl. Symeon heilt, zwei Stunden lang das Kloster seines Wohltäters anbetet[70]!

Diese antiken Mönche können einfach alles. Mit geweihtem Wasser oder Öl kurieren sie kranke Tiere ebenso wie «verhexte» Ehemänner. Sie heilen die schlimmsten Formen von Besessenheit, darunter Frauen, die auf einmal dreißig Hühner verspeisen. Einen das Land heimsuchenden Heuschreckenschwarm läßt etwas Weihwasser wie vor einer Mauer stehn. Räuber streckt schon eine Geste der Asketen zu Boden, Tote erwecken sie zum Leben. Fehlt es an Trinkbarem, zaubern sie es per Gebet herbei oder sie verwandeln Meerwasser in Süßwasser. Delikates Brot erhalten sie täglich oder am Sonntag direkt aus dem Jenseits. Einige beziehen von dort zum Wochenend auch Leib und Blut des Herrn, unter ihnen der hl. Onophrius. Und sind sie verwirrt, weisen ihnen vom Himmel hängende Hände den Weg. Bekannt durch seine Heilwunder in der Sketis ist der Mönch Benjamin – ihn selbst aber quält eine so üble Wassersucht, daß man zuletzt die Türpfosten seiner Zelle abbrechen muß, um seine Leiche entfernen zu können. Kirchenlehrer Hieronymus berichtet detailreich die glückliche Vertreibung eines Dämons aus einem Kamel. Bischof Palladius, ein Freund des hl. Chrysostomos, meldet in seiner «Historia Lausiaca» (die, trotz allem, so Katholik Kraft 1966, «der wirklichen Geschichte sehr nahe» komme) die Verwandlung einer Frau in eine Stute[71].

Die prominentesten Kirchenväter stehen diesem Blödsinn so unkritisch gegenüber wie die christlichen Massen. Zumindest tun sie so. Noch die krassesten Albernheiten verteidigen sie. Ja, sie nennen die Mönche Engel in Menschengestalt, wahre Söhne des Lichtes, vollkommene Tugendhelden. Athanasius, Ambrosius, Hieronymus, Augustin stimmen da überein. Wer aber diese Mönchswunder nicht glaubt, der ist für die Kirchenführer geistig verkommen, glaube er doch auch nicht an das Evangelium, glaube auch nicht an die großen Wunder im Alten Testament. Es sei dieselbe Gnade, die in allen wirke – was ja wohl stimmt. Zweifler brandmarken sie als «Ketzer», Heiden oder Juden[72].

Auch wenn die (christliche) Forschung nun dazu neigt, Wunder – welche?! – nicht mehr als pure Erfindung, Betrug abzutun, wenn sie davon ausgeht, daß Hagiographen die Mirakel als Realität ansehen, so sind sie doch schwerlich Realität gewesen! Und die meisten dieser hanebüchenen Stücke, die uns die frommen Fabelmeister zumuten, haben sie doch selbst nicht geglaubt[73].

Nach den Märtyrern und Asketen gewannen auch die Bischöfe die Verehrung der Gläubigen. Zumindest in manchen sah man die Repräsentanten des Kampfes gegen das Böse, zumal gegen die «Ketzerei» (des Arianismus), womit ja neue Zeiten der Verfolgung ausbrachen. Katholische Bischöfe wurden gefangengesetzt, verbannt, gelegentlich getötet. Also erblickte man nun in den Kirchenführern – und gewiß nicht ohne ihr eigenes Zutun – die neuen Bekenner, die Verwirklicher christlicher Tugenden und feierte sie wie die Asketen, die es ja auch unter ihnen gab. Gerade asketische Oberhirten, die «Engel im Fleische», ließ man Teufel austreiben, Kranke heilen, sogar zahlreiche Naturwunder tun. Den Bischöfen Barses von Edessa, Epiphanius von Salamis, Akakius von Beröa sagte man Wunder nach. Der Bischof Porphyrius von Gaza erlangt Regen durch sein Gebet und stillt einen Sturm. Der Bischof Donatus von Euröa tötet einen Drachen, indem er ihn anspuckt[74].

Ein beachtliches Mirakel berichtet Faustus von Byzanz vom hl. «Oberbischof» Nerses. Durch den arianischen Kaiser Valens mit 72 Bischöfen und Priestern auf eine wüste, wasserlose Insel exiliert, droht ihnen allen der Hungertod. Doch der Mann Gottes weiß Hilfe. Nach einer langatmigen Predigt, in der er viele Wunder des Alten Testaments herzählt, an die Wohltaten und Macht des Herrn erinnert und endlich allen befohlen hatte, das Knie zu beugen, um der Menschenliebe Christi würdig zu werden, da «entstand auf dem Meere ein gewaltiger Sturm, und begann dieser sehr viele Fische auf die Insel zu werfen, bis Haufen zu Haufen auf dem Boden der Insel sich sammelte, und zugleich auch viel Holz. Als die Verbannten das Holz aufgelesen und gesammelt hatten, dachten sie, daß Feuer nötig sei, mit welchem sie das Holz verbrennen könnten. Plötzlich flammte das Holz von selbst entzündet in Feuer auf ... Als sie gespeist hatten, satt geworden waren, und ihnen das Bedürfnis Wasser zu trinken kam, stand der hl. Nerses auf und höhlte den Sand auf der Insel aus, und es entsprang eine Quelle, süßes angenehmes Wasser, und es tranken dort beständig alle, die auf der Insel waren.»

Dies aber wiederholte sich nun dauernd. Stets von neuem warf die See den Verbannten die «vom Herrn geschenkte Speise» zu, gab der hl. Nerses, der selbst nur sonntags etwas aß, «ihnen Stärkung die neun Jahre, die sie auf der Insel waren»[75].

Auch der Stellvertreter des Katholikos, der hl. Bischof Chad von Bagravand, stand kaum hinter seinem Herrn zurück. Er wirkte, schreibt Faustus, «gar viele sehr große Wunder. Wenn er die Armen bediente, so leerte er alle ganz und frisch gefüllten Weingefäße und ließ er allen Kellervorrat an die Armen verteilen; wenn er wieder kam, sah er Gefäße und Keller von selbst, wie auf Befehl Gottes, gefüllt; er kehrte Tag für Tag zurück und versorgte die Armen, und jene waren stets gefüllt. Derartige sehr große Zeichen geschahen durch jenen Mann; er war bewundert, berühmt und geehrt in ganz Armenien. Er wanderte umher, beriet und belehrte die Kirchen Armeniens an allen Orten, wie sein Lehrer Nerses. Eines Tages kamen Diebe und stahlen die Rinder der Kirche des h. Bischofs Chad, nahmen dieselben und gingen weg. Jedoch an einem Tage waren die Augen der Diebe geblendet. Diese kamen nun in sinnlosem Tappen und brachten alle Rinder an die Türe des h. Chad. Dieser ging hinaus, sah sie und pries den Herrn, daß er ein solcher Leiter und Fürseher seiner Gläubigen sei. Der Bischof Chad betete und heilte die Augen der Diebe; er befahl ihnen, sich zu waschen, stellte ihnen Essen vor und erfreute sie gar sehr. Dann segnete er sie, gab ihnen die Rinder, die sie gestohlen hatten, und ließ sie ihres Weges ziehen»[76].

Ach, die guten, guten Kirchenfürsten. Genau so kennen wir sie aus der Geschichte! (Im Mittelalter mußten entwendete Kirchenschätze vierfach, nach dem alemannischen Recht siebenundzwanzigfach zurückerstattet werden.) Doch um die Menschen zu gängeln, war jedes fromme Gefasel recht – im Osten wie im Westen.

Martin von Tours, «seit seiner frühesten Jugend . . . ‹heilig›» (Goosen), dann vom Bischof Hilarius von Poitiers zum Exorzisten ernannt, vollbringt im späten 4. Jahrhundert ein Wunder nach dem anderen; selbst die Kaiserin reicht ihm so das Handwasser «und diente ihm bei Tische wie eine Magd» (Walterscheid). Eine bereits fallende, vom Heidentum hochverehrte Fichte hielt Martin durch ein bloßes Kreuzeszeichen von sich ab und lenkte sie auf die andere Seite, wo sie «vernichtend» niederfiel. In Trier heilt der Heilige einen «besessenen» Koch, auch eine junge Gelähmte durch einen Öltrank. Er heilt auch durch bloße Berührung, ja, schon sein Name hat oft wunderbare Kraft. In Vienne erlöst er Paulinus von Nola von einer Augenkrankheit. Einmal befreit er eine Kuh von einem bösen Geist. Die Kuh sinkt danach aufs Knie und küßt dem Heiligen die Füße (vgl. S. 219). Ein andres Mal läßt er eine ganze Prozession, die er für eine «Götzenprozession» hält, versteinern, bis er seinen Irrtum erkennt und sie wieder in Bewegung setzt. Als er eines Tages einen Katechumenen aus einem Anfall von Starrsucht reanimiert, spricht man gleich von einer Auferstehung. Und nachdem er gar einen Gehängten wieder lebendig gemacht, ist er berühmt. Drei Menschen erweckte er vom Tod – doch war er «kein Scharlatan» (Clévenot). Er hinterließ keine Zeile – nur Wunder. Nähme man sie ihm, wäre es nicht anders, als nähme man «von Mozart die Musik» (Katholik Mohr)[77].

Ein großer Wundertäter im Westen ist der hl. Benedikt, den versiertesten Spezialisten des Alten Testaments ebenbürtig, ja beinah Jesus. Wie Moses läßt Benedikt für seine Brüder Wasser aus dem Felsen strömen. Wie der Prophet Elia wirkt er ein Ölwunder zur Zeit einer Hungersnot. Gleichwohl ist der Heilige nicht recht beliebt. Doch als ihn seine Mönche durch Gift im Wein umbringen wollen, erkennt er den Gifttrank ebenso wie er das vergiftete Brot als solches erkennt, das ihm der Priester Florentinus schickt. Aus einem «besessenen» Kleriker treibt er einen Dämon aus, zwei Menschen erweckt er vom Tod. Am ambitiösesten aber ist wohl das Wunder, das sehr an ein evangelisches erinnert. Denn wie Jesus den Petrus übers Wasser gehen ließ, so läßt Benedikt seinen Jünger, den hl. Maurus, «mit trockenen Füßen auf dem Wasser» wandeln (Römisches Martyrologium). «O Wunder, nicht gehört seit Petrus, dem Apostel!» ruft Kirchenlehrer Papst Gregor I., «der Große», der all dies Wunderbare überliefert und noch neue Mirakel einführt, Benedikts Gabe des Fernwissens, der Weissagung. So prophezeit Benedikt u. a. Aufstieg und Tod des Königs Totila (gest. 552), was Gregor «der Große» (gest. 604) Benedikt freilich leicht voraussagen lassen kann – der alte Schwindel[78].

Da im Christentum – das durch alle Ewigkeiten straft für ein kurzes Erdenleben – zumindest praktisch die Strafe eine viel größere Rolle spielt als die «Erlösung», wurden Strafwunder bald sehr beliebt, wenn auch hierbei natürlich das Heidentum (u. v. a. mit seiner «mala manus») vorausgegangen war. Selbst Maria, die barmherzige Jungfrau und Gottesmutter, wirkt eine ganze Reihe wunderbarer Strafen. Sie läßt Räuber erblinden, verweigert einer «Ketzerin» den Zugang zur Grabeskirche, bis die Böse sich bekehrt. Oder sie schneidet einem Schauspieler, der sie auf der

Bühne – trotz ihrer wiederholten, warnenden, drohenden Traumerscheinungen – immer weiter gelästert hatte, Hände und Füße ab, indem sie diese mit dem Finger berührt[79].

Durch Strafwunder glänzen auch schon die Apostel im Neuen Testament. Elymas etwa wurde ein Opfer apostolischer Nächstenliebe und Wunderkunst; war er doch ein Mann, der «die geraden Wege des Herrn» krumm machte, ein «falscher Prophet», «ein Jude», «Kind des Teufels, voll aller List und aller Bosheit, Feind aller Gerechtigkeit» – Paulus, «voll heiligen Geistes», läßt ihn erblinden. Und Petrus schickt den armen Ananias, samt Gattin Saphira, weil sie nicht ihr ganzes Geld gegeben, gleich in die Hölle (S. 436)[80].

Als vor Jakob von Nisibis einst bei einem Brunnen waschende Mädchen weder flohen noch ihre geschürzten Kleider herunterließen, verfluchte er sie, daß sie mit einemmal zu alten Weibern wurden. Kaum minder eindrucksvoll straft der hl. Apollonius. Zur Zeit des «abtrünnigen» Kaisers Julian (I 325 ff) läßt er eine ganze Versammlung von Heiden, die ihren Gottesdienst zelebrierten, in Unbeweglichkeit erstarren, «so daß sie, nachdem sie unter der unerträglichen Hitze gelitten hatten, von den Strahlen der Sonne wie verbrannt waren . . .». Dies Wunder an den verdammten Heiden – die übrigens, wie dann die Christen, auch ihren «Götzen» in einer Prozession durch die Flur trugen, «um vom Himmel Regen zu erlangen» (Rufinus) – war sicher von hohem Symbolwert und zukunftsweisend, nichts anderes nämlich als eine sinnbildliche Niedermetzelung der Altgläubigen. Es glich, schreibt Jacques Lacarrière, «zu sehr dem, was später geschichtliche Wirklichkeit wird, um nicht schlicht und einfach der literarische Ausdruck unbewußter christlicher Wünsche zu sein». Und wer weiß, ob es unbewußte waren! Bei dem Schreiber der Vita des hl. Pachomius (S. 227 f) jedenfalls nicht. Trat da doch, als Gegner eine seiner Bauten verhindern wollten, «plötzlich ein Engel des Herrn hinzu und verbrannte sie alle»[81].

Nicht immer ruiniert man «nur» Menschen. In vielen Wundergeschichten werden vor allem Götterstatuen zerschmettert, zum Verschwinden gebracht. Der hl. Thomas befiehlt einem Dämon in einem Götterbild dessen Zerstörung im Namen des Herrn Jesus Christus – «und es zerfloß wie Wachs». Johannes zerbricht durch sein Gebet im ephesinischen Artemistempel mehr als sieben Götterfiguren. Nach dem Gebet des hl. Theodoros, Bischofs von Paphos, nickt Gott, und schon fallen die Götzenbilder um. In anderen Legenden wird die Statue Julians von einem Blitz vernichtet oder das Aphrodite-Idol in Gaza beim Einzug des Kreuzes in den Tempel[82].

Der hl. Maurilius, Bischof zu Angers (gest. 417), beseitigt mittels eines Strafwunders – Feuer vom Himmel – einen ganzen Tempel. Er befreit einen Sklaven, indem er betend den Sklavenhändler tötet. Dann aber erweckt er ihn wieder; schließlich mußte nicht immer, wenn auch auf noch so wunderbare Weise, gestraft werden. Ein krankes Kind aber, das dessen Mutter bringt, stirbt, weil Maurilius gerade Messe liest und die hl. Handlung nicht unterbrechen will. So fühlt er sich schuldig und entschließt sich zu einem Büßerleben. Heimlich fährt er zu Schiff nach England. Da fallen ihm auf hoher See die Schlüssel zum heimischen Reliquienschatz ins tiefe Meer. Er gelobt, nicht ohne die Schlüssel zurückzukehren. Während er drüben als Gärtner lebt, folgen ihm Boten seines Bistums. Bei der Überfahrt springt ein großer Fisch in ihr Schiff – im Bauch den verlorenen Schlüssel des Oberhirten. In England finden sie auch diesen selbst, er kehrt zurück, läßt das während seiner Messe gestorbene Kind exhumieren und erweckt es augenblicklich zum Leben. Noch manche Wunder wirkt der hl. Bischof so. Noch bei seiner Beerdigung gesundet ein seit Jahrzehnten Bettlägeriger und zwei Blinde werden sehend durch seine Fürbitte[83].

Seit dem 5. Jahrhundert wuchert die Heiligenliteratur in der ganzen christlichen Welt. Allein der hl. Bischof Gregor von Tours berichtet im nächsten Säkulum mehr als zweihundert Wunder: über vierzig Heilungen von Gichtbrüchigen und Gelähmten, über dreißig Blindenheilungen, ferner Heilungen von Besessenen, Stummen, auch mehrere Totenerweckungen. Man schrieb, gut erzogen, aufgeklärt, wie man schon war, den Heiligen sogar Briefe, deponierte sie nebst Blatt für Rückantwort auf ihren Gräbern oder einem Altar – und nach kurzer Zeit bereits, o Wunder, fand man dort die Mitteilung des Heiligen in ganz irdischen Schriftzeichen vor. Mit Engeln verkehrt man häufig. Visionen, vor allem in der Nacht, waren fast gewöhnlich[84].

Visionen wie Bienenschwärme

Die Echtheit der Visionen sieht der Katholizismus durch die Visionen des Alten und Neuen Testaments gesichert. Darüber hinaus aber hat es an Visionen, Offenbarungen, Schauungen im Christentum bis in die Neuzeit nie gemangelt – auf allen Seiten! So sehr man einander befehdet, zerfleischt oft – der Himmel war ganz gerecht und teilte sich allen mit. Doch Visionen der Gegner konnten natürlich nicht echte Visionen sein. «Wenn sie etwas Neues behaupten», sagt Tertullian von den Valentinianern, «nennen sie ihre Dreistigkeit sogleich eine Offenbarung und ihren Einfall ein Gnadengeschenk». Das war in der Tat die Taktik aller Christen[85].

Paulus hat seine berühmten Gesichte – nach genauen religionsgeschichtlichen Vorbildern, mit Parallelen bei Homer, Sophokles, Vergil, vor allem aber mit verblüffenden Ähnlichkeiten in den «Bakchen» des Euripides und in der alttestamentlichen Heliodorlegende. Einer bekannten montanistischen Prophetin erscheint, mit glänzenden Gewändern geschmückt, Christus als Frau und legt «die Weisheit» in sie. Zum Valentinianer Markus steigt, ebenfalls in femininer Form, gleich die allerhöchste Vierheit von unsichtbaren, unnennbaren Orten herab und offenbart ihm, was sie bisher weder Göttern noch Menschen enthüllt, ihr eigenes Wesen und die Entstehung des Alls[86].

Besonders den Asketen fliegen die Visionen zu wie die Bienen dem Bienenschlag. Die irrsinnige Kasteiung (vgl. S. 345 ff), durch die sie Geist und Körper malträtieren, anhaltendes Fasten, Wachen, ein hypotropher Gespensterwahn inmitten oft entsetzlicher Einsamkeit machen sie von vornherein anfällig für «Erscheinungen». Je mehr Selbstpeinigungen, Dämonenkämpfe aber, je mehr Halluzinationen, Visionen, Auditionen, desto weniger Sinn für die übrige Welt.

Der hl. Antonius, so asketisch, daß er sich weder wäscht noch badet, hat derart dauernd Kontakt mit überirdischen bzw. unterirdischen Mächten, daß er die berühmte «Stimme von oben» vernimmt, wie wir das Radio, ohne jede Irritation, da eben «gewohnt so angeredet zu werden». Und zu den Auditionen kommen Visionen. Einmal wird sein eigener Aufstieg zum Himmel gefährdet durch allerlei infames Gelichter in der Luft. Ein andres Mal sieht er, wie ein fürchterlicher, bis zu den Wolken reichender Dämon andere emporsteigende (geflügelte) Seelen aufzuhalten sucht; doch kann der Teufel «die, die ihm nicht gehorcht haben, nicht überwältigen». Sehr vieles aus der berühmt-berüchtigten Vita des Antonius, aus der Feder des hl. Fälschers Athanasius – «ein Stück Weltliteratur» (Staats), «eines der einflußreichsten Bücher aller Zeiten» (Momigliano), vermutlich das erfolgreichste Heiligenmärchen überhaupt – kehrt in anderen Heiligenleben wieder, auch Visionäres. Wie zum Beispiel Antonius die Seele des Mönches Amun bei dessen Tod in den Himmel auffahren sieht, so sieht auch der hl. Abt Benedikt die Seele seiner Schwester bei deren Tod in Gestalt einer Taube zum Himmel schweben. Das Machwerk des alexandrinischen Patriarchen wurde *der* christliche Bestseller des 4. Jahrhunderts und verdummte die Menschheit wie wenig andere bis heute (S. 349 ff)[87].

Auch Pachomius, der Begründer des cönobitischen Mönchtums, schaut die Himmelfahrt eines Gerechten und die Höllenfahrt eines Sünders, welch letzterem zwei erbarmungslose Engel die (schwarze) Seele mit Hilfe eines Angelhakens durch den Mund ziehn und dann auf «ein schwarzes geistiges Roß» setzen. Denn so realistisch, ja diktatorisch dieser Gründer von acht Männer- und zwei Frauenklöstern ist, der Schöpfer ferner einer Schule machenden Mönchsregel, so war er doch auch «eine adlerhafte Erscheinung, die mit ihren Geistesflügeln dem Höchsten entgegengeflogen», ein Mann, «der mit Engeln im Gespräch stand» – ein «erschauernde(s) Erlebnis» (Nigg). Überall provozieren ihn

Satan und seine Gehilfen. Sie umbellen ihn als Hunde, er lauscht den Unterhaltungen der bösen Geister, halluziniert auch eine Tochter Beelzebubs, ein wunderschönes Weib, der Himmel und nicht zuletzt die Hölle werden ihm mit allen herrlichen bzw. fürchterlichen Einzelheiten offenbar. Kurz, alles um Pachomius ist voller Teufel und Dämonen, die Luft, die Wüste, sogar die Fingerspitzen Besessener, vor allem natürlich sein eigener christlicher Kopf. Denn während der gefeierte Klostergründer klug organisiert und mit Härte herrscht, qualmt ihm gleichwohl, so scheint es zumindest, der Schädel von «Metaphysik», von Engel-, von Dämonenvisionen[88].

Auch Päpste erscheinen manchmal. So soll der hl. Papst Felix III. (483–492) seiner Enkelin, der hl. Tharsilla, erschienen sein – berichtet wenigstens der hl. Papst Gregor I., «der Große», der Urenkel des hl. Felix, und selber, versteht sich, ein großer Wundertäter. Und ganz alltäglich war es, daß die Märtyrer auf ihren Gräbern den Pilgern sich zeigten. Auch Augustinus ist – in direktem Widerspruch zu einer afrikanischen Kirchensynode – von der Echtheit dieser Vorgänge überzeugt und legt deren Möglichkeit und Arten ausführlich schriftlich dar[89].

Ungezählte Male trat Maria in Erscheinung. Allerdings meist erst in späterer Zeit, als sie die Katholiken sozusagen zu entdekken begannen. Denn im ganzen Neuen Testament wird sie nur äußerst selten und ohne sonderliche Teilnahme genannt. Noch im 4. Jahrhundert ist ihr Kult nicht offiziell anerkannt, verehrt man ganz gewöhnliche Märtyrer oder Asketen weit mehr als sie. Noch im 5. Jahrhundert kennt man zur Zeit Augustins keine Marienfeste in Afrika. Während es im ganzen Reich schon Hunderte von Kirchen für Heilige gibt, gibt es noch keine einzige Marienkirche.

Gleichwohl präsentiert sich Maria bereits Gregor dem Wundertäter, gest. um 270, was freilich erst der hl. Gregor von Nyssa im späten 4. Jahrhundert berichtet, einer von vier Biographen des Wundertäters. Eines Nachts, als dieser kniffelige Glaubensprobleme bedenkt, taucht vor ihm ein Greis auf: der Evangelist Johannes. Er beruhigt Gregor, zeigt ins andere Eck: dort steht die hl. Maria, eine Frau von übermenschlicher Majestät. Sie informiert Gregor, und alles wird schönstens geklärt. «Nach einem bündigen und klaren Gespräch», meldet Kirchenvater Gregor von Nyssa hundert Jahre danach, «verschwanden sie».

Gregor der Wundertäter war Bischof von Neocaesarea, wo es bei seinem Amtsantritt nur 17 Christen, bei seinem Tod aber nur noch 17 Heiden gegeben haben soll – das heißt, er hat aus einer heidnischen eine christliche Stadt gemacht und sicher auch mit Hilfe jener Wundertaten, derentwegen er seinen Beinamen erhielt. Mirakel fördern die Mission. In einem Eck der Evangelist, im andern die hl. Jungfrau, dazwischen der Wundermann, was kann da schiefgehn?

Im übrigen: immer wenn es Probleme gibt, gibt es auch Marienvisionen, die zwar, nach einem modernen Theologen, dadurch gekennzeichnet sind, «daß sie sich meist den Anforderungen einer kritischen Analyse entziehen, jedoch dadurch beglaubigt werden, daß sie» – und dies hebt er, um den Zynismus ganz zu offenbaren, selbst hervor – «bewirken, was sie verkünden»[90].

Auch beim hl. Martin hat sich – außer dem Teufel und jeder Menge böser Geister – Maria wiederholt eingefunden. Ebenso verkehrte Martin mit weiteren himmlischen Persönlichkeiten, mit Paulus, Petrus, Agnes, Thekla. Sein Biograph bemerkt dazu, manchem könne dies unglaublich erscheinen. «Aber Christus ist mein Zeuge, daß ich nicht lüge». Und der Abt Schenute, ein großer Räuber und Mörder vor dem Herrn (II 203 ff), traf sich mit David und Jeremias, mit Elias und Elisa, mit Johannes dem Täufer und mit Christus[91].

Mit all dem stehen wir natürlich längst und tief im Bereich der Legende – im Grunde freilich schon mit dem Alten, dem Neuen Testament, besonders mit den Evangelien, wenn es auch begründet genug ist, daß man noch eine spezielle Gattung der Legende kennt, der Lüge mit Heiligenschein, die Erbauungsdichtung, vor allem die Heiligengeschichte, das Heiligenleben.

Die Legende – «die geistliche Nahrung des Volkes» oder «grosse, unverschempte, feiste, wolgemeste, erstunckene papistische Lügen»

Schon in der alten Kirche traten an die Stelle der mehr und mehr verteufelten und verdrängten «Apokryphen» volkstümliche Erbauungsbücher, beliebte Unterhaltungstexte, reine Legenden, traten reichlich triviale Romane, eine vom Klerus scheinbar distanziert betrachtete, doch insgeheim begünstigte, eine immer unglaublichere, aber gleichwohl geglaubte Literatur, die «eine große geschichtliche Bedeutung» erlangt hat, ja, «die geistliche Nahrung des Volkes» geworden ist (Katholik Bardenhewer)[92].

Legenden gab es bereits in den vorchristlichen Religionen. Im Christentum grassierten sie nur so.

Etymologisch kommt das Wort von legenda («das zu Lesende»). Es ist zunächst das, was dem Volk beim Gottesdienst aus dem Lectionarium oder Epistolarium vorgelesen werden soll. Später versteht man darunter vor allem Lebensbeschreibungen katholischer Heiliger. Im 6. Jahrhundert wurde das gesamte antike Legendensystem verchristlicht, wurde der Heilige der neue Träger der Legende. Seit dem frühen Mittelalter werden dann Texte aus den Heiligengeschichten des jeweiligen Tagesheiligen für die Kleriker Pflichtlesung, wird die Heiligengeschichte eben zur «legenda». Doch sprach man auch von der «vita» oder beim Märtyrer von der «passio»[93].

Das unrühmliche Ende von Papst Johannes I. unter König Theoderich (II 365 f) wird von der katholischen Legende zusehends verklärt. Bereits als man zum Totenbett des Papstes strömt, Senatoren und Volk sich um seine Reliquien, seine Kleidung reißen, ereignet sich eine Wunderheilung. Bei seiner Bestattung geschieht abermals ein Mirakel. Und da Wunder wachsen, verzeichnet Papst Gregor I. am Ende des Jahrhunderts Wunder, die Johannes schon zu Lebzeiten gewirkt, nämlich auf seiner Reise nach Konstantinopel, wo er auch einen Blinden sehend gemacht. «Der Glaube an Wunderbezeugungen Lebender und Jüngstverstorbener ... brach jetzt im Zeitalter einer neu emporkommenden Geistigkeit, die sich immer mehr von antiker Verstandeshelle entfernte, mächtig und unmittelbar in aller Öffentlichkeit hervor» (Caspar)[94].

Die Lebensbeschreibungen der christlichen Heiligen, von denen man, so Wetzer/Weltes katholisches Kirchenlexikon, im 2. Jahrhundert «schon das Merkwürdigste» aufzeichnete, wurden allmählich immer ausführlicher, legendärer, lügenhafter. Ihre Hauptaufgabe, wozu nach dem genannten alten Standardwerk «eine edle lebensfrische Darstellung der großen Charaktere der Heiligen» und «richtige *Resultate*» gehörten, war «darauf berechnet, die edelsten und heiligsten Gefühle und Gesinnungen im Volke zu wecken, und ihm so die Macht und Größe des Christentums in den einzelnen Heiligen in der mannigfaltigsten Form vor Augen zu stellen». Und noch das neuere «Lexikon für Theologie und Kirche» räumt ein: «Tendenz der Legende in altchristlicher Zeit und im ganzen Mittelalter ist die religiöse Erbauung ... Im späteren Mittelalter war die Legende äußerst beliebt und ein mächtiges Mittel der religiösen Volkserziehung, in ihrer Bedeutung für Kirchen-, Kultur-, Kunstgeschichte und Sprachforschung jetzt allgemein anerkannt; während die Aufklärungszeit sie als ‹Priesterbetrug› verachtete» (A. Zimmermann) – womit sie völlig recht hatte[95].

Denn mit diesen weitgehend erlogenen, durchaus als Geschichte ausgegebenen Erzählungen wurden die Massen nachhaltig beeinflußt, wahrscheinlich viel mehr als mit allen sonstigen «Glaubensgütern». «Aus der Legende wuchsen die Heiligen sozusagen zu Fleisch und Blut in das Gefühlsleben des Volkes hinein» (Katholik Schauerte). Die Legenden waren ein hochgradiger «erzieherischer Faktor» (Günter), und dies sind sie im Katholizismus bis tief in die Neuzeit, wenn nicht in vielen Gegenden noch heute. In der übrigen Christenheit blieben sie bis zur Reformation in Geltung; bis Luther von der «Lügende» sprach und 1562 der pfalzgräflich-neuburgische Hofprediger Hieronymus Rauscher eine schon viel aggressiver betitelte Auswahl zu Papier brachte: «Hundert außerwelte, grosse, unverschempte, feiste, wolgemeste, erstunckene papistische Lügen»[96].

Viele dieser Fälschungen erinnern in der Art der Darstellung an heidnische Romane. Doch das übliche Urteil, besser: die häufige Ausrede, um nicht zu sagen Standard-Lüge katholischer Apologeten, daß die christliche Romanliteratur nicht einfach Geschichte bieten wollte, daß die Gläubigen solche Produktionen als fromme Dichtung, als literarische Fiktionen betrachteten, entschuldigt, verharmlost, rechtfertigt ganz unzulässig, ist indiskutabel. Denn diese Erbauungsbücher wollten keine künstlerischen Erfindungen sein, sie wollten nicht dem Amüsement, der Unterhaltung dienen, sondern der Belehrung, Werbung, Mission, sie waren theologische Tendenzliteratur. Und wie schon den Juden, so galten auch den Christen solche Erdichtungen für historisch wahr, da man in der ganzen Antike zwischen Geschichtsroman und Geschichte kaum unterschied. Haben doch alle Kirchenautoren derartige Texte «als geschichtliche Zeugnisse betrachtet und sie vielfach aufgrund ihres Inhaltes für echt – bei übereinstimmender Lehre – oder im gegenteiligen Fall als gefälscht beurteilt» (Speyer)[97].

Die Legenden waren somit alles andere als harmlos. Diese dreist unwahren Erfindungen, Glorifikationen waren katholische Propaganda, geschrieben in der Absicht, geglaubt zu werden. Sie waren Bekehrungs- und Festigungsmittel, «Glaubenszeugnisse». Und sie wurden geglaubt, wurden keinesfalls als «frommer» Trug betrachtet. Da hätten sie ja ihren Zweck verfehlt! Nein, von Jahrhundert zu Jahrhundert, durch die ganze Antike, das ganze Mittelalter und darüber hinaus hat man mit Legenden Geschichte gemacht, nicht nur Glaubensgeschichte, sondern auch, das hing in jenen Zeiten immer eng zusammen, politische Geschichte, hat man mit Legenden nicht minder Geschichte gemacht als mit dem Schwert. Um so mehr, als – dank der katholischen Erziehung – gerade das Mittelalter «zwischen Legende und Geschichte nicht unterschied» (Günter). «Legenden», schreibt auch ein moderner Jesuit, «wurden geglaubt und wirkten entscheidend (!) mit, die Anziehungskraft und das Vertrauen zu mehren». «Viele nahmen ohne Bedenken (!) jede (!) Erzählung als wahr hin, welche sie in Werken angesehener Schriftsteller lasen» (Beissel). Gilt das indes schon für die Gebildeteren, was galt dann erst für die große Masse christlicher Analphabeten? Man konnte ihnen alles vormachen – und man hat es getan[98]!

Die Legenden aber entstanden jahrhundertelang, bis ins Spätmittelalter, nicht etwa, wie oft behauptet wurde, durch das Volk, sondern durch den Klerus für das Volk, entstanden besonders in Klöstern und an Bischofssitzen, dort eben, wo man den größten Nutzen daraus zog. Denn anders als durch Mirakelhistörchen konnte man dem Gros der Gläubigen weder etwas erklären noch es beeindrucken, von Folterkammern, Scheiterhaufen abgesehen. Doch ob man aus purer Profitgier fälscht oder ob man «guten Glaubens», zur höheren Ehre des Herrn oder eines Heiligen diesen allerlei «miracula» und «virtutes» andichtet, ist faktisch, in seinen Auswirkungen, und nur darum geht es hier, völlig gleich. Der Wunderschwindel in den Heiligenlegenden, die im Christentum mit dem Neuen Testament beginnen, eigentlich schon mit dem Alten, mag der Kirche weit mehr Gold und Macht eingebracht haben, als all die ungezählten Fälschungen, die *allein* aus Geldgier erfolgten. Und der Autoritätsglaube «überwand alle kritischen Anwandlungen» (Günter)[99].

Schon der älteste Evangelist warnt vor falschen Propheten, die «Zeichen und Wunder tun, um womöglich die Erwählten irrezuführen». Dann beschuldigten Arianer und Katholiken sich gegenseitig des Wunderbetrugs. Auch bei Exorzismen bezichtigten die Gegner im Herrn einander der Täuschung. Und wirklich hatte, entsprechend der direkten Betrugspraktik von Priestern und Magiern, auch im Christentum schon im 2., mehr noch im 3. Jahrhundert der praktische Wunderschwindel, der unmittelbare, dann im Mittelalter, in der Neuzeit enorme Ausmaße erreichende Pfaffenhokuspokus begonnen, in gnostischen Kreisen und in der katholischen Kirche. Gibt es doch zwischen dem Typus «Zauberer» und «Priester» allerlei Gemeinsamkeiten[100].

Einen beredten Hinweis darauf verdanken wir dem hl. Epiphanius, Erzbischof von Salamis auf Cypern, einem Kirchenvater mit großem Eifer, aber, unbestritten, wenig Verstand (I 163 f, II 149 f). «An vielen Orten», meldet Epiphanius, wiederhole sich das Wunder auf der Hochzeit zu Kana, die Verwandlung von Wasser in Wein, «bis auf den heutigen Tag . . . zum Zeugnis für die Ungläubigen», wie «an vielen Stellen Quellen und Flüsse» bekundeten, und zwar am Jahrestag jener Hochzeit. Es versteht sich fast von selbst, daß Epiphanius aus einem solchen Brunnen Wein getrunken, übrigens auch seine Gemeinde (aus einem anderen). Da aber der erwähnte Jahrestag in der altchristlichen Liturgie der 6. Januar war und dieser wieder das Datum eines Festes des Dionysos, der schon ein halbes Jahrtausend vor Jesus die wunderbare Verwandlung von Wasser in Wein vollbrachte, wie Euripides (ca. 480–406) bezeugt, wird offensichtlich: die christlichen Priester setzten den Betrug der dionysischen fort, u. a. auch auf den Überresten ehemaliger Dionysostempel[101].

An analogen Gauner-Praktiken waren offenbar selbst die berühmtesten Heiligen des Katholizismus beteiligt, zumal allmählich ein gewisser Wunderschwund einzutreten begann.

Der hl. Ambrosius erweckte den Sohn eines vornehmen Florentiners von den Toten und leistete sich auch sonst eine Reihe sinistrer, im Grunde aber höchst eindeutiger Kunststückchen im wunderbaren Auffinden heiligen Märtyrergebeins (I 431 ff). Die Arianer verdächtigten ihn zudem der Inszenierung von Besessenenheilungen[102].

Augustinus meint, Wunder seien nicht mehr so verbreitet wie früher, jedoch noch häufig genug – die der Heiden bewirkt natürlich der Teufel. Augustin ermuntert seine Nachbarbischöfe, auf alle mirakulösen Ereignisse zu achten, sie aufzuschreiben und apologetisch sowie missionarisch zu verwerten. Er selber verfährt nicht anders, läßt ein «Wunderverzeichnis» (Libellus Miraculorum) anlegen, das nur aus den Jahren 424 bis 426 siebzig Wunder dokumentiert – das gibt es heute nicht in Lourdes. Auch das längste Kapitel seines Hauptwerkes «De civitate Dei» renommiert mit fünfundzwanzig überaus erbaulichen, zum Teil von ihm selbst miterlebten Mirakeln, wobei die Skala von einer herrlichen Hämorrhoidenheilung bis zur Auferweckung von den Toten reicht. Allein die schon ihrerseits durch ein Wunder – eine dem Priester Lucianus widerfahrene Traumoffenbarung – gefundenen

Knochen des hl. Stephanus erweckten, feierlich in Augustins Bischofssprengel überführt, in Hippo fünf Tote zum Leben[103]!

Vom miraculum sigillum mendacii zu den katholischen Apologeten

Im ersten Jahrtausend wurden viele Heilige «gleichsam durch die allgemeine Übereinstimmung des Volkes kanonisiert» (Naegle). Die Kritiklosigkeit ging aber im Lauf der Zeit so weit, daß die Päpste sich das Recht der Selig- und Heiligsprechung reservierten. Das heißt gewiß nicht, sie seien kritisch vorgegangen. Hier Selbstkritik zu erwarten, wäre der Gipfel des Grotesken in einem Bereich, in dem alles grotesk ist. Zum Beispiel auch die Tatsache, daß noch heute oder heute wieder sogar hochzuschätzende Menschen (darunter Autoren wie Canetti, ja Cioran) das Wort «heilig» bloß mit numinosen Schauern aussprechen können, obwohl sich fast stets das Schlimmste dahinter verbirgt; und je leuchtender die Gloriole um das Kriminelle, desto schrecklicher. Erwägt man den verheerenden Einfluß all dieser «Heiligenleben» auf die Erziehung der menschlichen Gesellschaft zum Vorteil (nicht nur!) der römischen Hierarchen, so *klingt* es nicht bloß wie Hohn, behauptet Papst Pius XI. – der entscheidende Förderer des Faschismus in allen seinen Varianten! – in einem Rundschreiben vom 31. Dezember 1929 über die christliche Erziehung der Jugend: «Die Heiligen haben in vollkommenstem Grade das Ziel der christlichen Erziehung erreicht und dabei die menschliche Gemeinschaft mit allen Arten von Gütern veredelt und beglückt. Die Heiligen waren, sind und werden in der Tat immer die größten Wohltäter und vollendetsten Vorbilder der menschlichen Gesellschaft bleiben, für jede Klasse und jeden Beruf, für jeden Stand und jede Lebenslage»[104].

Nachdem wir im Vorstehenden schon ausführlich das miraculum sigillum mendacii, wie Schopenhauer zu sagen liebte, betrachtet haben, erwartet hoffentlich niemand, daß wir nun das mirum quoad nos betrachten, das mirum in se, das absolute und das relative Wunder, das substantielle (quoad substantiam) und modale (quoad modum), das übernatürliche (supra naturam), das widernatürliche (contra naturam), das außernatürliche (praeter naturam), das kosmologische, anthropologische, historische, das Natur- und Geisteswunder, das intellektuelle und moralische, etc. etc. – wir müßten denn noch verrückter sein als all jene, die vor fast zweitausend Jahren oder noch vor zweihundert Jahren daran geglaubt haben oder die vielleicht heute noch daran glauben. (Ich glaube, daß sehr vieles möglich ist, wovon unsrer Schulweisheit nichts träumt; aber an ausgemachten Blödsinn glaube ich nicht.) Kaum zu glauben, daß noch ein Ludwig Feuerbach das Wunder als solches so ernst genommen und auseinandergenommen hat. Schon Louis Büchner staunte darüber und fand es seinerseits «wunderbar, wie ein so klarer und scharfsinniger Kopf ... so viele Dialektik aufzuwenden für nötig hielt, um die christlichen Wunder zu widerlegen»[105].

Als wäre die entscheidende Wunderkritik nicht schon geleistet gewesen! Durch Spinoza etwa, nach dessen berühmtem Satz das Beweisen einer Religion durch Wunder nichts anderes heißt als «eine dunkle Sache durch eine noch dunklere aufhellen zu wollen». Durch Bayle, der den Glauben an das Wunder das Wesen des Wunders nennt und treffend definiert, «je mehr ein Wunder der Vernunft widerspricht, desto mehr entspricht es dem Begriff des Wunders». Durch Lessing, demzufolge zufällige Geschichtswahrheiten der Beweis von notwendigen Vernunftwahrheiten nie werden können. Der schrieb: «Ein anderes sind Wunder, die ich mit meinen eigenen Augen sehe und selbst zu prüfen Gelegenheit habe, ein anderes sind Wunder, von denen ich nur historisch weiß, daß sie andere wollen gesehen und geprüft haben. Nachrichten von Wundern sind nicht Wunder»[106].

Auch Voltaire natürlich und Hume gehören hierher. Und im 19., im 20. Jahrhundert gaben dann selbst die (evangelischen) Theologen das Wunder preis. War es die «vollkommenste Überzeugung» Schleiermachers, «daß alles in der Gesamtheit des Naturzusammenhangs vollständig bedingt und begründet ist».

War es ebenso die Überzeugung Harnacks, daß es «als Durchbrechung des Naturzusammenhangs keine Wunder geben kann». «Jedes einzelne Wunder», schreibt Harnack, «bleibt geschichtlich völlig zweifelhaft und die Summation des zweifelhaften führt niemals zur Gewißheit». War auch für den Theologen Bultmann ein Wunder eine den Menschen nicht mehr nachvollziehbare Zumutung, da es unmöglich sei, sich Wunder als Ereignisse contra naturam zu denken[107].

Aber hat nicht die Quantenphysik diese Argumentation hinweggefegt? Ist die Naturgesetzlichkeit seither nicht völlig anders? Seit sie Werner Heisenberg nicht mehr als ein Bild der Natur erklärte, sondern als ein Bild unserer Beziehung zur Natur (vgl. I 49)? Seit seine «definitive Widerlegung des Kausalitätsprinzips» in der Quantenphysik die Naturgesetzlichkeit nicht mehr (wie die klassische Mechanik) als determinierende Gesetze verstand, sondern als statistische Gesetzlichkeit? Ah, was für eine Gelegenheit für alle Apologeten, den Indeterminismus der Quantenmechanik theologisch auszubeuten! Und was für ein Mißverständnis. Widerlegt doch die Makrophysik die klassische Theorie nicht, sondern bestätigt sie. Konzediere doch, betont Protestant Sigurd Daecke, selbst Pascual Jordan, auf den sich all jene Theologen nun beriefen, die das Wunder retten wollten, «daß im sichtbaren Bereich alles Geschehen den Naturgesetzen unterworfen ist, und versucht nicht, aus der bloß statistischen Gesetzlichkeit im subatomaren Bereich, die Möglichkeit von Wundern zu postulieren»[108].

Ich behaupte übrigens gar nicht, denn ich bin sehr vorsichtig mit nicht einwandfrei erweisbaren Behauptungen: Wunder sind unmöglich. Doch mit dem Theologen Renan sage auch ich: «Bis jetzt ist noch kein Wunder konstatiert worden». Jedenfalls gibt es kein einziges, in keiner Hinsicht anfechtbares, absolut sicher bezeugtes Wunder. Nämlich bezeugt von hinreichend vielen, hinreichend kritischen und hinreichend redlichen Menschen[109].

Wozu überhaupt Wunder?

In seinen «Antworten auf die Einwürfe gegen die Religion» schreibt Monseigneur von Ségur, gerade deshalb wirke Gott

Wunder, «um zu zeigen, daß Er der Herr der Welt ist». Doch geht es darum, warum wirkt er dann nicht viel größere, ganz unbezweifelbare, alle überzeugende Wunder – statt nur solcher Wunder, die bloß seine Anhänger befriedigen, statt nur so kleiner Wunder oder großer in ferner Vorzeit, die sich jeder Kontrolle entziehen? Braucht er überhaupt Wunder? Oder brauchen die Religionen und ihre Priester sie? Wären ihre Glaubenslehren einleuchtend genug, bedürften sie dann noch der Wunder? Ja, warum ist der Glaube so wenig überzeugend an sich, daß Gott diese Umwege wählt? Warum mußte er «aus empirischen, noch dazu höchst dürftigen Faktis die Göttlichkeit der Religion ... beweisen» (Schelling)? Hätte er nicht klarere, evidente Religionen schaffen, hätte er, der Allmächtige, die Menschen nicht einfach überzeugen können? Er brauchte doch nur zu wollen, schrieb Baron von Holbach, daß sie überzeugt sind, und sie wären es. Er brauchte und braucht ihnen «nur klare, deutliche, beweiskräftige Dinge zu zeigen, und sie werden durch die Evidenz überzeugt werden; hierzu braucht er weder Wunder noch Dolmetscher»[110].

Doch solche Attacken setzen Katholiken nicht in Verlegenheit. Überall dort, wo die Logik nicht stimmt, die Rechnung nicht aufgeht, führen sie «Gottes Unerforschlichkeit» ins Feld und kontern mit dem Vorwurf des «Rationalismus» (selten ohne das Beiwort «platt»), während bei ihnen alles «tief» ist und «wahr» obendrein. So kann sie auch Diderots Frage, warum die Wunder Jesu wahr, die Wunder des Äskulap, des Apollonius von Tyana, des Mohammed unwahr seien, nicht erschüttern. Ihre Antwort lautet einfach: Die Wunder Jesu sind wahr, weil es die Wunder Jesu sind und die katholische Kirche sich darauf beruft. Die Wunder aller anderen sind unwahr, weil es die Wunder eben der anderen sind und der Katholizismus sie nicht brauchen kann. Er würde mit ihrer «Anerkennung» die eigenen entwerten. Also unterscheidet man zwischen «Wunder» und «Scheinwunder», wobei die Wunder, die echten, eben immer die der eigenen Seite, die Schein- und Schwindelwunder immer die der anderen sind. Wunder außerhalb des Christentums gibt es überhaupt nicht, und da auch bloß innerhalb der christkatholischen Kirche. Nur ihre Wunder sind echt, sind «Gotteswunder im Unterschiede von den unwahren, lügenhaften Wundern als außerordentlichen Wirkungen Satans und seiner Organe» (v. Schmid). Diese «Scheinwunder» sind nicht einmal «*geschichtliche* Tatsachen» oder, falls doch, so nur «*Betrügereien*» und «*natürliche* Wirkungen» (Specht/Bauer). Das gilt im allgemeinen auch für die Wunder christlicher «Ketzer». Ja, bei einer «Häresie» liegt um so weniger ein «wirkliches Wunder» vor, «je weiter sie sich von der Wahrheit entfernt hat» (Faßbinder)[111].

Dürfen wir nach dieser Logik schließen: je weniger sich eine «Ketzerei» von der Wahrheit entfernt, desto mehr liegt ein «wirkliches Wunder» vor?

Wie auch immer: die Wunder Buddhas etwa oder Krischnas findet der katholische Theologe Zwettler «derart phantastisch ausgeschmückt, daß sie von Anfang an keine Glaubwürdigkeit finden können» – und doch glauben sie viele Millionen Buddhisten und Hinduisten, wie die Christen die der Bibel glauben. Katholik Brunsmann konzediert zwar, Buddhas Persönlichkeit stehe «in sittlicher Hinsicht fleckenlos» da, aber Buddhas Wunder erscheinen (auch) ihm als «zum großen Teil so phantastischer Art, daß sie uns anmuten wie die Märchen aus ‹Tausend und einer Nacht›». Daß sie «nichts sind als Schöpfungen menschlicher Phantasietätigkeit, bedarf keines Beweises mehr». Bei den Wundern des Äskulap und des Sarapis «können wir nicht mehr zweifeln, daß wir es mit dämonischen Machtwirkungen zu tun haben». Bei den Wundern des Apollonius von Tyana gehört vieles «unbedingt in das Reich der Fabel». Manches dagegen scheint hier Brunsmann «der Wahrheit zu entsprechen», wie die Teufelsaustreibungen des Apollonius, seine plötzliche Beseitigung der Pest in Ephesus u. a. Freilich wirkte auch dieser Mann «im Bunde mit den Dämonen seine ‹Wunder›», was der Katholik dadurch bestätigt sieht, daß Apollonius «die *Beförderung* des heidnischen *Götterkultes* als seine Lebensaufgabe betrachtete». Und was die ungemeine Häufigkeit «ketzerischer» Mirakel betrifft, ist klar: «auf göttliche Ursächlichkeit deutet kein einziges dieser ‹Wunder› hin». Wo Brunsmann, wie beim Jansenismus, nicht *«Suggestion»* am Werk sieht, «sind *dämonische* Einflüsse anzunehmen»[112].

Ja, wenn die Wunder der Nichtkatholiken keine Scheinwunder sind, dann sind es Wunder des Teufels. Das wußten schon die alten Theologen. Schon nach dem hl. Justin vollbrachten die Gegner ihre Wunder mit Hilfe böser Geister. Und auch nach Irenäus experimentierten die Feinde der Christen auf frevlerische Weise, riefen sie die Engel an, gebrauchten Zaubermittel, Zaubersprüche. Sie wollten die Menschen bloß auf ihre Seite ziehn – was bei den Katholiken ja ganz anders war und ist. Ebenso sind für Augustinus – der jeden Wunderbericht notieren und seinen Schäfchen verlesen läßt – Wunder außerhalb der katholischen Kirche, zumal die der Heiden, nur schändliche Praktiken, schmutzige Reinigung, Betrug, ist da «alles ein Blendwerk trügerischer Dämonen»; während die eigenen Wunder «durch Engel oder sonstwie durch göttliche Kraft geschehen» und man nicht auf jene hören dürfe, «die bestreiten, daß der unsichtbare Gott, sichtbare Wunder wirke»[113].

Die Wunder, wie unglaublich inzwischen selbst für breitere Kreise, können auch heute nicht preisgegeben werden; nicht nur, weil man sie seit je behauptet hat, sondern weil die Wunder im Katholizismus der Beweis sind für den (aus begreiflichen Gründen) unsichtbaren Gott und die göttliche Offenbarung – und die göttliche Offenbarung und der unsichtbare Gott der Beweis für die Echtheit der Wunder. Mit anderen Worten: daß die Wunder Jesu wahr, echt sind, beweist ihre Mitteilung in der Bibel, und die Göttlichkeit der Bibel beweisen ihre Wunder. Dem ist nichts hinzuzufügen. Es sei denn ein letztes, ein untrüglich entscheidendes Kriterium: der «Zweck». Dient doch jedes echte Wunder (im Gegensatz zum dämonischen) *«einem bestimmten guten Zweck»*. So Katholik Brunsmann mit dreifacher kirchlicher Druckerlaubnis. Und der bestimmte gute Zweck ist immer derselbe: der Nutzen der katholischen Kirche. Dient es ihr, stimmt die Sache, wenn nicht, nicht[114].

Und genauso simpel verhält es sich mit dem Reliquienschwindel, der mit dem Wunderbetrug untrennbar zusammenhängt.

RELIQUIENBETRUG

«Im vorausgehenden hoffe ich klar gemacht zu haben, daß das allgemeine Wesen des christlichen und des antiken Reliquienkultes das gleiche ist». Friedrich Pfister[115]

«Vor allem durch die Kreuzzüge wurden das Hl. Land und der christliche Orient dem Abendland als Reliquienschatzkammer erschlossen». Lexikon für Theologie und Kirche[116]

«Daß bei dem Erwerb dieser Schätze manches mit unterlief, was ins Gebiet des Kriminellen gehört, ist selbstverständlich. Reliquienverkauf und -diebstahl waren nicht selten».
Bernhard Kötting[117]

Wie nichts im Christentum neu ist, so auch der Reliquienkult nicht, der als ein Teil des Märtyrer- und Heiligenkults den «Überbleibseln» (lat. reliquiae) der Blutzeugen und Heiligen gilt und eine große Rolle im Glaubensleben der Christen durch zwei Jahrtausende spielt.

Reliquien gab es auch von Göttern und Heroen. Ja, schon die «Primitiven» bewahrten Reste besonders krafterfüllter Menschen auf, von Verwandten, Häuptlingen, Kriegern, Feinden, etwa bei der Kopfjagd erbeutete Schädel. Oder man trug Überbleibsel als Amulette. Die Verehrung von Reliquien gründet auf dem Glauben, daß in Heroen, Propheten, Heilanden, Heiligen eine spezielle Kraft wirksam sei und auch nach dem Tode wirksam bleibe[118].

Einen ausgedehnten Reliquienkult gibt es in einigen vorchristlichen «Hochreligionen».

Im Hinduismus zwar haben nur einige Reformsekten Reliquien, die Radhasvamis die Gewänder einstiger Gurus, die Kabirpanthis die Pantoffeln ihres Meisters. Im Jainismus, im Buddhismus dagegen ist dieser Kult hochentwickelt. Von buddhistischen Heiligen verehrt man körperliche Überreste (sharirika) und Gebrauchsgegenstände (paribhogika). Auch Buddhas Asche und Knochen wurden, wie später die vieler christlicher Heiligen, bereits unter seine Laienanhänger verteilt, seine Zähne, Haare, der Stab, der Wasserseiher in vielen Orten Indiens gezeigt, ebenso Relikte seiner Jünger. Noch heute will Kandy in Ceylon einen (5 cm langen) Buddha-Zahn, die Shve-Dagon-Pagode in Rangoon (Burma) acht Haare Gautamas besitzen samt Hinterlassenschaften seiner mythischen Vorläufer. (Mohammeds Barthaare bewahren mehrere Moscheen in Glasflaschen auf.) Und auch im chinesischen Buddhismus hegt man heilige Knochen nebst einer Menge anderer Dinge bis hin zu winzigen Körnchen von Leichen[119].

Das Judentum kennt keinen Reliquienkult. Wie hätte er sich entfalten können in einem Volk, dem die «Heilige Schrift», 4. Mos. 19,11 ff, gebietet: «Wer irgendeinen toten Menschen anrührt, der wird sieben Tage unrein sein». Ja, wer sich am dritten und siebten Tag nicht entsündigt, wer auch «die Wohnung des HERRN unrein» macht, «soll ausgerottet werden aus Israel». Die katholische Theologie freilich findet, wie so vieles Christliche, im Alten Testament auch den Reliquienkult, etwa in den Stellen: «Die Gebeine Josephs, die die Kinder Israels aus Ägypten gebracht hatten, begruben sie zu Sichem ...» Oder: «Ihre (der Gerechten) Gebeine mögen hervorgrünen an ihrem Ort»[120].

Mit dem Judentum also hat der christliche Reliquienzauber so wenig zu tun wie mit Jesus und seinen Aposteln. Dagegen bestehen frappierende Gemeinsamkeiten mit einem weitverbreiteten heidnischen Kult.

Der christliche Reliquienkult setzt nur den Heroenkult der Griechen fort

Heroen, das waren für die Griechen Helden der uralten Vorzeit, Sieger in Schlachten, in Wettkämpfen, waren Fürsten, Könige, mythische Gestalten meist, die man aber fast allgemein für wirkliche Menschen hielt. Die Gründung von Tempeln und Städten, alle wichtigen Einrichtungen führte man auf sie zurück; Adelsgeschlechter leiteten ihre Abstammung von ihnen ab; Homer besang sie und überall glaubte man, ihre Reliquien zu besitzen. Da man sogar die Gräber von Göttern kannte, von Zeus, Uranos, Dionysos, Apollon u. a., kannte und verehrte man natürlich auch eine Fülle von Erinnerungsstätten der Heroen, legendenumrankte Gräber, Quellen, Bäume, Steine, Höhlen, die von den Fremdenführern gezeigt worden sind[121].

Es gab aber auch Heroa für historische Personen. Schließlich hatte man längst Menschen vergottet: Philippos etwa, den Vater Alexanders d. Gr., Alexanders gleichaltrigen Jugendfreund Hephaistion; hatte man längst auch Lebenden schon göttliche Verehrung entgegengebracht, Alexander selbst, Demetrios Poliorketes, den Diadochen, dann auch den römischen Kaisern. So wurden im antiken Heroenkult auf Sizilien der Dichter Aischylos in Gela verehrt, der Olympionike Philippos in Egesta, die sizilianischen Tyrannen Gelon in Syrakus, Hieron in Katana, Theron in Akragas. Ja, den Syrakusaner Dion vergötterte man bereits als Lebenden heroisch beim Einzug in seine befreite Vaterstadt[122].

Die Reliquien der Heroen verwahrte man gewöhnlich im Grab, häufig der einzige Ort des Heroenheiligtums, wovon es Hunderte gab. Und wie später die Christen ihre Heiligen, so hatten schon die Griechen die Heroengebeine auf einem hervorragenden Platz beigesetzt, etwa mitten in der Stadt, obwohl man sonst Tote in der Stadt wegen Verunreinigung kaum begraben ließ. Und obwohl man es noch weniger duldete, sie innerhalb eines Heiligtums zu bestatten, waren wieder die Heroen ausgenommen, gab es viele Tempel oder Tempelbezirke mit Heroengräbern meist von mythischen, doch auch von historischen Gestalten[123].

Der leibliche Reliquienkult aber war im heidnischen Altertum fast immer ein Grabkult; nur in wenigen Ausnahmefällen wurde Heroengebein außerhalb des Grabes in einem Reliquiar aufbewahrt, zum Beispiel bei Europa auf Kreta. Auch die Gebeine des Pelops in Olympia und des Tantalos in Argos ruhten in einer ehernen Truhe. Ebenso lagen die Reliquienpartikel meist im Grab. Und wie der Heroenkult, war auch der christliche Reliquienkult zunächst ein Grabkult. Die Märtyrer der ersten Jahrhunderte wurden auch bei den Christen im Grab beigesetzt und dort verehrt. Ohne Märtyrergrab gab es keinen Kult. Wie bei den Heiden, war auch bei den Christen der Behälter der Reliquien zunächst der Sarg. Entweder ruhte dieser im Grab oder er stand sichtbar im Grabgewölbe und konnte dann immer vorübergehend, wie in manch heidnischen Heroa, gesehen und berührt werden. Selbst die nächste Phase im Reliquienkult, die Heraushebung des Sargs und seine Aufstellung auf gleicher Höhe mit dem Altar, hatte es schon im Heroon von Thera gegeben. Ebenfalls das Herumtragen von Reliquien in der Prozession, nämlich, ein allerdings wohl singulärer Fall, im Kult der Europa, die man auf Kreta als Hellotis verehrte. Und auch der äußere Schmuck des Märtyrergrabs ähnelte den Heroa der späteren Zeit[124].

Bei den Griechen waren auch bereits Reliquientranslationen sehr bekannt, vor allem mythische. Es gab aber auch historische Überführungen, etwa die Translation Alexanders d. Gr., dessen Leiche, wohleinbalsamiert, in einem Sarkophag aus getriebenem Gold, mit einer golddurchwirkten Purpurdecke darüber, fast zwei Jahre in Babylon lag, ehe man sie 321, in einem von 64 Maultieren gezogenen Gefährt, mit großem Geleit bis Syrien brachte und zuerst in Memphis, später in Alexandrien beigesetzt hat[125].

Wie man nachher Reliquien der Heiligen aus vielen Gründen überführte, um Schutz- und Heilmittel im Leben und im Tod zu haben, Hilfe nicht zuletzt im Krieg, so waren schon die – gewöhnlich vom Orakel in Delphi angeregten – Reliquientranslationen der Heiden meist zu einem bestimmten Zweck erfolgt: durch die Überführung der Gebeine des Orestes nach Sparta gewann Sparta im Krieg wieder die Oberhand. Ähnlich half den Athenern im Kampf gegen die «Barbaren» das überführte Schulterblatt des Pelops. Und wie nachmals bei den Christen, so geschahen schon die Translationen der Griechen häufig heimlich, mit List oder Gewalt. Und wie in den christlichen Überführungslegenden der Heilige gelegentlich seiner Überführung widersteht, so setzte sich dagegen zuweilen schon der Heros zur Wehr[126].

Den Heroen huldigte man, wie den Heiligen, nicht selbstlos. Die Hilfe aber, die man erwartete, hing nicht von der Verehrung des Grabes ab. Es gab überhaupt viele Heroa ohne Reliquien. Denn die Heroen waren ungebunden, konnten überall wirken, konnten tätig werden, wo man sie um Hilfe bat und opferte. Am meisten erflehte man ihren Beistand in Kampf und Krieg. Doch ging ihre Wirksamkeit weit darüber hinaus, halfen sie auch gegen Pest und Hungersnot, Hektor etwa, Hesiod, das Schulterblatt des Pelops. Auch gab es Heroengräber, die dauernd Stätten von Heilungen, von Weissagungen waren, wie das Grab des Machaon in Gerenia, ferner Heroa, die man bei bestimmten Anlässen und zu bestimmten Zwecken aufsuchte, zu denen zum Beispiel Liebende gingen oder entlaufene Sklaven; das Theseion in Athen galt als Asyl für Flüchtlinge. Solche Spezifikationen gibt es bekanntlich noch heute im Katholizismus. Schließlich kam es an Heroengräbern auch zu Wundern, zu Erscheinungen, ja, die Tätigkeit der Heroen war «ebenso vielseitig, wie die der *christlichen* Heiligen» (Pfister). Und, ebenfalls da und dort: je größer die Wirkung, desto größer der Kreis der Verehrer[127].

Die Heroenfeste wurden, von vielen Heroengräbern bezeugt, durchweg jährlich begangen, u. a. mit Hymnen, prosaischen Reden, wie dann auch die Heiligen an ihren Gedächtnisfesten mit Gesängen und Predigten gefeiert werden; auch Prozessionen waren hier wie dort üblich. Im Heroen- wie im Heiligenkult hat man die Verehrten häufig auf Münzen abgebildet, wenn auch die Heiligen erst im Mittelalter. Und wie sich die Christen, besonders seit dem ausgehenden 3. Jahrhundert, oft nach einem Heiligen nannten, so wurde schon für Heiden die Namenswahl oft durch einen Heroen bestimmt[128].

Besondere Kraft geht gelegentlich auch auf die Gegenstände über, die von den Heroen gebraucht worden sind. Und diese Kraft kann weiter übertragen werden. Im allgemeinen aber wirkt der Heros selbst die Wunder, während nach christlichem Glauben auch die Reliquien Wunder tun, indem sie die ihnen eigene Kraft weiterleiten. Das gilt sogar für Reliquienteile. Wer die Gebeine eines Märtyrers berührt, lehrt der hl. Basilius, gewinnt durch ihre Kraft Anteil an der Heiligung[129].

Geteilt hatten die Alten Reliquien allerdings nicht. Reliquienpartikel wurden nicht abgetreten. Es gab auch keine Erzeugung künstlicher Reliquien – eine undenkbare Vorstellung für die Griechen. Und schon gar nicht kannte man einen Reliquienhandel, wie ihn die Christen seit dem 4. Jahrhundert treiben. Die Heiden verehrten die leiblichen Reste mit verschwindenden Ausnahmen im Grab. Sie hätten es für pietätlos gehalten, die Ruhe des Toten zu stören. Zwar zerlegte man im alten Ägypten die Gebeine des Gottes Osiris und verstreute sie über das Land – aber nur im Mythos. Die wohl einzige historische Ausnahme in vorchristlicher Zeit, die Verteilung der Überreste des Menandros, eines der hellenistischen Herrscher in Indien, eines Buddhisten, betraf nicht das Skelett, sondern die Asche[130].

Hierarchische Abstufung auch im Reliquienreich: von den Kapitalstücken der Heiligenleiche bis zu Barthaar und Staub

Die biblische Begründung des Reliquienkultes sieht der Katholizismus in der wunderbaren Wasserteilung des Jordan durch den Mantel des Elisa oder in der Totenerweckung durch Elisas Knochen im Alten Testament. «Und als er die Gebeine Elisas berührte, wurde er lebendig und trat auf seine Füße». Auch verweist man auf Mt. 9,20 ff und die Apostelgeschichte 5,15 und 19,12. Aber all dies sind nur allzu durchsichtige Scheinbegründungen. Nirgends ruft Jesus: Bewahrt Reliquien auf, verehrt sie, teilt sie, überführt und verhökert sie, baut Altäre darum und lest hl. Messen darauf! Das wäre ein klares, die Entwicklung rechtfertigendes Wort gewesen – doch es fehlt, wie so viele Worte fehlen in so vieler Hinsicht. Und zeigt Jesu Gewand, zeigen die Schweißtücher, die Binden Pauli eine heilende Wirkung, so ist das noch längst nicht das, was in der Kirche aufkommen sollte[131].

Das erste Zeugnis für den beginnenden christlichen Reliquienkult ist der vielfach verfälschte Bericht über das Martyrium des Polykarp (S. 159), und dieser Kult beginnt am Grab des Märtyrers. Zu ihm führen die ältesten Spuren – «wie beim Heroenkult an das Grab des Heros» (Pfister). Seit der Mitte des 3. Jahrhunderts wird das Märtyrergrab aber nicht nur die Stätte des neuen alten Kultes, sondern es wird selbst Kultobjekt, wird vor der Entstehung des damals noch verpönten christlichen Bilderkultes der Kristallisationspunkt der Heiligenverehrung. Am Grab ruft man den Heiligen an, sucht seine Vermittlung, glaubt Hilfe zu erhalten und bedankt sich bereits durch Votivtafeln. Ja, über einige dieser Gräber der Meistverehrten baut man auch schon Kirchen, womit die Ansatzpunkte der künftigen Wallfahrtsbewegung entstehen[132].

Die Christen glaubten jetzt, daß die im lebendigen Heiligen tätige Kraft auch noch in seinem toten Körper wirksam sei. Verübten die Kleider des Apostels Paulus Wunder, schloß man, dann der Leib der Heiligen erst recht. Wer diese Reliquien berühre, auf den gehe ihre Kraft über. Und vermöge ihrer besonderen Kraft (cháris), so glaubte man, vermöge ihrer übernatürlichen «dýnamis», wirken die Reliquien Wunder, vertreiben sie die Dämonen der Heiden; weshalb man Reliquien auch beim Exorzismus angewandt, bei Flurumgängen mitgeführt oder in den Altären deponiert hat[133].

Doch wie im Katholizismus alles hierarchisch abgestuft ist, wie der Papst mehr gilt als der Bischof, ein Bischof mehr als der Pfarrer, dieser mehr als der Laie, so haben auch Reliquien, so heilig sie sind, einen unterschiedlichen Wert, gelten Kapitalstücke (Reliquiae insignes), die komplette Leiche, der Kopf, der Arm, das Bein, mehr als die Reliquiae non insignes, bei denen man noch einmal «notabiles» (beachtliche), wie Hand und Fuß, unterscheidet, und «exiguae» (geringe), Finger etwa, Zähne. Neben diesen sogenannten primären Reliquien gibt es sekundäre, die wieder in Sachreliquien zerfallen, wie Kleider, Marterwerkzeuge etc., und in Berührungsreliquien, nämlich Gegenstände, mit denen die Heiligenleichen oder ihre Reste berührt worden sind[134].

Nach dem Heiligen selbst, dem Primärobjekt, nehmen die Berührungsgegenstände, mit denen er zu Lebzeiten in Kontakt gekommen war, den größten Wert ein, und unter diesen wieder den größten die Marterwerkzeuge. (Der hl. Laurentius wurde wohl enthauptet. Das war den späteren Christen zu simpel. Um 400 ließ man ihn auf dem Rost braten, und nun hatte man natürlich auch bald das berühmte Marterwerkzeug wieder und verehrte es als Reliquie; übrigens nicht der einzige verehrte Rost.) Nach den Folterinstrumenten folgte die Garderobe heiliger Personen, etwa der Maria. (In Byzanz stritten zwei Kirchen darüber, welchem ihrer Kleidungsstücke der Maria der Vorrang gebühre.) Zu den Reliquien zweiten Ranges zählen aber auch Gegenstände, die durch nachträgliche Berührung geheiligt wurden, Gegenstände aus der Nähe der Heiligengräber: Blumen, Staub, den man verzehrte, Öl vom Grab, von den dort brennenden Lampen, oder auch mit dem Grab in Kontakt gebrachte Dinge, abgelegte Tücher, Devotionalien. Im weiteren und höheren Sinn galt und gilt auch als Reliquie alles, was angeblich zu

Jesus in näherer Beziehung stand und so gleichermaßen geheiligt worden ist, die Krippe, das Kreuz, die Dornenkrone, die Nägel, seine Kleider usw.[135]

Auch das gesunde Volksempfinden wußte fein zu unterscheiden. Handfeste Leichenhappen zählten natürlich mehr als ein Zahn oder Barthaare. Doch rangierten diese noch immer höher als Gewänder oder andere Dinge, womit der Verehrte in Berührung gekommen war. Auch stufte man die Wundertäter sehr wohl ab und baute den größeren auch größere Kirchen oder Grabstätten, den kleineren nur kleinere, und jene feierte man natürlich auch durch größere Feste[136].

Steigende «Nachfrage» nach toten Heiligen, ihre Auffindung und ihre Wunder

Mit der wachsenden Verehrung der Märtyrer und ihrer Reliquien brauchte man natürlich immer mehr Märtyrerleichen. Nun waren aber die Ruhestätten der Bekenner des 1. und 2. Jahrhunderts völlig verschollen. Doch auch bei späteren kannte man oft den Bestattungsort nicht. So mußte man sie aufspüren und dorthin überführen, wo man sie haben wollte. Solche Translationen sind im Christentum seit dem 4. Jahrhundert bezeugt. Sie setzen gewöhnlich die Auffindung (inventio) sowie die Erhebung (elevatio) voraus und enden jeweils mit der Niederlegung (depositio)[137].

Die erste Translation einer (unzerteilten) Märtyrerleiche erfolgte 354 in Antiochien, als man den hl. Babylas nach Daphne brachte, um den dortigen Apollonkult zu vernichten. Später transportierte der berüchtigte Kyrill die Märtyrer Kyros und Johannes von Alexandrien nach Menuthis, um dort den Isiskult zu zerstören. Beim hl. Stephanus, dessen Märtyrergrab – die berühmteste Entdeckung auf diesem Gebiet – 415 in Kaphargamala auftauchte, fand man jetzt sogar die Steine wieder, mit denen man ihn gesteinigt hatte – und verehrte sie natürlich gleichfalls als Reliquien, da sie ja mit dem Märtyrer in Kontakt gekommen waren, das ist nur konsequent; denn ist's auch Tollheit, hat es doch Methode[138].

Eine sehr große Rolle in den Translationsberichten spielen die Wunder, die sich bei Auffindung und Erhebung des Heiligen einstellen, bei der Überführung selbst und kurz nach der Ankunft. War doch überhaupt die Voraussetzung für eine kirchliche Anerkennung der Reliquien der Beweis durch Wunder und Visionen. Wo immer darum ein Märtyrergrab ist, geschehen Wunder, werden Kranke geheilt, Teufel ausgetrieben. Und seit der zweiten Hälfte des 4. Jahrhunderts entdeckte man ein bisher unbekanntes Märtyrergrab nach dem andern. Auch Asketenleiber und -knochen waren hochbegehrt. Sobald ein besonders geachteter Mönch starb, eilte man herzu, um seine Leiche zu ergattern. Mehrere suchten sich vor dem Reliquienschicksal zu schützen, indem sie ein Begräbnis an einem geheimen Ort erbaten. Als man den ohnmächtig gewordenen Mönch Jakob – fast wäre ein Kampf zwischen Bauern und Städtern um ihn entbrannt – schließlich in die Stadt trug, wollte man den wieder zu Bewußtsein Gekommenen kaum noch zurückgeben. Beim Tod des Säulenheiligen Symeon mußten sogar Soldaten zum Schutz seiner Leiche aufgeboten werden. Und nach der Ermordung einiger Mönche im Jahr 395 durch arabische Räuber lieferten sich zwei Städte um die Leichen eine förmliche Schlacht; nicht der einzige derartige Fall[139].

Reliquiendiebstähle waren für Liebhaber fast Ehrensache. So stahl man u. a. die Leiche des hl. Hilarion, des hl. Martin von Tours, des hl. Makarius. Die Gebeine des hl. Chrysostomos raubte man mit denen anderer Heiliger noch beim berüchtigten Kreuzzug des Jahres 1204 in Konstantinopel und «überführte» sie in die Vatikanische Basilika nach Rom[140].

Die Christen scheuten keine Mühe, kein Opfer und keinen Betrug, um zu Reliquien zu kommen. Während der Verfolgung suchten manche angeblich die hl. Leiber sogar den Händen ihrer Verfolger zu entreißen, um «Gemeinschaft» zu haben mit dem «heiligen Fleische». Auch in der Verfolgung abgefallene Christen begehrten Märtyrerreste, um ihre Schwäche wettzumachen! Und als es keine Märtyrer mehr gab, suchte man nach ihren Gräbern, witterte sie mit untrüglicher Spürnase und grub sie aus. Selbst berühmteste Kirchenfürsten taten dies, wie der hl. Ambrosius, dem ein «bestimmtes, brennendes Gefühl» Märtyrergebein signalisierte. Er wurde Anno Domini 386 zum Finder und Erfinder bisher völlig unbekannter Bekenner, «hl. Schlachtopfer», wie er sie nannte, «triumphierender Schlachtopfer» (victimae), der Heiligen «Gervasius» und «Protasius» – die erste bekannte Erhebung «gefundener» Märtyrer –, wobei er auch eine Blindenheilung inszenierte, die ihm selbst unter seinem Anhang viel Skepsis eintrug. Er (er)fand ferner die Heiligen «Agricola» und «Vitalis», «Nazarius» und «Celsus» und behauptete, «wenn auch ihre Asche auf der ganzen Welt zerstreut wird (seminetur), so bleibt doch die volle Kraft». Noch der christliche Kaiserhof aber sah in diesen ambrosianischen Aktivitäten ein abgekartetes Spiel (I 431 ff)[141].

Im selben Jahr 386, in dem Ambrosius die beiden Märtyrer «Gervasius» und «Protasius» in Mailand wunderbarerweise hervorgezaubert hatte, verbot ein Edikt die Herstellung und Verteilung von Reliquien. Der Kirchenlehrer, der auf dem Höhepunkt seines Kampfes gegen den Hof (I 428 ff) seine Errungenschaften als «Verteidiger» und «Soldaten» gefeiert, als «patroni», und ihren machtvollen Schutz (praesidia, patrocinia) angepriesen hatte, kümmert sich um das Edikt nicht im geringsten. Großzügig schickte er kleinere Stücke von «Gervasius» und «Protasius» in alle Welt; am meisten aber überschwemmten sie Gallien. Die Märtyrerportiönchen reisten nach Tours, Vienne, Rouen, wo der hl. Bischof Victricius (Fest 7. August) – ein ehemaliger Soldat, der dem Militärdienst «durch ein gut beglaubigtes Wunder» entrann (Lexikon für Theologie und Kirche) und dann als strammer Heidenbekehrer bis nach Britannien hinüber wirkte – sich hohe Verdienste um alle möglichen Reliquien erwarb. Victricius hatte bereits eine besonders aus Italien bezogene Sammlung im Einsatz, deren Effizienz er unermüdlich propagierte, seien die Stückchen auch noch so klein: «Wir dürfen uns nicht über die Kleinheit dieser Reliquien beklagen ... Die Heiligen erleiden keinen Schaden, wenn man ihre Überreste aufteilt. In jedem Stück steckt die gleiche Heilkraft wie im Ganzen» – eine «granitene Figur», rühmt Jesuit E. de Moreau, hervorragend «unter den Edelsten seiner Zeit»[142].

Doch nicht allen glückte alles, und selbst ein so abgebrühter, mit allen Wassern gewaschener Patron wie der hl. Martin mußte einmal einen frisch aufblühenden Märtyrerkult einstellen, weil der von der gläubigen Gemeinde Geehrte und Verehrte – ein ehemaliger Straßenräuber war[143].

Wie Ambrosius, so traten auch die anderen Kirchenlehrer für den Reliquienkult ein, Basilius, Gregor von Nazianz, Chrysostomos, Hieronymus, Augustinus. Ohne Zaudern bezeugen sie Wunder. «Viele» wurden, laut Ambrosius, «wie durch einen Schatten (umbra quadam) der hl. Leiber geheilt». «Ein wenig Staub hat so große Menge Volks versammelt. Die Asche ist verborgen, die Wohltaten sind offenkundig» (Augustinus). «Nicht nur die Leiber der Heiligen, auch ihre Grabstätten sind mit geistiger Gnade erfüllt» (Chrysostomos)[144].

Zum Beispiel mit Öl. Viele Reliquien schwitzten wunderbarerweise Öl aus. Und Johannes von Damaskus, der «als Gelehrter, Dichter und Prediger . . . der Kirche große Dienste» geleistet (Altaner/Stuiber) den das Konzil von Nizäa (787) hoch gelobt hat, beschwichtigte Bezweifler des ausgeschwitzten Heiligenöls: «Als heilbringende Quelle gab uns der Herr Christus die Reliquien der Heiligen, die auf mannigfache Weise die Wohltaten ausströmen, wohlriechende Öle hervorquellen lassen. Und niemand sei ungläubig! Denn wenn aus hartem Fels in der Wüste Wasser quoll . . ., ist es dann unglaublich, daß aus Märtyrerreliquien wohlriechendes Öl quelle?»[145]

So stützt ein Blödsinn den anderen.

Dem hochverehrten vermeintlichen Grab des Apostels Andreas in Patras, wo er angeblich das Martyrium am Kreuz erlitten, von dem herab er noch zwei Tage die erbaulichsten Predigten gehalten, «die Lehre vom Kreuz» verkündet hatte, das «den Ungläubigen zum ewigen Verderben dient» («das liest sich wie ein Evangelium»: Kapuziner Maschek), entquoll Öl und Manna. (Andreas avancierte denn auch zum Patron Rußlands, Schottlands, Griechenlands, zum Schirmherrn des Ordens vom Goldenen Vlies, Beschützer der Metzger u. a., und wird gerne angerufen bei Rotlauf, Krämpfen sowie als Vermittler in Liebesdingen.)[146]

Als berühmtester Ölausschwitzer galt der – vielleicht historische – hl. Demetrius, dessen Kult indes nur den des heidnischen Kabir fortsetzt. Die (angebliche) Ruhestätte des Demetrius in Thessalonike, wo er hochgefeierter Stadtpatron wurde, brachte durch die Kraft des Toten das Öl in Wallung. Doch auch bei Berührung mit seinen Reliquien wallte es auf – wie anderwärts, kam das Öl in die Hände der richtigen Männer, etwa in die des hl. Martin von Tours. Dessen Freund Sulpicius Severus schreibt: «Der Priester Arpagius bezeugt, er habe gesehen, wie das Öl unter dem Segen des Martinus zunahm, bis es über den Rand des übervollen Gefäßes herabrann». Die gleiche Wirkung erzielte natürlich erst recht die Segnung des «Öles vom hl. Holze», dessen Splitter in die ganze (rechtgläubige) Welt wanderten (S. 282 f). Der Pilger von Piacenza berichtet: «Während der Verehrung des Kreuzes im Atrium der Grabeskirche wird Öl gebracht zur Weihe der Ampullen, die halb gefüllt sind. In dem Moment, in dem das Holz die Öffnung der Ampulle berührt, wallt das Öl auf, und wenn sie nicht sofort geschlossen wird, fließt das ganze Öl heraus»[147].

Im 4. Jahrhundert bürgerte sich allmählich der Brauch ein, unter dem Altar (im Heidentum längst üblich) Märtyrer-Überreste zu bergen. Man legte sie unter die Altarplatte oder in eine Höhlung derselben, das «sepulcrum» – der Altar wurde zum Heiligengrab. Wie geschmacklos die Sache, sosehr man sich daran gewöhnt hat, auch ist – ganz beiseite, daß sehr viele, vermutlich die meisten Knochen, über denen man das eucharistische Opfer, das Herrenmahl, die Messe «feierte», nicht die dessen waren, dem man sie zuschrieb –, es entstand nun eine «starke Nachfrage» (Lexikon für Ikonographie) nach hl. Leichen oder Leichenteilen, der «Bedarf» war bald buchstäblich ungeheuer. Und das Problem gleichfalls. Und die Sammlerpassion auch. Es gab leidenschaftliche Liebhaber christlicher Leichenreste. Auch wollte allmählich jede Kirche ihre Märtyrerreliquien haben, und im ausgehenden 6. Jahrhundert hatte sie auch fast jede[148].

Von den Reichsinsignien bis zum Bärenfett oder «Am Anfang steht die natürliche Pietät ...»

Nun brauchte man Reliquien aber nicht nur für die «Ehre der Altäre». Heilige Leichen schützten auch vor allerlei Teufelszeug, wehrten jede Menge Übel ab. So begehrten sie Herrscher, Kommunen und einzelne.

Die christlichen Kaiser hatten gleich großes Interesse an der Sache. Schon Konstantin-Sohn Konstantius ließ im Jahr 357 drei Heilige oder vielmehr ihre Knochen komplett in die oströmische Hauptstadt überführen, die angeblichen Gebeine der Heiligen Andreas, Lukas und Timotheus. Eudokia-Athenais, die Frau von Theodosius II., dem Erfüller «aller Vorschriften des Christentums» (II 46 ff), brachte 438 von einer Jerusalem-Wallfahrt die Reliquien des hl. Stephanus und die Ketten des hl. Petrus nach Konstantinopel. Nachdem König Sigismund von Burgund die bei seinem Rombesuch erhaltenen Reliquien «aufgebraucht» hatte, schickte er seinen Diakon Julianus zu Papst Symmachus (498–514) – berüchtigt durch Straßenkämpfe, Kirchenschlachten und die Symmachianischen Fälschungen (II 337 ff) –, um neue in Empfang zu nehmen. Wiederholt wurde auch König Childebert mit Reliquienschätzen durch Papst Pelagius I. (556–561) beglückt, den man für mitschuldig am Tod seines Vorgängers hielt, des Mörderpapstes Vigilius (II 446 ff). Und als Kaiser Justinian in Konstantinopel eine Kirche zu Ehren der hl. Apostel erbauen wollte, erbat er von Papst Hormisdas (II 349 ff, 356 ff) entsprechende Reliquien, verdiene er es doch, «auch solche Heiligtümer zu empfangen, wie sie alle Welt besitze». Er wünschte «sanctuaria beatorum Petri et Pauli», ferner etwas von den Ketten der hl. Apostel sowie, «wenn es möglich wäre», auch einige Teilchen vom Rost des hl. Laurentius[149].

Herrscher waren auch oft bei der Ankunft einer Reliquientranslation zugegen, und dies Interesse erhielt, steigerte sich noch in den folgenden Jahrhunderten. Reliquien gehörten gleichsam zum Staatshaushalt, zu einem Symbol «offizieller» Herrschaftsausübung bis ins Hochmittelalter hinein. Der fromme Wahn (oder die Heuchelei) der Herren, ihr Machtgehabe, ging bis zu der Ausstattung von Königsgrabkirchen mit Reliquien, der Verbindung der Reichsinsignien mit Reliquien und der Schaffung von «Reichsheiligen», patroni peculiares der Könige. Reliquien spielten auch beim Abschluß von Verträgen eine Rolle, in der Anwesenheit von Reliquien wurde geschworen, vor allem aber führte man sie mit im Krieg. König Heinrich I. (919–936) scheute kaum einen Feldzug, um eine der diversen «Heiligen Lanzen» zu rauben[150].

Gerade zur Zeit der Völkerwanderung, als die Macht des Reiches schrumpfte, das weströmische Imperium zusammenbrach, die Städte auf sich selbst gestellt waren, schauten sich auch die Kommunen nach religiösen Beschützern um. So sprangen gewissermaßen die heiligen Leichen auch hier in die Bresche, die Märtyrerleiber und -knochen und sonstigen Teile, zumal in besonders gefährdeten Städten. Die großen Wallfahrtsheiligen, die Apostel und Märtyrer in Rom, der hl. Felix in Nola, der hl. Vincentius in Saragossa figurierten ebenso als Stadtpatrone wie Sergios in Rusafa, Theodor in Euchaita, Thomas in Edessa, Demetrius in Thessalonike oder Bischof Jakob in Nisibis – der «Schützer und Feldherr» (Theodoret. Vgl. I 301 f)[151].

Bei Krieg und Pestilenz, immer waren heilige Leichen, heilige Gerippe, heilige Relikte hilfreich. Die Bürger von Reims prozessierten während einer Seuche im Jahr 543 mit einer Decke vom Grab des hl. Remigius feierlich um die Stadt[152].

Doch nicht nur Fürsten und Städte – die meisten Christen waren angesteckt von der Sitte. Es gab ungezählte einzelne, die Märtyrerreste (oder das, was sie dafür hielten), die vor allem Asche oder «Blutreliquien», mit Tüchern aufgesaugtes Blut, ins traute Heim mitnahmen, in Ägypten gelegentlich auch die ganze Märtyrerleiche, die Reliquien auf Schritt und Tritt mit sich herumtrugen oder doch zeitweilig zum Einsatz brachten. Auch derart glaubte man, alle Arten von Unheil ab- und «Kraft» (dýnamis), jenseitige Fürsprache, sich zuzuwenden. (Bis ins 13. Jahrhundert war das private Aneignen von Reliquien ohne jede Kontrolle der Kirche zugelassen.)[153]

Eines der ersten belegten Beispiele für diesen Glauben bietet die reiche karthagische Witwe Lucilla im frühen 4. Jahrhundert. Sie küßte jedesmal vor der Kommunion Märtyrerknochen (ossa) – und das auch noch, ohne daß diese als solche anerkannt waren (I 274). Ganz anders suchte sich König Chilperich zu schützen. Als er 583 in Paris einzog, ließ er die Überreste vieler Heiligen voraustragen, um einen Bannfluch zuschanden zu machen. Doch sollten die Knochen der Märtyrer nicht nur in diesem, sondern auch in jenem Leben helfen. War es ja ein weiterer christlicher Aberglaube oder Glaube – was stets auf dasselbe hinausläuft –, Reliquien ins Grab mitzunehmen, «um dadurch den Finsternissen der Unterwelt zu entgehen» (Bischof Maximus von Turin). Wallfahrts- und Reliquienexperte Kötting erkennt auch in solchen «Blüten» einen echten religiösen Kern «der gesunden christlichen Reliquienverehrung». Wenn alles faul ist rundum, ist für die Apologeten immer noch der «Kern» nützlich[154].

Bereits im späten 4. Jahrhundert kam im Osten die pietätvolle Übung auf, zur Vermehrung und Verteilung der mirakulösen Märtyrerkräfte diese Leiber zu exhumieren und zu zerstückeln. Heidnische und christliche Kaiser hatten zwar die Unantastbarkeit der Gräber gesetzlich garantiert und neu eingeschärft. Doch das konnte die christliche Kirche nicht abhalten. Schon Kirchenvater Theodoret, der erste Theologe des christlichen Reliquienkultes, schrieb der kleinsten Teilreliquie dieselbe Wirkung wie einer kompletten zu. Geteilter Körper – ungeteilte Gnadenwirkung! Ein schwungvolles Geschäft begann, Tausch und Verkauf, man feilschte mit echten und noch öfter mit falschen Reliquien, gelegentlich kamen als heilige Märtyrerreste auch Maulwurfszähne, Mäuseknochen, Bärenfett in Umlauf. Kurz, die Transaktionen nahmen schon damals solche Ausmaße an, daß Kaiser Theodosius 386 ein eigenes Gesetz gegen Reliquienverschleuderung und Reliquienhandel erließ. Gleichwohl florierte dieser fort und fort, zumal man nicht nur die Leichen (reliquiae de corpore) scheußlich zerfleischt, sondern ebenso andere heilige Überbleibsel zerlegt, auseinandergenommen, abgeschabt hat, wie Marterwerkzeuge, das angebliche Kreuz Christi, Ketten, Bratroste,

Kleider, da in ihnen, wie Papst Gregor I., «der Große», lehrte, die gleiche «Kraft» sei. So blühte das Geschäft vom 4. Jahrhundert bis zur Reformation, «denn eine wundertätige Reliquie brachte viel ein» (Schlesinger), wobei der Umsatz im 9., mehr noch im 12. und 13. Jahrhundert kulminierte, mit den Kreuzzügen, der Plünderung Konstantinopels, und der Klerus zuletzt, als die Sache am einträglichsten war, den teuren Zwischenhandel auszuschalten suchte. Ist Reliquienverehrung doch «ein einfaches menschliches Bedürfnis des Respekts vor der Person des heiligen Menschen». «Am Anfang steht die natürliche Pietät gegenüber den Überresten ...» (Lexikon für Theologie und Kirche)[155].

«Berührungsreliquien» und reisende Gerippe

Durch Teilung der Reliquien konnte man jedenfalls viele Wünsche der Christen erfüllen und ihr Glaubensleben aktivieren. Denn auch wenn man eine noch so kleine Teilreliquie erhalten hatte, man sprach, als einzelner oder als Kirche, aus Renommiersucht oder was immer, nur davon, den und den Heiligen zu besitzen. Und da man quantitativ dachte und mehreren Heiligen einen größeren Schutz zutraute als nur einem, auch durch Addition selbst kleinster Teile größeren Segen zu gewinnen glaubte, so strebte man den Besitz von mehreren, von vielen an. Derart kamen wohl ganze Reliquiensammlungen zustande[156].

Die Reliquienteilung wurde vor allem im christlichen Osten schrankenlos praktiziert. Man sägte, schnitt und spaltete, was immer an Heiligem teilbar, zu verkleinern, zu vervielfachen war. Der Westen übte bis ins 7., 8. Jahrhundert mehr Zurückhaltung, aber keine völlige Enthaltung, wie man noch im 20. Jahrhundert lange geglaubt hatte. Ein strenges römisches Gesetz garantierte zwar die Unantastbarkeit der Gräber, doch wurde es offenbar oft übertreten. Auch teilte man hier schon geteilte oder leicht teilbare Körperreliquien, wie Blut, Asche, Zähne, Haare, weiter, ebenso aus dem Orient importierte bereits geteilte Leichen. Nach Gregor von Tours befand sich im Reisegepäck einer Jerusalem-Pilgerin ein Überrest Johannes des Täufers, den drei gallische Bischöfe weiter tranchieren wollten[157].

In Tours kannte man auch viele Translationen. Ebenso verteilte man in Norditalien unter dem genialen Märtyrerfinder und -erfinder Ambrosius (I 431 ff) Märtyrerleiber. Vor allem Blutreliquien der von ihm «entdeckten» Bekenner «Gervasius» und «Protasius» überfluteten das Abendland. Ambrosius-Freund Bischof Victricius von Rouen (S. 251 f) erwarb eifrig Reste oberitalienischer und orientalischer Blutzeugen. Und auch in Nordafrika verkauften Mönche echtes und unechtes Märtyrergebein[158].

Doch bei aller Zerteilung und Vertreibung kleiner und kleinster Partikel reichte der Vorrat nicht, zumal Rom anscheinend lange keine Zerteilungen vornahm, freilich nicht zögerte, von den Griechen geteilte Reliquien anzunehmen. Mit der Herausgabe eigener, zumal solcher der «Hauptheiligen», knauserten die Päpste indes, spendierten aber um so großzügiger Reliquien, die sie ungemein preiswert kraft eines Tricks erzeugten. Sie kreierten nämlich die Kategorie der Berührungsreliquien, wobei jeder Gegenstand, der mit einer Reliquie, vor allem mit dem Heiligengrab, etwa dem angeblichen Petersgrab (oder dann auch in Tours mit dem Martinsgrab) in Kontakt kam, selber zur Reliquie wurde, indem die übernatürliche Kraft der «echten» Reliquie auf die jetzt gleichfalls «echte» überging. Man legte einfach Tücher in Büchsen aus Holz, Elfenbein oder Edelmetall neben die Heiligenleiber und behauptete, sie hätten die gleiche Wirkung wie die anderen Reliquien – was zweifellos zutraf. Auch haben dies die großen Theologen des Katholizismus im 4. und 5. Jahrhundert, die Kirchenlehrer Hilarius, Basilius, Gregor von Nazianz, Johannes Chrysostomos, Augustinus und andere, ausdrücklich bekräftigt. Reliquie konnte nun vieles, um nicht zu sagen alles werden, der kleinste Teil einer Heiligenleiche nicht nur, auch ein Schwamm etwa, mit dem man Märtyrerblut aufgesaugt oder schon ein Tuchlappen, war er mit Reliquien in Berührung gekommen; denn die «Kraft» der echten Reliquie hatte sich damit auf die neue übertragen – im 4. Jahrhundert bereits eine Idée fixe des ganzen christlichen Erdkreises[159].

Mittels der Berührungsreliquien, die Rom über das Abendland verstreute, festigte es nicht zuletzt seinen kirchenpolitischen Einfluß. Generös verteilten die Päpste nach allen Richtungen ihre Gaben, die sie nichts kosteten und unter vielen Namen in die «Frömmigkeitsgeschichte» eingingen: brandea, palliola, sanctuaria, memoriae, benedictiones, eulogiae, patrocinia. Papst Gregor I. (590–604), der sogenannte Große, betrieb einen schwunghaften Reliquienversand. Raritäten waren darunter wie (an Könige geschickte) Kruzifixe mit eingelegten Splittern vom Kreuz Jesu oder mit Haaren von Johannes dem Täufer, der ja wunderbarerweise gleich zwei Köpfe hinterlassen. Auch versandte dieser Papst Schlüssel zum Anhängen gegen Zauberei mit Feilspänen von den Ketten des Apostelfürsten. Und nun scheute man auch in Rom nicht mehr vor den Gräbern zurück. So ließ Papst Bonifatius IV. (608–615) viele Gebeine nach Rom überführen, vor allem in die von ihm der Jungfrau Maria und allen Märtyrern geweihte Kirche Santa Maria ad martyres, in die er das Pantheon, das «Heiligtum aller Götter», umgemodelt hatte. Seit Paul I. (757–767) wurden viele «Heiligenleiber» (später nur noch kleine Teile) ins Frankenreich geliefert; wandte sich dieser Papst doch wiederholt auch an Pippin um Hilfe gegen die Langobarden und Byzanz – also konnte man schon einige Leichen, von wem immer, dafür springen lassen[160].

Die meisten Skelette, Knochen und Knöchlein führten ein bewegteres, berühmteres Dasein als je zu Lebzeiten.

Die Reliquien des hl. Vinzenz von Saragossa etwa, des spanischen Erzmärtyrers und Patrons von Portugal, sind eine Geschichte für sich, mag sein legendenreicher Tod historisch sein oder nicht. Bis zum 6. Jahrhundert ruhten alle seine Gebeine angeblich in Valencia; ein halbes Jahrtausend später ist dort aber nichts mehr. Dafür bekommt bereits 542 St.-Germain-des-Prés bei Paris die Stola und Dalmatik des Heiligen, die Benediktinerabtei Castres 864 die Gebeine, Le Mans den Kopf, die Laurentiuskirche in Köln ebenfalls den Kopf (schon das Haupt des

Orpheus lag nach der einen Tradition in Lesbos, nach der anderen bei Smyrna begraben), Bari bekommt «die Armreliquie» des christlichen Heroen, Gebeine auch die Vinzenzkirche der Benediktiner in Metz, Gebeine auch Breslau, wo Vinzenz im 11. Jahrhundert zum Patron des Domkapitels und zweiten Bistumsheiligen aufsteigt, den Leib auch Algarve, Portugal, den Leib ebenfalls Lissabon, Reliquien auch Saragossa (855), Cortona, der Dom von Lausanne (bis 1529). Endlich gelangt der aus Köln gestohlene Kopf 1463 ins Berner Münster, wo der hl. Vinzenz Stadtpatron wird und sein Bild auf Münzen und Wappen erscheint[161].

Ein eigenes Kapitel, ein ganzes Buch ließe sich leicht über die groteske Geschichte der «Gottesmutter» schreiben, zumal über ihre Reliquien.

Marienrückstände oder «der Menschheit ganzer Jammer ...»

Es bedarf wohl keines Wortes, daß man von Maria nichts besaß, nicht das geringste. Die Einwohner Nazareths hatten an ihr nichts Ungewöhnliches bemerkt. Das ganze Neue Testament nennt sie sehr selten und ohne besondere Verehrung. Noch Kirchenväter des 3. Jahrhunderts werfen ihr Eitelkeit, Stolz, Unglauben an Christus und anderes mehr vor. Auch die offiziellen Führer der Kirche bewahrten zunächst eine gewisse Zurückhaltung gegenüber dem Marienkult, suchten ihn zumindest in den Schranken des Heiligenkultes zu halten. Ja, während man seit dem 4. Jahrhundert die Heiligen durch ihre Nennung in den liturgischen Gebeten beim Gottesdienst ehrte, blieb Maria bis zur Mitte des 5. Jahrhunderts davon ausgeschlossen. Noch ein Jahrhundert früher achtete man sie weniger als selbst die geringsten Märtyrer. Erst im späteren 4. Jahrhundert baut man die erste Marienkirche in Rom, das heute etwa achtzig Marienkirchen hat. Doch kannte man damals noch nirgends eine Marienwallfahrt. Mindestens vier Jahrhunderte kam die Christenheit ohne sie aus.

Erst seit dem 5. Jahrhundert feiert man Marienfeste. Doch gibt es in Afrika noch zur Zeit Augustins kein Marienfest. Und erst seit dem Konzil von Ephesus, auf dem Kirchenlehrer Kyrill mit Hilfe gigantischer Bestechungen das Dogma der Gottesmutterschaft Mariens durchsetzt (II 172 ff), wetteifern Bischöfe, Kaiser und wer es sich sonst leisten konnte und wollte in der Errichtung von Marienkirchen[162].

Über das Aussehen der Maria war nichts bekannt, wie noch Augustin bezeugt. Aber bei ihrer Pilgerfahrt nach Jerusalem gelang Kaiserin Eudokia ein glücklicher Fund. Sie entdeckte um 435 ein Bild Marias, überdies vom Apostel Lukas gemalt! Im 6., 7. Jahrhundert stellte man dann Marienkonterfeis «geradezu fabrikmäßig» her, und im 8. kamen die nicht von Menschenhänden gemachten Bilder der Gottesmutter, die Achiropoiiten, noch dazu. Die gewöhnlicheren Marienbilder standen im späteren 6. Jahrhundert wohl in den Häusern der meisten orientalischen Christen sowie in den Mönchszellen, wo man sie fast angebetet haben soll. Marienbilder wurden nun mehr als alle anderen Heiligenbilder, wurden wie Reliquien verehrt, der Grund wahrscheinlich, weshalb man mit Marienreliquien noch keinen schwunghaften Handel trieb: ihr Bild bot zunächst genügend Ersatz. Es wurde schließlich der häufigste Gegenstand der christlichen Kunst. Es prangte aber auch bereits zu Beginn des 7. Jahrhunderts (610) an den Schlachtschiffen des Kaisers Heraklius – und durch alle Jahrhunderte ist Maria «Maienkönigin» auch die große Kriegs- und Blutgöttin geblieben, die ihre größten Triumphe wohl im Abendland erlebt, bis in den Zweiten Weltkrieg hinein[163].

Seit dem späteren 5., dem 6. Jahrhundert wird es üblich, vor allem in Palästina, mit Marienreliquien den Glauben und das Geschäft zu mobilisieren. Man kannte plötzlich den Stein, auf dem die Jungfrau, nach Bethlehem reisend, gerastet hatte. Um 530 stand dieser Stein, wie ein Wallfahrer bezeugt, als Altar in der Grabeskirche von Jerusalem. Jahrzehnte später jedoch fand ihn ein anderer Pilger wieder an der ursprünglichen Stelle; das wohlschmeckendste Quellwasser sprudelte jetzt aus ihm.

Noch im 6. Jahrhundert aber gibt es relativ wenig Überreste der marianischen Garderobe. In Diocaesarea verehren um 570 Wallfahrer aus dem Westen einen Krug und ein Körbchen der Maria, in Nazareth Wunder wirkende Kleidungsstücke Marias, in Jerusalem zeigt man ihren Gürtel, ihr Kopfband. Zumal der Gürtel genießt anscheinend bald großes Ansehen und wird später in Hymnen und Predigten besungen. (Gibt es doch Gürtel-Reliquien der Maria nun in Limburg, Aachen, Chartres, in Prato bei Florenz. In der Toskana wird eine Gürtel-Reliquie besonders geschätzt, im Osten feiert man ihr zu Ehren ein eigenes Fest am 31. August.) Kirchen und Privatleute streiten jetzt um den Besitz dieser und anderer Marienreliquien. Die meisten ergattert Konstantinopel: die Schweißtücher, in die Marias Leiche gehüllt war, und ein Kleid, das sie während ihrer Schwangerschaft getragen. Zu Ehren von Kleid und Gürtel begeht Konstantinopel Feste, man trägt das Kleid auch in Bittprozessionen herum, und dies mit großem Erfolg, beschützt es doch wiederholt, im 7., im 9. Jahrhundert, die Stadt vor Kriegsfeinden und Erdbeben. Nun befinden sich Kleiderreliquien Mariens in Aachen (aus dem karolingischen «Reliquienschatz»), in Chartres (als Geschenk Karls des Kahlen), in Sens, in Rom, in Limburg usw.[164]

Schließlich verbreitet sich alles mögliche der hl. Gottesmutter über die Welt.

Im Mittelalter verehrt man in Gaming etwas «von dem Stein, über den Milch der seligsten Jungfrau floß», etwas «von ihren Haaren, von ihrem Hemd, von ihren Schuhen» u. a. Die Wittenberger Schloßkirche besitzt 1509 «von der Milch der Jungfrawen Mariae 5 Partickel, von den Haaren Mariae 4 Partickel, von dem Hembd Mariae drey Partickel» usw. Man bedenke: Wittenberg besaß in jenem Jahr immerhin 5005 Reliquien, die meisten von Kurfürst Friedrich dem Weisen (!) aus dem «Heiligen Land» importiert; bis 1522 war für den weisen Fürsten ein eigener Einkäufer in Venedig tätig. Doch noch inmitten des Jahrhunderts der historischen Aufklärung führten die bis heute in München wirkenden Jesuiten eine eigene «Andacht zum Haarkamm der Jungfrau Maria» ein, behaupteten sie, die Verehrung der Haare

Mariens mache kugelsicher: «Als hing ein Wollensack über dich, wirst mitten im Kugelregen stehen . . .» Und verherrlichten die haarige Mariengeschichte auch in einem Gedicht, dessen erste Strophe genügen dürfte:

«Gott der alle Häärlein zählet,
Hat ihm diese auserwählet,
Mir seynd diese wenig Häärlein
Werther drum als alle Perlein»[165].

Nur unter einem winzigen Aspekt kann dieser kurze Vorausblick die Verdummung der Christenheit durch zwei Jahrtausende andeuten. Bietet doch gerade der Marienkult historisch gesehen – und anders sehen wir hier nicht! – einen Anblick dar, bei dem einen, wie Arthur Drews klagt, «der Menschheit ganzer Jammer anfaßt. Es ist eine Geschichte des kindlichsten Aberglaubens, der kecksten Fälschungen, Verdrehungen, Auslegungen, Einbildungen und Machenschaften, aus menschlicher Kläglichkeit und Bedürftigkeit, jesuitischer Schlauheit und kirchlichem Machtwillen zusammengewoben, ein Schauspiel, gleich geschickt zum Weinen wie zum Lachen: die wahre göttliche Komödie . . .»[166]

Raritäten und Proteste

Es gibt da freilich Groteskes, Kurioses genug, gerade auch unter den Reliquien. Noch größere Raritäten sind vielleicht Federn und Eier des Heiligen Geistes im ehrwürdigen Erzbistum Mainz. Oder die Reliquien des Palmesels, worauf Verona insistierte. (Im frommen Mittelalter gab es sogar mehrere Eselsfeste, wie das festum asinorum von Rouen, das allerdings Bileams Esel, dem sprechenden Tier des Alten Testaments, galt; während das Eselsfest von Beauvais in Erinnerung an die vermeintliche Flucht nach Ägypten begangen wurde.)[167]

Zu Reliquien konnten sogar Gebäude werden. So in Rom ein Privathaus, in dem der Apostel Paulus angeblich zwei Jahre lang gewohnt und gepredigt hat; der Saal wurde noch im 20. Jahrhundert gezeigt. Die berüchtigtste Reliquie dieser Art aber ist ohne Zweifel die Casa Santa in Loreto, das vermeintliche Eigenheim der Maria in Nazareth, einst dort von ungezählten Pilgern besucht. Doch als man 1291 die letzte Bastion in Palästina verlor, trugen Engel das «Heilige Haus» nach Italien; zuerst in die Nähe von Fiume, dann nach Loreto, wo es noch im 20. Jahrhundert ein Wallfahrerziel ist[168].

Sehr ausgeweitet wurde der Reliquienkult durch das Phylakterienwesen, das nichts war als eine Fortsetzung der im Heidentum vielgebrauchten Amulette, orendaerfüllte, meist um den Hals getragene Objekte jeder Art, die besondere übernatürliche Kräfte vermitteln und Übel von ihren Trägern abwehren sollten. Die Kirche verbot zwar die Amulette, segnete aber die Phylakterien, und bald stieg das Verlangen der Christen nach Phylakterien «ins Ungemessene» (Kötting)[169].

Das Ganze jedoch war so abscheulich, daß sich auch innerhalb der Kirche Protest erhob gegen die «Aschenverehrer und Götzendiener» (cinerarios et idolatras). Wohl am vehementesten geschah dies zu Beginn des 5. Jahrhunderts durch den gallischen Priester Vigilantius, den auch Bischöfe seiner Heimat unterstützten, Kirchenlehrer Hieronymus aber, offenbar aus ganz persönlichen Gründen, mit seiner berüchtigten Dreckschleuder angriff (I 176 f) und in Mißkredit brachte. Doch auch im Mittelalter erwuchsen dem gräßlichen Kult immer wieder Gegner, beispielsweise in dem Erzbischof Agobard von Lyon (gest. 840) oder, noch mehr, in seinem Zeitgenossen Bischof Claudius von Turin, der dafür eintrat, die Reliquien lieber im Grab, in der Erde zu lassen, wohin sie gehörten; der gegnerische Bischöfe «eine Versammlung von Eseln» schimpfte; der nichts von Pilgerreisen zum angeblichen Petrusgrab hielt; der auch alle Bilder, selbst Kreuze aus den Kirchen seiner Diözese entfernen ließ und, trotz Verurteilung, unbehelligt im Bischofsamt blieb bis zu seinem Tod. Erst durch die Reformation wurde jede Reliquienverehrung rigoros verworfen[170].

Das Konzil von Trient aber hat noch einmal den alten christlichen Brauch ausdrücklich befohlen und erklärt, daß alle, welche behaupten, die Reliquien der Heiligen würden ohne Nutzen verehrt, ihre Grabmäler (memoriae) vergebens besucht, durch sie keine Hilfe erlangt, «gänzlich zu verdammen seien, wie sie schon früher die Kirche verdammt hat und jetzt wieder tut»[171].

Der christliche Reliquienkult hängt untrennbar mit dem Märtyrer- und Heiligenkult zusammen; kaum weniger aber mit dem Pilgertum. Denn um zu Märtyrer- und Heiligenleibern zu kommen (denen man oft, zu allen Mirakeln, noch Unverweslichkeit angedichtet hat, das Ausströmen lieblichsten Wohlgeruches), machten Fürsten, Bischöfe und deren Gesandte gar weite Wege. Doch auch die einfachen Gläubigen trieb der Wunsch, Reliquien oder Eulogien («Pilgerandenken»), die jeder antike Wallfahrtsort hatte, mit nach Hause zu bringen. Und zwischen Reliquien und Eulogien wurde damals kaum unterschieden. Sehr wallfahrtsfördernd wirkte sich auch der Aberglaube (oder Glaube) aus, der Heilige helfe dort, wo er begraben liege oder zumindest ein Teil von ihm, Kopf, Hand, Fuß, Zehe, sonst ein Knochen, mehr als woanders. Hinzu kam endlich der Glaube (oder Aberglaube), daß die wunderbare Kraft des lebendigen Heiligen noch ebenso in seinen Überresten stecke und man diese Kraft auch selber durch bloße Berührung erlange oder doch erlangen könne[172].

3. KAPITEL

WALLFAHRTSSCHWINDEL

«Was lag näher, als dem Verlangen zu sehen entgegenzukommen und die Pilger nun auch leibhaftig schauen zu lassen, was das Auge des Glaubens ihnen nur in stiller Betrachtung vergegenwärtigte?» Bernhard Kötting[1]

«Und da die heilige ‹Topomanie› keine Grenzen kannte, zeigten ihr» – der berühmten Pilgerin Aetheria – «die Mönche das Grab des Moses, den Palast des Melchisedech und das Grabmal Jobs. Es fehlte gerade, daß man ihr den Schädel Adams, den Knüttel Kains vorführte oder sie den Wein Noes kosten ließ!» J. Steinmann[2]

Pilgern – eine Idée fixe schon in vorchristlicher Zeit

In den meisten Religionen waren Wallfahrten, das heißt Reisen zu sogenannten heiligen Stätten aus religiösen Gründen, des Glaubensbekenntnisses, der Erbauung, Buße, des Gebetes, der Danksagung wegen, schon in vorchristlicher Zeit üblich. Es gab das Pilgertum mit vielen Wunderheilungen, Votivgaben et cetera bei Heiden, Juden, auch bei den Arabern bereits in vorislamischer Ära. Im ganzen griechischen und römischen Kulturbereich, ja darüber hinaus, stand das Wallfahrten zur Zeit «Christi», als die Christen noch gar nicht ans Wallfahrten dachten, in voller Blüte. Und wie bei den Heiden, spielte auch dann bei den Christen das Verlangen nach Heilung eine Hauptrolle, was zahlreiche Mirakelberichte aus den ersten Jahrhunderten beweisen.

Das Wallfahrten hing eng mit dem Wahn zusammen, die Gottheit offenbare sich an bestimmten Plätzen lieber als an anderen, an dem Sammelpunkt «übernatürlicher» Kräfte, des «Numinosen», bei einem wundertätigen Kultbild, einer Reliquie oder sonst einem religionsgeschichtlich bedeutsamen Ort, bekannt durch das Wirken eines Religionsgründers, eines Heros, eines Heiligen. Ebenso spielte dabei der Glaube eine Rolle, die Gottheit werde da und da lieber verehrt, gewähre da und da Flehenden geneigteres Gehör für das Erlangen dringlicher oder geistiger Güter, befreie da bevorzugt aus leiblicher und seelischer Not – fixe Ideen, die auch dem Glauben an die Allgegenwart (eines allmächtigen) Gottes widerstreiten[3].

Auch in Prozessionen kamen die Frommen schon; bei den Juden zum Beispiel, doch ebenso bereits in altarabischer Zeit, dann wieder im Islam. Und auch am Wahllfahrtsort selbst waren Prozessionen bei Juden am Laubhüttenfest üblich, besonders häufig jedoch im Heidentum, mit Götterstatuen, mit anderen Kultsymbolen, weshalb sie die Christen als «pompa diaboli», als Prozessionen des Teufels und Ausdruck des Götzendienstes verwarfen, jedenfalls jahrhundertelang. Dann hatten auch sie, mit den «wahren» Symbolen freilich, Prozessionen; statt Götter jetzt Heilige[4].

Heidentum, Judentum und Kelten kannten ferner die Festwallfahrt. Dabei strömten die Menschen von überall her zusammen, wie später wieder die Christen, deren Wallfahrtsorte wenigstens einmal im Jahr ihren großen Festtag haben. Ebenso kannten Heiden und Juden das Devotionspilgern, eine Wallfahrt aufgrund eines Gelübdes. Die Religion Jesu zwar bot dafür kaum Raum, so wenig wie für den Eid; ja, das Wort gegen das Schwören traf auch das Gelübde mit. Die Christen aber legten dann, wie schon die alttestamentlichen Juden, häufig Gelübde ab, und sie entfernten sich bei dieser Praxis weder von der jüdischen noch heidnischen. «Die Motive für die Gelübde bleiben die gleichen . . . Ebensowenig tritt ein Wandel ein, was den Inhalt der Gelübde angeht . . . Es ändert sich nur der Gelübdeadressat: Christus . . ., die Trinität . . . und vor allem die Märtyrer und andere Heilige» (Reallexikon für Antike und Christentum). Ungezählte Christen machten Gelübde, aber, wie eine alte Quelle weiß, «bei vielen dauert der Wille zum Gelübde nur so lange, wie er Kopfschmerzen hat». Freilich lassen Heilige, warnt Paulinus, Bischof von Nola, sich einen Gelübdebetrug nicht gefallen – ein Topos an fast allen heidnischen wie christlichen Pilgerstätten. Und wie der Heide ein Votum durch Darbringung eines Opfers erfüllt oder vollendet hat, so auch der Christ[5].

Votivgaben gab es in den frühesten Kulturen bei Natur- und Kulturvölkern, gab es an Wallfahrtsorten der Kelten und Germanen ebenso wie in Italien, Griechenland, Mesopotamien oder Ägypten. In Köln brachten die Heiden hölzerne Glieder als Weihegaben. In Süditalien fanden sich an der Mündung des Silarus in einer Hera-Wallfahrtsstätte viele Votive der Kurotrophos mit dem Kind. Die Asklepieia von Epidauros, Athen u. a. füllten zahlreiche Weihetafeln[6].

Die dona votiva, donaria machten die Tempel reich. Selbst für den Tempel der Juden in Jerusalem stifteten sie heidnische Herrscher, Augustus, Agrippa, Claudius. Und durch Votive vermehrten sich die Tempelschätze von Mesopotamien bis Rom. Das

Artemisheiligtum in Ephesus nannte Aristophanes das «ganz goldene Haus». Man brachte Weihegaben aller Arten dar: kostbare Gewänder, Stoffe, Gold, Silber, Götterfiguren, Kriegsbeute, Viehherden, am meisten aber Nachbildungen geheilter Glieder, man stiftete ganze Tempel. Diese donaria konnten einfach Gunstbezeigungen, sie konnten Ersatzopfer, Bitt- oder Dankvotive sein, Gaben für erwartete oder erlangte Hilfe. Und all das praktizierten die Christen weiter, bloß nicht mehr für die heidnischen Helfer jetzt und Götter, sondern für die Heiligen und Gott. «Es wechseln fast nur die Namen» (Weinreich). Katholisch gesagt: «Das Christentum blieb von früh an diesen Formen der Gottesehrung und des Gottvertrauens treu ...» (Prälat Sauer)[7]

Auch die Inkubation, das Schlafen an heiliger Stätte zur Erlangung göttlicher Träume, Verkündigungen, Visionen, stammt aus dem Heidentum. Die Inkubation, ursprünglich mit den Offenbarungsorten chthonischer Gottheiten verbunden, war besonders im griechischen Kulturraum verbreitet. Oft nach bestimmten Vorbereitungen, Enthaltung gewisser Speisen, auch des Beischlafs, legten sich Männer und Frauen getrennt in einen Kultraum und erwarteten das Erscheinen des Gottes in seiner, in anderer Gestalt. Erwarteten Traumoffenbarungen, Orakel, die dann meist amtierende Priester zu deuten hatten. Erwarteten nicht zuletzt Heilung, weshalb Inkubation vor allem von Kranken geübt worden ist; zumal in den Tempeln der Heilheroen und -götter, am meisten vielleicht in den Heiligtümern des Asklepios von Ägypten bis Griechenland und Rom; später in denen der hellenistisch-ägyptischen Gottheiten Isis und Sarapis, bei denen viele, die die Ärzte schon aufgegeben, Erhörung fanden. Doch waren diese Inkubationsstätten, wie dann die christlichen, auch Hospitäler[8].

Im Christentum flehte man bei der Inkubation (in Griechenland angeblich noch im 20. Jahrhundert praktiziert) statt der Heidengötter die Heiligen an: Thekla, Michael, Therapon, Kyros und Johannes, Kosmas und Damian – allerdings nicht nur um Hilfe für den Leib zu erlangen, sondern auch für die Seele, was die christliche Inkubation unterschieden haben soll von den paganen

Inkubationsorten und Hospitälern. In Wirklichkeit suchte man selbstverständlich auch für die Seele schon Hilfe im Heidentum. Ob manche Kirchenväter (Eusebius, Chrysostomos, Hieronymus, Kyrill von Alexandrien u. a.) die christliche Inkubation als Aberglauben bekämpften, ist nicht immer eindeutig und umstritten; die heidnische verdammten sie natürlich. In den Eliasthermen am Jordan wurden die Kranken abends durch eine Hintertür in den Baderaum gelassen. Doch hat Kaiser Justinian in schwerer Krankheit die Heiligen Kosmas und Damian zum Heilschlaf bestimmt nicht heimlich aufgesucht, ihre Kirche vielmehr erweitert und ausgeschmückt. Auch berichtet der Bischof Basilius von Seleukia ganz ungeniert und billigend über die Inkubation von Christen, und weit ausführlicher noch Sophronius, im 7. Jahrhundert Patriarch von Jerusalem[9].

Der Buddhismus kannte zunächst vier heilige Stätten, von denen Buddha prophezeite, man werde zu ihnen pilgern und wer dabei sterbe, im Himmel wiedergeboren: Lumbinī (Nepal), wo Buddha geboren, Bodhgayā, wo er erleuchtet wurde, Sārnāth, wo er zu predigen begann, und Kushinagara, wo er ins Nirvāṇa einging. Später kamen viele weitere Wallfahrtsorte dazu, Kōyasan etwa in Japan, Kandy auf Ceylon, wo man den Buddha-Zahn verehrte. Auch im Hinduismus (Hauptheiligtum Benares) gab und gibt es zahlreiche heilige Städte, pilgern die Sādhu von Wallfahrtsort zu Wallfahrtsort. Und im (allerdings erst nachchristlichen) Lamaismus, dem tibetischen Buddhismus, mit dem Kult- und Pilgerzentrum Lhasa, läuft das Volk – jeder vierte ist geistlichen Berufes! – auch scharenweise zu den Klöstern, Zentren des kultischen und wirtschaftlichen Lebens, huldigt den Reliquien, kauft Amulette, Götterbilder, setzt die Gebetsmühlen in Schwung. Gepilgert wird im Shintoismus, in der japanischen Ur- und Nationalreligion (kami no michi), die sogar ein erbliches, gleichfalls sehr geschäftstüchtiges Priestertum kannte, wobei einzelne Familien das Tempeleinkommen als Familieneinnahmen ansahen. Wallfahrten gab es bei Konfuzianern, den alten Ägyptern und nicht zuletzt im antiken Griechenland[10].

ASKLEPIOS, DER GOTT DER «MILDEN HÄNDE», UND EPIDAUROS, DAS HEIDNISCHE LOURDES

In der ägäisch-kretischen Religion übte man die wallfahrtsähnliche Verehrung von ländlichen «Kultschreinen», Bergheiligtümern, heiligen Grotten – teilweise noch im neugriechischen Volksglauben Wallfahrtsorte. Und etwa vom ausgehenden 5. Jahrhundert an begann Asklepios seinen Siegeszug. Er stellte alle andern Heilgottheiten in den Schatten, nicht nur für die klassische Zeit, für das ganze Altertum. Er wurde der bedeutendste, fast allein allgemein anerkannte Heilgott, ein milder, vergebender, beliebter Helfer, ein Heiland, der ursprünglich vielleicht ein Heilheros war, in dem man einen berühmten thessalischen Arzt heroisiert hatte (vgl. S. 243). Noch Pindar sah um 475 v. Chr. in Asklepios einen heroisierten Sterblichen – und die alte Welt verehrte in ihm einen Gott, der Mensch gewesen, verehrte ihn wohl gerade deshalb als den menschlichsten, den menschenfreundlichsten Gott, den Gott der «milden Hände», den Gott, «der mit seiner milden Hand Heilung bringt»[11].

Man vergötterte ihn als Wundertäter, der Lahme, Stumme, Blinde geheilt, auch Haare erzeugt, der Stürme gestillt hat und Tote auferweckt, der Kranke wieder gesunden ließ, aber auch seelische Gebrechen behob. Viele behaupteten, ihn gesehen zu haben und verbürgten sich für seine Taten. Zahlreiche Wunder des Asklepios, des Retters in allen Lebensnöten, der auch durch Handauflegen heilte, «Arzt» genannt wurde, der «wahre Arzt», «Herr» über die Krankheitsmächte, «Heiland», gingen in der Bibel auf Jesus über, nicht selten mit den frappierendsten Details. Asklepios, der Sohn eines Gottes, erleidet nicht nur den Tod als Strafe, sondern fährt auch in den Himmel auf. Kurz, Leben und literarische Motive in der Lebensgeschichte der beiden Gottheiten ähneln einander, und gerade die Wunderheilungen des Asklepios stimmen noch in Einzelheiten «in auffallender Weise mit den Wunderheilungen Jesu überein» (Croon)[12].

Die Christen konnten all dies nicht ganz leugnen; es war zu bekannt. «Wenn wir sagen», schreibt Justin, «daß Christus Krüppel, Lahme und von Geburt an Kranke geheilt und Tote auferweckt habe, dann scheinen wir damit Dinge zu erzählen, die dem ähnlich sind, was man von Asklepios berichtet». Aber gerade die Analogien provozierten die Kirchenväter zu scharfen Attacken. Und natürlich fehlt da nicht die Behauptung, daß Asklepios ein gefährlicher Dämon sei, daß Christus ihn weit übertreffe[13].

Die Asklepieia verbreiteten sich über den ganzen Mittelmeerraum. Mehr als zweihundert Heilstätten des Gottes wurden durch die Forschung nachgewiesen, die sämtlich Wallfahrtsorte waren. Zu den größten gehörten Kos, Pergamon, Athen, Trikka, Lebena, Aigai in Kilikien, Rom. Ungezählte suchten in den Jahrhunderten um die «Zeitenwende» hier Heilung und Hilfe. Im Asklepieion von Athen fehlte unter den Votivgaben der Dankbaren – wie dann in so vielen katholischen Pilgerorten – kaum ein Körperglied. Aus den verschiedensten Materialien prangten da Hals, Ohr, Auge, Zahn, Hand, Fuß, Brust u. a. Zahlreiche Athener Weihereliefs aus dem 5. vorchristlichen Jahrhundert zeigen aber auch noch die milde, helfende Hand des Asklepios. Auf vielerlei Weise sollte eben das Vertrauen in den Heilgott wachsen und der Ruhm des Heiligtums dazu[14].

Die berühmteste Wallfahrtsstätte, der innerhalb des Kultes selbst freilich viele Konkurrentinnen erwuchsen, war Epidauros, eine Art Lourdes der Antike: romantisch im Nordosten des Peloponnes, neun Kilometer südwestlich der Stadt in einer weiten, quellenreichen Talmulde gelegen und in sechsstündiger Seefahrt von Athen aus zu erreichen. Der Kult setzte im 7. vorchristlichen Jahrhundert ein, wurde wahrscheinlich von Trikka in Thessalien aus nach Epidauros übertragen und begann im 5. Jahrhundert zu florieren. Er machte Epidauros weltbekannt und zog die Pilger aus allen Schichten, hauptsächlich zur Heilung in Traumorakeln und Wasserkuren, von weit her an: Einäugige, Blinde, Stumme, Gelähmte, Schwindsüchtige, Schußverletzte. Auch Leute, die wichtige Dinge verloren hatten. Und besonders häufig Frauen, die sich Kinder wünschten. (Auch andere Asklepiostempel waren in solchen Fällen gefragt sowie Delphi – und später wallfahrten Christinnen aus dem gleichen Grund zu den Kirchen.) Über eine

Gebührenordnung ist nichts bekannt; doch verstand man die Gebefreudigkeit «psychologisch klug zu nutzen» (Reallexikon für Antike und Christentum). Manche besuchten Epidauros sogar nur, um einfach dort zu beten. Außer dem künstlerisch bedeutenden Hauptheiligtum gab es noch Tempel anderer Gottheiten, vor allem der Artemis, Themis, Aphrodite, gab es so viele Altäre diverser Götter, daß sie – wie in Olympia – numeriert werden mußten. Und natürlich standen auch große Gebäude da für die Unterbringung der Pilger.

Viele blieben wochen- und monatelang, manche Jahre, wovon am meisten die Priester profitierten. Sie nahmen auch die Opfergaben an sich, von Geheilten außerdem Geld, Edelmetall, gelegentlich ganze Statuen aus Gold. Sie sorgten dafür, daß Gesundete, die der Gottheit den schuldigen Dank verweigerten, in Wunderaufzeichnungen mit neuer Krankheit geschlagen wurden. Sie sorgten für Berichte über Kranke, die erst auf dem Heimweg oder daheim durch den gütigen Asklepios genasen. Und offenbar verbreiteten auch die Priester den Glauben, daß mit der Größe der gelobten Gabe die Wahrscheinlichkeit der Heilung wachse. Im ausgehenden Altertum gab es in den Asklepios-Heilstätten vielleicht sogar eine Art Kurbetrieb mit regelrechten Taxen; wie überhaupt an manchen Wallfahrtsorten Ärzte und Asklepiospriester identisch waren[15].

Aus propagandistischen Gründen schrieb man in Epidauros schon im 4. Jahrhundert v. Chr., in der Zeit seiner ersten Hochblüte, wunderbare Heilungen auf Viereckstelen, die zum Teil erhalten sind, und die sich von entsprechenden Berichten christlicher Wallfahrtsorte nicht unterscheiden. Aufgrund solcher und anderer Inschriften in Epidauros sowie aus literarischen Quellen lassen sich dort zwischen 300 v. Chr. und 200 n. Chr. etwa 80 wunderbare Erhörungen nachweisen. In Wirklichkeit werden es viel mehr gewesen sein. Auch suchte man schon die Nichterhörung der Pilgerbitten zu begründen. Die christlichen Wallfahrtsorte standen dann vor demselben Problem und nannten als Ursache häufig die Sündhaftigkeit der Besucher[16].

Die genaue Abfolge des täglichen Gottesdienstes ist für Epidauros nicht mehr festzustellen. Abgesehen davon, daß man, wie im Heidentum üblich, zu verschiedenen Gottheiten beten konnte, so erinnert manches an spätere christliche Riten, Zeremonien: die starke Verwendung des Lichts und der Lampen, der Gebrauch des Weihrauchs, besonders die Tagzeitenhymnen, feierliche Prozessionen zu Ehren des Apollon, des Asklepios, nicht zuletzt die Spenden. Im 3. und 4. nachchristlichen Jahrhundert nimmt die Häufigkeit der Dedikationen zunächst nicht ab, die Zahl der Pilger steigt eher noch, auch die Weihungen nehmen zu. Der Epidaurier, wie der Heilgott hier heißt, überflügelt nun selbst so berühmte Kulte wie die in Eleusis und Delphi[17].

Epidauros, bereits im 4. vorchristlichen Jahrhundert sehr reich, wurde im 1. von Sulla (S. 418), dann von Seeräubern geplündert und war um 400 n. Chr. zerstört. Die Christen mieden es lang. Erst Jahrhunderte danach begann dort der Kult zweier Heiligen zu florieren, der kaum zufällig an Asklepios und sein Wirken erinnert und kaum nur die alten äußeren Formen übernimmt. Zu unbekannter Zeit errichtete man dann eine fünfschiffige Basilika und machte sie schließlich zu einer Festung[18].

Sarapis, Isis und die Jungfrau Maria

Was Asklepios im Bereich der griechischen Kultur gewesen, war Sarapis in Ägypten. Mitte des 2. nachchristlichen Jahrhunderts werden dort immerhin 42 Tempel des – neben der Isis – populärsten ägyptischen Gottes genannt. In Alexandrien und Kanapos sind seine Heilstätten stark besucht. Und mit der Gottesverehrung verband sich die fortschreitende medizinische Wissenschaft – von der das Christentum bald wenig hält, ja, die es oft bekämpft. Wie Asklepios gilt Sarapis als Universalhelfer, pantheistischer Allgott. Es gibt auch eine Sarapis-Trinitätslehre: Isis, Sarapis, Horus. Sarapis trägt ferner – mit anderen Göttern und geschichtlichen Persönlichkeiten, den Seleukiden in Syrien, den Ptolemäern in Ägypten – die sakrale Titulatur «Heiland», wie später der biblische Jesus. Auch geht man zum «Tisch des Herrn Sarapis», wie nachher zum «Tisch des Herrn». Sarapis kannte bereits Mönche, und es ist wohl der Erwähnung wert, daß Pachomius, der Gründer der ersten christlichen Klöster (S. 227 f), vorher Mönch des Sarapis war. In hellenistischer Zeit konnte Sarapis mit Asklepios verschmelzen, doch wurde sein Kult auch mit dem der Isis verbunden. In Korinth, Sparta, Patrai, Kopai in Böotien standen seine Tempel, drei allein (seit 220 v. Chr.) auf der Insel Delos, mehrere in Rom. Und mit Traumdeutung, Orakelauslegung etc. hatten seine Heiligtümer den gleichen Pilgerbetrieb wie die Asklepieen[19].

Ein bedeutendes antikes Wallfahrtszentrum war Ephesus, die Hauptstadt der Provinz Asien und ein Hauptsitz der heidnischen Muttergöttin. Denn hier, wo kleinasiatische Religiosität mit griechischer Frömmigkeit sich vermischte, kulminierte der Artemiskult, verschmolz die von Zeus mit ewiger Jungfräulichkeit begnadete Artemis Ephesia eng mit der Isis, der berühmtesten Göttin Ägyptens.

Die Religon der Isis kannte eine Offenbarung, heilige Schriften, eine Kirchenorganisation mit hierarchischer Gliederung und so viele Wunder, daß die Künstler dadurch reich geworden sind. Isisfeste gingen in den erst verhältnismäßig spät aufkommenden Marienkult ein. (Das navigium Isidis feiert man an der südfranzösischen Küste bis heute für Maria.) Isis aber, da und dort auch als Heilgottheit, Orakelspenderin bewährt, umwarb man auf der Nilinsel Philae mit Wallfahrt, Prozessionen, Weihegeschenken bis ins 6. Jahrhundert n. Chr. Lange vor Maria aus Nazareth verherrlichte man die göttliche Jungfrau Isis mit dem Gotteskind, die heidnische Madonna, die besonders Mädchen und Frauen anflehten, durch Litaneien, Andachten, Fasten, Exerzitien, pries sie als Allmutter, Schützerin des Lebens, Herrin der Natur, Helferin in Nöten der Geburt, als Segenspenderin «von der alles Gute kommt», als «liebe Herrin», «liebreiche Mutter», «Himmelskönigin», «Meereskönigin», «Retterin», «Unbefleckte», «sancta regina», «mater dolorosa», als «Mutter des Grünens und Blühens». Und nicht zufällig mußte Isis ihren Titel «Mutter Gottes» (mwt ntr), den sie schon im alten Ägypten trug, nach langen dogmatischen Kämpfen 431 auf dem Konzil von Ephesus (II 172 ff) endgültig der Mutter Jesu überlassen, die nun geradezu an ihre Stelle tritt[20].

Wie in allen Wallfahrtsorten und Heilstätten der vorchristlichen Welt ereigneten sich auch in Ephesus «Wunder und Zeichen». Man fand Votivgaben, etwa 800 in der Nähe des alten Altars, Abbilder aller menschlichen Glieder, Dankesbezeugungen für jegliche «Erhörung». Es gab sogar ein Bankinstitut im Tempel – die größte Bank der Provinz – und offenbar eine eigene lokale Fabrik, die Weihegaben und Andenken zum Verkauf an die Pilger herstellte. Es gab ein ganzes Heer von Tempelangestellten, nicht nur die Händler, die Verkäufer von Talismanen, Amuletten, auch Opferdiener, Wächter, Musiker, Chorsänger, Magier, Wahrsager und natürlich den Klerus, die Hohepriesterin mit ihren Akoluthen, den «Bienen». Und wie heute noch die zahlreichen Lourdesgrotten in der katholischen Welt die Attraktion von Lourdes nicht schmälern, so schwächten auch nicht die vielen Filialgründungen, die der ephesinischen Göttin weithin erwuchsen, die Anziehung der Ephesia. Im Westen reichten ihre Heiligtümer bis nach Marseille, ja, nach Pausanias verehrte man sie überall auf Erden[21].

Wallfahrt im vorchristlichen Judentum

Auch im alten Israel blühte das Wallfahrtswesen.

Beliebte Pilgerziele waren Silo, Betel, Gilgal, Beerseba. Man betete und spendete, opferte Mehl, Wein, Rinder. Es kam häufig zu Freßgelagen und Trunkenheit (wie heute noch auf ungezählten katholischen Kirchweihfesten, wenn da auch nicht gerade in den Kirchen, aber gleich daneben). Zeitweise gab es, wie häufig an phönizischen und syrischen Pilgerstätten, sogar kultische Prostitution. «Ja, kommt her nach Bethel und treibt Sünde, und nach Gilgal, um noch viel mehr zu sündigen», eifert der Prophet Amos und warnt: «Besucht nicht Bethel! Wallfahret nicht nach Gilgal! Und zieht nicht nach Beerseba». (Manche Bibeln gaben freilich Amos 2,7 wieder: «der Mann geht mit seinem Vater zum *üppigen Mahle*», wo statt dessen Mädchen, Dienerin stehen müßte und gewöhnlich auch steht.)[22]

Der Hauptwallfahrtsort war selbstverständlich das Zentralheiligtum Jerusalem, wo sich die jüdische Priestermacht ballte (vgl. I 100 ff, bes. 102 f).

Die Wallfahrt nach Jerusalem wurde für männliche Israeliten – bei Frauen stand es in deren Belieben – vom 13. Lebensjahr an lange Zeit obligatorisch. (Später machte der Islam auch die Wallfahrt nach Mekka, die berühmteste, rituell genau geregelte, zur Pflicht, meist damit verbunden die allerdings freiwillige nach Medina, zum Grab Mohammeds.) Bei weiter Entfernung mußten die Israeliten wenigstens einmal im Jahr zum Passa, Osterfest, erscheinen, bei näherem Wohnen außerdem noch zu Pfingsten, Laubhütten, sowie zum Versöhnungstag. Alle anderen Jahwetempel außerhalb Jerusalems erkannten die dortigen Priester nicht an. Darf es doch, schreibt Philon von Alexandrien, der jüdisch-hellenistische Philosoph, nur ein Heiligtum geben, «da es auch nur einen Gott gibt. Er hat auch denen, die zu Hause opfern wollen, dieses nicht gestattet, gebietet ihnen vielmehr, sich aufzumachen von den Enden der Erde her und dies Heiligtum aufzusuchen». Fast überall gipfelt Religion eben auch im Geschäft[23].

Wochenlang besserte man in Palästina, bevor sich die Hauptmasse der Pilger heranwälzte, die Wege aus, setzte die Brücken instand, öffnete die Brunnen. Erst recht richtete man in Jerusalem Straßen und Plätze her. Und strömten auch nicht, wie Flavius Josephus gewaltig übertreibend behauptet, 2 700 000 Juden zur Zeit Neros zum Passa herbei, darf man da doch, bei 55 000 Einwohnern, normal mit beträchtlich mehr als doppelt so vielen Pilgern rechnen. Sie kamen aus fast allen Provinzen des Oströmischen Reiches und niemand durfte mit leeren Händen erscheinen. Denn rückte man auch die Religion in den Mittelpunkt, kamen da täglich viele Tausende zu Wasser und zu Land aus allen

Himmelsrichtungen, wie Philon überliefert, um sich «in Frömmigkeit und Gottesverehrung unentbehrlicher Erholung» hinzugeben – der hohe Klerus kassierte: aus den vorgeschriebenen Spenden, aus manchen Opfern, aus Lizenzgebühren für das Errichten von Gewerbeständen sowie aus anderen Quellen. Er unterhielt Banken und zog noch die Räuber, einschließlich römischer Gouverneure, auf sich. Kaum zufällig wählte man die Tage der Festwallfahrten auch zur Liquidierung von Verbrechern[24].

Der Beginn der christlichen Jerusalem-Wallfahrt – von der «Kreuzerfindung» bis zum hochheiligen Vorhautkult

Die Christen dachten immerhin zwei, drei Jahrhunderte lang nicht daran zu wallfahrten. Schließlich hatte Jesus wieder nicht gerufen: Strömt nach Jerusalem, wenn ich tot bin! Bestaunt die Garderobe meiner seligen Mutter! Pilgert zu ihrer Milch, zu den Federn des Heiligen Geistes! Der Jesus der Bibel und gar der erst der historisch-kritischen Theologie hatte ganz anderes gelehrt (S. 71 f).

Noch im 2. Jahrhundert kümmerte sich offenbar niemand um die Stätten der biblischen Geschichten. Erst um die Mitte des nächsten suchte man sie auf, vereinzelt nur, ein regulärer Wallfahrtsbetrieb bestand nicht. Auch waren die ersten, die von außerhalb Palästinas zu den Orten der alttestamentlichen «Heilsereignisse» pilgerten und zu jenen, wo sich die Hauptgeschehnisse des Lebens Jesu «abgespielt» (Lexikon für Theologie und Kirche), ausschließlich Priester und Bischöfe, und zwar aus Kleinasien und Ägypten. Eigentliche Palästinapilger «gibt es erst seit dem 4. Jahrhundert» (Altaner/Stuiber). Und im ganzen 4. Jahrhundert herrschte die Wallfahrt nach Palästina auch vor[25].

Sie entwickelte sich im übrigen «als vollständiges Analogon zur vorchristlichen heidnischen Pilgerfahrt zu den Heroengräbern und der jüdischen zu den Weli's der Patriarchen, Propheten und

Könige». Daß sie zugleich, wie Kötting hinzufügt, «durchaus selbständig» aus bereits neutestamentlichen Gedanken sich entwickelte, ist nichts als apologetische Schaumschlägerei. Denn die Histörchen von den Kranken, die in der Apostelgeschichte Petri Schatten heilen sollte oder heilte oder auch die Schweißgarderobe des Paulus, das war im Prinzip so wenig neu wie die Pilgerei[26].

Die Motive werden vielfältig gewesen sein. Aber sicher herrschte das religiöse «Bedürfnis» vor, besonders der Wunsch eben, die «heiligen Stätten» zu sehen, sich zu überzeugen, sozusagen Beweise für die Wahrheit der Bibel, die Überlieferungstreue zu bekommen und den Glauben zu stärken.

Erstmals nachweislich erwähnt wird das Gebet eines Palästinapilgers an den Stätten der «Heilsereignisse» bei Kirchengeschichtsschreiber Euseb. Er berichtet, daß Bischof Alexander aus Kappadokien «auf göttliche Weisung hin . . . nach Jerusalem reiste, um hier zu beten». Dies geschah um 212. Ein Jahrzehnt später wurde Alexander Bischof von Jerusalem, trat als Beschützer des «Ketzers» Origenes auf und starb 250 als Märtyrer[27].

Der eigentliche Pilgerstrom setzt erst im 4. Jahrhundert ein, als die Religionspolitik Konstantins den Weg dafür geebnet hatte. Vorher lassen sich nur Priester und Bischöfe als Jerusalem-Wallfahrer nachweisen. Nun kamen auch Laien, es kam vor allem der Westen hinzu, von dem in vorkonstantinischer Zeit Zeugnisse fehlen. Die meisten kirchengeschichtlichen Handbücher lassen die Jerusalem-Wallfahrt auch erst mit Konstantin beginnen. Doch von jetzt an wirkte Jerusalem «zu allen Jahrhunderten wie ein Magnet auf die christlichen Herzen» (Mader)[28].

Nun kommt es auf einmal zur Auffindung aller möglichen «Christus-Reliquien»: Marterwerkzeuge, Kleider und «sonstiger Sach-Reliquien Christi» (Lexikon der Ikonographie). Die Verehrung der Dornenkrone beginnt erst im 5., die der Lanze erst im 6. Jahrhundert. 614 wird die Lanzenspitze nach Konstantinopel gebracht und im 10. Jahrhundert folgt ihr der Lanzenschaft, Ende des 15. Jahrhunderts gelangt er unter Papst Innozenz VIII. nach Rom in St. Peter. Hl. Nägel sind noch im Domschatz zu Trier. Der Hl. Rock stellt sich dort um 1100 ein. Doch gibt es Neuauffindungen von «Christus-Reliquien» bis ins 15. Jahrhundert! Und zu Beginn des 20. Jahrhunderts ist die Welt bereits mit weit mehr als zehntausend Schriften gesegnet über die in Palästina lokalisierten christlichen Traditionen[29].

Die eigentliche Wallfahrtsbewegung wurde, wenn nicht initiiert, so doch hoffähig vor allem durch die hl. Helena.

Die bedenkenlose Intrigantin, die mit Konstantins Vater erst länger im Konkubinat, dann in Bigamie gelebt (I 215), wird von modernen Katholiken zum reinsten Engel gemacht, zu einer «Christin aus Gnade und Glauben» (Hümmeler), «sehr schlicht und einfach, unermüdlich im Besuche der Gottesdienste, stets bereit in jeder Not zu helfen» (Schamoni), stets für die Gefangenen, die Verbannten, die in den Bergwerken Verurteilten tätig. Und so wird sie denn noch heute alljährlich gefeiert, noch heute angerufen zur Entdeckung von Diebstählen und gegen Blitzschlag. (In Rom beigesetzt – blicken wir kurz voraus –, kommt sie nach Konstantinopel, dann gelangt ihr prächtiger Porphyrsarg, offenbar leer, ins Vatikanische Museum. Ihr Haupt wird in der Benediktinerabtei Hautvillers [Altum Villare], später im Dom von Trier verehrt. Und auch durch all ihre Überreste, echt oder nicht, geschehen, die gelehrten Bollandisten verbürgen sich dafür, Wunder über Wunder, zwölf Blätter füllend und in zwölf Klassen eingeteilt, bis hin zu jener unerhörten Rettung des Grafen Astaldus, der in Otinus bei einem Sturz vom Pferd sich das Genick hätte brechen können, aber nach dem Stoßgebet «Heilige Helena, stehe mir bei!» es sich nicht brach.)

Gemeinsam mit dem hl. Makarius soll Helena die Auffindung von Jesu Kreuz (samt Nägeln) auf dem Kalvarienberg gelungen sein – eine der ungezählten faustdicken Lügen des Katholizismus, daher nun meist als Legende bezeichnet. *Bis tief ins 19. Jahrhundert aber gaben katholische Standardwerke die Sache als echt aus!* Ja, es kommt noch im 20. Jahrhundert vor, daß dieselben Bücher die «Kreuzauffindung» oder «Kreuzerfindung», wie es sinnigerweise auch heißt, als Tatsache hinstellen und als Legende zugleich[30].

Die Heilige (Fest 18. August) fand das Kreuz, als sie 326 zu den «heiligen Stätten» wallfahrtete. Und der gleichfalls hl. Bischof von Jerusalem, Makarius I. (Fest 10. März), bezeugte die «Kreuzauffindung» oder «Kreuzerfindung»; als Fest am 3. Mai begangen. Ja, Helena fand, nach einer göttlichen Offenbarung, gleich alle drei Kreuze auf Golgatha und konnte das wahre durch eine Totenerweckung zuverlässig ermitteln. Die Leiche der christlichen Witwe Libania wurde nämlich vom hl. Makarius zunächst vergeblich mit zwei Kreuzen berührt, beim Kontakt mit dem dritten Kreuz aber «ward sie lebendig und pries voll Freude den Herrn» (Donin). Ein weiterer Ortsbischof, der nicht von ungefähr mit dem höchsten Titel der Catholica gebrandmarkte Kirchenlehrer Kyrill von Jerusalem (348–386; Fest 18. März) bezeugt gleichfalls das wahre Kreuz, das er allerdings, anders als die Legende, bei einer weiteren hl. Auffindung, der des Hl. Grabes, ans (trübe) Licht der Geschichte kommen läßt. Und bald verbreiten sich prominente Kirchenschriftsteller, -väter und -lehrer über die großartige Erfindung: Sokrates, Rufin, der hl. Ambrosius, der Bischof Paulinus von Nola. Und diese ungezählten Kreuzreliquien, die Frucht eines völlig erlogenen Gefasels, «haben in der Kirchengeschichte ... eine große Rolle gespielt» (Bertholet)[31].

Nach Kyrill von Jerusalem war nun die Welt bereits um 350 voller Kreuzpartikeln. Man verschickte – als besonderes Zeichen der Verehrung! – Splitter, größere und kleinere, an ungezählte Kirchen und Einzelpersonen. In allen Ländern gehen die vielen Heilig-Kreuz-Kirchen, zu denen man oft noch heute wallfahrtet, auf eine Partikel vom «echten» falschen Kreuz zurück. Manche Frommen trugen davon Kleinstportiönchen am Hals, wie die hl. Makrina. Man schickte Kreuzesteilchen nach Konstantinopel, Rom, an Leo I., Sulpicius Severus, an die hl. Königin Radegunde nach Poitiers, wo man den Splitter noch jetzt verehrt, nachdem schon im 6. Jahrhundert ihr (geistlicher) Freund Venantius Fortunatus, Bischof von Poitiers, den berühmten, im römischen Brevier gebrauchten Hymnus «Vexilla regis prodeunt» (Des Königs Fähnlein rücken vor) gedichtet hatte. Papst Gregor I. sandte Kreuzteile an die Langobardenkönigin Theodelinde und den Westgotenkönig Rekkared. Und sie, die Teile, wanderten mit ungezählten Pilgern in die entlegensten Orte der christlichen Welt[32].

Mit dieser bekanntesten Ausschüttung von Phylakterien, von «Pilgerandenken», war übrigens ein erster Schritt getan zu der eigentlichen Reliquienteilung, der Zerstückelung von Märtyrerleichen, auch wenn jener Vorgang, die Verteilung des Kreuzes, diesen, die Zerteilung von Toten, noch nicht ahnen läßt.

Obwohl es aber, wie gesagt, schon früh in aller Welt – und später immer mehr – Kreuzreliquien gab, nahm das Kreuz nicht ab! Die heute noch kursierenden Spreißel gibt man freilich nicht mehr als echt aus, behauptet aber, sie seien mit dem echten Kreuz in Berührung gebracht worden und darum gleichfalls voller übernatürlicher Kräfte. Die «Kreuzerfindung» war jedenfalls ein historisches Ereignis ersten Ranges; nicht nur weil sie der Wallfahrt nach Palästina einen ungeahnten Auftrieb gab, sondern auch weil man sonst gar nichts Greifbares von dem zum Vater Aufgefahrenen besaß. Erst viel später gelangte die Christenheit auch zu einem Teil seines (bei der Passion) vergossenen Blutes, ja, zu seiner Vorhaut in italienischen, französischen, belgischen, deutschen Städten, so daß ein regelrechter Vorhautkult entstand mit feierlichen Hochämtern zu Ehren der heiligen Vorhaut und sogar mit speziellen Präputiumkaplänen[33].

Blicken wir – nicht nur der Kuriosität halber – wieder kurz voraus. Denn mit all diesen hl. Vorhäuten Jesu wurde eine gewaltige Propaganda gemacht, wurde missioniert, wurde der Glauben gestärkt, die Macht vermehrt – und das Kapital.

Eine berühmte Vorhaut des Herrn war seit 1112 oder 1114 in Antwerpen. Und bezeichnenderweise zog sie dort ein, mit allem Pomp und aller Feierlichkeit, als gerade die «Ketzerei» Tanchelms grassierte, eines wahrscheinlich 1115 von einem Priester erschlagenen christlichen Rigoristen. Sinnigerweise in der «Frauenkirche» aufbewahrt, wirkte die Vorhaut bald ein Wunder, sah der Bischof von Cambray doch drei Blutstropfen von ihr fallen. So stand sie in höchstem Ansehen. Sie erhielt eine prächtige Kapelle, einen kunstvollen Marmoraltar in der Kathedrale und wurde in feierlicher Prozession herumgeführt. Und obwohl sie beim Bildersturm 1566 angeblich verschwand, verehrte man sie noch im späten 18. Jahrhundert[34].

Nun bekam aber diese Vorhaut Christi in Antwerpen eine mächtige Konkurrenz durch die Vorhaut Christi in Rom, ja, sie wurde fast diskreditiert, als sich keine Geringere als die (1373 in Rom gestorbene) hl. Birgitta, die Nationalheilige Schwedens, entschieden für die Echtheit der römischen Vorhaut verbürgte, wobei sie selbst die hl. Muttergottes als Zeugin auftreten ließ. So sehr dies der Pilgerei nach Rom zugute kam, so abträglich war es der nach Antwerpen, wo jetzt der Klerus erklärte, zwar nicht die ganze Vorhaut zu besitzen, doch «ein beträchtliches Stück» davon (notandam portiunculam). Darauf kam auch die Wallfahrt nach Antwerpen wieder in Bewegung, zumal die Kanoniker von Unserer Lieben Frau (und der hochheiligen Vorhaut Jesu) deren Echtheit in einer längeren Denkschrift «erwiesen», teils aus der Tradition alter Urkunden, teils durch das «Blutwunder», das dem Bischof von Cambray widerfahren war, sowie durch weitere Wunder[35].

1426 gründete man in Antwerpen eine Bruderschaft «van der heiliger Besnidenissen ons liefs Heeren Jhesu Cristi in onser liever Vrouwen kercke t'Antwerpen». 24 der vornehmsten Priester und Laien gehörten ihr an, und Papst Eugen IV. (jener Heilige Vater, der verkleidet und unter Steinhageln aus Rom fliehen mußte und 1438 durch das Allgemeine Konzil von Basel für abgesetzt erklärt worden ist) stattete die Mitglieder der Hl. Vorhaut-Bruderschaft durch einen reichen Ablaß und bedeutende Privilegien aus, ohne übrigens die Echtheit des Antwerpeners Präputiums zu erklären. So dumm waren die Päpste nicht. Auch die hl. Vorhaut in Rom haben sie mit Ablässen ausgestattet: Sixtus V. 1585, Urban VIII. 1640, Innozenz X. 1647, Alexander VII. 1661, Benedikt XII. 1724 – und auch diese Päpste haben sich nicht für die Echtheit des römischen Stückes verbürgt. Aber reichen Segen konnten die Gläubigen daraus gewinnen. Und die Päpste auch[36].

Wie aus der «Kreuzerfindung» in Jerusalem. Sie soll Kaiser Konstantin veranlaßt haben, dort Kirchen bauen zu lassen.

Schrieb man doch Helena selbst ein Gotteshaus über Gethsemane zu, von ihr als immerhin 79jährige Pilgerin gegründet. Jedenfalls standen in der Stadt und in Palästina nun prächtige Christentempel. Außer Bischöfen und Priestern strömten allmählich immer mehr Mönche und Laien herbei. Und alsbald wußte man deren Bedürfnisse nach Erbauung und Stärkung ihres Glaubes bestens, ja, in umfassender Weise zu befriedigen. Sogar dem wachsenden Interesse an den «unbekannten» Ereignissen im Leben des Nazareners trug man Rechnung. Die «Erinnerungsgegenstände» aus seinem Leben wurden in den folgenden zweihundert Jahren «bis ins Ungemessene vermehrt» (Kötting). Und nicht viel anders verfuhr man mit der alttestamentlichen Tradition, zumal diese Christen und Juden in gleicher Weise betraf[37].

Zwar stand das hl. Kreuz, das «echte», das man vor der Verehrungswut der Frommen schützen mußte – ein Pilger soll davon beim Kuß einen Splitter herausgebissen haben –, während des 4. Jahrhunderts im Mittelpunkt der Liturgie und des allgemeinen Interesses; zwar kam es hier zu Heilungswundern, wie in den Tempeln des Asklepios und anderer Heidengötter, wurden anscheinend besonders Besessene kuriert (zitterten doch, nach dem hl. Hieronymus, nirgendwo so die Dämonen, da sie vor Christi Richterstuhl zu stehen meinten). Doch wußte man den aus allen Himmelsrichtungen, aus Mesopotamien, Syrien, Ägypten, der Thebais, herbeiströmenden Wallfahrern auch alle möglichen Schätze sonst zu zeigen, eine Fülle von alttestamentlichen Erinnerungsstätten wie von evangelischen Lokaltraditionen[38].

Begleiten wir einmal eine der berühmtesten Pilgerinnen der christlichen Antike etwas auf ihrer Wallfahrt durchs «Heilige Land».

DIE PILGERIN AETHERIA – IHRE «NAIVE ART ... UND LEICHTGLÄUBIGE EINFALT ... HAT ETWAS UNGEMEIN ANZIEHENDES UND GEWINNENDES» (BISCHOF AUGUST BLUDAU VON ERMLAND)

Man weiß nicht viel über sie selbst. Sogar ihr Name ist in der Gelehrtenwelt umstritten. Vermutlich war sie eine Verwandte des zeitweise fast allmächtigen Praefectus praetorio Orientis, des Galliers Flavius Rufinus, eines ebenso entschiedenen Christen wie widerlichen Scheusals (II 14 f), der 395, als Aetheria nach Palästina pilgerte, faktisch das Ostreich regierte. Also umdienerte und segnete sie die Klerisei, eilten selbst die unentwegtesten Anachoreten herbei, obwohl Aetheria allenfalls Vorsteherin eines Klosters, wenn nicht gar nur gewöhnliche Nonne war, die während ihrer fast vierjährigen Abwesenheit den Schwestern geziemend erbaulich ihre Reise geschildert hat[39].

Das Journal, schlicht, doch anschaulich auf der Rückkehr in Konstantinopel erstellt, wurde erst 1884 entdeckt und ist unvollständig. Außer dem Titel fehlen Anfang und Schluß sowie in der Mitte einige Blätter. Weder wird in dem erhaltenen Teil gesagt, wann diese ausführliche Epistel an die Nonnen ihres abendländischen Klosters geschrieben wurde, noch wohin. Mehrheitlich nimmt man als Abfassungszeit das ausgehende 4. Jahrhundert an und vermutet als Heimat der Pilgerin Südfrankreich oder Nordspanien. Jedenfalls hatte sie ihre große Orientreise nach der Sinaihalbinsel, Ägypten, Palästina, Mesopotamien und Kleinasien weder aus Studiengründen noch zum Vergnügen unternommen, sondern aus Frömmigkeit, «gratia religiosa», wie der Bischof von Edessa sagt – und das freut Bischöfe immer, ob sie in der Antike leben oder im 20. Jahrhundert. Für sie können die Gläubigen gar nicht (leicht)gläubig genug sein. Und so rühmt 1927 auch der Bischof von Ermland, August Bludau, in seinem Buch über Aetheria: «Die naive Art und Weise, mit der diese Reiseschilderung abgefaßt ist, die Treuherzigkeit und leichtgläubige Einfalt, die aus ihr spricht, hat etwas ungemein Anziehendes und Gewinnendes»[40].

Unsere Deo vota ist zwar durchaus bibelkundig und voller Wissensdrang, aber Skepsis kennt sie kaum. Zweifel an der Echtheit oder Identität des Gezeigten würden von ihr vermutlich schon als Sünde, wenn nicht als Krypto-Blasphemie empfunden worden sein. Allenfalls erlaubt sie sich ein behutsames «man sagt» (dicunt, dicuntur), das freilich immer noch eher andächtig als bedächtig klingt. Und das Äußerste, was sie sich an Einschränkung gestattet, dürfte der vorsichtige Satz sein, «wie wenigstens der heilige Bischof sagte». Zu jeder biblischen Legende will sie unerschrocken die entsprechende Örtlichkeit sehen – «ohne dadurch die ortskundigen Mönche jemals in Verlegenheit zu bringen. Die alte Zeit freute sich unbefangen der Dinge, die sie vorfand», meint Bischof Bludau von Ermland[41].

Wenn aber schon die keinesfalls ungebildete Frau vornehmer Abkunft sich so gut wie alles und jedes von den sie führenden Bischöfen, Priestern und Mönchen vormachen ließ, wie gläubig mag dann all dies erst von dem wallfahrenden Massen bestaunt und verehrt worden sein!

Aetheria sieht den Berg, auf dem Moses betete, während Josua die Amalekiter besiegte. Sie sieht den Stein, auf dem Moses die ersten Gesetzestafeln zerschmetterte, und auf dem Sinai die Grotte, worin er zum zweitenmal von Gott selber die Steinernen Tafeln empfing. Sie sieht den brennenden Dornbusch, wo Moses stand, und gewahrt deutlich, daß der Dornbusch «noch heute grünt und Triebe hervorbringt». Fromme Mönche, die jede in der Bibel bezeichnete Örtlichkeit kennen, offenbaren ihr, wo das Goldene Kalb gegossen wurde, wo Moses dem sakrilegischen Treiben der Kinder Israels zuschaute, die Stelle, wo er den Leviten befahl, die Götzendiener zu töten, wo man das Goldene Kalb verbrannte, es Manna regnete. Bischof August Bludau: «Die fromme Pilgerin freut sich innig dessen, was man ihr zeigt, und nur selten bricht durch ihren Bericht ein leiser Zweifel durch»[42].

In der Stadt Ramses zeigt ihr der heilige, ehrwürdige Bischof zwei große Standbilder des Moses und Aron, einst durch die Israeliten zu ihrem Ruhm errichtet; eine von den Patriarchen gesetzte Sykomore, die auch noch «dendros alethiae» (Baum der

Wahrheit) heißt und deren Zweige gegen Unpäßlichkeit helfen. Bei Livias sieht sie die Fundamente des Lagers, in dem man dreißig Tage lang Moses beweinte, auch die Stätten, wo er das Deuteronomium schrieb, wo er vor seinem Tod zum letztenmal sein Volk segnete. Man führt sie weiter zu einem köstlichen Wasser, aus dem er die Kinder Israel in der Wüste getränkt. Auf dem Berg Nebo zeigen ihr Mönche und der Bischof von Segor die Stelle, wo Moses Engel bestatteten: und dies, obwohl in der Bibel steht, «niemand kennt sein Grab» (Deut. 34,6)[43].

Die Salzsäule, zu der Lots armes Weib wurde am Toten Meer, von den meisten Palästinapilgern besucht, war allerdings nicht mehr zu sehn, «und darum kann ich euch über diese Sache nicht täuschen», bekennt Aetheria den Schwestern – trotz der Worte, wie sie betont, der «Heiligen Schrift». Doch war die ganz versalzene Frau Lot, so sagt wenigstens der Bischof von Sengor, erst seit einigen Jahren nicht mehr präsent. Nach Klemens von Rom, dem hl. Justin, dem hl. Irenäus stand sie zu ihrer Zeit noch, und August Bludau, der Bischof von Ermland, verweist in einer Fußnote auf die wissenschaftliche Arbeit M. Abels «in Rev. bibl. 1910, 217–233» über «die Wanderungen und Wandlungen, die ‹Lots Weib› im Laufe der Zeit erlebt hat». Und obwohl sie im ausgehenden 4. Jahrhundert durch Abwesenheit glänzte, steht sie im 6. Jahrhundert, so der Führer (520–530) des Archidiakons Theodosius, wieder da, mit zunehmendem Mond wachsend, mit abnehmendem sich vermindernd. Auch ein Pilger von Piacenza bezeugt um 570 ihre Existenz; sie hatte nicht einmal, wie er gehört, durch das Belecken der Tiere abgenommen – Wunder über Wunder[44]!

Dann besucht Aetheria, von Mönchen beredet, die Grabstätte Jobs von Hauran, eine «beschwerliche Reise von acht Tagesmärschen (per octo mansiones), wenn Mühe genannt werden darf, wo man seinen Wunsch in Erfüllung gehen sieht». Unterwegs schaut sie die Stadt des Königs Melchisedech, das Wasser, wo Johannes der Täufer gewirkt, das Tal, wo den Elias in den Tagen König Achabs die Raben speisten. Bei Jobs Grab endlich bittet sie, wie übrigens an allen besonders ehrwürdigen Stätten, den

Bischof um die Kommunion und empfängt auch seinen Segen. Überhaupt stehen an den meisten dieser hochberühmten Orte Kirchen, heilige Männer, wird jedesmal gebetet, gelegentlich gesegnet, oft ein passender Psalm, eine Danksagung gesprochen und stets die dazugehörige Perikope gelesen, der einschlägige Bibelpassus, sozusagen als authentischer Beleg. Und nie spricht die fromme Jungfrau über «profane Dinge» mit ihren heiligen Begleitern, sondern führt stets «gottselige Gespräche»[45].

O WUNDERBARES JERUSALEM!

Natürlich sah Aetheria auch Jerusalem, wo aber schon ein anderer, von der Forschung stark beachteter Palästinabesucher aus dem Westen, der sogenannte Pilger von Bordeaux, Anno Domini 333 bereits Erstaunliches vorfand. Zum Beispiel auf dem Sion – nach israelitischer Tradition der Nabel der Welt – inmitten der Ruinen des Kaiphaspalastes die Geißelsäule Christi. Ein wirklich unglaublicher Fund, und zwar selbst dann, wenn Jerusalem inzwischen nicht zweimal dem Erdboden gleichgemacht worden wäre: durch Titus im Jahr 70, wobei der Tempel zu einem Schutthaufen wurde und auf dem ganze Osthügel «keine Spur irgendwelcher Bauwerke» erhalten blieb (Cornfeld/Botterweck); und ein zweites Mal durch Hadrian 135 im Krieg gegen Bar-Kochba (I 112 ff, 115 f). Begreiflicherweise wurde die Geißelsäule, wie Aetheria meldet, besonders verehrt. Um so mehr als man schließlich darauf die wie in Wachs geprägten Spuren von den die Säule umklammernden Herrenhänden sah, ja, auch die Abdrücke des Kinns, der Nase, der Augen selbst, seines ganzen Gesichts. Kein Wunder, daß man das verkleinerte Abbild dieser Säule als Amulett um den Hals trug zur Abwehr aller Übel[46].

Die Sionskirche ward im Lauf der Zeit ein förmliches Reliquienarsenal. Im 5. und 6. Jahrhundert fand sich dort noch Jesu Dornenkrone ein, die Lanze, mit der man seine Seite durchbohrt, der Kelch, aus dem die Apostel nach seiner Himmelfahrt getrunken, und sogar die Steine, mit denen das böse Volk den hl. Stephanus getötet, samt dem großen Stein, auf dem er dabei stand. Alles authentisch! Und bald präsentierte die Sionskirche so viele Schätze, daß sie ein weiterer, inzwischen vielbeachteter Jerusalembesucher, der (anonyme) Pilger von Piacenza (um 570), gar nicht mehr aufzählen kann. Auch berichtet dieser Christ, die Ärzte ließen in den Xenodochien der Stadt die Speisen in dem Tau zubereiten, der nachts auf die Sion-, die Grabeskirche und andere Christentempel fiel. Wer verstünde nicht, daß der Mann angesichts all des Unglaublichen sich stärken mußte und, wie die andren Wallfahrer, in der Sionskirche aus dem Schädel einer Märtyrerin Theodate trank[47].

Der Pilger von Bordeaux sah auch das Haus des Hohenpriesters Kaiphas; die Zinne des Tempels, wo der Teufel zu Jesus sprach: «Bist du Gottes Sohn, so wirf dich hinab . . .»; die Palme am Ölberg, die bei seinem Einzug in Jerusalem die Zweige lieferte. (Später bewahrte Verona, wir wissen es schon, die Reliquien des Palmesels auf – dessen Kot, dies wissen wir noch nicht, zum Reliquienschatz des Klosters Gräfrath bei Köln gehörte.) Der Pilger sah den Stein, wo Judas den Herrn verriet – aber zweihundert Jahre später, um 530, hatte sich der Stein, wie die Geißelsäule, verändert; denn nun drückten sich darin Jesu Schultern wieder ab wie in weichem Wachs.

Der Mann aus Bordeaux sah sogar den Eckstein, den die Bauleute verworfen hatten! Und am Ölberg den Fleck, wo Christus zum Himmel auffuhr. (Im Heiden- wie im Judentum waren Himmelfahrten bekannte Geschichten. Der hl. Justin, der oft renommiert, daß das Christentum so vieles besitze und lehre, was auch die Heiden schon besessen und gelehrt, zählt in einem ganzen Kapitelchen die zum Himmel aufgestiegenen Göttersöhne her. Hermes, Asklepios, Dionysos, Ledas Söhne, die Dioskuren, Danaes Sohn Perseus, den von Menschen abstammenden Bellerophon etc. und vergißt nicht hinzuzufügen, «daß derartige Dinge zu Nutz und Frommen der heranwachsenden Jugend aufgeschrieben sind . . .») Der Pilger von Bordeaux sah den Platz von Christi Himmelfahrt auf dem Ölberg. Später zeigte man diesen Platz auf dem Berg Tabor in Galiläa! Nur konsequent. Denn auch im Neuen Testament fährt Jesus, laut Apostelgeschichte, vom Ölberg zum Himmel auf, laut Lukasevangelium in der Nähe von Bethanien. (Wie die Himmelfahrt, nach Lukas, ja auch noch am Tag der Auferstehung erfolgt, am Ostersonntagabend, in der Apostelgeschichte aber vierzig Tage später.)[48]

Zu all dem Wunderbaren gehört auch, daß der Verklärte «nach den zuverlässigen Überlieferungen» göttliche Fußspuren hinterließ. Das kannte man freilich schon aus der Herakles- und Dionysosreligion. Hieronymus, der mehr als alle das Wallfahrtfieber in den Köpfen seiner Leser im fernen Westen angefacht hat, Hieronymus, mit dem höchsten Titel seiner Kirche sowie als Patron ihrer theologischen Fakultäten geehrt und gleichzeitig einer der gewissenlosesten heiligen Verleumder, Dokumentenfälscher, geistigen Diebe, Intriganten, Denunzianten (I 169 ff, bes. 180), Hieronymus beteuert, man habe diese Fußspuren Jesu noch zu seiner Zeit, im 5. Jahrhundert, gesehn. Und Beda Venerabilis, der Ehrwürdige, ein derart nüchterner Geschichts- und Naturforscher, «daß man heute noch seine Werke über diese Wissensgebiete bewundert» (Kapuziner Salvator Maschek), bezeugt Christi Fußspuren noch im 8. Jahrhundert. (Nicht umsonst wurde Beda der «Lehrer des Mittelalters», ja, er lehrt uns noch heute, so der Erzbischof von Canterbury bei der Zwölfhundertjahrfeier des Heiligen 1934, «die Verbindung von Glauben und Wissen» – wie schon Bedas Fußspuren-Zeugnis beweist.) Ein um so eindrucksvolleres Wunder übrigens, als jeder Jerusalemwallfahrer sich eindeckte mit der Erde, die der Herr beim Rückflug zuletzt berührt hatte.

Es ging mit den Fußspuren also wie mit den Kreuzpartikeln[49].

Erde aus dem «Heiligen Land» war hochgeschätzt; auch ein Bericht von Augustinus bezeugt es. Herr Hesperius aus Hippo hatte nämlich etwas Erde vom Grab Christi erhalten und in seinem Schlafzimmer deponiert, um Schlimmes abzuwehren! Dann aber schien ihm (vermutlich seinem Bischof) dieser Platz zu wenig ehrerbietig: man vergrub die Erde mit Genehmigung des Oberhirten und baute ein Bethaus darüber. – In Jerusalem trugen die

Christen bald so viel Erde fort, daß man auf den Gedanken kam, der Ölberg müsse allmählich schrumpfen. In Wirklichkeit schrumpfte etwas anderes. Doch auf diesen Gedanken kamen die Christen nicht[50].

Nun gab es nicht nur dort, sondern weitum Wallfahrtsstätten, und ihrer wurden ständig mehr. Suchten die Frommen doch jede Bibelepisode in Palästina und Umgebung «örtlich zu fixieren, auch wenn keine alte Tradition vorlag, und die gläubige Phantasie des Volkes kam dem weit entgegen» (Kötting). Anders gesagt: wie in der «Heiligen Stadt», so schwindelte man auch im «Heiligen Land» und darum herum auf Teufel komm raus. Und natürlich viel weniger kraft der «Phantasie des Volkes» als kraft der des Klerus. Bischöfe, Priester und Mönche waren es doch, die häufig die Wallfahrer führten – und anführten; letzteres laufend[51].

Weitere palästinensische Pilgerattraktionen

Eine große Sehenswürdigkeit war Bethlehem, der Geburtsort des Herrn, und das kostbarste Requisit dort die Krippe. In einer solchen lagen vor Jesus freilich schon andere göttliche Babys. Zeus etwa oder Hermes werden in der Krippe in Windeln liegend geschildert. Auch Dionysos, Lieblingsgott der antiken Welt und in einer Fülle von frappanten Zügen an das christliche Idol erinnernd, steckte zunächst in einem heiligen Korb (liknon). Die Krippe des Armen Menschensohnes war durch Pilgerspenden inzwischen reich mit Gold und Silber ausgestattet. Und nach immerhin einem halben Jahrtausend, im 6. Jahrhundert, konnte man in Bethlehem auch schon die Gebeine der von Herodes getöteten Unschuldigen Kinder bestaunen samt einem weiteren Schaustück, dem Tisch, an dem die hl. Muttergottes saß mit den Heiligen Drei Königen aus dem Morgenland – 1164 kommen ihre Reliquien in den Kölner Dom, den Hildesheimer Dom, nach Kloster Ottobeuren, 1238/39 nach Aachen ...[52]

Nazareth besuchten offenbar weder der Pilger von Bordeaux

noch Aetheria. Man kannte da kaum Sehenswertes. Doch um 570 sah der Pilger von Piacenza in Nazareth sogar den Balken in der Synagoge, der Jesus als Sitzbank gedient, ja, noch sein Abc. Und aus Mariens angeblichem Wohnhaus hatte man eine Kirche gemacht, die eine Fülle wunderwirkender Kleider der Gottesbraut barg[53].

Der Jordan, wo Johannes der Täufer getauft, wurde schon wegen seines «heilkräftigen» Wassers oft aufgesucht. Und derartiges Wasser spielte bald an vielen Wallfahrtsorten eine Rolle, die größte wohl beim hl. Menas (S. 317 ff), wo man es von ungezählten Schöpfstellen in alle Welt trug, jedenfalls soweit sie christlich gebildet war. Doch auch von Seleukia (S. 308 ff) und Ephesus holte man sich weithin das wunderkräftige Naß, nicht zuletzt von Thessalonike, von Nola, von Tours. Und auch in Palästina gab es «heilkräftiges» Wasser nicht nur am Jordan. Man besuchte mehrere Teiche in Jerusalem oder die Eliasthermen am See Genezareth, auch eine Quelle bei Emmaus, in der sich Jesus die Füße gewaschen, eine Quelle bei Bethlehem, aus der Maria auf der Flucht nach Ägypten getrunken – und alles zahlte sich buchstäblich aus.

Am Jordan beging man feierlich das Epiphaniefest, den Gedächtnistag der Taufe des Herrn, an dem immer viele Wunder geschahen. Die Taufstelle im Flußbett war durch ein Holzkreuz genau bezeichnet. Kaiser Anastasius ließ dort eine Kirche errichten. Und natürlich gab es hier auch mehrere Pilgerherbergen. Den Leib des durch Herodes getöteten Täufers verehrte man in Sebaste in Samaria, sein Haupt in Emesa; doch wollte man es auch in Damaskus besitzen, in Askalon und einen Teil in Amiens. Auch kennt man inzwischen 60 Finger von ihm. Bezeugt wurden bald einstimmig jede Menge Mirakel. Der hl. Hieronymus, der größte Gelehrte der Kirche in der Antike, berichtet ausführlich von dem Tumult, den die bösen Geister am Grab des Täufers inszenierten, weil sie aus den Besessenen nicht ausfahren wollten[54].

Für Dämonenaustreibungen, das heißt für die Behandlung psychisch Kranker, die man sich damals von bösen Geistern besessen dachte, hatte man spezielle Wallfahrtsstätten; vor allem das Grab des Täufers in Sebaste, den Golgathafelsen, die Pilgerstätten Euchaita, Nola, Tours, wenngleich Epileptiker, Nerven-, Geisteskranke natürlich auch an anderen Orten Hilfe suchten. Im übrigen steht fest, daß man im Christentum seit dem 3. Jahrhundert geweihtes Wasser nicht nur zur Krankenbetreuung verwendete, sondern auch zur Abwehr der bösen Geister[55].

Selbstverständlich verehrte man außer Maria oder dem Täufer weitere Heilige in Palästina und förderte ihren Kult, u. a. Georg, Pelagia, Isicius, Victor, Hilarion, Jakobus, Simeon, Menas, Julian, Thekla, Kosmas, Damian, die 40 Märtyrer. Weil man aber von den frühen Märtyrern gewöhnlich gar keine Reliquien hatte, als diese sozusagen Mode wurden, in Schwang kamen, mußten solche Reliquien «erst wieder ‹gefunden› werden» (Kötting). Und da eigentliche Reliquien, ob echt oder nicht, nur wenige bekommen konnten, schuf man für die Massen Pilgerandenken, sogenannte Eulogien oder Hagiasmata, die es an jedem Wallfahrtsort der Antike gab[56].

Der Phantasie waren dabei kaum Grenzen gesetzt. Man wickelte zum Beispiel um die «Geißelsäule» eine Schnur und trug die Schnur dann als «Phylakterion» – ein feineres Wort für Amulett –, als Anhängsel also gegen Zauberei oder zum Glückbringen. Solche schützenden und übelabwehrenden Mittel gab es im Christentum wie Sand am Meer. Und wie schon die Heiden Wiedergaben des Tempels mit heimbrachten, eines Götterbildes: aus Ephesus die Darstellung der Ephesia, von der Wallfahrt nach Delphi Apollofigürchen (auch Sulla und Plutarch trugen diese), aus syrischen Wallfahrtsorten Bleifigürchen der Atargatis oder Asche vom Opferaltar in Lebena, und all dies und mehr als Schutzmittel gebrauchten, als Phylakterion gegen Unheil unterwegs und im Haus, so nun eben auch die Christen. Vom Jordan sicherte man sich etwas Wasser (wie dann auch die Araber von Mekka das Wasser des Zamzambrunnens mitnahmen); man hielt Tücher in den Fluß, um sie später als Leichentücher zu gebrauchen, da sie Leichen offenbar besonders bekömmlich waren. Vom Berg Sinai trug man «Tau vom Himmel» heim oder auch «Manna»; und aus Caesarea sogar Spreißel vom vermeintlichen Bett des Kornelius[57].

Daß man diese «Pilgerandenken» im Heidentum angeblich ganz anders verstand, daß die Kirche ihre neuen «Segensmittel» aus der Verbindung mit magischen Praktiken löste, indem der Christ nicht mehr, wie der Heide, vom Bild selbst Hilfe erwartete, auch nicht von Göttern, sondern von der Gottheit, von Gott, dieser Unterschied ist so weltumwälzend nicht, wie man uns einreden möchte – ganz beiseite, daß ja auch das Heidentum damals diese Bilder gar nicht mehr mit den Göttern identifiziert, sondern schon symbolisch verstanden hatte (I 186 ff, bes. 188).

Neben den neutestamentlichen Attraktivitäten – längst nicht alle, die bereits eine Rolle spielten, wurden genannt – gab es natürlich eine Fülle von Erinnerungsstätten und -stücken auch aus der vorchristlichen jüdischen Zeit. Ja, die alttestamentliche Tradition wurde von den christlichen Wallfahrern zunächst noch viel stärker erlebt. Und sie überwog auch die neutestamentliche zumindest im frühen 4. Jahrhundert in ganz Palästina gewaltig[58].

Vom Grab Abrahams bis zum Misthaufen Jobs

Der Pilger von Bordeaux besucht 333 noch viel mehr alttestamentlich-jüdische Lokaltraditionen als neutestamentliche, und er sieht buchstäblich wieder das Unglaublichste. Plötzlich kannte man, nahe Bethlehem, «dem Geburtsort des Herrn Jesus Christus», die Gräber von Ezechiel, Jesse, David, Salomon und anderer, wobei über jedem der Name «in hebräischen Buchstaben» stand. Ja, man zeigte jetzt sogar bei Hebron das Grab Abrahams, dessen Lebenszeit, wenn er gelebt hat, etwa in das ausgehende 3. Jahrtausend v. Chr. fällt. (Das Neue Testament rechnet von Abraham bis Jesus 42 Generationen bei Matthäus, bei Lukas 56. Und die beiden Stammbäume Jesu von Joseph – angeblich ja gar nicht sein Vater! – bis David, immerhin ein rundes Jahrtausend, haben zwei Namen gemeinsam!) Laut Bibel starb Abraham, von dem, «theologisch» gesehen, ganz Israel abstammt, in dem «guten Alter» von «hundertfünfundsiebzig Jahren». Das Zeugnis palästinensischer Gräber zeigt allerdings, daß in der Zeit «Abrahams» die Lebensdauer in der Regel nicht über fünfzig Jahre betrug. Und natürlich kannte man das auch von Kirchenlehrern wie Basilius, Ambrosius, Hieronymus bezeugte Grab Abrahams, wenn es ihn denn und es je gegeben hat, 333 n. Chr., fast zweieinhalb Jahrtausende später, so wenig wie die Gräber von Isaak, Jakob, Sara, Rebecca und Lea, die unser Pilger ebenfalls ergriffen bestaunen durfte[59].

Der Mann aus Bordeaux besichtigte auch die berühmte Terebinthe bei Bethsor, unter der Erzvater Abraham mit Engeln beredet, gespeist hatte, schon in vorchristlicher Zeit ein vielbesuchter Wallfahrtsort. Kaiser Konstantin versäumte nicht, diese ehr- und denkwürdige Stätte, wie so viele andere, mit einer Basilika zu schmücken. Und nun strömte es weiter herbei, Juden, Heiden, Christen, man betete zu Gott oder rief die Engel an, man opferte Wein, Weihrauch, Ochsen, Schafe, Böcke, Hähne. «Ein jeder Festpilger bringt sein Liebstes(!), das er schon das ganze Jahr hindurch gepflegt hat, um es als Votivgabe für sich und die Seinen zu opfern. Alle enthalten sich während des Festes von ihren Frauen ...» (Sozomenos)[60]

Der Pilger von Bordeaux bewunderte bei Bethar die Stelle, wo Jakob mit dem Engel gerungen, bei Sichar die von Jakob gepflanzten Platanen, bei Sichem das Grab des Joseph, in Betanien «das Grab des Lazarus, in das man Lazarus gelegt hatte und aus dem er wieder auferweckt wurde». In Jericho bestaunte er «die Sykomore des Zachäus», auf die dieser reiche jüdische Oberzöllner stieg, um Jesus zu sehen. Bei Jericho fesselte den Gallier eine Quelle, die ursprünglich Frauen unfruchtbar gemacht, sobald der Prophet Elisäus aber Salz hineingestreut hatte, Kindersegen bewirkte. Eine Quelle mit derselben Effizienz konnte unser Pilgersmann bei Caesarea besichtigen. Man zeigte ihm ferner den Ort, wo David gegen Goliath gekämpft, den Hügel, von dem aus Elias in den Himmel gefahren und viel Wunderbares mehr[61].

Eine besondere Anziehungskraft für die Christen besaß der Misthaufen Jobs. Er war das Ziel, wie Kirchenlehrer Johannes Chrysostomos versichert, eines «von den Enden der Erde nach

Arabien sich bewegenden Wallfahrtsverkehrs, weil der Anblick des Mistes Jobs . . . Weisheit mehret und zur Tugend der Geduld ermuntert». Das Grab des Job sah der Pilger aus Bordeaux bei Bethlehem, die Pilgerin Aetheria sah es in Carneas im Ostjordanland[62].

In Jerusalem endlich zeigte man den Palast Salomos mit einem Zimmer, worin der König einst die «Weisheit» schrieb (S. 52 f). Der Altar des salomonischen Tempels trug noch die Blutreste des getöteten Zacharias samt den wieder wie in Wachs eingedrückten Nagelspuren der mordenden Soldaten. Besonders bestaunte man auch die vielen heilkräftigen Quellen, deren eine sogar an jedem siebten Tag, am Tag des Herrn, ruhte. Und überall gab es Schöpfstellen für die wunderwirkenden Wasser[63].

Der hl. Hieronymus hatte, als er sich um 395 nach Bethlehem zurückgezogen, immerhin Glaubenskraft, Einsicht, Zynismus oder was immer genug, um dem aus Bordeaux stammenden Bischof Paulinus zu schreiben: «Denke nicht, es fehlte Deinem Glauben etwas, nur weil Du Jerusalem noch nicht besucht hast!»[64]

Nun grassierte das Pilgern aber allmählich überall in der christlichen Welt. Und eine ganz neue alte Dimension erreichte es in Syrien durch die Wallfahrt zu noch lebenden Menschen.

Auf dem Weg zum Gipfel: von den «Maulwurfsheiligen» zu den «Stehern»

Auch die Wallfahrt zu noch lebenden Personen geschah in Nachahmung paganer Sitten. Überall im Römischen Reich zogen von «Gott» Besessene, Prediger und Wundertäter, zogen Weise, Seher, Heilsverkünder, Mystagogen, Inspirierte die Menge an. Und diese lebenden «divi», Begnadete, die man sich voll von Gottes Geist und Kraft dachte, die man als Gottgesandte ansah, setzten ganze Scharen in Bewegung. Denn zur Zeit des Hellenismus, des religiösen Synkretismus, liebten die Volksmassen die «nahen» Götter, die «nahen» Helfer, sie besuchten, bestaunten sie; die «divi» traten sozusagen an die Stelle der Philosophen und Dichter der klassischen Zeit[65].

Zu den berühmtesten dieser Heiden zählt ein Zeitgenosse Jesu, Apollonios von Tyana, dessen von Philostratos aufgezeichnete Vita so viele und frappierende Parallelen zum biblischen Jesusbild bietet, daß man sie streckenweise beinah wie einen Evangelientext liest. Und ein eher noch dubioserer Vertreter dieser göttlichen Zunft ist Peregrinus Proteus, ein Kyniker, der sich 167 n. Chr. in einer spektakulären Schau zu Olympia vor vielen Gaffern selbst verbrennt, und zuvor, als er im Gefängnis sitzt, zum Christentum sich bekennt – laut Lukian bloß, um reiche Liebesgaben einzuheimsen[66].

Nach den Apologeten besteht freilich ein großer Unterschied zwischen der Wallfahrt zu lebenden Heiden und der zu lebenden Christen, ein großer Unterschied überhaupt zwischen jeder heidnischen und christlichen Wallfahrt. Zwar äußerlich konzediert man die frappante Ähnlichkeit, ja, Gleichheit der Formen. Doch der heidnische Helfer wirke aus sich, der christliche durch Gott, jener sei Quelle, dieser Werkzeug, die eine Hilfe magisch beeinflußt, theurgische Praktik, die andere echt und wirklich religiös. Christus selbst freilich sei Quelle, wie der heidnische Heros: doch Christus «hier eine Ausnahme, er ist nicht mit anderen zu vergleichen» (Kötting)[67].

Nun, das kennen wir (S. 195 ff) und können derartig Spitzfindiges, pfäffisch Unwahres, können pseudogelehrte Differenzierungen, die im Grunde nichts als plumpe, seit Jahrhunderten gepredigte Täuschungen sind, auf sich beruhen lassen. Es geht in jedem Fall auf der einen Seite um Sehnsucht nach Hilfe, Befriedigung der Neugier, Mirakelglauben; auf der anderen um die renommistische Exzentrik der Schausteller sowie um das Bestreben, aus dem Elend, der Verdummung Kapital zu schlagen; kurz, es geht jedesmal um menschliche Not, Wundersucht und Geschäft.

Wir sahen bereits, welch große Anziehungskraft die Asketen hatten (S. 216 ff). Zwar wollten viele gar nicht Objekte frommer

Schaulust sein. Sie verkrochen sich beim Nahen eines Zweibeiners wie Wild in der Höhle, verschwanden in der Erde gleich Maulwürfen, so daß man auch von «Maulwurfsheiligen» gesprochen hat. Viele flohen noch «den Geruch der Menschen». Und manche Kasteiung war auch gar nicht für Bewunderer geschaffen, die gewisser Reklusen etwa oder der Weidenden (S. 345 ff).

Andere Asketen aber liebten die «Publizität», umgaben sich haufenweise mit Schülern; der hl. Apollonius, wie Kirchenschriftsteller Rufin bezeugt, mit mehr als fünfhundert. Wieder andere glichen eher Exhibitionisten der extremsten Art. Zwar verhüllten sie ihr «Unkeuschestes», sei es durch lange Haare, lange Bärte, durch Blätter oder sei es auch bloß indem sie schnell die Beine zusammenzwickten. Doch sonst stellten sie ihr Heldentum, ihr heroisches Sich-Aufopfern im Dienst des sacro egoismo, zur Erlangung des Himmelreiches, stellten sie ihre Kasteiungen und alle Sorten denkbarer Verrücktheiten bedenkenlos zur Schau. Dann spielte sich in diesen Wüsteneien «ein beispielloses Theater ab, ein Theater, in dem jeder den Eindruck erweckt, voll Eifer und peinlicher Genauigkeit eine ewige Rolle zu spielen», und dies derart, daß es sehr schwer, wenn nicht unmöglich wäre, da die «wahren Narren von den vorgeblichen, die wahren Heiligen von den falschen zu unterscheiden ...» (Lacarrière)[68].

All dieser christliche Schwachsinn in den Wüsten Ägyptens, Arabiens, Syriens machte die Gläubigen neugierig. Ein «zweites Heiliges Land» (Raymond Ruyer) war entstanden, quasi kommunistische Gemeinschaften und Exzentriker jeder Art, und so setzte auch dorthin die Pilgerschaft ein, zumal das Pharaonenland für viele nur ein Abstecher auf ihrer Wallfahrt ins «Heilige Land» war. Seit der zweiten Hälfte des 4. Jahrhunderts suchen bereits Ungezählte, aus welchen Motiven immer, da die bekanntesten Anachoreten, dort die wichtigsten Mönchszentren, die Klöster auf, in Pispir, Kolzim, Arsinoë, Oxyrhynchos, Aphroditopolis, Babylon, Memphis u. a. Sogenannte einfache Menschen kamen und «Leute von Welt», Adlige, Würdenträger des Reiches, vermögende Damen, wie die reiche Hieronymus-Freundin Paula. Auch die Pilgerin Aetheria war darunter und nachmals illustre

Figuren der Kirchengeschichte aus dem Osten und Westen, Palladius, Johannes, Cassian oder Rufinus von Aquileja (I 172 ff). Und selbstverständlich sorgten wieder große Herbergen bei den Klöstern für einen längeren Pilgeraufenthalt[69].

Zu den diversen Gattungen asketischer Verrücktheit und theatralischen Kasteiens gehörten die sogenannten Steher. Und diese Gattung, die ja inmitten und vor aller Welt auftrat, lenkte auch deren Auge auf sich, zog die Gaffer, die Wallfahrer an, die die Bravouren jener bewunderten, die stunden-, tagelang wie Pfähle unbeweglich aufrecht standen, bei jedem Wetter, in prallster Sonne, strömendem Regen, die Arme gekreuzt oder zum göttlichen Vater erhoben, schweigend, betend, singend. Der hl. Jakobus, nachmals Bischof von Nisibis und Lehrer des hl. Judenfeindes Ephräm, hatte «nur den Himmel zu seiner Bedeckung» und übte die «stasis» so selbstvergessen, daß er einst gänzlich vom Schnee begraben wurde, ohne es angeblich zu merken. Und noch heute feiern die Griechen sein Fest am 13. Januar oder 31. Oktober, die Katholiken am 15. Juli, die Syrer am 12. Mai, die Maroniten und Kopten am 13. Januar, die Armenier am 15. Dezember. Ein Kollege des gefeierten Stehers, Johannes von Sardes, hält sich nachts, während er schläft, durch ein Seil unter den Achselhöhlen aufrecht. Die hl. Domnina, gleichfalls Steherin von Beruf und «den Augen aller Welt» ausgesetzt, «spricht nie», berichtet Kirchenvater Theodoret, «ohne Tränen zu vergießen, was ich aus Erfahrung weiß, denn oft nahm sie meine Hand und führte sie an ihre Augen und benetzte sie so, daß sie ganz naß wurde»[70].

Doch hat selbst diese Schwachsinnigen ein Kasteiungs- und Zurschaustellungswahn in den Schatten gestellt, der ihren eigenen gleichsam auf höherer, um nicht zu sagen höchster Ebene fortsetzte, der buchstäblich den Gipfel asketischer Bravouren bildet, die Praxis der Styliten (von stylos, Säule).

Näher, mein Gott, zu dir . . .

Die Styliten oder Säulenheiligen – die eine ausgesprochene Pilgerbewegung bewirkten, die nicht einmal nach ihrem Tod endete, sondern am Ort ihres ebenso ambitionierten wie schwachköpfigen und eben darum so aufsehenerregenden Spleens florierte – standen auf Säulen aus Stein oder Holz, und natürlich nur, um sich von der Erde, den Menschen zu entfernen. Nicht zufällig begann dieser zumindest äußerliche Höhepunkt christlicher Absurditäten in Syrien, wo schon die Heiden glaubten, ein Mensch könne desto besser mit den Göttern sprechen, je höher er stehe[71].

Dementsprechend hatte das christliche Stylitentum Syriens dort schon einen Vorläufer im Kult der syrischen Göttin Atargatis, der auch sonst bemerkenswerte Parallelen zum Christentum bietet. Vor allem genossen die syrischen Priester die Gottheit beim Essen von Fischen, die der Fisch-Göttin Atargatis heilig waren, von der ein Tempel in Karnion stand, westlich des Sees Genezareth. Atargatiskult und Fischverehrung gab es also in nächster Nähe des Urchristentums. Und kaum zufällig wurde der Fisch, Sinnbild weitverbreiteter heidnischer Fischmysterien, das Symbol des heiligsten Geheimnisses der Christenheit, der Eucharistie – nun «das wahre Fischmysterium», «der eine reine Fisch» – wurde der Fisch als Kultsymbol zuerst durch die Christen Syriens übernommen und das griechische Wort für Fisch, ichthys, bildete ein Anagramm für den Namen «Jesus Christus, Gottes Sohn, Heiland»[72].

Einen seinerzeit in Syrien gefeierten Ritus zu Ehren der Göttin Atargatis überliefert Lukian von Samosata (um 120–180 n. Chr.), der große syrische Spötter, der Kultpraktiken, Mythologie, Aberglauben bekämpfende Voltaire des 2. Jahrhunderts. In seiner Schrift «De dea Syria» erzählt er von einem Brauch, bei dem ein Zelebrant jährlich zweimal einen zweiundfünfzig Meter hohen, im Vorhof des Tempels stehenden Phallus aus Stein besteigen und jeweils eine Woche oben bleiben mußte. Die Pilger legten dann Münzen aus Erz, Silber und Gold am Fuß des Phallus nieder. Denn die Menge glaubt, schreibt Lukian, «daß dieser Mensch von seinem erhöhten Ort aus mit den Göttern spricht, sie für ganz Syrien um Fruchtbarkeit bittet, und daß die Götter sein Gebet aus größerer Nähe hören». Fast wörtlich gleich charakterisieren dann die Kirchenväter Theodoret von Kyros und Euagrios Scholastikos den Sinn der Askese des christlichen Säulenstehers Simeon[73].

Simeon Stylites der Ältere, um 390 bei Nikopolis geboren, beginnt seine Laufbahn gleich so vielen christlichen Größen als Viehhüter. Im Kloster von Teleda büßt er ein Jahrzehnt so überspannt, daß ihn die Mönche nicht mehr ertragen und seinen Abschied verlangen. Nun singt er erst fünf Tage in einem ausgetrockneten Brunnen «das Lob Gottes». Dann läßt er sich, gegen 412, nördlich von Antiochien, während der Fastenzeit einmauern, insgesamt 28mal, ohne jede Nahrung. Darauf hängt er dort angeschmiedet an einem Felsen und betrachtet «mit den Augen des Glaubens und des Geistes die Dinge, die oben im Himmel sind»; ein so nützliches Tun, daß sich Scharen von zu Hause losreißen und – nicht minder nützlich, gewiß – zu Simeon pilgern. Selbst Heiden bringen ihm angeblich Geschenke. Doch die Frommen wollen ihn berühren, Fetzen seiner Kleidung, nur ein Härchen seines Fellgewands ergattern. Also steigt er, auch um sich «spirituell» zu erheben, dem Himmel näher zu sein, auf eine Säule und wird zum Begründer des (christlichen) Stylitentums[74].

Erst nähert sich Simeon dem Allerhöchsten nur um einen, dann um fünf, sechs, um elf Meter – aber die Tradition schwankt, wie hier wohl so vieles. Zuletzt steht er zwanzig oder fünfundzwanzig Meter hoch, ungefähr dreißig Jahre lang, «denn das Verlangen, das er trug, sich zum Himmel zu erheben, bewirkte, daß er sich immer weiter von der Erde entfernte». Dabei ist er jedem Sturm, jeder Sonne ausgesetzt (erst später haben manche Styliten eine Hütte, ein Dach auf ihrer Säule). Schreiben konnte der Heilige kaum, war aber zungenfertig genug, um zweimal täglich den Pilgern zu predigen und sie jederzeit, stritten sie seinetwegen, «Hunde» zu schimpfen. An hohen Festtagen streckte er während der ganzen Nacht die Arme zu Gott empor, nach einer anderen Quelle auch in allen übrigen Nächten, «ohne auch nur jemals die Lider zu schließen». Er stand dabei aufrecht oder verneigte sich zum Gebet bis zu den Zehen, «denn, da er nur einmal in der Woche ißt, ist sein Bauch so flach, daß es ihm keinerlei Mühe macht, sich zu bücken». Bischof Theodoret berichtet auch, diese «Anbetungen» Simeons seien so zahlreich gewesen, daß viele sie mitzählten. Einer seiner Begleiter habe eines Tages bis zu 1244 «Anbetungen» gezählt, worauf der Zähler aber ermüdete und aufgab[75].

Der Berühmte erwog auch, sein Leben auf bloß einem Bein stehend zu verbringen. Dabei hatte «der Leuchter der christlichen Welt» (Kyrill von Scythopolis) ohnedies versteifte, von Wunden und Geschwüren volle Glieder, die schnell in Fäulnis übergingen. In einem Winter, behauptet zumindest Simeon-Schüler Antonius, Verfasser einer phantastischen Vita des Meisters, verfaulte dessen Schenkel so, «daß eine Anzahl Würmer herauskroch, die von seinem Leib auf seine Füße fielen, von seinen Füßen auf die Säule und von der Säule auf die Erde, wo ein junger Mann namens Antonius, der ihm diente und all dies gesehen und aufgeschrieben hat, auf seinen Befehl die heruntergefallenen Würmer auflas und sie ihm nach oben zurückgab, wo Symeon sie wieder auf seine Wunde setzte und sagte: ‹Eßt doch, was Gott euch gegeben hat›»[76].

Sage einer, das Christentum sei nicht tierfreundlich!

Obwohl quicklebendig, galt Simeon schon als Märtyrer. Ja, er überragte als Lebender die verstorbenen Heiligen, war für viele Zeitgenossen beinah bedeutender als Petrus und Paulus, übertrumpfte, nach ihrer Meinung, im Fasten Moses, Elias, sogar Jesus. Simeon heilte nicht durch Fetzen seiner Kleidung, durch Speichel, nein, sein bloßes Gebet bewirkte noch in fernsten Gegenden Wunder. Man riß Haare seines Felles aus, nahm Linsen seiner Mahlzeit, Erde seines Standorts mit. Und schließlich gab es alles sozusagen gebrauchsfertig verpackt, Eulogien, Naturkost, gesundmachendes Öl, gesegneten Staub, «Gnadenstaub»; erst mit einem Kreuz gestempelt, dann mit Simeons Konterfei, zuletzt ganze kleine Figuren von ihm[77].

Staub war überhaupt ein «ganz natürliches Segensmittel», nichts billiger, nichts näherliegend; dabei kostbar «wie Edelstein»: besonders heilkräftig bei Magen- und Darmerkrankungen. In kleinen Kapseln trug man ihn fort, nicht nur als Medikament, auch als Phylakterion gebraucht und begehrt – nirgendwo mehr als in Tours; doch auch in Euchaita etwa oder eben bei Simeon, wo die Pilger damit zwar keine neue Ära der Medizin, aber «eine neue Ära der Wallfahrten und der Volksfrömmigkeit eingeleitet haben» (Kötting). Später nahm man auch Staub von der Säule mit, die dadurch im Mittelalter, ein Verlust für die Kulturwelt, ganz abgeschabt wurde[78].

So blühte die allein wahre Religion. Haufen von Christen strömten aus allen Himmelsrichtungen herbei. Auch viele Frauen kamen, nicht wenige offenbar, weil ihnen Gott Nachkommenschaft versagte. Andere pilgerten deshalb zum hl. Menas oder nach Menuthis oder, wie die Partherkönigin Sira, zum hl. Sergios nach Rusafa. Die Heidinnen bevorzugten in solchen Fällen besonders Delphi und die Tempel des Asklepios (S. 272 ff). Bei Simeon wurden Frauen freilich benachteiligt, wie fast immer und überall in der langen Geschichte des Christentums. Frauen war der Zutritt in die nächste Umgebung des Heiligen verboten. Sie mußten außerhalb der «Mandra» bleiben und durften nur durch Mittler ihre Wünsche vorbringen lassen. Sogar seiner eigenen Mutter soll Simeon den Eintritt in die Umfriedung verweigert, ja, sie zeitlebens aus asketischen Gründen nicht angeblickt haben – tota mulier sexus (die Frau ist ganz und gar Geschlecht), eine alte christliche Weisheit. Auch nach dem Tod des Heiligen war es, wie Euagrios Scholastikos bezeugt, Frauen verboten, die Wallfahrtskirche zu betreten[79].

Doch die Weiblein strömten wie die Männlein. Bischof Theodoret, Simeons Landsmann, der einmal von der Menge der Simeonbewunderer fast erdrückt worden wäre, sah geradezu einen «menschlichen Ozean» am Fuß der Säule wogen. Nicht nur ringsum aus dem Orient kamen sie, rühmt Theodoret, Juden, Perser, Armenier, Iberer, Äthiopier, nein, noch vom äußersten Westen: Spanier, Gallier, Briten, ja, selbst «in dem großen Rom» habe man in allen Vorräumen der Werkstätten kleine Bilder Simeons aufgestellt «zur Übelabwehr und als Schutzmittel»[80].

Einzeln und gemeinsam pilgerte man zu ihm, seinen Segen, seinen Rat zu bekommen, vor allem aber, um von mancherlei Gebrechen befreit zu werden. Zumal zur Zeit der großen Dürre war sein Gebet begehrt, zogen die Syrer in großen Prozessionen heran. Kamen doch sogar die Heiden und bekehrten sich, zermalmten «vor dem großen Lichte die von ihnen verehrten Götzenbilder» und entsagten «den Ausschweifungen der Aphrodite» (Theodoret). Ganze Stämme sollen auf einmal «die hl. Taufe» genommen, vorsichtigere immerhin durch schriftlichen Vertrag «die hl. Taufe» versprochen haben, falls Simeons Gebet ihre Not behebe. «Wollüstige kamen und besserten sich, Dirnen traten ins Kloster ein, Araber, die noch nicht einmal Brot kannten, dienten Gott» (Syr. Vita). Und da selbst die gewöhnlichen Wallfahrer ihr Scherflein in den Korb warfen, der ständig am Säulenfuß hing, was mögen erst die Abgesandten der Könige gespendet haben, die angeblich oft erschienen, um den Segen für ihre Herrschaft, ja, Regierungsanweisungen zu empfangen[81].

Seit es das christliche Wallfahrtswesen gibt, nahmen und nehmen geistliche Kreise auch dadurch Einfluß auf das Weltgeschehen bis heute – bekanntestes Beispiel im 20. Jahrhundert: Fatima und seine militant antikommunistische und antisowjetische Agitation. Und in der Antike suchten Potentaten häufiger an Pilgerzentren oder bei Anachoreten Rat. Kaiser Theodosius I. befragte vor seinen Kriegszügen gegen Maximus 388 und Eugenius 394 – die entscheidende Zerschlagung des Heidentums – den ägyptischen Einsiedler Johannes (I 444, 456 f). Die Frankenfürsten Chilperich und Merovech wandten sich an das Grab des hl. Martin in Tours. (Chilperichs Diakon legte eine prekäre Anfrage des Königs in Form eines Briefes aufs Grab samt einem leeren Blatt für die Antwort! Doch in diesem Fall schwieg sich der Himmel aus.)[82]

Bei Simeon aber hatte auch die Wallfahrt selbst, wie freilich wieder nicht selten, politische Hintergründe. Der Bericht eines Beduinenhäuptlings läßt dies erkennen, der schreibt: «sie werden Christen, hängen den Römern an und werden aufsässig. Wer hinaufzieht, dem werde ich das Haupt abschlagen, und seiner ganzen

Familie». Allerdings wird der Häuptling nachts «in einem Gesichte» – und wie leibhaftig diese Gesichte oft gewesen sein mögen, falls sie nicht, wie üblich, erstunken und erlogen sind – mit dem Tod bedroht und erlaubt nun: «Wer auch immer hinaufziehen will zu dem Herrn Simeon, um dort die Taufe anzunehmen und Christ zu werden, der möge es tun, ohne Angst und Furcht. Wenn ich nicht dem König der Perser untertan wäre, so würde auch ich hinaufziehen und Christ werden»[83].

Kurz, die Wirkung des Heiligen war außerordentlich, und damit natürlich auch der Wallfahrtsbetrieb. Die Schüler Simeons, angeblich über zweihundert und dann noch mehr, bekamen Zellen: die Anfänge des späteren Klosters. Eine Kirche bestand bereits zu seinen Lebzeiten, offenbar auch ein Baptisterium, ferner Unterkünfte, Herbergen; blieben manche Pilger doch acht, ja vierzehn Tage. Und als Simeon 459 siebzigjährig starb – sechshundert Soldaten aus Antiochien mußten seinen Leichnam gegen Sarazenen und reliquiengierige Gläubige schützen – lockte seine Säule die Massen weiter durch Jahrhunderte. Während sein Leib, von Kaiser Leo, zum Unwillen der Antiochener, für die Hauptstadt erworben, wenig Volk anzog, strömte es zur Säule, die als kostbarste Reliquie galt und allmählich einen Gebäudekomplex um sich erhielt, der selbst für Wallfahrtsorte ungewöhnlich war. Besonders zu den Gedächtnistagen pilgerte man aus allen Richtungen und Entfernungen heran und beging diese Feste «mit einer an Ekstase grenzenden religiösen Inbrunst ... Die Leitung der Wallfahrtskirche wußte an solchen Tagen der gläubigen Phantasie der Pilger durch geschickte Kunststücke reiche Nahrung zu geben, so daß die Erinnerung an den großen Heiligen im Volke recht lebendig blieb» (Kötting). Um 560 sah Euagrios Scholastikos nur noch Simeons Kopf in Antiochien, um einige Zähne durch Verehrer beraubt[84].

Diese jahrzehntelange Säulensteherei war verrückt genug, um durch viele Jahrhunderte christlicher Heilsgeschichte Nachfolge zu finden. Simeons Schüler, der hl. Mönch Daniel, stand seit etwa 460 dreiunddreißig Jahre auf einer Säule in Anaplus, trotz seines Widerstrebens vom Patriarchen Gennadius zum Priester geweiht, sogar von Kaiser Leo I., der Kaiserin Eudoxia aufgesucht und natürlich von gewaltigen Pilgerscharen, selbst von «Ketzern». (Wegen seiner «außerordentlichen Austrocknung», wird überliefert, war sein Stuhlgang «wie der von Ziegen».) Die reichen Geschenke für den Umschwärmten kassierte die Kirche daneben. Titus, ein Offizier des kaiserlichen Palastes, verließ die Armee und baumelte mittels unter seinen Achseln durchgeführter Seile ohne den Boden zu berühren frei in der Luft. Im 6. Jahrhundert lebt ein ehemaliger Präfekt von Konstantinopel achtundvierzig Jahre auf einer Säule bei Edessa. Im 7. Jahrhundert erklimmt der hl. Simeon der Jüngere seine Säule «noch so jung, daß ihm die Milchzähne ausfielen, nachdem er hinaufgestiegen war» (vgl. I 152 ff). Er erhält mit dreiunddreißig Jahren die Priesterweihe und wirkt so viele Mirakel, daß die Christenheit wieder haufenweise herbeieilt, um den «neuen Simeon» zu sehen, und der Hügel mit seiner letzten und höchsten Säule schließlich «Wunderberg» heißt. Nicht minder berühmt wurde der hl. Alypius, der insgesamt «67 Jahre auf einer Säule» verbrachte, «die meiste Zeit stehend, in den letzten Jahren liegend» (Lexikon für Theologie und Kirche); er ist einer der am häufigsten auf Ikonen, Fresken, byzantinischen Miniaturen abgebildeten Asketen des Orients. All diese christlich Durchgedrehten aber hatten enormen Zulauf und wurden von Volksmassen umlagert. Und selbstverständlich dauerte die Pilgerei nach ihrem Tod fort[85].

Trotz der Strapazen scheint das Leben in der frischen Luft den Styliten bekommen zu sein. Obwohl sie dreißig, fünfzig Jahre, ja mehr auf ihren Säulen ein heiliges, hochbewundertes asketisches Ideal zelebrierten und Gott nicht früh genug nahe genug kommen konnten, mußten gerade sie meist lange darauf warten. Simeon der Ältere wurde siebzig, Daniel vierundachtzig, Alypius neunundneunzig, Lukas, ein Stylit des 9. Jahrhunderts, hundert Jahre alt. Auch starben diese Heiligen gewöhnlich eines sozusagen natürlichen Todes, wenn sie nicht, wie ein Stylit aus Mesopotamien auf seiner Gipssäule, in Gottes Unerforschlichkeit vom Blitz oder, wie der hl. Nicetus, von Räubern erschlagen wurden. Im übrigen sind bei einer so außergewöhnlichen Sache weitere Besonderheiten wohl kaum erstaunlich. Etwa der von Johannes Moschus, einem 619 in Rom gestorbenen orientalischen Mönch, beschriebene Religionsdisput zwischen einem katholischen und einem monophysitischen Säulensteher, Nachbarn sozusagen, die sich von ihren Säulen aus Beschimpfungen zuschrieen. Oder jene seltsame Versammlung von hundert Styliten, die in Gethsemane, in Palästina, wie ein ganzer Säulenwald um einen Superior stand[86].

Die Wallfahrt zu einer Heiligen, die es vermutlich nie gab

Von großer Bedeutung für die Wallfahrtsgeschichte wurde Kleinasien, wo zunächst die Pilgerstätten zahlreicher waren als anderswo. Es gab da viele «heilige» Orte von mehr lokaler Bedeutung. Etwa die Kirche des Märtyrers Polyeuctes bei Melitene. In Sinope am Schwarzen Meer avancierte der hl. Phokas zum Patron der Seefahrer. In Caesarea in Kappadokien verehrte man den hl. Märtyrer Mamas; noch mehr die vielgerühmten 40 hl. Märtyrer, die auch an anderen Orten vor allem Kleinasiens ihre Heiligtümer hatten und deren Reliquien hochbegehrte Pilgerandenken waren[87].

Weit aber überflügelte solche Stätten Seleukia am Kalykadnos, das Ziel wohl der frühesten aller bekannten Heiligenwallfahrten. Ungewohnterweise zog hier eine heilige Frau die Pilger an, wobei wohl die Vorliebe der Kleinasiaten für weibliche Gottheiten nachwirkte. (Auch in Chalkedon florierte ja das Heiligtum der Euphemia, das seinen weltweiten Ruf zwei Hauptwundern verdankte: dem unbeschreiblich süßen Duft, der, erst nur nachts, dann ununterbrochen, dem Grab der Märtyrerin entquoll. Und einem Schwamm, der sich, nach Traumoffenbarungen der Heiligen an den Bischof oder sonst würdigen Männern, beim Berühren der hl. Reliquien mit Blut füllte – in Anwesenheit des Kaisers, der Behörden, des Volks, das dann immer in lauten Jubel ausbrach, zumal danach soviel Blut floß, daß nicht nur jeder Anwesende sich mit hl. Blut eindecken, sondern dies durch eine Art Versandgeschäft noch in alle Welt vertrieben werden konnte.)[88]

Im Mittelpunkt des Kults in Seleukia stand die hl. Thekla (S. 213 ff), die als erste Märtyrerin, als «Erzmartyrin» gilt, obwohl sie, durch ein Wunder entkommen, «in schönem Schlaf» entschlief. Auch so kann man Blutzeugin werden. Die Katholiken feiern noch heute ihr Fest am 23., die Orientalen am 24. September, die Kopten am 19. Juli. In Rom stand bereits in «uralter Zeit» (Holzhey) eine Theklakirche beim Vatikan; auch gab es dort weitere Theklaheiligtümer. Ebenso verehrte man sie in Lyon und Tarragona, später in der Domstiftskirche von Augsburg, nahebei in einer prachtvollen Wallfahrtskirche, auf der Höhe von Welden, auch München besaß eine Theklakapelle. Im Jahrhundert Humes, Voltaires, Kants verbreiteten sich von Spanien aus Thekla-Bruderschaften u. a. in Wien, Prag, München, Regensburg, Mainz, Paderborn, hier sogar, päpstlich bestätigt, 1757 als «Erzbruderschaft». Ein spezielles «Theklabrot», zur Erinnerung an das der Heiligen bei Seleukia täglich von einem Engel servierte Gebäck, verbürgte nun Schutz, Genesung und wurde in Spanien, Österreich, Deutschland, besonders im frommen Paderborner Land verzehrt[89].

Dabei ist Thekla, die angebliche Schülerin des hl. Paulus, über die «zuverlässige Nachrichten» in «nur gelegentlichen und unbestimmten (!) Andeutungen der Kirchenväter» vorliegen (Wetzer/Welte), offenbar gar nicht historisch. Sie entsprang den Thekla-Akten, einem Bestandteil der Acta Pauli et Theclae, jener rein romanhaften Geschichte, die um 180 ein katholischer Priester Kleinasiens gefälscht hat, der dann auch überführt und abgesetzt worden ist (S. 136 f). Tertullian, später freilich ein «Ketzer», und Kirchenlehrer Hieronymus, freilich selber ein Fälscher, ein heiliggewissenloser Verleumder (I 169 ff), beurteilten das katholische Machwerk vernichtend. Ebenso hat das Papst Gelasius I. zugeschriebene berühmte Decretum Gelasianum, ein angeblich 494 auf einer römischen Synode erlassenes Dokument, die Paulus- und Thekla-Akten verdammt, ist allerdings selber eine Fälschung[90].

In Seleukia, wo der Theklakult wohl zuerst zu blühen begann, mußte die Heilige zwei Konkurrenten bekämpfen. Sie bezog da «eine Kampffront», so die weitschweifige, geschichtlich gänzlich wertlose Schrift «De vita et miraculis s. Theclae» des Erzbischofs Basilius von Seleukia (gest. um 468), «gegenüber dem Dämon Sarpedon, der in einer Erdspalte am Meer haust und durch einen Orakeldienst viele vom Glauben abspenstig macht, und ebenso gegenüber der Burggöttin Athene, die auf der Höhe der Stadt ihr Heiligtum hat». Als die Pilgerin Aetheria in Seleukia erschien, lag dort der ganze Roman der Thekla, die Fälschung des katholischen Presbyters, in ihrem Martyrion auf als Beglaubigung der Authentizität des Wallfahrtsortes. Aetheria las diese «Akten der Thekla und dankte Christus unserm Gott, der mich ohne mein Verdienst würdigte, alle meine Wünsche zu erfüllen»[91].

Im ausgehenden 2. Jahrhundert kennt man den Roman von Kleinasien bis Karthago, und weithin nimmt man ihn, wie so ungemein vieles im Christentum, für bare Münze – und jahrhundertelang bringt er bare Münze ein. Der Kult griff immer weiter um sich. Im 4. Jahrhundert ist Thekla im Orient da und dort fast so populär wie Maria. Es kommt schon zu einem regelrechten Pilgerverkehr. Das eigentliche Wallfahrtszentrum lag etwas außerhalb der Stadt auf einem Hochplateau, wo noch Aetheria bei «der Kirche der Heiligen . . . nichts anderes als zahllose Zellen von Männern und Frauen» fand, «hl. Einsiedler oder Apotaktiten». Dies Wohnen von Kultdienern und -dienerinnen bei einem Heiligtum setzte offensichtlich einen heidnischen Religionsbrauch fort, wie er gerade in Vorderasien üblich war.

Um 500 aber, als der Theklabetrieb in Seleukia kulminierte, stand da ein «heiliger Bezirk» (temenos) voller Kirchen und Annexbauten, offenbar auch mit Pilgerherbergen, wie an allen Wallfahrtsorten, häufig in Klosterkomplexen, in der nitrischen Wüste, in Palästina, Syrien, Alexandrien, dann auch im Abendland, besonders in Gallien. Überall gab es Unterkünfte für die Pilger, Fremdenhospize, von den Kaisern, von anderen hochgestellten Persönlichkeiten, reichen Christen finanziert, was mitunter einen großen Aufwand erforderte, zumal die Herbergen in der

Wüste zum Schutz vor Räubern, Sarazenen, mehr Kastellen glichen und überhaupt die Mönchsregeln der alten Kirche nicht nur zur Betreuung der «peregrini», sondern auch der «pauperes» verpflichteten, die Klosterxenodochien auch Armen- und Krankenhäuser waren. In Seleukia hatte man dreimal eine immer größere Basilika in verhältnismäßig kurzer Zeit errichtet (von der letzten, der Wallfahrtskirche der Blütezeit, stehen heute nur noch kümmerliche Ruinen). Damals gab es dort insgesamt fünf Kirchen, eine Fülle von Priester- und sonstigen Kirchendienerwohnungen sowie einen Inkubationsraum, wo Wallfahrer schliefen, um im Traum Rat oder Heilung von der Heiligen zu erhalten (vgl. S. 270 f)[92].

Der Theklakult in Seleukia gedieh um so mehr, als ihn eine äußerst verkehrsgünstige Lage, die Kreuzung von vier Straßen, von vornherein gefördert hat. Immer mehr eilten herbei, aus der Nähe, der Ferne, Soldaten, Bauern, Gelehrte, Beamte, zumal bei dem tagelang gefeierten Theklafest. Man amüsierte sich, man trank, man tanzte, und die Jungfrauen waren noch in nächster Nähe des Heiligtums ihrer Keuschheit nicht sicher – und weiß der Himmel, wie viele gerade dies erhofft haben mögen. Auch die Bischöfe genossen wohl das Bad in der Menge, und war der Radau in der Hauptkirche zu lästig, konnte man ausweichen in den «Myrtenhain», die «Stille» der Thekla-Grotte, wo «auch Thekla sich gern aufhielt», bis einen das Schluchzen und Heulen der Frommen selbst dort vertrieb[93].

Ein Grab der «Thekla» kannte man nicht; begreiflich genug. Auch keine Reliquien gab es zunächst. Dann fand man doch allerlei, auch den eingeklemmten Zipfel ihres Gewandes, der zurückblieb, als sie in die Erdspalte entschwand. Selbstverständlich konnten die Wallfahrer «Eulogien» beziehen, vermutlich wunderbares Wasser. Auch wunderbares Lampenöl gab es. Sogar Seife bot die Kirche zum Kauf an. Viele Pilger brachten Tiere als Weihegaben mit, von den Ufern des Schwarzen Meeres bis nach Ägypten: Kraniche, Gänse, Tauben, Fasane, Schweine. Manchmal wirkte «Thekla» auch durch sie ein Mirakel – wie nicht selten schon die Heidengötter; Sarapis etwa, als Lenaios inständig für sein jäh erblindetes Pferd gebeten hatte «wie für einen Bruder oder Sohn». Und natürlich kamen noch viel kostbarere Gaben. Die Kirchen schwammen in Gold und Schätzen – nicht nur bei Thekla[94].

Die christlichen Wallfahrtsstätten wurden durch Weihegaben rasch immer reicher

Ex voto erstanden ganze Christentempel. Zum Beispiel durch Galla Placidia für Errettung aus Seenot die Kirche zum Hl. Johannes in Ravenna. Auch das Innere solcher Sakralbauten wurde mit großen Spenden gefördert. Manchmal stattete ein einziger Pilger einen Teil der Kirche aus. Und vor allem an den eigentlichen Wallfahrtsorten, am Grab des hl. Felix in Nola, am Menasheiligtum in Ägypten, am Phokasheiligtum in Sinope etc. etc. häuften sich nahezu endlos reiche Weihegeschenke. «Ornamenta infinita», schreibt der Anonymus von Piacenza über die Pilgergaben in Golgatha. Die übliche Skala reicht von Nachbildungen geheilter Glieder in Silber oder Gold über kostbare Vorhänge, Leuchter, Kreuze aller Art, über Felle, Prachtgewänder, goldne Kronen (etwa westgotischer Könige), Decken und Seide des Perserkönigs, bis zu Schlachtvieh, Geld und Landbesitz. Der Brauch blieb erhalten «durch alle Jahrhunderte» (Prälat Sauer). Nicht erhalten blieben meistens, begreiflicherweise, gerade die kostbaren Stükke, während (wertlose) Votivstelen, -tafeln, -säulchen, Inschriften um so zahlreicher, auch Hunderte von Ampullen für Öl und Wasser noch heute vorhanden sind – die Dummheit der Gläubigen ebenso demonstrierend wie die Klugheit des Klerus. Denn Weihegaben dürfen veräußert werden; spätestens im 20. Jahrhundert allerdings bloß mit Erlaubnis des «Heiligen Stuhles»[95].

Die Pilger spendeten gewiß nicht nur aus Dankbarkeit, sondern auch weil sie Hilfe erhofften. Die Theologen erwähnten aber meist nur Dankvotive; das zahlte sich besser aus. Die Geheilten brachten Bilder der Füße, der Hände, der Augen dar, Plastiken von nahezu allen Körperteilen, aus Holz manchmal, doch auch aus Gold. In Gold und Silber ließ bei einer Erkrankung des Erbprinzen von Galicien der Vater am Grab des hl. Martin das Gewicht seines kranken Sohnes aufwiegen. Solche Ersatzopfer werden im Mittelalter häufig. Weniger Aufwand machte der Exkonsul Kyros; zum Dank für die Heilung seiner Tochter setzte er bloß eine Inschrift in die Säule des Styliten Daniel[96].

Immer wieder wurden den Wallfahrtsstätten Tiere als Weihegaben mitgebracht – übrigens abermals eine genaue Parallele zu den paganen Pilgerzentren. Und wie an diesen der Tierpark gewöhnlich war, so eben auch an den christlichen, jedenfalls im Orient, wo die dargebrachten Tiere stets von neuem ergänzt worden sind. Thekla scheint gerne Vögel genossen zu haben: Gänse, Schwäne, Kraniche, Fasanen, Tauben usw. In Ägypten bevorzugte man Schweine. Bei Menas stand anscheinend eine ganze Herde herum und lockte zuweilen (bedürftige) Diebe an[97].

Wenn auch der Tierpark ein Spezifikum östlicher Pilgerorte war, schenkte man doch auch im Abendland den Wallfahrtskirchen Schafe, Kälber, Schweine, Pferde. Und während heute oft Aufkleber mit einem Hundebild an Christentempeln verkünden: Wir dürfen nicht hinein . . ., wurden einst die (dann freilich auch der Kirche verbleibenden) Tiere bis vor den Altar geführt und dort geweiht. Und schon auf dem Weg dorthin galt ihr Entwenden als Sakrileg, als «Tempel-», als «Gottesraub». Andere Tiere – nach alter christlicher Ansicht ja Sachen nur, ohne Seele – schlachtete man, tischte sie bei Pilgerschmäusen auf und gab, wohl in Erinnerung an das Gebot, den Nächsten wie sich selbst zu lieben, den Armen den Rest[98].

Seleukia war mit Tieren gesegnet, doch übervoll auch von dem Gold und andren Schätzen reicher Pilger, weshalb immer wieder Isaurier und Räuber das fast festungsartige Heiligtum heimsuchten. Und obwohl Thekla selbst ihre Schätze hütete, auch Bittenden wieder zum geraubten Eigentum verhalf, schuf man noch ein kleines Kastell und eine Tempelwache, die der Bischof kommandierte. Dennoch barg man bei drohendem Überfall das Wertvollste mitunter in der Stadt und ließ manchmal auch die Bürger das

Kirchengut verteidigen – wie im Grunde freilich meist, hatte die Kirche entsprechende Befehlsgewalt. Jagte man den Räubern die Beute wieder ab, führte man sie unter feierlichen Hymnen zurück[99].

Bei Thekla zeigt sich nun, wie der Ortsbischof einen Kult propagiert. Denn damit «eine Wallfahrt in Flor bleibe und weiter blühe», so Jesuit Beissel, «mußte das Volk durch sichtbare Erfolge, durch Wunder und Gebetserhörungen zum Vertrauen angeregt und im Vertrauen gefördert werden»[100].

WALLFAHRT UND WUNDER – ZUM MARKETING VON «GNADENSTÄTTEN»

Der Metropolit von Seleukia, Erzbischof Basilius, war zweifellos der richtige Mann, um Vertrauen zu wecken. Im eutychianischen Streit (II 213 ff) taucht er 448 als gutkatholischer Gegner des Eutyches auf, eines extremen Monophysiten. Ein Jahr danach, auf der «Räubersynode» von Ephesus (II 220 ff), wechselt er schnell zu den siegreichen «Ketzern» unter Dioskur über und wird Monophysit. Doch zwei Jahre später, auf dem Konzil von Chalkedon (II 229 ff), schlägt er sich abermals zu den neuen Siegern, wird wieder katholisch, nur um auch weiter Bischof zu bleiben[101].

Die Glaubwürdigkeit dieses Mannes illustrieren auch seine zwei Bücher «Über das Leben und die Wunder der heiligen Thecla»: neue Lügen gleichsam, die den Thekla-Roman ergänzen, fortsetzen, die Hauptquelle für den Kult. Denn Basilius hatte natürlich das größte Interesse, die «Heilige» seines Bischofssitzes in jeder Weise zu fördern. «Von ihrem Heiligtum», schreibt er, «sendet sie nun Hilfe gegen jedes Leiden und gegen jede Krankheit allen, die der Heilung bedürfen und die darum bitten, so daß der Ort eine öffentliche Heilstätte geworden ist und ein Zufluchtsort für das ganze Land. Ihre Kirche findet man nie ohne Pilger, die von allen Seiten herbeiströmen, die einen um der Erhabenheit des Ortes willen und um zu beten, und um ihre Weihegaben zu bringen, die anderen, um Heilung und Hilfe gegen Krankheiten, Schmerzen und Dämonen zu erhalten»[102].

Erzbischof Basilius sieht sich außerstande, alle durch Thekla gewirkten Wunder – 31 teilt er immerhin mit – zu sammeln. Sie seien teils schon früher von wahrheitsliebenden Männern und Frauen überliefert worden, teils zu seiner Zeit geschehen. Auch er habe sie erlebt, sei von starken Ohrenschmerzen, der Sophist Aretarchus von seinem Nierenleiden geheilt worden, ein ehebrecherischer Mann zu seiner Frau zurückgekehrt. Die ehrbare Kallista, die der Zaubertrank einer Dirne – später tun das «Hexen» – entstellt, erhält durch Thekla Anmut und Schönheit und so auch ihren ehebrecherischen Gatten wieder. Die «Heilige» kuriert, gewährt selbst den Juden Hilfe, behebt eine Viehseuche. Und als die ganze Gegend eine schlimme Augenkrankheit geißelt, die Ärzte machtlos sind, da ziehen die Menschen in Massen, weinend, jubelnd, zum Wasser der «Thekla» und werden in drei, vier Tagen alle, alle gesund – bis auf wenige, «Ungläubige» wohl, «Sünder», die denn auch ganz erblinden jetzt[103].

Ging es um ihre Wallfahrt, schreckte Thekla auch vor einem Strafwunder, sogar in den eigenen Reihen, nicht zurück, wie gegenüber jenem Kirchenfürsten, der das Pilgern zu ihr aus seinem Sprengel unterband. Als nämlich der Bischof von Tarsus, Marianus, mit dem Bischof Dexianus von Seleukia ein Hühnchen zu rupfen hatte, verbot Marianus kurzerhand die Wallfahrt zur hl. Thekla, zu der man aus Tarsus in mehreren tagelangen Prozessionen zog. Dies konnte die «hl. Thekla» jedoch nicht dulden. Eines Nachts – ein Mann namens Kastor sah dies – stürmte sie wütend gegen Marianus durch die Stadt, und schon wenige Tage danach traf den Bischof der Tod[104].

Wie bei den Heiden, spielte eben auch bei den Christen das Wunder eine Hauptrolle. Also mußte damit, um die Attraktivität einer Gnadenstätte zu steigern, kräftig geworben werden, vor allem mit Heilungen. Sie beanspruchen in den vielen Mirakelbüchern den größten Raum, bei Kosmas und Damian, Kyros und Johannes, bei Artemius nahezu den ganzen. Weitere Hauptsammlungen solcher Mirakelbücher, die formal den entsprechenden heidnischen Erzeugnissen fast aufs Haar gleichen, gelten den Taten der Heiligen Thekla, Therapon, Theodor, Menas, Demetrius im Osten oder Sammlungen von Wundern der Heiligen Stephanus, Julianus, Martinus im Westen. Für einen Zeitraum von mehreren Jahrhunderten, den diese Schriften umfassen, bieten sie verhältnismäßig wenig Wunder, doch wird die kleine Auswahl unter zahllosen betont. Und einige Mirakelbücher, die der Heiligen Thekla, Kyros, Johannes und Stephanus, renommieren mit «genauen» Angaben über die Geheilten[105].

Eine weitere Aufgabe war die psychologische Vorbereitung der Wallfahrer, ihre seelische Einstimmung auf eine potentielle Heilung. Die Wunder sollten vorgelesen werden, um das Vertrauen der Pilger zu stärken. Es gab, wie an den paganen Heiligtümern, unter der Masse der Gläubigen, Zuversichtlichen, noch genug Skeptiker, und deren Sinneswandlung hatte gewiß größeres Gewicht, mehr Überzeugungskraft als die Wundergläubigkeit der übrigen. So berichten die Mirakelbücher ab und zu, übrigens ganz wieder wie heidnische Inschriften in Epidauros, auch von Ungläubigen, die durch das Erlebnis einer Heilung umgestimmt wurden[106].

Dennoch, die allermeisten zogen ungeheilt fort, ungetröstet, wie ja heute noch an den Wallfahrtsstätten, was dem Glauben schadet wie dem Geschäft. Und auch wenn man von den wenigen Geheilten immer mehr Wesens machte und macht als von den vielen Ungeheilten, die Wundersammlungen durften diesen Punkt nicht völlig verschweigen. So erklärten sie die Nichterhörten kurzerhand für Sünder, und da alle Menschen «Sünder» sind, konnte man kaum danebentreffen[107].

Ein anderer, freilich nicht minder plumper Trick bestand darin, daß man die Pilger tröstete, mancher werde erst auf dem Heimweg oder daheim geheilt. Derart suchte man auch die unsicheren Kandidaten in der Hand zu behalten. Und schließlich betonen die Mirakelbücher immer wieder, daß die Wallfahrer Heilung nicht nur am Leib erführen, sondern auch an der Seele. Eine solche Prozedur aber sah ein Außenstehender oder gar Fremder einem

Pilger nicht an. Ungezählte konnten somit als geheilt gelten, ohne daß sie es waren[108].

Bekannte Kirchenväter haben sich an der Übermittlung von wunderbaren Heilungen an Wallfahrtsorten beteiligt. So schrieb Sozomenus gegen Mitte des 5. Jahrhunderts über das mirakulöse Wirken des Erzengels Michael in Anaplus. Paulinus von Nola besang in Gedichten die Mirakel in seiner Bischofsstadt. Und der hl. Augustinus erstrebte sogar eine aktenmäßige Erfassung der Wunder und gab deshalb die «libelli» in Auftrag[109].

Wir können all die Stätten gnadenreichen Wallfahrtsegens nicht betrachten. Doch drei, vier der gnadenreichsten seien noch erfaßt.

Das altchristliche Lourdes

Einer der berühmtesten Pilgerorte der Antike, ein «altchristliches Lourdes», lag in Ägypten am Rand der libyschen Wüste: das Heiligtum des hl. Menas. Viele einschlägige Lexika freilich schweigen darüber. Sogar das katholische «Lexikon für Theologie und Kirche» konstatiert ein «Fehlen aller geschichtlichen Nachrichten» über Menas, statt dessen aber «einen üppigen Legendenkranz», doch sei auch dieser «ohne geschichtlichen Wert». Der Leib dieses seltsamen Heiligen (Fest in fast allen Martyrologien, Synaxarien, Menaen am 11. November) fand nach einer Version gleich am Ort seines Martyriums die ewige Ruhe, nach anderen Märchen in seiner Heimat[110].

Der hl. Menas, mit dessen Historizität es ähnlich steht wie mit der Theklas, wurde der populärste Nationalheilige Ägyptens, ja erhielt «europäischen Ruf» (Andresen). Er rückte auch, als die plötzlich militärfreundliche Catholica aus ihren Heiligenkalendern die Namen der christlichen Militärdienstverweigerer strich und durch «Soldatengötter» (Christus, Maria, Victor, Georg, Martin von Tours u. a.) ersetzte, in deren (Schlacht-)Reihe auf, die auch genau die Funktion der heidnischen Soldatengötter übernahm. Und schon im 4., 5. Jahrhundert huldigt die ganze christliche Welt dem mysteriösen Wüstenheiligen. Bald gibt es Menaskirchen nicht nur in Alexandrien, Alt-Kairo, in Tura, Taha, Kus, Luxor, Assuan, sondern ebenso in Palästina, Konstantinopel, Nordafrika, Salona, Rom (wo Papst Gregor I. in der Menaskirche an der Straße nach Ostia predigt), in Arles, am Rhein, an der Mosel und anderwärts. Der ägyptische Legendenkranz erzeugt wieder weitere außerägyptische Legendenkränze. Menas wird vor allem Schutzpatron der Kaufleute, wird als «Helfer in schwerer Not» angerufen, «zur Wiedererlangung verlorener Gegenstände» (Sauer), wird Retter in Todesgefahr, Rächer des Meineids, wofür in Rom auch St. Pankratius tätig ist. Menas vollbringt Wunder über Wunder, an Mensch und, auffallend oft, an Tieren, er bewahrt die Keuschheit von Pilgerinnen, rettet verdurstende Pilger, bewirkt Siechenheilungen, Totenerweckungen, doch fast durchweg Wunder, die man schon aus heidnischen Mirakelgeschichten kannte. Kurz, mit einem alten äthiopischen Text: «Und alles Volk, das an verschiedenen Krankheiten litt, kam zum Grabe des Abba Mînâs, und sie wurden geheilt durch die Macht Gottes und durch die Fürbitte des hl. Mînâs»[111].

In der Auladaliwüste, zwischen Alexandrien etwa und dem Natrontal, entstand in einer einst reich bewässerten Oase eine ganze Menasstadt mit Kirchen, großen Klosteranlagen (sie umfaßten allein 40 000 qm), Nekropolen und natürlich Herbergen, um die aus aller Herren Länder herbeiströmenden Christen unterzubringen. Tag und Nacht brannten da die Lampen der Frommen vor dem Heiligengrab. «Und wenn jemand von diesem Lampenöl nahm», behauptet der koptische Text der Menasvita, «und eine kranke Person damit einrieb, wurde dieser Kranke von dem Übel, an dem er gelitten, geheilt». – Öl war überhaupt in jenen frühen Jahrhunderten als «Pilgereulogie» hochbegehrt; das Öl der Lampen, das Wachs der Kerzen, die am Märtyrergrab brannten, galten im ganzen christlichen Morgen- wie Abendland als das Beste vom Besten sozusagen der «Pastoral-Medizin». Die Heiligen verschrieben sie in «Traumanweisungen» häufiger als irgendein anderes «Medikament» – und viele Gläubige trugen als

Prophylaktikum ständig solch heilkräftiges Wachs und Öl mit sich[112].

Weit mehr noch aber schätzte man im «altchristlichen Lourdes» das Wasser, war doch die Wasserverehrung im antiken Ägypten seit je sehr groß. (Man wallfahrtete dann auch zur hl. Quelle des Klosters El Muharrakah in Südägypten, die der «Heiland» selbst gesegnet haben soll.) In der Menasstadt bewässerte ein ausgebauter heilbringender Quell Badezellen im Innern einer dreischiffigen Bäderbasilika. Und selbstverständlich prosperierte da eine ganze Devotionalienindustrie, gab es zahlreiche Töpferöfen, die (in drei verschiedenen Größen) die doppelhenkeligen «Menasampullen» lieferten, meist beschriftet und mit dem angeblichen Konterfei des Heiligen, sinnigerweise zwischen zwei Kamelen – und für Pilger aus dem Sudan: im Negertypus! Ampullen, die Menas auch als Schwarzen zeigen, sind noch vorhanden. (Anderweitig, in Italien etwa, stellten ganze christliche Industrien Ampullen mit dem Bild der hl. Maria, des Petrus, Andreas, der Thekla her.) Diese Ampullen wurden ebenso wie die von Elfenbeinschnitzern gefertigten Menasfiguren und sonstiges «Heiliges» auf das angebliche Grab des Heroen gelegt, wonach sie vor Unheil bewahrten, Schaden. Und auch das «heilbringende Wasser» nahm man mit in alle Welt hinaus – noch an der dalmatinischen Küste, in Salona-Spalato (Split) vermutete man ein eigenes Eulogiendepot, noch in Köln fanden sich Menasampullen –, was dann aus aller Welt wieder Geld hereinbrachte, reiche Stiftungen, kostspielige Votivgaben, von der prachtvollen Ausstattung der Kirchen zu schweigen. Überdies erhob man, da offenbar die Freiwilligkeit des Sichschröpfenlassens ihre Grenze hatte, noch regelrechte Pilgertaxen zugunsten der Gnadenstätte. Ausgrabungen der Kloster-Schlächtereiabfälle förderten ungewöhnlich zahlreiche Schweineschädel zutage, weshalb man annimmt, daß auch viele Schweine zum Heiligtum gehörten, die «Menas» vor klauenden Pilgern schützen mußte[113].

Das «altchristliche Lourdes» war so reich, daß Kaiser Zenon, ein dem Volk verhaßter ehemaliger isaurischer Räuberhäuptling (II 299 ff), doch als Potentat selber ein beflissener Menaspilger, den Wallfahrtsort zu einer Garnison von 1200 Mann machte, um ihn – vor Räubern zu schützen. Und seine Nachfolger errichteten noch im 6. Jahrhundert entlang den Straßen durch die Wüste Hospize, Einkaufszentren, Gepäcklager, Rastplätze, Wasserstellen, alles zur größeren Bequemlichkeit der wallfahrenden Christen – und zum Reichtum des Heiligtums. Es hatte damals seine Hauptblütezeit. Im 8. Jahrhundert raubten es wiederholt Muslime aus, schließlich suchten es nur noch Beduinen im Winter heim, zuletzt bedeckte es ganz und gar der Wüstensand . . .[114]

DIE ERSCHWINDELTEN HEILIGEN «KYROS» UND «JOHANNES»

Ein weiterer großer ägyptischer Wallfahrtsort wurde Menuthis, wenn auch erst seit dem 5. Jahrhundert. Es lag nahe der Hauptstadt Alexandrien und war ein Vorort von Kanobos – einst schon eine heidnische Pilgerstätte durch den «hochverehrten Tempel des Sarapis, welcher auch Heilung bewirkt; übrigens glauben auch die angesehensten Männer daran und schlafen für sich und für andere darin. Einige schreiben die Heilungen auf, andere den Nutzen der dortigen Orakel» (Strabo). Das glich also sehr den christlichen Pilgerzentren. Auch der schlechte Ruf von Kanobos, die Ausgelassenheit der Pilger, Spiel und Tanz Tag und Nacht, verband sich später mit so manch christlichem Wallfahrtstreiben[115].

Das Sarapeum von Kanobos fiel im späten 4. Jahrhundert den Tempelstürmen des Patriarchen Theophilos zum Opfer (S. 566 ff). Er ließ es völlig zerstören, modelte den seit langem verehrten Isistempel von Menuthis zu einer Kirche um und weihte ihn den Evangelisten. Dort wie hier mußten eben mächtige alte Religionen sterben. Das ging den klerikalen Rabauken freilich nicht schnell genug. Die Gebildeten hingen häufig noch dem Neuplatonismus an und weite Bevölkerungsgruppen der (besonders von den Frauen) so geliebten Göttin Isis, deren fast haargenaues

Abbild Maria wurde. Der Nachfolger des rabiaten Theophilos, Kirchenlehrer Kyrill, der Vollstrecker der ersten großen «Endlösung» (II 195 ff) und eigentliche Mörder der weltbekannten Philosophin Hypatia (II 200 f), beschloß daher, die Isisverehrung endgültig zu vernichten[116].

Dabei bediente er sich der ebenso plumpen wie erfolgreichen Betrugs-Methode seines Mailänder Kollegen Ambrosius. Wie dieser in einer kirchenpolitisch schwierigen Situation die vordem aller Welt unbekannten Märtyrer «Gervasius» und «Protasius» zur Mehrung der Glaubensinbrunst seiner Schäfchen in einer Kirche ausgrub, sogar unverwest und die Erde noch rot vom Blut der Helden (I 431 ff), so hob jetzt Kyrill in der Markuskirche Alexandriens die Gebeine zweier angeblichen Märtyrer, des Mönchs «Kyros» und des Soldaten «Johannes», und brachte sie in die Evangelistenkirche von Menuthis, in das geraubte Heiligtum, den Wallfahrtsort der Göttin Isis Medica. Wie wir die entdeckten «Märtyrer» des Ambrosius nur durch ihn kennen, so die entdeckten «Märtyrer» des Kyrill nur durch diesen. Und wie Ambrosius seine beiden «Blutzeugen» in Festpredigten würdigte, so natürlich auch Kollege Kyrill. Seine Homilien sind die einzigen Quellen über die Heiligen «Kyros» und «Johannes», alle späteren Viten, das heißt Legenden, das heißt Lügen, knüpfen daran an. Es ist genau wie bei Ambrosius. Und wie dieser damit Erfolg hatte, so auch Kyrill[117].

Freilich, wie man auch schon damals dem Schwindel des Mailänders nicht glaubte, und zwar auf christlicher Seite, so glaubten jetzt auch viele nicht dem Kyrill. Sogar sein späterer Amtsbruder Sophronius, seit 634 Patriarch von Jerusalem und stets ein Streiter für den «wahren» Glauben, findet Kyrills «Beweise» schwach und seine Bürgschaft nicht so überzeugend. Dabei wurde Sophronius selbst durch «Kyros» und «Johannes» von einer Augenerkrankung geheilt; offenbar kein schlimmer Fall: eine Erweiterung der Pupille, die ihn in Alexandrien befiel; er eilte zum nahen Menuthis, genas nach wenigen Tagen – und schrieb einen Panegyrikus auf «Kyros» und «Johannes», eine «laudatio Sanctorum». Nicht genug: er stellte die größte aller tradierten Wundersammlungen her und überflügelte mit 70 Miracula noch die Zahl der Iamata von Epidauros: 35 wunderbar geheilte Alexandriner, 15 wunderbar geheilte Ägypter und 20 wunderbar Geheilte aus fremden Ländern – «alle Völker kommen . . .». Die Aufzählung im einzelnen: langweilig, gespreizt, jeder Fall nach demselben rhetorischen Schema. Manche seiner Wunder, er gibt es selber zu, hätten auch Ärzte vollbringen können; manche spann er phantastisch aus Votivtafeln heraus; manche scheint er einfach aus anderen Sammlungen geklaut zu haben; bei einigen Mirakeln war er «Augenzeuge» oder wurde von «Augenzeugen» informiert[118].

Erzschuft und -bischof Kyrill aber hatte nach seiner Entdekkung der beiden «Märtyrer» gleich erklärt, daß sie nun die Rolle des heidnischen «Dämons» spielten; man solle sich ihnen mit «demselben Vertrauen» nahen. Isis wurde denn auch verdrängt, ihr Kult nur noch insgeheim fortgesetzt. Die kyrillischen Kreaturen jedoch kamen in Schwang, wobei allerdings «Johannes» schnell in den Schatten des volkstümlicheren «Kyros» geriet, der schließlich, wie «Johannes», von Kyrill als himmlischer Arzt in Kurs gebracht, als wirklicher Arzt galt; und dies so sehr, daß man in der ägyptischen Hauptstadt sein «Behandlungszimmer» zeigte, Hilfesuchende bei (anderen) Ärzten verspottete und die Äskulapjünger selber «Ärztlein» höhnte. Ärzte empfand das Heiligtum offenbar als Konkurrenz.

In und außerhalb des Landes wurde Kyrills Schöpfung zum hilfreichen «Abba Kyros», wurde noch auf dem Peloponnes, in Epidauros verehrt, wo er die Heilpraxis des Asklepios wieder aufnahm, fortführte und, wie der heidnische Gott, Wunder wirkte. In Rom war ihm seit dem 7./8. Jahrhundert eine Kirche geweiht, und noch heute lebt sein Name in der Ortsbezeichnung Aboukir fort. Menuthis aber entwickelte sich nun aus dem ehemaligen heidnischen zu einem blühenden christlichen Unternehmen, das, nach Sophronius, alle Völker hier anpilgern ließ: «Römer, Galater und Kilikier, Asiaten, Insulaner und Phönizier, Bewohner aus Konstantinopel, Bithynien und Äthiopien, Thrakien, Medien, Syrien, Elam . . .»[119].

Die arabische Invasion scheint dann der Kirche (von der ein

Weg direkt zum Meer führte), scheint den Knochen des «Kyros», des «Johannes», nicht bekommen zu sein. Und heute steht von dieser, einst teilweise in Marmor prunkenden Wallfahrtsstätte kein Stein mehr. Sie ist vom Erdboden verschwunden[120].

Das hl. Ärztepaar Kosmas und Damian – Kerzenwachs, Lampenöl und Potenzsteigerndes

Sicher nicht geringer an Bedeutung als Menuthis, als die Menasstadt, als das Heiligtum der Thekla war in der Königin am Bosporus der Kult der beiden heiligen Ärzte Kosmas und Damian, von denen das Römische Martyrologium, «aus sicheren Quellen gesammelt, geprüft . . .», unter dem 27. September berichtet: «Zu Aegaea: der Geburtstag der heil. Martyrer und Brüder Cosmas und Damian, welche in der Verfolgung des Diocletian nach vielen Peinen, nach Kerker und Banden, nach Wassers- und Feuersqualen, nach Kreuzigung, Steinigung und Pfeilschüssen, welches alles sie durch göttliche Hülfe überwanden, zuletzt enthauptet wurden»[121].

Die Reliquien der beiden Dulderhelden verehrt man noch heute in der Michaelskirche in München. Um so mehr mit Recht, als sie ihre ärztliche Kunst unentgeltlich übten. «Wir werben nicht um zeitlich Gut, denn wir sind Christen», sagten sie in der stolzbescheidenen Art dieser Leute dem heidnischen Richter – auf dem Papier. (Und der Schweizer Kapuziner Maschek kennt auch jetzt «gottlob noch viele . . . menschenfreundliche Vertreter der Heilkunst», die zumindest bedürftigen Patienten «die Rechnung ganz oder teilweise» erlassen. Doch seien gerade gottesfürchtige Ärzte «leider ziemlich selten». Darum: «Bete für die Ärzte, besonders für deinen Hausarzt!»)[122]

Die christliche Überlieferung berichtet von drei Brüderpaaren (zwei als Märtyrer gestorben), und die Griechen feiern auch drei verschiedene Feste dieser Heiligen, historisch ist aber allenfalls, doch auch dies sehr umstritten, eines: Kosmas und Damian. Und die beiden sollten, an derselben Stelle, die Kultstätten samt dem Kult der helfenden und heilenden heidnischen Dioskuren Kastor und Pollux überwinden, deren christliche Ausgeburten sie sind. «Castor und Pollux verwandeln sich in Kosmas und Damian» (Dassmann). Nur wenige Kirchen stehen irgendwo auf Erden, wo nicht zuvor ein Heidentempel stand. Die hl. Ärzte – ihr Grab befand sich im Wallfahrtszentrum, ein weiteres Grab von ihnen in Pherman bei Cyrus – siegten natürlich, zogen die Pilger von weit her an und heilten. Häufigstes Medikament: Kerzenwachs und Lampenöl. Selbst Juden nahmen darauf die Taufe. Nachts erschienen die hl. Ärzte, machten ihren Rundgang; meistens in ihrer eigenen Gestalt, wie man sie in Bildern an den Wänden sah, doch gelegentlich auch in der Gestalt bediensteter Kleriker oder Badediener. In dieser oder jener Verkörperung sprachen sie mit den Kranken, erkundigten sich, trafen ihre Anordnungen: und gleich neben der Kirche standen Apotheke und Hospital[123].

Der Kult von Kosmas und Damian expandierte früh und weithin, über den Balkan, nach Rußland hinein. In den deutschen Hansestädten feierte man sie bis zur Reformation. In Bremen beschaffte sich im 10. Jahrhundert Erzbischof Adaldag, kaum ohne politische Nebengedanken, Reliquien aus Rom, «wodurch dieses Bisthum jetzt und ewig triumphirt»; noch im 14. Jahrhundert entströmte ihnen der «allersüßeste Geruch», bei Festlichkeiten opferte man ihnen Geschmeide, Gold und Silber. Die Deutschen scheinen zu den größten Verehrern der beiden Heiligen gehört zu haben; annähernd dreihundert Kultstätten gab es hier von Aachen bis Bamberg, vom Bodensee bis Flensburg. Und selbst in der Neuzeit feiert man sie, vor allem in Sizilien, wo sie noch um die Wende zum 20. Jahrhundert «il più popolare dei santi messinesi», die populärsten Heiligen Messinas sind. In Sferracavallo, Palermo, Taormina gibt es noch immer Prozessionen zu Ehren des hl. Ärztepaares, noch immer bedeckt man die Kultfiguren mit geopferten Geldscheinen, noch immer führt man die Tanzprozession, den «Ballo dei Santi» vor, das Drehen der «Gnadenbilder», und noch immer ertönt, wenn auch dünner schon, das Geschrei «Viva, viva S. Cosimu»[124].

Kosmas und Damian, von den Jesuiten besonders begünstigt, spielen eine Rolle in der hohen Kunst, im Andachtsbild, im geistlichen Schauspiel bis zur Barockzeit. Sie erhielten das Patronat über Zünfte und Bruderschaften. Man pilgerte zu ihren Quellheiligtümern und anderen Reliquien. Der Handel mit allen möglichen Weihegeschenken florierte, auch mit Wachsvotiven in Phallusform. In Isernia, Provinz Campobasso (Molise), überwogen die Phalliopfergaben, «große Zehen» genannt, und von den Händlern in Körben herumgetragen mit dem Ruf: «Der hl. Kosmas und Damian». Kein fester Preis galt für die wächsernen Priapen. Je mehr man zahlte, hieß es, desto wirksamer. Die Frauen küßten diese Votive, bevor sie neben das Geld kamen für Messestiftungen und Litaneien. Auch Kosmasöl gab es zur Stärkung der Potenz. Man rieb kranke Körperteile am Hauptaltar ein und der Pfarrer rief: «Mögen sie von aller Krankheit freiwerden durch die Fürbitte des hl. Kosmas»[125].

All diese diversen Heiligen, Thekla, Menas, Kyros und Johannes, Kosmas und Damian, haben zumindest zwei Dinge gemeinsam: sie standen alle im Mittelpunkt eines höchst erfolgreichen Pilgerbetriebs – und sie haben alle wahrscheinlich nie gelebt.

Wenden wir uns zum Abschluß des Kapitels noch kurz dem Abendland zu, wo Rom das wichtigste Wallfahrtszentrum wurde.

Römische Raritäten

Aus dem Orient, der selber so gloriose Gnadenorte hatte, werden wohl erst im 6. Jahrhundert, mit dem stark wachsenden byzantinischen Einfluß, mehr Pilger nach Rom gekommen sein; und noch mehr im 7., als fast alle Päpste Griechen oder Syrer waren. Im Westen freilich hatte längst das Wallfahrten nach Rom begonnen, besonders aus Norditalien und von den Britischen Inseln; die meisten Gläubigen aber kamen aus Gallien, im 5. und 6. Jahrhundert Roms eigentliches Wallfahrtshinterland[126].

Die größten Attraktionen waren offensichtlich die vermeintlichen Gräber von Petrus und Paulus, auch wenn bis ins 3. Jahrhundert hinein erstaunlicherweise niemand bekannt ist, der ihretwegen eine Wallfahrt unternommen hätte. Der Tod des Paulus in Rom, worüber die Apostelgeschichte schweigt, wird kaum bestritten. Doch ist er legendenumringt, die Bezeugung erst spät und Pauli Enthauptung nicht mit Sicherheit zu erweisen. Auch sein Todesjahr steht nicht fest; vielleicht zwischen 64 und 68. Und schon gar nicht kennt man sein Grab. Zunächst verehrte man es in der Katakombe S. Sebastiano, Ende des 4. Jahrhunderts jedoch an anderer Stelle und errichtete darüber die Basilika S. Paolo fuori le mura. Reliquien des Paulus sind angeblich aber auch in St. Peter, und sein Kopf ist angeblich im Lateran. In Wirklichkeit liegt der Staub Pauli, wenn er in Rom liegt, «mit dem Staub von Bauern und Cäsaren irgendwo unter der Erde» (Bradford)[127].

Ob Petrus je hier gewesen, da gestorben ist, bleibt völlig unbeweisbar (II 58 ff). Die angebliche Auffindung seines Grabes: nichts als ein Märchen (II 61 ff). Gleichwohl standen die Apostelgräber und -reliquien im Mittelpunkt des Interesses. Die prachtstrotzenden Basiliken St. Peter und St. Paul wölbten sich darüber. Briticus, der vertriebene Nachfolger des hl. Martin, pilgerte in die Ewige Stadt. Der hl. Gregor von Tours schickte seinen Diakon Agiulf 590 zum Grab des Petrus, neben Martin, dem Nationalheiligen, dann der populärste Patron der Franken.

Auch andere Zelebritäten wallten schon in der Antike nach Rom: der spanische Dichter Prudentius 402/403. Ein Jahrhundert später klapperte dort der Bischof Fulgentius von Ruspe, ein ehemaliger Steuereinnehmer, der sich zum wilden Bekämpfer des Arianismus und Semipelagianismus gemausert hatte, nach Pilgersitte sämtliche Stätten «der Märtyrer» ab. Der wortreiche, doch gedankenarme Schwiegersohn des römischen Kaisers Avitus, Sidonius Apollinaris, seit 469 widerstrebend Oberhirte von Arverna (Clermont-Ferrand), kam zweimal nach Rom. Paulinus, Bischof von Nola, wanderte jährlich dorthin. Dabei hatte Nola selbst einen berühmten Wallfahrtskult um das Grab seines (von Paulinus in 14 Gedichten besungenen) Schutzpatrons, des hl. Felix, entwickelt[128].

Aber nicht nur Bischöfe und Heilige pilgerten in die Ewige Stadt, auch Fürsten, Könige, Kaiser. Theodosisus I. vielleicht. Sicher seine Tochter Galla Placidia und ihr Sohn Valentinian III. Auf den Britischen Inseln legten Ceadwalla, Ina u. a. ihre Kronen nieder und reisten nach Rom. Man schuf sogar im eigenen Land Peterskirchen, damit alle, wie 656 in der Gründungsurkunde für die Kathedrale von Peterborough steht, hier St. Peter aufsuchen, die nicht nach Rom gehen können[129].

Wahre Wallfahrtsmassen zog das gemeinsame Fest von Peter und Paul an, wobei es dann, wie wir von Augustin wissen, recht locker zuging, man offenbar täglich in der Petersbasilika Mahle und Trinkgelage veranstaltet hat. Doch bot die «corona sanctorum martyrum» neben den Apostelfürsten noch eine Fülle von Attraktivitäten an Märtyrern und Heiligen[130].

Sehr aufwendig wurde auch das Jahresgedächtnis des hl. Hippolyt (13. August) begangen – grotesk genug, erinnert man sich, mit wieviel Geifer, Gift und Galle dieser römische Bischof einst einen anderen römischen Bischof, den hl. Kallist, bekämpft hatte (II 94 ff). Bereits im 4./5. Jahrhundert aber zogen an Hippolyts Fest die Prozessionen aus allen Richtungen heran, Patrizier und Plebejer Roms, Picener, Etrusker, Samniter, Fromme aus Capua, Nola. Und ähnlich wie Hippolyt feierte man auch andere römische Heilige. Etwa, kurioserweise, seinen Gegner Papst Kallist, ferner Pontianus, Pankratius, Agnes, Sebastian oder Laurentius, der am bekanntesten wurde[131].

Dabei pilgerten um so mehr Christen nach Rom, als man dort, wenngleich wohl etwas später als im Osten, mehr mit Märtyrergräbern renommierte denn irgendwo auf der Welt; und man pflegte da «alle Stätten der Märtyrer aufzusuchen». Häufig waren Hinweise: Hier ruht der Leib des Märtyrers (ubi martyr in corpore requiescit). So heißt es zum Beispiel von der hl. Thekla, obschon es kaum eine solche römische Heilige gab. Man war recht großzügig in dieser Hinsicht. Denn «daß so manche Märtyrer ‹gemacht› wurden, ist selbstverständlich» (Kötting). Einer, der besonders «viele Leiber der Heiligen» aufgespürt und mit grauenvoll unbegabten, immer wieder auch von Vergil entlehnten

Wendungen verherrlicht hat (II 121 f), war der Mörderpapst Damasus. Und gerade seine Ergüsse bildeten «die Grundlage der wichtigen Einrichtung von Wallfahrten zu den Märtyrergräbern» (Katholik Clévenot)[132].

Im 6. Jahrhundert besuchten die Pilger in Rom mehr als ein ganzes Schock wirklicher oder angeblicher Märtyrergräber. Wir wissen dies aus einem Katalog, der angefertigt wurde, als die Langobardenkönigin Theodelinde, eine katholische bayerische Prinzessin, von Papst Gregor I. Reliquien erbat. Ihr Abgesandter erhielt Ampullen, Metallfläschchen aus Palästina, mit Öl aus den Lampen vor den Märtyrergräbern. Alle Fläschchen (ursprünglich für hl. Erde und hl. Öl aus dem «Heiligen Land» bestimmt, zum Beispiel für «Öl vom Holze des Lebens») wurden etikettiert und in einem eigenen Katalog 65 Märtyrergrabstätten genannt, von denen man jeweils einige Tropfen des kostbaren Öls genommen hatte. Doch waren längst nicht alle damals verehrten römischen Blutzeugengräber berücksichtigt worden[133].

Wie aber über St. Peter, St. Paul, erhoben sich über vielen Märtyrern und Heiligen prächtige und nicht nur buchstäblich steinreiche Kirchen: die Erlöserkirche im Lateran, die Basilika zu Ehren des hl. Kreuzes im Sessorianischen Palast, St. Sebastian, St. Laurentius, St. Agnes, die gewaltige Marienkirche auf dem Esquilin, die Basilika der Märtyrer Johannes und Paulus auf dem Caelius u. a. Auch «fremde» Heilige erhielten schließlich Kirchen, St. Stephanus etwa, vor allem jedoch die Wundertäter Kosmas und Damian (S. 323 ff), denen schon Papst Symmachus ein Oratorium bei S. Maria ad praesepe erbaute und bald darauf Felix IV. (526–530) eine Basilika am Forum Romanum weihte, die auf zwei alten Heidentempeln ruhte. Viele Pilger stifteten hier Votivgaben. Und nicht wenige Basiliken warteten schon damals mit den tollsten Raritäten auf. So S. Maria mit der Krippe Jesu, St. Peter in Vinculis mit den hier stark verehrten Ketten Petri. Es gab Feilstaub davon und Nachbildungen des Schlüssels zum angeblichen Grab des «Schlüsselhalters». Sie wurden von den Frommen mitgenommen, von den Päpsten aber auch versandt, auch aus Edelmetall verfertigt und am Hals getragen. Ferner gab man solche Schlüssel von der Confessio Pauli und der des Laurentius ab. Vom Rost des letzteren konnte man ebenfalls Eisenfeilstaub beziehen. Auch erhielt man Imitationen des angeblichen Kreuznagels Christi, den man in Santa Croce hütete. Selbstverständlich konnten die Pilger in Rom mit Öl von den Lampen an den Märtyrergräbern rechnen[134].

Dafür gaben sie freilich oft her, was sie hergeben konnten, manche ihr ganzes Vermögen, und lebten dann als Kleriker der Wallfahrtskirche oder sonstiger Kirchen. Andere schenkten riesige Ländereien oder gelobten eine genau festgesetzte jährliche Lieferung von Waren, von Wein etwa, Wachs. Leute, die gar nichts hatten, betreuten ersatzweise die Kranken; in Menuthis verpflichteten sich die Geheilten regelmäßig dazu. Gewiß einen beträchtlichen, wenn nicht den größten Teil dieser Wallfahrtsorte hatten Herrscherhäuser und andere «Große» gestiftet, ohne daß sie immer selbst dort als Pilger gewesen sind. Doch auch ihre Stiftungen stammten aus dem Vermögen aller, aus der Arbeit des Volkes, waren sein Geld, ihm abgepreßt durch Steuern, Bedrückung, Gewalt – *und alles für einen Wahn hinausgeworfen.*

Und freilich auch für den Profit der Fürsten, der Priester. Konstantin I., Justinus, Belisar spendeten riesige Summen. Lange Teile des offiziellen Papstbuches, des Liber Pontificalis, erscheinen «wie ein Verzeichnis aller Geschenke und Stiftungen, welche den verschiedensten Heiligtümern Roms gemacht wurden. Sie legen Zeugnis ab, welches Prunkgerät in Gold, Edelsteinen, gestickten Seidendecken und anderen Stoffen an den Verehrungsstätten der altchristlichen Blutzeugen sich sammelten ... Rom wurde im 4. Jh. die an Kirchen und an kirchlicher Pracht reichste Stadt der Christenheit» (Kötting). Um 400 gab es dort allein 25 Titelkirchen. Und der Pomp des christlichen Rom war bereits so groß, daß Bischof Fulgentius von Ruspe, der um 500 hierher pilgerte, eine Parallele zum Himmelreich zog: «Wie erhaben muß erst das himmlische Jerusalem sein, wenn das irdische Rom in solchem Glanz strahlt»[135].

Sprechen wir von fernen Tagen?

Erst im Jahr des Herrn 1989 strömten fast eine Million Pilger allein zu der «Gnadenkapelle» des bayerischen Wallfahrtsortes Altötting[136].

Der Grund aber zu dieser gigantischen Verdummung der (christlichen) Welt wurde in der Antike gelegt; in umfassender Weise, wie schon die bisherigen Kapitel beweisen, doch nun spezieller belegt werden soll.

4. KAPITEL

VERDUMMUNG

«Wo sind die Schriftgelehrten? Wo sind die Weltweisen? Hat nicht Gott die Weisheit dieser Welt zur Torheit gemacht?»
1. Kor. 1,20

«Mit dem Geschwätz bei euch haben die *Schulmeister* begonnen und da ihr die Wissenschaft einteiltet, habt ihr euch von der wahren Wissenschaft abgeschnitten». Tatian[1]

«Nach Jesus Christus bedürfen wir des Forschens nicht mehr. Wenn wir glauben, verlangen wir über den Glauben hinaus weiter nichts ...» Tertullian[2]

«Wenn du Geschichtsberichte lesen willst, dann hast du das Buch der Könige, wenn aber Weise und Philosophen, dann hast du die Propheten ... Und wenn du Hymnen begehrst, so hast du die Psalmen Davids». «Apostolische Kirchenordnung» (3. Jahrhundert)[3]

«Religion ist darum das Kernstück des ganzen Erziehungsprozesses und muß alle Erziehungsmaßnahmen durchdringen».
Lexikon des katholischen Lebens (1952)[4]

DER RUIN DER ANTIKEN BILDUNG

«Das klassische Ideal der griechischen Erziehung hatte auf einer tiefen Gesamtauffassung vom Menschen, seinem tiefen Wert und seinem Ziel geruht». «Aber wir hören nichts von der Gründung christlicher Elementar-, geschweige denn christlicher Grammatikerschulen». Hans von Schubert[5]

«Die gesamte Erziehung wird der Christianisierung eingeordnet». Ballauff[6]

«Für den gesamten Bildungsstand der antiken Welt im 5. Jahrhundert bleibt es charakteristisch, daß es ein wissenschaftliches Forschen mit dem klaren Ziel, einen bestimmten Fortschritt zu erreichen, nicht mehr gab». J. Vogt[7]

«Aber diese Verachtung von Vernunft und Wissenschaft, die jetzt zur Herrschaft kam, sie führte immer weiter weg von der Kultur der alten Welt. Sie führte in Aberglauben und Unbildung, und am Ende des Weges drohte der Rückfall in die Barbarei». Heinrich Dannenbauer[8]

Erziehung bei Griechen, Römern und Juden

In hellenistischer Zeit hatten Erziehung und Bildung unter griechischem Einfluß einen hohen Stand erreicht. Die Griechen, in deren Schulen die Jugend jene Autoren, die dichterische Größe mit pädagogischer Nützlichkeit verbanden, schon seit dem 5. vorchristlichen Jahrhundert kennenlernten, haben den Begriff der Bildung sowohl freier wie systematischer Betätigung des Geistes in die Geschichte eingeführt und für Europa entscheidend geprägt. Noch vor der Schaffung ständiger Lehrinstitute wurden die Sophisten, die «Weisheitslehrer» des 5. und 4. Jahrhunderts, die Träger der antiken Aufklärung. Sie erstrebten eine vielseitige Erziehung, ein möglichst reiches, verschiedenartiges, doch geordnetes Wissen, das der Lebensbehauptung, besonders der politischen «Tüchtigkeit» (aretē), dienen sollte, wodurch sie die Pädagogik revolutionierten[9].

Sokrates, der sich kritisch mit den Sophisten, besonders mit deren Subjektivismus auseinandersetzte und die «sokratische Methode» des fortgesetzten Fragens lehrte, suchte die Menschen durch seine geistige Hebammenkunst (Mäeutik) zu selbständigem Denken und eigener ethischen Entscheidung zu führen. Er entlarvte bloße Spekulationen, Scheinwissen, die sogenannten objektiven Ordnungen, Sitte, Staat, Religion, und gründete das Sittliche erstmalig nicht mehr auf sie, sondern auf die Mündigkeit des einzelnen, die eigene Selbstgewißheit, das «Daimonion», was zum Todesurteil gegen ihn führte[10].

Stark auf die antike Erziehung wirkte Isokrates, der Antipode Platons. Und auch Isokrates suchte die Bewährung des Menschen im praktischen, politischen Leben zu fördern, suchte eine ausgedehnte Belesenheit mit syntaktischem Schliff und mathematisch geschulter Klarheit des Denkens zu verbinden und hat mit seinem Erziehungs-, seinem Bildungsbegriff die Pädagogik, die geistige Betätigung über das Altertum hinaus mitgeprägt[11].

Die Kinder werden in hellenistischer Zeit im allgemeinen bis zum siebten Jahr von der Mutter oder einer Kinderfrau betreut, dann einem langen schulmäßigen Unterricht zugeführt. Er besteht aus Lesen, Schreiben, Rechnen, der Einführung in die klassischen Schriftsteller, umfaßt aber stets auch Gesang, Musik, dazu gymnastische, militärische Übungen, und endet mit der rhetorischen Ausbildung, der unerläßlichen Schulung im Sprechen und Denken. Die Philosophie kam hinzu, oft als Gegensatz. Ein eigentliches Fachstudium – außer Medizin, später auch Rechtswesen – gab es nicht. Selten war Unterricht für Mädchen. Auf sittliche Werte wurde zwar beständig hingewiesen, wie überhaupt der ganze Mensch, seine körperliche und geistige Kraft, sein ethisches und ästhetisches Empfinden, zu einer möglichst vollkommenen Persönlichkeit geformt werden sollte, doch eine «eigentliche religiöse Unterweisung fehlte» (Blomenkamp)[12].

Das römische Kind stand in Altrom zunächst unter der Obhut der hochgeachteten Mutter, dann erzog der Vater den Knaben. Mit etwa sechzehn Jahren bekam dieser eine gewisse allgemeine politische Ausbildung (tirocinium fori). Entsprechend seiner künftigen Verwendung im Staatsdienst, galt seine Erziehung ganz dem praktischen Leben, war seine körperliche Ertüchtigung vormilitärischer Art und seine geistige auf konkret verwertbare Kenntnisse, etwa des Rechts, beschränkt. Unter griechischem Einfluß glichen die lateinischen Schulen strukturell, stofflich, methodisch dann immer mehr den hellenistischen. Durch die Umschichtung der gesellschaftlichen Verhältnisse verbreiteten sich, von den Kaisern gefördert, im spätrömischen Imperium Elementarschulen beinah im ganzen Reich, Grammatikerschulen in allen halbwegs bedeutenden Städten, wobei offenbar auch Mädchen die Elementar- und, die Mädchen der oberen Schicht, die Grammatikerschulen besuchten. Der Stoiker Musonius (ca. 30–108) forderte, wie schon einige seiner Buchtitel zeigen («Daß auch die Frauen philosophieren sollen», «Ob man die Töchter gleich erziehen soll wie die Söhne») für Mädchen eine ähnliche Schulung wie für Knaben, bewertete überhaupt Mann und Frau gleich[13].

Insgesamt sollte das griechisch-römische Unterrichtswesen alle menschlichen Kräfte entwickeln. Die Kaiser haben die Ausbreitung höherer Schulen begünstigt. Das Bildungsprogramm war so umfassend wie möglich, Bildung geradezu eine Großmacht in der Spätantike. Sie erfreute sich in der ganzen sogenannten guten Gesellschaft rings um das Mittelmeer fast religiöser Verehrung, war eng mit dem Heidentum verknüpft, doch ausgesprochen diesseitsgerichtet, nicht von einer Gottheit, die zwar einbezogen wird, bestimmt, sondern vom Menschen[14].

Ein ganz anderes pädagogisches Ideal hatte das Judentum, das die Erziehung eng mit der Religion verband.

Im Alten Testament tritt Gott selbst immer wieder als Vater und Erzieher auf, und selten erzieht er ohne Züchtigung (vgl. I 73 ff). Wie denn das hebräische Alte Testament den Begriff des Erziehens gewöhnlich mit «jisser» oder dem Substantiv «musar» wiedergibt, was zunächst Züchtigung heißt, dann auch Zucht, Bildung bedeuten kann. Die Züchtigung dient der Erziehung und Erziehung läuft häufig – ein Zeichen der Vaterliebe – auf Züchtigung hinaus. Der Mensch ist in Sünden empfangen, in Schuld geboren und böse von Jugend auf; «wer die Rute schont, haßt seinen Sohn»; züchtigen soll man ihn, nicht auf sein Gejammer hören; Schläge und Zucht zeugen immer von Weisheit[15].

Demgemäß gehörten auch im rabbinischen Judentum Erziehung und Religion eng zusammen, war Gott auch hier Erzieher und Züchtiger. Schon mit fünf Jahren soll man nach Aboth 5,24 dem Studium der Schrift, mit zehn der Mischna, mit fünfzehn dem Talmud zugeführt werden. (Auf Unterweisung der Mädchen legte man kaum Wert; sie durften keine öffentlichen Schulen besuchen und heirateten in der talmudischen Epoche gewöhnlich mit knapp dreizehn Jahren.) Ein eigentlicher Schulzwang bestand nicht. Doch waren die Schulen häufig mit den Synagogen verbunden und die hl. Texte Grundlagen des ganzen Unterrichts; schon Lesen lernte man anhand der Bibel. (Auch nach dem Erziehungsprogramm des Kirchenlehrers Hieronymus soll man lesen lernen an den Namen der Apostel, der Propheten und am Stammbaum Christi, vgl. S. 295.) Weltliche Wissenschaft war nicht gefragt. Als Vermittler göttlichen Wissens galt der Lehrer aber mehr als bei Griechen und Römern. Die Ehrfurcht vor ihm sollte der vor dem Himmel gleichen[16]!

Vieles an dieser jüdischen Erziehung erinnert an die frühchristliche, die jedoch auch von der hellenistischen geprägt wird.

Das Christentum lehrt – seit Jesus –, *alles* zu hassen, was nicht Gott dient

Das Evangelium war ursprünglich eine apokalyptische, eine eschatologische Botschaft, eine Predigt vom nah bevorstehenden Ende der Welt (S. 71 f). Jesus und seine Jünger sind davon felsenfest überzeugt, deshalb pädagogische Probleme für sie nicht relevant; sie sind gänzlich desinteressiert an Bildung und Kultur. Sie kümmern sich um Wissenschaft und Philosophie so wenig wie um Kunst. Immerhin drei Jahrhunderte lang wird es überhaupt keine christliche Kunst geben. Kirchenrechtliche Verfügungen noch in späterer Zeit stellen Künstler in der Kirche mit Schauspielern (vgl. S. 355 ff), Bordellwirten und ähnlichen Typen auf eine Stufe. Bald wird die biblische «Fischersprache» (anscheinend besonders die der lateinischen Bibeln) durch alle Jahrhunderte verhöhnt, von den Christen freilich ostentativ verteidigt – obwohl selbst und gerade Hieronymus und Augustin nicht nur einmal gestanden, wie sehr sie der fremde, unbeholfene und oft falsche Stil der Bibel abgeschreckt habe. Augustin erschien sie überdies wie ein Ammenmärchen! (Im 4. Jahrhundert formte man biblische Stoffe gelegentlich in vergilsche Hexameter um, ohne daß es sie erträglicher machte.) «Homines sine litteris et idiotae» nennen in der lateinischen Übertragung die jüdischen Priester die Apostel Jesu[17].

Da aber das Gottesreich auf Erden ausblieb, setzte die Kirche an seine Stelle das Himmelreich, und die Gläubigen sollten ganz auf dieses hin leben, das heißt ganz im Sinne der Kirche, das heißt ganz zum Nutzen der Kirche, das heißt ganz für die Interessen des hohen Klerus. Denn wann und wo immer dieser Klerus Kirche sagt, Christus, Gott, Ewigkeit, da dient das ihm und nur ihm allein. Während er das Seelenheil des Gläubigen vorgibt, denkt er an sein eignes Heil. Und hat er dies in der Frühzeit vielleicht auch nicht immer identifiziert, er wußte doch, all das nützt ihm.

Im Christentum war die Entwicklung geistiger Kräfte kein Selbstzweck, wie in der Pädagogik der hellenistischen Welt, sondern nur ein Mittel zur religiösen Erziehung, zur angeblichen Verähnlichung mit Gott. Zwar mußte natürlich auch die christliche Erziehung auf das Berufsleben, die Erwerbstätigkeit vorbereiten, doch entscheidend war das Endziel, die Vorbereitung aufs Jenseits. Erst von daher bekam die übrige Erziehung überhaupt Bedeutung. Alle vom Christentum besonders propagierten Tugenden, wie Demut, Glaube, Hoffnung, Liebe, doch auch alle von der nichtchristlichen Ethik so großzügig übernommenen Werte wurden viel weniger um ihrer selbst willen geschätzt, als wegen ihrer Hinführung zum letzten Ziel. Christus, Gott, die ewige Seligkeit, der Glaube, daß der Christ im Jenseits «unaufhörliche Wonne empfindet» (Athenagoras), bildeten das Zentrum dieser ganzen Dressur[18].

Schon im Neuen Testament geht es nicht um die menschliche Pädagogik, die bloß gestreift wird, sondern um die Heilspädagogik Gottes, wozu es, Ansatzpunkte in der Stoa beiseite, in der griechisch-römischen Umwelt kaum eine Parallele gibt. Vielmehr sind die kyrio- oder christozentrischen Erziehungsgedanken der Bibel und die anthropozentrische Paideia der Hellenen von vornherein Gegensätze. Auch tritt im Neuen Testament, wie schon im Alten, das Züchtigungsdenken stärker hervor. «Wir leben als die Gezüchtigten und doch nicht zu Tode gepeinigt», schreibt Paulus. Und der auf seinen Namen gefälschte 1. Brief an Timotheus spricht von zwei «Ketzern», Hymenäus und Alexander, «die ich dem Satan übergeben habe, damit sie durch seine Züchtigung das Lästern verlernen». «Denn auch unser Gott», wie es hinsichtlich 5. Mos. 4,24 im Hebräerbrief heißt, «ist ein verzehrendes Feuer». (Sieben Verse weiter liest man bei Moses: «Denn der HERR, dein Gott, ist ein barmherziger Gott» – wie man's braucht.)[19]

Die Kirchenväter führen diese biblische Tendenz fort. Bei Irenäus, dem Schöpfer einer ersten eigentlichen Erziehungstheologie, bei Clemens Alexandrinus, Origenes, Gregor von Nazianz, Gregor von Nyssa wird der Gedanke einer göttlichen Paidagogia häufig erörtert, wird Gott zum eigentlichen Erzieher. Ergo muß auch alle Erziehung in erster und letzter Linie wieder Gott gelten, muß er ihre Aufgabe sein. So lehrt Origenes, «daß wir alles Sinnliche und Zeitliche und Sichtbare gering achten und alles tun müssen, um . . . zum Leben mit Gott und mit den Freunden Gottes zu kommen». So fordert Johannes Chrysostomos von den Eltern, «Kämpfer für Christus» zu erziehen und verlangt das frühzeitige und dauernde Lesen der Bibel. So schreibt Hieronymus, der einmal ein Kind kleine Rekrutin Gottes und Streiterin Christi nennt: «Wir wollen uns nicht zwischen Christus und der Welt gleichmäßig aufteilen. Statt der kurzen und hinfälligen Güter soll uns vielmehr ewiges Glück zuteil werden». Und sein wichtigster pädagogischer Gesichtspunkt: «Lasset uns die Dinge auf Erden kennen, deren Kenntnis für uns im Himmel fortdauert». Die «gesamte Erziehung wird der Christianisierung eingeordnet» (Ballauff). Auch Kirchenlehrer Basilius hält «nicht für ein wirkliches Gut, was nur weltliche Freude einbringt». Nur was «die Erlangung eines anderen Lebens» fördere, «das muß man unseres Erachtens lieben und mit aller Kraft anstreben, alles aber, was nicht auf jenes Leben abzielt, als wertlos außer Betracht lassen»[20].

Solche Erziehungsgrundsätze, die *«alles»*, was nicht einem vermeintlichen Leben nach dem Tod gilt, einem Wahn – und wenn es kein Wahn wäre! –, als *«wertlos»* erklären, sind sogar biblisch, sogar durch Jesus selbst begründet: «So jemand zu mir kommt und hasset nicht seinen Vater, Mutter, Weib, Kinder, Brüder, Schwestern, und auch dazu sein eigen Leben, der kann nicht mein Jünger sein»! Man erwäge das Unheil, das seit zweitausend Jahren *allein* dies Wort bewirkt hat – es ist unausdenkbar grauenvoll.

Wie im Alten, im Neuen Testament, so spielt auch bei den Kirchenvätern der Gedanke der Züchtigung immer wieder eine wichtige Rolle, und er wird sie in der christlichen Erziehung durch zweitausend Jahre spielen – mit den bekannten Folgen.

Clemens Alexandrinus betont unermüdlich die pädagogische

Bedeutung der Strafe: ein Erziehungswerk des lieben Gottes, das noch im Jenseits fortgesetzt wird; wobei Clemens eine förmliche Stufenleiter göttlicher Zurechtweisungen entwirft, beginnend beim gütigen Zuspruch und endend beim Feuer. Auch für Origenes ist die Strafe stets ein Erziehungsmittel, eine Wohltat geradezu. Der Sünder verdankt sie der Güte Gottes, der derart den Menschen heilen will. Auch für Kirchenlehrer Johannes Chrysostomos sind Gottes Strafen und Gerichte nichts weiter als Arzneien. «Merket auf: ich will euch echte Weisheit lehren! Warum beklagen wir die Gezüchtigten, aber nicht die Sünder? ... Denn was die Arzneien, was das Schneiden und Brennen von seiten des Arztes, das sind die Züchtigungen von seiten Gottes»[21].

Kirchenlehrer Augustinus, ein versierter Zyniker, um nicht zu sagen Sadist (vgl. I 480 ff, bes. 483 ff), empfindet auch den Tod von Kindern für die Eltern nur als nützlich, als heilsame Züchtigung. «Warum soll das nicht geschehen?» fragt der gute Hirte. «Einmal vorüber, trifft es die Kinder nicht mehr, den Eltern aber kann es nur nützen, wenn sie durch zeitliche Niederlagen verbessert werden und sich entschließen, richtiger zu leben». Etwas erinnert dies an die augustinische Rechtfertigung des Krieges: «Es ist ja, das weiß ich, noch niemand gestorben, der nicht irgendwann einmal hätte sterben müssen». Oder: «Was hat man denn gegen den Krieg? Etwa daß Menschen, die doch einmal sterben müssen, dabei umkommen?» (Vgl. I 514 ff, bes. 522 ff) «In den Schriften über Kindererziehung», schreibt P. Blomenkamp mit besonderem Bezug auf die Kirchenlehrer Hieronymus, Johannes Chrysostomos und Augustinus, «wird die göttliche Erziehung den Eltern als Vorbild vor Augen gestellt»[22].

Das Christentum suchte von Anfang an – und sucht noch heute – die Kinder durch die Eltern zu beherrschen

Schon das Neue Testament lehrt: «Ihr Kinder, seid euren Eltern in allen Stücken gehorsam, denn das ist wohlgefällig im Herrn». Und die Väter müssen ihre Kinder erziehen «in der Zucht und Vermahnung des Herrn»! Tausend und Abertausende von Schriften dienen bis heute diesem Thema, rücken ganz in den Mittelpunkt der elterlichen Erziehung das Seelenheil des Kindes, das heißt das Interesse der Kirche, das heißt des Klerus (S. 337 f). *Ihm ist alles andere unterzuordnen.* Und demgemäß muß auch das eigene Leben der Eltern beispielhaft sein, müssen sie den Umgang ihrer Kinder sorgfältig überwachen, unter strengen Kriterien ein geeignetes Dienstpersonal wählen; denn diese Überwachung ist perfekt, total! Verstoßen Eltern aber gegen die klerikale Selbstsucht, drohen ihnen die schwersten Strafen, sind sie, die ihre Kinder ja ins Höllenfeuer schicken, schlimmer als Kindsmörder[23].

Die entscheidende Aufgabe erhält der Vater, die oberste Instanz in der Familie. Nach Augustinus soll er zu Hause ein kirchliches, ja, gleichsam bischöfliches Amt einnehmen. Und Johannes Chrysostomos apostrophiert den pater familias: «Du bist der Lehrer des ganzen Hauses; deine Frau und deine Kinder schickt Gott zu dir in die Schule». Die Frau muß dem Mann ja schon nach der «Heiligen Schrift» untertan sein «in allen Dingen»! Sie darf ihn nicht bevormunden, nicht beherrschen, darf keine Lehrvorträge halten und hat auch in der Kirche zu schweigen. «Sie soll in stiller Zurückhaltung verbleiben. Denn Adam ist zuerst geschaffen worden, danach erst Eva; auch hat nicht Adam sich verführen lassen, sondern die Frau ...»[24]

Unentwegt wird die Frau schon in der alten Kirche herabgesetzt; wird sie zur «Einfallspforte des Teufels» (Tertullian); wird ihr die Ebenbildlichkeit Gottes abgesprochen – «mulier non est facta ad imaginem Dei» (Augustinus); behauptet ein «apokryphes» Petruswort: «Die Frauen sind des Lebens nicht würdig»; ja, brilliert 585 auf der Synode von Mâcon ein Bischof mit der Erklärung, Weiber seien keine Menschen (mulierem hominem vocitari non posse). Das alles führt auf den Scheiterhaufen[25].

Die Frau kann allerdings «dadurch gerettet werden, daß sie Kindern das Leben gibt», vorausgesetzt freilich, sie verharrt in Glaube, Liebe und Heiligung. Von Anfang an erscheint die Frau gerechtfertigt als Gebärmaschine – und dies ist noch bei Luther (und lang darüber hinaus) so, der mit dem typischen Pfaffenzynismus lehrt: «Gib das Kind her und tue dazu mit aller Macht; stirbst du darüber, so fahre hin, wohl dir, denn du stirbst eigentlich im edlen Werk und Gehorsam Gottes». Oder: «Ob sie sich aber auch müde und zuletzt todt tragen, das schadet nichts, laß sie nur todt tragen, sie sind darum da»[26].

So gilt Kinderlosigkeit als schreckliche Entbehrung, wird Abtreibung aufs schärfste verdammt. Preist man allerdings, wie so oft, gerade die Jungfräulichkeit an oder rät von einer zweiten Ehe ab, dann beklagt man die beschwerliche Last der Kindererziehung! Die übliche Doppelzüngigkeit. Und Doppelzüngigkeit ja auch insofern, als die Kinder einerseits nach Gott den Eltern den größten Gehorsam, die tiefste Ehrfurcht schulden. Andererseits aber dies ganz und gar nicht mehr gilt, sobald daraus der Kirche Nachteile erwachsen! Dann muß alles deren Forderungen, stets als die Gottes deklariert, untergeordnet werden, und zwar selbstverständlich auch, wenn dadurch die Kinder Nachteile haben. Sobald also Kinder zum Dienst der Kirche drängen – in der Regel, weil sie die Kirche dazu drängt –, sobald sie Priester, Mönche, Nonnen werden wollen oder sollen, doch die Eltern widersprechen, zählen deren Wunsch und Wille plötzlich überhaupt nicht mehr, sind die Eltern mit jeder nur denkbaren Rücksichtslosigkeit zu mißachten (s. I 152 ff)[27].

Angesichts solcher Erziehungsmaximen, die im Grunde – oft expressis verbis! – die Welt zu verachten, zu hassen und nur die «Heilspädagogik», die Hinführung auf Christus als wirklich notwendig lehren, muß die antike Philosophie, Wissenschaft, Kunst, muß die ganze griechisch-römische Kultur von vornherein suspekt, wenn nicht gar als Ausgeburt des Teufels erscheinen.

Das Älteste Christentum ist bildungsfeindlich

Diese Haltung ließ und läßt sich auch durchaus biblisch begründen. Jesus selbst hatte das Ideal des Weisen ausdrücklich entthront. Auch sonst warnt das Neue Testament vor der Weisheit der Welt, der Philosophie: 1. Kor. 1,19 ff, 3,19, Kol. 2,8, behauptet es, in Christus liegen «alle Schätze der Weisheit und der Erkenntnis» (Kol. 2,3). Und wurde das Evangelium, das den Weisen und Klugen nicht verkündet worden war, dann vor allem auch durch Justin, Clemens Alexandrinus, Origenes sozusagen philosophisch umfassend versetzt, durch außerchristliches Gedankengut rationalisiert und intellektualisiert, um die Gebildeten zu gewinnen (S. 364 ff), so waren doch im Christentum die Gegner der Philosophie – darunter Ignatius, Polykarp, Tatian, Theophilus, Hermas – bis ins 3. Jahrhundert zahlreicher als ihre Befürworter und die theologischen Attacken gegen die «Faseleien törichter Philosophen», ihre «lügenhafte Flunkerei», ihren «Unsinn und Wahnwitz» außerordentlich häufig[28].

Man berief sich dabei gern auf Paulus, gegen den angeblich Stoiker und Epikuräer in Athen aufgetreten waren; der wiederholt gewarnt hatte vor der falschen Predigt gewisser Irrlehrer, welche die heidnische Philosophie mit dem Christentum zu verbinden suchten, der lehrte: «Es steht ja doch geschrieben (Hiob 5,13): ‹Er (d. h. Gott) fängt die Weisen in ihrer Schlauheit›; und an einer andern Stelle (Ps. 94,11): ‹Der Herr kennt die Gedanken der Weisen, daß sie nichtig sind›». «Wo sind die Schriftgelehrten? Wo sind die Weltweisen? Hat nicht Gott die Weisheit dieser Welt zur Torheit gemacht?» Habe es Gott doch gefallen, «durch Torheit der Predigt die zu retten, welche Glauben haben». Oder: «Sehet zu, daß euch niemand täusche durch die Philosophie und durch leeren Trug nach der Überlieferung der Menschen»[29].

Diese durch den synoptischen Jesus, durch Paulus fundierte altchristliche Bildungsfeindschaft hing weiter mit verschiedenen Faktoren religiöser, religionspolitischer und sozioökonomischer Art zusammen.

Einmal war der wenn auch stets schwächer fortwirkende urchristliche Endzeitglaube mit Kultur, mit der bestehenden Welt überhaupt nicht vereinbar. Wer den Hereinbruch des Endes erwartet, wer nicht von dieser Welt ist, kümmert sich nicht um Philosophie, Wissenschaft, Literatur. Nirgends propagiert sie Jesus, nirgends erwähnt er sie. Ist doch für ihn nur eines not. Als man darum den prachtstrotzenden Jerusalemer Tempel rühmt, meint er bloß, es werde davon kein Stein auf dem andern bleiben – wohl seine einzige Stellungnahme zum Phänomen der Kunst, die auch in seiner Umwelt kaum eine Rolle spielte, gelähmt durch das mosaische Verbot: «Du sollst dir kein Bildnis noch irgendein Gleichnis machen . . .»[30]

Weiter resultiert die Bildungsfeindschaft der frühen Christenheit aus der engen Verflochtenheit der gesamten antiken Geisteswelt mit der heidnischen Religion, der das Christentum, wie jeder anderen Religion, aufgrund seines hybriden Absolutheitsanspruches, seiner (alttestamentlichen) Exklusivität, Intoleranz, fremd, feindlich gegenüberstand. In unerhörter Arroganz nannten sich die Christen den «goldenen Teil», «Israel Gottes», «Auserwähltes Geschlecht», «Heiliges Volk» und tertium genus hominum, während sie die Heiden gottlos schimpften, voller Neid, Lüge, Haß, Mordlust und ihre ganze Welt reif erklärten für die Vernichtung «in Blut und Feuer»[31].

Weiter hat die altchristliche Bildungsfeindschaft mit der Zusammensetzung der Gemeinden zu tun, die sich fast ausschließlich aus den untersten Bevölkerungsklassen rekrutierten. Selbst auf katholischer Seite sieht man es durch zahlreiche Zeugnisse erwiesen, «daß in den ersten Jahrhunderten (!) im Morgen- wie im Abendlande die Christen größtenteils den unteren Volksschichten angehörten und nur selten im Besitze höherer Bildung waren» (Bardenhewer). Es ist gewiß kein Zufall, daß sich Clemens von Alexandrien gegen Gläubige wehren muß, die behaupten, die Philosophie sei vom Teufel, daß die antiken Christen so oft den Vorwurf zu hören bekommen, «die Dummen» (stulti) zu sein. Selbst Tertullian bekennt rundheraus die «idiotae» seien im Christentum immer in der Majorität. Die Bildungsfeindschaft der neuen Religion zählt zu den Hauptvorwürfen der heidnischen

Polemiker. Die Apologie «Ad paganos» weist die Bezeichnung «stulti» für Christen ca. 30mal zurück[32].

Celsus, der große Christengegner im späteren 2. Jahrhundert (I 207 ff), trifft wohl, wie so oft, auch hier das Wesentliche, wenn er die neue Lehre für «einfältig» erklärt und schreibt, die Christen «ergriffen vor den Gebildeten eiligst die Flucht, da diese für Betrug nicht zugänglich wären, suchten aber die Ungebildeteren zu verlocken» – das ist Situation und Verhalten christlicher Sekten doch noch heute! «Solche Grundsätze vertreten sie», führt Celsus aus: «Fern bleibe uns jeder gebildete Mensch, kein Weiser und kein Vernünftiger nähere sich uns; das sind nämlich schlechte Empfehlungen in unseren Augen. Wenn aber einer unwissend, unverständig, ungebildet und einfältig ist, der trete uns mutig bei! Indem sie solche Leute als ihres Gottes würdig bekennen, machen sie deutlich, daß sie nur die Unmündigen, Niedrigen und Unverständigen sowie Sklaven, arme Weiber und Kinder überreden wollen und können»[33].

Noch mehr als die weltliche Kirche verachteten die antiken Mönche die Wissenschaft, fürchteten sie diese, durchaus zu Recht, als Widersacher des Glaubens und förderten, ebenfalls konsequent, die Unwissenheit als Vorbedingung eines tugendsamen Lebens. Nicht zuletzt damit hängt es zusammen, daß damals einer Konversion der Gebildeten zum Christentum nichts mehr im Weg stand als das besonders von den Massen so umschwärmte Mönchtum; daß nicht nur gebildete Heiden, sondern auch Laienchristen die Asketen verabscheuten und Vornehme sich gesellschaftlich unmöglich machten, wurden sie Mönche[34].

Hunger, Dreck und Tränen – durch viele Jahrhunderte ein grosses christliches Ideal

Schon gegen Ende des 4. Jahrhunderts lebten allein in den Wüsteneien Ägyptens angeblich 24 000 Asketen. Lebten? Sie glichen Tieren in Menschengestalt, sie steckten an unterirdischen Orten «wie Tote im Grab», hausten in Laubhütten, Löchern, die außer einem Schlupfloch keine Öffnung hatten und oft «so eng waren, daß man darin nicht einmal die Beine ausstrecken konnte» (Palladius). Sie hockten als Troglodyten in großen Felsen, Steilwänden, Grotten, in kleinsten Zellen, Käfigen, in Tierlagern, hohlen Bäumen oder posierten auf Säulen. Kurz, sie lebten wie wilde Tiere, hatte doch bereits der hl. Antonius, der erste bekannte christliche Mönch, befohlen, «sich den Tieren gleich zu halten»; ein Gebot, das auch der vielgepriesene Benedikt von Nursia in seine Regel aufnimmt. Und gemäß den alten Asketenparolen: «Wahres Fasten ist beständiges Hungern», «Je üppiger der Körper desto dünner die Seele und umgekehrt», pickte man gelegentlich aus Kamelmist ein Gerstenkorn, blieb aber auch tage- oder eine Woche lang abstinent[35].

Der hl. Sisinnus, von dem Bischof Theodoret berichtet, hauste drei Jahre in einem Grab, «ohne sich zu setzen, ohne sich hinzulegen oder auch nur einen einzigen Schritt zu tun». Der hl. Maron vegetierte elf Jahre in einem hohlen, innen mit riesigen Dornen gespickten Baum. Das sollte ihn ebenso an jeder Bewegung hindern wie ein kompliziertes Steingehänge um seine Stirn. Die hl. Marana und die hl. Cyra behingen solche Kettenmengen, daß sie nur gebückt gehen konnten. «So haben sie», versichert Theodoret, «zweiundvierzig Jahre verbracht». Der hl. Azepsimus, im ganzen Orient berühmt, war mit so viel Eisen bepackt, daß er, verließ er seine Hütte, um zu trinken, auf allen vieren kroch. Der hl. Eusebius bewohnte drei Jahre einen ausgetrockneten Teich, schleppte gewöhnlich «zwanzig Pfund Eisenketten und fügte ihnen die fünfzig, die der göttliche Agapitus trug, und die achtzig, die der große Marcianus trug, noch hinzu ...»[36].

«Seit ich die Wüste betrat», gesteht der Ende des 4. Jahrhunderts gestorbene Mönch Euagrius Pontikus, «aß ich weder Lattich noch andere grüne Kräuter, weder Obst noch Trauben, noch Fleisch, und niemals nahm ich ein Bad». Hunger, Dreck und Tränen, das war damals und viele Jahrhunderte lang ein großes christliches Ideal. Ein gewisser Benofer (griech. Onuphrius) sagt von sich: «Nun bin ich schon sieben Jahre in dieser Wüste und schlafe auf den Bergen nach Art der wilden Tiere. Ich esse Lolium und Blätter von den Bäumen. Ich habe noch nie einen Menschen gesehen.» Paulus von Tamueh durchzieht die Wüste mit einer Büffelherde. «Ich lebe wie sie. Ich esse das Gras auf dem Feld», sagt er. «Im Winter lege ich mich zu den Büffeln, sie erwärmen mich mit dem Atem ihres Mauls. Im Sommer stellen sie sich zusammen und machen mir Schatten.» Immerhin eine Vertrauen erweckende Nachbarschaft. Der hl. Sisoes übt sein Leben lang «die Liebe zur heiligen Verächtlichkeit» (Palladius). Auch die hl. Isidora, die im ersten Frauenkloster bei Tabennisi steckt, kennt nur den einen Wunsch, «immer verachtet zu werden». Sie verbrachte ihr Leben, lumpenbedeckt und barfüßig, in der Klosterküche und nährte sich «von Brotkrumen, die sie mit einem Schwamm vom Boden auflas, und vom Spülwasser der Kochtöpfe». Johannes von Ägypten haust fünfzig Jahre in einer Hütte und nimmt wie ein Vogel nur Körner und Wasser zu sich. Johannes der Kleine gießt zwei Jahre lang auf Geheiß eines Alten einen dürren Stock inmitten der Wüste mit Wasser, das er drei Kilometer weit von einem Brunnen holt, und wirklich, behauptet Palladius, der Stock schlug wieder aus. Noch heute gibt es an dieser Stelle im Wadi Natrun eine Johannes dem Kleinen geweihte Kirche und daneben einen – natürlich aus jenem dürren Stock entsprossenen – Baum, der «Chadgered el Taa» heißt, Baum des Gehorsams! Soll doch der Mönch, so Johannes Klimakos im 7. Jahrhundert, «ein gehorsames, mit Vernunft begabtes Tier» sein, was noch ein Ordensmann des 20. Jahrhunderts (Hilpisch) als klassische Formulierung feiert. Der Wandereremit Bessarion betritt niemals einen bewohnten Raum, läuft Tag und Nacht durch die Wüste und flennt. Aber weder über sich noch über die Welt, sagt Palladius, der spätere Bischof von Helenopolis (Bithynien), der im ausgehenden 4. Jahrhundert als Mönch in Ägypten lebte, nein, Bessarion «weint über die Erbsünde und über die Schuld der ersten Menschen»[37].

Einen wieder anderen Weg, die «Welt» zu meiden und das «Himmelreich» zu gewinnen, beschritten die «Weidenden» in Syrien und anderwärts. «Sie ziehen in den Wüsten umher mit den wilden Tieren, als wären sie selbst Tiere», verherrlichte sie die «Zither des Heiligen Geistes», der große Antisemit und Kirchenlehrer Ephräm (I 131 f, 166 f, 335 f). «Sie weiden mit den wilden Tieren wie die Hirsche.» Im 6. Jahrhundert schreibt Euagrios Scholastikos, ein strenger Katholik, kaiserlicher Quästor und Ehrenpräfekt, in seiner Kirchengeschichte von fast nackten Männern und Frauen, die sich damit begnügen, «wie die Tiere zu weiden. Selbst in ihrer äußeren Art haben sie viel von den Tieren, denn sobald sie einen Menschen sehen, fliehen sie, und wenn man sie verfolgt, entkommen sie mit unglaublicher Schnelligkeit und verbergen sich an unzugänglichen Orten». In jenem «Goldenen Zeitalter» der Weidenden erscheint es ganz natürlich, ein christliches Leben auf allen vieren mit Grasfressen zu verbringen. Apa Sophronias graste seinerzeit siebzig Jahre lang gänzlich nackt am Toten Meer. Weiden wurde geradezu ein frommer Beruf oder besser: eine Berufung. Johannes Moschus, damals Mönch in Ägypten, Palästina, Syrien, wo überall «Boskoi», Grasesser, vegetierten, erwähnt in seinem Hauptwerk «Pratum spirituale» (Die geistliche Wiese) einen Anachoreten, der sich ihm vorstellte: «Ich bin Petrus, Weidender am heiligen Jordan.» Diese Askese dehnte sich bis Äthiopien aus, wo bei Chimezana die Eremiten alles so restlos abgefressen hatten, daß für das Vieh nichts mehr übrigblieb, weshalb die Bauern sie in ihre Grotten trieben, wo sie verhungerten[38].

Nun braucht man wahrhaftig nicht alles und jedes, was uns die christlichen Chronisten hier und anderwärts vorsetzen, für bare Münze zu nehmen. Manche dieser Heiligen haben nie gelebt. Manche solcher und analoger Berichte sind «nur die neuen Ideen angepaßten alten ägyptischen Romane» (Amelineau). Und einiges ist sogar, bei aller Überspitztheit, ergreifend. Macarius der Jüngere beispielsweise, bei dem Palladius drei Jahre als Schüler zubrachte, erschlägt eines Tages eine Stechfliege – und läßt sich zur Strafe von den anderen stechen. Er legt sich sechs Monate, ohne sich von der Stelle zu rühren, in eine Wüstenei, «wo es Stechfliegen gibt so groß wie Wespen, deren Stachel selbst die Haut der Wildschweine durchdringt. Sie versetzten seinen Leib in einen solchen Zustand, daß, als er in seine Zelle zurückkehrte, alle glaubten, er habe den Aussatz, und den heiligen Macarius nur an seiner Stimme erkannten».[39]

Wieviel oder wie wenig aber von all solchen Geschichten zutrifft – man ersieht daraus nur allzu deutlich, was die Christen dieser Zeit und noch vieler Jahrhunderte beeinflußt, verwirrt, was sie verdummt hat, was ihnen als hohes «Ideal» gelten sollte und mußte. Denn jene Verrückten wurden ja umschwärmt, gefeiert, befragt, ihresgleichen galt als heilig (vgl. S. 216 ff). Wer denkt da an Kunst, an Wissenschaft, Kultur!

Ein Teil selbst der bekanntesten ägyptischen Asketen sind Analphabeten, wie gleich der berühmteste, der eigentliche Stifter des christlichen Mönchtums, der als Sohn begüterter Eltern angeblich um 250 in Koma geborene Antonius. Noch im «reiferen Knabenalter» weigert er sich, schreiben und lesen zu lernen, nicht aus Faulheit, allein aus religiösen Gründen. Denn, wie Jesuit Hertling noch im 20. Jahrhundert kommentiert: «wozu all die weltliche Bildung, wenn man Christ ist? Was man fürs Leben braucht, hört man in der Kirche. Das genügt»[40].

So zieht Antonius in der libyschen Wüste von einem Schlupfloch zum andern, lockt Anachoreten, lockt Teufel und Engel an, hat ganze Visionen von geilen Weibern, gerät immer mehr in den Ruf der Heiligkeit, des (christlichen) Ideals, und wächst gegen Schluß seines langen Lebens mit all den Wundern und Gesichten förmlich in den Himmel hinein.

Den verheerendsten Einfluß hat hier die «Vita Antonii» des alten Fälschers Athanasius ausgeübt (S. 227). Um 360 auf griechisch verfaßt und bald ins Lateinische übersetzt, wurde sie ein Verkaufsschlager, ja, Vorbild der griechischen und lateinischen Hagiographie. Und durchaus möglich, daß diese Antonius-Fabel, wie Hertling rühmt, «eines der Schicksalsbücher der Menschheit» wurde. Hat doch nach Harnacks Meinung «kein Schriftwerk verdummender auf Ägypten, Westasien und Europa gewirkt» als eben dies gräßliche Produkt des hl. Athanasius «des Großen», «das vielleicht verhängnisvollste Buch, das jemals geschrieben worden». Es trägt «die Hauptschuld an dem Einzug der Dämonen, Mirakel und alles Spukes in der Kirche» (Reallexikon für Antike und Christentum)[41].

Selbst viele christliche Führer hatten keinerlei geistiges Niveau. Sogar der prominenteste «Ketzer»bekämpfer der alten Kirche, Bischof Irenäus von Lyon, klagt um 190 nicht ohne Grund, «des Schreibens ungewohnt zu sein». Kirchenvater Hippolyt konstatiert bald darauf die Ignoranz von Papst Zephyrin. Wieder ein Jahrhundert später sind auf der Synode von Antiochien (324/25), nach einer kirchlichen Urkunde, die meisten Oberhirten nicht einmal «in Dingen des kirchlichen Glaubens sachverständig». Und noch in Chalkedon (451) tagen vierzig Bischöfe, die weder schreiben noch lesen können[42].

Zwei Jahrhunderte lang lehnten die meisten altchristlichen Autoren die heidnische Kultur, lehnten sie Philosophie, Dichtung, Kunst entschieden ab. Man stand dem allem mit tiefem Mißtrauen, mit offenkundiger Feindschaft gegenüber, wobei sich das Ressentiment der Banausen ebenso auswirkte wie der Griechenhaß mehr oder weniger gebildeter Christen.

Die Bildungsfeindschaft frühchristlicher griechischer Schriftsteller

Wie resolut, geradezu unflätig der «Barbarenphilosoph Tatian», der «Herold der Wahrheit» (Selbstbezeichnungen) um 172 so gut wie alles, was Rang und Namen in der griechisch-römischen Kultur hatte, verdonnert, wie sehr er Philosophie, Dichtung, Rhetorik, Schule, Theater aufs gemeinste herabsetzt, wurde schon gezeigt (I 193 ff)[43].

Kirchenschriftsteller Hermias (die Datierung schwankt zwischen 200 und 600) stellt in seiner «Verspottung der nichtchristlichen Philosophen» das Pauluswort an die Spitze: «Geliebte, die Weisheit dieser Welt ist Torheit vor Gott» und läßt nur die Wahrheit des Evangeliums gelten. Mehr plump als witzig, alle Zusammenhänge ignorierend und extrem oberflächlich nennt Hermias die Philosophie «ohne Begründung und ohne Nutzen», nichts als «Abenteuerlichkeit, Unsinn oder Wahnwitz oder Absonderlichkeit oder alles zugleich» – und kennt seine Opfer doch bloß aus Kompendien, wie freilich sehr viele wohl die meisten christlichen Autoren[44].

Ignatius von Antiochien, ein fanatischer Bekämpfer andersgläubiger Christen («Bestien in Menschengestalt», vgl. I 155 ff), der zuerst das Wort «katholisch» bietet, verwirft fast den gesamten Schulunterricht und jede Berührung mit paganem Schrifttum, das er «Unwissenheit», «Torheit», dessen Vertreter er «Anwälte mehr des Todes als der Wahrheit» schimpft. Und während er behauptet: «Es sind letzte Zeiten», «Nichts ist gut, was hier sichtbar ist», während er höhnt: «Wo ist die Prahlerei derer, die man Weise nennt?» behauptet er, das Christentum habe alles übertroffen und «die Unwissenheit» ausgerottet – «eines der hervorragendsten Denkmäler der altkirchlichen Literatur» (Bardenhewer)[45].

Um 180 erklärt Bischof Theophilus von Antiochien in seinen drei Büchern «An Autolykos» alle griechische Philosophie und Kunst, die griechische Mythologie und die Geschichtsschreibung für wertlos, widerspruchsvoll, unsittlich. Ja, er verdammt jede weltliche Wissenschaft prinzipiell unter Berufung auf das Alte Testament, auf Männer, wie er lobt, «ohne Wissenschaft, Hirten und ungebildete Leute». Dabei verdankt Theophilus, der erst im Mannesalter Christ und Bischof wurde, der beschwingt, bilderreich schreibt, doch auch flüchtig, nicht exakt und oft aus zweiter Hand, seine eigene Bildung dem Heidentum, dessen Vertreter freilich «die Sache falsch angegriffen haben und noch angreifen, indem sie nicht von Gott, sondern von eitlen und nutzlosen Dingen reden», die ohne «das kleinste Körnlein Wahrheit», die sämtlich von bösen Geistern besessen sind. So ist ganz klar, «daß alle übrigen sich im Irrtum befinden, wir Christen allein aber die Wahrheit besitzen, die wir vom Hl. Geist belehrt werden, der in den hl. Propheten gesprochen und alles vorherverkündet hat»[46].

Außer Tatian, Ignatius und Theophil von Antiochien lehnen auch Polykarp und die Zwölfapostellehre die antike Literatur radikal ab, während sie die Didache, der Hirt des Hermas, der Barnabasbrief, die Briefe an Diognet nicht einmal erwähnen. Die Syrische Didaskalia (mit vollem Titel: «Katholische Lehre der zwölf Apostel und heiligen Jünger unseres Erlösers»), die von einem Bischof im 3. Jahrhundert gefälscht worden ist (S. 132), faßt wohl die Meinung aller christlichen Gegner der griechischen Kultur zusammen, wenn sie schreibt: «Von allen Schriften der Heiden halte dich fern; denn was willst du mit den fremden Worten oder den Gesetzen und falschen Prophezeiungen, die junge Leute sogar vom Glauben abbringen? Was fehlt dir denn an den Worten Gottes, daß du auf diese Geschichten der Heiden dich stürzt?»[47]

Fast voll anerkannt von den griechisch schreibenden Christen der ersten Jahrhunderte werden alle Wissenschaftszweige nur von Kirchenvater Irenäus und dem «Ketzer» Origenes. Doch mißbilligt Irenäus ganz die griechische Philosophie, der er jede Wahrheitserkenntnis abspricht. Und Origenes, der gerade diese Philosophie (wie schon Porphyrios, der ihn achtete, erkannt hat) in umfassender Weise benutzt (S. 366), verwirft die Sophistik und Rhetorik als unbrauchbar. Alle griechisch schreibenden Christen aber stimmen doch in einem überein: alle stellen das Neue Testament weit über das gesamte übrige antike Schrifttum[48].

Die Bildungsfeindschaft frühchristlicher lateinischer Schriftsteller

Daß auch kirchliche Autoren, die durchaus von der Philosophie geprägt sind, sie abtun oder hassen, zeigen in der lateinischen Patristik Minucius Felix und Tertullian.

Minucius Felix, ein römischer Rechtsanwalt, der erst spät «aus tiefer Finsternis zu dem Lichte der Weisheit und Wahrheit emporgedrungen», fußt in seinem wohl um 200 verfaßten Dialog «Octavius» gedanklich und stilistisch ganz auf der griechisch-römischen Kultur, vor allem auf Platon, Cicero, Seneca, Vergil. Trotzdem verabscheut er vieles davon, wenn nicht das meiste, besonders alles, was zur Skepsis tendiert; ist Sokrates der «attische Narr», die Philosophie überhaupt der «Wahn des Aberglaubens», ein Feind der «wahren Religion», die Philosophen sind Verführer, Ehebrecher, Tyrannen, die Dichter, selbst Homer, verleiten die Jugend «nur zu verführerischen Lügen» – während der Christen Stärke «nicht in Worten, sondern im Wandel beruht», so daß sie «das erreicht» haben, «was jene mit aller Anstrengung suchten, aber nicht finden konnten»[49].

Auch Tertullian, wegen seines enormen Einflusses auf maßgebliche Theologen wie Cyprian, Hieronymus, Augustinus, wegen seiner Bedeutung für die katholische Dogmatik und Moraltheologie, die Trinitätslehre und Christologie, die Sünden- und Gnaden-, die Tauf- und Bußlehre, geradezu der Vater des abendländischen Christentums, der Begründer des Katholizismus genannt, bricht eindeutig den Stab über die heidnische Kultur. Dabei hat er, der die «simplices et idiotae» in den eigenen Reihen verachtet, die antike Wissenschaft wie wenige benutzt, vor allem, in geradezu sklavischer Weise, die Stoa. Doch wo diese Kultur sich der Wahrheit nähere, sei es Zufall oder Diebstahl; eine sehr beliebte christliche Unverschämtheit. Tertullian führt nämlich die ganze griechische Wissenschaft – auf Moses zurück! «Was das frühere ist, muß auch der Same sein. Von dorther habt ihr manches mit uns oder doch fast alles wie wir ... (!) Ruhmsüchtige Menschen haben das, was sie vorfanden, gefälscht, um es dann als ihr Eigentum auszugeben». Das stellte, wie üblich, die Sache auf den Kopf[50].

Was habe Athen mit Jerusalem zu schaffen, fragt Tertullian, was die Akademie mit der Kirche? Und er beruft sich auf Salomo (S. 50 ff), der den Herrn in der Einfalt seines Herzens zu suchen lehrte. Wenn ein Christ glaube, so wünsche er über den Glauben hinaus weiter nichts. «Denn das ist das erste, was wir glauben: daher gebe es nichts mehr, was wir über den Glauben hinaus noch zu glauben haben». Den für das alte Christentum so immens bedeutenden Platon nennt er die «Gewürzkiste aller Häretiker».

Und naturwissenschaftliche Fragen verteufelt er als gottlos. Mit ausdrücklicher Berufung auf Jesus und Paulus mißbilligt er Wissenschaft und Kunst überhaupt – Lehren von Menschen, von bösen Geistern, bloßer Ohrenkitzel, vom Herrn verworfen und als Torheit bezeichnet. «Wir aber, die wir die heiligen Schriften fleißig lesen, sind im Besitz der Weltgeschichte von Beginn der Welt selbst an»; die übliche christliche Bescheidenheit[51].

Zu Beginn des 4. Jahrhunderts schleudert Arnobius von Sicca in Afrika – gerade erst durch ein angebliches Traumgesicht (somniis) aus einem Bekämpfer des Christentums zu dessen Bekenner geworden – eine sieben Bücher umfassende Streitschrift, «Adversus gentes», gegen das Heidentum (I 187). Es geschieht auf Wunsch seines Bischofs, geschieht scharf, doch auch etwas hastig, überstürzt, da sein Opus dem skeptischen Oberhirten die Aufrichtigkeit dieser jähen Konversion beweisen soll. Arnobius kennt das Christentum, das er verteidigt, freilich schlecht. Er erwähnt kaum das Neue Testament, nennt Jupiter viel häufiger als Christus. Überhaupt verdankt er dem Heidentum, das er angreift, seine gewiß etwas grobschlächtige Bildung, vor allem Platon, den er oft zitiert, mehr noch der Stoa[52].

Arnobius verurteilt nicht nur alle Mythen über die Götter, sondern auch die mythologische Dichtung. Ebenso resolut lehnt er die Pantomimik und die mit den Mysterien verbundenen dramatischen wie musikalischen Aufführungen ab, verdammt er die ganze religiöse Architektur der Heiden und ihre darstellende Kunst. Ja, er hält menschliche Berufe, irdische Tätigkeit überhaupt für wertlos. So überrascht es kaum, daß der neugebackene Christ nahezu auch die gesamte Wissenschaft, die Rhetorik, Grammatik, Philosophie, Juristerei, Medizin, geringer schätzt als die «Heilige Schrift»[53].

Das frühchristliche lateinische Schrifttum steht der heidnischen Kultur viel geschlossener gegenüber als das griechenchristliche. Die dramatische Dichtung wird aus religiösen und moralischen Gründen völlig, die epische Dichtung meistens disqualifiziert, auch die Rhetorik gewöhnlich als schädlich betrachtet. Die Philosophie aber könne aus sich heraus keine wirkliche

Wahrheitserkenntnis vermitteln. So ist auch für diese Autoren die einzige Sicherheit, die volle Wahrheit, allein das Christentum[54].

So gut wie einhellig (mit verschwindenden Ausnahmen, Victorinus von Pettau etwa, Marius Victorinus) haben die Kirchenväter die Schauspiele heruntergemacht: ein wichtiger Bestandteil ihrer antipaganen Polemik, spiegelte sich im Schauspiel für sie doch die Verworfenheit des Heidentums[55].

Das Theater – «die Kirche des Teufels»

Die Schauspiele (spectacula), zu denen die eigentlichen Bühnenaufführungen (ludi scaenici), aber auch, zumindest in der Kaiserzeit, die Kämpfe im Amphitheater (munera) und die Wagenrennen (ludi circenses), sogar der Agon, der sportliche Wettkampf, zählten, waren außerordentlich beliebt und fanden um die Mitte des 4. Jahrhunderts an mehr als der Hälfte aller Tage statt. Auch die Christen, selbst manche Kleriker, wollten sie nicht missen. «Es ist ein Spiel», hält ein Getadelter um 500 in Syrien (für seine rigorose Askese und Moral bekannt) einem monierenden Bischof entgegen, «nicht Heidentum . . . Ich habe Freude an der Aufführung; dadurch schade ich der Wahrheit nicht. Ich bin getauft wie du»[56].

Kirchenvater Salvian von Marseille, der im 5. Jahrhundert den Besuch der Schauspiele durch Christen ein «Verbrechen» (crimen) nennt, auch weiß, daß «Gott» Schauspiele haßt, berichtet, daß beim zeitlichen Zusammentreffen einer kirchlichen Festivität mit den Spielen die meisten Gläubigen im Theater säßen, ja, daß manche das Kirchenschiff wieder verließen, wenn sie von einer gleichzeitigen Aufführung im Theater erführen. Und Augustin, der den Schauspielern vorhält, sie seien fast nur auf Beifall aus, Geld, wünscht einmal, man wäre bei ihm, der doch honorarlos spreche, ebenso aufmerksam. (Daß der Bischof von Hippo auch klagt, man wende «für überflüssige Vergnügen den Schauspielern mehr zu» als gelegentlich «den Legionen», ist für den Apologeten des «gerechten Krieges», des «Heiligen Krieges» und sogar gewisser Angriffskriege wohl nicht erstaunlich: vgl. I 514 ff.)[57]

Die «suaviludii» verteidigten den Theaterbesuch durch allerlei Argumente und ihre Tadler suchten dies zu widerlegen. Den Hinweis etwa, die Heilige Schrift kenne keinerlei einschlägiges Verbot, kontert Tertullian – mit dem die christliche Polemik gegen die Schauspiele beginnt und auch gleich in vorkonstantinischer Zeit affektgeladen kulminiert – mit Ps. 1,1: «Meide die Versammlungen der Gottlosen!» Und auf den Einwand, Gott selbst sehe doch diese Darbietungen, ohne dadurch verunreinigt zu werden, repliziert Tertullian: Gottes und menschliches Tun seien zweierlei; auch schaue Gott ganz anders zu als die Menschen, nicht aus Vergnügungssucht, sondern als Richter – die Theologen waren stets gut informiert; zumal über Gott. Nicht so abwegig dagegen erscheint Tertullians Verdacht, die christlichen Theaterfreunde suchten viel weniger das Problem zu klären als ihrer Schaugier (voluptas) den Mantel theologischer Rechtfertigung umzuhängen. Jedenfalls nahm der Schauspielbesuch, bei dem die hohen Stände, wie üblich, gewisse Vorrechte genossen, auch unter den Christen eher zu als ab, obwohl die Kirchenväter häufig so tun, als setzte sich das Theaterpublikum primär aus Heiden oder allenfalls Juden und Manichäern zusammen; das sieht noch Augustinus so[58].

Der kirchliche Kampf gegen die «spectacula» richtete sich zwar auch gegen die Wagenrennen und die – mit Recht gebrandmarkten – Metzeleien im Amphitheater, die Gladiatorenkämpfe und Tierhetzen, die übrigens (trotz kaiserlichen Verbotes 469) in christlicher Zeit bis ins 6. Jahrhundert hinein «an der Tagesordnung» sind (Reallexikon für Antike und Christentum) – wie die scheußlichen Stierhetzereien im katholischen Spanien noch heute! Doch vor allem attackierten die Kirchenväter den Theaterbesuch, die Bühnenaufführung, das gesamte Personal – «eure Pantomimen, Schauspieler, Possenreißer und das ganze liederliche Gesindel» (Arnobius). Das Theater galt als Domäne des Teufels, der bösen Geister, und wurde von den «Vätern» fast stets mit Attributen wie «unsittlich» (turpis), «schmutzig» (obscoenus), «ekelhaft» (foedus) und vielen analogen Schimpfworten gegeißelt, wobei die prüden Attacken vor allem im Dienst einer umfassenden Sexualrepression stehen. Dagegen wird das Theater wegen seiner immer noch aktuellen kultischen Bedeutung, seiner Verflechtung mit heidnisch-religiösen Bräuchen, der Verehrung der Götter, woraus es tatsächlich hervorging, «nur sehr selten» abgelehnt, eigentlich bloß von Irenäus, Tertullian und dem syrischen Bischof Jakob von Sarug (451–521), der behauptet, daß «Satan mittels eines Spieles das Heidentum wieder aufrichten will». Alle übrigen aber verteufelten das Theater fast ausschließlich aus moralischen Gründen. Nur zur Wahrung des Heiligsten, der Keuschheit ihrer Schäfchen, die doch «die Kränkung des Schamgefühls hätte verstört hinaustreiben müssen» (Augustinus), sprangen die Puritaner so hitzig auf die Barrikaden[59].

Eine Vorstellung von der Giftigkeit dieser frühchristlichen Theaterstürmer gibt die Philippika des Tatian «Oratio ad Graecos» (I 193 ff), eine einzige Invektive gegen die griechische Bildung. Der Schauspieler figuriert als «ein arger Prahlhans und Lüstling allerwege, der bald mit den Augen funkelt, bald mit den Händen agiert, tobsüchtig in seiner tönernen Maske, bald als Aphrodite, bald in der Rolle Apolls auftritt . . ., ein lebendes Kompendium des Aberglaubens, ein Fälscher des Heldentums, ein Darsteller von Mordgeschichten, ein Interpret des Ehebruches, ein Schatzkasten des Wahnsinns, ein Lehrmeister für Lustknaben, ein Vorbild für ungerechte Richter – und ein solcher Kerl wird von allen angejubelt . . . Was für absonderliches Zeug wird nicht bei euch ausgeheckt und durchgeführt! Man näselt und deklamiert Zoten, bewegt sich in unanständigen Gesten, und den Leuten, die auf der Bühne die Kunst lehren, wie man den Ehebruch treiben müsse, schauen euere Mädchen und Knaben zu. Herrlich sind diese euere Hörsäle, die da offenkundig werden lassen, was in der Nacht Schändliches geschieht, und die Zuhörer mit Vorträgen und Schweinereien ergötzen»[60].

Vor allem der Mime, vielleicht mehr noch der Pantomime, der seit Augustus seinen Triumphzug über die Bühne begonnen hatte, wurden Objekt heftiger Ausfälle – aber ebenso leidenschaftlich verteidigt; zum Beispiel im 2. Jahrhundert durch Lukian oder im 4. durch Libanios (II 208), der noch eine Kritik des berühmten (heidnischen) Rhetors Aelius Aristides aus dem 2. Jahrhundert Punkt für Punkt widerlegt. Nach Ansicht der Kirchenväter aber untergruben die Ungeheuerlichkeiten des Mimus und Pantomimus, dessen weichliche, weibische Bewegungen, die Moral, das Ethos, den Charakter. Und wie der Bühnentanz, die raffinierte Zurschaustellung anrüchiger Liebesszenen, den Klerus in Rage versetzte, der angeblich derart perverse Auftritt von Olympiern, daß man sie, laut Jakob von Sarug, zu Haus nicht einmal als Sklaven und Dienstmädchen dulden würde, so auch die Tragödie mit Sujets wie Verwandtenmord oder Inzest. Man sollte sie als «Schrecken der Vorzeit» (horror antiquus) lieber vergessen (Cyprian)[61].

Viele fromme «Väter» sehen beim Theaterbesuch die Laster durch Augen und Ohren wie durch offene Fenster in das Menschenherz ziehen (ein sehr beliebter Vergleich). Nach dem hl. Ambrosius tritt dabei «der Tod (introibit mors) durch die Fenster deiner Augen», ist selbst Bühnengesang «tödlich». Nach Hieronymus bedroht auch die Theatermusik die Moral. Ja, schon eine kritische Erwähnung der Aufführungen, so Salvian, beflecke. Noch verheiratete Frauen, weiß Augustinus, bringen von all dem «unzüchtigen Treiben» «neues Wissen nach Hause». Cyprian und Novatian argwöhnen dagegen, die Schauspielfans reize es gerade, das wiederzuerkennen, was sie schon daheim getrieben. Nach Laktanz (I 203 ff) und Firmicus Maternus (I 316 ff) sind bei mythologischen Stücken die Götter selbst Lehrmeister der Schlechtigkeit. Überhaupt informiere das Theater, behaupten viele seit Tertullian oft wörtlich übereinstimmend, bestens über alles Schändliche. Es unterrichte wie in einer Schule, und natürlich ahme man nach, was so trefflich vorgemacht werde[62].

Auch berühmte Heiden hatten die «voluptas oculorum» schon angegriffen, der erwähnte Aelius Aristides beispielsweise, Platon und Quintilian auf negative Auswirkungen der (Bühnen-)Musik hingewiesen, Tacitus, Plutarch, weit mehr noch Juvenal die Gefährdung vor allem der Mädchen und Frauen durch das Schauspiel beklagt. Und es versteht sich von selbst, daß die Kirchenväter besonders Kinder und Frauen eindringlich warnten. Immer erneut insistierten sie darauf, daß schon manche Frau das Theater rein betreten, aber verdorben verlassen habe, daß man Keuschheit dort nicht lernen könne. Und gerade im Interesse ihrer widernatürlichen, ganz im Dienst ihrer Herrschaft stehenden Sexualunterdrückung tat die Kirche alles, um die Begeisterung der «suaviludii» einzuschränken, sie abzuhalten von der Teufelskunst. Die Intervention bei den Kaisern war allerdings vergeblich. Sie wollten deshalb nicht Empörung und Aufstände riskieren. Erst Theodosius I. verbot 392 die Wagenrennen und 399 generell Aufführungen am Sonntag; doch offenbar mit so wenig Erfolg, daß die Synode von Karthago 401 um Wiederholung und Verschärfung wenigstens dieser Bestimmungen bat[63].

Die Kirche selbst, die spätestens seit Clemens Alexandrinus und Tertullian den Schauspielbesuch für unvereinbar mit dem Christentum hielt, verbot ihn schließlich auf dem 3. und 4. Konzil von Karthago strikt für Priester wie Laien und bedrohte Zuwiderhandelnde mit der Exkommunikation. Nicht einmal bei Gastmählern gestattet Bischof Euseb von Rom (309/310) Auftritte von Bühnenkünstlern. Die Verheiratung eines Klerikers mit einer Schauspielerin machte nach den «Apostolischen Konstitutionen» die Ausübung eines Kirchenamtes unmöglich. Im 4. Jahrhundert untersagt das spanische Konzil von Illiberris die Ehe zwischen Christen und Schauspielern überhaupt – ebenso die zwischen Christen und Juden (die das Konzil in vier Canones diffamiert). Das 1. Konzil von Arles verwehrt im Jahr 314 Wagenlenkern und dem gesamten Theaterpersonal während der Ludi die Zulassung zur Kommunion. Das 7. Konzil von Karthago verbietet es im Jahr 419 Schauspielern, gegen einen Kleriker Anklage zu erheben. Selbstverständlich war auch der Beruf des Schauspielers (angeblich wegen der Unwahrheit zwischen Rolle und Person) mit dem der Wahrheit so ergebenen Christentum nicht verträglich. Wollte ein Schauspieler, «die Flöte Satans» (Jakob von Sarug), Christ werden, fordern die alten Kirchenordnungen und Konzilien allgemein die Aufgabe seines Berufes[64].

Statt Theater das Theater der Kirche – und ihre Zensur noch im 20. Jahrhundert

Da aber alle Warnungen, Drohungen, Beschimpfungen, Verbote, Auflagen nicht den gewünschten Erfolg hatten, gingen die «Väter» schon bald und jahrhundertelang dazu über, die «Aufführungen» der Kirche, die «spectacula christiana», «spectacula Christianorum», als viel sehenswerter hinzustellen, als «heilig, ewig» und obendrein noch als «unentgeltlich» (gratuita: Tertullian)[65].

Statt der Theateraufführungen, der «ecclesia diaboli», preist Tertullian die Versöhnung mit Gott, die Sündenvergebung als das bessere «Vergnügen» (voluptas) an. Und wer der Bildung wegen das Schauspiel besuche, den verweist er – auf die kirchliche Literatur. Jakob von Sarug konfrontiert die «falschen Gesten im Theater» mit «glaubwürdiger Rede» in der Kirche; die gespielten Lügengeschichten nicht existenter Götter mit «Moses» (vgl. S. 40 ff), «der eins ist in seiner Wesenheit». Bischof Jakob sucht den Tanz des Pantomimen durch den Gang des vom Tode auferweckten Lazarus zu überbieten, den Bühnenchor durch den Sänger David und Kirchenlieder, das Theater überhaupt durch die Kirche (an diesem letzten Vergleich ist viel Wahres – wenn man vom Niveaugefälle absieht)[66].

Der von Augustin hochgeschätzte und mit ihm befreundete Primas von Afrika, Erzbischof Quodvultdeus, vergleicht jedes spectaculum der Heiden mit einem Theater im kirchlichen Bereich. Ohne Augenzwinkern verweist er Zirkus-Interessenten auf die viel tollere Nummer des Propheten Elia bei seiner Himmelfahrt im Feuerwagen (– nachdem er vorher u. a. 450 ganz unaggressive Baalspriester abgeschlachtet hatte: I 95). Und wen der vom Pantomimus gespielte Gott Jupiter ergötze – dieser zuchtlose Kerl, der selbst seine Schwester ehelichte –, der erfreue sich besser an Christus, dem wahren Gott, der Keuschheit verlange, oder an Maria, Mutter und Jungfrau zugleich[67].

Auch Augustinus fiel hier ein. «Glaubet nicht, der Herr habe uns ohne Schauspiele gelassen!» rief er. Seit seiner frühesten Jugend zwar hatte es Augustin zu den «verruchten» Aufführungen, «den schändlichen Spielen» gezogen, am meisten in Karthago; hatte er die «munera» im Amphitheater besucht und offensichtlich auch Interesse an Hasenjagden, vermutlich sogar an Hahnenkämpfen. Ja, er schrieb selbst ein Theaterstück. Als Bischof aber sah er die «fundamenta virtutum» in Gefahr und verabscheute Schauspiele – zumal das bis zu 6000 Zuschauer fassende Theater von Hippo Regius kaum vierhundert Meter von seiner Basilika entfernt war und beim zeitlichen Zusammentreffen von Schauspiel dort und Schauspiel hier seine Kirche leer blieb (vgl. S. 355). Dabei schadeten doch die heidnischen Spektakel der Sittlichkeit, während die «spectacula» Gottes eitel Nutzen brachten und Heil[68].

So streicht Augustin kräftig die christlichen Aufführungen gegenüber den heidnischen heraus. Statt sich für den Wagenlenker im Zirkus zu begeistern, solle man den Blick auf Gott richten, der sozusagen als Wagenlenker (auriga) die Laster des Menschen zügle. Statt den Seiltänzer zu bewundern, solle man den übers Wasser wandelnden Petrus betrachten. Schauspiele biete auch die eigentliche Heilsgeschichte; etwa die Besiegung des Löwen Satan durch das Blut des Lammes oder die Befreiung des Christen aus der Macht des Bösen. Kurz, statt Theater und Poesie, rät Augustin, studiere man die Bibel. Man kann sich denken, wie fruchtbar diese Appelle des Schwachsinns waren[69].

Die Schauspiele der Heiden aber beschimpfte der größte aller Kirchenväter wie wenige – obwohl er der einzige unter ihnen ist, der sich dazu auch positiv äußert. Gelegentlich schleudert er ganze Kaskaden von Ekelhaftigkeiten wider die «spectacula» der Gegner, diese «Besudelung», «den Leibern verderbliche Pest», den «Wahnsinn des Geistes», «Pest des Geistes», diese «Verkehrung aller Rechtschaffenheit und Ehrbarkeit». An einer einzigen Stelle seines «Gottesstaates» kanzelt er eine Festveranstaltung durch Cicero zur Versöhnung der Götter ab: «Diese leichtfertige, unsaubere, schamlose, abscheuliche, schmutzige Versöhnungsfeier, diese Schauspiele, deren Darsteller löbliche Römertugend der bürgerlichen Ehre beraubte, deklassierte, für anrüchig und minderwertig erklärte, diese schandbare, von der wahren Religion mit Widerwillen verabscheute Versöhnungsfeier solcher Gottheiten, diese die Götter verklagenden und verlästernden Fabelgeschichten, diese Schandtaten von Göttern, verbrecherisch und schimpflich vollbracht, oder noch verbrecherischer und schimpflicher erdacht, mußte die ganze Bürgerschaft unverblümt mit Augen und Ohren zur Kenntnis nehmen»[70].

Dennoch hat selbst Augustinus, der auch die Ewigkeit den Christen als wunderschönes Schauspiel vorgaukelt, niemals den Ton eines Tertullian, jenen widerlich-giftigen Trumpf und Triumph, mit dem dieser im Schlußkapitel seiner Schrift «Über die Schauspiele» alle spectacula der Heiden vom spectaculum des Jüngsten Gerichts, von dem apokalyptischen Welttheater der Christen, unendlich übertroffen sieht. Die Tragöden, die Pantomimen erscheinen nun bei diesem so ungewollten Auftritt in ihrer kläglichsten Rolle, und ihr Jammer läßt die Christen frohlocken, entschädigt sie reich für alles Elend, alle Entsagung, Demütigung, in der früheren Welt. «Welches Schauspiel für uns», jauchzt Tertullian, «ist demnächst die Wiederkunft des Herrn, an den man dann glauben wird, der dann erhöht ist und triumphiert! . . . Was für ein umfassendes Schauspiel wird es da geben, was wird der Gegenstand meines Staunens, meines Lachens sein? Wo der Ort meiner Freude, meines Frohlockens? Wenn ich so viele und mächtige Könige, von welchen es hieß, sie seien in den Himmel aufgenommen, in Gesellschaft eben des Jupiter und ihrer Zeugen in der äußersten Finsternis seufzen sehe; wenn so viele Statthalter, die Verfolger des Namens des Herrn, in schrecklicheren Flammen, als die, womit sie höhnend gegen die Christen wüteten, zergehen, wenn außerdem jene weisen Philosophen mit ihren Schülern, welchen sie einredeten, Gott bekümmere sich um nichts, welche sie lehrten, man habe keine Seele, oder sie werde gar nicht oder doch nicht in den früheren Körper zurückkehren, mitsamt ihren Schülern und vor ihnen beschämt im Feuer brennen, und wenn auch die Poeten ganz wider Erwarten vor dem Richterstuhl Christi, nicht aber vor dem des Rhadamanthys oder Minos stehen und zittern! Dann verdienen die Tragöden aufmerksames Gehör, indem sie nämlich ärger schreien werden in ihrem eigenen Mißgeschick; dann muß man sich die Schauspieler anschauen, wie sie noch weichlicher und lockerer durch das Feuer geworden sind.» . . . «Solches zu schauen und darüber zu verlokken, das kann dir kein Prätor, kein Konsul, kein Quästor oder Götzenpriester mit all seiner Freigebigkeit gewähren. Und doch haben wir diese Dinge durch den Glauben im Geiste und in der Vorstellung bereits gewissermaßen gegenwärtig»[71].

Die Attacken gegen das Schauspiel sind zwar hochgradig anachronistisch – überholt sind sie nicht!

Seit dem ausgehenden Mittelalter gab es eine offizielle Zensur. In Deutschland wurde die erste derartige Einrichtung 1486 durch den Mainzer Erzbischof Berthold von Henneberg geschaffen. Auch die Reichszensurvorschrift zu Beginn des 16. Jahrhunderts hat die katholische Kirche veranlaßt. Und noch der im 20. Jahrhundert gestorbene Papst Leo XIII. erklärte in seiner Konstitution «Officiorum ac minorum» Bücher als «streng verboten», wenn sie «schmutzige und unsittliche Dinge planmäßig behandeln, erzählen oder lehren». Die Lektüre der «Klassiker» zwar, die «von jenem Schmutze (!) nicht frei sind», hat dieser Stellvertreter «mit Rücksicht auf die Eleganz und Reinheit der Sprache gestattet, doch nur solchen, deren Amt oder Lehrberuf diese Ausnahme heischt.» Und Jugendliche durften «nur sorgfältig gereinigte Ausgaben» bekommen, «nur nach solchen unterrichtet werden»[72].

Noch in der Deutschen Bundesrepublik hat das Gesetz über die Verbreitung jugendgefährdender Schriften eine offizielle Institution der katholischen Kirche angeregt und vorbereitet – und mehrere tausend Verfahren, sogar gegen Werke von ästhetischer Relevanz, waren die Folge[73].

Aber auch das moderne Theater ist nicht tabu – als stünde man noch in der Antike! 1903 zögerte das Preußische Oberverwaltungsgericht nicht, beim Verbot der «Maria von Magdala» des nachmaligen ersten deutschen Literaturnobelpreisträgers Paul Heyse erotische Triebe «die niedrigsten, verwerflichsten menschlichen Triebe» zu nennen. Und nach renommierten katholischen Moraltheologen sündigt bei einer Aufführung «unehrbarer»

Stücke (dies «ist gewiß») nahezu alles was mitwirkt, mehr oder minder schwer, meist aber schwer: wer schreibt, spielt, finanziert, applaudiert, wer verbieten müßte, doch nicht verbietet. Selbst die Maurer, die das Theatergebäude errichteten, und die Putzfrauen, die darin kehrten, waren noch im frühen 20. Jahrhundert belastet. Und natürlich muß bei Eröffnung von Filmtheatern «alles getan werden, auf daß es durch einen verantwortungsbewußten Christen geschehe». Film, Funk, Fernsehen sollen «verchristlicht werden». Kinobesitzer, die «schlechte» Filme vorführen lassen, sündigen. Ebenso alle Vermieter solcher Kinos; ja, noch wer Fernseh- und Rundfunkgeräte «wahllos» benützt, «versündigt sich» (Häring)[74].

Und wurde nicht erst unter Papst Johannes Paul II. eine Jagd gegen freizügige Filme eröffnet? Wurde sie vom Heiligen Vater nicht selber angeheizt? Haben nicht unter ihm Staatsanwälte Film-Rollen in Pornokinos beschlagnahmt? Haben nicht sogar Filmtheater gebrannt, in Mailand zum Beispiel, in Rom?[75]

Wie man sich alles, was an Vorchristlichem brauchbar war, als «christliche Religion» (Augustinus) unterjubelte

Wie es heute die wenigsten Christen unter Intellektuellen gibt – denn je mehr ein Mensch weiß, desto weniger glaubt er im allgemeinen; und den Religionen im besonderen: zumal dem Christentum –, so war auch noch im 4. Jahrhundert die neue Religion am wenigsten erfolgreich unter den Gebildeten und der Aristokratie. Die Altgläubigen dieser Schichten, die im Westen noch im späteren 4. Jahrhundert die führende Stellung innehatten, hielten in ihrer großen Mehrheit das Christentum auch weiter für einen Köhlerglauben, eine Kleineleutereligion, völlig unvereinbar mit antiker Wissenschaft. Doch gerade die Gebildeten brauchte die Kirche. Also dachte sie auch hier gründlich um und öffnete sich dem bisher so oft Verpönten oder gar Bekämpften. Und da die neue Religion ein guter Ausgangspunkt für Karrieren, auch für weltliche war, drängten nun auch die Vornehmen und Gebildeten dazu. Bald besteigen die Bischofsstühle fast nur noch Männer aus den oberen Schichten (S. 494 ff). Mit dem Heidentum geht es um die Wende zum 5. Jahrhundert allmählich zu Ende. Und schließlich sind die christlichen Bildungsvertreter den noch vorhandenen heidnischen, sieht man vom bedeutendsten Historiker lateinischer Sprache, Ammianus Marcellinus, einmal ab, eindeutig überlegen – natürlich mit den Mitteln der antiken Kultur, die man dem Mittelalter immerhin zu einem Teil überliefern wird, wenn auch halb wider Willen[76].

Diese Entwicklung steht zwar im Gegensatz zu grundlegenden Lehren des Neuen Testaments, zu einem Evangelium, das den Weisen und Klugen nicht verkündet worden war. Auf der anderen Seite freilich hatte das Christentum längst den entscheidenden Schritt aus der jüdischen Welt Jesu und der Apostel getan. Auch Paulus war ja schon römischer Bürger und Kind einer hellenistischen Stadt, auch das Judentum bereits seit Jahrhunderten hellenisiert, und so wuchs das Christentum immer mehr in die hellenistisch-römische Welt hinein als ein typischer Zwitter. Es setzte sich auseinander und ineinander mit dieser Kultur, in die doch fast alle Christen, gleich Paulus, geboren wurden, in der sie heranwuchsen, mit deren Sprachen sie sprachen, in deren Schulen sie gingen[77].

Bis zum 6. Jahrhundert hatte die neue Religion keine eigene Schule. Zwar haßten die Christen die heidnische, aber sie schufen keine eigene, sie machten gar keinen Versuch, es fehlten ihnen alle Voraussetzungen, alle Grundlagen; unmöglich konnten sie mit den Klassikern konkurrieren. Es war eine weitverbreitete, von Tertullian ebenso wie von Papst Leo I. vertretene Maxime, daß Christen weltliches Wissen zwar erlernen, doch nie lehren sollten. Die «Statuta Ecclesiae Antiqua» erlaubten deshalb Laien eine öffentliche Lehrtätigkeit bloß mit besonderer Genehmigung und unter kirchlicher Kontrolle. Selbst ein Rigorist wie Tertullian aber, der Christen jedes Lehren an heidnischen Schulen verbietet, wagt es nicht, Kindern den Schulbesuch zu verbieten. Und auch im christlich gewordenen Reich blieben Lehrplan und Unterrichtsstoff die alten[78].

All dies konnte nicht ohne Folgen sein. Man mußte, wollte man die Welt gewinnen, ihr auch mit ihren Schätzen winken. Man konnte nur siegen mit ihrer Hilfe, nicht gegen sie. Unbewußt und bewußt verband man das Christentum mit zeitgenössischer Bildung, mit dem Geist griechischer Wissenschaft. Es wurde davon im 2. und 3. Jahrhundert durchsetzt, die wesentlich eschatologische Bewegung der Anfangszeit verwandelte sich in ein System philosophischer Spekulation.

Etwa durch Justin, für den nur die Philosophie zu Gott führt, nur die Philosophen wirklich heilig sind, für den jeder Christ ist, der «mit Vernunft» lebt oder gelebt hat, auch wenn er Jahrhunderte vor Christus lebte und sogar «für gottlos» galt, «wie bei den Griechen Sokrates, Heraklit und andere ihresgleichen». Noch viel mehr förderte diesen Prozeß Clemens Alexandrinus, der unermüdlich und mit voller Absicht die heidnische Philosophie ins Christentum schleust, der aus der christlichen Religion eine Religionsphilosophie macht, nach dem schon vor Christus allein die Philosophie Menschen erlöst hat, nach dem die Philosophie die Griechen zu Christus erzieht und dies derart, daß ein Christ ohne griechische Bildung Gott gar nicht begreifen könne. Clemens, als Heiliger von Rom nicht anerkannt, hat mit seiner Methode «das Christentum erst fähig gemacht, die antike Welt zu erobern» (Dannenbauer). Ähnlich der «Ketzer» Origenes, der ebenfalls umfassend die heidnische Kultur ins Christentum überführt, bei der Formulierung seines Gottesbegriffs, seiner Kosmologie, Pädagogik, seiner Logos- und Tugendlehre, seiner Anthropologie und Freiheitsphilosophie, für den gleichfalls nur der gebildete Hellene der vollkommene Christ ist, ja, der in seinem (vielleicht nicht zufällig) verlorengegangenen zehnbändigen Werk «Stromateis», laut Bischof Euseb, «alle Sätze unserer Religion aus Platon, Aristoteles, Numenios und Cornutus bewies». Das Christentum, der «Schößling des Spätjudentums», erfuhr durch Clemens und Origenes eine «völlige Umformung» (Jaeger)[79].

Diese ungeheure Adaption, die tatsächlich den Christen mit

zum Sieg verhalf, gipfelte in Augustin, der, wie Clemens, wieder bewußt das antike Wissen, soweit brauchbar, in den Dienst des Christentums stellte, programmatisch geradezu in seiner Schrift «De doctrina christiana», ja, der mit dem ihm eigenen Zynismus (S. 340) und der ihm eigenen (gewöhnlich mit Demutsphrasen drapierten) Arroganz sich zu dem Satz verstieg: «Das, was man jetzt als christliche Religion bezeichnet, bestand bereits bei den Alten und fehlte nie seit Anfang des Menschengeschlechtes, bis Christus im Fleische erschien, von wo an die wahre Religion, die schon vorhanden war, anfing, die christliche genannt zu werden»[80].

Diese Überführung antiker Kultur geschieht allerdings im Westen weit langsamer als im Osten, wo etwa Basilius in seiner «Rede an die Jünglinge» lehrt: «Wie sie aus den Büchern der Griechen Nutzen schöpfen können» (wenn er darin auch wieder mehr als alles die Keuschheit anpreist: «Wir, o Jünglinge, halten dieses menschliche Leben für gar nichts»; «wer sich nicht in die sinnlichen Lüste wie in den Schlamm vergraben will, der muß den ganzen Leib verachten», muß «den Leib züchtigen und bändigen wie die Anfälle eines wilden Tieres . . .» – das übliche Hauptthema). Im Westen haben, so scheint es, die Theologen fast stets ein etwas schlechtes Gewissen – falls Theologen dies haben können – angesichts der Wissenschaft. Noch im ganzen 3. Jahrhundert denkt die abendländische Kirche diesbezüglich wie Tertullian. Dann aber duldet man Wissen und Bildung als eine Art notwendiges Übel, werden sie ein Hilfsmittel für die Theologie – ancilla theologiae[81].

«. . . unter Verachtung der heiligen Schriften Gottes beschäftigen sie sich mit Geometrie»

Anrüchig war den Christen selbst die Mathematik. Noch im frühen 4. Jahrhundert wollte man den Euseb in Emesa nicht zum Bischof, weil er mathematische Studien trieb[82].

Geometrie und andere Wissenschaften gelten geradezu als gottlose Betätigungen. Kirchengeschichtsschreiber Euseb attakkiert «Ketzer»: «unter Verachtung der heiligen Schriften Gottes beschäftigen sie sich mit Geometrie; denn sie sind Erdenmenschen, sie reden irdisch und kennen den nicht, der von oben kommt. Eifrig studieren sie die Geometrie Euklids. Sie bewundern Aristoteles und Theophrast. Galen gar wird von einigen vielleicht angebetet. Soll ich es noch eigens vermerken, daß die, welche die Wissenschaft der Ungläubigen brauchen, um ihre Häresie zu beweisen, und den kindlichen Glauben der göttlichen Schriften mit der Schlauheit der Gottlosen fälschen, mit dem Glauben nichts zu tun haben? Und so legten sie an die göttlichen Schriften keck ihre Hände und gaben vor, sie hätten dieselben verbessert«[83].

Verdammt wurde von der christlichen Theologie insbesondere die Naturwissenschaft.

Dies wirkt wieder lange nach; treibt dann auch die Naturforscher auf die Scheiterhaufen. Im Abendland werden im üblichen Schulunterricht die Naturwissenschaften (ebenso, bezeichnenderweise, Geschichte) bis tief in die Neuzeit hinein nicht behandelt. Sogar an den Universitäten setzen sie sich als selbständige «Fächer» erst seit dem 18. Jahrhundert durch. Schon in der Spätantike aber ist bei allen Völkern, ausgenommen allenfalls Mesopotamien, ein starker Verfall der Medizin und eine kaum minder starke Vorliebe für das Okkulte evident. Patriarch Severus von Antiochien zum Beispiel oder Eznik von Kolb bestehen auf der Existenz von Dämonen im Menschen und lehnen jeden Versuch einer natürlichen Erklärung durch Ärzte ab[84].

Schon Apologet Tatian, der Schüler des hl. Justin, verwirft die Heilkunde und führt sie auf die «bösen Geister» zurück. «Durch List nämlich machen die Dämonen die Menschen von der Gottesverehrung abwendig, indem sie ihnen einreden, auf Kräuter und Wurzeln zu vertrauen.» Ein den alten Christen eigener tiefer Widerwille gegen die Natur, das «Hiesige», «Irdische», bricht hier hervor. «Weshalb wollen die Leute, die ihr Vertrauen auf die Wirksamkeit der Materie setzen, nicht auf Gott vertrauen? Warum gehst du nicht zu dem mächtigeren Herrn und ziehst vor, dich wie der Hund durch Kräuter, der Hirsch durch Schlangen, das Schwein durch Flußkrebse, der Löwe durch Affen zu heilen? Warum vergöttlichst du das Irdische?» So wird die ganze Medizin letztlich auf den Teufel, die «bösen Geister», reduziert. «Die Arzneikunde und alles, was dazugehört, kommt aus der gleichen Schwindlerwerkstatt.» Analog denkt auch der Ärzte wie Naturforscher verhöhnende Tertullian – dann geistert dies noch lang und verheerend durch das Mittelalter und darüber hinaus[85].

Natürlich hält ein Tatian von Naturwissenschaft insgesamt nichts. «Wie soll man einem glauben, der behauptet, die Sonne sei eine glühende Masse und der Mond ein Körper wie die Erde? Das sind strittige Hypothesen und nicht erwiesene Tatsachen ... Was nützen wohl ... die Untersuchungen über die Maßverhältnisse der Erde, über die Stellung der Gestirne, über den Lauf der Sonne? Nichts! Denn für derlei ‹wissenschaftliche› Betätigung paßt nur einer, dem seine subjektive Meinung als Gesetze gelten.» Jede rein natürliche Begründung ist nicht mehr gefragt. Leute, die im 4. Jahrhundert nach der geophysikalischen Erklärung eines Erdbebens suchen (statt dessen Ursache allein im Zorn Gottes zu sehen!), setzt ein Bischof von Brescia auf die «Ketzer»-Liste[86].

Da das oberste Kriterium für die Rezeption naturwissenschaftlicher Theorien ihre Vereinbarkeit mit der Bibel war, stagnierte die Naturwissenschaft jetzt nicht nur, sondern man gab sogar preis, was man längst gewonnen hatte. Das Ansehen der Naturwissenschaft sank im selben Maße, in dem das der Bibel stieg[87].

Die Lehre von der Rotation der Erde und ihrer Kugelgestalt geht bereits auf die im 5. vorchristlichen Jahrhundert lebenden Pythagoräer Ekphantos von Syrakus und Hiketas von Syrakus zurück. Der gegen Ende des 3. Jahrhunderts gestorbene Eratosthenes von Kyrene, der vielseitigste Schriftsteller des Hellenismus, behandelt die These von der Drehung der Erde und ihrer Kugelgestalt schon als sicher; ebenso Archimedes und andere. Auch Aristoteles kannte sie, später der Historiker und Geograph Strabon, Seneca, Plutarch. Die christliche Kirche aber gab diese Erkenntnis um des mosaischen Schöpfungsberichtes und der Bibel willen preis und predigte, daß die Erde eine von Meeren umflossene Scheibe sei. Von der Kugelgestalt erfuhren die europäischen Studenten ein Jahrtausend später, im Hochmittelalter, auf den maurischen Universitäten Spaniens! Und erst Ende des Mittelalters kam man wieder darauf zurück[88].

Laktanz schmäht die Naturwissenschaft als baren Unsinn. Kirchenlehrer Ambrosius verwirft sie radikal als Angriff auf die Majestät Gottes. Die Frage nach der Beschaffenheit oder Lage der Erde interessiert Ambrosius gar nicht. Sie sei für die Zukunft ohne Belang, sagt er. «Es mag genügen zu wissen, daß der Text der heiligen Schriften die Bemerkung enthält: ‹Er hing die Erde auf im Nichts›». Kurz darauf erledigt Ambrosius eine ähnliche Frage mit der Antwort: «Hierzu genügt, wie ich glaube, des Herrn Äußerung an seinen Diener Job, da er durch eine Wolke sprach ...» Dagegen vertritt dieser Kirchenlehrer die Existenz mehrerer, mindestens dreier Himmel, weil David «die Himmel der Himmel» erwähne und Paulus versichere, «in den dritten Himmel entrückt worden zu sein.»[89]

Welchen Begriff Ambrosius von Naturphilosophie hat, erhellt schon daraus, daß er allen Ernstes behauptet, es «enthält sicherlich die nach Johannes betitelte Evangeliumschrift Naturphilosophie». Und das mit der Begründung: «Denn niemand sonst, wage ich zu behaupten, hat mit so erhabener Weisheit die Majestät Gottes geschaut und in eigenartiger Sprache uns erschlossen.» Kein Wunder, daß Ambrosius auch die Philosophie unnütz erscheint, habe sie doch die Arianer irregeführt. Dabei war er selbst von ihr stark beeinflußt, besonders vom Neuplatonismus, ja, er schrieb dessen größten Vertreter, Plotin, weithin bedenkenlos aus. Und bei seiner christlichen Pflichtenlehre für Geistliche, «de officiis ministrorum», hat der hl. Bischof nicht nur den Titel von Cicero übernommen, sondern im Grunde nahezu alles, Form, Struktur, sehr oft sogar die Reihenfolge und die Grundhaltung, die er bloß verchristlicht. Er ist, bezeichnend genug, gar nicht imstand, eine eigene christliche Pflichtenlehre aufzustellen, er braucht die des heidnischen Autors, und dies eben derart, daß man spotten konnte, Cicero sei durch Ambrosius eine Art Kirchenvater geworden. Gleichwohl beurteilt er die dialectici durchwegs negativ, weist er weltliche Wissenschaft oft und entschieden ab.

Vielleicht ist es ganz instruktiv, einmal den geistigen Habitus und Horizont des Mannes ahnen zu lassen, der immerhin seit dem 8. Jahrhundert im Abendland mit Hieronymus, Augustinus und Papst Gregor I. zu den größten aller Kirchenväter zählt. Und von dem noch ein katholischer Theologe des 20. Jahrhunderts schreibt, daß er gerade mit seiner «ausgedehnten *literarischen Tätigkeit*», mehr als mit seiner kirchenpolitischen, «seines Namens Klang und seines Geistes Frucht der bewundernden und dankbaren Nachwelt aufbewahren sollte» (Niederhuber)[90].

Wir folgen dem Berühmten dabei in ein Gebiet, auf dem er Experte ist, dem der Allegorese; und wir legen diese seine Kunst zudem anhand eines Buches dar, das als sein Meisterwerk gilt, so daß der Vorwurf einer unfairen Auswahl fairerweise kaum gemacht werden kann.

«. . . seines Namens Klang und seines Geistes Frucht». Des hl. Ambrosius Beweise für keusche Witwenschaft: Turteltaube, Jungfraugeburt der Gottesmutter: Geier, Unsterblichkeit: Vogel Phönix und andere Erleuchtungen

Schon in der Antike zwar gab es Christen, denen die allegorische Exegese ziemlich albern vorkam, hoffnungslos subjektiv; die in solchen Theologen Leute sahen, die jedes Wort so lange drehten, bis er hergab, was es sollte, was man wollte. Die Exegeten selber aber waren sich völlig einig, daß jede wörtliche Textinterpretation bloß oberflächlich sei, daß ein buchstäbliches Verständnis nur manchmal und häufig gar nicht den eigentlichen Sinn erschließe. Der wahre Sinn stecke tiefer, sei geheimnisvoll von Gott verschlüsselt und müsse von ihnen mittels der Allegorese sichtbar gemacht werden. Auch Ambrosius ist dieser Meinung, auch ihm ist die Annahme eines höheren Schriftsinnes unerläßlich, und so unterscheidet er manchmal einen zweifachen solchen Sinn, littera und sensus altior, manchmal aber auch drei Sinnesarten: sensus naturalis, sensus mysticus und sensus moralis. Doch wollen wir uns nicht im Abstrakten bewegen.

Da ist zum Beispiel das Paradies, dessen «geschichtlicher» Charakter natürlich nicht bestritten wird, ein Bild der Seele, und die vier Paradiesesflüsse sind die vier Kardinaltugenden. Da fungiert die Arche als Symbol des Menschenleibes, ihre einzelnen Teile entsprechen den Körperteilen, die Tiere der Arche den Begierden. In «De Isaac et anima» symbolisiert die Hochzeit von Isaak und Rebekka die Vereinigung Christi mit der menschlichen Seele. In «De patriarchis» werden unter Simeon die Schriftgelehrten, unter Levi die Hohenpriester zur Zeit Jesu verstanden. Kraft solcher allegorisch-mystischer Bibelauslegung, typologischer Deutungen und Umdeutungen kann Ambrosius nicht nur eine Fülle «messianischer Weissagungen» bergen, sondern auch einen Kopf wie Augustinus faszinieren. Wurde diesem weiteren großen, diesem größten Kirchenlicht doch nun «nicht mehr zugemutet, die Schriften des Alten Testaments, das Gesetz und die Propheten mit dem Auge zu lesen, mit welchem sie mir früher unsinnig erschienen . . .». Nein, jetzt, da Ambrosius unter der harmlosen Hülle tiefe Geheimnisse freilegte, brauchte Augustin die Religion seiner Mutter nicht mehr als Altweibermärchen zu verachten, konnte er, gewappnet durch die ambrosianischen Erleuchtungen, die manichäische Kritik am Alten Testament für überwunden halten, erkannte allmählich auch er, Augustin, überall den höheren Sinn. «Oft», berichtet er, «habe ich mit Freuden gehört, wie Ambrosius in seinen Vorträgen an das Volk sagte: ‹Der Buchstabe tötet, der Geist macht lebendig›, und wie er dann da, wo der Buchstabe Verkehrtes zu lehren schien, den mystischen Schleier wegzog und das geistige Verständnis aufschloß». (Wobei Ambrosius, im Gefolge früherer Kirchenväter, die alttestamentlichen Juden ganz selbstverständlich «die Unsrigen», nostri, nannte oder gar «unsere Vorfahren», maiores nostri)[91].

Wie der Geist aber lebendig macht, den mystischen Schleier

hebt, dies wollen wir jetzt auf sozusagen naturwissenschaftlichem Gebiet bei dem hl. Kirchenlehrer anhand seines «Examerон (Hexaemeron) libri sex» betrachten, eines Buches, das aus neun an sechs aufeinanderfolgenden Tagen gehaltenen Predigten über das «Sechstagewerk», den mosaischen Schöpfungsbericht, besteht. Da es der Mailänder Bischof (I 9. Kap.) bereits im reifsten Alter, als «senex», wenige Jahre vor seinem Tod, geschrieben hat, verspricht es besonders viel an symbolischer Kunst und Weisheit, zumal es noch die neueste katholische Theologie auch «literarisch ein Meisterwerk voll glänzender Naturschilderungen» nennt (Altaner/Stuiber), «vielleicht des Ambrosius schönstes Werk» (Moreschini)[92].

Da macht der hohe Exeget etwa die Turteltaube – einst bei der Beschneidung des Herrn, gemäß dem Gesetz des Herrn, ein Opfer für den Herrn – zum Vorbild keuschen Witwenstandes. Ambrosius ist hier Spezialist, hat er doch in einer eigenen Schrift «Über die Witwen» gezeigt, wie sehr der Witwenstand einer zweiten Ehe vorzuziehen sei – ganz beiseite, daß der Heilige gerade als Autor zahlreicher moralisch-asketischer Traktate die besondere Anerkennung der theologischen Fachwelt gefunden hat.

Doch zur Turteltaube, zum Beschneidungsopfer. Ambrosius schreibt: «Das ist nämlich das wahre Opfer Christi: leibliche Keuschheit und geistige Gnade. Die Keuschheit bezieht sich auf die Turtel, die Gnade auf die Taube.» Und nachdem der begnadete Interpret uns gelehrt hat, daß «die Turteltaube, sobald sie nach Verlust des Männchens Witwe geworden, tiefen Abscheu gegen das, was Paarung ist und heißt», hege, da «die erste Liebe sie durch des Geliebten Tod enttäuschte und betrog, weil dieselbe an Dauer unbeständig war und an Bescherung bitter, indem sie noch größere Todestrauer als Liebeswonne zeitigte», kommt er zur Moral der Geschichte von der Turteltaube: «So verzichtet sie denn auf eine nochmalige Verbindung und verletzt nicht die Rechte der Keuschheit und den Bund, den sie mit dem geliebten Gatten eingegangen: ihm allein wahrt sie ihre Liebe, ihm hütet sie den Namen Gattin. Lernet, Frauen, wie erhaben der Witwenstand ist, dessen Lob selbst in der Vogelwelt sich ankündigt.»[93]

Die Turteltaube treu über den Tod des Gatten hinaus! Ja, die Frauen hat Ambrosius stets mit besonderer Hingabe aufgeklärt, vor allem den Jungfrauen Opus auf Opus gewidmet, besonders bedürftig und benachteiligt, wie Frauen waren und sind. Denn, so der hl. Kirchenlehrer: «Die Frau muß das Haupt verhüllen, weil sie nicht das Ebenbild Gottes ist.» Ambrosius konnte sich dabei auf den hl. Paulus beziehen. Der Völkerapostel und die Turteltaube. Wer, fragt Ambrosius, wer gab der Turteltaube diese Gesetze? Kein Mensch. «Denn kein Mensch hätte das gewagt, nachdem selbst Paulus es nicht gewagt hat, die Beobachtung der Witwenschaft zur Gesetzesvorschrift zu erheben.» Nur als Wunsch spreche der Apostel bei den Frauen aus, was bei den Turteltauben steter Brauch sei. Wenn aber selbst Paulus die Beobachtung der Witwenschaft nicht obligatorisch machte, wer hätte sie dann den Turteltauben auferlegen können? Nur Gott, natürlich. «Gott also senkte den Turteltauben diesen Trieb ein, gab ihnen diese Kraft der Enthaltsamkeit; denn nur er vermag ein allgemein bindendes Gesetz hierzu zu geben. Die Turteltaube entbrennt nicht vor blühender Jugend, läßt sich durch keine lockende Gelegenheit verführen. Die Turteltaube kennt keine Verletzung der ersten Treue; denn sie weiß die Keuschheit zu wahren, die sie bei der ersten Verbindung, die ihr beschieden war, gelobte.»[94]

Kirchenlehrer!

«Schöne Naturschilderungen und reiche Erzählungen aus dem Leben der Tiere», rühmt das katholische Standardwerk Otto Bardenhewers, einst Doktor der Theologie und der Philosophie, Apostolischer Protonotar und Professor an der Universität München, dem «Hexaemeron» des Ambrosius nach. «Die Tiere werden dem Menschen als Muster vorgehalten. Die edle Volkstümlichkeit des Kanzelvortrags des Verfassers erprobt sich in glänzender Weise.» Ja, «seines Namens Klang und seines Geistes Frucht . . .»[95].

Man sieht nebenbei, wie hoch die katholische Kirche das Tier hält! Und da Ambrosius gerade von der «Tugend» der «Witwenschaft der Vögel» gesprochen, will er, das liegt nahe, gleich im nächsten Kapitel «von der Jungfrauschaft sprechen, die sogar, wie versichert wird, bei mehreren Vögeln vorkommt. So kann sie auch bei den Geiern wahrgenommen werden», die nämlich «keinem Geschlechtsverkehr huldigen», deren Empfängnis «ohne jedwede Begattung», deren «Zeugung ohne Männchen» vor sich gehe, weshalb wohl auch die Geier «in einem langen Leben ein so hohes Alter erreichen, daß sich ihre Lebenstage bis zu hundert Jahren fortfristen, und nicht leicht eine kurzbemessene Altergrenze ihrer wartet». Und nun trumpft der illustre Kirchenfürst auf. Bezeugen all die begattungslos geborenen Geier (und andere Vögel mehr) doch nichts Geringeres als die Möglichkeit und Glaubwürdigkeit der Jungfraugeburt der hl. Gottesmutter Maria.

Ja, ruft Ambrosius der Christenheit wie der ganzen ungläubigen Welt zu: «Was sagen dazu die Spötter, welche so gerne unsere Geheimnisse verlachen, wenn sie hören, daß eine Jungfrau geboren hat, und welche die Geburt einer Unvermählten, deren Scham keines Mannes Beischlaf verletzt hat, für unmöglich halten? Für unmöglich will man bei der Gottesmutter das halten, dessen Möglichkeit man bei den Geiern nicht in Abrede stellt? Ein Vogel gebiert ohne Männchen, und niemand widerspricht dem: und weil Maria als Verlobte geboren hat, stellt man ihre Keuschheit in Frage. Merken wir denn nicht, wie der Herr gerade im Naturleben eine Menge Analogien vorausgehen ließ, um durch dieselben das Schickliche seiner Menschwerdung zu beleuchten und deren Wahrheit zu beglaubigen?»[96]

Kirchenlehrer!

Das «Hexaemeron», dieses «interessante und wichtige Werk» (Bardenhewer), das «literarische Meisterwerk des heiligen Ambrosius» (Niederhuber), führt in solch zoologisch wie theologisch überaus lehrreicher Weise einen ganzen Tierpark vor, einschließlich der Nachtvögel, der Fledermaus, der Nachtigall, Symbol des Gotteslobes und der Himmelssehnsucht. Die Spannweite reicht von der lichtscheuen Eule als Sinnbild gottfremder böser Weltweisheit (im alten Ägypten ein verehrtes, heiliges Tier) bis zum «Hahnenruf nach seiner physischen, sittlichen und heilsgeschichtlichen Bedeutung». Schreckt das Krähen des Hahns doch nicht nur Räuber ab, sondern weckt auch den Morgenstern. Vor allem aber: «Auf seinen Ruf erhebt der Frommsinn sich hurtig zum Gebet und geht von neuem an die Übung der (Schrift-)Lesung». Deshalb schließt Ambrosius auch das fünfte Buch seines Meisterwerkes: «So laßt uns denn jetzt, nachdem wir der Vögel heiteres Lied mitgesungen, in den Hahnenruf miteingestimmt haben, des Herrn Geheimnisse singen! Bei Jesu Leib sollen sich einfinden die Adler, verjüngt durch die Reinigung der Sünden! Denn schon hat uns jener große Walfisch den wahren Jonas (Christus) an das Land getragen ...»[97]

Allmächtiger!

An anderer Stelle desselben Geniestreiches dient der hochgefeierten Kirchenkoryphäe die Metamorphose der Seidenraupe, der Farbwechsel des Chamäleons und des Hasen sowie der wiedererstehende Phönix als Sinnbild und Beweis der Auferstehung.

Über den Phönix, der in Arabien «bis zu fünfhundert Jahren» leben soll, berichtet Ambrosius: «Wenn er nun sein Lebensende nahen sieht, bereitet er sich aus Weihrauch, Myrrhe und sonstigen wohlriechenden Gewürzen einen Sarg, worin er nach Ablauf seiner Lebenszeit eintritt und stirbt.» Die Myrrhe als Auferstehungssymbol hat der ambrosianische Vogel nicht schlecht gewählt; auch der Weihrauch mag Auftrieb schaffen; und Vernebelung; jedenfalls rauchte er längst in buddhistischen und hinduistischen Tempeln, in griechischen und römischen, im Baalsdienst der Kanaanäer, im Jahwetempel zu Jerusalem – ehe ihn das Christentum als «Speise der Dämonen» (Tertullian) verdammt, dann aber gleichfalls übernommen hat bei Räuchereien vor Märtyrergräbern, Altären, Heiligenbildern, bei sonstigen Weihehandlungen, beim latreutischen Sakramentskult, in der Meßliturgie, schon im ältesten Ordo Romanus ...[98]

Der Vogel Phönix also ist mythologisch gut eingesargt. Und nun ersteht aus «seinem modernden Fleische», weiß Ambrosius, «ein Würmlein», dem Würmlein wachsen «im Laufe einer bestimmten Frist Flügel», und schließlich ist von neuem der alte Vogel da, pudel- oder vielmehr phönixmunter – wie wir bei der Auferstehung. «Möchte denn dieser Vogel, der ohne ein Vorbild zu haben und ohne die Bewandtnis dessen zu begreifen, sich selbst die Sinnbilder der Auferstehung zubereitet, wenigstens durch das Vorbild, das er selbst gibt, den Auferstehungsglauben lehren! Sind doch die Vögel des Menschen wegen da, nicht der Mensch um eines Vogels willen. Er sei uns sonach ein Vorbild dafür, daß der Urheber und Schöpfer der Vogelwelt seine Heiligen nicht für immer dem Untergang verfallen läßt: ließ er doch nicht einmal diesen einen Vogel untergehen, sondern wollte, daß er aus seinem eigenen Samen erstehe und forterhalten werde. (Oder) wer zeigt ihm den Todestag an, daß er sich den Sarg bereite, mit Gewürzen ihn fülle, in denselben trete und da sterbe, wo lieblicher Duft den üblen Leichengeruch zu absorbieren vermag?

So sarge auch du, o Mensch, dich ein! ‹Zieh den alten Menschen mit seinem Tun aus und zieh einen neuen an!›» Ambrosius ruft es mit dem hl. Paulus, der sich einst «auch wie ein guter Phönix» einsargte «und erfüllte seinen Sarg mit dem Wohlgeruche des Martyriums».[99]

Der Bischof von Mailand, Verfasser von fast zwei Dutzend Exegetica über das Alte Testament (während er sich, mit derselben hohen Kunst, beim Neuen auf das Lukasevangelium beschränkte), setzt Philosophie gern der Sophistik gleich, natürlich im negativen Sinn. Paßt ihm etwas nicht, ist es «die berüchtigte Kniffigkeit der Sophistik». Wiederholt wirft er auch Weltweise, Judenvolk und «Häretiker» in einen Pott, lauter Leute, die «am reichen Wortschwall», an «überschwenglicher Redefertigkeit sich ergötzen, über die schlichte Lehre des wahren Glaubens sich hinwegsetzen und so unnütze Schätze bergen», aber nicht dem Volk «das Heil bringen. Christus allein ist es, der die Sünden des Volkes hinwegnimmt ...»

Was ein solcher Kopf unter Wissen, Wissenschaft, Unwissenheit versteht, was er von der (Natur-)Wissenschaft seiner und der früheren Zeit hält, ist ganz klar. Sie interessiert ihn nicht. Wissenschaft, Weisheit, Wahrheit, das alles ist für ihn die Bibel, der liebe Himmelvater, das Jenseits. Selbst Bardenhewer konzediert: «Er schiebt alle Fragen, welche keine Bedeutung für das ewige Leben haben, sofort beiseite.» Und Ambrosius selber vergleicht die Gelehrten mit der Nachteule, deren große blaue Augensterne die dunklen Schauer der Finsternis nicht bemerkten. «Die Weisen der Welt», schreibt er, «sehen nicht; im Lichte schauen sie nichts; in der Finsternis wandeln sie», und schließlich verfallen sie, «vom Glaubenspfade abgeirrt, trotz des Tages Christi und des Lichtes der Kirche, die ihnen aus nächster Nähe leuchten, der Finsternis ewiger Blindheit. Sie sehen nichts, nehmen aber den Mund voll . . .»[100]

Nehmen ihn aber nicht gerade die Theologen, die Kirchenväter voll? Wissen nicht gerade sie das buchstäblich Unglaublichste über Gott? Lösen nicht gerade sie durch ihre Exegetenkunst, ihre oft tollsten Buchstaben-, Namen- oder Zahlen-Spekulationen und -Spielchen noch die schwierigsten Bibelprobleme? Wobei sie, wie stets, nicht einmal originell sind, sondern die seit dem 6. vorchristlichen Jahrhundert, seit der allegorischen Homerauslegung übliche heidnische Schultradition fortsetzen? Fand nicht etwa der Barnabasbrief, von Clemens Alexandrinus und Origenes zur Heiligen Schrift gezählt, beispielsweise den (nun einmal schwer aus dem Alten Testament zu beweisenden) Kreuzestod Jesu (vgl. S. 202) geweissagt in der Beschneidung der 318 Knechte Abrahams, da diese Zahl die griechischen Zahlzeichen IHT enthalte (I = 10, H = 8, T = 300), somit I Jesus und T das Kreuz bedeute!?[101]

Und erhellte nicht auf eben diesem Niveau selbst der größte aller Kirchenlehrer die Christenheit? Denn auch Augustinus bevorzugte, besonders in seinen Predigten – allein an echten ein halbes Tausend –, den allegorischen Sinn. Nur so wurde er ja mit der Polemik der Manichäer gegen das Alte Testament überhaupt fertig. Und als er 393/94 eine Exegese der Genesis nach dem Buchstabensinn versuchte, brach er sein Buch («De Genesi ad litteram imperfectus liber») bezeichnenderweise bereits nach Auslegung des 1. Kapitels wieder ab. (Auch eine 401 begonnene umfangreiche Erklärung «De Genesi ad litteram» erörtert nur die drei ersten Kapitel.)[102]

Von den Exegesekünsten des hl. Augustinus; was er glaubte und nicht glaubte – und dass alles, was ein Mensch zu wissen brauche, in der Bibel stehe

Bei seiner Allegorese verfährt Augustin genau so, wie es unter den kirchlichen Theologen weithin üblich war und bleibt; wo dann der Mond zum Sinnbild der Kirche wird, die Gottes Licht reflektiere, der Wind zum Sinnbild des Heiligen Geistes oder wo die Zahl 11 für «Sünde» steht, weil sie die Zahl 10 übertrat, die natürlich die Zehn Gebote bedeutet. Nach dieser Methode erkennt Augustin im Gleichnis Jesu vom Verlorenen Sohn: in dem Vater Gott, im älteren Sohn die Juden, im jüngeren die Heiden, im Gewand, mit dem man den Heimkehrenden bekleidet, die Unsterblichkeit, im gemästeten Kalb, das man schlachtet, den (durch die Sünden der Menschen gemästeten) Christus und so weiter. Für den Kern des Gleichnisses hat er offenbar gar keinen Blick. Wie Augustin aber noch die ungewöhnlichsten Schriftaussagen bewältigt, mag ein Beispiel aus seinen 124 «Tractatus in Joannis evangelium» zeigen, die als «besonders wertvoll» (Altaner/Stuiber) gelten; auch hatte er die im folgenden angeführte Predigt, die 122. dieses Buches, wahrscheinlich erst 418, somit in seiner Spätzeit, im erfahrenen Alter, niedergeschrieben und gehalten.

Im Johannesevangelium 21,11 also las Augustin, daß Petrus beim wunderbaren Fischzug am See von Tiberias «hundertdreiundfünfzig große Fische» an Land zog. 153 – diese genaue Zahl gab dem großen Augustin zu denken. Doch ergründete er noch ganz andere Mysterien und so natürlich auch das Geheimnis der 153 Fische. Sie symbolisieren, ganz klar, alle Auserwählten! Denn, sein schlagender Beweis: 10, die Zahl der Zehn Gebote, repräsentiert das Gesetz; 7, die Zahl der Geistesgaben, vertritt den Heiligen Geist. Nun nehme man dazu noch die Gnade des Heiligen Geistes, das macht: 10 + 7 = 17. Jetzt braucht man nur noch alle Zahlen von 1 bis 17 zusammenzuzählen – und was erhält man? Die Zahl 153! Da staunt der Fachmann, der Laie wundert sich. Aber es war, ist und bleibt eine glatte Rechnung.

Und Augustinus, der grandiose Erklärer der «Heiligen Schrift», hat über diesen Fischfang, diesen doppelten wunderbaren Fischfang gleichsam, und über die von ihm ergründete Bedeutung der Zahl der 153 Fische immer wieder gepredigt – es muß ein triumphales Gefühl gewesen sein und seinen Schäfchen ob all der Weisheit wahre Schauer der Ehrfurcht über den Rücken gejagt haben[103].

So viel Aufwand übrigens für ein Evangelium, das nicht nur nicht der Apostel Johannes schrieb (S. 95 f), sondern das einst als «ketzerische Schrift» von rechtgläubigen Kreisen verworfen, dann um die Mitte des 2. Jahrhunderts von einem kirchlichen Redaktor überarbeitet worden war, wobei er u. a. das ganze 21. Kapitel hinzugefälscht hat (S. 113), just das, in dem unsere «153» Fische herumschwimmen[104].

Augustins geistige Leistung – es ist eine theologische, vielleicht die größte, und das spricht ja rebus sic stantibus am meisten gegen ihn! – wurde seit je überschätzt (I 464 ff). Er war immer, ausgenommen vielleicht gewisse psychologische Beobachtungen, ein Nachempfinder, der nur versuchte, «das, was ihm beim Nachdenken der Gedanken eines andern aufgegangen war, in ein persönliches Erlebnis umzuwandeln» (K. Holl). Er hatte «zeitlebens niemals den Mut zu selbständigem freien Denken», ja, schlimmer, Heinrich Dannenbauer, der so lesenswerte, erhellende Historiker, sah sich versucht, auf Augustin das Wort des alten Goethe über Lavater anzuwenden: «Die ganz strenge Wahrheit war nicht seine Sache; er belog sich und andere.»[105]

Augustinus war völlig autoritätshörig. Er mußte immer irgendwo unterkriechen, sich anschließen, den Manichäern, der akademischen Skepsis, dem Neuplatonismus, schließlich dem Christentum; wobei er sogar der Bibel nur glaubte wegen der Autorität der Kirche (die ihre Autorität durch die Bibel begründet!). Die Autorität der Bibel aber verbürgt wieder für Augustin die Wahrheit. Was sie sagt, ist wahr, sie ist völlig irrtumslos. «Ja, die Schrift erscheint zuweilen als Norm des Profanwissens. Von den Berichten der Historiker soll nur das geglaubt werden, was den Aussagen der Schrift nicht widerspricht» (Lorenz)[106]

Zur Zeit Augustins war sowohl der Umfang des Wissens wie die Qualität der Erziehung bereits gesunken. Immerhin zählte eine gewisse klassische Bildung noch so viel, daß man damit im Römischen Reich eine staatliche Karriere machen, selbst zu hohen, höchsten Würden gelangen konnte. Augustinus erstrebte dies, wobei ihn (384) Symmachus, der heidnische Stadtpräfekt Roms, gefördert und ihm die Stelle eines Lehrers der Rhetorik in Mailand vermittelt hat. Doch seine geschwächte Gesundheit erzwang den Verzicht auf seine Ambitionen. Vermutlich hängt es (auch) damit zusammen, daß Augustin, dessen Ausbildung zu spät anfing und zu früh endete, «immer eine gewisse Geringschätzung für die reine Gelehrsamkeit» empfand und die damalige Bildung «als eine zum Tode verurteilte Sache zu verachten» begann (Capelle)[107].

Hebräisch konnte der Bischof von Hippo überhaupt nicht. Auch seine Kenntnis des Griechischen war schwach. Bloß notdürftig vermochte er griechische Texte zu übersetzen. Die griechische Bibel zwar kann er, der Rhetor, der jahrelange Lehrer an höheren Schulen, gerade noch lesen. Aber die Klassiker, selbst Platon und Plotin, soweit er sie kennt, und die griechischen Kirchenväter, soweit er auch sie kennt, liest er in lateinischen Übertragungen. Und wohl das meiste, was er benutzt, zitiert er aus zweiter Hand. Nur wenig entstammt direkten Quellen: Livius, Florus, Eutropius, vielleicht Josephus, vor allem aber Marcus Terentius Varro, der größte Gelehrte des alten Rom, dessen «Antiquitates rerum humanarum et divinarum» seine einzige Quelle hinsichtlich der heidnischen Gottheiten sind[108].

Augustins naturwissenschaftliche Bildung ist sehr schwach. Zwar will er an Pygmäen, Hundsköpfe oder Leute, die unter ihren Plattfüßen Sonnenschutz suchen, nicht um jeden Preis glauben, credere non est necesse. Doch daß der Diamant bloß durch Bocksblut sich spalten lasse oder daß in Kappadokien der Wind die Stuten schwängere, das glaubt er fest. Fest glaubt Augustin auch an das Fegfeuer. Ist er doch sogar der erste Theologe, der diese Vorstellung aufgegriffen und ihr dadurch dogmatische Geltung verschafft hat. Fest glaubt Augustin auch an die Hölle, ja, er malt sie nachdrücklich als wirkliches körperliches Feuer und lehrt, daß der Grad der Hitze sich nach der Schwere der Sünden richte. Dagegen glaubt er keinesfalls, nulla ratione credendum est, die Erde habe eine Kugelgestalt, obwohl es seit vielen Jahrhunderten bewiesen ist[109].

Die Naturwissenschaften geben nach Augustin mehr Meinung als Wissen. Die Erforschung der Welt sei überhaupt nur die Untersuchung einer Scheinwelt. Das gilt für das Theater ebenso wie für die Naturwissenschaft oder Magie. Schaulust, Neugier da wie dort. «Infolge dieser krankhaften Begier werden im Theater wunderbare Effektstücke aufgeführt. Von da aus geht man weiter, die Geheimnisse der Natur, die außer uns liegt, zu ergründen, was zu wissen nichts nützt und nichts anderes ist, als Neugier der Leute.» Die bloß aufs Irdische, nicht auf Gott gerichtete «curiositas» sei pervers und gefährlich, eine «fornicatio animae», eine Seelenhurerei, Gemeinschaft mit den Dämonen. So verwirft er nicht nur die «magischen Künste»; auch Medizin und Landwirtschaft sind ganz überflüssig. Das reine Sein Gottes, lehrt er gut neuplatonisch, stehe unsrem Geist näher als das körperliche[110].

Augustin, der stark aus Platon geschöpft und zeitweise geglaubt hat, Platonismus und Christentum seien bis auf ein paar Wörter dasselbe, übernahm besonders den Neuplatonismus, geradezu «ein Lehrmeister auf Christus hin». Philosophie und Theologie gehen bei dem Bischof, zumal nach 400, ständig ineinander über, wobei jedoch alles vom Christentum, von der «vera religio» her gesehen wird, da der Mensch nach der Augustinischen Illuminationslehre nur wahrhaft erkennen kann, wenn ihn Gottes Gnade und Licht erleuchtet. Weltliches Wissen und Bildung haben so keinerlei Selbstwert, sie gewinnen Wert nur im Dienst des Glaubens, sie haben keinen anderen Zweck, als zur Heiligkeit zu führen, zu einem tieferen Verständnis der Bibel. Auch Philosophie, die dem Alternden bloß mehr «spitzfindiges Geschwätz» (garrulae argutiae) dünkt, ist für ihn lediglich als Deuterin der «Offenbarung» wertvoll. Alles wird somit Hilfsmittel, wird nur Werkzeug für das Schriftverständnis. Andernfalls ist Wissenschaft, jede Wissenschaft, Abfall von Gott[111].

Um Gott dreht sich bei Augustin im Grunde alles, um ihn und die Kirche. Es ist bezeichnend, daß seine immer wieder neu gelesene und gedeutete, die folgenden Jahrhunderte stark beeinflussende Schrift «De doctrina christiana» zugleich Grundlegung christlicher Bildung und eine Anweisung für Prediger ist. Der Bischof, der darin auch über den Nutzen der (profanen) Wissenschaften schreibt und die gesamte antike Bildung, soweit er sie kennt, sichtet, verdammt alles, was nicht für katholisches Denken, zumal für das Studium der Bibel, gebraucht werden kann. Die curiositas, die Wißbegierde, war im Christentum stets suspekt. Bereits Tertullian hat sie massiv bekämpft, und Augustin, der solchen Ungeist noch verstärkt vertritt, greift diese Neugier, den Wissensdrang, die Hinneigung zu rein weltlichen Zielen, geradezu systematisch an; was ganz folgerichtig bei ihm zur Verketzerung der Wissenschaft, der Sinnesorgane führt: Unterjochungswerkzeuge und Hindernisse des Glaubens. «Die Ungebildeten stehen auf und reißen das Himmelreich an sich!» So eiferte er und hielt die Anrufung der Heiligen für weit zuverlässiger bei Krankheit als alle Mittel der Medizin, weshalb er, nicht ohne Konsequenz wieder, empfahl, bei Kopfweh Evangelien aufzulegen. Doch benutzten seine Schäfchen als Medikament auch einen Brei aus Abendmahlsbrot[112].

Dagegen übernimmt er, typisch nicht nur für ihn, sondern für diese verhältnismäßig kulturfreundliche Richtung im Christentum überhaupt, alles von den «ungerechten Besitzern», den Heiden, was er brauchen kann, und das ist ungeheuer viel. Man müsse ihnen ihre Schätze entwenden, meint er, wie einst die Juden bei ihrer Flucht Gold und Silber der Ägypter mitgehen ließen. So beraubt er die ganze pagane Kultur ihres Eigenwertes, er entmachtet sie gleichsam, um dann alles seiner Sache Dienliche wieder «fast unverändert in den neuen Rahmen des christlichen Weltbildes und der christlichen Bildung» zu stellen. Die antike Kultur erscheint nun «als Vorstufe des Christentums», sie geht «als weltliches Gut in den Gebrauch der Christen über, nachdem die Philosophie – jetzt endgültig christliche Philosophie geworden – sich alles irdische Wissen unterworfen hatte» (H. Maier)[113].

Augustin hat, sehr lehrreich, seine christlichen Unterrichtsvorstellungen entwickelt, die dann *grundsätzlich ein Jahrtausend maßgeblich* waren! Kunst spielt da, wie noch heute in den Schulen, kaum eine Rolle. Malerei, Bildhauerei, Musik sind überflüssig, Musiktheorie allenfalls angängig, wenn sie etwas abwirft für das Verständnis der «Heiligen Schrift». Genauso beurteilt Augustin Medizin, Architektur, Landwirtschaft, falls man sie nicht berufsmäßig betreiben müsse. Für den Bischof war die Kirche eine «schola Christi» und jede Wissenschaft außerhalb von ihr verdächtig. Zwar könne man sich befassen damit, doch nur nach gründlicher Prüfung in Auswahl und Grenzen. Entscheidend stets ist der Nutzen für die Religion. Denn im Grunde, meint Augustin, stehe alles, was ein Mensch an Wissen brauche, in der Bibel, und was dort nicht stehe, sei schädlich[114].

Die Welt wird immer finsterer

Bildung wurde noch im 4., 5. Jahrhundert hochgeschätzt. Sie war die eine große Hinterlassenschaft der antiken Welt und erfreute sich «einer fast religiösen Verehrung» (Dannenbauer). Noch im Jahr 360 konnte ein Gesetz des Kaisers Konstantius erklären, Bildung sei die höchste aller Tugenden. Und wirklich kultivierten sie viele römische und gallische Adelsfamilien jener Zeit, besonders innerhalb der senatorischen Nobilität. Doch man hütete die Bildung nur noch, man bereicherte sie nicht mehr. Und überall gab es auch ganz andere Kreise und Kräfte, selbst in den höchsten Positionen. Der christliche König Theoderich «der Große» führte zwar gut genug das Schwert, um damit Verwandte wie Rekitach oder Nebenbuhler wie Odoakar zu erstechen, war aber nicht fähig, den eignen Namen auf Dokumente zu setzen – wie die meisten christlichen Fürsten bis in die Stauferzeit (I 27). Mittels einer eigens für ihn angefertigten goldnen Schablone schrieb Theoderich die vier Buchstaben LEGI (gelesen). Unterricht für gotische Kinder hatte er geradezu verboten, werde doch, wie er gesagt haben soll, Hieb und Stich im Kampf niemals verachten, wer vor den Schlägen des Schulmeisters gezittert[115].

In Gallien, wo das Schulwesen vom Beginn des 3. Jahrhunderts an bis zum Ausgang des 4. blüht, verschwinden im Lauf des folgenden die öffentlichen Schulen anscheinend, mag es auch da und dort, in Lyon, Vienne, in Bordeaux und Clermont, noch städtische Schulen der Grammatik und Rhetorik gegeben haben und selbstverständlich auch dann noch privaten Unterricht. Doch dienen alle Unterweisungen, zumindest die literarischen, stets ausschließlicher dem Stoffsammeln für Predigten, Traktate, der Befassung mit der Bibel, der Festigung des Glaubens. Das wissenschaftliche Forschen war vorbei, wurde gar nicht mehr erwartet und gewollt. Die Kenntnis des Griechischen, seit Jahrhunderten auch im Westen Grundlage und Voraussetzung aller wirklichen Bildung, wird allmählich eine Seltenheit. Selbst viele klassische Schriftsteller der Römer, Horaz, Ovid, Catull, werden immer weniger gelesen und zitiert[116].

Doch auch im Osten ist der Niedergang offensichtlich. Für den Erzbischof Epiphanius von Salamis (gest. 403) ist Philosophie als solche schon der «Ketzerei» verdächtig. Seine Auseinandersetzung mit der Antike beschränkt sich «auf bloße Negation» (Altaner/Stuiber). Aber auch Kirchenlehrer Kyrill von Alexandrien, angeblich doch «ein Intellektueller vom ausgesprochen zerebralen Typus» (Jouassard), bildete sich offenbar hauptsächlich an der Bibel, lehnte Philosophie anscheinend ab, ja, man hat gemeint, er habe ihren Unterricht in Alexandrien unterbinden wollen. Der Lehrerberuf im allgemeinen verlockt schon im 4. Jahrhundert auch im Osten kaum mehr. Libanios, der Vorkämpfer hellenischer Bildung, der bekannteste Rhetorikprofessor des Säkulums, beklagt die Abneigung gegen diesen Beruf. «Sie sehen», schreibt er von seinen Schülern, «daß die Sache verachtet und in den Staub gezogen ist, daß sie keinen Ruhm, keine Macht, keinen Reichtum bringt, dafür eine mühselige Knechtschaft unter vielen Herren, den Vätern, den Müttern, den Pädagogen, den Schülern selbst, die die Verhältnisse auf den Kopf stellen und meinen, der Lehrer habe den Schüler nötig ... – wenn sie das sehen, so meiden sie diesen heruntergekommenen Beruf wie die Seefahrer die Klippen»[117].

Im Westen gibt es zur Zeit Augustins kaum noch philosophische Schulen. Philosophie ist verpönt, ist des Teufels, der Erzvater der «Ketzerei», den Frommen ein Grauen. Auch an einem so bedeutenden Bildungszentrum wie Bordeaux wird Philosophie schon seit längerem nicht mehr gelehrt. Und selbst im Osten hat die 425 gegründete Universität von Konstantinopel, die größte und wichtigste Universität des Römischen Reiches, unter 31 Lehrstühlen nur einen für Philosophie[118].

Die Kenntnis von längst vorhandenem Wissen verliert sich auf fast allen Gebieten. Der geistige Horizont verengt sich immer mehr. Von Afrika bis Gallien ist die antike Bildung erschüttert, in Italien nahezu verschwunden, Naturwissenschaft nicht gefragt; nur noch ein Rest von Elementarwissen vorhanden und eine konventionelle Vorliebe für Abstrusitäten, Kuriosa – oder was man dafür hält – in der Natur. Auch im Rechtswesen kommt es, zumindest im Westen, zu «destruktiven» Zügen, einem «bestürzenden Abbau» (Wieacker). Statt zu philosophieren zitiert man Gemeinplätze, statt Geschichte liest man Anekdoten. Weder die ältere noch jüngere und jüngste Historie interessieren ernsthaft. Bischof Paulinus von Nola, gestorben 431, der Nachfolger des Paulus von Nola, hat nie einen Geschichtsschreiber gelesen – durchaus typisch für damals. Ganze Epochen, die römische Kaiserzeit etwa, verfallen der Vergessenheit. Der einzige Historiker von Rang im ausgehenden 4. Jahrhundert ist Ammianus Marcellinus, ein Heide. Das Lesen schöner Literatur wird abgetan. Sie ist gefährlich, weil weltlich. Ganze Synoden verbieten den Bischöfen die Lektüre paganer Bücher. Kurz, man forscht nicht mehr wissenschaftlich, prüft kaum mehr nach, man denkt immer weniger selbständig, die Kritik erlahmt, das Wissen schrumpft, die Vernunft wird verachtet. «Der helle kritische Geist der griechischen Forscher früherer Jahrhunderte scheint gänzlich erstorben zu sein» (Dannenbauer). Dagegen glaubt man, wie in der Religion, auch in «profanen» Bereichen, der Biologie, Zoologie, Geographie, immer Aberwitzigeres, ja, je verrückter, desto lieber. Autoritätshörigkeit und phantastische Mystik triumphieren. Die Kraft der Heiligen hilft besser als die Kunst der Ärzte, sagt um 500 ein italienischer Geistlicher. Und ein paar Jahrzehnte später kann den Bischof Gregor von Tours, einen Mann mit einem Kopf voller Aberglauben, kein Arzt heilen, doch ein Trunk Wasser mit etwas Staub vom Grab des hl. Martin wirkt Wunder[119].

Die Laienbildung, die es im 6. Jahrhundert noch gibt, erlöscht jetzt jahrhundertelang so gut wie ganz. Nur Kleriker können noch lesen und schreiben, oft schlecht genug. Auch ein Geschichtsschreiber wie Bischof Gregor (gest. 594) liefert dafür einen eklatanten Beweis. Seine Sprache ist barbarisch. Sie wimmelt von schlimmsten Grammatikverstößen, er gebraucht, wie er immerhin selbst weiß und zugibt, die Präpositionen falsch, gebraucht für den Ablativ den Akkusativ und umgekehrt, er verwechselt häufig die Geschlechter, verwendet für männliche weibliche Namen, für weibliche sächliche, für sächliche männliche. Selbst Könige sind lange Zeit Analphabeten. Im 7. Jahrhundert liegt die Bildung nahezu total darnieder. Von Afrika bis Gallien liest man fast ausschließlich Heiligenlegenden, Mönchsromane, und in der Schule unterrichtet man fast gänzlich anhand der Psalmen. Nur in Spanien, wo wenigstens einige Bischöfe halbwegs gelehrt sind, dringt man auf ein Minimum an Wissen beim Klerus, doch auch nur auf Kenntnis der Bibel und kirchlichen Gesetze. Denn je mehr im beginnenden Mittelalter die weltliche Bildung zerrüttet, aufhört fast, desto enger, einseitiger, starrer wird die kirchliche. Das Vorurteil gegen die weltliche wächst, man lehnt sie immer mehr ab, sie gilt als unstandesgemäß. Das eigentliche Lehrbuch für Kleriker und Mönche sind die Psalmen. Besonders die Mönche entwickeln eine ausgesprochene Bildungsfeindschaft, zumal gegenüber der Philosophie. All dies ist überflüssig, schädlich, Afterwissen[120].

Für die Aufnahme in ein benediktinisches Kloster des 6. Jahrhunderts spielte es keine Rolle, ob man lesen und schreiben konnte. Und wenn man las, dann die Bibel – lectio divina. «Von einem anderen Zweck des Lesens ist nirgends die Rede» (Weißengruber). Entscheidend für den Klostereintritt war, daß der junge Mönch die Klosterregeln begriff, die ihm eingetrichtert wurden. Ein Unterricht für die Novizen aber fand nicht statt. Unterricht konnte hier nur Selbstunterricht sein. Und diese «lectio», wie man ein solches «Studium» nannte, war viel weniger Lehr- und Lernvorgang, Wissensvermittlung, als eine religiös-asketische Betätigung. «In den meisten Fällen wird der lectio reine Gebetsfunktion zugekommen sein», sie war eine «sakrale Handlung» (Illmer). Und während des «Unterrichts» steckten die Kinder – schon fünfjährige; ja bereits von der Wiege weg kamen manche ins Kloster – mit anderen Mönchen ebenso zusammen wie mit erwachsenen Analphabeten fast bis zum Beginn des Greisenalters. Man nannte dies die «schola sancta»[121].

Da beinah alle Welt aber immer dümmer wurde, glaubte sie auch immer mehr an jeden Blödsinn, zum Beispiel an jede Menge böser Geister.

DER AUSBRUCH DES CHRISTLICHEN GEISTERWAHNS

«Durch das ganze Neue Testament hindurch wird . . . die Existenz und Wirksamkeit von Geistern in hohem Maße vorausgesetzt; alte magische Praktiken wirken nach». Der Theologe E. Schweizer[122]

«Die Zeit Jesu war eine Blütezeit der Dämonenbannung. Hellenistische Fromme und jüdische Rabbinen beschworen ebenso Dämonen wie Jesus und die Apostel. Jesu dämonenaustreibende Kraft gehört zu seinen am besten gesicherten geschichtlichen Zügen». Der Theologe Friedrich Heiler[123]

«Das Kreuz ist der Schrecken der Dämonen . . . Sie erschrecken, wenn sie das Zeichen nur sehen.» Kirchenlehrer Kyrill von Jerusalem[124]

«Rasch verschwinden sie, wenn man sich schützt durch den Glauben und durch das Zeichen des Kreuzes.» Mönchsvater Antonius[125]

«So ist die patristische Literatur ebenso wie die Hagiographie voll von Beispielen für einen handfesten Geisterglauben, für eine höllische Hierarchie, die bis zum Jüngsten Tag gleichberechtigt neben der himmlischen Hierarchie der Engelchöre stehen wird.» B. Rubin[126]

«An der *Existenz der bösen Geister* darf der Christi nicht zweifeln, denn *1) die Hl. Schrift gibt uns davon die stärksten und überzeugendsten Beweise . . . 2) Jesus selbst trieb die bösen Geister aus . . . 3) Jesus erteilte den Aposteln die gleiche Gewalt.*» Der katholische Theologe S. Luegs (1928)[127]

«Das Böse kann nicht weggelassen werden, ohne daß man das Gefüge des Ganzen stört», «es gibt den Teufel». Kardinal Joseph Ratzinger[128]

Geisterglaube in vorchristlicher Zeit und im ausserchristlichen Bereich

Geister – Toten-, Ahnen-, Haus-, Natur-, Wald- und Wildgeister – verkörpern Mächte menschlichen Erlebens. Längst vor dem Christentum einzeln oder in Scharen auftretend, an ein sinnliches Substrat gebunden oder nicht, bilden sie ein gigantisches Heer. Erhalten sie keine Opfer, irren sie rastlos herum, Krankheiten schaffend, Seuchen, Wahnsinn, Tod, aber auch Erdbeben und Überschwemmungen. Im christlichen Mittelalter werden sie auch die Potenz bedrohen, den Beischlaf, die Schwangerschaft[129].

Schon in Sumer trieb man Dämonen mit Hilfe von Tiermasken aus. Die vedische Religion kennt ganze Dämonenklassen, menschenähnlich, tiergestaltig, mißgebildet: rakṣas, yātu, piśāc. Besonders produktiv im Hervorbringen von Geistern war die ägyptische Dämonologie. Man nahm Dämonen im Diesseits und Jenseits an, beziehungsweise in der Unterwelt, und ließ sie im Rahmen des Dualismus in einer Aura des Außerordentlichen, Mirakulösen, Gefährlichen für oder gegen den Menschen agieren[130].

Oft waren diese Geister dämonisierte Götter samt Gefolge, wie die 42 Beisitzer des Osiris, deren Namen schon für sich sprechen: «Knochenzerbrecher», «Blutsäufer», «Eingeweidefresser», «Totenfresser»; letzterer mit dem Kopf eines Krokodils, dem Hinterteil eines Nilpferdes, dem Rumpf einer Löwin, deren aufgerissener Rachen zu gut beurteilten Toten auflauert. Mancher Dämon veränderte sich im Lauf der Zeit, wurde aus einem guten ein böser Gott; berüchtigstes Beispiel der Mörder des Osiris, der Gott Seth. Er verlor seine Tempel und endete schließlich als Symbol des Bösen schlechthin; während der Zwerg Bes die eher entgegengesetzte Entwicklung durchlief und aus einem Beschützer bloß der Frauen im Wochenbett zu einem Beschützer überhaupt aufstieg, zu einem der am meisten verbreiteten wohltätigen Götter der Antike[131].

Später kommt es in Ägypten, das im besonderen als Land der Magie gilt, bis weit in die christliche Zeit hinein zu einer ausgeprägten synkretistischen Dämonologie, intensiveren Übernahmen als anderswo, zu Rezeptionen aus dem jüdischen, griechischen, gnostischen, koptischen Geisterglauben u. a. Abraxas, schlangenfüßig, hahnenköpfig, gepanzert, ist der bekannteste Dämon dieser synkretistischen Ära. Häufig auf Amuletten erscheint auch die löwenköpfige Schlange Chnoubis. Vor allem konzentrieren sich die Totengeister aber auf Ägypten. Einem Wesen diffusen Charakters, dessen Namen aus fünfzig Buchstaben besteht, gilt in einem gräko-ägyptischen Text die typische Bitte: «Bewahre mich vor jedem Dämon in der Luft und auf der Erde und unter der Erde und vor jedem Engel und Trugbild und vor Erscheinung und Gespenst und dämonischem Angang»[132].

In Mesopotamien, Syrien, Kleinasien machte die Dämonin Dimme oder Lamaštu Wöchnerinnen und Säuglinge krank, verschlang jedoch auch Männer wie Mädchen samt Knochen und Blut. Zur bösen Göttin überhaupt gesteigert, wurde sie aufs greulichste vorgestellt: mit einem Löwen- oder Adlerkopf, mit Hundezähnen, einem Eselsleib und Klauenfüßen; ein Schwein und ein Hund saugen an ihren Brüsten, die mit Blut gewaschen sind. Die aus argen Stürmen entstandene dämonische Dreiergruppe Lilû, lilītu, ardat lilî, die Geburt, Liebeslust und Hochzeitsnacht verdirbt, ist wahrscheinlich eine Verkörperung geschlechtlichen Versagens aus männlicher und weiblicher Sicht, wie incubus und succubus[133].

In Israel hat der Monotheismus den Geisterglauben zwar bekämpft, doch breitete sich dieser seit Ende der Königszeit gerade in den frömmsten Strömungen des Jahweglaubens aus, ja, Jahwe selbst bekam dämonische Züge. Überhaupt wurde die ganze Natur dämonisiert. Die Gestirne, das Meer, der Sturmwind, die Wüste (sie bevölkerten u. a. eine Vielfalt von Bocksdämonen), jeder öde Ort, auch bestimmte Tageszeiten, wie die Mittagsglut, ebenfalls Strauße, Eulen, alle gefährlichen Tiere, auch Krankheiten, wurden im alten Israel als dämonisch empfunden, mit Dämonen verbunden und stimulierten den Geisterglauben. Dämonen hausen auch unter der Türschwelle, und manchen solchen Ausgeburten, den Šedîm, hat man geopfert, sogar Menschenopfer dargebracht[134].

Dämonische Mischwesen sind in Israel Cherubim und Seraphim. Auf jenen, meist geflügelte Sphingen, reitet die Gottheit; diese stehen um Jahwes Thron. Auch die Grenze zwischen strafenden Engeln, den «Boten des Todes», dem «Seuchenengel», «grausamen Engel», und bösen Geistern ist schillernd[135].

Das frühe und hellenistische Judentum sah den Ursprung der bösen Geister im sogenannten Engelfall. Auch wurden rebellische Engel samt ihrem Anführer in den Luftraum gestürzt. Und allmählich tritt immer mehr der oberste der bösen Geister, der Engel der Finsternis, als Inkarnation aller gott- und menschenfeindlichen Mächte hervor. Er galt als verantwortlich für den Sündenfall Adams und Evas, er wurde der Versucher zur Sünde schlechthin. Vor allem aber ließ sich durch die Satansfigur, ihre Hauptfunktion, die Gottheit von negativen Zügen entlasten. Der Teufel, die zusammengedachte Macht der bösen Mächte und Geister, drang aus Persien, in dessen alten Religionen der Dämonenglaube besonders stark entwickelt war, ins Judentum ein: Belial, Beelzebub («Fliegen» oder «Mistgott»), meist jedoch Satan genannt – ursprünglich einer der «Söhne Jahwes» aus seinem Throngefolge[136].

Unter den Rabbinen gab es Exorzisten von Beruf, die von Ort zu Ort zogen und Dämonen austrieben. Und obwohl Gott für die Guten jede Menge Schutzengel aufgestellt hatte, so mächtig doch, daß durch sie «tausend Dämonen nach der einen Seite fallen und tausend nach der anderen», und obwohl man Bibeltexte als Abwehrmittel gegen böse Geister bei sich trug, gern den fünften Vers des 99. Psalms: «Du brauchst nicht zu bangen vor dem Schrecken der Nacht . . .», trugen viele und selbst sehr gläubige Israeliten zusätzlich Amulette. Wegen der immensen Wirkungen des Bösen war es sogar am Sabbat erlaubt, mit einem Heuschreckenei, einem Fuchszahn oder einem Galgennagel auszugehn[137].

Im talmudistischen Judentum, dem Gott als Schöpfer der Dämonen galt, der sie nach Gen. R. 7,7 als vierte Gattung der

Lebewesen in der Dämmerung des sechsten Tages geschaffen, wurde ihre Existenz von den Rabbinen fast ausnahmslos bejaht. Doch herrschte, wie auch sonst, eine Fülle verschiedenartiger Vorstellungen über sie. R. Jochanan kannte 300 Dämonenarten. Myriaden von Dämonen schützten allein den Tempel. Vor allem bevölkerten sie den ganzen Luftraum. (Noch nach moderner palästinensischer Anschauung wimmelt die Luft so von Dämonen, daß eine vom Himmel fallende Nadel sie zweifellos berühren würde.) Dämonen versuchen zu Gott emporzusteigen und am Vorhang vor seinem Thron die Zukunft zu erlauschen. Auch drängen sie zu den Gelehrtensitzungen, geistern in Feld und Haus herum, werden besonders von Unreinheit angezogen, weshalb sie mit Vorliebe auf Friedhöfen sind, Aborten, bei Speiseresten, Abflußrinnen und Gewässern, doch auch unter gewissen Bäumen, besonders Palmen[138].

Diese Dämonen sind ohne Haar, ohne Schatten, ohne Körper, hinterlassen aber gleichwohl Spuren in Hühnerfußform, können auch getötet werden, wobei sich Blutspuren zeigen. Sie tragen eine Maske, die sie vor einem Sünder abnehmen. Sie wirken besonders am Mittwoch und Samstag, vor allem nachts; nach dem Hahnenschrei jedoch verlieren sie ihre Macht. Selbstverständlich sind sie meist bösartig. Sie täuschen Menschengestalten und Himmelsstimmen vor, erzeugen «eitle Träume», verursachen viele Krankheiten, Geburtsschäden, bei Gelehrten Knieschwäche, Fußleiden, auch Kleiderabnützung. Sie können in Menschen und Tiere eingehen und von ihnen Besitz ergreifen[139].

Gegen diese Heere von Teufeln mußte man sich schützen, zumal wenn man schwach war oder krank. Und obwohl die Rabbinen verboten, sich mit «Zitaten aus der Schrift» zu heilen, konnte manch Frommer nicht widerstehen, etwa den 26. Vers des 15. Kapitels aus dem Exodus auf die schmerzende Körperstelle zu tun: «Ich will keine der Krankheiten auf dich legen, die ich auf Ägypten gelegt habe; denn ich, der Herr, bin dein Arzt!» Der Talmud bietet ungezählte Rezepte wider alles mögliche Unheil. «Nimm gegen dreitägiges Fieber sieben Spitzen von sieben Dattelpalmen, siebenmal Asche aus sieben Öfen, ohne sieben Haare von einem alten Hund zu vergessen, und binde das Ganze an einer weißen Schnur vor die Brust: das ist unfehlbar!»[140]

Zur Abwehr der bösen Geister gehörte genaue Kenntnis ihrer Zahl und Namen sowie Beschwörung; Formeln dafür sind vielfach erhalten, auch zitierte Bibelverse. Schutz gewährte nicht zuletzt die Anrufung Gottes, das Halten seiner Gebote, regelmäßiges Beten. Doch konnten die Dämonen auch in menschlichen Dienst gestellt, über die Zukunft befragt werden, wobei man sie anrief, ihnen Schlachtopfer, Räuberopfer, Gußopfer darbrachte. Das magische Interesse an ihnen war beträchtlich und verbreitet[141].

Der Geisterwahn der alten christlichen Apologeten und Kirchenväter stammt aus verschiedenen Quellen: aus dem entsprechenden religiösen Synkretismus der Zeit, aus philosophischen und volkstümlichen Vorstellungen, aus Elementen des Spätjudentums. Vor allem aber beruht dieser Geisterglaube auf der «Heiligen Schrift»[142].

Jesus «trieb viele böse Geister aus . . .»

Das Christentum hat gewiß einiges an heidnischem Aberglauben ausgeräumt, hat von Anbeginn Wahrsagerei und Zauberei bekämpft, gleichzeitig freilich selber nicht wenig an Schwarzer Kunst geboten.

Auf die Vergottung eines Menschen, die späte Entdeckung des Heiligen Geistes (als letzte der drei göttlichen Personen, die doch nur eine ist: vgl. S. 110 ff), auf die Jungfrauschaft Mariens (ante partum, in partu, post partum), ihre leibhaftige Himmelfahrt und ähnlich Mysteriöses wollen wir uns hier erst gar nicht kaprizieren; obwohl man kaum wird glaubhaft machen können, derlei habe die wissenschaftliche Arbeit, das autonome Denken, die geistige Emanzipation des Menschen gefördert. Auch von so manchem Hokuspokus wird man das nicht sagen können; der Verwandlung von Oblaten etwa in Fleisch oder von Wein in Blut –

wenn aus begreiflichen Gründen auch unsichtbar. Und daß man diesen Zauber seit ältesten Zeiten durch die Behauptung stützt, in anderen Religionen sei Analoges Verleugnung des wahren Gottes, Dienst der Dämonen, Hingabe an Satan, stärkt nicht gerade seine Überzeugungskraft[143].

Ganz beiseite, daß sogar heidnische Dämonen auch im Christentum sich wieder eingestellt haben. Akephalos etwa, eine kopflose Gestalt des griechischen Volksglaubens, die in der Zauberliteratur des religiösen Synkretismus als allmächtiger Offenbarungsgott erscheint, auch den enthaupteten Osiris verkörpert. Sie kehrt offensichtlich in den kopflosen christlichen Wiedergängern zurück, in Enthaupteten, die nach ihrem Tod umgehn. Zumal bei enthaupteten Märtyrern spielte Akephalos eine große Rolle (S. 149). Zu den zahlreichen Überbleibseln heidnischer Kulte im christlichen Geisterglauben gehört etwa auch Pontius Pilatus als «Donnerstagsdämon», um viel Ähnliches hier zu übergehn[144].

Im ganzen Neuen Testament «wird die Existenz und Wirksamkeit von Geistern in hohem Maße vorausgesetzt; alte magische Praktiken wirken nach» (E. Schweizer). Ja, das gesamte «Heilswerk Christi» ist eng mit der Besiegung der Dämonen, der Befreiung der Menschheit aus ihren Klauen verbunden – geradezu ein zentraler Gedanke in der Erlösungslehre der Patristik und oft höchst dramatisch dargestellt. Sind doch selbst die Kinder christlicher Eltern zunächst von «bösen Geistern» besessen, so daß diese durch Exorzismus vor der Taufe ausgetrieben werden müssen: der daemon adsistens, daemon adsidens, daemon adsiduus – man ist über alles Unmögliche hier immer gut informiert[145].

Das Neue Testament kennt gemäß seiner kraß dualistischen Tendenz gute und böse, heidnische und von Gott gegebene Geister. Die Dämonen, im griechischen (im Unterschied zum jüdischen) Glauben halbgöttliche Wesen, unterstehen dem Teufel, während der heilige Geist Gottes aus Jesus spricht. Die Synoptiker erwähnen verhältnismäßig häufig Exorzismen, unreine Geister und Dämonen, wobei sie mit beiden Ausdrücken abwechseln[146].

Nach einigen neutestamentlichen Schriften hat Gott die Dämonen, die gefallenen Engel, «in finstere Höhlen hinabgestoßen» (2. Petr. 2,4), hält er sie gefangen bis «zum Gericht des großen Tages mit ewigen Banden in der Finsternis», so wie etwa auch Sodom und Gomorra wegen ihrer Unzucht mit «fremdem Fleisch . . . leiden des ewigen Feuers Pein» (Jud. 6 f). Nach anderen neutestamentlichen Stellen und im Widerspruch zu den genannten aber sind die Dämonen bis zum Gericht auf Erden tätig, sind «die Geister der Bosheit in der Luft», werden sie einmal sogar die «Herren der Welt» genannt (Ephes. 6,12)[147].

Die Evangelien führen nicht nur Besessenheit, sondern gelegentlich auch Krankheit auf die «Dämonen» zurück. (Der «Krankheits-Geist» ist nach Jesus «der Satan» selbst.) Böse Geister können auch an übernatürlichem Wissen teilhaben, können ihr zukünftiges Schicksal kennen, können einem Menschen innewohnen, aber auch ausgetrieben werden. Füllt jedoch danach das «Haus» nicht Gott, so kehrt der Geist mit sieben anderen bösen Geistern wieder. Lehrt doch «Jesus», daß ein ausgetriebener «unreiner Geist» in das «Haus» zurückkehren will, das er verlassen hat. «Wenn er dann hinkommt, findet er es leer stehen, sauber gefegt und schön aufgeräumt. Hierauf geht er hin und nimmt noch sieben andere Geister mit sich, die noch schlimmer sind als er selbst, und sie ziehen ein und nehmen dort Wohnung . . .»[148]

Dem Jesus der Bibel ist das Böse-Geister-Austreiben doch recht wichtig – was die Apologeten nicht mehr so gern hören. Aber es kommt da nun einmal verhältnismäßig häufig zu Geisterbeschwörungen, Exorzismen, das heißt grundsätzlich zu Befehlen an die Dämonen, *«Menschen und Sachen zu verlassen oder sie nicht anzufeinden»* (Luegs)[149].

In der Synagoge von Kapernaum treibt Jesus aus einem Mann «einen unreinen Geist» aus: «Verstumme und fahre aus von ihm!» Der Besessene windet sich darauf in Krämpfen, und schließlich entweicht der «unreine Geist» mit einem «lauten Schrei». Das Volk staunt: «Auch den unreinen Geistern gebietet er, und sie gehorchen ihm!» Kein Wunder, daß man noch am selben Abend «alle Kranken und Besessenen» bringt und Markus berichtet: «er trieb viele böse Geister aus, ließ aber die Geister nicht reden». Gleich darauf meldet Markus, daß Jesus «in ganz Galiläa» umherwanderte «und die bösen Geister austrieb». Auch die Tochter des kananäischen Weibes, die «arg von einem bösen Geist geplagt» wurde, machte er gesund, ebenso eine Menge Frauen seiner nächsten Umgebung, Johanna, Susanna und «viele andere». Aus Maria Magdalena waren gar «sieben Teufel ausgefahren»[150].

Jesus heilt vom Teufel Besessene, Mondsüchtige, Fallsüchtige. Manchmal treibt er die «bösen Geister» nur durch das «Wort» aus, manchmal «durch Gottes Finger». Manchmal entweichen sie stumm, öfter aber «schrien sie laut», und natürlich vergessen sie nicht zu schreien: «Du bist der Sohn Gottes!» Als er einmal einen stummen Besessenen von einem «bösen Geist» befreit und das Staunen der Volksmenge wie üblich enorm ist, meinen die Pharisäer: «Im Bund mit dem Obersten der bösen Geister treibt er die Geister aus.» Jesus freilich behauptet, er treibe sie aus «durch den Geist Gottes»[151].

Das Glanzstück dieser allerhöchsten Teufelsbannungen ist wohl die Heilung zweier Besessenen im Land der Gadarener (was vermutlich «Gergesener» heißen soll). Die buchstäblich armen Teufel «kamen aus den Gräbern und waren überaus grimmig», waren sie doch von einer ganzen «Legion» böser Geister besessen (eine römische Legion hatte damals etwa 6000 Mann). Aber Jesus jagte die bösen Geister in «eine große Herde Schweine», die in weiter Entfernung weidete, worauf sie sich über einen Abgrund in einen See stürzte und ertrank – immerhin «etwa zweitausend Tiere», nach Markus. Tiere bedeuteten im Christentum von Anfang an nichts, wie auch das jesuanische Fischwunder, im krassen Unterschied zum älteren pythagoreischen, beweist. So finde ich dies evangelische Mirakel nicht so «possierlich» wie Percy Bysshe Shelley, der jedoch treffend höhnt: «Es handelte sich dabei um eine Gesellschaft hypochondrischer und hochherziger Schweine, sehr unähnlich allen anderen, von denen wir authentische Überlieferungen besitzen»[152].

Seinen Jüngern erteilte Jesus die gleiche Gewalt. Bereits bei ihrer «Berufung» verleiht er ihnen «Macht über die unreinen Geister, so daß sie diese auszutreiben ... vermochten». Und auch bei seiner «Aussendungsrede» an die Zwölf befiehlt er: «treibt böse Geister aus ...» Mißlingt ihnen dies zwar noch dann und wann, so daß sie – unter sich – irritiert fragen: «Warum haben *wir* den Geist nicht austreiben können?», gewöhnlich gelingt's: «Herr, auch die bösen Geister sind uns kraft deines Namens untertan!» Und nun fahren sie aus «mit lautem Geschrei» – sogar noch durch die Schweißtücher und Gürtel des Paulus[153].

Der Exorzismus gehört zu den Kernstücken des antiken Christentums

Beim Aufzählen der wesentlichen Stücke des Christentums nennt kein Geringerer als Athanasius im 4. Jahrhundert gleich an zweiter Stelle die Gewalt über die Dämonen. Die ganze Welt dachte man sich seinerzeit eben durch verschiedenste Gespenstersorten drangsaliert, glaubte die Erde und den Luftraum voll davon, die Furcht vor ihnen war ungeheuer weit verbreitet. Das Christentum aber teilte diesen Glauben und machte ihn sich zunutze. Schon Jesus und seine Jünger hatten das Szenarium zumindest auch als Dämonenbeschwörer betreten, ihre Nachfolger behaupten, gleichfalls die Teufel austreiben zu können, und unter all den vielen, die Geisterbannerei pflegenden religiösen Marktschreiern wurden sie die berühmtesten. Die Kirche versäumte denn auch nicht, in Anbetracht ihres erfolggekrönten Kampfes gegen die «bösen Geister» bald ein besonderes, bis heute bestehendes Amt zu schaffen, das des Exorzisten[154].

(Noch im späteren 20. Jahrhundert kommt es folglich zu Teufelsaustreibungen, und manchmal wird nicht der Teufel dabei ausgetrieben – sondern das Leben. So das der 23jährigen Studentin Anneliese Michel, die an Epilepsie litt, aber 1976 bei dem «Exorzismus von Klingenberg» in Unterfranken der Kunst zweier vom Würzburger Bischof Josef Stangl – mit «der Auflage, äußerste Diskretion zu bewahren» – beauftragter Priester erlegen ist. Der als Gutachter und Experte befragte Jesuit Adolf Rodewyk, «einer der führenden Vertreter des Satansglaubens in der katholischen Kirche» [Frankfurter Rundschau], bekannte damals – 1976! – nicht nur, selbst schon «vielen Bösen Geistern» begegnet zu sein, sondern auch: «Es leben viele Hexen und Hexenmeister unter uns, die mit dem Teufel im Bund stehen und von ihm angestachelt werden, uns Schaden zuzufügen.» Dieser kriminelle Schwachsinn ist natürlich obrigkeitlich vielfach gedeckt, u. a. durch eine Erklärung Papst Pauls VI. in einer Generalaudienz vom 15. November 1972: «Wir alle stehen unter einer finsteren Herrschaft, der des Satans, des Fürsten dieser Welt, des Feindes Nummer eins.» – Seinerzeit war übrigens auch in Tarent, Italien, eine Frau bei einer «Teufelsaustreibung» gestorben. Dies sind also – wie sehr vieles hier! – nicht nur Dinge der christlichen Antike, sondern auch noch des nächsten Jahrtausends . . .)[155]

Schon im Frühchristentum hatte jede größere Christengemeinde ihre Exorzisten (allein die römische bereits zur Zeit des Novatus zweiundfünfzig). Und sie operierten so furios, daß selbst Heiden und Juden frühzeitig anfingen, den Namen Jesu in ihre Zaubersprüchlein einzuflechten. Justin, Tertullian – von dem wir hören, daß die Christen die Dämonen auch «anblasen» –, Minucius Felix, Cyprian und andere Kirchenväter renommierten mächtig mit diesen Austreibungen[156].

Die «bösen Geister» im Glauben und Urteil der Kirchenväter

Der hl. Justin kommt immer wieder auf die ungezählten Schändlichkeiten dieser Scheusale zu sprechen. So seien auf ihren Antrieb die Mythen der Dichter «zur Betörung und Verführung des Menschengeschlechtes» ersonnen worden. Auch werde der Kampf der Heiden gegen die Christen im Bund mit «den bösen Dämonen» geführt, «gerade als wenn die Obrigkeiten von ihnen besessen wären». Besessen von ihnen sind natürlich auch alle «Ketzer», und mit Hilfe dieser Teufel wirken sie auch «Zauberkünste», Wunder, ein gewisser Samaritaner Simon in Rom etwa oder der Samaritaner Menander in Antiochien. Auch der «Ketzer» Markion habe seinen Anhang «mit Hilfe der Dämonen bei allen Volksstämmen» gefunden. «Ihm haben viele Glauben geschenkt als ob er im Alleinbesitz der Wahrheit sei» – und waren doch nur «wie vom Wolf geraubte Schafe eine Beute der gottlosen Lehren und Dämonen»[157].

Im Christentum wurde (und wird) der theologische oder politische Gegner sehr häufig, fast in der Regel, diabolisiert.

Schon im Neuen Testament schimpft man «Ketzer» «Kinder des Fluches», «Kinder des Teufels». Bald darauf nennt Kirchenvater Ignatius von Antiochien den «häretischen» Gottesdienst «Teufelsdienst», beginnt bei Kirchenvater Irenäus die Verteufelung des «Ketzers» als Person, sieht auch der hl. Cyprian den Teufel besonders bei «Häretikern» am Werk (vgl. I 155 ff). Und als der hl. Antonius auf Bitte der Bischöfe nach Alexandrien zieht, um die Arianer zu widerlegen, verdammt er sie und erklärt, «dies sei die letzte Häresie und ein Vorläufer des Antichrist» (Athanasius, Vita Antonii). Seit je hat die Großkirche ihre Gegner als «Erstgeborene des Satans», «Sprachrohr des Teufels» verunglimpft, hat sie die Lehre andersgläubiger Christen dämonisiert.

Schon im 2. Jahrhundert suchte man so in Phrygien im Kampf gegen den Montanismus (dessen Predigt der Kirchenlehre gar nicht widersprach, wohl aber deren laxer Moral) der Prophetin Priscilla durch Exorzismus beizukommen. «So wahr Gott im Himmel lebt, hat der selige Sotas von Anchialos den Geist aus der Priscilla austreiben wollen; die Heuchler haben es aber nicht zugelassen»[158].

Die Montanisten wurden 407, auf Anraten von Papst Innozenz I., vom Staat als Verbrecher eingestuft, ihre Güter geraubt und ihre Vermächtnisse für ungültig erklärt. Noch im 6. Jahrhundert setzt Kaiser Justinian den Kampf verschärft gegen ihre Reste fort; in ihre Kirchen eingeschlossen, verbrennen sich manche mit diesen lebendig. Der klerikale Vertraute des Kaisers, Johannes von

Amida, Bischof von Ephesus, ein wilder Heidenbekehrer und Synagogenräuber (II 390, 392), brüstet sich um 550, die Gebeine der montanistischen Propheten wiederaufgefunden und zertrümmert zu haben. Doch noch im 9. Jahrhundert gehen Staat und Kirche gegen gewisse «Phrygier» vor[159].

Ja, noch 1988 spricht der katholische Theologe Michel Clévenot vom Montanismus – der, dies räumt er ein, keineswegs ein Schisma bewirken wollte – wie von einer Epidemie. Weithin sieht er Vergiftung, Ansteckung am Werk. Er redet von einer «Landplage» und meint, nachdem der Beschluß der Exkommunikation durch die Kirche einmal verkündet worden sei, «bleibt nur noch, die Verurteilten so zu behandeln, wie sie es verdienen: als gefährliche Feinde, als ansteckende Pestkranke, die man verfolgen, zurückdrängen und ausrotten muß». Der Ton eines katholischen «Progressisten» an der Schwelle zum 3. Jahrtausend![160]

Natürlich sind all diesen Teufelsdienern die «Rechtgläubigen» überlegen. Denn die, behauptet Justin, haben auch in jenen schwersten Fällen Erfolg, in denen die Exorzisten der Heiden wie Juden versagten. Haben doch viele Christen, «eine ganze Menge von Besessenen in der ganzen Welt und auch in eurer Hauptstadt, die von allen anderen Beschwörern, Zauberern und Kräutermischern nicht geheilt worden waren, durch Beschwörung im Namen Jesu Christi, des unter Pontius Pilatus Gekreuzigten, geheilt . . .»[161].

Noch mehr renommiert etwas später, um 200, Tertullian: «Man bringe einen Dämonenbesessenen vor Gericht. Auf jedes beliebigen Christen Befehl wird jener Geist so sicher bekennen, ein Dämon zu sein, wie er sich anderswo fälschlich als einen Gott ausgibt. Bekennt er nicht sofort, ein Dämon zu sein, da er keinen Christen zu belügen wagt, so vergießt sofort das Blut dieses unverschämtesten aller Christen»[162].

Der größte Theologe der ersten drei Jahrhunderte, Origenes, ist der Auffassung, daß man über die bösen Geister «sorgfältige Erwägungen» anstellen müsse, und er weiß sogar, daß einige leichter auszutreiben sind, wenn sie ägyptisch, andere aber «wenn sie in der Sprache der Perser» angeredet werden etc. (Wissen ist Macht!)[163]

Natürlich ließ sich nicht alles verblöden. Von der Mitte des 2. Jahrhunderts an kamen die christlichen Dämonenbanner nicht selten in den Ruf von Taschenspielern oder Schwarzkünstlern. Und die Tatsache, daß eine Christengruppe der anderen die hohe Kunst des Exorzismus rundweg absprach, daß sie einander Betrug und Täuschung vorwarfen, mag nicht überall das Vertrauen gefördert haben. Nach Irenäus wirken die Exorzisten der «Ketzer» nur «zum Verderben und zur Verführung durch magische Täuschung und jeglichen Trug, mehr schadend als nützend denen, die ihnen glauben». Dagegen hat der Heilige sich überzeugt, daß Katholiken sogar Tote auferwecken können![164]

Durch die ganze Geschichte des Christentums spukt es. In jedem Menschen, jedem Tier konnte ein Teufel stecken. Dem Cyprioten Georg erschien ein böser Geist im Feld als Hase und löste bei ihm eine Fußkrankheit aus. Auch daß die Christen schon früh sich um eigene Begräbnisplätze sorgten, hing wesentlich damit zusammen, daß man «die Nähe der Dämonen auf heidnischen Friedhöfen fürchtete» (Schneemelcher). Die rechtgläubigen Gelehrten haben immer wieder und ausgiebig die «bösen Geister» studiert, und so konnten sie Erkenntnisse über Erkenntnisse gewinnen, wenn auch vieles, wie so oft in der Wissenschaft, kontrovers war und verschiedene Ansichten bestanden, mitunter bei denselben «Vätern»[165].

Ursprünglich hat man im Christentum zwischen den Engeln des Teufels, den sogenannten gefallenen Engeln, und den Dämonen unterschieden, dann aber beiden Gattungen dieselben Eigenschaften beigelegt, was allmählich zu ihrer Gleichsetzung führte. Da im Christentum alles von Gott stammt, kommen natürlich auch der «princeps daemonum» und seine Diener, die «bösen Geister», von Gott. Doch fielen sie, kraft ihrer Willensfreiheit, von ihm ab; nach den einen aus Hochmut und Auflehnung, nach den anderen wegen ihrer Verbindung mit irdischen Frauen. Sie «erniedrigten sich zum Verkehr mit Weibern und zeugten Kinder, die sogenannten Dämonen», schreibt Justin, der mit diversen alten Apologeten drei Klassen von Teufeln kennt: Satan, der Eva verführte, die bösen Engel, die es mit Menschenweibern trieben, und ihre Kinder, die Dämonen, die «daemones terreni», wie sie Laktanz nennt. Manchmal finden sich dieselben einander widersprechenden Lehren – da Abfall aus Hochmut, dort Abfall durch Unzucht – sogar bei denselben Vätern, wie bei Athenagoras und Ambrosius.

Nach den einen erfolgte der Abfall nach dem Sündenfall des Menschen; nach den anderen, die sich durchsetzten, vorher. Jedenfalls mußten und müssen nun der Teufel samt den gefallenen Engeln, aus dem Himmel verbannt, auf der Erde hausen, wo sie gern, in Imitation des göttlichen Geistes vor Erschaffung der Welt, auf dem Wasser liegen, vor allem aber in der Luft stecken, und zwar, ihrer Natur gemäß, in der niederen Luft. Noch durch das ganze Mittelalter glaubt man an ein von Dämonen bevölkertes Luftpurgatorium. Doch ist auch jeder Mensch, führt Origenes aus, von ungezählten Geistern umgeben[166].

Den älteren frühchristlichen Glauben, daß die bösen Geister einen – wieder uneinheitlich aufgefaßten – Körper haben und sich durch die Götteropfer der Heiden (I 190) ernähren, daß sie Fettdunst und Blut genießen, gab man später preis. Man erinnerte sich ihrer engelhaften Herkunft und erklärte sie nun für unkörperlich. Sie seien «alle ohne Fleisch und haben einen geistigen Organismus wie von Rauch und Nebel», wußte der Syrer Tatian, der gleichwohl behauptet, daß man die Dämonen sehen könne, allerdings nur, wer «vom Geiste Gottes» beschützt sei. Doch meistens nennt man sie unsichtbar. Überall, wie Gottvater, können sie zwar nicht zugleich sein, doch als geflügelt vorgestellt, taumeln sie über die ganze Welt mit ungeheuerer Geschwindigkeit[167].

Ob die bösen Geister auch in Götterbildern hausen (vgl. I 186 ff, bes. 190), war wieder kontrovers. Die einen altchristlichen Forscher behaupten, die anderen bestreiten dies. Der Apologet Athenagoras leugnet entschieden, daß Dämonen prophezeien und heilen können und erklärt beides als reinen Trug. Viele Autoren von Tertullian bis Augustin aber lehren das Gegenteil. Nach ihnen tun auch Dämonen Wunder, natürlich nur geringere als die Christen. Ebenso sind ihre Weissagungen dunkel und mehrdeutig und mit den irrtumslosen christlichen nicht zu vergleichen. Und während eine Minderheit der Kirchenväter, entsprechend der origenistischen Apokatastasislehre den Dämonen die Möglichkeit der Buße zugesteht und damit auch für sie die Erlösung, gilt dieser Glaube der Mehrzahl als falsch. Der desolate Zustand der Teufel ist demnach endgültig, Vergebung für sie so unmöglich wie für den Menschen nach seinem Tod.

Ob die Gespenster aber nun in Götterbildern wohnen oder nicht, sie nisten sich jedenfalls gern in Tempeln ein, rasen da, toben und fliehen erst bei Anrufung des Heilands. Vor allem mittags – es gibt einen eigenen «Mittagsdämon» – und abends belästigen sie gern Vorübergehende. Als bevorzugte Geisterstunde gilt stets auch die Mitternacht, überhaupt die Dunkelheit. Mit Vorliebe greifen die Verderber Menschen von rückwärts an, dringen in sie ein, machen sie besessen. Vor der Erlösung war die gesamte Menschheit besessen – wie jetzt noch die Juden. Und da der Teufel, der «Vater der Lüge» (Joh. 8,44), ihr Chef ist, sind sie lauter abgefeimte Lügner, überaus verschlagen, falsch, boshaft, voller Betrug, Arglist. Sie sind große Verführungskünstler, täuschen immer etwas anderes vor, als was sie wirklich planen. Sie sind Sündenantreiber, Initiatoren vieler Laster, Veranlasser und Förderer auch der Idololatrie, des Götzendienstes. Sie bewirken die Weissagungen und Wunder der Götter, die «Ketzereien», die Christenverfolgungen. Sie sind die Gegenspieler der Schutzengel. Sie verursachen Krankheiten, Hagel, Mißernten, Stürme, Trokkenheit, Hungersnot[168].

Grundsätzlich zwar ist die Macht der «bösen Geister» schon durch das Heilswirken Jesu gebrochen und natürlich begrenzt; zumal die Christen sind als Untertanen Gottes stärker. Doch triumphiert Kirchenvater Johannes Damascenus gegen Mitte des 8. Jahrhunderts zu früh: «Nun hat der Dämonenkult aufgehört, die Schöpfung ist durch das göttliche Blut geheiligt, Götzenaltäre und -tempel sind niedergerissen». Denn der Kampf geht weiter. Selbst nach dem Tod noch müssen die Christen durch die Heere der «bösen Geister» ins Paradies gelangen, was zum Krieg mit den Engeln führt[169].

Die Kirche hat den Teufelswahn sehr ernst genommen. Nach

den Apostolischen Konstitutionen durften Besessene nicht Kleriker werden. Erst nach dem Austreiben des Dämons war für sie der Klerikerberuf wieder möglich. Später, als man genug Priester hatte, dachte man strenger. So verbot die aus dem frühen 6. Jahrhundert stammende Rezension des Liber de ecclesiasticis dogmatibus des Gennadius strikt jedem die Klerikerweihe, der «einmal in Wahnsinn verfiel oder durch einen Anfall des Teufels gequält wurde». Ähnliches dekretierte am 11. März 494 Papst Gelasius I. (II 324 ff). Auch die Synoden von Orange (441) und Orléans (538) befehlen, epileptische Kleriker vom Amt zu entfernen. Wer mit Dämonen Umgang hatte, durfte weder nach dem Priesteramt streben noch es gar einnehmen. «Diese antike Anschauung behält auch in der Kirche ihre Gültigkeit» (Reallexikon für Antike und Christentum)[170].

Die Dämonen und die Mönche

Ein bevorzugtes Angriffsobjekt der «bösen Geister» werden die Mönche. Andererseits aber werfen auch die Mönche den Satansdienern den Fehdehandschuh hin. Schon das möglichst weite Hinausziehn in die Wüste, nach populärem Glauben Sitz der Dämonen, galt als klare Kampfansage. Die Wüstenteufel attackieren die Frommen mit sündigen Gedanken, Leidenschaften und durch alle Arten von Versuchungen. Sie erscheinen in Menschengestalt, bieten Nahrung in Fülle an, locken die Asketen zurück in die Zivilisation. Die Mönche ihrerseits bekämpfen die Bösen mit Fasten und Gebet, wobei letzteres auf die Dämonen geradezu Feuerwirkung hat. Freilich, ohne den Beistand der Schutzengel wären alle Kraftakte der «Ringkämpfer Christi» vergebens[171].

Besonders gern nähert sich die Höllenbrut Mönchen und Reklusen in Gestalt von Frauen, oft fürchterlich, doch auch sehr einnehmend, sehr verführerisch aussehenden Frauen. In der koptischen Vita des Apa Onophrios erscheint der Dämon als Nonne und führt mit dem Einsiedler ein lästerliches Liebesleben. Man glaubte fest, daß diese «Geister» in der Art der Götter mit Menschen geschlechtlich verkehren können – ein Wahn, der im abendländischen Hexenwesen eine verheerende Rolle spielt[172].

Nur selten zeigen sich übrigens die Dämonen so wie sie sind, häßlich und schwarz nämlich, mit feuersprühenden Augen. Immer aber schießen sie schlimme, sündhafte Gedanken in die Seelen der Asketen. Immer sind sie so oder so hinter ihnen her, umlagern, bedrängen, quälen sie. In der berüchtigten «Vita Antonii» (S. 349 f) des Athanasius, der selbst offenbar fest an die Existenz dieser Gespenster glaubt, besteht der Titelheld immer wieder furchtbare Kämpfe mit dem Teufelsgezücht. Er befreit auch Männer davon, heilt ein besessenes Mädchen, andere Jungfrauen. Die «Hunde» Satans, die sehr verschiedene Gestalt annehmen, vor allem die von wilden Tieren, die Antonius bestürmen, werden ganz als wirkliche Wesen verstanden. Sie sind den Menschen in mancher Hinsicht überlegen. Sie dringen durch geschlossene Türen, sind schneller als reisende Mönche, steigendes Nilwasser. Und weil sie schneller sind, vermögen sie auch vorherzusagen[173].

Natürlich versucht Satan den Antonius auch «in Gestalt eines Weibes», das er ihm sogar «in jeder Stellung» vorspiegelt. Vergeblich! Der Heilige denkt fest an Christus und die Hölle – und widersteht. In einem Grabmal prügelt ihn der böse Feind bewußtlos, doch Antonius – nach einer Vermutung des Mediziners Steingießer Epileptiker – singt Psalmen und überdauert auch diese und weitere Heimsuchungen, Dämonenkämpfe, Teufelsvisionen. Und selbst Augustinus feiert den ewigen Streiter gegen die Geister als «großen Mann» und schwärmt, daß sich in der Kirche des Herrn «so unbestritten Wunderbares ereignet habe». Ja, er bekennt, auch der Erscheinung des Antonius und der herrschenden Antoniusbegeisterung seine Konversion zu verdanken![174]

Auch Augustinus lehrte jeden Blödsinn über «böse Geister» und wurde «der Theologe des Hexenwahns»

Nach Augustin hat einer der Engel, ihr Haupt, gesündigt, wurde so zum Teufel und zog andere Engel mit in seinen Fall. Wann? Darüber schweige die Schrift. Doch weiß Augustin, daß die «bösen Geister» vor ihrem Sündenfall noch nichts von diesem wußten. Und ihr Sexualverkehr mit Menschenfrauen, sagt Augustin, werde von so vielen glaubwürdigen Christen versichert, daß es unverschämt wäre, es zu leugnen. Schuld aber an der gemeinsam begangenen Apostasie sei ein falscher, perverser Wille der Abgefallenen, für den er lange keinen Grund kennt. Erst am Schluß seines Lebens behauptet er, der bessere Teil der Engel sei durch einen Gnadenakt Gottes treu geblieben. Doch warum kein Gnadenakt für die andern? Darüber hat Augustin nicht lang gerätselt. So war es eben, ist es eben, basta[175].

Nach dem Bischof von Hippo geben sich die Dämonen als Götter aus, sitzen in den Götterbildern und empfangen die Opfer. Gefährlich aber sind sie vor allem, weil sie über «viele» herrschen, «die der Teilnahme an der wahren Religion nicht würdig sind, wie über Gefangene und Untertanen, und wissen sich den meisten von ihnen durch wunderbare und betrügerische Zeichen, bald Taten, bald Weissagungen, als Götter zu empfehlen». Augustinus gesteht sogar zu, daß Götterstatuen sprechen können, wie das Bild der Fortuna, was er durch «Arglist und Tücke» der «boshaften Dämonen» erklärt[176].

Wenn sie aber auch als Götter sich ausgeben, so nehmen sie doch, lehrt Augustin, in Wirklichkeit eine «Mittelstellung zwischen Göttern und Menschen» ein, «wie sie durch ihren luftigen Körper bedingt ist» und ihre «höhergelegene Wohnung», «ihre Wohnung in einem höheren Elemente», eben «in der Luft». Kein Grund, sie deshalb zu verehren. Verehren wir doch auch die Vögel nicht und ergo auch «die noch luftigeren Dämonen nicht». Augustin weiß, daß diese sicher nicht aus irdischem Fleisch (caro) bestehen, daß sie vielmehr einen höchst subtilen, luftartigen Körper haben; freilich «nicht sonderlich viel wert», eine Herabstufung, da die Geister vor ihrem Fall ein leuchtender Ätherkörper schmückte. Andererseits schließt Augustin nicht aus, sie sich auch ganz körperlos zu denken, was freilich wieder seiner Ansicht widerspricht, sie müßten einen Körper haben, weil ja nach Mt. 25,41 «das ewige Feuer» ausdrücklich «für den Teufel und seine Engel bereitet ist», weil diese zwar wohl «vernünftig», doch «darum (!) auch elend» seien, wohl «auch ewig», aber nur deshalb, damit «ihr Elend kein Ende nehmen kann!» Und obwohl er behauptet, daß nur Gott die geheimen Gedanken des Menschen kenne, behauptet er an anderen Stellen doch auch, daß die Dämonen kraft ihres langen Lebens ausgedehntere Kenntnisse als die Menschen haben und auch deren Gedanken kennen[177].

Man hat die häufigen Widersprüche des großen Heiligen im Hinblick auf die «bösen Geister» damit erklärt, daß die Bibel, auf die er sich ständig berufe, da «nur recht karge Auskunft gibt» (van der Nat). Doch folgt daraus nicht zwingend, daß er sich selber widersprechen müsse. Er leugnet, behauptet, erklärt das Problem schließlich für nicht so wichtig und meint, an solcherlei Fragen «bildet sich der Geist nicht ohne Nutzen . . .». Eine tolle Behauptung angesichts einer Gespensterspekulation[178].

In einem eigenen Kapitelchen seines Hauptwerkes legt Augustin dar, daß es unsinnig sei, die lasterhaften Dämonen zu verehren und auf ihre Fürsprache zu rechnen; in einem weiteren, daß sie Liebhaber von Zauberkünsten sind. Dutzende von Seiten kann Augustinus über die Natur dieser Dämonen mit pseudogelehrtem Unsinn füllen. Der hl. Kirchenlehrer weiß, «daß es Geister sind voll Schadenfreude, gänzlich bar aller Gerechtigkeit, geschwollen von Hochmut, blaß vor Neid, listig zu betrügen» usw.; kann aber andererseits versichern, daß der Brustkrebs einer Christin in Karthago durch das bloße Kreuzzeichen geheilt worden sei[179].

Haufenweise hat der größte katholische Kirchenvater solchen Unsinn geglaubt, gestützt, gefördert. Ja, er ist Verfasser einer eigenen Schrift über «Die Weissagekunst der Dämonen» – gefährliche Wesen, wußte er: ausgezeichnet durch eine phantastische

Wahrnehmungsgabe, enorme Schnelligkeit – schneller als die Vögel –, insbesondere aber durch «langjährige Erfahrung». Augustinus will nicht nur einen Dämon selbst gesehen haben, er war auch fest von dem Dasein der Weibern nachstellenden Faune überzeugt; er glaubte an die Möglichkeit, die Geister um Rat zu fragen, mit dem Teufel Verträge abzuschließen und mit ihm geschlechtlich zu verkehren. Vor allem durch die Autorität Augustins wirkte dieser ganze Dämonen- und Teufelsglaube viele Jahrhunderte lang weiter, wurde er selbst dadurch «der Theologe des Hexenwahns». Man kann Augustins Einfluß nicht hoch genug veranschlagen. Seine Lehre ist nicht nur «die *Philosophie der christlichen Kirche*», sondern er ist auch «der wahre Lehrer des Mittelalters gewesen» (Windelband/Heimsoeth). Und er verseucht noch die christlichen Köpfe der Neuzeit[180].

Christlicher Abwehrzauber gegen «böse Geister»

Da jeder Teufelsglaube, jede Dämonologie notwendig zur Magie führt, schützt sich der Christ vor allem Höllenspuk durch kirchliche Segnungen, durch mehr oder weniger offiziellen Zauber sozusagen, aber auch durch Amulette und jede Menge heidnischer Magie, «die mit christlichen Elementen angereichert zu neuer Blüte gelangte» (Reallexikon für Antike und Christentum)[181].

Das wohl wichtigste apotropäische Zeichen gegen «böse Geister» war das Kreuz.

Kreuzabbildungen gab es längst vor dem Christentum; ein Kreuz war ein weitverbreitetes Symbol für Sonne, Himmel, Wind schon in vorgeschichtlicher Zeit. Dagegen ist keine Darstellung des Kreuzes Jesu vor dem 3. Jahrhundert sicher bezeugt. Doch machte man Kreuze bereits früher auf jüdische Gebeinkästen als Schutzzeichen, wie überhaupt im jüdischen Palästina Böses abwehrende Kreuze bekannt gewesen sind[182].

Das Kreuz war nach weitverbreitetem Väterglauben eine hochwirksame Waffe in der Hand der Christen. Man schlug damit Dämonen in die Flucht. Der senkrechte Kreuzteil sollte als Stütze dienen, der waagrechte als Stock in der Hand zum speziellen Gebrauch eben gegen «böse Geister». Frauen und Mädchen wehrten auch Freier und zudringliche Liebhaber durch Kreuzzeichen ab. Ebenso fungierte es als Mittel in der Bekämpfung dämonischer Besessenheit. Auch das Mönchsschema, der Gürtel, wird kreuzförmig zur Dämonenabwehr getragen, ist so allerdings auch besonderen Angriffen ausgesetzt. Der hl. Antonius empfiehlt das Kreuzzeichen gegen teuflische Anfechtungen zur Nachtzeit. Kyrill von Jerusalem nennt es geradezu «Dämonenschreck», behauptet: «Sie erschrecken, wenn sie das Zeichen nur sehen» und rät: «Mache dieses Zeichen, wenn du issest und trinkst, wenn du sitzest, wenn du dich niederlegst, wenn du aufstehst, wenn du sprichst, wenn du gehst, um es kurz auf einmal zu sagen, bei all deinem Tun». Johannes Chrysostomos rät den Christen, das Kreuzzeichen statt der üblichen antiken Zauberamulette zu tragen, öffne es doch verschlossene Türen, die Pforten des Himmels und der Hölle, mache tödliche Gifte zunichte, heile Bißwunden wilder Tiere, zerschneide «die Sehnen des Teufels». Wurde das Kreuzzeichen ja sogar als «lebendiges Zeichen Unseres Herrn» in Zaubertexte zum Schutz vor den Höllengeistern eingesetzt[183].

Schon dem Namen Christi schrieb man teufelsaustreibende Macht zu. Er jagte die Satansgesellschaft aus den Seelen und Körpern. Dauernd schützte auch das Taufsiegel gegen «böse Geister», die man in den orphischen Mysterien durch Tierhäute und -masken abzuwehren suchte. Überhaupt war die ganze Taufvorbereitung im Christentum – ein in manchen Gemeinden vierzig Tage, in anderen bis zu drei Jahren dauerndes Katechumat – eine tägliche Dämonenbeschwörung mit Servieren von geweihtem Salz, Bekreuzigung und Anblasen. Das Anblasen spielte in der Zauberei weithin eine Rolle. Schon der babylonische Zauberer bringt Schlangen durch Anblasen zum Verbrennen. Und so gehört auch zum Kreuzzeichen als Einleitungszeremonie von Segen und

Gebet das Blasen gegen den Teufel. Auch das Ausspucken des Speichels hat eine Dämonen abwehrende Kraft und war deshalb im altchristlichen Taufritus üblich; im römischen berührt der Priester den Täufling mit Speichel. (Auch die hl. Märtyrer liebten das Anspucken der Götterbilder, der bösen Dämonen; Ausdruck nicht nur von Spott, Abscheu, Verachtung, sondern auch ein geisterabwehrender exorzistischer Gestus.) Die christliche Taufe empfing man – im Westen bis ins 13. Jahrhundert (im Osten bis heute!) – ganz nackt, wobei Frauen noch die Haarknoten lösen mußten, damit nichts «Fremdes», kein eventuell darin verborgener Dämon das Bad der «Wiedergeburt» verderbe. Kommt es doch noch heute im Katholizismus bei der Erwachsenentaufe zu einer ganzen Kette von Dämonenbannungen. Noch heute beschwört der katholische Geistliche die «bösen Geister» auch bei der sonntäglichen Wasserweihe oder bei der Weihe der «heiligen» Öle am Gründonnerstag. Und mit besonderer Feierlichkeit wird der «große Exorzismus» an «Besessenen» vorgenommen[184].

Im Taufritual der griechisch-orthodoxen Kirche sagt der Priester: «Es schilt dich, Teufel, der Herr, der in die Welt gekommen ist . . . er selbst befiehlt dir auch jetzt durch uns: habe Schrecken, fahre aus und hebe dich hinweg von diesem Geschöpf. Kehre nicht wieder zurück, verbirg dich nicht in ihm, begegne ihm auch nicht, wirke nicht auf es ein, weder bei Tage oder am Morgen oder am Mittag, fahre vielmehr hin in deinen Tartarus, bis zum großen Tage des Gerichtes, das bereit ist. Habe Schrecken vor dem Gott, . . . vor welchem erzittert der Himmel und die Erde und alles, was darinnen ist. Fahre aus und hebe dich hinweg von dem besiegelten, neu erwählten Streiter Christi, unseres Gottes . . . Fahre aus und hebe dich hinweg von diesem Geschöpf mit aller deiner Macht und allen deinen Engeln . . .»[185]

Nach einem alten Aberglauben treibt auch das Räuchern die «bösen Geister» in die Flucht. Man räucherte deshalb in Neuguinea, in Persien, Babylon, Ägypten (Heimat und Zentrum geradezu des dämonenscheuchenden Räucherns), man räucherte in Rom – und in Süddeutschland werden am Fest der Heiligen Drei Könige (6. Januar) mit einem besonders gesegneten Räucherwerk noch heute katholische Häuser «ausgeräuchert». Man wußte, daß Dämonen sehr geruchsempfindlich sind, also setzte man ihnen mit schlechten Gerüchen zu. Da man aber auch wähnte, sie könnten sich just in schlechten Gerüchen wohl fühlen, wandte man auch gute gegen sie an und glaubte, sie so gleichfalls zu verjagen – natürlich auch durch gute Taten, die Gott wie Weihrauch in die Nase steigen[186].

Auch das Öl der Märtyrer war eine gute Abwehr «böser Geister»; trieb man die Dämonen doch gerade gern in den Kirchen bei den Reliquien aus. Ferner wurde den Bösen Erz und Eisen gefährlich (denn sie fürchten die Produkte einer jüngeren Kultur); auch Feuer, ebenso Knoblauch, Zwiebeln, letztere, schon den alten Ägyptern heilig, galten als besonders erprobt. Wirkungsvoll im Kampf gegen die Hölle war aber auch die Enthaltung von Schweinefleisch, hielt man das Schwein im Orient, doch da und dort auch in Griechenland, für ein dämonisches Tier. Auch das Läuten der Glocken hat eine apotropäische Bedeutung – wie das Trommeln der «Primitiven» im Busch. Die mesopotamische Mönchssekte der «Beter» (syr. «Messalianer», griech. «Euchiten») beschwörte die Teufel durch Tanz, Fingerschnalzen, Spucken aus apotropäischen Gründen[187].

Kurz, es gab tausend Möglichkeiten und, leider, natürlich auch Notwendigkeiten, die Heere der «bösen Geister» in Schach zu halten. Dagegen gab es nur einen Grund für die umfassende Verdummung der Christen durch all das, was wir bisher in vier Kapiteln betrachtet haben, durch die Fälschungen, den Wunder-, den Reliquienbetrug, den Wallfahrtsschwindel, die Bekämpfung der antiken Wissenschaft, und dieser eine, einzige Grund war und ist: die Beherrschung der Massen, um sie ausbeuten zu können.

5. KAPITEL

AUSBEUTUNG

«Was hat Christus die Welt gelehrt? ‹Schießt einander tot; hütet den Reichen die Geldsäcke; unterdrückt die Armen, nehmt ihnen das Leben in meinem Namen, wenn sie zu mächtig werden ... Die Kirche soll Schätze sammeln aus dem Leid ihrer Kinder, sie soll Kanonen und Granaten segnen, Zwingburg um Zwingburg errichten, Ämter erjagen, Politik treiben, im Verderben schwelgen und meine Passion wie eine Geißel schwingen!›» Emil Belzner

DIE KIRCHLICHE PREDIGT

«Wie nun, wer auf der Straße wandert, um so besser daran ist, je leichter sein Bündel ist, so ist auf dem Lebensweg glücklich daran, wer sich durch Armut leicht macht und nicht unter der Last des Reichtums seufzt.»
Kirchenschriftsteller Minucius Felix[1]

«Warum bist du also kleinmütig, daß du kein goldgezäumtes Roß hast? Hast du doch die Sonne, die dir im schnellsten Lauf den ganzen Tag ihr Licht wie eine Fackel leuchten läßt. Du hast nicht glänzendes Gold und Silber, aber du hast den Mond, der dich mit seinem tausendfältigen Licht umleuchtet. Du besteigst nicht vergoldete Wagen, aber du hast in den Füßen ein eigenes, dir angeborenes Gefährt.» «Du liegst nicht unter einem goldenen Dach, aber du hast den Himmel, der in der unsagbaren Schönheit der Gestirne glänzt.»
Kirchenlehrer Basilius[2]

«Siehst du den Himmel da, wie schön, wie groß er ist und wie hoch er sich wölbt? Von dieser Pracht hat der Reiche keinen größeren Genuß als du ... Ja ..., wir Armen haben davon sogar mehr Genuß als die Reichen. Jene, die oft in Trunkenheit versunken sind und nur zwischen Gelagen und tiefem Schlaf abwechseln, haben von diesen Dingen kaum eine Wahrnehmung ... So kann man es an Bädern und sonst allenthalben sehen, daß den Reichen Aufwand, Sorge und Mühe verzehrt, während der Arme ganz sorglos für wenige Obolen die Frucht von all dem genießt ... Aber seine Speisen, die er genießt, sagst du, sind doch köstlicher. Das ist doch wohl ein geringer Vorzug, und außerdem werden wir finden, daß du auch hierin im Vorteil bist ... Der Reiche hat nur das voraus, daß er den Leib mehr schwächt und mehr Stoff zu Krankheiten sammelt ... Darum weine nicht über die Armut, die Mutter der Gesundheit!»
Kirchenlehrer Johannes Chrysostomos[3]

Die finanzpolitische Situation vor Konstantin

Ursprünglich kannten alle indogermanischen Völker kein Individualeigentum an Grund und Boden. Er gehörte bei der Landnahme der Gemeinschaft, fiel dann, durch Verlosung, an die Sippen (gentes), an einzelne Familien, deren Eigentum wenigstens am Hofgrundstück aber bald anerkannt worden ist, bei den Griechen wie bei Germanen und wohl auch bei den Römern[4].

Auf der italischen Halbinsel erfolgte nun in frühetruskischer Zeit, zwischen 700 und 650, im Bereich der toskanischen Küste ein bemerkenswerter materieller Aufschwung. Der Besitz und damit die Macht einzelner Familien wuchsen, und bereits im frühen Rom hatte sich aus der Schicht klein- und mittelständischer Bauern (aus bis heute nicht ganz geklärten Gründen) eine Gruppe adliger Großgrundbesitzer herausgehoben. Ihre viel größeren finanziellen Möglichkeiten gestatteten ihnen den stets weiteren Ausbau ihrer Güter, indem sie vor allem das neben dem privaten Eigentum, ager privatus, bestehende Staatsland, den ager publicus, meist Beutegut, an sich rissen. Es umfaßte im 3. vorchristlichen Jahrhundert etwa ein Sechstel der Halbinsel. Wenn diese Akkumulation des Großeigentums auch keineswegs geradlinig geschah, es vielmehr Ausnahmen genug gab, so war sie doch die ständige Tendenz. Jede familiäre, jede politische Krise, zumal jeder Krieg machten eine kleine herrschende Elite reicher: nach den jahrzehntelangen Verheerungen des Bürgerkriegs von Sulla bis Augustus ebenso wie nach dem Hannibalischen Krieg, der weite Teile Süditaliens verwüstet und besonders den Bauernstand als Hauptstütze des römischen Militärs getroffen hat[5].

Gerade der Konflikt mit Hannibal schuf eine völlig neue Situation. Ähnlich wie schon im 4. vorchristlichen Jahrhundert in Griechenland der dauernde Krieg die Latifundienbildung begünstigt, das vordem blühende freie Bauerntum jedoch verdrängt und ruiniert hatte, so wurde jetzt auch in Rom der kapitalschwache bäuerliche Mittelstand durch Kriegssteuern und Verwüstungen praktisch vernichtet. Der römische Bauer blieb auf dem Schlachtfeld oder verarmte und verschuldete oft durch die lange, militärisch bedingte Abwesenheit. Die Nobilität aber, gewöhnlich der Gläubiger der verelendeten Bauern, kassierte deren Höfe, kaufte, durch Kriegsgewinne noch reicher geworden, noch mehr Land, und konnte es auch durch billige Arbeitskräfte, durch die nun fort und fort nach Rom gelangenden Scharen von Kriegssklaven, kostensparend bewirtschaften lassen[6].

Im 1. und 2. nachchristlichen Jahrhundert nahm die Latifundienwirtschaft ständig größere Ausmaße an. Immer weniger Großagrarier verfügten über immer mehr Boden, den sie als Viehweiden nützten, zu Öl- und Weinplantagen machten (wodurch der Getreideanbau zurück- und die Bauernschaft zugrunde ging). Die größten Grundherren aber (durch Konfiskation, Schenkung, eigenen Familienbesitz, Urbarmachung) sind seit Claudius und Nero die Kaiser selbst. Doch wenn auch in Italien das Großeigentum am raschesten wuchs, wofür es eine Reihe hier nicht zu erörternder Gründe gab – einer davon war, daß seit Trajan wenigstens ein Senator den dritten, später den vierten Teil seines Vermögens in italienischem Grund und Boden anlegen mußte –, so nahmen doch auch in den Provinzen die großen Besitztümer stetig zu, am rasantesten und mit kaum begreiflichen Ausmaßen in Afrika. Im 1. christlichen Jahrhundert berichtet Plinius d. Ä. in seiner enzyklopädischen (aufgrund von zweitausend Büchern geschriebenen) Naturgeschichte, «Naturalis historia», die Hälfte des gesamten afrikanischen Provinzbodens gehöre sechs römischen Großagrariern.

Eine anschauliche Vorstellung von der Ausdehnung dieser Latifundien vermittelt, sicher rhetorisch, aber durchaus wahr, Seneca, der selbst enorm reiche Minister Neros, wenn er an seinesgleichen «ein ernstes Wort» richtet, «und weil der einzelne davon nichts hören mag, so sei es öffentlich gesagt. Wo wollt ihr euren Besitzungen die Grenzen setzen? Der Bezirk, der einst eine Gemeinde faßte, dünkt jetzt dem Grundherrn eng. Wie weit wollt ihr eure Ackerfluren ausdehnen, wenn für die einzelne Wirtschaft der Raum einer Provinz euch zu klein scheint? Namhafte Flüsse nehmen ihren Lauf durch eine einzige Privatbesitzung und große völkerscheidende Ströme sind von der Quelle bis zur Mündung eines und desselben Eigentümers. Ihr seid nicht zufrieden, wenn euer Grundbesitz nicht Meere umschließt, wenn nicht jenseits des Adriatischen und des Ionischen und des Ägäischen Meeres euer Meier ebenfalls gebietet, wenn nicht die Inseln, die Heimaten der gefeierten Helden der Sage unter euren Besitzungen beiläufig figurieren und was einst ein Reich hieß, jetzt ein Grundstück ist»[7].

Mit den Latifundien wuchsen selbstverständlich auch die Vermögen – nicht zufällig haben in der Antike die Römer das Geld am meisten geschätzt und Pecunia zu einer Gottheit erhoben. Und natürlich wuchsen die Vermögen auf eine ganz ähnliche Weise wie die Güter: durch Kriegsbeute, Kriegsentschädigungen, Kredite, durch Proskriptionen und Konfiskationen, kurz, die Möglichkeiten des «politischen Geldverdienens» waren damals beinahe unbegrenzt. Es strömte vor und mehr noch nach der sogenannten Zeitenwende «Geld nach Rom in einem Ausmaß, das in der griechisch-römischen Geschichte ohne Beispiel war, und der Zufluß wuchs ständig» (Finley). Bekam davon auch die öffentliche Hand einiges ab, noch mehr gelangte, ja Sinn der Geschäfte, nicht zuletzt kriegerischer, in private Hände, und je edler, das heißt größer, stärker diese Hände waren, desto mehr bekamen sie, was zu allen Zeiten doch «adelig» machte, ob man Land kassierte oder Geld, welch letzteres überdies nie stinkt[8].

Sulla beispielsweise, «Vater und Retter» Roms und einer seiner ungezählten Star-Politgangster, erraffte auf alle mögliche Weise Geld, durch Erbschaften, Ehen – etwa durch die Hochzeit mit seiner vierten Frau (aus dem mächtigen Geschlecht der Meteller) Caecilia Metella, während deren tödlicher Erkrankung er sich scheiden ließ. Sulla gewann Geld durch Ausplünderung der Provinzen, besonders durch Bereicherungen in Nordafrika; nicht zuletzt aber durch immer wieder (von Livius, Velleius, Plinius, Seneca) verurteilten Proskriptionen und Konfiskationen, wobei er 40 Senatoren, 1600 Ritter, insgesamt 4700 Römer ächten und enteignen ließ, was auch einige andere große Vermögen der Zeit begründet hat. Das gleiche aber geschah nach der Besiegung des

Antonius durch Augustus, jenes Mannes, der dem Christentum von früh an als schlechthin idealer Herrscher, als Werkzeug der göttlichen Vorsehung galt und den es schließlich durch eine «Augustustheologie» verklärte, nachdem ihn bereits die Heiden als Messias, Erlöser, Heiland, Erretter der Menschheit, Licht der Welt und Sohn Gottes verehrt hatten – Begriffe, Titulaturen, die keine geringe Rolle spielten bei der Ausgestaltung des neutestamentlichen Christusbildes[9].

Als reichster Mann der caesarischen Ära galt Marcus Crassus mit einem geschätzten Vermögen von 170 000 000 Sesterzen. Doch die folgenden Generationen, meint Theodor Mommsen, sahen darauf zurück wie auf eine Zeit der Armut. Das Vermögen Senecas, des Ministers und engsten Beraters von Nero, bezifferten seine Feinde auf 300 000 000 Sesterzen (worin jedenfalls, außer einem wohl nicht unbeträchtlichen Anteil an Wucherzinsen, auch ein Anteil am konfiszierten Besitz von Neros Schwager Britannicus steckte, der auf Betreiben der kaiserlichen Mutter Agrippina knapp vor seinem vierzehnten Geburtstag vergiftet worden ist). Dem Freigelassenen und Kabinettchef des Claudius (im Jahr 54 n. Chr. vergiftet und zu Gott erhoben), Narcissus, schrieb man ein Vermögen von 400 000 000 Sesterzen zu. Plinius der Jüngere, kurz vor 65 n. Chr. geboren, in dem Jahr, in dem Seneca sich auf Neros Befehl das Leben nehmen mußte, hatte ein jährliches Einkommen von ungefähr 2 000 000 Sesterzen (was einem Wert von 1 000 000 Arbeitstagen entsprach, da in der frühen Kaiserzeit der Tageslohn eines gut verdienenden Arbeiters in Rom 2 Sesterzen betrug); Plinius war damit weder einer der ärmsten noch reichsten Senatoren. Noch Anfang des 5. Jahrhunderts bezogen die ersten senatorischen Häuser Roms eine Jahresrente, die ein Kapital von mindestens 400 000 000 Sesterzen älterer Rechnung voraussetzte. Der Luxus war entsprechend. Man aß und trank nicht nur aus goldenem Geschirr, man entleerte sich auch in Nachttöpfen aus Gold[10].

Je reicher aber eine winzige Minorität wurde, desto ärmer wurde die Masse, was noch zu keiner Zeit der uns bekannten Geschichte sehr viel anders gewesen sein dürfte. Und wenn es dafür auch sehr verschiedenartige Gründe gab, so hingen sie doch alle eher mehr als weniger zusammen.

Zunächst verschlang das stetig wachsende römische Heer immer größere Summen.

Michael Grant, einer der bedeutendsten Althistoriker der angelsächsischen Welt, rechnet uns vor, daß das Jahresgehalt eines Legionärs unter Augustus 225 Silbermünzen (Denare) betrug; unter dem (96 n. Chr. ermordeten) Domitian 300 Silbermünzen; ein weiteres Jahrhundert später unter Septimius Severus 500. Dessen 217 liquidierter Sohn Caracalla, der «Soldatenkaiser» (dem man das Wort nachsagt: «Niemand außer mir darf Geld haben, und ich muß es haben, um es den Soldaten zu geben»), stützte sich auf die von ihm verwöhnte Armee und besserte deren Löhnung um weitere 50 Prozent auf. Doch da in diesen zwei Jahrhunderten die Lebenshaltungskosten mindestens ebenso, vielleicht aber erheblich mehr stiegen als die Soldzahlungen, erhielt die Truppe infolge der dauernden Geldentwertung kaum mehr, oft erheblich weniger als vordem[11].

Um mehr Geld zu bekommen, verschlechterten die Kaiser dauernd die Münzen. Der Metallgehalt der unter Trajan geprägten denarii entsprach noch 85 Prozent, unter Mark Aurel noch 75 Prozent, unter Septimius Severus (194/95) nur noch 60 Prozent ihres Nennwertes. Die Goldminen waren erschöpft oder lagen in unsicheren Gebieten, die Goldmünzen in den Händen von Münzhamsterern, die Silberwährung brach zusammen, die Preise stiegen allein von 258 bis 275 in vielen, wenn nicht den meisten Teilen des Römischen Reiches wahrscheinlich um rund 1000 Prozent. Aber noch vor dem Jahr 300 setzte eine neue Inflationsspirale mit höchsten Preissteigerungen ein.

Auch zwei energische Versuche des in vieler Hinsicht bemerkenswerten Diokletian, die ungeheure Preislawine zu stoppen, scheiterten. Zunächst ließ der Kaiser um 295 wertbeständiges Geld in allen drei Metallen, Gold, Silber und versilberter Bronze, herstellen, wobei er, ein außerordentlicher Gedanke, eine Deflationsmaßnahme, den Nennwert seiner Münzen um die Hälfte herabsetzte. Noch ungewöhnlicher war das zweite Unternehmen:

ein 301/302 erlassenes Edikt, das Höchstpreise unter Androhung der Todesstrafe für alle Waren und Arbeiten im ganzen Römischen Reich festsetzte. (Die erhaltenen Fragmente verzeichnen Höchstpreise für über 900 Produkte, von Eßwaren bis zur Kleidung; 41 Transporthöchsttarife; und die Löhne für 130 verschiedene Arbeitsleistungen.) Dieser Erlaß, eine frappierende Antizipation moderner Preis- und Lohnpolitik, ist «das wertvollste Dokument der gesamten antiken Wirtschaftsgeschichte» und verkündet «offiziell das Ende der Epoche eines freien Güteraustauschs und völlig unbehinderter wirtschaftlicher Betätigung mit einer Perfektion, wie man sie erst sechzehnhundert Jahre später wieder erlebt hat» (Grant)[12].

Gleichwohl scheiterte alles. Die Einhaltung der Bestimmungen ließ sich weder durchsetzen noch der Verbrauch kontrollieren. Und obwohl Diokletian bereits den Wert eines Pfundes Gold auf 50 000 Denare festgelegt hatte, war der entsprechende Betrag bereits ein Vierteljahrhundert später unter dem ersten christlichen Kaiser auf über 300 000 Denare emporgeschnellt. Die diversen Versuche, die stets mehr verfallende Währung zu stützen, das Preisniveau, das Lohngefüge stabil zu halten, galten im übrigen keinesfalls zuerst dem Volk, sondern der Armee, der Stütze der Macht. Und da die Solderhöhung mit der Geldentwertung kaum Schritt halten konnte, hatte man seit langem den Sold durch Donative erhöht; zunächst durch Beteiligung an der Kriegsbeute, dann durch Geldgeschenke oder Sonderprämien, letztere vor allem bei Thronbesteigungen, bestimmten Jahrestagen oder anderen freudigen Anlässen, wobei diese Sonderprämien aber, im Unterschied zu sonstigen Donativen, in echten Goldmünzen auszuzahlen waren. Mit anderen Worten: die Treue der Soldaten (fides militum, fides exercituum), so gern gepriesen, religiös und patriotisch bemäntelt, mußte von den Herrschern immer mehr erkauft werden, oder es konnte diese Thron und Leben kosten[13].

Caracalla, der «Soldatenkaiser», der besonders große Truppenaufwände hatte, erzwang auch noch höhere Abgaben. Er verdoppelte zwei der bereits bestehenden Steuern, die Erbschaftssteuer, von der er keinerlei Befreiung mehr zuließ, sowie die Steuer für

Sklavenbefreiung. Ferner erhöhte er die Steuereingänge enorm durch einen neuen Erlaß, die «Constitutio Antoniniana» (212/13), die allen Reichsbewohnern (mit nur wenigen Ausnahmen, wie Sklaven, vorbestraften Freigelassenen, einstigen Landesfeinden) das römische Bürgerrecht gab; früher nur Italikern und einer kleinen bevorzugten Minderheit von Provinzialen zugestanden. Nun mußten auch diese Neubürger die Erbschaftssteuer sowie die Steuer für die Freilassung von Sklaven zahlen, und zwar, wie jetzt für alle üblich, den doppelten Hebesatz. Nicht genug, der Kaiser erhob eine ganz neue Einkommensteuer, das «Krongeld», das er auch noch wiederholt eintrieb, um angebliche Siege damit zu feiern[14].

So trat die Armee in den Mittelpunkt. Sie wurde zum maßgebenden Element im Staat und verschlang – auch das kennen wir heute – stets gewaltigere Summen. Irgendwo mußten sie herkommen, und natürlich von dort, wo die Regierungskunst sie immer herbezog und bezieht.

Caracalla, Septimius Severus, Maximinus I. (235–238) schritten auch zu Konfiskationen, Mark Aurel verkaufte Staatseigentum. Doch die Geldentwertung ging stets weiter, die Preise galoppierten derart davon, daß die Armee ständig unterbezahlt war. Auch die Naturallieferungen an sie – Zuteilung von Verpflegung, Uniform, Waffen – hatten kaum geholfen, da man all dies (im 2. Jahrhundert) vom Sold abzog. Nun aber gingen Septimius Severus (im Sinne des Rats an seine Söhne: «Seid einig, bereichert die Soldaten, verachtet alles andere») und seine Nachfolger dazu über, die Naturalabgaben, später «annona militaris» genannt, systematisch zu steigern und auch noch kostenlos auszugeben. Dies aber fiel um so mehr ins Gewicht, als die Naturallieferung die Geldausgaben bald beträchtlich überstieg, der wesentlichste Teil des Truppenunterhalts, die Hauptgrundlage der Heeresversorgung wurde und die weitaus wichtigste Steuer des Reiches[15].

Die Naturalabgaben der Zivilbevölkerung für das Heer waren gelegentlich, in Notzeiten, schon früher entschädigungslos erfolgt. In der Regel hatte man sie jedoch noch im 2. Jahrhundert bezahlt, wenn auch keinesfalls mehr entsprechend ihrem wirklichen Wert. Im 3. Jahrhundert aber wurde es üblich, dafür keine Entschädigung mehr zu bieten. Und während eine systematisch ausgebaute riesige Organisation mit lokalen Hauptquartieren, Stützpunkten, mit Sonder-, Militärpolizei, Spitzeln, Steuereintreibern für die nun üblichen Naturalabgaben tätig war und die Reichen sie mit Gold bezahlen oder sich sogar davon befreien konnten, drangsalierte man die Bevölkerung in Stadt und Land stets rücksichtsloser durch hohe Requisitionen, trieb Kühe, Kälber, Ziegen, Heu und Wein ein. Die Kontributionen waren um so schlimmer, als sie oft willkürlich erfolgten, von Ort zu Ort unterschiedlich und überhaupt nie im voraus abschätzbar waren, jedenfalls bis zu Diokletian, der eine wenigstens geregelte Steuererhebung, einen – erstmals in der Geschichte – festen Jahreshaushaltsplan, ein gänzlich neues Steuersystem einführte. Zu schweigen davon, daß auch die Truppe die Zivilbevölkerung nach Laune schikaniert und auf eigene Faust requiriert hat[16].

Die Klagen der Bürger, die Bittschriften werden immer dringlicher. Man erklärt, bald mit der Geduld am Ende zu sein, sich allen Zahlungen und Dienstleistungen durch die Flucht zu entziehen. Ägypter schreiben: «Es ist schwer, selbst wenn man uns gerecht behandelt, unsere Verpflichtungen voll zu erfüllen». Phrygier gestehen Philippus Arabs, durch Ermordung seines Vorgängers Gordian III. 244 Kaiser geworden: «Wir werden aufs grausamste gequält und erpreßt von denen, deren Pflicht es ist, das Volk zu schützen, von Offizieren, Soldaten, Standespersonen, die städtische Ämter innehaben, und Deinen eigenen untergeordneten Beamten.» Die ganze Drangsal der meisten drückt sich in den kurzen Fragen an ein Orakel aus: «Wird man mich pfänden? Werde ich zum Bettler werden? Soll ich fliehen? Wird meine Flucht ein Ende finden?»[17]

Ansichten über reich und arm in der vorchristlichen Antike

Die Stellung zum Reichtum war in der vorchristlichen Antike im allgemeinen eindeutig. Er galt als Glück und wurde hochgeschätzt, denn er machte unabhängig, erlaubte Muße, jeden Luxus. Diese Ansicht war die Regel – und sie blieb es. Die Armut dagegen galt als Unglück, wie gleichfalls noch heute. Zu einem «freien Mann» gehörte es nach Aristoteles, der schon eine entwickelte Geldlehre kennt, «daß er nicht unter der Beschränkung durch einen anderen lebt»[18].

Im alten Griechenland waren Geld und Gewinnsucht die Haupttriebfedern der Wirtschaft und Politik. Noch der homerische Aristokrat zwar hielt Handel für schäbig. Doch entwickelte sich zwischen dem 8. und 6. Jahrhundert der Überseehandel. Und seit dem 5. Jahrhundert ist fast ganz Hellas vom Münzgeld erfaßt, das im 7. Jahrhundert in Lydien, einer alten goldreichen Landschaft Kleinasiens, der Heimat des Krösus, erfunden worden war. Damit dehnte sich der Handel aus, wuchs der Reichtum, wurde alles für Geld käuflich und für alles Geld gebraucht. Gegen Ende des 5. Jahrhunderts gehen aus dem Wechslergeschäft die Banken hervor. Sie, die hellenistischen Könige und die Tempel sind vor allem die Kreditgeber, wobei das Kreditgeschäft seit der Einführung des Münzgeldes in Griechenland einen großen Aufschwung nimmt. Gelegentlich wird die Bedeutung des Geldes auch durch griechische Dichter betont, wird es die größte Macht auf Erden genannt (Aristophanes), Blut und Seele für die Sterblichkeit (Hesiod), weshalb ihm die Menschen auch am meisten nachstreben (Sophokles)[19].

Viel mehr betonen allerdings die römischen Schriftsteller das Geld. Es verschafft Vergnügen, schreibt Cicero, gebe das Gefühl der Sicherheit, sagt Petronius, sogar die Götter kaufe man, meint Properz. Jupiter selbst hat, so Ovid, die Macht des Goldes gezeigt, als er zu Danae in Gestalt eines Goldregens drang. Und auch das ganze Volk hielt Geld – wie wiederum noch heute – für das höchste Gut des Menschen[20].

Galt aber Reichtum als Glück, mußte Armut als das Gegenteil erscheinen. Doch war, im Unterschied zu heute, schon jede Arbeit um des bloßen Lohnes willen anrüchig. Wer für Geld arbeitet, erniedrigt sich zum Sklaven. Dieses Urteil Ciceros ist typisch für die römische Oberschicht. In einer berühmten Stelle von «De officiis» verwirft Cicero, in Übereinstimmung, wie er behauptet, mit der allgemeinen Ansicht, weithin Handwerk und Handel, letzteren jedenfalls, «sofern er gering ist»; sei er aber groß, reichhaltig und teile «vielen ohne Schwindel zu», so «ist er nicht übermäßig zu tadeln». Mißbilligt jedoch wird nicht nur das Gewerbe von Hafenzöllnern, Wucherern, sondern auch «die Tätigkeiten aller, die für Lohn arbeiten, deren Arbeitsleistung gekauft wird und nicht deren Begabung; denn bei ihnen besiegelt der Lohn selbst ihre Versklavung». Solche Berufe seien eines Freien unwürdig, niedrig, und für niedrig gelten auch alle, «die von Kaufleuten kaufen, um sofort wiederzuverkaufen; denn sie würden nichts verdienen, wenn sie nicht ausgiebig lügen würden ... Und alle Handwerker betreiben ein niedriges Gewerbe, denn eine Werkstatt kann keinen freien Geist atmen.» Wirft Handel freilich großen Gewinn ab und dieser wird in Landbesitz angelegt, findet er Billigung[21].

Nun gab es in der Antike aber auch andere Ansichten über Reichtum und Armut; doch sie gehörten zu den Ausnahmen.

Griechische Schriftsteller bemerken zuweilen, daß manchmal schlechte Leute reich, gute arm seien, daß großer Reichtum kaum gerecht erworben sein könne, daß das Gold, so Sophokles, Städte und Gewissen zerstöre. Sappho erklärt Reichtum nur in der Hand von edlen, vernünftigen Menschen für gut. Und sie verwenden es, nach Pindar, nach Theokrit, zum Guten, zur Hilfe für Freunde, für Dichter[22].

Die dem im 6. Jahrhundert lebenden Pythagoras zugeschriebene Lehre, daß Freunden alles gemeinsam sei, deuten seine Biographen später als Verzicht auf eigenen Besitz in Gütergemeinschaft. Anaxagoras gibt sein Vermögen preis, um sich in die Natur zu versenken. Demokrit macht sich nichts aus Geld, verbraucht es freilich für Forschungsreisen. Sokrates, der sehr einfach lebt, um so der Gottheit nahe zu kommen, demonstriert durch sein ganzes Leben, daß alle äußeren Güter, Reichtum, Schönheit, Kraft, Ansehen, indifferent seien: und alle Sokratiker stimmen mit ihm darin überein. Auch Platon hält Handel, Geld und Geldgeschäfte für ein Übel. In seiner idealen Gesellschaft soll es weder Reichtum noch Armut und so wenig Gold- und Silbergeld wie möglich geben: die größte Gefahr für die Volksmoral; weshalb er für seinen Gesetzesstaat einen Ackerbaustaat vorsieht, 80 Stadien vom Meer entfernt, da das Meer die Menschen nur zu Krämergeist und Gewinnsucht inspiriere[23].

Bei den Kynikern galt Geld überhaupt nichts. Sie sahen darin den Zerstörer der natürlichen und sozialen Ordnung, beurteilten es ganz negativ und erklärten, im bewußten Gegensatz zur herrschenden Meinung, daß Armut eher zu Rechtschaffenheit führe als Reichtum.

Antisthenes, der Stifter der kynischen Schule, deren Lehre man oft als Philosophie des Proletariats bezeichnet, propagiert das Ideal der Selbstgenügsamkeit, der Autarkie. Er empfiehlt die völlige Entäußerung von Grundbesitz, von jeglichem Vermögen und rät, sich mit dem zu begnügen, was man zur Befriedigung dringendster Bedürfnisse unbedingt brauche. Krates von Theben (ca. 360–ca. 280 v. Chr.), der wichtigste Schüler des Kynikers Diogenes, verschenkte sein Hab und Gut, schleuderte sein Bargeld ins Meer und lebte, offenbar überall beliebt, in völliger Bedürfnislosigkeit. Er verwarf Konventionen und jede Bindung an den Staat (von ihm stammt wohl das Wort Kosmopolit). Er erzog in gleichem Geist auch seinen Sohn, aus einer Ehe übrigens mit dem reichen Mädchen Hipparchia, das ihn nach dem Geständnis geheiratet hatte, nichts zu besitzen, als was er auf dem Leib trage[24].

Zenon von Kition, der Begründer der stoischen Schule, der sich zunächst Krates angeschlossen, predigte als eigentliches Ziel ein «Leben in Übereinstimmung mit der Natur», postulierte für seinen sozialen Weltstaat die Beseitigung des Geldes überhaupt und glaubte, auch ohne Tempel, Gerichtshof, Gymnasien auszukommen. Doch betrachtete die Stoa Reichtum, Geld weit gelassener als der Kynismus und zog aus Theorien über Besitzlosigkeit oder

Gütergemeinschaft keine Folgerungen für die Praxis. Der Stoiker Chrysipp unternahm schon eine Rechtfertigung des Eigentums, erklärte dies an sich weder gut noch schlecht. Und Epiktet, der zwar vor Geldgier warnt, nennt viel Geld geradezu eine Gottesgabe und rät, es durchaus zu erwerben, könne man es ohne Verlust von Selbstachtung, Großmut, Treue bekommen[25].

In der «Heiligen Schrift» der Juden haben die Propheten, die ersten Sozialisten der Weltgeschichte, wie man oft sagt, immer wieder gegen die Ausplünderungen der Armen protestiert. In den jüngeren Büchern des Alten Testaments stehen (noch) mehr geldfeindliche Parolen, wahrscheinlich weil die Verbreitung der Münzgeldwirtschaft die Raffsucht gesteigert hatte. Und in den Pseudepigrapha des Judentums wird diese Tendenz fortgesetzt, führt Geldgier, die Mutter aller Schlechtigkeit, zum Götzendienst, zur Hölle, wird den ungerechten Reichen Vernichtung und Verdammnis angedroht[26].

Auch der jüdische Orden der Essener hatte den Privatbesitz prinzipiell disqualifiziert. Man übergab ihn beim Eintritt der Gesamtheit und lebte in Gütergemeinschaft. «So gibt es», schreibt Josephus, «weder niedrige Armut noch übermäßigen Reichtum, sondern alle verfügen wie Brüder über das aus dem Besitz der einzelnen Sektenmitglieder gebildete Gesamtvermögen». Die Essener verachteten den Reichtum, kannten keinen Handel, kauften und verkauften nichts untereinander, sammelten nicht Gold und Silber. Die Geldwirtschaft wurde von ihnen völlig abgelehnt, da Geld zu Habgier und Sünde verführe. Fast allein unter allen Menschen, notiert Philo, lebten sie ohne Geld und Besitz. Doch auch die Therapeuten, jüdische Männer und Frauen, die in ländlicher Zurückgezogenheit das Alte Testament studierten, gaben beim Eintritt in den Orden ihr Vermögen Verwandten oder Freunden[27].

Diese Stimmen, Bestrebungen, wie bruchstückhaft und unsystematisch auch immer hier präsentiert, zeigen doch, daß in vorchristlicher Zeit bereits vorhanden, entwickelt war, was dann sich wiederholt, von den Seligpreisungen der Armen bis zum Hochkapitalismus der späteren christlichen Kirche. Alle Hauptgedanken der Kirchenväter über Hab und Gut – daß der Mensch nicht Eigentümer, sondern nur Verwalter der irdischen Welt, daß das Geld eine Gottesgabe sei und an sich weder gut noch schlecht, daß es erst der Gebrauch zu einer materia virtutis oder einer materia mali mache, daß Geldgier Ursache vieler Übel sei, die Unterscheidung von wahrem und falschem Reichtum – all dies findet man bereits in der heidnischen Antike, vertreten auch durch Euripides etwa, Diogenes von Sinope, Lukrez, Vergil, Horaz, Epiktet, Plutarch u. a.[28]

Das Ideal der Gütergemeinschaft kehrt zwar bei manchen Kirchenvätern wieder, verwirklicht aber wurde es im Christentum nie, höchstwahrscheinlich auch in der Urgemeinde nicht (S. 430). Die Idee jedoch findet sich bei Platon schon, ihre Verwirklichung bei den Essenern. So schlugen manche Bischöfe vor, wenigstens einen Teil des Besitzes wegzugeben, die Hälfte, ein Drittel, ein Fünftel. Doch auch dies wurde nur in den seltensten Fällen realisiert. Der Heide Lukian aus Samosata, der Zweiten Sophistik zugerechnet, ein Spötter, Skeptiker, ein Literat von hohen Graden, hatte für eine Entäußerung von zehn Prozent plädiert. Nach Lukian sollten die Reichen die Schulden ihrer armen Freunde bezahlen, sie sollten den Armen überhaupt helfen, derart könnten sie in Ruhe ihren Reichtum genießen, während sie sonst nur Revolution, die Neuverteilung des Besitzes provozierten.

All diese einander so ähnlichen und so verschiedenartigen Richtungen strömten also im Christentum zusammen und verbanden sich zu einem kunterbunten Kosmos der Ungereimtheit, Zwiespältigkeit, Vieldeutigkeit, verbanden sich zu einander grotesk widerstreitenden Tendenzen, Strukturen, und so entstand jene paradoxe Ideologie, in der, wie M. I. Finley sagt, «aggressives Gewinnstreben zusammenfiel mit einer Neigung zu Askese und frommer Armut, mit Gefühlen des Unbehagens und sogar der Schuld»[29].

Wir haben es im alten Christentum jedoch nicht nur mit einem schreienden Auseinanderklaffen von Theorie und Praxis zu tun, sondern schon mit sehr disparaten, einander oft kraß widersprechenden Einstellungen zu Reichtum und Armut in den Predigten der neutestamentlichen Schreiber sowie der vor- und nachkonstantinischen Kirchenväter und -fürsten, mit einer einzigen großen Zweideutigkeit, die freilich allmählich, zumindest praktisch gesehen, erschreckend eindeutig wurde.

Bald gibt es in der christlichen Kirche keinen Zweck, für den Geld nicht gebraucht und nicht mißbraucht wird – wie man es denn schon im Neuen Testament verwendet für alles mögliche, für wirtschaftliche, religiöse, soziale, verbrecherische Zwecke, als Vermögen, Zahlungsmittel, Darlehen, Arbeitslohn, Betriebskapital, Bankdepositum, als Steuer-, Löse-, Opfergeld, zur Bestechung des Judas, der Wächter am Grab u. a.[30]

Die besitzfeindliche Richtung im alten Christentum

Was der mutmaßlich historische Jesus wirklich gepredigt hat, wenn überhaupt, wieviel von all den biblischen Sprüchen über die Reichen und Armen auf ihn selbst zurückgeht, wissen wir nicht und können es auch nicht mit annähernder Sicherheit sagen.

Aber wir wissen, die antikapitalistischen Reden des synoptischen, besonders lukanischen Jesus stehen in der Tradition der prophetischen und essenischen Literatur. Wir wissen, daß dieser Jesus in der Bibel in völliger Armut lebt; daß er nichts hat, wohin er sein Haupt legen kann; daß er als Besitzloser unter Besitzlosen auftritt, als ein Freund der Außenseiter, der Entrechteten, Sünder. Ganz anders als das offizielle Judentum seiner Zeit beurteilt er den Reichtum. Er lobt ihn niemals und nirgends. Im Gegenteil. Wiederholt spricht er vom «ungerechten Mammon», vom «Betrug des Reichtums». Einen vierfachen Weheruf über die Reichen, Satten, Lachenden legt ihm das Evangelium des Lukas in den Mund. Und im «Magnifikat» prophezeit er eine Epoche, in der Gott «die Machthaber von den Thronen stürzt und die Armen erhöht, die Hungrigen mit Gütern sättigt und die Reichen leer ausgehen läßt». Jesus fordert Verzicht auf allen Besitz. «Verkauft euren Besitz und gebt ihn den Armen». «Keiner von euch kann mein Jünger sein, der nicht auf alles verzichtet, was er besitzt». Einen Narren nennt er den, der sich seiner Schätze rühmt, und leichter, lehrt er, gehe ein Kamel durch ein Nadelöhr als ein Reicher ins Reich Gottes[31].

Dies alles ist eindeutig. Doch je nach Einstellung, nach der eigenen Charakterstärke oder Charakterlosigkeit, interpretieren es nicht erst heute die Theologen mehr oder weniger radikal, gewöhnlich aber möglichst lax.

Von Anfang an bestanden jedoch christliche Kreise, die unter Berufung auf die Predigt Jesu das Recht auf Eigentum abgelehnt haben. Nicht zufällig gab es gerade in der Urgemeinde, wo seine Lehre über Geld und Besitz und die Form seines Zusammenlebens mit den Jüngern am unmittelbarsten fortwirken mußte, eine Art religiösen Kommunismus, auch «Liebeskommunismus» genannt, eine gewisse Gütergemeinschaft. Vermutlich opferten nicht alle alles, vielleicht viele nur einen Teil. Doch hatte man eine gemeinsame Kasse und jeder bekam nach seinen Bedürfnissen. Angesichts des bald erwarteten Endes war die Sorge um den Besitz ohnehin unwesentlich geworden. Die Apostelgeschichte idealisiert die Sache wohl, schon um vor älteren Kommunen der Juden und Heiden nicht zurückzustehen: «Die Menge der Gläubigen aber war ein Herz und eine Seele, und kein einziger nannte etwas von seinem Vermögen sein eigen, sondern sie hatten alles gemeinsam ... es gab auch keinen Notleidenden unter ihnen; alle nämlich, welche Ländereien oder Häuser besaßen, verkauften diese, brachten dann den Erlös aus dem Verkauf und stellten ihn den Aposteln zur Verfügung; davon wurde dann jedem zugeteilt, wie er es brauchte»[32].

Auch sonst stecken im Neuen Testament mannigfach sozialrevolutionäre Elemente, wird radikale Bedürfnislosigkeit verlangt, heißt es etwa: «Wenn wir aber Nahrung und Kleidung haben, so lasset uns genügen. Denn die da reich werden wollen, die fallen in Versuchung und Stricke und viel törichte und schädliche Lüste, welche die Menschen versinken lassen in Verderben und Verdammnis. Denn Geld ist eine Wurzel alles Übels». Oder man schreit auf: «Sind es nicht gerade die Reichen, die euch gewalttätig behandeln, und schleifen nicht gerade sie euch vor die Gerichte?» Rabiat droht ihnen der Jakobusbrief das Gericht an: «Euer Reichtum ist verfault, eure Kleider sind von Motten zerfressen. Euer Gold und Silber ist verrostet, es wird ihr Rost noch wider euch zeugen und euer Fleisch fressen wie Feuer ... Geschlemmt habt ihr auf Erden und gepraßt, habt euere Herzen gemästet für den Tag der Schlachtung». Die ganze Geschichte, meint E. Salin, kenne «kaum einen wilderen Ausbruch» als dies «haßerfüllte Frohlocken des Jakobusbriefes über den sicheren Untergang der Besitzenden am künftigen Schlachttag»[33].

Den Erfolg jedenfalls der christlichen Mission sicherte nichts so sehr wie das, was die Kirche dann für alle Zeiten verriet: das soziale Pathos des Evangeliums. Die Masse der Gemeinden, ihre «tragende Schicht», war bettelarm und bestand auch bis ins späte 2. Jahrhundert hinein aus Armen, meist Sklaven, war in permanente Drangsale, Not verstrickt, in Zwangsaushebungen und Militärrevolten, Bürgerkriege und Barbareneinfälle, Hungersnöte und Pestilenzen, Proskriptionen und Plünderungen. Viel zu viele sahen sich entrechtet, entwurzelt, an den Rand des Ruins gebracht oder ruiniert, waren Kolonen geworden, Vagabunden, ja, nicht selten Räuber (latrones), von denen die Quellen des 2., des 3. Jahrhunderts häufig berichten. Das ist der Boden, in dem die christliche Saat aufgeht, die Frohe Botschaft vom Frieden, von der Nächstenliebe, vom «ungerechten Mammon», von der Bekämpfung des Reichtums, den Machthabern, die von den Thronen gestürzt, den Armen, die erhöht werden sollen. Aber auch die Sprüche der Apologeten tun ihre Wirkung. Haben diese Christen doch keine Hemmung, das Blaue, vielleicht besten Gewissens, vom Himmel zu lügen, die Predigt als Praxis auszugeben, etwa zu behaupten: «... wenn wir Geldmittel und Besitz über alles schätzten, so stellen wir jetzt, was wir haben, in den Dienst der Allgemeinheit und teilen jedem Dürftigen davon mit» (Justin). Oder zu prahlen: «Wir sind Brüder auch durch die Gemeinschaft der Güter, und diese zerreißen gerade bei euch die Brüderschaft. Alles haben wir gemeinsam, nur nicht die Weiber – und ihr habt nur hierin Gemeinschaft» (Tertullian). Oder zu erklären, wenn unter ihnen ein Armer sei, «und sie haben keinen überflüssigen Bedarf, so fasten sie zwei bis drei Tage, damit sie den Dürftigen ihren Bedarf an Nahrung decken» (Aristides). Genau so kennen wir das ja heute noch von den Christen – weshalb auch niemand hungert und verhungert auf Erden. Die Masse der Armen, Unterdrückten ersehnte eine neue, bessere Welt, wo der Reiche in höllischen Flammen schmoren, der Arme paradiesische Freuden genießen sollte, eben das, was das Christentum verhieß. Es wuchs in eine Zeit ständig steigender Verelendung hinein und profitierte davon – wie es noch immer und überall vom Elend profitiert hat und profitiert. «Wo die Welt aus tausend Wunden blutet, da schlägt die Stunde der katholischen Kirche» (Kardinal Faulhaber)[34].

Nur «ketzerische» und verketzerte Kreise, die frühen Mönche einmal beiseite, machten Besitzlosigkeit wirklich zur Pflicht.

Die Ebioniten, «die Armen», die Nachfolger der Urgemeinde, führten ihre Armutspraxis auf die Apostel zurück. Die Gnostiker Karpokrates und sein Sohn Epiphanes, vom hl. Irenäus als Abgesandte des Teufels diffamiert, forderten Gütergemeinschaft. Auch die Apotaktiken, die Apostoliker des 2. und 3. Jahrhunderts, die in allem an die Apostel anknüpfen wollten und sich im 4. Jahrhundert in Kleinasien weit verbreiteten, verwarfen Eigentum ganz. (Sie nahmen auch in der Verfolgung Abgefallene nicht wieder auf.) Nach den Enkratiten brauchte man kein Geld, das nur zu Lastern, zu Sündenschmutz führt. Wer es hatte, sollte es unter die Armen verteilen. Ebenso beurteilten die Pelagianer und Manichäer das Geld negativ. Auch der spätere «Ketzer» Tertullian tritt viel geldfeindlicher auf als die «rechtgläubigen» Kirchenväter, und zwar aus rein religiösen Gründen. Tertullian schreibt rigoristischer als der Evangelist Lukas. «Contemptus pecuniae ist sein Prinzip» (Bogaert). Doch während sogar der hl. Cyprian im 3. Jahrhundert in Afrika, wie Tertullian, Reichtum noch Sünde nennt, sind dort im 4. Jahrhundert Bischöfe wie Optatus vom Mileve oder Augustin ausgesprochen sozialkonservativ, erzreaktionär[35].

Selbst aus dem frühen 5. Jahrhundert kennen wir noch christliche Stimmen, die leidenschaftlich aufschreien über das soziale Unrecht; darunter die aus Italien kommende Schrift «De divitiis», deren flammende sozialistisch-kommunistischen Appelle religiös motiviert sind durch die Gebote und das Leben Jesu, das Beispiel der Urgemeinde, die Lehren von Kirchenvätern. Vehement wird die besitzende Klasse attackiert, der Reichtum verworfen, wird die grassierende Ungleichheit aus der Ungerechtigkeit der Menschen abgeleitet, nicht von Gott, der die Gleichheit auch im Besitz der irdischen Güter wolle[36].

Doch all dies ist (bestenfalls) Wunschtraum, Theorie, eine schließlich nur literarische Welt, der eine ganz andere Wirklichkeit gegenübersteht – und nicht zuletzt auch eine ganz andere christliche Predigt. Denn während die einen, guten oder bösen Glaubens, mit oder ohne Hintergedanken, den Massen Hoffnung machten, die Ausgebeuteten anzogen, gängelten, verständigten sich andere, ja, meist dieselben Leute, auch mit den Ausbeutern. Finden sich doch bei ein und denselben Kirchenmännern, dies kann kaum genug beachtet werden, die verschiedensten, einander schroff widerstreitenden Ansichten, die dann nach Belieben ausgeschlachtet werden konnten. So vertraten nicht wenige «Väter» zwar durchaus das «omnia omnibus communia», aber nur dann und wann, nicht konsequent, bloß wenn es gerade opportun schien, und war das Gegenteil nützlich, predigten sie auch das Gegenteil. Man betrieb die obligate Spiegelfechterei, die so beliebte Doppelmoral – wie seitdem stets! Während man die herrschende Gesellschaft kritisiert, ja, die prinzipielle Neugestaltung der sozialen Verhältnisse in Aussicht stellt, heiligt man gleichzeitig, rücksichtslos gegenüber der allgemeinen Not, das Eigentum, stützt das kapitalistische Wirtschaftssystem, übernimmt es selber und prosperiert dabei bis heute – wo man gern den Sachverhalt verschleiert, um nicht zu sagen auf den Kopf stellt, indem man etwa behauptet: «Auch die Kirche als Körperschaft kam mit dem Reichtum in Berührung. Sie mußte immer schwerere Lasten tragen und war daher gezwungen, sich nach Einkünften umzusehen» (Rapp).

Doch nicht wegen immer schwererer Lasten mußte die Kirche

reich werden, sondern weil sie reich wurde, weil ihr Apparat immer größer wurde, ihr Anspruch, ihr Machthunger, und weil sie sich zugleich als «Kirche der Armen» gerierte und gerieren mußte, um auch die Massen führen und behalten zu können, deshalb gab sie sich auch caritativ, evangelisch, mußte sie sich so geben, übrigens immer mehr, je weniger sie es in Wirklichkeit war – wie sie ja noch heute ihr soziales, ihr evangelisches Engagement herausstellt, ihre «Caritas», obwohl (und weil!) sie daraus gewaltige Gewinne zieht. Die echten caritativen Leistungen, die es in der alten Kirche da und dort wirklich gab, wurden durch ihre wirtschaftliche Prosperität möglich gemacht, aber natürlich nicht umgekehrt. Das ganze Gerede von den immer schwereren Lasten, die den Reichtum rechtfertigen sollen, erledigt die Tatsache, daß in der alten Kirche *in aller Regel* der Bischof allein so viel bekam wie seine Armen zusammen! Der Bischof allein so viel bekam auch wie sein ganzer Klerus zusammen (S. 473)! Völlig legal, wohlgemerkt – illegal stand es für manchen Oberhirten noch viel günstiger[37].

Längst schon war von dieser Kirche der Chiliasmus, eine Art sozialistischer Utopismus, verraten worden, die leidenschaftliche Erwartung einer rein irdischen Glückseligkeit – eine Glaubensvorstellung, die nicht nur auf die Massen, sondern auch auf einige Bischöfe und Kirchenväter im Frühchristentum eine gewaltige Suggestivkraft ausgeübt und die Mission in gar nicht zu überschätzender Weise begünstigt hatte. Längst schon hatte die reich und mächtig gewordene Kirche den Chiliasmus diffamiert: als judaistisch, als fleischliche Gesinnung, «Privatmeinung», «Mißverständnis», «Entgleisung und Fabelei»; wobei die Kirche bis zur Fälschung des chiliastischen Schrifttums ging, das sie schließlich fast total verschwinden ließ. Längst schon hatten geld- und machtgierige «Propheten», «Inspirierte», Priester ein dringendes Interesse am Beitritt von Wohlhabenden. Längst schon hatten viele christlichen Autoren auf diese neuen Verhältnisse sich eingestellt, falls sie nicht, wie Paulus, von Anfang an dahin tendierten. Denn auch bereits im Neuen Testament gibt es eine ganz andere Richtung, gibt es positive Äußerungen zu Geld und Besitz, lesen wir schon von der Bevorzugung reicher Gläubigen gegenüber armen beim Gottesdienst, lesen wir von christlichen Gemeinden, die sich brüsten: «Ich bin reich, ja reich bin ich geworden und habe an nichts Mangel». Lesen wir von Unfrieden, Kampf, Streit. «Ihr mordet», heißt es, «und seid neidisch, doch ohne eure Wünsche erfüllt zu sehen ...»[38]

Die besitzfreundliche Richtung im alten Christentums und der Beginn des Lavierens

Ein instruktives Beispiel ist Paulus, wie so oft der Antipode des synoptischen Jesus, der Einführer völlig neuer Lehren, der Erlösungslehre, der Lehre von der Erbsünde, der Prädestinationslehre, der Mann, mit dem der Einbruch der Askese ins Christentum beginnt, die Verachtung der Frau, die Diffamierung der Ehe und eine gänzlich andere Praxis der Verkündigung, der schäumenden Intoleranz[39].

Dieser Paulus denkt auch über Armut und Reichtum bereits anders. Er propagiert zwar das Gebot der Nächstenliebe, setzt Geldgier dem Götzendienst gleich, doch fehlen bei ihm alle harten Ausfälle Jesu gegen den Reichtum. Besitz als solchen wertet Paulus positiv und will die christliche Bruderliebe nicht so weit getrieben sehen, daß der Schenkende dadurch selber in Not gerate. «Denn nicht soll andern eine Entlastung, euch selbst aber eine Belastung geschaffen werden». Das klingt nun wirklich *völlig anders* als bei Jesus. Und während dieser auf die Vögel des Himmels zeigt, die nicht säen, nicht ernten und doch leben, lehrt das paulinische Schrifttum «die Ehre darin zu suchen, daß ihr ein ruhiges Leben führt, euren eigenen Geschäften nachgeht und euch euer Brot mit eurer Hände Arbeit verdient». Ausdrücklich wird bestimmt: «Wenn einer nicht arbeiten will, dann soll er auch nicht essen!» Und während Jesus seinen Jüngern befiehlt, das Evangelium ohne Geld im Gürtel zu verkünden, während er ihnen nur einen Wanderstab und Sandalen gestattet, bei Markus, bei Matthäus und Lukas auch Stab und Schuhe verbietet, erlaubt Paulus den Boten des Evangeliums die Annahme von Geld, ja, ereifert sich geradezu dafür, wenn auch nicht immer im eignen Interesse.

Doch auffallend oft kommt Paulus auf diesen Punkt. «Wer aber Unterricht im Wort Gottes erhält, lasse seinen Lehrer an allen Gütern teilnehmen!» «Haben wir etwa nicht das Recht, Essen und Trinken zu beanspruchen?» «Im mosaischen Gesetz steht ja doch geschrieben: ‹Du sollst dem Ochsen, der da drischt, nicht das Maul verbinden!›» «Wenn wir für euch das Geistliche ausgesät haben, ist es da etwas Absonderliches, wenn wir von euch das Irdische ernten?» *Daran* hat sich der christliche Klerus gehalten! *Dies* hat er nicht gedreht und gewendet, nicht abgeschwächt, wie die radikalen Gebote Jesu! Und auch von seinen Gemeinden berichtet Paulus keine Gütergemeinschaft, sondern daß sie «einander beißen und auffressen» und zusehen sollen, «nicht voneinander verschlungen» zu werden; genau die herrschende christliche Praxis, die wir seit zweitausend Jahren kennen – gewiß auch außerhalb des Christentums; aber hier geht es um das Christentum[40]!

Daß man über Geld schon in der Urgemeinde nicht mit sich fackeln ließ, lehrt das berüchtigte «Strafwunder» des Petrus. Als nämlich ein gewisser Ananias ein Grundstück verkauft, den Betrag dafür aber, im Einverständnis mit seiner Frau Saphira, nicht ganz bei Petrus abgeliefert, sondern selbst noch etwas behalten hatte, erklärt der Apostelfürst: «Nicht mich hast du belogen, sondern Gott» – ein ungeheures, den ganzen nicht mehr überbietbaren Größenwahn dieser Kleineleutebrüder spiegelndes Wort, ein Wort mit ebenso weitreichenden wie verheerenden Folgen. Ananias sinkt vor Petrus nieder, gibt seinen Geist auf und wird sogleich beiseite geschafft. Nach drei Stunden kommt Saphira, und Petrus bestraft auch sie mit dem Tod. «Siehe, die Füße derer, die deinen Mann begraben haben, sind vor der Tür und werden dich hinaustragen. Und alsbald fiel sie zu seinen Füßen und gab den Geist auf.» Das ist der «Geist», der im Christentum Schule macht! Das *eigene Interesse*, das des angeführten Zirkels – dies muß immer wieder gesagt werden: stets als das *Gottes* deklariert –, geht über alles, auch über Leichen, über mehr Leichen und verheuchelter über Leichen als irgendwo sonst auf Erden. (Das Lehramt der katholischen Kirche hat dem Staat das Recht zur Verkündung der Todesstrafe ausdrücklich bestätigt und – trotz stets erneut vorgebrachter Einwände – sein Urteil niemals revidiert.)[41]

Auch der bekannte Streit in der Urgemeinde zwischen den «Hellenisten» und «Hebräern» betraf bereits den finanziellen Bereich, wenn es auch noch um weit mehr dabei ging. Die «Hellenisten» fühlten sich jedenfalls bei der Verteilung des täglichen Lebensunterhalts (in Naturalien oder Bargeld) benachteiligt und protestierten bei den Aposteln[42].

Nur allzubald verhielt sich die Christenheit auch in sozialer Hinsicht wie alle Welt. Als das erwartete Gottesreich auf Erden nicht kam (S. 73 f), nahm man auch mit dem bestehenden Reich vorlieb. Zwar prägt das älteste Christentum, nicht zuletzt als Konsequenz seines Endzeitglaubens, ein starker Staatshaß, nennt das Neue Testament den Staat «die große Hure» und den «Greuel der Erde», findet man da «überall radikale Negation» (der Theologe Weinel), ist alles, was der Staat tut, «im Dienste des Satans getan» (der Theologe Knopf). Doch wenn es auch noch lange staatsfeindliche Strömungen im Christentum gibt: bereits Paulus – und er ist, um einmal mehr daran zu erinnern, der älteste christliche Autor überhaupt – dachte da um, auch er gezwungen durch das Ausbleiben des Herrn (S. 74).

Schon bei Paulus beginnt gegenüber Jesus – für den die Staaten zur Civitas Diaboli, zum Machtbereich des Teufels gehören und die Staatsmänner zu den Vergewaltigern der Völker – die Anerkennung, die Verherrlichung des Staates. Hatte Jesus erklärt: «Ihr wißt, daß die, die über die Völker herrschen, sie unterjochen und die Großen sie vergewaltigen», so läßt Paulus die staatliche Obrigkeit – die ihn ja dann selber, wenn wir den christlichen Überlieferungen glauben dürfen, einen Kopf kürzer macht, «von Gott verordnet» sein und stempelt die Regierungen zum Inbegriff von Fug und Recht: für die Kirche seit zwei Jahrtausenden das Fundament einer blutigen Kollaboration[43].

Die frühe staatsfreundliche Tendenz aber setzt sich im Christentum fort und siegt.

Schon die alten Apologeten stoßen in dasselbe Horn. Aristides von Athen findet kaum ein Ende, den Kaisern die christlichen Edelmenschen anzupreisen. Sie treiben «nicht Ehebruch und Unzucht», beteuert er, «legen kein falsches Zeugnis ab, unterschlagen kein hinterlegtes Gut, begehren nicht, was nicht ihr eigen ... Ihre Frauen, o Kaiser, sind rein wie Jungfrauen, und ihre Töchter sittsam. Ihre Männer enthalten sich jedes ungesetzlichen Verkehrs und aller Unlauterkeit ...» (natürlich: «in der Hoffnung auf die in der andern Welt winkende Vergeltung ...»). Diese Christen kriechen den Kaisern, den heidnischen wohlgemerkt, die sie im 4. Jahrhundert doch aufs gemeinste diffamieren (I 203 ff), im 2. Jahrhundert in den allerhöchsten Hintern. Der «ganze Erdkreis», behauptet anno 177 Athenagoras von Athen in seiner Apologie, sei der kaiserlichen «Wohltaten teilhaftig». «Weise Mäßigung» attestiert er ihnen, «Menschenliebe» in «allen Dingen», auch «Begabung und Bildung», und ersucht devotest um das Neigen der Herrscherhäupter. «Denn welche Eurer Untertanen verdienen es, eher Erhörung ihrer Bitten zu finden als *wir, die wir für Eure Herrschaft beten*, damit die Regierung in gerechtester Erbfolge vom Vater auf den Sohn übergehe und Euer Reich wachse und gedeihe, indem die ganze Welt Euch untertan wird? Dies liegt auch in unserem Interesse, damit unser Leben ruhig und ungestört verlaufe und wir alle Anordnungen bereitwillig vollziehen können.»[44]

Und wie sich die Christen alsbald dem Staat als solchem anpassen, so eben auch, als das erwartete Gottesreich auf Erden ausblieb, dem üblichen Erwerbs- und Wirtschaftsleben.

Ein frühchristlicher Bankier wird Papst – und ein Seitenblick auf die Soziallehren der Päpste im 20. Jahrhundert

Schon im 1., mehr noch im 2. Jahrhundert feilscht, streitet, prozessiert man unter Christen; lauter Verhaltens-, Bestätigungsformen, die Jesus strikt verbietet. Überall sind Christen um 200 mit Handwerk und Handel befaßt, und von den meisten Kirchenvätern wird auch der Handel als notwendig anerkannt (für Kleriker aber häufig untersagt). Tertullian, der den Reichtum noch rigoroser als Lukas beurteilt und Handel als die Wurzel aller Übel weitgehend verdammt, betont die Teilnahme von Christen am Kaufmannsleben, ihre Tätigkeit in allen Handelssparten. Er sieht sie am Forum schachern, auf dem Markt, in Werkstätten arbeiten und Läden. Sie treiben auch Überseehandel. Ist doch bereits der Gründer der ältesten christlichen Kirche, der Schöpfer des ersten Neuen Testaments, der spätere «Häretiker» Markion, ein in vieler Hinsicht kaum hoch genug zu schätzender Christ, ein begüterter Reeder aus Sinope am Südufer des Schwarzen Meers. Bereits im Jahr 139 zahlt er der christlichen Gemeinde Roms bei seinem Eintritt 200 000 Sesterzen (etwa 40 000 Goldmark, gut eine halbe Million DM), bricht aber nach fünf Jahren mit ihr, wobei er sein Geld zurückerhält; man hat selbst genug[45].

Auch das Bankgeschäft wurde schon um die Wende vom 2. zum 3. Jahrhundert von Christen betrieben. Wir kennen aus jener Zeit zwei christliche Bankiers namentlich. Der eine war Theodotus der Wechsler; der zweite, ein besonders skandalumwitterter Bankier in der piscina publica (Badeanstalt) in Rom, brachte es, wohl nicht zuletzt auch deshalb, bis zum Papst: der hl. Kallist (II 94 ff). (Auch der gegenwärtige Papst Johannes Paul II., der sicher gleichfalls einmal heilig werden wird, wurde ja durch seinen Vatikanbankpräsidenten Erzbischof Marcinkus, hinter dem monatelang die italienische Polizei her war, in die schlimmsten Geldskandale u. a. mit den dann ermordeten Mafia-Bankiers Roberto Calvi, dem «Bankier Gottes», und dem einstigen Jesuitenzögling Mychele Sindona verstrickt; wahrlich nicht als einziger «Heiliger Vater» des 20. Jahrhunderts; Pius XII. starb 1958 mit einem Privatvermögen von 80 Millionen DM in Gold und Valuten: I 23 ff.) Im 3. und besonders seit dem 4. Jahrhundert gibt es schwerreiche christliche Kaufleute, Fabrikanten, Reeder, Christen, die riesige Latifundien besitzen, es gibt christliche Geldwechsler und Banker in Alexandrien, Antiochien, Konstantinopel, Ephesus, Korykos, Korinth, Karthago, Rom, wo die «collectarii» schließlich eine Korporation bilden, solidi (Goldmünzen) auf dem freien Markt kaufen und verkaufen, auch Kreditgeschäfte tätigen[46].

Die «Kirche der Heiligen» sah also in ihrer Zusammensetzung nicht viel anders aus als die römische Gesellschaft der Spätantike, die in zwei Gruppen zerfiel: in wenige Reiche, die fast alles besaßen, ein ebenso bedenken- wie schrankenloses Genußleben führten, oft in unvorstellbarem Luxus praßten und sich des Goldgeldes bedienten. Und in die Masse derer, die fast nichts hatten oder nichts, die in dumpfem Fatalismus dahinvegetierten, weit mehr schlecht als recht von ihrer Hände Arbeit lebten, mit kupfernem oder silbernem Inflationsgeld zahlten und von den Herren verachtet wurden. Ein gewisser, stark zusammengeschmolzener Mittelstand spielte kaum eine Rolle. Das freie Kleinbauerntum existierte längst nicht mehr, die Großagrarier und später auch die Kirche besaßen fast allein den ganzen Grund und Boden, genossen aber Immunität. Für die Steuern kamen die Mittel- und Unterschichten auf[47].

Die Kirchenführer sahen sich somit einer prekären Situation gegenüber. Der große Haufen der Christen war arm, zumindest sehr wenig begütert. Allmählich aber stießen auch die Angehörigen der besitzenden Schichten dazu, Wohlhabende, Reiche, die das pauperistische Pathos, die gängige Gleichsetzung von christlich und arm, nicht wenig irritierte. Und doch durften gerade die Reichen am wenigsten verprellt werden. Die Kirchenväter und -führer mußten ihnen entgegenkommen, aber freilich ohne das Gros ihrer Anhänger zu vergrämen oder gar zu verlieren.

So wurde einerseits die grauenhafte Kluft zwischen Reichen und Armen von vielen christlichen Autoren durchaus gegeißelt. Ja, als im 4. Jahrhundert nicht nur der soziale Gegensatz innerhalb der christlichen Gemeinden immer offenkundiger wurde, sondern auch, mit der rapiden Verweltlichung der Kirche, die Diskrepanz zwischen deren Predigt und Praxis, da verschärfte sich die Anklage einiger ihrer Führer eher noch. Ein so edler Christ wie Kirchenlehrer Basilius tritt dann und wann sogar für freiwillige Gütergemeinschaft ein, nennt Christen, die noch etwas als ihr Eigentum ansprechen, Diebe, Räuber, ja, stellt jeden, der aus Egoismus Notleidenden nicht hilft, auf eine Stufe mit Mördern. Gerade das Gebot der Nächstenliebe beweist Basilius, daß es dem Reichen noch ganz und gar an der wahren Liebe fehle. Denn solle jeder «auch nur wenig für seine Lebensbedürfnisse bekommen, so müssen alle zugleich ihr Vermögen verteilen und an die Armen geben. Wer daher den Nächsten liebt wie sich selbst, besitzt nicht mehr als der Nächste». Und Bischof Basilius konnte so sprechen. Zur Zeit einer Hungersnot, heißt es, verkaufte er alles, was er besaß, um für den Erlös den Armen Lebensmittel zu schenken. Auch Kirchenlehrer Gregor von Nazianz prangerte die krassen Unterschiede in den christlichen Gemeinden an, sah die Reichen im Luxus schwimmen und üppig tafeln, die Armen aber oft ohne das Nötigste, sah die Reichen vielräumige Paläste bewohnen, die Armen manchmal obdachlos, sah die Reichen in kostbaren Kleidern, die Armen in Lumpen. Und auch Bischof Gregor sprach nicht nur so. Er hinterließ sein ganzes Vermögen, wenn auch erst testamentarisch, der Kirche und den Armen[48].

Allerdings scheint angesichts der großzügigen Schenkungsakte so manches katholischen Heiligen doch eine gewisse Vorsicht geboten. Man sitzt da leicht gewissen Legenden auf, die sozusagen längst amtlich, «Geschichte» geworden sind. Zum Beispiel hatte Bischof Cyprian bei seiner Taufe sein ganzes Vermögen den «Armen» beziehungsweise der Kirche vermacht. Dann aber erhielt er, so sein Biograph Pontius, durch Gottes Gnade die «Gärten» wieder zurück. Der riesige Latifundienbesitz – vielleicht der berühmteste derartige Fall –, den die hl. Bischöfe Basilius und Gregor von Nyssa der Kirche vermachten, soll doch gleichsam «zeitlebens ihr Privatvermögen» geblieben sein (Staats). Der berüchtigte Tempelruinierer Bischof Porphyrios von Gaza hat, so eine Quelle des frühen 5. Jahrhunderts, seinen ganzen Besitz nach seiner Bekehrung den Armen geschenkt; bei seinem Lebensende aber verfügte er wieder über ein beträchtliches Vermögen[49].

Beispiele für ein zumindest sehr soziales verbales Engagement könnten Bände füllen. Und vermutlich waren solche Predigten oft auch ehrlich gemeint, jedenfalls von jenen wenigen, die selber ihr Vermögen ganz oder doch zum Teil verschenkten. Auch sind derart hochherzige Akte wohl die wirksamsten Winke an die Reichen gewesen, gleichfalls wohltätig zu sein, was gewöhnlich hieß, die Wohlfahrtstätigkeit der Kirche zu unterstützen, was damit wieder, so oder so, vor allem dieser selbst zugute kam – und zugleich, ein trefflicher Zug: die Armen in Schach hielt. Man verminderte dadurch die sozialen Spannungen zwar nur wenig, aber man hinderte doch die christlichen Armen daran, ihr elendes Schicksal gewaltsam zu ändern. Zumindest verhinderte man es in Verbindung mit vielen anderen Dauer-Indoktrinationen, wie stetem Einschärfen der Untertanenpflicht, des Gehorsams, Duldens, der Demut, Opferbereitschaft, des unendlichen Lohnempfangs im Himmel oder der Drohungen mit Höllenfeuerpeinen etc.

Das Problem war längst bekannt. Bereits die altgriechischen Staatstheoretiker, auch Platon, auch Aristoteles, betonten, daß Armut Unzufriedenheit, die Sucht nach Umsturz wecke und Aufruhr erzeuge. Noch mehr verbreitet war die Meinung, daß Armut der Boden für alles Böse sei. Eine Revolution aber konnten die Bischöfe so wenig brauchen wie der Staat, mit dem sie seit dem 4. Jahrhundert aufs engste kollaborierten. Die Lage war um so gefährlicher, als in nachkonstantinischer Zeit nicht so sehr eine Revolte der Sklaven als der aufs schlimmste ausgeplünderten Volksmassen die Herrschenden bedrohte. So ließ man – wohltätig – alles beim alten, indem man Neues, vor allem viel Besseres, das allein Wahre, allein Seligmachende vorgab. Und wie man seit Konstantin, bis heute, die Kriege des Staates unterstützte, so auch, gleichfalls bis heute, dessen Ausbeutung. Derart aber vergrößerte sich die Kluft zwischen den Besitzenden und Besitzlosen weiter, zumal «die Mehrheit der Reichen, darunter auch Geistliche, Gold und Silber wie den heidnischen Baal anbeteten» (Gruszka)[50].

Das ist, knapp skizziert, die Situation, in die Kirche und Christentum hineinsteuern und der sie Rechnung tragen, indem sie scheinbar die Interessen der Reichen *und* Armen vertreten, in Wirklichkeit aber ausschließlich die jener. Um so fataler, als dies nicht nur der Predigt Jesu, seiner grundsätzlichen Disqualifizierung des extremen Kapitalismus wie des seelenbetörenden Wohlstands an sich, scharf ins Gesicht schlägt, sondern auch vortäuscht, das Schicksal der Armen verbessern zu wollen, sich mit ihnen zu solidarisieren.

Betrachtet man beispielsweise, kurz weit vorausschauend, die Sozialpolitik der Päpste des ausgehenden 19. und des 20. Jahrhunderts – vorher schrieben die Päpste keine Sozialenzykliken: das taten sie erst seit Marx! –, so stehen sie sämtlich in einer uralten kirchengeschichtlichen Tradition: gipfeln sie alle in der Bemühung, das Mißverständnis zwischen Habenden und Habenichtsen kriminell zu verharmlosen. Gehen sie alle, wie Papst Leo XIII., der geborene Graf Pecci, «von der einmal gegebenen unveränderlichen Ordnung der Dinge» aus, «wonach in der bürgerlichen Gesellschaft eine Gleichmachung von hoch und niedrig, von arm und reich schlechthin nicht möglich ist». Sind sie alle überzeugt, wie Papst Pius XII., der große Faschistenkomplice und private Multimillionär, «daß es immer Reiche und Arme gegeben hat; und daß dies auch immer so sein wird . . .». Wie schon Leo XIII., erblickt auch Pius XII. darin eine Art natürlicher Harmonie. Unternehmer und Arbeiter sind für den päpstlichen Großkapitalisten «Mitarbeiter an einem gemeinsamen Werk. Sie essen, möchte man fast (!) sagen, am gleichen Tisch . . . Jeder von ihnen hat seinen eigenen Nutzen». Und es ist nicht von ungefähr, daß sich der gegenwärtige «Stellvertreter Christi», Johannes Paul II., so gern und so oft auf die unsozialen Äußerungen seiner Vorgänger beruft. Daß er vor Arbeitern so zungenfertig von der «Würde der Arbeit», dem «Adel der Arbeit» spricht. Daß er sie daran erinnert, daß auch Gottes Sohn «arm geboren wurde», «unter Armen lebte». Daß sie um Gottes willen nicht «den Reichtum für den Inbegriff des Glücks» halten, vielmehr erkennen sollten, die «Armen vor Gott» seien auch die «Reichen», wie er im Elendsviertel Vidigal von Rio de Janeiro die doppelt Gedemütigten dämpfte, nicht vergessend hinzuzufügen, daß wir ja «alle Brüder sind ...»[51].

Diese schamlosen Augenwischereien haben nun eine genau 1900jährige Tradition. Und eben dies soll, wie es ihrer traurigen Bedeutung entspricht, im folgenden etwas ausführlicher betrachtet und belegt werden.

«Ich mache das grosse Geld, meine Frau übt Wohltätigkeit ...» – von Klemens von Rom bis zu Gregor von Nyssa

Da ist etwa gegen Ende des 1. Jahrhunderts der sogenannte Brief des Klemens von Rom, der bereits nachdrücklich für die bestehende gesellschaftliche Ungleichheit eintritt: «Der Starke sorge für den Schwachen, und der Schwache kümmere sich um den Starken; der Reiche unterstütze den Armen, der Arme aber danke Gott dafür, daß er jenem gegeben, wodurch seinem Mangel abgeholfen werde.» Mit Recht sah man schon hier «den Mechanismus der Ausbeutung» am Werk; wozu paßt, daß Klemens von Rom auch den Frauen befiehlt, «ihre Männer in der richtigen Weise zu lieben» und «in den Schranken der Unterwürfigkeit sich zu halten» – und daß er auch schon die heidnische Obrigkeit in ein langatmiges Schlußgebet einschließt[52].

Um die Mitte des 2. Jahrhunderts lehrt der sogenannte Zweite Clemensbrief zwar, nicht geldgierig zu sein, sondern Almosen zu geben, die Sünden tilgen. Doch die – schon im Alten Testament irritierende – Tatsache, daß die Bösen manchmal reich, die Kinder Gottes arm sind, erklärt diese älteste christliche Predigt, die überhaupt erhalten ist: die Guten bekommen ihren Lohn im Himmel; bekämen sie ihn schon hier, würde die Gottesverehrung in einen Handel ausarten, der nicht Frömmigkeit bezweckte, sondern Gewinn – und gerade auf Gewinn, den allergrößten, läuft dieser ganze Handel doch hinaus![53]

Die «Didache» oder «Zwölfapostellehre» (S. 131) befiehlt zwar noch, «alles gemeinsam» mit dem Bruder zu haben und nichts als Eigentum auszugeben, ja, den Nächsten noch mehr als die eigene Seele zu lieben. Aber sie verlangt freilich auch schon: «Laß dein Almosen schwitzen in deinen Händen, bis du erkannt hast, wem du es gibst!» Und gerade dieser Gedanke kehrt bei den Kirchenlehrern Augustinus und Papst Gregor I. wieder, wird von ihnen als Bibeltext (Sir. 12,1 ff) zitiert und bis ins Mittelalter hinein oft wiederholt[54].

Der Apologet Aristides von Athen singt zwar dem Kaiser Antoninus Pius (138–161) oder dessen Vorgänger Hadrian ein langes Loblied über die Tugend der Christen. Aber er stimmt auch bereits eine Hymne auf das Kaiserreich an, die «eine gemeinsame staatliche Ordnung», und versichert angesichts der ungeheuren Unterschiede von arm und reich dem Regenten in der ältesten uns erhaltenen christlichen Apologie: «So sind die bestehenden Verhältnisse naturgemäß sowohl für die Armen als auch für die Reichen befriedigend und nützlich, und eine andere Art zu leben gibt es nicht» – «ein geradezu rührendes Dokument aus dem alten Christentum ... noch schwach und ungelenk und doch schon so zukunftssicher» (Hofstiftskanonikus Kaspar Julius)[55].

Das erinnert sehr an eine weitere Apologie, die der hl. Justin um 150 in Rom vielleicht an denselben Kaiser adressiert, dem er «freudigen Gehorsam» der Christen verspricht, die er wegen ihrer Furcht vor ewigen Strafen als die besten Stützen des Throns empfiehlt: «Ihr habt aber in der ganzen Welt keine besseren Helfer und Verbündeten zur Aufrechterhaltung der Ordnung als uns ...» «Abgaben und Steuern suchen wir überall vor allen anderen euren Beamten zu entrichten ...»[56]

Und wie Justin, so sein Schüler Tatian: «Der Kaiser befiehlt, Steuern zu zahlen: ich bin bereit, sie zu leisten; der Herr verlangt, ihm zu dienen und zu gehorchen: ich kenne die Pflicht des Untertanen.» Und gewiß weiß dieser Christ, was dem Sklaven ziemt: «Bin ich ein Sklave, so ertrage ich die Sklaverei».

Tatian versteht die Armen bereits derart zu dämpfen, als wäre er in Rom Bischof gewesen. So nützlich ist der Reichtum gar nicht, schreibt er. Und wenn der Reiche sät, fällt schließlich auch für den Armen etwas ab. Ja, während der Reiche die größeren, oft gar nicht so leicht zu befriedigenden Bedürfnisse hat, bekommt der Arme unschwer das bißchen, das er braucht[57].

Dieses einleuchtende Argument kehrt durch zwei Jahrtausende in der katholischen «Sozialliteratur» wieder; auch beim hl. Cyprian, 258 enthauptet. Gewiß tritt Cyprian, wie alle seinesgleichen, nachdrücklich für Wohltätigkeit ein, nennt er irdische Güter gefährlich, ist sein Ideal die Gütergemeinschaft der Urgemeinde von Jerusalem, verkauft er, selber sehr vermögend, seinen Besitz zugunsten der Armen, wenn auch nicht ganz. Doch, Gott, wie viele Sorgen, stellt der hl. Bischof, einst Lehrer der Rhetorik, seinen Lesern vor, hat der Reichtum im Gefolge, Schrecken, von denen der Arme ja nichts ahnt! In seinem ganzen Leben, seinem Schwelgen und Genießen, säße dem Reichen die Angst im Nakken, peinige ihn die Furcht, ein Räuber könne seine Güter verwüsten, ein Mörder ihm auflauern, der Neid ihn, die Verleumdung oder sonstwas in Prozesse verwickeln etc.[58]

Als großer Progressist in der Frage reich und arm erweist sich der zwischen 211 und 215 gestorbene Kirchenvater Clemens von Alexandrien, offensichtlich inspiriert durch die reiche, von Alexander d. Gr. gegründete Handelsstadt, den wichtigsten Warenumschlagplatz zwischen Ost und West im Römerreich. Unter ihren vielleicht 800 000 Einwohnern sind rund ein Zehntel reiche Handelsherren, Großagrarier, die außer beträchtlichen Ländereien zehn bis zwanzig Häuser besitzen und etwa 1000 bis 2000 Sklaven; ein Zehntel sind Arme, die übrigen meist Kleinbürger[59].

So manches Jesuswort, zumal die Geschichte vom reichen Jüngling, setzte den vermögenden alexandrinischen Christen zu. Also macht Clemens das Evangelium der umworbenen Gesellschaft mundgerecht und zeigt in einer um 200 verfaßten Homilie «Welcher Reiche kann gerettet werden» (Quis dives salvetur), daß Jesus auch den – für die Kirche so wichtigen – Kapitalisten das Paradies nicht verschließt[60].

«Geh, verkaufe alles, was du hast ...», befiehlt der Herr – vergebens – dem jungen Mann im Evangelium, und Clemens fragt: «Was bedeutet das? Er befiehlt ihm nicht, wie manche das Wort in oberflächlicher Weise auffassen, das Vermögen, das er besitzt, wegzuwerfen und auf seinen Besitz zu verzichten, sondern aus seiner Seele die Gedanken an den Besitz zu verbannen, die leidenschaftliche Liebe zu ihm, das gewaltige Verlangen darnach, die krankhafte Unruhe darum, die Sorgen, die Dornen des irdischen Lebens, die den Samen des ewigen Lebens ersticken.»

Der französische Theologe und Kirchengeschichtsschreiber Michel Clévenot läßt diese und ähnliche Sätze des Clemens – «ein flotter Sechziger» – einen alexandrinischen «Geschäftsmann», einen «Import-Export-Kaufmann» hören und so kommentieren: «Das ist doch genau das ..., was ich mir auch immer dachte. Das Evangelium verurteilt den Reichtum nicht; alles kommt darauf an, sich nicht an ihn zu hängen ... Meiner Treu ... Ich mache das große Geld, meine Frau übt Wohltätigkeit, und wir beide verdienen uns das Paradies ...»[61]

Energisch verteidigt Clemens das Privateigentum. Reichtum an sich ist gar nicht tadelnswert, nur die Habgier. Reichtum, Wohlhabenheit sind vielmehr ein Gut, zumal der Reiche auch mildtätig sein könne. Nicht der Reiche ist deshalb vom Himmelreich ausgeschlossen, sondern der Sünder, der sich nicht bekehrt! Clemens versäumt nicht, die Armen zurechtzuweisen, die gegen die Reichen sich erhöhen, versäumt nicht, den Apostel Matthäus «reich» zu nennen und zu lehren, daß die Menschheit ja gar nicht existenzfähig wäre, wenn niemand etwas besäße![62]

So spricht fast alles dafür: Clemens hat «den Reichen ein theologisches Alibi für ihren Wohlstand geliefert», eine «Almosentheorie» (Hauschild). Und wirklich, was faktisch auf die Dauer übrigblieb, nicht nur bei Clemens, überhaupt, war das Almosen[63].

Das gab es freilich schon bei den Griechen, die dies aber nie als Tugend angesehen hatten. Und auch auf römischer Seite wird von Herodes Atticus, einem Freund Kaiser Hadrians, der Ausspruch überliefert: «Das Geld der Reichen soll dem Glück der Armen dienen». Im Christentum jedoch wurde die Wohltätigkeit selten oder nie sozial motiviert, sondern fast stets religiös. Man gab nicht, um gesellschaftliche Mißstände zu beheben, den Lebensstandard zu steigern, um Kunst, Wissenschaft, Bildung zu fördern, sondern um sein Seelenheil zu retten. Man beschenkte sich! Geld tut, lehrt Kyrill, fast vierzig Jahre, von 348 bis 386, Bischof von Jerusalem, übt man damit Wohltätigkeit, eine Tür zum Himmel auf. Und dies: geben, um selig zu werden, nicht hier, sondern im Himmel, von den Kirchenvätern immer wieder eingeschärft, dies war das Entscheidende – der (religiöse) Egoismus! Feiner, theologisch gesagt: die Werkgerechtigkeit. «Wer einem Armen gibt, leiht dem Herrn und erhält seinen Lohn» – ein Wort des hl. Basilius, durchaus typisch für die Haltung der «Väter». «Alle Aktivitäten wurden von diesem Standpunkt aus beurteilt» (Bogaert)[64].

Und gerade deshalb ist dies ganze christliche Wohltätigkeitsgebaren so widerlich. Es beruht gewöhnlich auf nichts als auf dem Prinzip des do ut des, auf einem (im Grunde alttestamentlichen) Vergeltungsdogma, einer ganz banalen, primitiven, für die Massen aber sehr wirkungsvollen Lohn-Strafe-Moral, die schon Markion mit aller Vehemenz verworfen hat. Immer wieder aber wird im Christentum gerade die heilsvermittelnde Kraft des Almosens, das «pro salute animae!», aufdringlich beschworen; immer wieder besonders in der frühkatholischen Kirche (etwa 150–312) das gute Werk, die «Liebesarbeit», die Wohltätigkeit als sündentilgendes Opfer propagiert. Nur einen Teil, nur einen kleinen Teil ihres Reichtums brauchten die Besitzenden zu spenden, um dafür von Gott belohnt zu werden[65].

Manche verkündeten sogar, was kaum weniger, eher mehr attraktiv gewesen sein dürfte, Gotteslohn schon für diese Welt, wie Bischof Gregor von Nyssa, der jüngere Bruder des Kirchenlehrers Basilius. Gregor weiß zwar, daß die Armen, die Lazari, die Lieblinge Gottes, zu Tausenden vor den Türen von Reichen liegen, die in sybaritischem Luxus leben, weshalb er Abgaben empfiehlt, Wohltätigkeit und gegen Geldgier – Fasten. Doch berichtet dieser Heilige auch, unter Diokletian habe sein Großvater sein Leben samt seinem ganzen Vermögen verloren, dennoch der «Glaube» den Besitz seiner Erben so wachsen lassen, daß keiner der Familie früher reicher gewesen sei. Nicht genug. Obwohl das Vermögen unter neun Kindern in neun Teilen verteilt worden war, vermehrte Gottes Segen den Teil jedes einzelnen derart, daß jedes Kind ein größeres Vermögen besaß als die Eltern[66].

Immer deutlicher setzt sich im 3., mehr noch im 4. Jahrhundert das Bestreben durch, einerseits weiter die Masse der Armen, das Gros der Christen ja durch alle Zeiten, zu gängeln, andererseits aber die Reichen nicht abzuschrecken. Auch darum erklärt man nun Jesu ethischen Radikalismus als Richtlinie für die «Vollkommenen», die Asketen, die Mönche, was die Reichen nicht zu kümmern brauchte. Nein, allen stehe der Himmel offen, falls sie glauben, «gute» Christen sind[67].

Die «Revolutionäre» retten die Reichen Die Kirchenlehrer Gregor von Nazianz und Ambrosius von Mailand

Gregor von Nazianz, Sohn eines Bischofs, tadelt zwar den ungerechten Gewinn, geißelt Getreidespekulanten oder Händler, die zwei Maße und zwei Gewichte gebrauchen, er verwirft es, den Mammon um des Mammons willen zu horten und sein Herz daran zu hängen. Doch andererseits, weiß er, segne Gott manchmal Fromme durch Güter. Selber sehr begütert, sieht Gregor im Reichtum eine Gottesgabe. Reichtum mache es dem Menschen möglich, materiell selbständig zu sein und den Notleidenden zu helfen. Allerdings fordert der reiche Heilige keine bestimmte Vermögensquote für die Armen, ja, er animiert nicht einmal sehr zum Almosengeben. «Gib dem Dürftigen nur ein wenig», interpretiert er das Evangelium auf seine Art, «denn nicht wenig ist es für den, der Not leidet». Gegebenenfalls genüge schon der «gute Wille». Auch brauche, wer an das Unglück gewohnt sei – wieder ein nicht zu unterschätzender Vorteil des Armen – , nicht so viel Hilfe wie einer, der schon vermögend war und dann in Not geriet. So fordert Gregor dazu auf, Unterschiede in der Fürsorge zu machen und die durch ein Unglück, durch Schiffbruch, Raub, die Rücksichtslosigkeit der Wucherer, plötzlich arm gewordenen Reichen besser zu behandeln, ihnen mehr Mitleid, mehr Hilfe zu schenken als den übrigen Armen. Wer seit der Geburt an Elend gewöhnt sei, ertrage es leichter, als wer als Reicher plötzlich seinen Reichtum verliere, weshalb er eben auch bevorzugt werden müsse. Den Armen aber verspricht Bischof Gregor «die höchsten Stellen im Himmelreich, nicht Ämter in dieser kleinen, unbedeutenden Stadt»[68].

Ja, der Himmel, das große Glück der Armen! Auf Erden indes ist es nun einmal, wie es ist, und Gregor ist auch Realist genug, um sich nichts vorzumachen. «Obwohl alle Leute von derselben Haut sind, kommt es jenen zu zu herrschen, diesen, beherrscht zu sein; zu jenen gehört es, Tribute festzusetzen, zu diesen, Tribute zu zahlen; die ersten entgehen straflos, wenn sie Unrecht tun, den zweiten bleibt es, alles zu tun, um am wenigsten zu leiden»[69].

Auch Gregors Kollege, der Mailänder Bischof und Kirchenlehrer Ambrosius, ist nüchtern genug, um die Dinge zu sehen, wie sie sind, das heißt die übliche Sozialpolitik seiner Kreise zu treiben. Gar mannhaft tritt er für die Armen ein, ohne es je mit den Reichen zu verderben, auf deren Seite er schon aufgrund seiner Herkunft und Stellung steht. Ohne Zweifel gehört Ambrosius von Mailand zu den markigsten Lavierern, die Kirche und Welt je gesehen haben.

Einerseits verurteilt der populäre Bischof mitunter hart Reichtum und Geld, attackiert er gelegentlich kraftvoll die Reichen, ja leugnet entschieden, daß Privatbesitz in der Natur begründet sei. «Nahrungsmittel hat sie bereit gestellt . . ., hat diese Dinge allen gemeinsam geschenkt, damit du dir nicht etwas als Eigentum anmaßt» (haec communia dedit ne tibi aliqua velut propria vindicares). Jedes Privateigentum sei gegen die Natur, beruhe auf Anmaßung und Habsucht. Nach Gottes Ratschluß sollte die Menschheit in Gütergemeinschaft leben, die Erde gemeinschaftlich besitzen. «Die Natur schuf das Recht des gemeinsamen

Eigentums, die Usurpation machte daraus das Recht des Privateigentums.» Nach dem «engagierten Fürsprecher der Armen und Unterdrückten» (Wacht) liegt also die Gütergemeinschaft in der Absicht des Schöpfers, ist Privateigentum mit dem göttlichen Gesetz unvereinbar, nicht naturgemäß. «Es ist nicht dein Eigentum, das du unter die Armen verteilst, es ist das ihre, das du ihnen nur zurückgibst. Denn du hast zu deinem privaten Gebrauch an dich gerissen, was allen zum Nutzen für alle anvertraut ist. Die Erde gehört allen und nicht den Reichen.»

Das hört sich radikal an, fast revolutionär. Doch dieser Heilige, der einer der ersten römischen Familien entstammte – sein Vater war Regierungschef für Gallien –, auch selber beste Beziehungen zu den Kaisern unterhielt, zeitweise täglich mit ihnen verkehrte, sie nicht selten dirigierte (I 399 ff), wollte natürlich nicht wirklich Gütergemeinschaft, sondern forderte nur Wohltätigkeit. Grundbesitz bewertet er durchaus positiv. Und Reichtum an sich sei keinesfalls verächtlich, sei gar nicht schlecht, im Gegenteil ein Geschenk Gottes, ein Reisegeld (viaticum) zum ewigen Leben, wenn man ihn richtig gebraucht, den Armen hilft.

Ambrosius will selbstredend nicht Kampf gegen die Reichen, will nur ihr Almosen. «Wer im Reichtum sich bewährt», lehrt er, «ist wahrhaft vollkommen und des Ruhmes würdig». Auch sei im Namen des Herrn der Arme sicher wie der Reiche, der Schwache wie der Mächtige, der Taglöhner nicht prinzipiell vom Großagrarier verschieden, da doch auch dieser ein «Lohnarbeiter Christi» sei (was man noch ganz ähnlich bei dem privaten Großkapitalisten Papst Pius XII. liest). Den Armen müsse auch gar nicht sein Elend grämen, seine Dürftigkeit. «Niemand klage über seine Not, daß er sein Haus mit leerem Beutel verlassen mußte! Ärmer noch ist die Schwalbe. Keinen Heller besitzend ist sie nur überreich an Mühe . . .» Einer der berühmten ambrosianischen Vergleiche aus der Tierwelt. Denn wie der Vogel Phönix ein Beweis für die Unsterblichkeit ist, der Geier für die Jungfrauschaft Mariens, die Turteltaube für wahre Witwentreue etc. (S. 371 ff), so ist die Schwalbe noch ärmer als der Ärmste – und baut doch ihr Haus. Ohne einen Heller!

Ganz selbstverständlich setzt der Kirchenlehrer die Privateigentumsordnung voraus, akzeptiert er den wirtschaftlichen Status quo und erklärt ihn durch den Sündenfall – seinesgleichen kommt nie in Verlegenheit. Zumal die Kirche hat natürlich gerechten Besitz, da sie dem Nächsten diene und alles verwende für die Armen! Für sich, behauptet Ambrosius allen Ernstes, besitze sie nichts als den Glauben. «Nihil ecclesia sibi nisi fidem possidet . . .»[70]

Der Fast-Sozialist Kirchenlehrer Johannes Chrysostomos und sein Jünger Theodoret

Selbst der stark sozial empfindende Johannes Chrysostomos treibt im Grunde das schäbige Spiel seiner Kollegen – wie heute noch manch hochbewunderter Bischof Lateinamerikas.

Auf der einen Seite ist der Heilige ein Hirte, der in der Gütergemeinschaft die adäquate und naturgemäße Form menschlichen Lebens, im Eigentum der Reichen das Gut der Armen sieht, nach dem man ohne Ungerechtigkeit weder reich werden noch reich sein kann; der zuweilen eine Art kommunistisches Evangelium verkündet, alle Dinge «in kommunistischer Weise zu besitzen» lehrt; der schreibt: «ohne Ungerechtigkeit kann man weder reich werden noch in Ehren reich sein», so daß man ihn mitunter einen «Kommunisten» oder «Sozialisten» nennt. Er weiß wirklich oder predigt doch, daß Geldgier ein unnatürlicher Trieb sei, eine Pest, die alle mehr oder weniger ergriffen, die Welt zerrüttet, versklavt habe, daß sie die Menschen «töricht» mache, «unvernünftig», «frech und hündisch, ja noch schlimmer als Hunde» (als wären ausgerechnet Hunde schlimm!), «sie macht sie aus Hunden zu Teufeln». Vermögen sieht er nicht selten durch Unrecht zustande gekommen, durch trickreiche Handels- und Geldgeschäfte, Richterbestechung – «Die da Recht sprechen sind nur dem Namen nach Richter, in Wahrheit aber sind sie Diebe und Mörder». Vermögen entstünden häufig durch Erbschleicherei, durch Wucherzinsen, Spekulationen bei Hungersnot; die Geld-, die Besitzgier löse Streit aus, Raub, Mord, Krieg. So rät er, sein Geld nicht zu schonen, alles den Brüdern zu geben oder wenigstens mit dem Bedürftigen zu teilen, ihm die Hälfte, ein Drittel als Seelteil zu schenken. Wohltätigkeit nämlich tilgt Sünden, nehmen die Armen doch mit dem Geld auch die Sünden dessen weg, der Geld gibt[71].

Im allgemeinen freilich fordert der Kirchenfürst nicht vom Reichen sein Kapital. Nie hat er das Recht auf Privateigentum preisgegeben, nie im Reichtum an sich ein Unrecht gesehn, sondern nur in dessen ungerechtem Gebrauch, womit er die bis heute übliche Lehre und Taktik vertritt. Er suchte das Los der Armen durch Barmherzigkeit zu bessern, nicht durch Beseitigung der Ungerechtigkeit. Er suchte «das rechte christliche Wort» für beide Teile, die Ausbeuter wie die Ausgebeuteten: die einen sollten sich mäßigen im Genuß, ohne Arroganz sein, ohne die maßlose Verachtung der Armen, der körperlichen Arbeit; die anderen sollten dafür mit Freude, sollten um so williger schuften – natürlich für ihre reichen Brüder! «Habe nicht im Auge, daß du einem Menschen dienst, sondern Gott, und daß du dem Christentum Ehre machen mußt. Dann wirst du dich zu allem leicht verstehen: zum Gehorsam gegen deinen Herrn und zur Ertragung seiner plötzlichen Launen und Leidenschaften. Bedenke, du erweisest nicht ihm einen Gefallen, sondern du erfüllst einen göttlichen Befehl: so wirst du alles mit Leichtigkeit ertragen . . . Einen solchen Dienstboten, der so willig und gut ist, wird Gott zu sich nehmen und ihn mit leuchtenden himmlischen Kränzen belohnen.»[72]

Der höchste Repräsentant des Katholizismus im Orient wußte dem Knechts- und Sklavenlos der Massen, das er so oft mit so eloquentem Mitgefühl schildert, doch auch verdächtig viel Gutes nachzurühmen. Ständige körperliche Arbeit, schrieb er, nütze der Gesundheit sehr. Zudem erhöhe sie die Körperkraft, mache Arbeit die armen Frauen attraktiver als die reichen. Auch Naturschönheit, die Pracht der Sonne und Sterne, genießt der einfache Mensch mehr als der Reiche, dessen Leben sich zwischen Saufen abspiele und Schlaf. «Und betrachtet man die Luft, so wird man finden, daß der Arme sie reiner und reichlicher genießt». «Oft kann man sehen», behauptet der berühmte Kirchenmann, «wie ein Millionär den glücklich preist, der in der Werkstatt steht und von seiner Hände Arbeit sich seinen Lebensunterhalt verschafft». Doch nicht nur dies. Der liebe Gott, lehrt Chrysostomos, habe in seiner Menschenfreundlichkeit verfügt, «daß das Vergnügen nicht für Gold und Silber käuflich ist, sondern nur für Mühe und Drangsal und Not . . .». So schlafen zwar die Reichen auf weichem Pfühl, in Luxusbetten, aber: «Sie bleiben oft die ganze Nacht auf ihren Pfühlen schlaflos und kommen nicht zum Genuß eines solchen Vergnügens, soviele Künste sie auch anwenden. Der Arme aber hat, wenn er von seinem harten Tagwerk abläßt, ermüdete Glieder, und kaum hat er sich niedergelegt, überkommt ihn ein vollständiger, süßer und tiefer Schlaf, und darin empfängt er einen nicht geringen Lohn für seine rechtschaffenen Mühen.»

Und wie beim Schlaf, so im Grunde auch beim Essen, Trinken, überall geht es den Armen besser. Die Reichen schwelgen zwar, mästen sich von Tag zu Tag. «Doch das kann auch am Tisch der Armen sich ereignen, ja diese kann man sogar bei größerem Genusse sehen als alle Reichen zusammen»; denn nicht die Beschaffenheit der Speisen sei entscheidend, sondern die Stimmung der Speisenden. Wieder ein enormer Vorteil der Armen. Ja: «Ein großes Gut ist nicht Besitz von Schätzen, sondern Gottesfurcht und Frömmigkeit . . . So viel Geld liegt verwahrt, und es nützt zur Abwendung der auf uns lastenden Übel weniger als Kot . . .» – wenn es uns nicht gehört, ganz recht. Dagegen «sieh», ruft der kirchenfürstliche Sozialfachmann, «wenn jetzt einer gerecht ist und voll fester Zuversicht zu Gott, und wäre er auch der ärmste unter allen Menschen: es reicht hin, dem vorhandenen Mißgeschick ein Ende zu machen. Es genügt, daß er die Hände zum Himmel ausstreckt und Gott anruft, und die Wolke wird vorübergehen.»

So einfach alles, so wunderbar. Kirchenlehrer Chrysostomos, der «Großstadtapostel», «Anwalt des Volkes», der erste «Erwekker des sozialen Gewissens», kennt so viele und große Vorteile der ausgebeuteten Klasse, daß er sich fragen kann: «Wenn nun der

Arme mit größerem Vergnügen schläft und trinkt und ißt, was ist dann der Reichtum noch wert?» Und in der Tat ergibt ein Resümee seines sozialen Evangeliums: «In den wichtigsten Dingen ist ohnedies arm und reich gleichgestellt: sie alle haben in gleicher Weise an Wasser und Luft, kurz an der ganzen Natur teil, sie alle haben an sich gleiche Möglichkeit, die ewige Seligkeit zu erlangen.»[73]

Nicht genug! Johannes Chrysostomos hat, wie viele Kirchenväter, die körperliche Arbeit, die angesichts der ganzen antiken Verhältnisse von Platon und Aristoteles bis zu Cicero, Vergil mit Recht wenig geachtet war, die im Gegensatz zum aristokratischen und geistigen Mußeideal des Altertums stand, als unehrenhaft galt, Schmach, jetzt christlich motiviert und gewürdigt. Er hat die Arbeit als Mittel zur Selbsterziehung, zum Tugendleben propagiert, von den christlichen Massen sogar vermehrten Arbeitseifer, erhöhte Arbeitsleistung verlangt, besonders in zweifacher Hinsicht: zur Unterstützung der Arbeitsunfähigen – und des Klerus! «Darum befiehlt Paulus, nicht nur einfach zu arbeiten, sondern mit Mühe, damit man von seinem Erwerb auch den Nebenmenschen unterstützen könne». Und schrieb deshalb nicht auch Kirchenlehrer Basilius: «Wie man jeden Tag essen muß, so muß man auch jeden Tag arbeiten»? Diese neue Verklärung der Arbeit, ihre religiöse Sinngebung, ihr (sittlicher) Pflichtcharakter – später noch eifriger im Protestantismus gepflegt (wo Luther den schwachsinnigen Vergleich fand: «Der Mensch ist zur Arbeit geboren, wie der Vogel zum Fliegen») –, diese noch heute unsere Wirtschaftswelt beherrschende Idee vom angeblich hohen sittlichen Wert der Arbeit kam natürlich den Arbeitgebern zugute, den Herren, Klerus und Adel, später dem Bürgertum, während die Massen bettelarm blieben durch das ganze Mittelalter, bis tief in die Neuzeit hinein, weithin bis heute[74].

Bei aller Begünstigung der Armen freilich, dies konnte auch dem hl. Kirchenlehrer nicht verborgen bleiben, suchten selbst die Armen manchmal Leid und Kummer heim. Doch das, erklärt er behend, gibt es überall. «Trübsal ist uns allen gemeinsam», schreibt er. «Es gibt überhaupt keinen Menschen ohne Trübsal und Elend: der eine hat ein kleineres, der andere ein größeres Kreuz. Also seien wir nicht kleinmütig, glauben wir nicht, wir hätten allein Ungemach zu erdulden ... die Menschen sind ein unzufriedenes, mit ihrem Schicksal haderndes, schwermütiges Geschlecht»[75].

Ganz in die Fußstapfen seines Meisters und Landsmannes Chrysostomos tritt Kirchenvater Theodoret, seit 423 Bischof der kleinen Stadt Cyrus bei Antiochien. Ja, indem er von der arbeitenden Klasse eher mehr verlangt, die Oberschicht aber kaum noch kritisiert, geht er über Chrysostomos hinaus und repräsentiert denn auch in moderner kirchlicher Sicht «den Höhepunkt der altchristlichen Arbeitswertung» (Holzapfel).

Die körperliche Arbeit, die Knechtsfron, wird bei Theodoret stark metaphysisch fundiert, als Resultat göttlicher Fügung verstanden, wird ein christliches Ideal, in Christus verdienstlich – «seinetwegen halten sie ihre traurige Lage für Wonne und das mühevolle Tagwerk gleich dem angenehmsten Schlaf», behauptet Theodoret von den Armen, den Bauern, Handwerkern, Arbeitern. Ihr Elend erklärt er als «Folge des Sündenfalls», ihr eigentliches Glück, der wahre Lohn ihrer «Tugend», sei die über bloße Pflichtübung hinausgehende Hingabe an die Arbeit. So lobt er jene, die ihr Dienstverhältnis «mit innerem Eifer erfüllen, die nicht des Zwanges bedürfen, sondern aus Neigung ihre Pflicht tun und dem Dienst ihrer Herren zuvorkommen»[76].

Man sieht schon das entscheidend Neue im Hinblick auf die Arbeit: sie soll nicht mehr, wie vordem, widerwillig hingenommen, sondern sie soll *gern* getan werden – für den Herrn und für die Herren! Um so lieber sogar, als es ja den Herren schlechter geht als der «dienenden Klasse». «Bedenke, daß auch viele Herren ebensoviel wie die Knechte arbeiten müssen, ja noch mehr als diese, wenn man auch die Sorgen mit in Anschlag bringt ... Die Arbeit ist den Knechten und Herren gemeinsam, aber nicht die Sorgen. Wenn nun die Knechte und die Herren arbeiten, die Herren aber obendrein noch von Sorgen umlagert sind: warum sollte man diese nicht zu den Unglücklichen rechnen?»[77]

Reichtum und Armut gehören auch für Bischof Theodoret zur

Harmonie der Weltordnung Gottes. Er hat all dies weise vorherbestimmt. Und so verteidigt Theodoret mit aller Energie alles: die Reichen, einen gewissen Luxus – und die Notwendigkeit der Armut. «Warum nun seid ihr unwillig, daß ihr nicht alle Krösus, Midas oder Darius geworden seid?» fragt der Bischof – als hieße die Alternative: Krösus oder Bettler, alles oder nichts. «Wie können denn alle reich sein? . . . Wer würde dienen mögen, wenn einer ebenso großen Überfluß besäße als der andere? . . . Wer hält sich in Steinbrüchen auf und liefert Bausteine, wer fügt diese haltbar und zierlich ineinander und richtet Häuser auf, wenn ihn nicht Armut drückt und zur Arbeit anhält?» Zur Musik, weiß Theodoret, gehören viele Töne, und viele Farben erst ergeben ein Gemälde; auch herrsche große Mannigfaltigkeit unter den geometrischen Formen. Und wie es Unterschiede gibt in Musik, Malerei, Geometrie, so eben auch in der menschlichen Gesellschaft. «Der Lenker des Alls hat ganz mit Recht den einen Armut, den anderen Reichtum zuerteilt». «Bewundere denjenigen, der dies so weise eingerichtet hat, einem Teil Reichtum, dem andern Handwerkskönnen verleiht». Und in den wichtigsten Lebensgütern – Wasser, Luft: siehe Chrysostomos! – sind ohnehin arm und reich gleichgestellt: «noch einmal», wie man in der Mitte des 20. Jahrhunderts rühmt, «ein Bischof von großem Format»[78].

Indes, das größte Format und selbstverständlich auch die größte Wirkung hat auch in dieser Hinsicht Augustinus.

Kirchenlehrer Augustin propagiert die «arbeitsreiche Armut»

Für Augustinus, dessen Denken derart vom Gottesgedanken beherrscht wird, daß seine Philosophie im Grunde nichts anderes ist als Theologie, stand Gott ganz im Mittelpunkt und somit auch sein eigenes Ich. Denn nur dieses Ichs, dieser hybriden Egozentrik wegen, die auf ewigen Lohn hofft, ewige Strafe fürchtet, kümmerte er sich so unentwegt und angelegentlich um Gott.

Ein so extrem gott- und selbstbezogener Geist kann von vornherein kein wirklich ethisch denkender, sozial empfindender Mensch sein. Anders als einige Kirchenväter rechtfertigt Augustin denn auch ausdrücklich die bestehenden gesellschaftlichen Unterschiede. Er sieht sie als notwendig, nützlich an, mögen sie auch aus Gewalt und Krieg hervorgegangen, mögen sie weiter Ursachen von Streit und Krieg, Mord und Sünde sein. Demgemäß muß es natürlich auch Eigentum geben: Privat-, Staats-, nicht zuletzt Kircheneigentum. Geld und Güter sind, nach Augustin, Gaben Gottes, Gott hat den Reichtum verteilt. Doch mache nicht materieller Wohlstand ein Volk glücklich: glücklich das Volk, dessen Gott der Herr ist[79].

Der Herr aber, das ist nicht der Herr der Bibel, der Herr, das sind die Herren immer selbst. So entkräftet Augustin die «Heilige Schrift» mit jener grandiosen Augenwischerei, die bei den Theologen längst im Schwang ist. Die Bergpredigt besagt somit nur, vom Überfluß zu geben, wenn dringende Notwendigkeit dies gebietet. Das Wort vom «ungerechten Mammon» (mammon iniquitatis) drücke aus, daß Geld nicht den ganzen Lebensinhalt bilden dürfe; der Befehl an den reichen Jüngling, alles zu verkaufen, sei nicht allgemein, sondern persönlich zu verstehen, allein auf diesen Fall bezogen; die bekannte Geschichte des Kamels, das eher durch ein Nadelöhr gehe als ein Reicher in den Himmel, mache Reichen den Zugang zum Paradies nicht unmöglich, deute bloß die Schwierigkeiten an. Auch der Handel, zwar von den meisten «Vätern» gleichfalls gebilligt, wenn auch nicht ohne Einschränkungen oft, wird von Augustin besonders großzügig anerkannt. Es gebe ebenso gute Händler (boni negotiatores) wie gute Handwerker und Bauern, die Gewinnspanne sei legitimer Lebensunterhalt des Kaufmanns, und Lüge und Meineid gehörten nicht notwendig zum Geschäft. (Kirchenvater Salvian von Marseille sieht es anders: nach ihm ist das Leben aller Geschäftsleute nichts als Betrug und Meineid.)[80]

Für Augustin, der ganz entschieden auf der Seite der besitzenden und herrschenden Klasse steht, ist wirtschaftliches Elend kein Unglück, kommt es nicht auf materiellen, sondern den inneren

Reichtum an, den Segen des Himmels. Der reiche Abraham und der arme Lazarus waren beide «reich» vor Gott.[81]

Der Grundbesitz der Kirche, angeblich eine große Last, wird als «Eigentum der Armen» verteidigt, der Kirche durch kaiserliches Recht zu eigen, weshalb sie auch, wie jeder, ihre Rechte geltend machen könne. Reichtum ist für den Bischof von Hippo, ob ehrenhaft erworben, ob ererbt, durchaus erlaubt, weder, wie für andere Kirchenväter, eine usurpatio noch eine praesumptio, ist er vom Staat anerkannt. Geld besitzen die Guten wie die Bösen, es macht nicht an sich gut oder schlecht, glücklich oder unglücklich. Nicht Geld sei zu tadeln, sondern die Habgier (non facultates sed cupiditates). Augustin bekämpfte die Manichäer, die das Geld selbst für etwas Schlechtes hielten. Und er attackierte die Pelagianer, nach denen ein Reicher nur selig wurde, verzichtete er auf seinen Besitz. Lang und intensiv hat Augustin gerade Pelagius befehdet, gewiß aus dogmatischen Gründen. Doch kamen beide kaum zufällig mit der vielleicht reichsten Familie des Römischen Reiches, der hl. Melania und ihrem Mann Pinianus, in engeren Kontakt. (Der Verkauf der in allen Teilen des Imperiums liegenden latifundia dieser Multimillionäre nahm 13 Jahre in Anspruch, von 404–417.) Und zumindest Augustin hat die Superreichen sehr umworben (I 492 ff), während für Pelagius ein Reicher kaum wirklich Christ sein konnte, für jeden Reichen, nach Lk. 18,25, der Himmel verschlossen war[82].

Augustin betont zwar gern: die Reichen müssen Gefühle der Menschlichkeit entwickeln, müssen ihren Reichtum auch für die Notleidenden verwalten, müssen mildtätig sein, den Armen helfen – doch freilich nicht zu sehr! Mit Rücksicht vielmehr, mit Klugheit, der Zeit und den Umständen entsprechend. Es genüge schon, der härtesten Not etwas abzuhelfen. Natürlich dürfen Reiche «standesgemäß» leben, dürfen mehr behalten als sie brauchen, wenn sie die Armen nur nicht ganz vergessen. Bediene dich des Überflusses, rät Augustin dem Reichen, und gib dem Armen das Geringe. Ja, ungezählt seien die Fälle, wo man jede Bitte um Hilfe abschlagen dürfe, müsse sogar, werde nämlich «ein höheres Gut» (wessen wohl!) verletzt. Interessant in diesem Zusammenhang ist sein Rat an den Diakon Eraclius, sein Vermögen nicht zu verteilen, sondern ein Landgut zu kaufen und es später der Kirche zu übereignen[83].

Reichtum, für Augustin durchaus ein Gut, muß freilich nicht glücklich machen, o nein. Dagegen kennt der Bischof Arme, die glücklich sind. Von Landarbeitern, Sklaven und anderen «einfachen Berufen» meldet er um das Jahr 400: «Sie sind in harten, allerdings auch desto glücklicheren Verhältnissen aufgewachsen». Unermüdlich ist der Heilige bestrebt, den Armen ihr Glück darzutun, die Armen auch zu dämpfen, zu beruhigen, sie zu willigen Untertanen, Knechten, brauchbaren Objekten der Ausbeutung zu erziehen. Unermüdlich warnt er sie vor Habsucht, dem Reichwerdenwollen. Eine schreckliche Sache. Denn beiseite, daß ohnedies alles Gott gehöre, sei das Reichsein gar nicht so schön, der Besitz befriede nicht, o nein. Der Arme schlafe viel ruhiger als der von Sorgen gequälte Reiche. Auch schmecke gerade dem Hungernden schon ein einfaches Mahl – ein Genuß, von dem der Reiche keine Ahnung hat! «Verachte nicht die barmherzigen Reichen, die demütigen Reichen», ruft Augustin, «denn wenn der Reiche demütig ist, um wie viel mehr muß es der Arme sein»[84].

In der Tat, dafür hatte man stets gesorgt. Denn teilen die Armen auch mit den Reichen den Himmel, so doch nicht die Welt. Auf dieser sollen sie sich, meint Augustin, mit dem begnügen, was sie haben. Sie sind geradezu verurteilt, «im ewig gleichen unverändert harten Joch des niederen Standes» zu bleiben. Sie müssen dem Ideal der «arbeitsreichen Armut» (laboriosa paupertas) nachleben. Sie sollen arm bleiben und viel arbeiten – einer der «wesentlichsten Ratschläge» (Diesner) Augustins an die Armen![85]

Es bedarf keines Wortes, daß Augustin die Arbeit schätzt. Wurde sie doch gerade vom Christentum als positiver Wert gelehrt und als Pflicht, als sittliche Gewissenspflicht, fortwährend eingeschärft, natürlich vor allem den ärmsten Klassen, denen Augustin ja auch die «laboriosa paupertas» anpreist, die nie Sünde sei, wohl aber «Züchtigung der Sünder» (coercitio peccatorum), ein Mittel zur Vervollkommnung und damit letztlich zur ewigen Seligkeit. Wie sehr jedoch der Arme auch Gelegenheit hat, durch

Arbeit Sünden abzudienen, sich den Himmel zu erobern – ausführlich legt Augustin dar, daß die geistlichen Lehrer, die Priester, von der Verrichtung körperlicher Arbeit entbunden sind – «mit vollem Recht»! Und ebenfalls davon befreit sind Männer der oberen Stände, die gewöhnlich mit viel Geld und Besitz ins Kloster eintreten. Der untere Stand und überhaupt alles Untere der menschlichen Gesellschaft aber muß arbeiten. Dabei feiert der Kirchenlehrer mit herrlichen Worten besonders die Landarbeit, die man damals am nötigsten hatte, und die ja schon Adams Beschäftigung im Paradies gewesen. In rechter Gesinnung verrichtet freilich, führt jede Arbeit, auch die geringste, zu Gott. Und da verschwindet denn auch jeder Klassengegensatz, jeder Unterschied von knechtlicher und freier Arbeit. «So erhebt das gottbezogene Denken Augustins die Arbeit in die Sphäre der Übernatur», schwärmt die von der Universität Würzburg gekrönte – mit kirchlichem Imprimatur versehene – Preisschrift des katholischen Theologen Holzapfel, dessen Vorwort beginnt: «Wir stehen im Anbruch einer neuen Zeit, ein neues Lebensethos erwächst aus unserem Geschlecht. Was an der vergangenen Epoche hohl und morsch gewesen, bricht zusammen». 1941![86]

Augustin weiß auch, wie der Arbeiter sich sein hartes Los erleichtern kann. Vermag er doch dabei «geistliche Lieder zu singen und so die Mühe selbst gleichsam durch einen göttlichen Rudergesang zu versüßen». (Vielleicht erinnerte sich der Heilige hier an seinen Jugendfreund Licentius, der auf dem üppigen Landgut in Cassiciacum, wo sie zusammenlebten, noch auf der Toilette Psalmen sang – aber die jeweiligen Geschäfte waren doch sehr verschieden.)

Auf die erbauliche Möglichkeit, singend sich die harte Arbeit zu versüßen, weisen natürlich auch andere «Väter» hin. Zum Beispiel der um 450 gestorbene, großes Ansehen genießende Petrus Chrysologus, Erzbischof von Ravenna: «Die sich schweren Arbeiten unterziehen müssen, suchen sich durch Gesang darüber hinwegzutrösten». Oder Kirchenlehrer Hieronymus, der in Bethlehem behauptet: «Wohin du blickst, siehst du den Landmann, der den Pflug lenkt und dabei sein Alleluja singt. Der Schnitter, dem der Schweiß von der Stirne rinnt, macht sich die Arbeit leichter, indem er sie mit Psalmen begleitet. Der Winzer, der mit der Hippe die Reben beschneidet, läßt eines von den Liedern Davids erklingen». Augustin erinnert auch an Jesus, der sein Joch, seine Bürde leicht nannte, und fügt hinzu, die durch den Heiligen Geist in die Herzen ausgegossene Liebe bewirke überdies, «daß man das Befohlene liebt, und so ist nichts hart und schwer, wenn man unter diesem einen Joch mit reinem dienstwilligen Nacken einhergeht»[87].

Derart betrachtet Augustin das gesamte Wirtschaftsleben «vom ethisch-religiösen Gesichtspunkt» aus, zeigt er «für das soziale Moment», wie man noch im 20. Jahrhundert rühmt, «einen besonders klaren Blick und ein ausnehmendes (!) Verständnis» (Schilling) – und Jahrhundert um Jahrhundert wird die Kirche seine Gedanken wiederholen und realisieren[88].

Der Heilige war im Lauf seines Lebens immer härter geworden. Der Verzicht auf die irdische Liebe, einst so genossen (I 462 f), zeitigte wohl manche Kompensationen. Jedenfalls vertrat Augustin eine unerbittliche Autorität, auch eine «Erziehung durch Schicksalsschläge» (per molestias eruditio) – und durch andere Schläge: «Wenn aber ein Hausangehöriger durch Ungehorsam den Hausfrieden stört, so wird er zurechtgewiesen durch Scheltworte oder Schläge oder sonst eine gerechte und erlaubte Strafart, so gut es eben Gesetz und Herkommen unter den Menschen gestatten, und zwar zu seinem eigenen Besten, damit er sich dem Frieden, von dem er abgewichen war, wieder füge». Einfach alles – so möchten es die Priester heute noch – soll sich der Kirche, der «Mutter der Christen», unterordnen: «Du bist es (Kirche), welche erzieht und unterrichtet . . ., indem du dich nicht nur nach dem Alter des Körpers, sondern auch des Geistes richtest. Du läßt sich die Frauen in keuschem und treuem Gehorsam ihren Ehemännern unterordnen. Du verleihst den Männern Gewalt über ihre Frauen. Du unterwirfst die Kinder ihren Eltern im Sinne völliger Dienstbarkeit und setzt die Eltern über ihre Kinder im Sinne frommer Herrschaft . . . Du bringst dem Sklaven bei, sich an ihre Herren zu binden, und zwar nicht so sehr aus der Notwendigkeit ihrer Lage heraus, sondern wegen des reizvollen Charakters der Pflicht . . . Du lehrst die Könige, über ihre Völker zu wachen, und ermahnst die Völker, sich ihren Königen zu unterwerfen»[89].

Alles muß sich unterwerfen, alles muß leiden nach dem größten katholischen Kirchenlehrer, der sogar in seiner Polemik gegen den jungen Bischof Julian von Aeclanum, dem einzigen, ihm einigermaßen gewachsenen Gegner (I 501 ff), sich zu dem Satz hinreißen ließ: «Der katholische Glaube ist derart, daß er die Gerechtigkeit Gottes selbst angesichts all der von kleinen Kindern erduldeten Leiden und Qualen noch bejaht . . .»[90]

DIE KIRCHLICHE PRAXIS

«Keiner ist unter uns, der nicht in allen Augenblicken darnach strebte, mehr zu haben, als er hatte ... So ist es schon so weit, daß die Speicher der wenigen voll Getreide sind, während der Magen der allermeisten leer bleibt». Kirchenvater Zeno, Bischof von Verona[91]

«Auch in der Kirche hat das Geld eine wichtige Rolle gespielt ... Mit dem Geld ist aber auch das Verderben, die Geldgier, in die Kirche eingedrungen ... Mit dem Reichtum ist die Geldgier auch in die Klöster hineingekommen». R. Bogaert[92]

«Verschwunden und längst vorüber ist jene herrliche, alles überragende, beseligende Kraft der Frühzeit deines Volkes, Kirche ... Jetzt ist auf all dies Habsucht, Begehrlichkeit, Raubgier gefolgt und ... Neid und Haß und Grausamkeit, Verschwendung und Schamlosigkeit und Verworfenheit ...; je mehr die Macht zunahm, desto mehr nahm die Zucht ab». Kirchenvater Salvian von Marseille[93]

«Und ernste, urteilsfähige Zeitgenossen machen kein Hehl daraus, daß viele Bischöfe und Geistliche von den Übeln der Zeit, dem Machthunger, der Habgier, der Käuflichkeit und der Gleichgültigkeit gegen Recht und Unrecht ebenso angesteckt waren wie die Leute in den staatlichen Ämtern». Heinrich Dannenbauer[94]

«Wir brennen wahrhaftig vor Geldgier, und indem wir gegen das Geld wettern, füllen wir unsere Krüge mit Gold, und nichts ist uns genug». Kirchenlehrer Hieronymus[95]

«Dem entspricht, daß es bis heute keine Gesamtdarstellung der Wirtschaftsgeschichte der Alten Kirche gibt, wofür doch reiches Quellenmaterial zur Verfügung stünde». Reinhart Staats (1979)[96]

Geld für die Boten des Evangeliums, besonders für die Bischöfe

Trotz des evangelischen Armutsideals besaßen die christlichen Gemeinden früh eigenes Vermögen, das aus den verschiedensten Quellen zusammenfloß, ohne daß die Kirchenschriftsteller darüber viele Worte verloren. Doch spielte Geld von Anfang an eine wichtige Rolle. Eine Kirchensteuer zwar gab es in den ersten Jahrhunderten nicht. Man mahnte aber die Gläubigen seit dem Beginn des Christentums, freiwillige Abgaben zu leisten, wobei das Vorbild die jüdische Tempelsteuer war. Schon die Urgemeinde in Jerusalem verfügte über einen «Kirchenschatz» (Plöchl), der aus freiwilligen Spenden ihrer Mitglieder bestand. Zu den Groschen der Armen kamen dann allmählich die Spenden der Reichen, zumal bei deren Eintritt in die Kirche[97].

Durch Tertullian wissen wir, daß jeder Christ eine Art Mitgliedsbeitrag in «eine Art Kasse» zahlte; selbstverständlich freiwillig und nicht so, «als wäre die Religion käuflich. Ein bescheidenes Scherflein steuert jeder einzelne bei an einem bestimmten Tag im Monat oder wenn er will und falls er überhaupt will und falls er überhaupt kann». Tertullian nennt dies «gewissermaßen Darlehen (deposita) der Frömmigkeit», wie das ähnlich Irenäus umschreibt, nach dem der Spender über ein Guthaben im Himmel verfügt, das dort wieder Zinsen einbringe – ein lukratives Unternehmen[98].

Bereits in ältester Zeit setzte sich das Vermögen der Gemeinden aus Bargeld, anderem beweglichem Gut sowie aus Immobilien zusammen. Und mit der Bildung des Vermögens legte man dies auch an, vor allem durch den fortgesetzten Erwerb von Grundbesitz, der «schon in den frühesten Anfängen» (Wieling) überliefert ist, aus Schenkungen stammend oder Erbschaften. Zuerst kaufte man eigene Begräbnisplätze, dann Landgüter, Miethäuser. Und mit den Erträgnissen derselben kaufte man weiter[99].

Die Priester lebten in den beiden ersten Jahrhunderten von den

Almosen ihres Anhangs: freiwilligen Abgaben in Naturalien und Geld, den gottesdienstlichen Kollekten. Und natürlich forderten sie selber stets nachdrücklich dazu auf.

Bereits Paulus verlangt – im strikten Gegensatz zu Jesus! – für die Boten des Evangeliums Geld (S. 435 f).

In der «Didache» wird die regelmäßige Abgabe eines Zehnten schon im frühen 2. Jahrhundert erhoben. Die Christen sollen die «Erstlinge von Erzeugnissen der Kelter und der Tenne, von Rindern und Schafen» den Propheten geben, die zu kritisieren als Sünde gegen den Heiligen Geist gilt! «Wenn ihr aber keinen Propheten habt, so gebt sie den Armen». Doch zuerst kommen die Propheten, die Herren selbst. Ebenso soll man mit Brot, Wein, mit Öl verfahren. Nicht genug: «Von Silbermünzen und Kleidung und jeglichem Besitz nimm den Anbruch nach deinem Gutdünken und gib ihn nach der Vorschrift»[100].

Den Priestern, fordert Bischof Cyprian, muß jede Sorge für ihre materiellen Bedürfnisse abgenommen werden. Auch nach seinem Zeitgenossen Origenes, dem bedeutendsten frühchristlichen Theologen, haben die Laien für den Unterhalt des Klerus aufzukommen. Der 428 gestorbene Kirchenvater Theodor von Mopsuestia – ein Bischof, dessen «große(s) Verständnis für die soziale Ordnung und das gottgewollte Berufsleben» der preisgekrönte Theologe Holzapfel noch Mitte des 20. Jahrhunderts rühmt – lehrt eindringlich: «Die Heiligen, die Lehrer der Kirche, sind von dem Erwerb des Unterhalts frei. Umsomehr (!) aber müssen dann die anderen Gläubigen ermahnt werden, dafür Sorge zu tragen». Und selbstverständlich betont auch Kirchenlehrer Augustinus, der Apostel Paulus erlaube «nicht nur, daß die guten Gläubigen für die Bedürfnisse der Heiligen Sorge tragen, sondern er fordert sie sogar dazu als zu einem sehr heilsamen Werk auf». Immer und stets müssen die Laien «Sorge tragen» – damit der Klerus die Sorge los ist . . .[101]

Der Empfänger aller kirchlichen Einnahmen wurde im 2. Jahrhundert der Bischof. Er hatte sich allmählich mehr und mehr an die Spitze geschoben, hatte die zunächst bestimmenden Apostel, Propheten und Lehrer sich untergeordnet oder verdrängt (II 67)[102].

Bereits bei Bischof Ignatius von Antiochien (I 155 ff) ist der Bischof der Inbegriff der Gemeinde, der Empfänger himmlischer Offenbarungen, das Abbild Gottes. «Es ist klar», lehrt Bischof Ignatius, «daß man den Bischof wie den Herrn selbst ansehen muß». Unermüdlich trichtert er das seinem Anhang ein. Unermüdlich fordert er alle Lehr- und Ordnungsgewalt, restlose Unterwerfung der Kleriker und Laien. Unermüdlich macht er klar, daß es ohne den Bischof weder eine christliche Gemeinde gibt, noch ein reines Gewissen, noch ein gültiges Sakrament. Nur was der Bischof billigt, ist Gott wohlgefällig. «Ohne den Bischof sollt ihr überhaupt nichts tun», verkündet Bischof Ignatius. «Wer den Bischof ehrt, wird von Gott geehrt, wer ohne den Bischof etwas tut, dient dem Teufel»[103].

Nun stand das bei Ignatius zwar erst auf dem Papier – wobei mit Fälschungen zu rechnen ist (S. 141) –, aber allmählich wurde es Wirklichkeit, wurde der Bischof nicht nur Empfänger himmlischer Offenbarungen, sondern auch Empfänger von irdischem Hab und Gut. Denn nachdem er seit dem ausgehenden 2. Jahrhundert tatsächlich alle Ämter auf seine Person vereinigt hatte, gebot er nicht nur absolut über seinen Klerus, den er nach Gutdünken ein- und absetzte, der ihm streng (ad nutum episcopi) untergeordnet war, sondern er gebot längst auch über die kirchliche Vermögensverwaltung. An ihn wurden alle Spenden persönlich oder durch die Diakone abgeführt, wobei er, eine kommode Regelung, «Gott allein darüber Rechenschaft schuldet» (Schwer)[104].

Ebenso großzügig wie mit den Abgaben konnte der Bischof mit dem übrigen Kirchengut umgehen, während seine Beauftragten, die Priester und Diakone, natürlich ihm verantwortlich waren, von ihm sowohl in geistlicher wie in wirtschaftlicher Hinsicht völlig abhingen. Er mußte zwar für ihren Unterhalt sorgen, ihnen ein «Stipendium» bewilligen, doch dessen Größe lag ganz in seinem Ermessen. Er konnte es «nach eigenem Gutdünken bestimmen» (Nylander)[105].

Dieser vom Bischof bezahlte Unterhalt mag oft genug schlecht gewesen sein. Jedenfalls übten die Kleriker in der Frühzeit häufig noch andere Berufe aus, um überhaupt leben zu können. Und noch in nachkonstantinischer Zeit, noch vom 4. bis ins 7. Jahrhundert, sind sie als Gold- und Silberschmiede tätig, als Bildhauer, Bäcker, Bogenmacher, als Weber, Schuster, Flachsverarbeiter, Hersteller und Verkäufer von Getränken u. a. Klerikern, die zur Sicherung ihres Lebensunterhaltes Handel treiben, gewährt schon Kaiser Konstantius (343) Steuerfreiheit; ebenso bleiben ihre Frauen, Kinder, Diener von Abgaben befreit. Dennoch muß Kaiser Valentinian III. 447 gesetzlich gegen Geistliche vorgehen, die Grabmäler aufbrechen und Steine stehlen. (Während man sie aber mit Absetzung und Deportation bedroht, trifft Laien im gleichen Fall die Todesstrafe.)[106]

In der «Didaskalia» aus dem frühen 3. Jahrhundert fungieren die Bischöfe als «Haushalter Gottes» und empfangen die «Erstlinge, Zehnten, Weihegaben und Geschenke», als «Opfer»; in aller Verantwortung selbstverständlich, verpflichtet durch ein Wort der «Heiligen Schrift»: «Werdet gute Geldwechsler!», das dort freilich gar nicht steht, sondern zu den Agrapha zählt, den im Neuen Testament nicht überlieferten Sprüchen Jesu. Dabei fällt interessanterweise die Höhe der Geldspende unter die gottesdienstliche Arkandisziplin: «. . . welcher davon spricht, gehorcht Gott nicht und ist ein Verräter der Kirche»[107].

Der Reichtum der «Kirche der Armen» beginnt

Eine der frühesten Bereicherinnen der römischen Kirche wurde um die erste Jahrhundertwende die flavische Prinzessin und Heilige Domitilla, eine Verwandte Kaiser Domitians, der sie wegen ihres Glaubens auf die Insel Pandataria verbannte. Sie überließ durch Legat oder Geschenk den Christen Roms ein Grundstück an der Via Ardeatina, das älteste, nach ihr benannte Coemeterium, den größten römischen Gemeindefriedhof[108].

Die Kirche besaß längst in vorkonstantinischer Zeit Grund und Boden. Als religio illicita, als unerlaubte Körperschaft, hatte sie zwar keine Berechtigung zum Grunderwerb. Da aber die Christenverfolgungen sehr viel harmloser waren (vgl. S. 155 ff), als man aller Welt durch zwei Jahrtausende eingeredet hat, besaß zum Beispiel die Kirche Roms Grundeigentum, das sie rechtlich gar nicht erwerben konnte, und sie besaß es mit Duldung, ja, mit dem Schutz des heidnischen Staates. Selbst und gerade die Katakomben – für die Nachwelt bis heute Wahrzeichen der Verfolgung – beweisen dies. Sind sie doch «in Wahrheit allein durch ihr Bestehen und ihre Verbreitung schon im zweiten und dritten Jahrhundert Zeugnisse der weitgehenden Duldung, welche das gesetzlich verbotene Christentum in Rom von seiten der Behörden genoß» (Caspar). Bereits in der Mitte des 4. Jahrhunderts gibt es in der nächsten Umgebung Roms sechzehn verschiedene Coemeterien[109].

Wer Grundbesitz hat, hat auch Geld. In Rom jedenfalls verfügte die Kirche offenbar bereits im frühen 2. Jahrhundert «über gewaltige flüssige Geldmittel» (Staats). Und schon hundert Jahre später gebot dort der Bischof über eine nicht zu unterschätzende wirtschaftliche und gesellschaftliche Macht. Die stadtrömische Kirche besitzt im 3. Jahrhundert ein Vermögen in Geld (pecuniae ecclesiasticae), das aus freiwilligen Spenden, aus Schenkungen sowie dem Ertrag aus Grundstücken besteht. Sie besitzt Häuser, Friedhöfe, sonstige Liegenschaften und kann in der Mitte dieses Jahrhunderts immerhin nicht nur ihren Bischof finanzieren, sondern auch 46 Presbyter, 7 Diakone, 7 Subdiakone, 42 Akoluthen, 52 Exorzisten, Lektoren, Türwächter, dazu mehr als 1500 Witwen und Hilfsbedürftige – «welche alle», wie Bischof Kornelius, der «Marschall Gottes» und «Patron des Hornviehs» (II 100 ff), stolz-bescheiden schreibt, «die Gnade und Güte des Herrn ernährt»[110].

Auch die karthagische Christengemeinde ist kaum arm gewesen. Konnte sie doch zur selben Zeit christliche Handwerksbetriebe aus der Gemeindekasse bezuschussen sowie einen Betrag von 100 000 Sesterzen (mehr als 250 000 DM) auf einmal aufbringen, um Christen aus der Gefangenschaft numidischer Räuber freizukaufen[111].

Der Reichtum der Kirche schon des 3. Jahrhunderts war den heidnischen Behörden wohlbekannt. Er erfüllte sie mit Neid und verlockte offenbar auch zu Übergriffen. So veranlaßte die Christenverfolgung unter Kaiser Valerian (253–260) vor allem das Bestreben, mit den Konfiskationen christlicher Gelder die Staatskasse zu füllen. Bezeichnenderweise ging die Aktion nicht vom Kaiser, sondern von seinem Finanzminister Makrianos aus, denn der katastrophale Währungszerfall jener Zeit (S. 420 ff) mußte «einem Finanzminister alle Mittel der Einnahmebeschaffung als Rechtens erscheinen lassen» (Andresen). Ausdrücklich verordnete das 2. Edikt von Sommer 258, als auch Cyprian von Karthago enthauptet wurde, die Beschlagnahme des bischöflich kontrollierten Kirchenvermögens, des Vermögens von Christen im höheren Staatsdienst und von reichen christlichen Matronen[112].

Auch der hl. Laurentius, Verwalter der römischen Kirche und dann einer ihrer berühmtesten Blutzeugen (Patron der Bibliothekare, Feuerwehr, Kuchenbäcker, Köche, bewährter Helfer bei Feuersgefahr, Fieber und Hexenschuß), soll unter Valerian vom Stadtpräfekten zum Märtyrertod verurteilt worden sein wegen seiner Weigerung, die kirchlichen Gelder und Schätze dem Staat auszuliefern[113].

Mit all diesen Mitteln wurde gewiß auch vielen Menschen geholfen – und durchaus nicht nur Klerikern. (Alexandrien, zeitweise führend in der Armenpflege, erhöhte im Jahr 418 die Armenpfleger von 500 auf 600.) Daß es in der alten Kirche eine Armenfürsorge, daß es Wohltätigkeit gab, ist nie geleugnet worden. Ungezählte Theologen haben dies abgehandelt – während es bis heute keinem einzigen einfiel, eine (kritische) Wirtschaftsgeschichte der alten Kirche zu schreiben, einer Institution, die doch immerhin über ein Jahrtausend die wirtschaftliche Entwicklung beaufsichtigt hat! Daß man bei jeder passenden Gelegenheit als Empfänger kirchlichen Geldes «Arme», «Witwen», «Waisen» anführt, war ein gängiger Topos und machte sich immer gut – wobei übrigens zu den als eigene kirchliche Gruppe zählenden und besonders privilegierten «Witwen» manchmal auch jüngere Mädchen gehörten, und diese Witwen, die «dem Herrn ergeben sein» sollen, wiederholt recht seltsam ein «Altar Gottes» genannt werden[114].

Natürlich begann Wohltätigkeit, Menschenfreundlichkeit nicht erst mit dem Christentum. «Auch die Griechen und Römer kannten die Philanthropie» (Harnack). Und natürlich kann man nur halbwegs wirksam wohltätig sein, wenn man selber wohlhabend ist. Manchen christlichen Gemeinden aber kamen schon früh überreiche Stiftungen zugute. Und mit dem Geld, den Naturalien, die man von anderen hatte oder infolge eigener wirtschaftlicher Prosperität gewann, konnte man auch manch anderen etwas helfen[115].

Dabei zeigt diese Wohltätigkeit oft unverkennbar selbstsüchtige Züge, tun sich dabei oft dogmatische, kirchenpolitische Hintergründe auf. Man gab, weil man Profit daraus zog; das alte Prinzip des do ut des. Deshalb unterstützte gerade die bald materiell blühende römische Kirche weithin andere Gemeinden. Das klingt deutlich an, wenn Mitte des 3. Jahrhunderts Bischof Dionysius von Alexandrien seinem Kollegen Stephan von Rom nach empfangener Geldspende schreibt: «Wisse nun, Bruder, daß alle Kirchen des Orients und noch fernerer Gegenden, die sich dereinst losgesagt hatten, wieder zur Einheit zurückgekehrt sind! Überall sind alle Bischöfe wieder eines Sinnes und freuen sich ungemein über den wider Erwarten eingetretenen Frieden ... Ganz Syrien und Arabien, *wohin ihr immer Unterstützungen schickt und eben jetzt geschickt habt*, Mesopotamien, Pontus und Bithynien, kurz, alle frohlocken überall in Eintracht und Brüderlichkeit, Gott verherrlichend.» «Wirtschaftshilfe», kommentiert Reinhart Staats, «stärkte die Kirchengemeinschaft.»[116]

Allgemein verwandten die Bischöfe das ihnen zufließende Geld zum Ausbau ihrer persönlichen Macht. Allgemein gebrauchten sie es, wie noch heute, um vor allem Kirchenpolitik machen zu können. Als unter Cyprian von Karthago die Gemeindegelder seinen Gegnern, den Novatianern, zugefallen waren, wurden Cyprians Geldanweisungen nicht mehr befolgt, so daß jeder, der Unterstützung begehrte, die Kirchengemeinschaft mit ihm aufsagen mußte[117].

Wie oft auch immer der Umgang der Bischöfe mit dem Geld kritisiert worden sein mochte – der 341 auf der Synode von Antiochien wegen zahlreicher Mißbräuche gefaßte Beschluß, die episkopale Vermögensgebarung unter Kontrolle zu stellen, wurde nicht ausgeführt. Vielmehr schalteten die Bischöfe über das Kirchenkapital weiter nach freiem Ermessen.

Im 3. Jahrhundert begann man die Einkünfte der Bistümer nach einem bestimmten Schema zu verteilen. Es gab dabei verschiedene Systeme. Das häufigste und seit Simplicius (468–483) von den Päpsten geförderte System behielt ein Viertel aller Einkünfte dem Bischof vor, ein weiteres Viertel dem übrigen Klerus; ein Viertel sollte der Kirchenfabrik, der Instandhaltung der Kirchengebäude (fabrica) dienen, und ein Viertel den Armen. Der Bischof bekam also allein so viel wie sein ganzer Klerus oder seine sämtlichen Armen zusammen![118]

Die Vierteilung des Kirchenvermögens wurde 494 von einer römischen Synode beschlossen – und war noch im 17. Jahrhundert maßgebend! Zunächst aber galt diese Regelung nur für Rom und (bald darauf auch) für die Rom unmittelbar unterstellten Diözesen. Allgemeinere Geltung erhielt sie erst im 8. Jahrhundert, freilich auch dann nicht überall. Vielmehr war in weiten Gebieten – auf deutschem Boden beispielsweise im Erzbistum Trier – eine Dreiteilung des Vermögens vorgeschrieben, wobei der Bischof allein ein Drittel erhielt![119]

Zu großem Reichtum kam die Kirche im 4. Jahrhundert, vor allem durch Schenkungen und Erbschaften unter den ersten christlichen Kaisern.

Anfang 313 hatten Konstantin und Licinius die Rückgabe entzogener Kirchengüter verfügt, auch jedermann Religionsfreiheit garantiert, «damit alle Gottheiten im Himmel dem Reich gnädig seien».

Mit dem Toleranzedikt von Mailand aber wurden die einzelnen Bischofsgemeinden vermögensfähige Körperschaften. Sie konnten nun Grundbesitz erwerben, den sie zum kleineren Teil verpachtet, zum größeren in Eigenbewirtschaftung durch Kolonen und Sklaven genutzt haben. Und sie bekamen 321 auch das Recht,

Erbschaften zu machen (was heidnischen Tempeln durch Sonderprivileg nur ausnahmsweise verliehen worden war). Es schlug bei der Kirche um so mehr zu Buch, als es üblich wurde, sie zum Teilerben zu machen. Der christliche Staat begünstigte diese Entwicklung noch, indem er auch formlose Schenkungen an Kirchen für gültig erklärte und wiederholt Veräußerungs- oder Verpfändungsverbote erließ. Wurde kirchlicher Grundbesitz dennoch entfremdet, konnte er nicht nur zurückgefordert, sondern auch der Kaufpreis von der Kirche behalten werden. Ebenso war sie bei Bestellung eines Nießbrauchs (usus fructus) begünstigt. Nießbrauch war nur möglich, vermachte der Erwerber dafür der Kirche eine andere Sache von gleichem Ertragswert als Eigentum – und bei Beendigung des Nießbrauchs gewann die Kirche das Nutzungsrecht an ihrem Grundstück zurück und durfte das ihr übertragene Objekt behalten! Ein Entzug kirchlichen Grundbesitzes durch Ersitzung (langjährigen gutgläubigen Besitz oder entsprechende Nutznießung) war sehr erschwert. Betrug die übliche Ersitzungsfrist 10 oder 20 Jahre, so die von kirchlichen Grundstücken zunächst 100, später immerhin noch 40 Jahre[120].

Weiter erhielt die Kirche, was früher in die heidnischen Heiligtümer floß. Und die Tempelgüter selbst, die sie sich ebenso aneignete wie den Kirchenbesitz der «Ketzer», legten geradezu den Grund zu ihrem Besitz. Immer mehr griff auch die Umwandlung heidnischer Gotteshäuser in christliche um sich (S. 576 ff), was nicht nur vermögensrechtliche, sondern auch missionarische Folgen hatte. Denn die Altgläubigen wurden mit der Umwandlung der Tempel in christliche Kultstätten auch der neuen Lehre zugänglicher und für sie gewonnen. Nach Sozomenos hat Konstantin auch Einkünfte städtischer Ländereien der Kirche zugewiesen. Und außer all den gewaltigen Schenkungen und Aneignungen bekam sie bereits durch die ersten christlichen Kaiser Subsidien in Naturalien zur Unterhaltung ihrer Jungfrauen, der Witwen und des Klerus[121].

Infolge all dieser Vergünstigungen vermehrte sich der Kirchenbesitz «bereits im 4. Jahrhundert sehr stark» (Wieling), wurde die Kirche «Großgrundbesitzer mit reichem Geldeinkommen» (Bogaert). Sie gehört jetzt zu den Grundherrschaften und erhält deren Privilegien. Sie hat die Gerichtsbarkeit über ihre Kolonen. Sie ist von den Städten eximiert, von allen äußerst drückenden zusätzlichen Abgaben und Leistungen befreit. Sie braucht nur die gewöhnliche Grundsteuer zu entrichten[122].

Und wie die Bischofskirchen, so wurden auch die damals noch eine größere Sonderrolle spielenden Klöster allmählich ungemein reich.

Die Mönche werden zur wichtigsten ökonomischen Kraft der Kirche – «unter dem Vorwand, alles mit den Bettlern zu teilen, in Wahrheit aber, um alle zu Bettlern zu machen»

Zunächst zwar war die Bewegung der Mönche als eine Art mystischer Protest gegen die klerikale Hierarchie entstanden. Hatten die völlig weltfern lebenden Eremiten und Asketen weder ein soziales noch wirtschaftliches Interesse; war man in ihren Kreisen der Meinung, ererbtes Geld nicht der Kirche zu geben, «denn dort machen sie ein Frühstück davon». Als aber anstelle der ursprünglichen «Freiheit» des Eremitentums, der Mönchsexistenz in der Vereinzelung und in Anachoretenkolonien (was nur als «Ideal» bis weit ins Mittelalter hinein fortlebt), der koinos bios, das gemeinsame Dasein trat und die Kirche sich das Klosterwesen, die zukünftige Form mönchischen Lebens, eingliedern und untertan machen konnte, stand es bald in den Klöstern nicht besser als außerhalb[123].

Gewiß entfaltete das Mönchtum in der Antike auch eine beachtenswerte soziale Tätigkeit in der Pflege von Kranken, Alten, Waisenkindern, von Kriegsgefangenen und Gefängnisinsassen. Aber das war doch nur eine Nebenerscheinung, die sich zudem immer weiter verflüchtigte[124].

Dagegen förderten die Klöster bald das allgemeine Elend, ja, sie profitierten davon bereits bei ihrer Entstehung.

Wir wissen durch Kirchenlehrer wie Johannes Chrysostomos und Augustinus, daß die Mönche hauptsächlich Sklaven, Freigelassene, Landarbeiter waren, einstige Soldaten, bürgerliche «Aussteiger», daß sie aus den niedersten, ärmsten Schichten kamen. Und sie kamen, als sie im 4., 5. Jahrhundert in stets größeren Scharen in die Klöster strömten, selten «freiwillig», selten aus religiösen, aus asketischen Gründen. Viele trieb die wachsende Armut, die steigende Soziallast, der immer größere Steuerdruck im Römischen Reich (S. 421 ff). «Man wußte nichts von dem gehässigen Treiben der Steuereinnehmer», meldet schon die Vita des hl. Antonius, des «ältesten» christlichen Mönchs, der angeblich gerade wegen der so «unerfreulichen Steuerverhältnisse» in Ägypten leicht auf seine reiche Erbschaft verzichtet haben soll. Kurz, nicht Sorge um die seelische, sondern um die leibliche Existenz, nackte wirtschaftliche Not zwang die Ausgebeuteten gewöhnlich ins Kloster (claustrum). «Sie zuerst und meist auch sie allein», betont ein moderner theologischer Experte, «hat dem koptischen Bauern das Mönchtum empfohlen»[125].

Die ältesten Mönche, die Eremiten, haben nicht gearbeitet, haben die Arbeit mehr verachtet als geachtet. Schließlich war Arbeit kein Gebot des Herrn. Kein einziges Wort zur Arbeit wird von ihm überliefert. Für Jesus, für den nur eines not ist, der den Anbruch des Gottesreiches auf Erden verkündet (S. 71 f), der lehrt, nicht zu sorgen für den nächsten Tag, nicht zu sagen: «Was werden wir essen, was werden wir trinken, womit werden wir uns kleiden? Nach solchem allem trachten die Heiden», für Jesus und seine eschatologische Botschaft bedeuten Berufe nichts. Arbeit trägt da keinerlei sittlichen Wert in sich selbst, und Charles Péguy hat, wie so oft, falsch geurteilt, als er seinen gewiß sehr unternehmerfreundlichen Satz schrieb: «Jesus hat für uns das vollkommene Vorbild des kindlichen Gehorsams und der Unterwerfung geschaffen, und zwar zur gleichen Zeit, als er für uns das vollkommene Vorbild der körperlichen Arbeit und der Geduld schuf»[126].

Auf Paulus dagegen hätte dies eher gepaßt. Zwar ist auch Paulus zunächst an allen irdischen Belangen desinteressiert. Als aber das Ende ebenso ausbleibt wie der Herr, orientiert sich der «radikalste der Pragmatiker» unter «den Meistern der Religiosität» (Buonaiuti) bei der Zusammenstellung seiner Standespflichten an der (weltzugewandten) heidnischen Ethik. Auch die frühen Christen fügen sich bereits in die herrschende Arbeitsordnung, verknüpfen Arbeit und Lebensunterhalt (S. 435 ff). Und die Kirchenväter werten dann die Arbeit, gerade auch die körperliche Arbeit, immer mehr auf, lehren etwa: jeder werde mit jeder Arbeit Gott gefallen (Clemens Alexandrinus); jeder solle mit jeder zufrieden sein (Theodoret); die Arbeitenden seien die besseren Philosophen (Johannes Chrysostomos). «Schwere Handarbeiten sind Schritte zum ewigen Leben», verkündet Kirchenlehrer Ephräm (gest. 373) und kann so den Sklavenhaltern die Nützlichkeit des Christentums demonstrieren. «Der Geduldige ist . . . tadellos bei Arbeiten». «Wer die Gottesfurcht nicht in sich hat, verfährt nachlässig». Augustinus erklärt die Schwere der Arbeit zu einem Mittel der Selbstvervollkommnung. Derart aber werden auch noch die schlimmsten Daseinsformen als gut und gottgewollt gerechtfertigt: die fürchterliche Existenz der Gefangenen in den Bergwerken, das elende Los der Sklaven, alles, was an Knechtsarbeit den Herrschenden zugute kommt[127].

Besonders empfehlen die Kirchenväter bis ins Mittelalter hinein Christen und Mönchen immer wieder den Ackerbau – damals des Klerus größtes Kapital. Und erst mit der Änderung des westeuropäischen Wirtschaftslebens ändert sich auch die Einschätzung des Ackerbaus durch die Kirche. Thomas von Aquin nennt die Bauern bereits «eine untergeordnete Klasse», und die Lohnarbeiter stellt der offizielle Kirchenphilosoph «unter die Banausen und schmutzigen Leute». Denn nun bekommt das Gewerbe eine immer größere Bedeutung – ergo wird nun das Gewerbe in seinem Ansehen durch die Kirche beträchtlich gehoben und gestützt[128].

Mit dem Jesus der Bibel hat all dies selbstverständlich nichts zu tun. Er hatte nirgends ein Arbeitsgebot erlassen, hatte nie gepredigt: Arbeitet wie verrückt, sondern von den Vögeln des Himmels gesagt, sie säen nicht, sie ernten nicht . . . Und dementsprechend sagten auch die ältesten Mönche: «Wir rühren keine Arbeit an ...» «Wenn Gott will, daß ich lebe, so wird er mich schon zu ernähren wissen ...» Allmählich aber wird diese Haltung aufgegeben, wird Arbeit zulässig: als asketische Leistung, Sicherung der eigenen Unabhängigkeit, als Mittel der Unterstützung anderer, zuletzt wird Arbeit Pflicht und als Ausdruck göttlichen Willens aufgefaßt. «Von spät bis früh habe ich zwanzig Klafter Seil geflochten», erklärt jetzt ein Mönch, «und gewiß, ich bedarf ihrer nicht. Aber damit Gott mir nicht zürnt und mir vorwirft: ‹Warum hast du, der du arbeiten konntest, nicht gearbeitet?›, darum mühe ich mich und setze meine ganze Kraft daran!»[129]

Als im ersten Drittel des 4. Jahrhunderts Pachomius nördlich von Theben am Nil das erste christliche Kloster baute und bald auch ein Frauenkloster für seine Schwester, da dachte er, der schon bald «Mann Gottes» und «heilig» heißt, wohl nur wenig an Gebet, Askese, Mystik oder Wunder – mochte er auch diese Häuser auf schriftliche Weisung eines Engels errichtet haben (vgl. S. 227 f). Vielmehr dachte der ehemalige Soldat an strikten Gehorsam, an Organisation und Arbeit. Denn während noch Max Weber meinte, erst Benedikts Regel habe, im Gegensatz zum orientalischen Mönchtum, «ja gegen fast alle Mönchsregeln der ganzen Welt», die «Arbeitsaskese» eingeführt, stellte schon Pachomius mit seiner fünfsprachig überlieferten «Engel-Regel» die Handarbeit in den Mittelpunkt mönchischen Lebens, machte schon er seine Klöster zu Arbeitshäusern[130].

Der Kopte, der seinen Leuten ausdrücklich einschärft, das Klosterleben stehe weit höher als die Eremitenexistenz, reduziert als «Generalabt» seiner Häuser, über die er diktatorisch herrscht, die Askese auf ein geringes Maß, lehnt auch starkes Fasten ab, betont aber desto mehr die Erfüllung beruflicher Pflicht. Das Gebet, zumindest das gemeinschaftliche, spielte eine viel geringere Rolle als die Arbeit in den Werkstätten, der Landwirtschaft oder das Holzfällen im Gebirg. Hatten seine Klöster doch sogar eigene Hallen für handelnde, verkaufende und einkaufende Mönche. Es gab Schmiede, Schneider, Zimmerleute, Walker, Kamelwärter, Schweinemäster, Metzger etc. Man erzielte bereits ansehnliche

Beträge, Überschüsse; und vielleicht stammte aus diesen Klöstern auch ein Teil der Bestechungsgelder des hl. Kyrill auf dem Konzil von Ephesus (II 182 ff). Bereits Theodor von Pherme bemerkt gegenüber dem Abt Johannes, früher habe in der Sketis Handarbeit nur als Nebenbeschäftigung gegolten und die Arbeit der Seele als Hauptsache, nun sei es umgekehrt[131].

Ursprünglich war der Hauptwert der Arbeit in christlicher Sicht die Bekämpfung der Leidenschaften, der Gefahren des Müßiggangs, besonders der Sexualität. Arbeit war asketisches Heilmittel, sie brachte, so Euagrius Pontikus, «die lodernde Begierde zum Erlöschen». Erkannte man ihr aber auch später noch diese Funktion zu, schlägt doch schon hier das ehemals weltflüchtige Asketentum ins besitzergreifende um; die ökonomische Praktik besiegt die asketische Theorie, der hierarchische Gedanke die Mystik – eine Entwicklung, die sich innerhalb des übrigen Christentums schon weitgehend durchgesetzt hatte[132].

Der hl. Benedikt erklärt die von den paganen Oberschichten kultivierte Muße (otium) zum Feind der Seele und wertet die Arbeit durchaus positiv. Die berühmte Benediktiner-Regel zeigt, wie das Geschäft das Gebet weiter verdrängt: von der Feldarbeit hängt die Zeit der geistlichen Übungen ab. Fünf bis acht Stunden täglicher Handarbeit sind für die Benediktinermönche vorgesehen, die freilich nur ausnahmsweise schwere Erntearbeiten verrichten, verfügt man doch mit dem stets größer werdenden Grundbesitz über immer mehr Knechte[133].

Während Benedikts Fastengebote ziemlich mild sind, befiehlt er wiederholt strengsten Gehorsam gegenüber den Oberen und verbietet, unter Androhung scharfer Züchtigung im Übertretungsfall, auch das mindeste an Besitz. In den Lagerstätten der Mönche sollen die Äbte fleißig nach eventuell verborgenem Privateigentum fahnden. Kirchenlehrer Basilius bedroht jeden Mönch, der Privatbesitz hat, mit Ausschluß von der Kommunion. Ähnlich urteilen verschiedene Synoden. Und auch nach Augustin muß jeder unbedingt auf Hab und Gut zugunsten der Gemeinschaft verzichten; nicht nur auf den gegenwärtigen Besitz, sondern auf alles, was er noch von Außenstehenden geschenkt bekommt. «Alles sei euch gemeinsam!» Nur dem Oberen erlaubt Augustin, nach Gutdünken über das Gemeingut zu verfügen. Doch wünscht er einst Reichen, jetzt Verarmten, gegenüber auch im Kloster besondere Rücksichtnahme (vgl. S. 449 f). «Die aber in der Welt nichts besaßen», heißt es gleich im ersten Kapitel seiner Regel, «sollen nicht im Kloster das suchen, was sie nicht einmal draußen haben konnten»[134].

Selbst in den christlichen Klöstern gab es nie Gleichheit, sondern eine genau abgestufte Hierarchie, wie schon in den ersten Klöstern des Pachomius, dem als «Generalabt» Äbte unterstanden, und diesen wieder die Vorsteher der einzelnen Häuser. Doch selbst zwischen den Mönchen gab es Rangunterschiede, die sich u. a. in der Sitzordnung ausdrückten. Ja, als Mitte des 4. Jahrhunderts die hl. Paula aus Rom in Bethlehem drei Frauenklöster gründete, nahm sie in eines nur Proletarierinnen auf, in das andere bloß Jungfrauen aus dem Mittelstand, während das dritte ausschließlich Gottgeweihten des Adels vorbehalten blieb. Nur zum Gebet vereinten sich diese Nonnen, sonst lebten sie nach Standesunterschieden streng getrennt. – Im Mittelalter schmarotzen in vielen Klöstern lediglich Adelige, die von Knechten und Sklaven bedient werden[135].

War den einzelnen Mönchen aber auch Eigentum verwehrt, konnten doch die Klöster immer reicher werden, und sie wurden es auch, vor allem durch das Vermögen, das reiche Laien bei ihrem Eintritt dem Orden schenkten. Manche vermachten ihm ihren ganzen Besitz. Bereits ein Zeitgenosse des Pachomius, der reiche Petronius, der auf seinem Land ein Kloster erbaut hatte, das er als Abt leitete, übereignete dieses dem Pachomius und veranlaßte auch seinen Vater und Bruder, Mönche zu werden, worauf auch deren Besitz an Pachomius fiel. Andere reiche Laien gaben zu ihrer Seelenrettung den Klöstern große Spenden, die sogenannten Psychika. Dem Mönchsvater Pambo, einem Antonius-Schüler, schenkt in Nitria die fromme Römerin Melania 300 Pfund Silber[136].

Augustinus, der gelegentlich über herumstreichende, bettelnde, mit angeblichen Reliquien hausierende, faulenzende Mönche klagt, ist zwar auch auf den Wohlstand der Klöster bedacht, doch, wie es scheint, nicht so vertrauensselig. Einst hatte man in den ältesten Asketenkreisen empfohlen, ererbtes Geld nicht der Kirche zu geben, weil man dort ein Frühstück davon mache (S. 475). Jetzt scheint man etwas Ähnliches in Bischofskreisen von den Mönchen zu vermuten. Jedenfalls erteilt Augustin einmal den Rat: «Das Geld, das ihr jetzt den Klöstern schenkt, ist bald aufgezehrt; wollt ihr aber euch ein unauslöschliches Andenken im Himmel und auf Erden sichern, so kauft jedem Kloster ein Haus und wendet ihm Einkünfte zu»[137].

Auf derartige Zuwendungen allein aber wollten die Mönche nicht erst warten. Die unter dem Namen des Nilus von Ankyra tradierten Briefe und Abhandlungen aus dem frühen 5. Jahrhundert bezeugen eine umfangreiche Bettelei der Mönche nebst deren Suche nach Leuten, die ihren Unterhalt bestreiten und die derart, wie der Tribun Sosipater, zum «Lasttier der Mönche» werden. Auf diese Weise wurden die Klöster immer größer, ihre Besitzungen immer ausgedehnter, ihre Viehherden immer riesiger. Auch private Ländereien, vor allem Tempelland, sollen sich die Mönche angeeignet haben «mit der Behauptung, es sei dem Soundso (sc. Christus) heilig, und viele sind so des väterlichen Besitzes unter einem unwahrhaftigen Vorwand beraubt» (Libanios). Gelegentlich, so hat man behauptet, seien die Latifundien mancher Klöster größer gewesen als jeder Privatbesitz[138].

Jedenfalls wurden sie rasch zur wichtigsten ökonomischen Kraft der Kirche, zumal sie auch eine beträchtliche Rolle im Handel der spätantiken Welt spielten. Sulpicius Severus bezeugt, daß Handel bei den meisten Mönchen üblich war. Sowohl in Klöstern wie in Einsiedeleien stellte man ständig die verschiedensten Produkte her, Matten etwa, Siebe, Gefäße, Dochte und Kerzen, Webereien, Seile, Körbe usw. Man trieb da jedes Handwerk. Das Kloster von Panopolis, das in der ersten Hälfte des 4. Jahrhunderts 300 Mönche bewohnten, soll 7 Schmiede beschäftigt haben, 12 Kamelwärter, 15 Schneider, 15 Walker und 40 Bauleute. Als Transportmittel beim Güterumschlag setzte man Kamele und Schiffe ein. Schon das frühe Mönchtum kannte keine Skrupel gegenüber dem von manchen «Vätern» so verpönten Handel. Überall konnte es gottgefällige Seelen geben, erklärte man: «ob Räuber, Schauspieler, Bauer, Kaufmann oder verheiratet»! Und im Frühmittelalter (seit dem 9. Jahrhundert) tätigen die Klöster auch regelrechte Geldgeschäfte[139].

Der byzantinische Historiker Zosimos, ein Heide – neben Ammian die Hauptquelle für die Geschichte des 4. Jahrhunderts –, meinte im späteren 5. Jahrhundert von den Mönchen, sie füllten «Städte und Dörfer mit ganzen Herden von unverheirateten Menschen» und seien weder zum Krieg noch sonstwie zum Nutzen des Staates tauglich. Sie schritten seit ihrem Auftreten immer weiter und eigneten sich «einen großen Teil des Landes an, unter dem Vorwand, alles mit den Bettlern zu teilen, in Wahrheit aber, um alle zu Bettlern zu machen»[140].

Je mehr aber der Reichtum der Mönche wuchs, desto geldgieriger wurden sie – was freilich auch für große Teile des Klerus gilt, und schon in sehr alter Zeit.

Methoden geistlichen Geldverdienens

Bereits im frühen 2. Jahrhundert hören wir, daß Diakone das Vermögen von Witwen und Waisen veruntreuen; daß Amtsträger, wie der Priester Valens zu Philippi, die Unterschlagung offenbar mehr lieben als den Herrn. Von Montanus, einem leidenschaftlichen Propheten des späteren 2. Jahrhunderts, der zunächst weder als Häretiker noch Schismatiker galt, meldet Kirchenautor Apollonius: «Er ist es, der Steuereinnehmer aufstellte, unter dem Titel Opfer Geschenke anzunehmen verstand und den Verkündigern seiner Lehre Lohn auszahlte, auf daß die Predigt seiner Lehre durch Schlemmerei an Kraft gewänne». Und in Rom ließ sich unter «Papst» Zephyrin (199–217) der Konfessor Natalius für ein monatliches Fixum von angeblich 150 Denaren zum Bischof der Monarchianer machen. Bezeichnenderweise tritt anscheinend hier zum erstenmal ein Prälat mit einem festen Gehalt auf. Euseb spricht von der «die meisten (!) verderbenden Gewinnsucht» dieser «Ketzer»[141].

Den Novatianer Nicostratus beschuldigt Mitte des 3. Jahrhunderts Bischof Cyprian, daß er «kirchliche Gelder wie ein Tempelräuber betrügerisch unterschlagen und die für die Witwen und Waisen hinterlegten Summen abgeleugnet hat». Auch der römische Bischof Kornelius bezichtigt Nicostratus «vieler Verbrechen». Nicht nur habe er «an seiner weltlichen Herrin, deren Geschäfte er führte, Betrug und Raub verübt, sondern auch – was ihm zur ewigen Strafe aufbehalten bleibt – hinterlegte Gelder der Kirche in erheblicher Höhe entwendet». Dabei kassierte Nicostratus, wie Natalius ein «Konfessor», der für sein Christusbekenntnis gefoltert worden war, die beklagten Summen gar nicht für sich. Der Novatianer wollte sie während des römischen Schismas zwischen den Bischöfen Kornelius und Novatian (II 100 ff) mit seiner Flucht nach Afrika nur dem Zugriff der katholischen «Häretiker» entziehen. Hätte er die Gelder für Katholiken abgezweigt, hätten deren Bischöfe wohl ganz anders geurteilt[142].

Natürlich stand es in «großkirchlichen» Kreisen nicht anders.

Viele Kleriker sind so geschäftstüchtig, daß ihnen die Synoden seit dem 3. Jahrhundert immer häufiger Geldverleih und Zinsnehmen ausdrücklich untersagen müssen. Schon wird oft vom profitsüchtigen Finanzgebaren der Bischöfe gesprochen, zeigen sich schwere Ausartungen im Episkopat, leben manche Oberhirten in Pomp und Luxus, sind Kaufleute, ja Wucherer[143].

Der spätere Papst Kallist (217–222) gründet vor seiner großen Karriere eine christliche Bank in Rom, unterschlägt ein Depositum (Paratheke) – «nicht nur ein gewöhnliches, sondern auch ein eminent christliches Verbrechen» (Staats) – und ist auch nach seinem Konkurs wieder als Bankier tätig. Überhaupt scheint sich die Laxheit dieses Papstes (II 94 ff) auszuzahlen: die Kaiser sind wohlwollend, die Behörden verbindlich, mehr Reiche als vordem werden Christen, die Güter und Gelder nehmen ebenso zu wie die Priester in Rom[144].

Im gleichen Jahrhundert stechen auch einige «Päpste» Alexandriens als ausgezeichnete Bankiers hervor, und zwar nur als solche: Erzbischof Maximos (264–282), der eine Depositenbank unterhält, in die ägyptische Christen, die mit Rom Getreidehandel treiben, ihre Gewinne einzahlen. Die Geschäfte vermittelt «Papst» Maximos selbst. Geleitet wird die Bank von seinem Finanzchef Theonas, der von 282 bis 300 als nächster «Papst» in Alexandrien amtiert. Den Hinweis auf die Transaktionen von Erzbischof Maximos verdanken wir einem seinerzeit in Rom geschriebenen ägyptischen Papyrus, dem vielleicht ältesten christlichen Originalbrief[145].

Auf dem hochangesehenen Bischofsstuhl von Antiochien saß damals Paul von Samosata und hatte außer seinem geistlichen Amt auch das eines Prokurators inne, das ihm viel Geld einbrachte. Freilich ist der in Antiochien sehr populäre Kirchenfürst, der angeblich Frauen in der Kirche sogar das Singen erlaubt haben soll und sich selbst noch auf seinen Dienstreisen «zwei blühende und gutgebaute Mädchen», allen möglichen Verdächtigungen sowie ständigen Bespitzelungen ausgesetzt. Er wird schließlich verketzert und das Opfer seines Hauptgegners, des Domnus, der Sohn des verstorbenen Bischofs Demetrianus ist und sich dann selber auf den schon lang begehrten Sessel von Bischof Paul schwingt[146].

Im Zeitalter der Christenverfolgungen gibt es viele Geistliche, die als Fabrikdirektoren im Dienst heidnischer Kaiser stehen, wie der antiochenische Presbyter Dorotheus. Bischof Euseb lobt diesen als einen Kenner des Hebräischen, «von feinster Bildung und wohlbewandert in den griechischen Wissenschaften», aber auch «eifrig mit den göttlichen Dingen» befaßt. Der Herrscher habe Dorotheus durch die Prokuratur der kaiserlichen Purpurfabrik in Tyrus ausgezeichnet. Euseb fügt noch hinzu: «Wir hörten ihn in der Kirche mit Geschick die Schriften erklären.» Klar, ein klerikaler Fabrikant als Exeget![147]

Unter diesen geistlichen Industriebossen im heidnischen Staatsdienst waren auch Bischöfe keine Seltenheit. Der hl. Märtyrer Cyprian spricht von «sehr vielen» solcher Bischofsprokuratoren, und die moderne Forschung nimmt an, daß zur Zeit Cyprians allein in Afrika «eher 50 denn 5 Bischöfe» nebenher derart als Unternehmer tätig waren, die, so Cyprian selbst, viel Geld kontrollierten, Landgüter räuberisch erwarben und den Ertrag durch sich vervielfältigende Zinsen steigerten. Cyprian schreibt: «Da war jeder nur auf die Vergrößerung seines Vermögens bedacht ... Vergebens suchte man die ergebene Gottesfurcht bei den Priestern ... Gar viele Bischöfe ... vernachlässigten ihr göttliches Amt ... verließen ihren Stuhl, ließen die Gemeinde im Stiche, reisten durch fremde Provinzen und trieben auf den Märkten ihr einträgliches Geschäft. Während die Brüder in der Gemeinde darbten, wollten sie Geld im Überflusse haben, brachten Grundstücke durch tückischen Betrug an sich und mehrten durch hohen Wucherzins ihr Kapital»[148].

In der folgenden Zeit uferte dieses Treiben immer mehr aus. Bereits im 4. Jahrhundert, als der Klerus weithin schon so verroht ist, daß ihm förmlich verboten werden muß, Stumme, Blinde, Lahme, Hinkende – Menschen, die Jesus heilte – mit Hohn und Spott zu übergießen, war auch die klerikale Bruderliebe schon so entwickelt, daß die höheren Kleriker die niederen, die oft Not litten, um ihre Einkünfte brachten und sie selber verbrauchten[149].

Viele Priester und Bischöfe dachten nur noch an sich, trieben einen schwungvollen Handel, liebten üppige Zins- und Wuchergeschäfte, obwohl dies alle Kirchenväter strikt verbieten! Und viele biblischen Schriften! Schärft das Alte Testament doch an zahlreichen Stellen ein – wie übrigens auch Platon und Aristoteles –, nicht «wie ein Wucherer» zu sein, «nicht Zins aufzulegen». «Du sollst keinen Wucher nehmen von deinem Bruder, keinen Wucher von Geld, keinen Wucher von Speise, keinen Wucher von irgendwas, womit man wuchert ...» Kirchenlehrer Ambrosius schrieb ein ganzes Buch, «De Tobia», gegen Wucher (den er, wie andere Kirchenführer, Raub nennt) und Zins. Wie alle beruft er sich dabei aufs Alte Testament: «Christus ist nicht gekommen, dies Gesetz aufzuheben, sondern es zu erfüllen; also ist auch noch jetzt das Zinsverbot in Kraft». Selbst ausgesprochen sozialkonservative Theologen treten in diesem Sinn auf, Clemens Alexandrinus etwa, sogar Augustin. Streng verurteilt er das Zinsnehmen als unsittlich, unmenschlich, als Kunst der Bosheit, schimpfliche

Habsucht, lieblose Ausbeutung der Armen. Kurz, die Kirchenväter untersagen das Zinsnehmen ausnahmslos jedem Christen. Sie machen auch nicht die geringste Unterscheidung dabei zwischen Klerikern und Laien. Und sie verwerfen nicht nur wucherische Zinsen, sondern *alle* Zinsen![150]

Bald aber übertrafen die Christen sogar die Heiden im Wucher. Hatten diese normalerweise in den letzten Zeiten der römischen Republik zwölf Prozent genommen, so klagt Chrysostomos über solche Gläubige, die, mit den üblichen zwölf Prozent nicht zufrieden, fünfzig Prozent erpreßten! Trotz vielfacher und vehementer Verbote gehörten auch Priester nicht selten zu den Erpressern. Ja, sie stellten bis zum 12. Jahrhundert einen bedeutenden Teil der Geldleiher. «Alle Arten und Formen des *Wuchers*», betont der katholische Theologe Kober vom mittelalterlichen Klerus, «wurden aufs Schwunghafteste betrieben». Da aber das kirchliche Zinsverbot bestehen blieb, verschleierte man das Geschäft. Entweder der Schuldner anerkannte eine höhere Summe als die empfangene. Oder man zog die Zinsen im voraus ab. Oder man tarnte sie als Buße wegen Zahlungsverzug. «Den Financiers aber, die sich solcher Praktiken bedienten, vertrauten die Päpste selber Eintreibung und Verwaltung ihrer Gelder an» (Pirenne)[151].

Immer wieder bedrohen die antiken Synoden diverse Geschäftspraktiken des Klerus mit schweren Strafen, doch offensichtlich vergebens.

In Spanien, wo die Kirche im 4. Jahrhundert schon große Reichtümer besitzt, befaßt sich das Konzil von Elvira (um 300) zwar vor allem mit dem moraltheologischen Spezialthema, der Sexualität – 31 Kanones gelten ihr. Doch mehrere Kanones betreffen auch den finanziellen Bereich. Zum Beispiel Darlehen auf Zinsbasis (wobei sich Kleriker des ihrer Aufsicht unterstellten Kircheneigentums bedienten). Oder den internationalen Großhandel. Das Konzil verbietet zwar Diakonen, Priestern und Bischöfen, ihren Sitz wegen «Handelsgeschäften» (negotiandi causa) zu verlassen, ist aber großzügig: innerhalb ihrer Provinz dürfen sie Geschäfte machen – und sogar außerhalb durch Zwischenpersonen!

Weiter spielten in Elvira die «Opfergaben» (oblata) der Laien eine Rolle; bei der Taufe werden sie überhaupt untersagt, bei der Kommunion nur den wirklichen Teilnehmern erlaubt. Interessanterweise aber ist das «Recht der Stolgebühr», der Bezahlung kultischer Verrichtungen, in der katholischen Kirche noch heute im Schwang! Und aus der Praxis der «Opfergaben» für die Kommunion, an der man gar nicht teilnimmt, entwickelten sich die «Meßstipendien», die es ebenfalls noch gibt; wobei jedoch jeder Schein von Geschäft und Handel vermieden werden muß, man lokal festgesetzte Taxen hat, doch freiwillig gegebene höhere Honorare erlaubt und sogar Messen gegen Geld an andere «zuverlässige Priester» auch außerhalb der Diözese, ausgenommen an die Orientalen, weitergeben darf. Bis 1935 waren die Manualstipendien, bei denen der Priester das Geld gleichsam in die Hand bekommt (es gibt noch «uneigentliche Manualstipendien» und «Stipendia fundata»), in Deutschland auch noch einkommensteuerfrei[152].

Das große Konzil von Nicaea (325) hält fest, daß «viele Kleriker, von Habsucht und Wucherhaftigkeit geleitet, das göttliche Wort vergessen ‹er gab sein Geld nicht auf Zinsen› (Ps. 14,5) und wucherisch (monatlich) ein Prozent verlangen». Auch erwähnt dies Konzil, daß die Priester ihr Geschäft auf den Bezug erlaubter Zinsen nicht beschränken, sondern das Anderthalbfache zurückverlangen und überhaupt allerlei Kunstgriffe um «schändlichen Gewinnes» willen anwendeten. Die Synode von Agde (506) spricht von Geistlichen, die wochenlang ihren Kirchen fernbleiben, die selbst an hohen Festtagen wie Weihnachten, Ostern, Pfingsten statt zum Gottesdienst zu kommen lieber weltlichem Profit (secularibus lucris) nachjagen[153].

Viele Synoden des 4. bis 7. Jahrhunderts sind so immer wieder mit den Transaktionen des Klerus befaßt, ohne einheitliche Regelungen zu schaffen. Zwar kam es vor, daß man Geschäfte treibende Kleriker mit Exkommunikation bedrohte; andere Synoden aber untersagten nur den wucherischen Gewinn oder das Verlassen der eigenen Provinz zu Handelszwecken. Mit Exkommunikation sollte freilich auch büßen, wer Christen als Sklaven an Juden und Heiden verkaufte[154].

Mit dem wachsenden Reichtum der Klöster jagten auch die Religiosen dem Geld nach, was im Mittelalter ungeheuere Formen annehmen wird.

Mancher Mönch, klagt der hl. Hieronymus, sei schwerreich geworden durch sein Herumtreiben bei reichen Weibern. Andere handelten gewinnbringend. Besonders das Amt des Mönchspredigers in den Städten soll eine Goldgrube gewesen sein. Wie so oft dann im Mittelalter entdeckte man zuweilen schon in der Antike beim Tod von Mönchen lebenslang gehortete Gelder. Auch nach Jakob von Sarug, dem 521 gestorbenen Bischof von Batnai, hat das Goldfieber Laien wie Priester angesteckt, Einsiedler wie Klöster verdorben. Wenn die Mönche Götterstatuen zerstören, gesteht er, sammeln sie sorgfältig das Gold und stecken es in eine Börse, die sie in ihren Gürtel eingenäht haben. Ebenso berichten Nilus Sinaita, ein Klostervorsteher bei Ancyra, und Papst Gregor I., viele Mönche seien von der Liebe zum Geld erfaßt. Auch Abt Johannes Cassianus von Marseille, im 5. Jahrhundert einer der bedeutendsten Autoren Galliens, weiß ein Lied davon zu singen. Und es spricht wohl für sich, daß er in seinem Opus «De institutis coenobiorum» das ganze siebte Buch der «philargyria», der Geldgier, vorbehält[155].

Es gab viele Methoden der Priester, sich zu bereichern, privat und offiziell. Ihre Habsucht wird oft bezeugt.

Sulpicius Severus berichtet um 400 von einem Kleriker, der Pferde hielt, ausländische Sklaven kaufte und schöne Mädchen. Ein anderer namens Amantius erwarb mittels eines aufgenommenen Darlehens von einlaufenden Handelsschiffen in Marseille größere Warenbestände und setzte sie in seiner Heimat teuer wieder ab. Dagegen zog Bischof Cautinus von Clermont bei Geschäften mit einem Juden angeblich den kürzeren. Bischof Desiteratus von Verdun (535–554) vermittelte dem städtischen Handel 7000 solidi gegen gesetzliche Zinsen. Berüchtigte Händler waren die Bischöfe Felix von Nantes und Badegysilus von Mans. Auf dem Bischofsthron von Paris saß ein syrischer Kaufmann. Unter Papst Gelasius I. (492–496) tätigten in Picenium viele Geistliche üble Transaktionen[156].

Theoderich d. Gr. (473–526) tadelt Bischof Antonius von Pola wegen widerrechtlicher Eigentumsanmaßung. In einem ähnlichen Fall rügt er den Bischof Petrus. Bischof Ianuarius von Salona versucht einen Ölhändler um den Ölpreis für das ‹ewige Licht› zu prellen. Der Priester Laurentius bereichert sich durch Leichenschändung. Im Osten wird 449 auf der Räubersynode von Ephesus (II 220) Bischof Ibas von Edessa angeklagt, goldene Geräte der Kirche geraubt, 200 Pfund silberne Kirchengefäße eingeschmolzen sowie einen Teil der Gelder, die seine Gemeinde für Loskäufe von Gefangenen gesammelt hatte, für sich beseitigt zu haben. Auf dem Konzil von Chalkedon (II 229 ff) berichtet Kaiser Markian, daß Kleriker und Mönche aus Geldgier Güter pachten oder für andere verwalten[157].

Wie mannigfach und unversiegbar aber auch die privaten Finanzquellen des Klerus sprudelten, das sozusagen ganz legal verdiente Geld der Kirche fällt unendlich mehr ins Gewicht und sei am Beispiel der drei größten und berühmtesten Bischofssitze der Antike, Alexandriens, Konstantinopels und Roms, kurz gezeigt.

Einige erlaubte Methoden kirchlichen Geldeinnehmens und -ausgebens

In Ägypten, wo das Patriarchat Alexandrien sich schon im 3. Jahrhundert an den Transaktionen eines christlichen Überseekaufmanns beteiligt (S. 483 f), ist eigener kirchlicher Schiffsbesitz seit dem ausgehenden 4. Jahrhundert nachweisbar. Im 6. Jahrhundert treibt das Patriarchat mit Hilfe einer eigenen Flotte Handel mit Palästina, Sizilien, im Adriatischen Meer und mit dem Bistum Rom. Dabei hatten Kirche und fast alle Kirchenväter längst Priestern den Handel strikt verboten, Ambrosius etwa oder Hieronymus, der schrieb, man müsse einen Handel treibenden Kleriker wie die Pest fliehen! Ende des 6. Jahrhunderts besitzt die alexandrinische Kirche bereits 13 hochseetüchtige Schiffe, wovon zumindest das größte Schiff (vielleicht aber jedes) bis England fährt. Das Patriarchat, dem damals 8000 Pfund Gold gehörten, hatte diese Schiffe in eigener Reederei hergestellt und das Holz von italienischen Kirchengütern bezogen. Doch auch ländliche Kirchen Ägyptens besaßen Schiffe und Werkstätten, die sie vermieteten[158].

Allein für Konstantinopel ist seinerzeit die Nutzung von kirchlichem Grund mit 1100 Geschäftslokalen erwiesen. Und zum Reichtum der Kirche Konstantinopels hatte sogar einer ihrer Patriarchen beigetragen, der wegen seiner schönen, nicht zuletzt oft so sozialen, um nicht zu sagen sozialistischen oder kommunistischen Sprüche (S. 452 ff) den Namen «Goldmund» bekam. Daß Johannes Chrysostomos aber auch eine Goldhand hatte, eine Hand, die zwischen all seinen hochengagierten, die Goldgier verdammenden Reden auch sehr emsig selber Gold kassieren konnte, zeigt seine Praxis. Kümmerte er sich doch, wie jeder echte Kirchenfürst bis heute, nicht nur um das Seelenheil seiner Schäfchen, sondern auch recht angelegentlich um ihr Erbe, zumal um das reicher Witwen; und je reicher sie waren, das ist logisch, desto mehr. So tätigte der hl. Patriarch, bei dem in der «Väter»-Literatur die Verachtung des Goldes – auf dem Papier – den Höhepunkt erreicht: er sieht darin bloß Lehm, nicht nur sehr profitable Immobiliengeschäfte, sondern höchstpersönlich widmete er sich auch den Verhältnissen der Witwe eines Reeders, eines Senators, einer gewissen Thekla[159].

Besonders verlockend aber fand der hl. «Kommunist» Geld und Gold einer gewissen Olympias.

Der Vater dieser jungen Frau war Comes palatii, ein hoher kaiserlicher Beamter; ihre Tante die Gattin des Königs von Armenien; ihr Mann, der sie im Alter von 21 Jahren zur Witwe machte, Präfekt Konstantinopels. Ihr Erbe bestand immerhin aus 250 000 Goldstücken, vom Silber zu schweigen, sowie aus ungezählten Ländereien und Immobilien. Selbst Kaiser Theodosius intervenierte in Konkurrenz mit der Kirche, indem er Olympias vorschlug, einen seiner Verwandten zu heiraten. Doch die Mädchen jener Zeit (und die aller folgenden Zeiten) wußten durch

Mutter Kirche, daß Jungfräulichkeit weit besser als die Ehe sei und eine zweite Ehe gar noch schlechter als die erste. So gab Olympias dem Herrscher einen Korb, und die Kirche machte sich berechtigte Hoffnungen[160].

Freilich glückte der Fischfang der Petrijünger nicht gleich und nicht ganz. Der Kaiser war sauer und stellte den Besitz der Olympias unter staatliche Zwangsverwaltung. Auch ließ er ihre Kontakte zu Nektarios, dem Bischof von Konstantinopel (381–397), überwachen, einem Mann, den er doch selbst einst auf den Patriarchenstuhl gebracht, obwohl Nektarios noch nicht einmal getauft gewesen war (I 420). Nektarios, von Haus aus Jurist, ein Fuchs, vielerfahren, den Luxus liebend und noch heute im Osten als Heiliger verehrt, weihte vier Jahre später, als der Dame Olympias Reichtum wieder zur Verfügung stand, diese augenblicklich zur Diakonisse. Das verbot zwar ein staatliches Gesetz bei allen Witwen unter sechzig, doch kirchlicherseits bekam er über das begehrte Vermögen das entscheidende Vorkaufsrecht. Olympias begann auch sofort ihr Gold unter den Klerus und die Kirche Gottes zu streuen, und als Nektarios 397 starb, ergattert sein Nachfolger, der so unentwegt gegen den Reichtum wetternde Chrysostomos, immerhin noch einen Rest[161].

Wir haben folgende Liste der Zuwendungen, die Olympias «der hohen Kirche zu Konstantinopel durch Vermittlung des hochheiligen Patriarchen Johannes gemacht hat:

- 10 000 Pfund in Gold;
- 10 000 Pfund in Silber;
- die gesamten sogenannten ‹Olympias-Immobilien›, wozu ein Gerichtsgebäude, Bäder und eine eigene Bäckerei gehörten;
- die gesamten, in der Nähe der öffentlichen Bäder von Konstanze gelegenen Immobilien;
- die gesamten sogenannten ‹Euandros-Immobilien›;
- alle ihre am Stadtrand gelegenen Landgüter;
- Ländereien in Thrakien, Galatien, Kappadozien, Bithynien . . .»[162]

Es ist wohl kein Wunder, daß Olympias Heilige der griechischen wie römischen Kirche wurde. Wer so viel schenkt, der

Kirche schenkt, muß heilig sein! Und wer weiß, vielleicht schenkte Olympias noch mehr, als wir wissen. Nachdem ihr Freund, der hl. Kirchenlehrer, bei Hof in Ungnade gefallen und bis an den Fuß des Kaukasus geschleppt worden war, wo er starb (II 149 ff, 151 ff), überlebte ihn auch die junge Freundin nicht mehr lang. Doch vorher empfing sie, völlig aufgelöst, verstört, in Tränen über die Trennung, immerhin 17 Briefe des Patriarchen, in deren einem es heißt: «Siehst du, was für einen großen Kampf es erfordert, die Trennung von dem Freunde geduldig zu ertragen, wie schmerzlich und bitter es ist ... Den Liebenden ist es ja nicht genug, im Geiste vereinigt zu sein, das reicht zu ihrem Trost nicht hin, sie verlangen auch nach leiblichem Zusammensein; und wenn sie das entbehren müssen, ist ihr Glück nicht wenig geschmälert ...»[163]

Es versteht sich von selbst, daß auch ein Bistum wie Rom nicht arm war. Reich schon in vorkonstantinischer Zeit (S. 469 f), nahm die stadtrömische Kirche durch den ersten christlichen Kaiser noch einen enormen materiellen Aufschwung – von Dante als «Saat des Verderbens» gegeißelt, deren sich «der erste reiche Vater freute!»

Bereits 312, bei seinem ersten Romaufenthalt, hatte Konstantin dem Bischof die domus Faustae, den Lateran, die künftige päpstliche Residenz geschenkt (die bereits im folgenden Jahr einer Synode als Sitzungslokal diente). Konstantin schenkte weiter eine Bischofskirche beim Lateran, deren Grundbesitz sich über Rom und die nächste Umgebung hinaus bis auf Güter in Süditalien und Sizilien erstreckte. Er spendierte auch einen zweiten Basilika-Prachtbau, die Peterskirche, mit Ländereien noch in Antiochien, Alexandrien, Ägypten und der euphratensischen Provinz. Die Kirche S. Paul erhielt Güter noch in Tarsus und anderen syrischen Städten. Und bis zum Ende des 4. Jahrhunderts stieg die Zahl der römischen Titelkirchen aus frommen Stiftungen auf 25. Doch allein aus dem von Konstantin übereigneten Grund und Boden verfügte die Kirche Roms über einen jährlichen Ertrag von mehr als 400 Pfund Gold. Allerdings hat sie ihren orientalischen Besitz, der kaum zu bewirtschaften und verwalten war, offenbar bald wieder veräußert, wobei je ein Drittel des Erlöses die Kirche, der Klerus und der Papst bekamen![164]

Auch diese Kirchen selbst waren äußerst kostbar und verschlangen gewaltige Summen (I 235 ff). Römische Priester, Gegner des Papstes Damasus, erregten 384 in einer Bittschrift an Kaiser Theodosius I. die «von Gold strotzenden, mit kostbarem Marmorprunk bekleideten, auf ragender Säulen Pomp ruhenden Basiliken». Gegen das derart vergeudete Vermögen – durch alle Zeiten, auch und gerade im späten 20. Jahrhundert wieder in ungeheurer Weise vergeudete Vermögen, während Millionen «Ebenbilder Gottes» verhungern! – wird viel zu selten protestiert. Man erlaube, eine Ausnahme zu zitieren: Gottfried Arnold, dessen «Unpartheyische Kirchen- und Ketzerhistorie» (Goethes einzige Quelle über die Geschichte des Christentums), eine Kirchengeschichte, wie sie seitdem in jedem Jahrhundert kaum einmal geschrieben wird, festhält: «Gleichwie auch die erbauung des tempels zu Jerusalem, und die grossen unkosten und pracht dabey vielmehr einen elenden verfall des Christentums und seine unnöthige ausgaben anzeigen, als einen rechtschaffenen Christlichen sinn, der nach der art der vorigen Christen eingerichtet hätte seyn sollen ... das machte, er (sc. Konstantin) reflectirte in seiner freygebigkeit sonderlich auf die Clerisey, und macht sich selbige damit zum freunde ...» Oder: «Nemlich, es halten zwar ihrer viel dieselbe zeit vor sehr erwünscht, da es überall so prächtiig und überflüßig in der kirchen auszusehen begunte. Alleine den verständigsten kömmt dieses alles sehr bedencklich vor.» Justinian (527–565) baute in seiner Residenzstadt die Sophienkirche in fünf Jahren mit zehntausend Arbeitern für einen Betrag, den Hans von Schubert (im frühen 20. Jahrhundert!) auf 361 Millionen MK beziffert[165]. («Arbeitsplätze»! Ganz egal wofür – für Kanonen oder Kirchen; es hängt eng zusammen! Siehe Justinian ...)

Auch zahlreiche andere Kirchen hatten großen Grundbesitz und nicht selten viel Geld, etwa die Bischöfe – um nur einige des Westens zu nennen – Aetherius von Lisieux, Aegidius von Reims, Leontius von Bordeaux[166].

SEIT KONSTANTIN REGIEREN DIE «KIRCHE DER ARMEN» DIE REICHEN

Um die Gunst der christlichen Kaiser und Kirche zu gewinnen, treten die Mitglieder der schwerreichen Klasse im Laufe des späteren 4. Jahrhunderts immer häufiger zum Christentum über, wovon die Kirche enorm profitiert. «Man kann die Schenkungen, karitativen Einrichtungen, Krankenhäuser, Kultobjekte, Altäre, Kirchen und Kapellen gar nicht mehr zählen . . .» (Katholik Clévenot)[167].

Schon damals stammten die meisten Bischöfe aus vermögenden Familien. Kein Wunder, hatte das Bischofsamt durch Konstantin doch sehr an Attraktion gewonnen. Die Bischöfe wurden jetzt überaus geehrt, wurden, wie der Klerus überhaupt, mit immer mehr Privilegien ausgezeichnet. Sie bekamen das Erbrecht, sie erhielten gerichtliche Vorrechte. Nicht nur alle Kirchen- und Glaubenssachen blieben ihrer Jurisdiktion überlassen, sie wurden auch zu Richtern in Zivilprozessen, wobei ihre Urteile inappellabel waren wie die der Prätorianerpräfekten. Konstantin befreit sie auch – wie den ganzen Klerus bis zum Türhüter – von den Belastungen öffentlicher Ämter. Einige Bischöfe erhielten Vertrauensstellungen bei Hof, und alle konnten jederzeit Zutritt zu den Kerkern verlangen, alle die kaiserliche Post benutzen, und sie beanspruchten sie gelegentlich schon im 4. Jahrhundert derart, daß die Bevölkerung darüber murrte[168].

Um die Wende zum 5. Jahrhundert leiteten viele Bischöfe infolge ihres Besitzes, Vermögens und Kirchenapparates auch politisch ihre Stadt. Man drängte nun immer mehr in den hochprivilegierten Klerus. 439 konstatiert eine Novelle Kaiser Valentinians III., daß sich «allenthalben die Zahl der leistungspflichtigen Bürger verringert und dem Gemeinwesen Schaden entsteht, während die Zahl der Kleriker ins Uferlose wächst». Damals schon entstammten die Bischöfe vor allem den Oberschichten. Von 54 Bischöfen Galliens im 5. Jahrhundert waren nur drei Nichtadelige. Da aber zwei davon, Martin und Marcellus, noch der Bischofsgeneration des 4. Jahrhunderts zugehören, ist im 5. Jahrhundert in Gallien Bischof Bibianus der einzige nichtadelige Bischof. Und oft vererbt man dort das Bischofsamt bereits wie Staatsämter (S. 500)[169].

Es ist klar, daß diese Leute das feudale Leben, das sie aufgrund ihrer Herkunft gewohnt waren, als Bischöfe fortsetzten. Synesios von Kyrene, seit 410 allerdings unwillig Kirchenfürst (S. 569), prahlt vor seinen Diözesanen mit seiner alten adligen Abkunft, während der Statthalter Andronikos «den Namen des Großvaters nicht angeben kann, ja, wie es heißt, nicht einmal den Namen des Vaters, es sei denn vermutungsweise: ein Mensch, der vom Thunfischplatz auf den Statthalterwagen aufgesprungen ist»[170].

Schon im 4. Jahrhundert, als ein Bischof den andern «Deine Heiligkeit», «Deine Gottseligkeit» tituliert und jeder durch Handkuß und Fußfall geehrt werden muß – andern predigen sie Bescheidenheit! –, haben Bischöfe meist ein gewisses Vermögen und führen zumindest in Großstädten ein fürstliches Leben. Doch befindet sich ihre Mehrzahl, ausgestattet mit verlockenden Standesprivilegien, ganz allgemein in glänzenden Positionen. Sie werden beherrscht von Ehrgeiz, Luxus und Eitelkeit. Hieronymus, der von Leuten seines Standes schreibt: «Ihre ganze Sorgfalt geht auf ihre Kleider, auch daß sie gut riechen und die Füße unter einer weißen Haut nicht aufschwellen», berichtet, daß sie als Seelsorger mit Vorliebe Frauen betreuten, scharf dabei auf reiche Spenden, klingenden Lohn, und daß die Gastmahle vieler Prälaten die der Provinzstatthalter verdunkelten[171].

Auch der Historiker Ammanius Marcellinus rühmt gegen Ende des 4. Jahrhunderts den römischen Bischöfen Reichtum und feudales Leben nach und begründet damit die hartnäckigen Kämpfe um ihren Stuhl. «Es geht ihnen gut, weil sie von den Stiftungen vornehmer Damen reich werden. Sie fahren in Kutschen, tragen ausgesuchte Gewänder. Sie geben so aufwendige Essen, daß ihre Banketts mit denen von Königen wetteifern». «Macht mich zum Bischof der Stadt Rom, und ich werde sogleich Christ», höhnt der hochangesehene heidnische Präfekt Praetextatus angesichts der Einkünfte des Damasus (366–384), der zu den bedeutendsten Päpsten seines Jahrhunderts gezählt wird. Er festigte die Lehre von der Trinität, die Primatstellung Roms, tätigte die finstersten Finanzgeschäfte, und sein Luxus war sprichwörtlich. Durch seine Vertrautheit mit reichen Christinnen profitierte der «Ohrenkitzler der Damen» derart, daß an ihn 370 ein Kaiserreskript erging, das energisch die Erbschleicherei des Klerus verbot (S. 505). Doch Leute wie er, ein vielfacher Mörder (II 111 ff), oder Bischof Ambrosius von Mailand, benahmen sich «wie die Herren des Westens» (Katholik Clévenot)[172].

Schon damals sah das Volk selbst im kleinsten Bischofsamt, so ein Kirchenvater, eine «fette Pfründe». Deshalb wurden Bischofsstühle bereits in der Antike, im Osten und im Westen, häufig durch «Geschenke» erworben. «Immer wieder klagen die Kirchenschriftsteller über den Einsatz des Goldes zur Bestechung» (Reallexikon für Antike und Christentum) – natürlich vor allem auf der Seite der «Ketzer»! Aber auch Kirchenlehrer wie Basilius und Johannes Chrysostomos bezeugen, daß katholische Bischöfe sich ins Amt kaufen, gelegentlich erschachert es auch eine reiche Freundin für sie. Athanasius wirft den Arianern vor, sie veräußerten ihre Bischofsstühle gegen Höchstpreise. Ähnliches sagt Ambrosius seinem arianischen Gegenbischof Mercurinus Auxentius nach. Der Metropolit von Ephesus, der Kirchengrund für die eigene Tasche verhökerte und allerlei Kostbares aus Gotteshäusern einschmelzen ließ, um sein Bad zu verschönern, verkaufte um 400 regelmäßig die Bischofssitze an den Meistbietenden[173].

Das führt uns zu einem Begriff, der in der kirchlichen Rechtsgeschichte noch des ganzen Mittelalters wiederkehrt und von beträchtlicher Bedeutung ist.

Die Simonie

Unter Simonie versteht man nach den ältesten kanonischen Definitionen den Erwerb einer kirchlichen Würde, des Bischofs-, Priester-, Diakonenamtes, also der klerikalen Weihe, um Geld oder Geldeswert. Man versteht darunter aber auch den sakrilegischen Kauf und Verkauf sogenannter Gnaden, geistlicher Gaben und Güter (spiritualia) um «zeitlichen» Vorteils (temporalia) willen, den Erwerb von Sakramenten und Sakramentalien. Dagegen können Meßstipendien, Stolgebühren, Taxen, Obligationen ganz legal kassiert werden, wobei man sich auf das Neue Testament, Mt. 10,10, Lk. 10,7, 1. Kor. 9,13 u. a., beruft. Frühe Versuche, Gaben für das Spenden von Sakramenten zu verbieten, scheiterten bezeichnenderweise. Doch verlangten die Kirchen manchmal auch illegale Gelder dafür oder für Begräbnisplätze[174].

Als ersten Simonisten sah man im 4. Jahrhundert Simon Magus an, der in der Apostelgeschichte (8,9 ff) sich die Kraft des Heiligen Geistes von den Aposteln erkaufen will und im 3. Jahrhundert sozusagen an der Spitze aller «Häretiker» marschiert. Seitdem gibt es auch die Simonie, die man anscheinend in den beiden ersten Jahrhunderten nicht kennt – offenbar waren da die Ämter der Priester noch nicht einträglich genug, um erkauft zu werden. Mitte des 3. Jahrhunderts aber, als das Bischofsamt finanziell attraktiv zu werden begann, ist auch die Simonie vorhanden, und sie breitet sich nach Anerkennung des Christentums als Staatsreligion, als das geistliche Amt immer lukrativer wird, auch immer weiter und unaufhaltsam aus. Die Verbote, die im frühen 4. Jahrhundert einsetzen und sich ständig mehren, sind völlig vergeblich[175].

Schon im 3. Jahrhundert kam es auf, daß Bischöfe für die Konsekration von Kirchen, für die Übersendung von Hostien, von geweihtem Öl Gebühren, daß Geistliche für das Spenden der Sakramente, für Trauungen und Beerdigungen Abgaben verlangten. Bereits um die Wende zum 4. Jahrhundert konnte man kaum noch Christ werden, ohne zu zahlen. Es war üblich geworden, daß die Neugetauften den Priestern Geld in die Taufschüssel legten. Natürlich wuchert das Übel auch und gerade an höchster Stelle von Jahrhundert zu Jahrhundert. Zur Zeit der Gotenherrschaft in Italien stand bei den Papstwahlen alles, bis auf die heiligen Gefäße, zum Verkauf[176].

Die frühesten Verbote und Strafbestimmungen gegen Simonie finden sich zu Beginn des 4. Jahrhunderts auf der Synode von Elvira, dann in den «Apostolischen Kanones». Und nun wurde die Erteilung von Weihen sowie die Vergabe von Kirchenämtern für Geld ein solcher Skandal, daß viele Kirchenversammlungen dagegen vorgingen, wie die Konzile von Chalkedon (451), von Konstantinopel (459), von Rom (499, 501, 502), von Orléans (533, 549), von Tours (567). Gegen den Kauf von Bischofsämtern schritten auch Kaiser ein: Leo I. und Anthemius im Jahr 469, Glycerius 473 in Ravenna. Damals grassiert der klerikale Ämterkauf bereits derart, daß Kaiser Glycerius feststellen muß, der größte Teil der Bistümer werde nicht durch Verdienst, sondern durch Geld erworben. Immer häufiger schritten Kirche und Staat gegen simonistische Praktiken ein. Justinian, der das Erkaufen der Bischofswahl oder -weihe mit schweren Strafen bedroht, dehnt 528 das Simonieverbot auf den gesamten Klerus aus. Doch verbreitet sich der geistliche Ämterkauf im 6. Jahrhundert dauernd weiter, besonders im Westen, wo er vor allem in den fränkischen Bistümern üblich ist. Als 591 der Bischof Ragnemond von Paris stirbt und dessen Bruder, der Priester Faramod, sich um das Bistum bewirbt, gelangt der syrische Kaufmann Eusebius auf den bischöflichen Thron – «nachdem er viele Geschenke gegeben hatte». Übrigens kam es nicht nur einmal vor, daß man sich für Geld auch bekehren ließ[177].

Seit der Mitte des 6. Jahrhunderts wird die Simonie als «simoniaca haeresis» bezeichnet und gilt bald als gefährlichste aller «Ketzereien». Zwar hat die Kirche sie immer wieder auszurotten gesucht, doch völlig vergebens. Es gelang bis in die Neuzeit nie. Vielmehr wurden gewisse Formen der Simonie im frühen Mittelalter «zu einem festen Brauch» (Meier-Welcker)[178].

Der Nepotismus

Der Nepotismus spielt noch im 20. Jahrhundert eine enorme Rolle, zumindest im Papsttum. Und er geht, anders als die Simonie, bis auf die älteste Zeit zurück. Ja, hier liegt wirklich eine echte apostolische Tradition vor, begann die Verwandtenherrschaft doch schon in der Familie Jesu. Denn obwohl dessen Bruder Jakobus weder Apostel noch zu Jesu Lebzeiten sein Anhänger war, übernahm er nach Petri Weggang die Leitung der Urgemeinde. Als Jakobus starb, leitete diese sein Vetter Simon bar Klopas. Und später drückten noch andere Mitglieder der Familie Jesu den Jerusalemer «Bischofsstuhl»; der Theologe Stauffer spricht deshalb geradezu von einem «Kalifat des Jakobus»[179].

Ende des 2. Jahrhunderts kennen wir weitere erbliche Bischofsstühle. Polykrates von Ephesus ist der achte Bischof aus seiner Familie. In einem Kirchenstreit mit Rom beruft er sich feierlich auf seine Verwandtschaft, seine Vorgänger. «Sieben meiner Verwandten waren nämlich Bischöfe, und ich bin der achte». Ende des 4. Jahrhunderts ist die kappadokische Kirche allem Anschein nach fest in der Hand nur weniger Familien. Der hl. Gregor von Nazianz war Sohn eines gleichnamigen Bischofs, und auch Gregors Vetter Amphilochius war Bischof. Bischöfliche Brüder sind dort seinerzeit der hl. Basilius und der hl. Gregor von Nyssa. In Alexandrien folgt im späten 4. Jahrhundert auf den hl. Athanasius (I Kap. 8) sein Bruder Petrus als Patriarch, im frühen 5. Jahrhundert auf den Patriarchen Theophilos dessen Neffe, der hl. Kyrill, und auf diesen wieder dessen Neffe Dioskor. Den Patriarchenstuhl von Antiochien drückt damals Erzbischof Johannes, Nachfolger wird sein Neffe Domnus. In Rom ist im 6. Jahrhundert Papst Silverius der Sohn des Papstes Hormisdas, und Kirchenlehrer Papst Gregor I., «der Große», entstammt einer Familie, die bereits zwei «Stellvertreter Christi» gestellt hatte[180].

Eine Inschrift des 5. Jahrhunderts aus Narni teilt uns mit: «Hier ruht Bischof Pancratius, Sohn des Bischofs Pancratius, Bruder des Bischofs Herculius» (hic quiescit Pancratius episcopus, filius Pancrati episcopi, frater Herculi episcopi)[181].

Unter den gallischen Bischöfen des 5. Jahrhunderts, die so gut wie samt und sonders der Nobilität des Landes angehören, sind viele miteinander versippt: die Bischöfe Ruricius I. und Ruricius II. von Limoges mit Bischof Eufrasius von Clermont. Bischof Hesychius von Vienne ist der Vater des Bischofs Avitus von Vienne und des Bischofs Apollinaris von Valence. Der hochadelige Bischof Sidonius Apollinaris von Clermont ist Vater des Bischofs Apollinaris von Clermont. Der hochadelige Bischof Eucherius von Lyon (seit 434 dort Bischof) ist Vater des Bischofs Veranus von Vence (seit 442 dort Bischof) und Vater des Bischofs Salonius von Genf (seit 439 dort Bischof). Bischof Remigius von Reims (schon mit 22 Jahren im hohen Amt, obwohl ein Bischof 40 oder 45 Jahre alt sein sollte) ist der Bruder von Bischof Principius von Soissons, dessen Nachfolger Lupus der Neffe der beiden Brüder ist. Die Brüder Petronius und Marcellus sind hintereinander Bischöfe von Die. Die drei Bischöfe von Tours, Eustochius, Volusianus und Perpetuus, entstammen derselben senatorischen Familie und kommen in ununterbrochener Folge auf denselben Bischofsstuhl[182].

Auf die Frage: «Wann finden wir Verwandte des jeweiligen Papstes als Gehilfen und Nutznießer der Herrschaft in dessen Umgebung?» antwortet Wolfgang Reinhard in der «Zeitschrift für Kirchengeschichte» 1975 lakonisch: «Schon immer!» Und die Apologeten rechtfertigten dies noch im 19. Jahrhundert durch den Hinweis, auch unter den Jesus besonders nahestehenden Jüngern seien seine Verwandten gewesen[183].

Die noch in der Neuzeit florierenden bischöflichen Familienherrschaften, die man sich nur schwer als besondere übernatürliche Berufungen vorstellen kann, zeigen mehr als lange Reden, wie attraktiv der Priesterberuf für die Oberschicht war und wie stets attraktiver er von Jahrhundert zu Jahrhundert geworden ist.

Für die Kirche brachte dies Vor- und Nachteile mit sich. Einerseits vergrößerte der private Reichtum vieler dieser Kleriker noch den Reichtum der Kirche, teils freiwillig, teils jurisdiktionell. Andererseits bedrohte ihn gerade die durch zwei Jahrtausende herrschende Vetternwirtschaft.

Zunächst war es allgemeine Praxis, daß klerikale Würdenträger, Geistliche und Mönche, hatten sie nicht ganz nahe Verwandte, ihr Vermögen der Kirche vermachten, was um so mehr ins Gewicht fiel, als die Bischöfe eben gewöhnlich aus reichen Familien kamen. Wo der Klerus aber nicht freiwillig die Kirche zur Erbin einsetzte, wirkte sie alsbald zwangsweise darauf hin. Dabei ist von allem Anfang an ihr Interesse «auf eine Umgestaltung des Erbrechtes, insbesondere auf eine Lösung der alten familienrechtlichen Bande gerichtet» (Dopsch. Vgl. I 152 ff!)[184].

Schon in frühchristlicher Zeit suchte man den Kirchenbesitz vor Verschleuderung an Verwandte zu sichern. Seit etwa Mitte des 2. Jahrhunderts sollte alles, was der Priester nach seiner Ordination erhielt, der Kirche gehören, das väterliche Erbe ausgenommen. Doch während jeder Kleriker, der ohne Vermögen geweiht wurde, dann aber in seinem Namen Grundstücke erwarb, sie der Kirche überschreiben lassen mußte, durften die Bischöfe über das vor und nach Übernahme ihres Amtes erlangte private Vermögen nichtkirchlichen Ursprungs letztwillig verfügen. Vergab ein Bischof jedoch Kirchenbesitz im Erbweg, mußte sein Nachfolger diese Güter zurückfordern oder Ersatz dafür verlangen. Das Verbot, Kirchengut auf Verwandte der Bischöfe zu übertragen, u. a. durch das 10. Konzil von Toledo (656) und das 2. Konzil von Nicaea (787) erlassen, wurde Bestandteil des kanonischen Rechts[185].

Bemerkenswerterweise hängt auch die Einführung des Zölibats als verpflichtende Vorschrift, wie Wolfgang Reinhard in seiner Untersuchung über den «Nepotismus» betont, «nachweislich mit der Furcht vor Verlust des Kirchenguts zusammen». Dient die Ehelosigkeit der Priester und Bischöfe doch nicht zuletzt der Vermeidung gefährlicher Erbfälle, wie man selbst offen zugibt. So macht zum Beispiel Papst Pelagius I. (556–561) einen Familienvater nur unter der ausdrücklichen Bedingung zum Bischof, daß er ein genau detailliertes und vollständiges Verzeichnis seines Vermögens aufstellt und nichts darüber hinaus seinen Kindern vererbt[186].

Die Frage, ob Kleriker Kirchengut oder Erträge daraus veräußern dürfen, wurde häufig erörtert. Das 4. Konzil von Karthago (398) verbot den Verkauf den Bischöfen ohne Einwilligung ihrer Kleriker und diesen ohne Erlaubnis des Bischofs. In besonderen Fällen dufte der Bischof allerdings Kirchengebäude, -geräte, -gefäße oder Kirchensklaven abstoßen. Allerdings kam das Verbot der Veräußerung von Kirchengut – weil, nach römischem Vorbild, Göttergut – seit Beginn des 5. Jahrhunderts immer nachdrücklicher zur Geltung und wurde 470 von den oströmischen Kaisern zum Rechtssatz erhoben[187].

Noch mehr als hinter dem Vermögen ihres Klerus war die Kirche begreiflicherweise hinter dem der Laien her. Es ist kaum übertrieben, die Erbschleicherei zu den wichtigsten, ganz sicher aber profitabelsten seelsorgerischen Bemühungen aller Zeiten zu zählen.

ERBSCHLEICHEREI

Seit Konstantin 321 der Kirche die Erbfähigkeit verlieh – ein immer sprudelnder Quell des Reichtums bis heute –, hinterließen ihr viele Christen zur Rettung ihres Seelenheils teilweise oder ganz Ländereien und Barvermögen. In den seltensten Fällen wohl geschah dies nur aus eignem Antrieb. Denn unablässig schärfte man den Söhnen und Töchtern ein, ihr Geld und Gut ganz oder wenigstens zum Teil um ihres Seelenheiles willen Mutter Kirche zu schenken. Unablässig arbeiteten Kirchenrecht und Kirchenpraxis darauf hin, Zuwendungen an den Klerus zu erleichtern und zu steigern. Es wurde Brauch, bei Kinderlosigkeit die Kirche zur Erbin und ihr auch sonstige Geschenke zur Erlangung des Himmelreiches zu machen. In Ost- wie Westrom begünstigte die staatliche Gesetzgebung die testamentarische Übereignung von Grundvermögen an kirchliche Stellen. Und die «Väter» warnten eindringlich, daß das Seelenheil nicht gefördert werde, hinterlasse man Geld und Besitz den Verwandten[188].

Eine der spektakulärsten Erbschaften machten die Seelenfänger durch die junge, kaum mehr als zwanzig Jahre alte Melania und ihren Mann Pinianus, die vielleicht reichste Familie des ganzen Imperium Romanum (I 492 f), Milliardäre, die nach dem Jesuswort «Verkaufe alles, was du hast ...» leben wollten. Die Kirche konnte da nur zureden – und zupacken. Die Zeitgenossen nennen das Vermögen der beiden Aussteiger «unausrechenbar» (anarithmeton). Sie besitzen überall, in ganz Italien, Spanien, Gallien, Afrika, Britannien, landwirtschaftliche Domänen mit Zehntausenden von Sklaven. Nur 8000 nehmen angeblich ihre Freilassung an, als man beginnt, diesen ungeheuren Besitz zu verkaufen, worauf gigantische Summen an Kirchen, Klöster, fromme Vereinigungen fließen[189].

Als Melania, ihre Mutter Albina, ihr Mann Pinian im Sommer 410 auf der Flucht vor Alarich in Hippo, Augustins Bischofsstadt, landen, kommt es, so der katholische Theologe Clévenot, zu «schäbigen Auseinandersetzungen» des hohen Klerus. «Man reißt sie sich gegenseitig förmlich aus den Händen. Rivalitäten, Konflikte, Krawalle: jeder will seinen Teil vom Kuchen abbekommen ...» Der Autor des «Lebens der heiligen Melania» aber schreibt: «Dann erreichte Alarich die Ländereien, welche die Seligen soeben verkauft hatten. Und alle priesen den Herrn aller Dinge und sprachen: Glücklich die, welche mit dem Verkauf ihrer Güter nicht gewartet haben, bis die Barbaren kommen!» Doch glücklich auch die, denen der Machtwechsel keine Verluste beschied, und dazu gehörte die römische Kirche. Viele Eigentumstitel sind damals sogar auf sie übergegangen, darunter die von Melania! (Ein Drittel ihres Vermögens hätte gereicht, drei Jahre lang Alarichs ganze Armee zu besolden.)[190]

Weit mehr noch aber gewinnt man durch die Masse der Gläubigen, die nun ihres Seelenheiles wegen durch alle Jahrhunderte rücksichtslos geschröpft, «durch den Klerus ausgebeutet» werden, wobei dieser «besonders die Schwäche der Frauen dazu benützt, Vergabungen für den Todesfall an die Kirche zum Nachteile ihrer Familien zu bewirken» (Dopsch)[191].

Es wurde bereits mehrfach durch Texte aus den verschiedensten Epochen belegt, wie gehässig, wie unsäglich menschenverachtend die Kirche die Familie mißachtet, die sie gewöhnlich (und natürlich ebenfalls nur ihres Vorteils wegen) ungewöhnlich glorifiziert, wie sie noch die einander Nächsten in brutalster Weise voneinander reißt, um ihrer Interessen willen (I 152 ff). Um Gottes willen, sagt sie. In Wirklichkeit: um Geldes willen. (Nur das Strafgesetzbuch verbietet es, hier eine noch deutlichere Identifikation vorzunehmen.)

Keinen Augenblick, geht es ums Geld, zögern die gefeiertsten Heiligen, die berühmtesten Kirchenväter und -lehrer, Eltern und Kinder zu entzweien, indem sie verlangen, diese teilweise oder ganz zu enterben zugunsten der Kirche.

Auch für noch so viele Kinder läßt der hl. Cyprian die Sorge nicht gelten. «Gott überweise deine Schätze, die du für die Erben aufbewahrst. Er sei für deine Kinder Vormund». Der hl. Hieronymus fordert von den Priestern, ihren angehäuften Besitz nicht ihren Kindern zu hinterlassen, sondern alles den Armen und der Kirche. Nichtpriester aber sollen, wenn sie Kinder haben, Christus zum Miterben einsetzen. Hieronymus rühmt die Witwe Paula, die nach dem Tod ihres Mannes mit «trockenen Augen» von ihren Kindern ging, die sie bestürmten, bei ihnen zu bleiben, ja, die diesen von ihrem Reichtum auch nicht ein Geldstück, wohl aber eine große Schuldenlast hinterließ. Selbst Salvian, der im 5. Jahrhundert so eindringlich das Elend der Massen schildert, klagt die Gläubigen an, weil sie nicht mehr, wie die ersten Christen, ihr Vermögen der Kirche vermachten. Doch wenn sie schon zu Lebzeiten ihre Güter behielten, sollten sie sich wenigstens auf dem Sterbebett erinnern, daß sie nur einen Besitz besaßen, dessen wahrer Eigentümer allein die Kirche sei. «Wer sein Vermögen seinen Kindern hinterläßt, statt der Kirche, handelt gegen den Willen Gottes und gegen seinen eigenen Vorteil. Während er für die irdische Wohlfahrt seiner Kinder Sorge trägt, betrügt er sich um seine eigene Wohlfahrt im Himmel»[192].

Der hl. Basilius nennt in seiner Predigt «An die Reichen» Vorsorge für die Kinder nur einen Vorwand der Habsüchtigen. Auch bringe vererbter Reichtum selten Segen. Und für die Verheirateten gelte gleichfalls das Evangelium: verkaufe alles, was du hast.

Schließlich, wer könne denn «für den Willen des Sohnes bürgen, daß er die geerbten Güter wohl gebraucht? . . . Hab' also acht, daß du nicht in dem mit tausend Mühen aufgehäuften Reichtum andern Stoff zu Sünden gibst, wofür du dich dann doppelt bestraft sähest: einmal für das Unrecht, das du selbst verübt, sodann für das, wozu du anderen verholfen hast. Steht dir deine Seele nicht näher als jedes Kind? Steht sie dir nicht näher als alles? Weil sie nun dir zunächst steht, so gib ihr auch das beste Erbe, gib ihr reichlichen Lebensunterhalt, und dann verteile den Rest unter die Kinder! Haben doch auch solche Kinder, die von den Eltern nichts vererbt haben, oft selbst sich Häuser gebaut. Wer aber wird sich deiner Seele erbarmen, wenn du selbst sie vernachlässigst?»[193]

Nie auch versäumte der Klerus, alle Schrecken der Sterbestunde, des Jüngsten Gerichts, der Hölle so lange auszumalen, bis die geängstigten Schäfchen bereit waren, sich mit ihrem irdischen Besitz im Himmel einzukaufen. Gerade auf dem Sterbebett flehten so manche Eltern ihre Kinder an, nichts von ihrem Vermögen für sich zu behalten[194].

Im 4. Jahrhundert bezeugen selbst die Gesetze der christlichen Kaiser das durch die großen Zuwendungen an die Kirche heraufbeschworene Elend ungezählter Familien. Bereits Valentinian I. (364–375) geht deshalb scharf gegen die Erbschleicherei des Klerus vor. 370 verbietet er Geistlichen und Mönchen, die Häuser der Witwen und Waisen aufzusuchen, und erklärt sämtliche Schenkungen und Vermächtnisse von ihnen sowie anderen Frauen, die unter religiösem Vorwand das Opfer erpresserischer Priester werden sollten, für ungültig. Die Sache mußte schon damals ein solches Ausmaß angenommen haben, daß der Erlaß testamentarische Verfügungen an Geistliche mit der Konfiskation bedrohte, erbberechtigte Verwandte ausgenommen. Und schon zwei Jahrzehnte später wird durch ein Gesetz des Theodosius die klerikale Erbschleicherei erneut beschränkt – freilich auch, verblüffend bald, wieder aufgehoben[195].

Die Kaiser vermochten sich gegenüber (dem Finanzgebaren) der Kirche meist nicht durchzusetzen. Ein Gesetz des Theodosius vom Jahr 390, das die in den Städten herumlungernden, bettelnden Mönche wieder in ihre Wüsten verwies, mußte nach kaum zwei Jahren halb zurückgenommen werden. Die Verordnung gegen die Erbschleicherei von Geistlichen und Mönchen bei Witwen und Waisen sowie gegen das Ins-Kloster-Stecken junger Frauen und die finanzielle Beraubung von deren Kindern durch den Klerus, die Theodosius am 21. Juni 390 erließ, wurde auf Protest des hl. Ambrosius schon zwei Monate später, am 23. August 390, widerrufen. Ähnlich ging es mit anderen Gesetzen, im Westen und im Osten. Was Kaiser gegen die klerikale Ausbeutung verfügen, heben sie selber oder spätere wieder auf[196].

Schließlich herrschte dieselbe Korruption da wie dort. Schließlich saugten Staat und Kirche gemeinsam das Volk aus, zogen sie am selben Strang. Auch bei der Fortsetzung der Sklaverei.

DIE ERHALTUNG UND FESTIGUNG DER SKLAVEREI

«Seid nicht traurig – wir sind alle Brüder in Christo». Bischof Rather von Verona um 935 an die Sklaven[197]

«Das Christenthum hat den Geist der alten Sklaverei gebrochen. Das schien wahrhaft unmöglich ... Der Sklave wurde dem Thiere ähnlich gehalten und nicht als Mensch behandelt. *Das Christenthum hat diesem ganzen großen Theile des Menschengeschlechtes die Menschenwürde wiedergegeben.*» Bischof Wilhelm Emmanuel Freiherr von Ketteler[198]

«Was das Christentum anbelangt, so gab es auch nach der Bekehrung Konstantins und der raschen Integrierung der Kirche in das Regierungssystem des Reichs keine Spur einer Gesetzgebung, die die Abkehr von der Sklaverei auch nur schrittweise zum Ziel hatte. Es war im Gegenteil der christlichste aller Kaiser, Justinian, dessen Kodifikation des römischen Rechts im 6. Jahrhundert nicht nur die umfassendste Sammlung von Gesetzen über die Sklaverei einschloß, die je zusammengestellt wurde, sondern auch dem christlichen Europa eine vollständige gesetzliche Grundlage für die Sklaverei lieferte, die von dort tausend Jahre später in die Neue Welt gebracht wurde». M. I. Finley[199]

«Die Kirche, die sich zwar für das arme Volk einsetzte, kümmerte sich jedoch keineswegs um das Bürgerrecht derjenigen, denen sie ihre Unterstützung auf irgendwelche Weise gewährte, ja sie kümmerte sich nicht einmal um das Prinzip des politischen Bürgerrechts, d. h. um die persönliche Freiheit aller Bürger, da sich nach ihrer Lehre alle Menschen nicht nur vor Gottes Angesicht, sondern auch vor dem Angesicht dessen, der den christlichen Gott auf Erden vertrete, als Sklaven fühlen sollten. Auf diese Weise trug das Christentum am Ende des Altertums dazu bei, die Rechtslage der kleinen Bürger, Nichtbürger und Sklaven ideologisch in eine gewisse ‹allgemeine Sklaverei› zu verwandeln. Verloren war die Mühe des Kaisers Julian, diese Entwicklung aufzuhalten und den römischen Bürgern das Gefühl der Freiheit wiederzugeben, das ihnen der spätrömische Staat durch seine despotische Macht und die Kirche durch ihre Erziehung zur Gottesfurcht entzog». Josef Češka[200]

Sklaverei in vorchristlicher Zeit

Die Einführung der Sklaverei mag zunächst zwar eine Art «ethischer» Fortschritt gewesen sein, da man Gefangene nicht mehr, wie vordem, getötet und häufig gefressen, sondern eben als Knechte des Siegers beschäftigt hat. Dies beiseite aber, wurde die Sklaverei ohne Zweifel die bisher schlimmste Form der Ausbeutung aller Zeiten, der Fluch der alten Welt und für viele, wenn nicht die meisten, die sie traf, eine Tragödie ohnegleichen. Während sie in manchen Gebieten gänzlich unbekannt blieb, in Australien, auf einigen Südseeinseln, bei vielen Indianern, bei Eskimos, Buschmännern, Hottentotten, kam sie bei den «Kulturvölkern» besonders in Schwang. «Die antike Kultur ist *Sklavenkultur*» (M. Weber)[201].

Die Anzahl der Sklaven in Griechenland oder Italien ist unbekannt; Schätzungen schwanken stark. In der Blütezeit Athens soll die attische Bevölkerung aus 67 000 freien Bürgern, 40 000 Fremden und 200 000 Sklaven bestanden haben. Doch reichen die Mutmaßungen moderner Gelehrter für das klassische Athen von 20 000 bis 400 000 Unfreien. Die Sklaven von ganz Hellas (von der griechischen Halbinsel, den griechischen Inseln und Makedonien) wurden zur Zeit des Peloponnesischen Krieges auf etwa eine Million geschätzt, bei drei Millionen Einwohnern. In Rom machten die Sklaven zur Zeit Caesars angeblich gut zwei Drittel aller in der Stadt lebenden Menschen aus. Und in ganz Italien, bei einer angenommenen Gesamtbevölkerung von etwa 7,5 Millionen, vielleicht rund 3 Millionen[202].

In Griechenland war die Sklaverei gewöhnlich nicht allzu schlimm. Wurde der athenische Sklave mißhandelt, durfte er seinen Herrn ebenso verklagen wie ein Freier. Brachte ihn sein Herr um, mußte dieser religiöse Buße tun oder zeitweilig in Verbannung. Tötete ihn aber ein Fremder, bestrafte man den Täter wie für die Ermordung eines Bürgers. Besonders Haussklaven, Ammen, Pädagogen, Leibärzte, hatten oft ein gutes Verhältnis zu ihren Besitzern. Der athenische Sklave durfte eigenes Vermögen sammeln, sich gesetzlich verheiraten und wurde auch im Familiengrab seines Herrn beerdigt. Er konnte von diesem freigelassen werden oder seine Freiheit erkaufen. Freilassungen durch freien Gnadenakt des Herrn waren im vorchristlichen Griechenland schon weit verbreitet. Auch ist Freilassung durch Freikauf bereits im 4. Jahrhundert v. Chr. bezeugt. Doch war diese Praxis in Griechenland wahrscheinlich so alt wie die Sklaverei selbst. Freilassungsurkunden blieben in großer Zahl erhalten. Freilich machte die griechische Freilassung den Freigelassenen nicht zum Bürger. Auch durfte der Sklave, jedenfalls im Athen der klassischen Zeit, verkauft, verschenkt, vererbt werden. Er hatte keinerlei gesetzlichen Anspruch auf Besitz, und auch die Kinder aus einer Sklavenehe blieben Sklaven. Wie verschlagen-brutal man sein konnte, zeigt das Schicksal der 2000 Heloten, denen die Spartaner die Freilassung wegen ihrer militärischen Verdienste versprochen hatten. Sie führten sie auch, als setzten sie sie wirklich auf freien Fuß, in den Tempel, töteten dann aber, wie Diodor berichtet, jeden in seinem Haus[203].

In griechisch-römischer Zeit versklavte man nicht nur Kriegsgefangene, sondern auch Bauern, die man von Haus und Hof trieb. Auf den Weltmärkten des Sklavenhandels, in Tanais am Pontos, in Delos, in Puteoli wurden nicht selten 10 000 Sklaven am Tag verkauft, ein Geschäft fast wie auf dem Viehmarkt. Ein Sklavenaufstand folgte dem andern. Sie dauerten jeweils Jahre zwischen 140 und 70, vielleicht aber sogar zwischen 199 und 62 v. Chr. Auch ungezählte besitzlose Freie waren daran beteiligt. Doch jede Erhebung wurde in Blut erstickt. Nach dem Aufstand von 104 ließ Lucius Calpurnius alle Sklaven, die ihm in die Hände fielen, kreuzigen[204].

In der hellenistischen Zeit wurde man rechtlich einwandfrei Sklave nur durch Geburt von einer Sklavin und durch Kriegsgefangenschaft. Dagegen konnte die freiwillige Selbstverknechtung oder die zu Beginn der römischen Republik stets stärker um sich greifende Schuldknechtschaft keine legitime Sklaverei begründen. Auch durfte der Sklave mit Billigung seines Herrn Vermögen erwerben und mit Sklaven wie mit Freien eine rechtlich anerkannte Ehe eingehen. Freilich war er Eigentum und wurde als solches behandelt. Man konnte ihn vermieten, verpfänden, verkaufen. Am Ende der Republik und zu Beginn der römischen Kaiserzeit wurde die Situation der Unfreien besonders schlecht. Als Gutsarbeiter waren sie meist kaserniert und hausten als «instrumentum vocale» (sprechendes Inventar), als «instrumenti genus vocale» (Varro) im Sklavenstall, der beim Viehstall stand – «reine Produktionsinstrumente ..., die sich nur durch ihre Stimme vom Vieh unterschieden» (Brockmeyer). Der kasernierte Sklave war eigentums- und familienlos, seine Arbeit streng militärisch geregelt. Sklaven konnte man als Türhüter wie Hunde anketten oder in Fesseln auf den Feldern schuften lassen. Man konnte sie als Gladiatoren oder zur Tierhetze verkaufen, sogar an Tiere verfüttern oder sie killen zur Unterhaltung eines neugierigen Gastes. Augustus, der vom Christentum so Glorifizierte (S. 419), ließ einen Sklaven kreuzigen, weil er seine Lieblingswachtel getötet und gegessen hatte. Ein Sklave besaß keinerlei Rechte. «Servile caput nullum ius habet» (Julius Paulus, der römische Jurist)[205].

Allerdings fand in den ersten Jahrhunderten des Römischen Kaiserreiches in der Sklavenwelt eine gewisse Umwälzung statt. Die schlimmsten Mißstände wurden beseitigt, die Sklavenkasernen aufgelöst und die rechtlichen Belange der Sklaven zunehmend verbessert – gewiß nicht (nur) aus humanitären Gründen. Anstelle der reinen «Profitmotivation» etwa eines Cato, der es für ökonomisch hielt, Sklaven so hart wie möglich schuften zu lassen, bis sie sich totgeschuftet und dann (trotz nicht niedriger Anschaffungskosten) durch neue zu ersetzen, bevorzugte man schließlich ein «Belohnungssystem»; relative Zufriedenheit des Sklaven, ein gewisses Wohlbefinden, ließen offenbar noch höhere Profite erwarten. Jedenfalls erhielten Unfreie allmählich gesetzlichen Schutz für Leben und Eigentum und durften Familien gründen, nicht zuletzt freilich wieder, um Nachwuchs zu erzielen. Denn einerseits fehlte es daran nach dem Ende der Eroberungskriege, die «tatsächlich schon den Charakter von Sklavenjagden angenommen hatten» (M. Weber) – man schätzte, daß zwischen dem 2. und 3. Punischen Krieg, also zwischen 200 und 150 v. Chr., rund 250 000 Sklaven nach Rom geschleppt worden waren. Andererseits erwies sich der Sklavenhandel weiterhin als enorm lukrativ. Die Kirche förderte dann übrigens Sklavenehen noch mehr als der Staat, der sie schon im 2. Jahrhundert dem Zugriff des Herrn wieder entzog[206].

Die Literatur dieser Zeit ist voll von Skrupeln gegenüber der Sklaverei, ohne freilich an ihre Abschaffung zu denken. Verhältnismäßig viele Ärzte, Bildhauer, Lehrer, auch ein paar bedeutende Autoren unter den Sklaven hoben deren Ansehen und minderten die gewaltigen Standesunterschiede. Nicht wenige Sklaven waren fachlich gebildet und aus dem Bibliotheksdienst wie dem Finanzwesen nicht wegzudenken. In der städtischen Wirtschaft gab es Unfreie in leitenden Positionen. Ehemalige Sklaven konnten sogar Mitglieder der höchsten Gesellschaft werden. Ritter und Senatoren sollen Sklavenabkömmlinge gewesen sein. Folterung von Sklaven kam selten vor und war gesetzlich genau beschränkt. Kaiser Claudius verordnete, alle als Mörder zu bestrafen, die ihre Sklaven anstatt auszusetzen töteten. Unter Nero, der vermutlich verbot, Sklaven zum Tierkampf zu verwenden, hatte ein besonderer Richter alle ihre Klagen zu untersuchen und grausame Herren zu bestrafen. (Als seinerzeit allerdings ein Sklave den Stadtpräfekten Pedanius Secundus ermordete, wurde mit ausdrücklicher Genehmigung der Regierung dessen gesamte Hausdienerschaft von 400 Sklaven gekreuzigt.) Der humane Kaiser Antoninus Pius gestand ungerecht behandelten Sklaven ein Beschwerderecht zu. Besonders Mark Aurel, der Stoiker, verbesserte das Sklavenlos. Viele Sklaven konnten sich auch durch Ersparnisse, anscheinend schon nach wenigen Jahren, die Freiheit erkaufen und durch Handel, Manufaktur, Geldverleih ein Vermögen erwerben. Sehr viele erhielten die Freiheit durch ihre Herren, besonders bei deren Tod, was schon zur Zeit des Augustus einen solchen Umfang angenommen hatte, daß dieser befahl, niemand dürfe testamentarisch mehr als hundert Sklaven befreien[207].

Auch die Germanen hatten über ihre Sklaven, das unfreie

Hausgesinde, unbeschränkte Verfügungsgewalt. Sie waren rechtlos, nur eine Sache, konnten verkauft oder beseitigt werden. «Es ist selten, daß man einen Sklaven schlägt und mit Einsperrung und Zwangsarbeit maßregelt; doch ist es nicht ungewöhnlich, daß man einen erschlägt», schreibt Tacitus. Zahlreicher als die Sklaven waren bei den Germanen die Hörigen[208].

In Israel, dessen Sklavenhaltung man gelegentlich bestritten hat, ist der Sklave in biblischer Zeit dem Gesetz nach das Vermögen eines Menschen. Man konnte ihn wie einen Gegenstand gebrauchen, konnte ihn kaufen, verkaufen, vertauschen. «Der Sklave hatte weder Namen, Familie noch Abstammung. Er war ein hilfloses Stück der Wirtschafts- und Gesellschaftsordnung» (Cornfeld/Botterweck)[209].

Besonders unter David, dem von den Kirchenvätern so gepriesenen (I 86), und unter Salomo (S. 50 ff) mehrte sich die Zahl der Staatssklaven in Israel außerordentlich. Zumal unter Salomo wurden sie ein beträchtliches Vermögensobjekt. Sie dienten dem König bei seinen Bauten, in den Bergwerken, der Metallindustrie sowie als Exportgüter, hießen auch schlicht «Salomos Sklaven» und existierten als eine eigene Sklavenklasse durch die ganze Königszeit «bis zum heutigen Tag» (1. Kg. 9,21)[210].

Das Alte Testament läßt Versklavung in vielen Fällen zu. Es gestattet, Kriegsgefangene unfrei zu machen, wofür die israelitische Geschichte zahlreiche Beispiele liefert. Es erlaubt auch die Versklavung von Dieben, die außerstande sind, das Gestohlene zu ersetzen und die Buße zu zahlen. Ebenfalls dürfen Eltern, die ihre Schulden nicht begleichen oder ihre Kinder nicht ernähren können, diese verkaufen, wobei es eine bedingungslose und eine bedingte Verkaufsform gibt. Wurde ein israelitischer Sklave freigelassen, blieben gleichwohl seine Frau und Kinder lebenslang versklavt. Schließlich erkennt das Alte Testament auch die Selbstversklavung an; zumeist säumige Schuldner, die, nachdem sie schon ihre Kinder verkauft hatten, auch sich selbst verkauften. Die Zeit ihrer Sklaverei war allerdings auf sechs Jahre begrenzt, wie überhaupt ein israelitischer Sklave gewöhnlich nach sechs Jahren freigelassen wurde, was ohne weitere Zahlung geschehen sollte, während ein fremder Sklave lebenslänglich Sklave blieb. Deshalb sollen die meisten Sklaven in jüdischen Häusern auch nichtisraelitischer Herkunft gewesen sein[211].

Die Mißhandlung der Sklaven durch ihre Herren erlaubt die Bibel. Schlägt der Herr dem Sklaven jedoch einen Zahn oder das Auge aus, muß der Sklave freigelassen werden. Starb der mißhandelte Sklave sofort, sollte der Herr bestraft werden, lebte jener aber noch ein, zwei Tage, entging der Herr der Bestrafung, «denn es ist sein Geld» (2. Mos. 21,21)[212].

Bei den Essenern war jede Sklaverei streng verboten. In der Stoa lehrte man wenigstens die Unrechtmäßigkeit der erblichen Sklaverei. Der Islam, um nur kurz vorauszublicken, brachte eine deutliche Humanisierung der Sklaverei. Der Moslem durfte einen Sklaven nicht mehr übermäßig strapazieren, er mußte ihm genügend Ruhe und Erholung gönnen. Der Sklave erhält jetzt auch einen gesetzlichen Anspruch auf Krankenversorgung. Er kann jederzeit seinen Freikauf einleiten, worauf er nicht weiterverkauft werden darf. Und als besonders gutes Werk gilt es, den Rest einer Freikaufssumme zu erlassen, um die Freiheit des Versklavten beschleunigt herbeizuführen. «Wünscht einer deiner Sklaven eine Freilassungsurkunde», heißt es im Koran, «so stelle sie ihm aus, wenn du ihn als gut kennst, und gib ihm einen Teil deines Reichtums, den Gott dir verliehen»[213].

Die christliche Kirche aber verfocht energisch die Erhaltung der Sklaverei, sogar deren Verfestigung, ja, sie machte die demütige Unterwürfigkeit der Unfreien zu einer Tugend.

Paulus, das Neue Testament, die Kirchenväter und die Kirche treten für die Erhaltung der Sklaverei ein

Jesus hat sich in der Bibel zur Sklaverei nicht geäußert. Sie war in Palästina, wo es (im mosaischen Gesetz) das Verbot grausamer Mißhandlungen der Sklaven gab, Teilnahme an der Festtagsruhe, Entlassung an heiligen Festzeiten, wo die Juden ihre Sklaven überhaupt erträglicher behandelten, wohl nicht so akut[214].

Dagegen wird die Sklaverei von Paulus, in dessen Gemeinden es nicht an Sklaven fehlte, schon verteidigt. Ja, man nannte ihn mit Recht den konsequentesten Gegner der Sklavenemanzipation. Hält Paulus die Unfreien doch ausdrücklich zum Gehorsam gegenüber den Herren an. «Bist du als Sklave berufen», lehrt er, «laß dichs nicht anfechten, nein, selbst wenn du frei werden kannst, bleibe nur um so lieber dabei». Kam ja «alles darauf an», wie im späten 19. Jahrhundert der Theologe G. V. Lechler betont, «dass die Botschaft von Christo» (sie kam, im Satz zuvor, «wie ein milder Regen auf eine dürre Au») «nicht misdeutet, die Erlösung von der Knechtschaft der Sünde und Schuld nicht als ein Freibrief der Emancipation aufgefasst wurde, daß ein Sklave . . . sich nicht über seine Herrschaft . . . überheben mochte»![215]

Nur das nicht! Denn zu dieser Herrschaft zählte auch und gerade die Kirche. So sorgten deren theologische Diener stets emsig dafür, daß die «Lehre von der christlichen Freiheit» nicht mißverstanden wurde – durch die Sklaven, durch die antiken, die mittelalterlichen Bauern, die unterdrückten armen Teufel aller Zeiten . . . So zeigte sie, daß die «Lehre von der christlichen Freiheit» nicht leichtfertig «auch auf die soziale Seite des Verhältnisses von Sklave und Herrn übertragen werden» durfte. Nur das nicht! Zeigten sie, so beispielsweise Theologe Lappas in seiner Doktorarbeit der «Hochwürdigsten kath. theol. Fakultät der Universität Wien», wie die Sache wirklich zu verstehen sei, die «christliche Freiheit» – innerlich nämlich, innerlich! «Paulus setzte innen den Hebel an zur Lösung der Sklavenfrage und hat wahrlich nicht vergebens sich bemüht. Wie manches Sklavenauge mag aufgeleuchtet haben, als es von dieser Wunderwelt erfuhr, zu der auch der Geringste eingeladen war, einzutreten»[216].

Wahrlich, nicht vergebens; leider ist das wahr – das aufleuchtende Sklavenauge aber ist Papier; theologische Niedertracht oder Dummheit. Wie auch hätten die Augen tagtäglich und lebenslang Geschundener, die natürlich nichts lieber als ihre *äußere* Freiheit wollten, leuchten sollen, wenn sie statt dieser Freiheit schäbige Pfaffentricks beglückt haben?

Mit Paulus tritt das ganze Neue Testament für die Erhaltung der Sklaverei ein. «Ihr Sklaven», verkündet das «Wort Gottes», «seid euren leiblichen Herren gehorsam mit Furcht und Zittern, in Aufrichtigkeit eures Herzens, als gälte es Christus». «Verrichtet euren Dienst mit Willigkeit, als gälte es dem Herrn.» «Die Sklaven ermahne, ihren Herren in jeder Hinsicht gehorsam zu sein und ihnen zu Gefallen zu leben, nicht zu widersprechen, nichts zu veruntreuen, vielmehr volle, echte Treue zu beweisen.» Auch wenn die Herren keine Christen sind, sollen die Unfreien sie achten, um das Christentum nicht in Verruf zu bringen! Und um die «Ungläubigen» dem Christentum zu gewinnen. Nicht genug: Das Buch der Bücher, die «Frohe Botschaft», fordert Gehorsam selbst gegenüber den harten Herren und geduldiges Ertragen ihrer Schläge, wobei man den Elenden den leidenden Jesus als Vorbild hinstellt. Ja, die «Heilige Schrift» befiehlt den christlichen Sklaven, ihren gläubigen Herren nur desto eifriger zu dienen, weil diese Christen seien! Und es tröstet die Sklaven und wohl auch deren Frauen, Kinder samt sonstiger Verwandtschaft, die der Herr beim Tod seines Eigenknechts zu seinen Gunsten enterbte, mit der Versicherung: «Ihr wißt ja, daß ihr vom Herrn das (himmlische) Erbe als Lohn empfangen werdet». Das hörten die Sklavenhalter gern![217]

Man hat ausgerechnet, daß der unter dem Namen des Paulus gefälschte (S. 102), aber im Neuen Testament stehende Kolosserbrief mit insgesamt 18 Worten die Herren zu guter Behandlung der Sklaven ermahnt, die Sklaven jedoch mit 56 Worten zum Gehorsam gegenüber den Herren. In dem gleichfalls unter dem Namen des Apostels gefälschten Epheserbrief (S. 102 f) ist dies

Verhältnis 28 zu 39. Und an drei weiteren Stellen stehen überhaupt nur an Sklaven oder Bedienstete gerichtete Ermahnungen[217a].

Auch die außerkanonischen christlichen Schriften des 2. Jahrhunderts bekämpften die Emanzipationsbestrebungen der Sklaven energisch. Die christlichen Wortführer verweigern ihnen den Freikauf aus der gemeinsamen Kasse und fordern: «sie sollen sich nicht aufblähen, sondern zur Ehre Gottes noch eifriger Sklavendienste tun»! Sie sollen ihren Herren «wie einem Abbild Gottes untertan sein in Scheu und Furcht»! Sie drohen den Ungehorsamen, daß sie einst «ruhelos ihre Zunge zerbeißen und mit ewigem Feuer gequält werden». Diese Warnung an die Sklaven, so versichert Theologe Lechler, «ist ganz sachgemäß. Sie entspricht ganz dem Glauben und ist zugleich vollkommen dem praktischen Interesse des Christentums und der Kirche, nach ihrer Stellung in der antiken Welt, gemäß». Repräsentierten doch die christlichen Sklavenhalter für die Sklaven «den Herrn im Himmel»![218]

Die christlichen Gemeinden sahen nicht nur darauf, daß ihre Sklaven auch heidnischen Herren gehorsame, willige Sklaven waren, sondern die Kirchenordnung des Hippolyt macht sogar ein entsprechendes Zeugnis über das Verhalten eines Unfreien in heidnischem Haus zur Bedingung über seine «Aufnahme im Christentum». Und um 340 beschließt die Synode von Gangra (im Kampf gegen die «Ketzerei» des Eusthatius), jeden zu exkommunizieren und zu verfluchen, der «unter dem Vorwand der Frömmigkeit» einen Sklaven lehre, seinen Herrn zu mißachten, ihm nicht willig zu dienen «und voll Respekt» oder sich seinem Dienst zu entziehen – eine Verordnung, die auch in das Corpus Juris Canonici (das bis 1918 gültige Gesetzbuch der katholischen Kirche) einging![219]

Natürlich machen sich auch die Kirchenväter zum Sprachrohr der herrschenden Klasse.

Für Tertullian gehört die Sklaverei zur Ordnung der Welt. Die Sklaven selbst sind für ihn «von Natur aus» feindlich, sie belauern und belauschen an Mauerritzen und Türspalten die Zusammenkünfte ihrer Besitzer, ja, Tertullian vergleicht die Sklaven mit bösen Geistern. Der verketzerte Origenes bewundert zwar das alttestamentliche Gebot, Sklaven nach sechs Jahren freizulassen, empfiehlt aber keine Nachahmung durch die Christen. Der hl. Gregor von Nyssa predigt zwar über die Freilassung von Sklaven zum Osterfest, doch meint er dabei nur die Freilassung aus der Sünde, nicht aus der Sklaverei. Nach Bischof Theodor von Mopsuestia hindert Sklaverei keineswegs daran, ein tugendhaftes Leben zu führen, und die gesellschaftlichen Unterschiede erklärt er natürlich als gottgewollt. Der hl. Hieronymus hält Sklaven für skandalöse Schwätzer, Verschwender, für Verleumder der Christen. Sie erscheinen bei ihm fast als deren Ausbeuter. Durch zwei Jahrzehnte schreibt er Sätze wie: «Sie meinen, was sie nicht bekommen, würde ihnen weggenommen, und sie denken nur an ihren Lohn, nicht an dein Einkommen»; «sie ziehen gar nicht in Betracht, wieviel du hast, sondern nur, wieviel sie bekommen». Und noch der hl. Erzbischof Isidor von Sevilla, «der letzte abendländische Kirchenvater», tritt wie alle seinesgleichen für Erhaltung der Unfreiheit ein, zumal sie nötig sei, um die schlechten Anlagen einiger Menschen durch «terror» zu zügeln[220].

Gut fügt sich auch für Kirchenlehrer Ambrosius die Sklaverei in die christliche Gesellschaft, in der ja alles hierarchisch gegliedert ist, beispielsweise auch die Frau deutlich unter dem Mann steht. (Nie ermüdet der große Heilige, die «Minderwertigkeit» des weiblichen Geschlechts darzutun, die Notwendigkeit der Herrschaft des Mannes und die Unterordnung der Frau; er «perfectior», sie «inferior». Doch ist der Kirchenfürst nicht ungerecht, weiß er auch die Stärke des Weibes zu würdigen, dessen «Verlokkungen» selbst hervorragende Männer zu Fall bringen. Und mag die Frau auch wertlos sein, ist sie doch «im Laster stark» und schadet dann der «kostbaren Seele des Mannes».)[221]

Kaum zweifelhaft wohl, wie ein solcher Mensch über die Sklaverei denkt. Vor Gott natürlich sind Herr und Sklave gleich, haben beide eine Seele, ja, rein spirituell wertet Ambrosius den Unfreienstatus derart auf, «daß viele Sklaven als Herren ihrer Herren erscheinen» (K.-P. Schneider). Gleichwohl spricht er von der «Niederigkeit» des «Sklavendaseins», von «schändlicher

Sklaverei», zögert er nicht, sie als schimpflich anzusehen und fast ständig zu verunglimpfen, Sklaven pauschal als treulos, feig, hinterlistig, als moralisch minderwertig zu bezeichnen, gleichsam als den Bodensatz. Doch willig getragen, sei Sklaverei keine Last und für die Gesellschaft sehr nützlich, kurz: ein Gut, ein Gottesgeschenk. – Nach Logik darf man nicht fragen, wo es um Macht geht. «Man muß glauben und darf nicht diskutieren» (Credere tibi iussum est, non discutere permissum: Ambrosius)[222].

Der Glaube geht selbstredend auch Johannes Chrysostomos über alles. Der Glaube und das Himmelreich. Und so verweist unser «sozialistischer» Kirchenlehrer die Sklaven aufs Jenseits. Auf Erden haben sie nichts zu erhoffen. Zwar schuf Gott den Menschen als Freigeborenen, nicht als Sklaven. Die Sklaverei aber entstand als Folge der Sünde und werde demnach existieren, solange man sündigen wird. (Und wie Chrysostomos lehren auch andere Kirchenväter den Fortbestand der Sklaverei bis zum Ende der Tage, «bis die Bosheit aufhört und alle Herrschaft und Menschenmacht entleert wird und Gott alles in allem ist».) Doch nur die Sklaverei der Sünde schade, nicht die physische Sklaverei. Auch nicht das Prügeln der Sklaven. Der hl. «Kommunist» ist gegen «Milde zur unrechten Zeit». Er ist natürlich auch gegen einen Umsturz, wie schon der hl. Paulus. Wortreich propagiert er die Beibehaltung des Elends überhaupt. «Wenn du die Armut ausrottest», belehrt er die Menschheit, «dann würdest du die ganze Struktur des Lebens vernichten; du würdest unser Leben zerstören. Keinen Matrosen, keinen Lotsen, keinen Bauern, keinen Maurer, keinen Weber, keinen Schuster, keinen Tischler, keinen Kupferschmied, keinen Sattler, keinen Müller – keins dieser Gewerbe oder irgendwelche anderen würde es geben ... Wenn alle reich wären, würden alle in Untätigkeit leben» – wie offenbar die Reichen! – «und dann würde alles zerstört werden und zugrunde gehen.»

Andererseits freilich behauptet Chrysostomos auch, wie üblich, «Sklave» und «Freier» seien nur noch Namen, die Sache selber habe aufgehört, die Taufe alle, die vorher als Sklaven und Gefangene lebten, zu freien Menschen, zu Bürgern der Kirche gemacht! Bezeichnenderweise zählt auch dieser Kirchenlehrer wieder zur Sklaverei im weiteren Sinn die Knechtung der Frau durch den Mann – die Schuld Evas: weil sie hinter Adams Rücken mit der Schlange verhandelte. So muß der Mann über die Frau herrschen, muß sie «unter seine Herrschaft gestellt», «sein Herrschaftsrecht mit Freuden» anerkennen. «Denn auch dem Pferd ist es nützlicher, einen Zügel zu tragen . . .»[223]

Mit aller Entschiedenheit verteidigt Augustinus die Sklaverei (vgl. S. 457 ff). Zu seiner Zeit hatte noch jedes Haus Sklaven, ein reiches oft mehrere Hundert, und der Handelswert eines Sklaven war manchmal niedriger als der eines Pferdes. (Im christlichen Mittelalter verbilligen sich zeitweise die Landsklaven noch fast um das Dreifache. Und zu Beginn der Neuzeit zahlt man in der entstehenden katholischen Neuen Welt sogar bis zu 800 Indianer für ein einziges Pferd – ein weiterer Beweis übrigens für die Hochschätzung des Tieres im Katholizismus.)[224]

Die Sklaverei entspricht nach Augustin der Gerechtigkeit. Sie ist eine Folge der Sünde, ein selbstverständlicher Bestandteil der Besitzordnung und wird aus der natürlichen Ungleichheit der Menschen begründet. (Nach dem oft so demütig sich gerierenden Bischof von Hippo gibt es nicht einmal im Himmel Gleichheit, finden sogar dort – woher er das wohl weiß? – «zweifellos Abstufungen statt», «wird der eine Selige vor dem andern einen Vorzug haben»: ihre Ehrsucht reicht durch alle Ewigkeit!) Überall Hierarchie. Überall Abstufungen. Überall Diffamierung. Die Unterordnung des Sklaven gehört für Augustin ebenso zur gottgewollten Ordnung wie die Unterordnung der Frau unter dem Mann. «Diene nach meinem Vorbild, ich habe vor dir Ungerechten gedient.» Nachdrücklich verwirft es Augustin, die bestehende Gesetzgebung mit Gewalt zu ändern, nachdrücklich lehnt er jede Sklavenemanzipation durch das Christentum ab. «Nicht freie Männer aus Sklaven hat Christus gemacht, sondern gute Sklaven aus bösen». Flucht, Widerstand oder gar Racheaktionen der Unfreien, all dies wird schärfstens von Augustin verdammt, der solche «pessimi servi» der Polizei oder Justiz ausgeliefert sehen will. Eifrig fordert er von den Sklaven demütigen Gehorsam und

Treue. Sie dürfen sich nicht eigenmächtig gegen ihre Versklavung auflehnen, sie sollen ihren Herren von Herzen und mit gutem Willen dienen, nicht unter dem Druck rechtlichen Zwanges, sondern aus Freude an der Pflichterfüllung, «nicht in heimtückischer Furcht, sondern in treuer Liebe», und dies so lange, bis «Gott ist alles in allem», ad calendas graecas also, bis zum Nimmerleinstag. Den Herren aber erlaubt der Kirchenlehrer, die Unfreien durch Worte oder Schläge zu strafen – jedoch immer im Geiste christlicher Liebe! Kann Augustin einerseits ja sogar die Sklaven durch die Gottgewolltheit ihres Schicksals trösten, andererseits den Herren den irdischen Nutzen vorstellen, der ihnen aus der kirchlichen Zähmung der Sklaven erwächst. Nicht genug: christliche Sklaven, die unter Berufung auf das Alte Testament – in dieser Frage fortschrittlicher als das Neue – Freilassung nach sechsjährigem Dienst erbitten, weist Augustinus brüsk zurück[225].

Da die Kirche nichts tat, um die Sklaverei zu beseitigen, aber alles, um sie zu erhalten, werden ihre Theologen nicht müde, Ausreden zu kolportieren, wenn sie nicht gar, nach der alten Erkenntnis, daß Angriff die beste Verteidigung sei, das Gegenteil behaupten.

Apologetische Ausreden und Lügen zur Frage der Sklaverei

Das Hauptargument aller klerikalen Roßtäuscher in unserem Zusammenhang lautet: das Christentum habe den Sklaven die *religiöse* Gleichstellung gebracht – seine entscheidende neue humane Leistung!

So behauptet man etwa, die Erklärung des Paulus, «hier ist nicht Jude noch Grieche, hier ist nicht Knecht noch Freier, hier ist nicht Mann noch Weib; denn ihr seid allzumal *einer* in Christus Jesus» (ein Wort, das in einigen Varianten durch sein Schrifttum geistert), habe die Sklavenfrage mit großer Weisheit auf eine höhere Ebene gehoben, durch christliche Motive überwunden und die ganze Institution der Sklaverei innerlich ausgehöhlt. Man behauptet, «gerade das Beieinander von Herren und Sklaven im christlichen Gottesdienste mußte der sozialen Lage der Sklaven zugute kommen». (Ungefähr so, wie das Zusammensein von arm und reich im «christlichen Gottesdienste» *heute* den Armen zugute kommt!) Ein Jesuit, der rundheraus «die Wahrheit» verbreitet, das Evangelium habe «die Sklaverei abgeschafft», begründet dies durch den Hinweis auf Jesus, der «den Herren und den Sklaven eine süße Liebe eingegossen und sie so einander genähert»! Ein anderer Mogelant erklärt, das Christentum habe «den Sklaven langsam auf einen Stand gebracht, der dem eines freien Arbeiters oder Dienstboten von heute nicht mehr so unähnlich war». Einer der führenden Moraltheologen der Gegenwart erzählt uns, die christlichen Herren sahen nun in ihren Sklaven «Brüder und Schwestern um Christi willen». «Aus dem heidnischen Sklavenhalter wurde der Familienvater der Dienenden. Die Sklaven übernahmen mit der verstärkten (!) Pflicht zum Gehorsam und zur Ehrfurcht die Liebe zu ihrem Herrn als ihrem Bruder in Christus (1. Tim 6,2). Damit war die soziale Frage im Grunde gelöst» – für die christlichen Herren! Und die christlichen Theologen! Und für länger als eineinhalb Jahrtausende![226]

In Wirklichkeit war die religiöse Gleichstellung der Sklaven so wenig neu wie irgend etwas anderes im Christentum. Weder in der Dionysosreligion noch in der Stoa insistierte man auf Unterschiede der Rasse, der Nation, des Standes, des Geschlechts. Man unterschied da nicht zwischen Herr und Knecht, arm und reich, sondern stellte Alte und Junge, Männer und Frauen, auch die Sklaven, auf eine Stufe, man hielt alle Menschen für gleichberechtigte Brüder und Söhne Gottes. Daß Freie und Sklaven gemeinsam die Mysterien feierten, ist in der Kaiserzeit selbstverständlich gewesen. Und bei den Juden standen die Sklaven in religiöser Hinsicht wenigstens den Frauen und Kindern gleich[227].

Humanisierungen in der Sklavenbehandlung, die man später dem Christentum zuschrieb, waren tatsächlich nichts als Nachklänge heidnischer Philosophen, Platons, Aristoteles', Zenons von Kition, Epikurs u. a., welche längst Güte und Freundlichkeit gegenüber den Unfreien eingeschärft. Nach Seneca etwa, der einmal schreibt: «Wir mißhandeln Sklaven so, als ob sie nicht Menschen wären, sondern Lasttiere», hat auch der Sklave Menschenrechte, ist er der Freundschaft der Freien würdig, ist keiner von Natur vornehmer, sind die Begriffe römischer Ritter, Freigelassener, Sklave nichts als leere Namen, aus Ehrgeiz oder Unrecht entsprungen. Erschienen doch der Stoa all diese ständischen Differenzierungen nicht, wie der christlichen Kirche, als gottgewollt, sondern, zutreffend, als Resultat einer aus Gewalt hervorgegangenen Entwicklung[228].

Im Christentum aber waren Sklaven selbst religiös nur in der ältesten Kirche gleichberechtigt. Dann konnte kein Sklave mehr Priester werden! Das erste diesbezügliche Verbot sprach vermutlich Papst Stephan I. im Jahr 257 aus. Später kritisierte Leo I., «der Große», die Ernennung von Geistlichen, die «keine angemessene Geburt» empfehle. «Leute», ereifert sich dieser Papst und Kirchenlehrer (II 5. Kap.), «die von ihren Herrn nicht die Freiheit erlangen konnten, werden an die hohe Stelle eines Priesters gebracht, als ob ein schäbiger Sklave (servilis vilitas) einer solchen Ehre würdig wäre»[229].

Die Apologeten renommierten oft damit, daß Christen in der Antike mitunter viele Tausende von Sklaven freigelassen haben. Doch beiseite, daß dies allenfalls verschwindende Ausnahmen waren (gewöhnlich wird nur ein einziger solcher Fall genannt: S. 503), es gab keinerlei moralischen Zwang für Christen, Sklaven freizulassen. Doch nicht nur das. «Es fehlen jegliche Hinweise aus dieser Zeit, die auf eine allgemeine Tendenz, Sklaven freizulassen, hindeuten». Schlimmer: «Nie wird ein Herr dazu angehalten . . .» (Gülzow); man kann «kaum sagen, daß die führenden Christen des späten vierten Jahrhunderts die Sklavenhalter zu kostenloser Freilassung ermunterten. Dies scheint weniger üblich gewesen zu sein als etwa im Rom der ersten zwei Jahrhunderte der Kaiserzeit» (Grant). Noch schlimmer: es wird «jetzt die Aufzucht von Sklaven auf den Gütern selbst gegenüber früher erheblich gesteigert» (Vogt)[230].

All dies ist um so fataler, beschämender, bezeichnender, als

Freilassungen in der Antike seit vielen Jahrhunderten häufig vorgekommen sind.

Schon im alten Griechenland machte man oft von der Freilassung Gebrauch (S. 509). Ebenfalls in Rom, wo angeblich bereits seit dem 4. vorchristlichen Jahrhundert auf Freilassung eines Sklaven eine Steuer von fünf Prozent seines Wertes festgesetzt war. Gleichwohl nahm die Zahl der Freilassungen ständig zu. Bis zum Jahr 209 v. Chr. stiegen die Einnahmen aus der Freilassungssteuer auf fast 4000 Pfund Gold. Und wurden vor dem 2. Punischen Krieg im Durchschnitt schätzungsweise jährlich 1350 Sklaven freigelassen, so in der ersten Hälfte des 1. vorchristlichen Jahrhunderts jährlich etwa 16 000. Im 1. nachchristlichen Jahrhundert aber war die manumissio bei Heiden so häufig, daß der Staat dagegen einschritt. Heidnische Herren ließen manchmal Unfreie massenhaft frei oder nahmen solche Freilassungen testamentarisch vor, während man von christlichen Freilassungen tatsächlich seltener hört[231].

Freilassungen von Kirchensklaven gab es. Doch erlaubte etwa die 4. Synode von Toledo den Bischöfen die Freilassung nur, wenn sie die Kirche jeweils aus ihrem eigenen Vermögen entschädigten. Andernfalls konnte der Nachfolger des Bischofs den Vorgang ohne weiteres rückgängig machen (can. 67). Auch mußte jeder Bischof, der einen Sklaven freigelassen, ohne das Schutzrecht der Kirche vorzubehalten, seiner Kirche durch zwei andere Sklaven Ersatz leisten (can. 68)! Schließlich hat die Kirche, was es sonst nirgends gab (!), die Freilassung ihrer Sklaven unmöglich gemacht. Sie waren als «Kirchengut» unveräußerlich[232].

Nicht genug wieder: die Kirche Christi, die Verkünderin der Nächstenliebe, der «Frohen Botschaft», trug für neuen Sklavenzuwachs Sorge. So erklärte 655 das 9. Konzil von Toledo im eingestandenermaßen vergeblichen Kampf gegen die Unzucht der Geistlichen: «Wer daher vom Bischof bis zum Subdiakon herab aus fluchwürdiger Ehe, sei es mit einer Freien oder mit einer Sklavin, Söhne erzeugt, soll kanonisch bestraft werden; die aus einer solchen Befleckung erzeugten Kinder sollen nicht bloß die Verlassenschaft ihrer Eltern nicht erhalten, sondern auf immer als

Sklaven der Kirche angehören, bei der ihre Väter, die sie schandmäßig erzeugten, angestellt waren» (can. 10).

Selbst der berühmte hl. Martin von Tours, Schutzpatron Frankreichs und Patron der Gänsezucht, der noch als Soldat, wer wüßte es nicht, einem nackten Bettler am Stadttor von Amiens seinen halben Mantel schenkte (warum nicht den ganzen?), hat als Bischof, der er u. a. durch seine Totenerweckungen (!) wurde, dann 20 000 Sklaven gehalten – wer wüßte es! Die Legende kennt jeder! (Übrigens wurde eine weitere Legende, wonach eine Gans, die «Martinsgans», Martins Versteck verraten haben soll, als er sich, wie üblich in seinen ehrgeizlosen Kreisen, der Bischofswahl entziehen wollte, zum Vorwand entsprechender Tributablieferungen am «Martinstag»!)[233]

Alle Behauptungen der Apologeten, das schreckliche Los des Sklaven habe sich in christlicher Zeit gebessert, sind unwahr. Eher trifft das Gegenteil zu.

War in den ersten Jahrhunderten vor allem durch die stoische Lehre von der Gleichheit der Menschen ein leichter Umschwung zugunsten der Sklaven erfolgt, auch in der Gesetzgebung der heidnischen Kaiser, besonders Hadrians (I 270 f), so trat im 4. Jahrhundert eine rückläufige Bewegung ein. Die rechtliche Anerkennung der Sklaverei verschärfte sich, seit der Staat christlich wurde.

Während man vordem nach Geschlechtsverkehr einer Freien mit einem Sklaven die Frau versklavt hatte, befahl ein Gesetz des ersten christlichen Kaisers vom 29. Mai 326, mit sofortiger Wirkung die Frau in diesem Fall zu köpfen, den Sklaven lebendig zu verbrennen (vgl. I 267 ff). Auch wurden die Verfügungen gegen flüchtige Sklaven 319 und 326 verschärft, und anno 332 wird das Recht, Sklaven während des Prozesses zu foltern, erteilt. Ließ eine Verordnung des Heiden Trajan ausgesetzte Kinder unter keinen Umständen versklaven, verdammte sie 331 ein Erlaß Konstantins des Heiligen zu ewiger Sklaverei. Im Osten blieb dies Gesetz zweihundert Jahre, bis 529, in Kraft, im christlichen Abendland aber anscheinend bis zum Erlöschen der Sklaverei! Gelegentlich forderte der Klerus die Frauen sogar auf, heimlich geborene Kinder an der Kirchentür abzusetzen, worauf man sie wahrscheinlich aufgezogen und zu Kirchensklaven gemacht hat[234].

Auch die kanonischen Gesetze selber bestätigen die Verschlechterung für die Sklaven in christlicher Zeit.

Hatte die Kirche früher beispielsweise kaum Bedenken, Sklaven vor Gericht als Zeugen oder Kläger zuzulassen, sprach ihnen die Synode von Karthago (419) dieses Recht ausdrücklich ab. Und später hielt man stets strikt daran fest. Noch ihre Bekehrung mit Hilfe der Peitsche machte der christliche Staat den Herren zur Pflicht. Auch die Asylie wurde zum Nachteil des Sklaven beschränkt. Floh ein Unfreier in die Kirche, mußten ihn die Priester binnen eines Tages denunzieren. Versprach der Herr Verzeihung, gab ihn die Kirche heraus. Auch die Schaffung der bischöflichen Gerichtsbarkeit änderte an der rechtlichen Stellung der Sklaven nicht das geringste. Ebensowenig die «manumissio in ecclesia», das schon von Konstantin verfügte Privileg des Freilassungsaktes in der Kirche. Nicht einmal die Chancen der Freilassung wurden dadurch vermehrt, denn diese Möglichkeit hatten die Sklavenbesitzer längst[235].

Hans Langenfeld hat in seiner ausführlichen Untersuchung über die «Christianisierungspolitik und Sklavengesetzgebung der römischen Kaiser von Konstantin bis Theodosius II» die Sklavengesetzgebung der christlichen Herrscher detailliert geprüft und kommt dabei zu dem Schluß, daß etwa das Problem der Asylie «für jeden Diener Gottes im letzten nicht wesentlich sein konnte und darum auch bei Verhandlungen mit staatlichen Instanzen als manipulierbarer Wert betrachtet werden durfte. Insofern verwundert es nicht, daß Theodosius II. nur ein Jahr, nachdem er der Kirche das Asylrecht verliehen und seinen Schutz allen Menschen ohne Ausnahme zugesichert hatte, den Sklaven dieses Recht aberkannte. Da diese Maßnahme, wie bereits dargelegt, nicht ohne Billigung des Klerus erfolgt sein kann, bestätigt sich die Folgerung, daß der Klerus nicht daran dachte, dem Staat gegenüber die Interessen der Sklaven um humanitärer Ideale willen kompromißlos zu vertreten. Im Gegenteil: die Kirche war ohne Skrupel zu vielfältigen Zugeständnissen bereit . . . Es entspricht dieser Tendenz, daß die Gesetze christlicher Kaiser zur Förderung der Kirche und zur Unterdrückung ihrer Feinde, soweit sie die hier behandelten Probleme berühren, die Rechtsstellung der Sklaven praktisch unverändert ließen ... Auch das Verbot der Beschneidung und des Kaufes christlicher Sklaven durch Juden (TEIL II) brachte den betroffenen Unfreien auf die Dauer keine Vergünstigung ein ... Überdies bleibt festzustellen, daß die Christianisierung der Gesetzgebung den von den Kaisern des 2. und 3. Jh. in die Wege geleiteten Prozeß der Humanisierung des Sklavenrechts nicht vorangetrieben hat»[236].

Aber Ausflüchte, beschönigende, renommistische Predigten, Traktate, Bücher wie Sand am Meer. Verbal, gewiß, nahm man sich der Armen, Ärmsten an – so wie man sich ihrer noch heute etwa in päpstlichen «Sozial»-Enzykliken annimmt, indem man gar ernste Worte an die Reichen richtet, was diese nicht stört, den Armen, Gegängelten aber den Schutz der Kirche vortäuscht. Liebe und Güte wollte sie im Umgang mit Sklaven praktiziert sehen – und ein wenig auch die Peitsche. Berichtet doch selbst der «sozial» so engagierte Kirchenlehrer Chrysostomos in seinem Dialog mit einer christlichen Sklavenhalterin: «Aber, wendet man ein, soll man eine Sklavin nicht mehr züchtigen dürfen?» «Das schon», erwidert der Prediger, «aber nicht in einem fort (!) und nicht maßlos, auch nicht, wenn sie bloß in ihrem Dienst einen Fehler macht, sondern nur dann, *wenn sie zum Schaden ihrer eigenen Seele* eine Sünde begeht.» Nicht also wenn sie gegen Gebote ihrer Herrin, sondern ihrer Kirche sich verfehlt![237]

Seine Diktate gingen dem Klerus über alles. Was zählte daneben menschliches Glück, die bloße Existenz. Das Leben eines Sklaven beispielsweise. Die Synode von Elvira ließ eine Frau, die eine Sklavin zu Tode geißelte, nach sieben- bzw. fünfjähriger Buße wieder zur Kommunion zu, je nachdem sie «mit Absicht oder aus Zufall ermordet hat». Zeitlebens dagegen, auch in der Todesstunde, verweigerte dieselbe Synode die Kommunion: Kupplerinnen; Frauen, die ihre Männer verlassen und wieder geheiratet, Eltern, die ihre Töchter mit heidnischen Priestern verehelicht, ja, sogar Christen, die wiederholt «Unzucht» getrieben oder einen Bischof, einen Priester angeklagt hatten ohne Beweismöglichkeit. All dies war für die Kirche weit schlimmer als die Ermordung eines Sklaven![238]

So besteht in christlicher Zeit die Sklaverei nahezu ungeschwächt fort. Es gibt sogar noch Sklavenjagden auf sozusagen höchster Ebene. Denn wie ihre heidnischen Vorgänger brachten auch die christlichen Kaiser des 4. Jahrhunderts germanische Kriegsgefangene in Mengen ins Römische Reich, veräußerten sie an Privatleute oder siedelten sie als Bauern an, als unfreie natürlich, worauf sie nur mit dem Boden verkauft, vererbt, verschenkt werden konnten. Noch im späteren 4. Jahrhundert betätigten sich römische Offiziere an den Grenzen so eifrig als Sklavenhändler, daß darunter die Reichsverteidigung litt[239].

Ebenfalls dauern in christlicher Zeit die Sklavenmärkte fort, auf denen man Menschen wie Tiere ausstellt und feilbietet. Die Kirche erlaubte den Besuch des Marktes zum Einkauf von Sklaven ausdrücklich. Selbst Eltern konnten ihre eigenen Kinder verkaufen, was 391 Kaiser Theodosius zwar verbietet, später aber umständehalber wieder erlaubt ist. Jeder, der nicht selber Sklave war, konnte Sklavenhalter werden. Nur arme Christen besaßen keine Sklaven. In den anderen Häusern lebten je nach Vermögen und Stellung drei, zehn, dreißig Sklaven. Sogar in der Kirche erschienen die reichen Gläubigen umringt von Sklaven. Es gab Christen, die viele Tausende besaßen – nach Johannes Chrysostomos war ein Kontingent von 1000 bis 2000 Unfreien auf antiochenischen Domänen ganz normal –, Menschen, die ihren Herren oft weniger galten als das Vieh, geschlagen, gefoltert, verstümmelt, in Ketten gelegt, getötet werden durften. Kein staatliches Gesetz kümmerte sich darum. Die Sklaverei galt auch den Christen als selbstverständlicher Bestandteil der menschlichen «Ordnung». Daß man nicht notwendigerweise so denken mußte, beweist Gregor von Nyssa, nach dem man keine Sklaven halten sollte – eine freilich singuläre Ansicht[240].

Die Strafen waren weiterhin hart. «Sklaven darf man schlagen wie Steine», heißt ein von Libanios zitierter Slogan. 30 bis 50 Geißelstreiche sind damals nicht selten. Reiche Frauen fesseln ihre Sklavinnen an ihr Bett und lassen sie peitschen. Auch konnte man Unfreie in den Privatkarzer stecken, den Mühlstein drehen, sie auf der Stirn brandmarken lassen. Zur Zeit Alarichs II. (484–507) sollen, nach der Lex Romana Visigothorum, alle Sklaven, die sich bei Ermordung ihres Herrn in der Nähe befanden, gefoltert und, hätten sie irgendwie Hilfe leisten können, hingerichtet werden. So war es schon Jahrhunderte früher. Ob das Gesetz bei den Westgoten tatsächlich Anwendung fand, ist allerdings nicht erwiesen[241].

Die Kirche jedenfalls respektierte voll das Eigentumsrecht der Herren und übernahm die Ansprüche der besitzenden Klasse selber um so entschiedener, je reicher sie wurde und je dringender auch sie Sklaven brauchte. So hat sie eine Änderung der rechtlichen Stellung der Sklaven von Jahrhundert zu Jahrhundert verhindert, hat sie die Sklaverei nicht bekämpft, sondern gefestigt. Stellte man doch selbst auf orthodoxer Seite «gegenüber der vorkonstantinischen Zeit eine Verschlechterung für die Sklaven» fest (Schaub), was der übereinstimmenden Anschauung der kritischen Forschung entspricht. Für die alte Kirche war die Sklaverei eine unentbehrliche, überaus nützliche Institution, so selbstverständlich wie der Staat oder die Familie. Die Zahl der Sklaven nahm im 5. Jahrhundert und während der frühen Merowingerzeit nicht ab, sondern zu, ihr Los wurde nicht besser, sondern schlechter; man hält es für wahrscheinlich, daß es im christlichen Abendland mehr Sklaven gab als im heidnischen Kaiserreich. Selbst die Klöster hatten Sklaven, sowohl zum Dienst im Kloster wie zur Bedienung der Mönche. Und wo immer in diesem christlichen Abendland die Sklaverei endete, lag es an den allgemeinen politischen und wirtschaftlichen Verhältnissen, aber niemals an einem Verbot der Kirche. Vielmehr nahm die Sklaverei, wie der renommierte Theologe Ernst Troeltsch betont, «gegen Ende des Mittelalters einen Aufschwung, und die Kirche ist nicht bloß am Sklavenbesitz beteiligt, sondern verhängt auch geradezu Versklavung als Strafe in den verschiedensten Fällen!»[242].

Angesichts all dieser und weiterer, Kirche und Christentum schwer belastenden Tatbestände (vgl. S. 532 ff) zögert ein vielbändiges katholisches Standardwerk nicht, noch 1979 zu behaupten: «Gleichzeitig ist jedoch die Kirche so entschieden und umfassend für die Erleichterung des Sklavenloses eingetreten wie keine andere Institution oder gesellschaftliche Gruppe in der Welt». Wen wundert's, wenn auch Papst Johannes Paul II. im selben Jahr 1979 in Lateinamerika, wo einst unter dem Katholizismus gut 50 Millionen Indios und Schwarze verblutet sind, zum Teil in Massakern, wie sie scheußlicher vielleicht niemals in der Geschichte der Menschheit geschahen, vor aller Welt erklären konnte: die katholische Kirche habe dort «das erste internationale Recht» entwickelt, «sich für Gerechtigkeit» eingesetzt «und die Rechte der Menschen», habe «so vieles und Schönes begonnen» und «die Zeit des Heiles» gebracht? Denn diese Seite schreckt selbst vor den ungeheuerlichsten Schamlosigkeiten und Geschichtslügen nie zurück[243].

Viel Schönes und die Zeit des Heiles brachte diese Kirche ja schon in der Antike, wo sie nicht nur die tradierte Sklaverei mit fortgesetzt, sondern auch eine entstehende neue Sklaverei, das Kolonat, übernommen und nach Kräften gefördert hat und überhaupt die beherrschende ideologische Macht wurde im ersten christlichen Zwangsstaat der Geschichte.

Die Ausbildung des Kolonats – eine neue Form der Versklavung

Die im 4. Jahrhundert entstehende neue christliche Gesellschaft unterscheidet sich stark von der offeneren, sozial differenzierteren, liberal-kapitalistischen der Kaiserzeit. Denn diese Gesellschaft, aus der die christliche hervorgeht, war zwar traditionell gegliedert in Senatoren, Ritter, Plebs, aber gleichwohl mobiler. Sie beschnitt den Übergang von einem Stand zum andern nie derart rigoros, wie es zu Beginn der christlichen Ära üblich wurde. Sie erlaubte eine weit größere Fluktuation innerhalb des gesellschaftlichen Gefüges, einen beträchtlichen personellen Austausch zwischen den Berufen und Klassen, Aufstieg durch Geld Besitz, kaiserlichen Dienst, während nun eine viel straffer gegliederte Sozietät mit strenger erblicher Berufsbindung und seh verhärteten Standesgrenzen entsteht[244].

Das zeigt sich besonders bei der Ausbildung des Kolonats, de in einem Jahrhunderte dauernden Prozeß die landwirtschaftlich Sklaverei ablöste, als der Masseneinsatz von Sklaven in der agrarischen Großwirtschaft gegenüber den Klein- und Mittelbetrieben immer weniger rentabel, das Kolonat schließlich ökonomisch produktiver war.

Das Wort Kolone im weitesten Sinn bedeutet soviel wie Kleinbauer; im hier vorausgesetzten, von der modernen Forschung verstandenen Sinn bedeutet es den durch Ertragsabgaben, durch Leistung von Hand- und Spanndiensten allmählich in zunehmende Abhängigkeit vom Grundherrn geratenen, schließlich an den Boden gebundenen kleinen Landpächter. Tendenzen zur Bindung der kleinen Bauern an den Boden deuteten sich, besonders auf den kaiserlichen Gütern, schon seit Vespasian an, freilich noch nich durch gesetzlichen Zwang, sondern durch Gewährung von Privilegien. Im 3. und 4. Jahrhundert jedoch, als einerseits die siegreichen Feldzüge und damit auch große Sklavenimporte seltener wurden, andererseits die Wirtschaftsverhältnisse immer mehr den Kolonen erforderten, bildete sich das neue Produktionssystem aus und wurde zur herrschenden Form der Bodenbewirtschaftung im spätrömischen und frühbyzantinischen Reich[245].

Die Kolonen galten zunächst rechtlich als frei, wurden den Sklaven aber in christlicher Zeit rechtlich immer mehr angenähert und auch sozial ständig mehr auf den Sklavenstatus herabgedrückt.

Ein Gesetz Konstantins von 332 unterscheidet zwar noch deutlich zwischen Kolone und Sklave, doch hat damals bereits dieser erste christliche Kaiser befohlen, flüchtige Kolonen (coloni adscripticii) zu fesseln, ja, schon die Flucht planende in Eisen zu legen, wie eben Sklaven, und sie dann zu ihrer Arbeit zu zwingen worauf auch Theodosius I. zurückgriff. Auch er nennt die Kolonen noch «Freigeborene» (ingenui), doch auch schon «Sklaven des Landes, für das sie geboren sind» (servi ... terrae ipsius cui nati sunt). Bereits unter Konstantin aber hatte der Kolone das Recht auf freien Ortswechsel verloren. Er war zwar nicht der Sklave seines Herrn, wenn man so will, doch des Bodens, auf dem er geboren war. Er konnte nicht mehr gehen, wohin er wollte, durfte das Land, das er zur Bearbeitung übernommen, nicht mehr verlassen, durfte als Flüchtiger mit aller Gewalt zurückgeholt werden. Der Kolone war halbfrei, wurde mit seiner Familie und dem Boden verkauft oder verpachtet, wurde mancherlei Rechte beraubt und konnte für das geringste Vergehen körperlich gestraft werden. Wer immer einen frei geborenen Bettler denunzierte, bekam ihn als Kolone zuerkannt, die Arbeitsfähigkeit vorausgesetzt[246].

War der Kolone aber bis zum Ende des 4. Jahrhunderts noch gegenüber jedermann, auch dem eigenen Herrn, prozeßfähig, so beschränkten die Söhne des Theodosius, die katholischen Kaiser Arkadius und Honorius, dieses Recht im Jahre 396 gesetzlich auf einen einzigen Anklagepunkt, eine zu hohe Zinsforderung. Noch einen Schritt über seine christlichen Vorgänger hinaus ging dann der allerchristlichste Kaiser Justinian, wie seine berühmte Formulierung zeigt: «Welcher Unterschied ist also noch zwischen Sklaven und beigeschriebenen (adscripticii) Kolonen zu erkennen, da beide der Gewalt ihres Herrn unterstehen und dieser den Sklaven mit seiner Habe (peculium) freilassen, aber auch den Kolonen mit seinem Stück Land aus seinem Herrschaftsbereich ausweisen kann?» Auch dehnt Justinian 530 die Erblichkeit des Kolonats auf die Kinder eines Freien und einer Frau aus dem Kolonenstand aus und sucht schließlich auch die Söhne eines Kolonen und einer Freien bereits an den Boden zu binden[247].

Diese ganze Entwicklung lief auf Beraubung der Freizügigkeit hinaus. Die freien Kleinbauern gerieten zunehmend in Schulden, in die Hände von Wucherern, Aussaugern, kurz in Abhängigkeit, sie wurden zu Kolonen, deren Zahl die der freien, noch freien Bauern schon im späten 4. Jahrhundert wahrscheinlich vielfach übertroffen hat. Das Schicksal der stets mehr entrechteten Kolonen aber war härter als das der tatsächlichen Sklaven, ihre

Ausbeutung wurde «noch verschärft» (Schulz-Falkenthal), sie waren «oft durch zusätzliche Abgabe und erhöhte Arbeitsleistungen bedrückt» (Held), weshalb sie nicht selten auf ihre «Freilassung» verzichteten. So kamen sie «in eine sklavenähnliche Stellung» (Wieling.) Und die Großagrarier kosteten die Kolonen weit weniger als die Sklaven, die sie voll verpflegen und kleiden mußten[248].

Was tat die Kirche, recht eigentlich das verbindende (und bindende) Glied zwischen Grundherrschaft und Kolonat, angesichts des zunehmenden gesellschaftlichen Erstarrungs- und Versklavungsprozesses? Griff sie ein? Suchte sie ihn zu verhindern? Im Gegenteil, war dies doch im Sinn ihrer eigenen, ständig wachsenden wirtschaftlichen und kirchenpolitischen Machtposition, ganz beiseite, daß auch auf Kirchengütern Kolonen ausdrücklich bezeugt sind. So hat sie «zur Anerkennung des in der neuen Gesellschaft allgegenwärtigen Dienstpflichtgedankens entscheidend beigetragen und damit die Befestigung der bestehenden Autoritäten und Abhängigkeitsverhältnisse indirekt erheblich gefördert. Sie war eine Stütze für das System staatlichen Zwanges» (F. G. Maier)[249].

Die Entstehung des christlichen Zwangsstaates – Korruption, Ausbeutung, wachsende Unfreiheit

Gerade mit der Bildung neuer sozialer Schichten werden die Stände im Lauf des 4. Jahrhunderts verfestigt, wird die Gesellschaft zunehmend immobilisiert, der Geburtsstatus entscheidend für die Zuordnung zur sozialen Gruppe, wird die Berufsbindung schließlich befohlen. Der Sohn eines Verwaltungsbeamten mußte wieder Verwaltungsbeamter, der Sohn eines Metzgers wieder Metzger werden. Auch den Armeebestand suchte man durch Erblichkeit des Soldatenberufs zu sichern. Ja, Kaiser Konstans wollte sogar den Klerikerberuf erblich machen, wovon man allerdings absah.

Die Rigorosität dieses entstehenden christlichen Zwangssystems mag der folgende Erlaß verdeutlichen: «Wir befehlen, daß unmündige Söhne von Bäckern bis zu ihrem 20. Jahr von der Pflicht zum Brotbacken befreit sind. Es müssen jedoch andere Bäcker als Ersatz zu Lasten der gesamten Zunft eingestellt werden. Nach der Vollendung ihres 20. Lebensjahres sind die Bäkkerkinder gezwungen, die Dienstpflichten ihrer Väter zu übernehmen. Trotzdem sollen die an ihrer Stelle eingetretenen Ersatzleute weiterhin Bäcker bleiben». Flucht aus solcher Zwangskorporierung wurde mit staatlichen Gegenmaßnahmen geahndet, mit Zwangszurückführung; das Erfüllen ererbter Pflichten konnte sogar rechtlich eingeklagt werden. Und wenn die brutale, schon um die Mitte des 4. Jahrhunderts sich stark verfestigende Berufsbindung auch legal und illegal durchbrochen worden ist, wenn sie Standeswechsel da und dort ermöglichte, so läßt sie doch mit ihren meist so hermetisch abgeschlossenen Klassengrenzen bereits die Grundlage der starren Standesgesellschaft des christlichen Mittelalters ahnen[250].

Wo aber auf der einen Seite so viel Unfreiheit und Elend herrscht, herrscht auf der anderen meist um so mehr Ausbeutung und Korruption.

So wächst jetzt der schon enorme Landbesitz der christlichen Kaiser noch. Unter Konstantin und Konstantius II. werden auch Tempelgüter «res privata» des Souveräns, Eigentum der Krone, wenn auch ein beträchtlicher Teil der Erträge daraus dem Fiskus zufließt. Valentinian und Valens erweitern die «res privata» durch Beschlagnahme von städtischen Ländereien und ihrer gesamten Einkünfte, was viele Städte in finanzielle Not bringt. Auch Zeno mehrt das kaiserliche Eigentum durch neue Konfiskationen. Dagegen sucht der bei der Kirche, zumal den Päpsten, sehr unbeliebte Anastasios (II 324 ff), ein Finanzexperte, die Einkünfte der eigenen Güter weniger dem Kaiserhof als öffentlichen Zwecken zuzuwenden. Doch der vom Klerus gefeierte Justinian begünstigt wieder stark das Eigentum der Krone, betont seine Verfügungsgewalt über Fiskus wie Privatvermögen und macht Sizilien, vielleicht auch Dalmatien, zu kaiserlichen Domänen[251].

Die römische Verwaltung, einst billig und gut, wurde immer teurer und schlechter. Der bedeutendste Geschichtsschreiber des 4. Jahrhunderts, Ammianus Marcellinus, dessen erklärte Ziele Objektivität und Wahrheit sind, schließt aus den Akten der Zeit mit aller Klarheit, Konstantin habe damit begonnen, den höchsten Beamten den Rachen zu öffnen, Konstantius aber sie mit dem Mark der Provinzen gemästet[252].

Schon Konstantin freilich wirtschaftete unerhört verschwenderisch darauflos. Allein die pompösen Kirchen, mit denen er die neue Hauptstadt, doch auch Rom und Palästina schmückte, verschlangen riesige Summen. Für die Grabeskirche in Jerusalem beispielsweise stiftete er kostbare Weihegeschenke in Gold, Silber, Edelstein. Auch die Decke wurde auf kaiserlichen Befehl ganz vergoldet. Ebenso die Decke der Apostelkirche in Konstantinopel, deren Äußeres sogar im Goldschmuck strahlte: Reliefarbeiten aus Erz und Gold liefen rings um das Dach. In Rom gab es sieben konstantinische Kirchen (vgl. S. 492 f). Und da eine luxuriöse Hofhaltung, eine allgemeine Prunksucht auch sonst dazukamen, von den horrenden Rüstungsausgaben u. a. zu schweigen (vgl. I 235 ff), nahm nicht nur der Steuerdruck, wovon gleich noch zu sprechen ist, unter ihm zu, sondern verschlechterte sich auch gegen Ende seiner Regierung das Geld[253].

Mit Konstantin hatte eine große Emission von Gold begonnen, das er aus mehreren neuen Steuern und, seit 331, durch Konfiskation der Tempelschätze und des Tempelgoldes gewann. Damit aber wurde die Goldwährung, statt der Bronze, auch für Käufe von geringem Wert zur Grundlage der Geschäfte, und es kam zu einem beträchtlichen Goldumlauf.

Der um 309 geschaffene Goldsolidus, «Goldgroschen» ($^1/_{72}$ Pfund; ein Pfund Gold = 72 solidi; ein Pfund Silber = 5 solidi), blieb zwar in Byzanz bis zum 11. Jahrhundert unverändert im Gebrauch, wurde der «Dollar des Mittelalters» genannt und brachte eine ungewöhnliche Beständigkeit in die Spitzengehälter. Dem sogenannten kleinen Mann aber kam er kaum vor die Augen, geschweige in die Hand. Er benutzte weiter die Inflationsmünze des denarius communis oder follis, das entwertete

Bronzegeld, das rasant an Wert verlor. So war in Ägypten der «Groschen» im Jahre 324 etwa 4500 Heller wert, beim Tod Konstantins (337) 270 000, im Jahr 361 bereits 4 600 000. Die Handarbeiter in Stadt und Land sowie die Bauern gerieten dadurch «unter der Regierung des Constantin und seiner Söhne in immer größere Not», die sozialen Gegensätze wurden «weiter vertieft» (Vogt)[254].

Selbst auf katholischer Seite konzediert neuerdings Theologe Clévenot: «Im 4. Jahrhundert vertieft sich zusehends der Graben zwischen reich und arm». In der Regel freilich urteilt man da anders, rühmt man etwa, um einen deutschen Theologen zu zitieren, gerade sozial gesehen, das «aufsteigende Friedenszeitalter» und schreibt: «Die neue Zeit war auch in ihrem sozialen Empfinden bereits ein gutes Stück vorwärtsgeschritten» (Voelkl)[255].

Diesen Fortschritt illustriert gleich die Währungspolitik von Konstantins unmittelbaren Nachfolgern. Erklärten doch seine Söhne – «das christliche Bekenntnis entsprach auch ihrer inneren Überzeugung» (Baus/Ewig) – in einem Münzgesetz das umlaufende Weißkupfergeld für ungültig, wodurch sie die Volksmasse, die bestenfalls solche sauer verdienten Sparpfennige besaß und in Zeiten der Gefahr sogar vergrub, mit einem Schlag um alles brachten. Man führte seinerzeit diesen «großen Diebstahl am Vermögen der ganzen Reichsbevölkerung» (Seeck), vor allem auf den sich betont religiös gebärdenden Konstanz zurück, den Liebling der katholischen Geistlichkeit, der außer durch diese Inflation auch durch Ämterschacher, Steuererhöhungen, harte Disziplinarmaßnahmen im Heer sich verhaßt gemacht und bald darauf auch Thron und Leben verlor (I 308 ff)[256].

Mit der wachsenden Geldentwertung schnellten natürlich die Preise hoch und die Steuern stiegen; gewiß ein Prozeß, der weit zurückreicht (S. 420 ff). Doch ist im frühen römischen Kaiserreich die Besteuerung nicht sehr drückend gewesen. Es kam da noch nicht zu massenhafter Landflucht oder zu Aufständen. Erst unter dem Sohn Mark Aurels, Commodus (180–192) – der übrigens den Christen gegenüber tolerant war und mit Hilfe seiner am

Hof hochgeehrten christlichen Konkubine Marcia ermordet worden ist –, erfolgte in Gallien der erste Aufstand. Dann gab es in den Westprovinzen bis weit ins 5. Jahrhundert hinein immer mehr Erhebungen (S. 544 f), auch wenn nur wenig Einzelheiten bekannt sind, da die spätrömischen Chronisten sie absichtlich übersehen. Immerhin haben sich seit Konstantins Regierungsantritt, nach einem kritischen Zeitgenossen, die Steuern in einer Generation verdoppelt[257].

Die dirigistische und fiskalistische Zwangswirtschaft trieb die Ausbeutung – durch Grundkopfsteuer, Gewerbesteuer, eine Fülle von Abgaben und Dienstleistungen (munera), besonders für die christliche Armee, immer höher. Und diese Lasten waren völlig ungerecht verteilt und vor allem auf die von den Finanzbeamten ausgesogenen Massen, die mittleren und unteren Klassen abgewälzt.

Die Hauptsteuer im spätrömischen Reich ist die Grundsteuer. Doch gibt es daneben noch zahlreiche andere Steuern, dazu indirekte Steuern auf Umsatz und Zölle; schließlich noch eine Fülle von persönlichen Diensten und Naturalleistungen, die munera, Lieferungen für Heeresrüstung, Quartier für Truppen und reisende Beamte, Frondienste für öffentliche Bauten, Errichtung von Stadtmauern, Festungen, Ausbesserungen von Straßen usw.

Die christlichen Kaiser trieben die Steuern mit aller Härte ein, mit derselben Unerbittlichkeit wie zuvor die heidnischen Herrscher. Der Katholik Valentinian I. (364–375), der nach Ammian zwar die Vergehen der Armen brutal bestraft, den großen Herren aber für alle Frevel einen Freibrief gegeben hat, wollte zahlungsunfähige Steuerpflichtige sogar hinrichten lassen. Unter ihm erpreßte ein christlicher Senator aus der Familie der Anicier, aus der später auch Kirchenlehrer Papst Gregor I. hervorging, ganz Illyrien bis aufs äußerste und nötigte die ausgeraubten Provinzen noch zu feierlichen Dankadressen. Bisweilen schritten die Behörden sogar gegen Übergriffe ihrer eigenen Beamten ein, gemäß der schlauen Maxime des Tiberius: «Man soll seine Herde scheren, aber ihr nicht das Fell abziehen»[258].

Zu den munera waren nach dem Gesetz alle verpflichtet. Tatsächlich jedoch blieben die Reichen, die hohen Beamten, der Reichsadel, die Großagrarier und der Klerus sowie einige andere Klassen verschont. Zwar befiehlt der Codex Theodosianus: «Was immer von jedermann an von Uns angeordneten Dienstleistungen als allgemeine Pflicht verlangt ist, soll von jedermann ohne jede Rücksicht auf Verdienst oder Person ausgeführt werden». Dann aber folgen gleich die Ausnahmen von «dieser allgemeinen Regel»: «Die höchsten Hofbeamten und die Mitglieder des kaiserlichen Consistoriums, ebenso die Kirchen ... sollen von niedrigen Dienstleistungen befreit sein»[259].

Gewiß hatte die senatorische Aristokratie, hatten die größten Grundbesitzer noch eine Sondersteuer zu zahlen. Doch kannten gerade diese Kreise genügend Wege der Steuerhinterziehung, weshalb Kaiser Julian, «der Abtrünnige» (I 325 ff), auch keine Steuerschulden erließ, da dadurch «nur die Reichen profitierten». Zudem war die Sondersteuer der Reichsaristokratie gering und wurde um 450 ganz aufgehoben. Die armen, durch erbarmungslose Steuereintreiber, ungerechte Richter sowie Gewalttätigkeiten aller Art schikanierten Schichten aber sahen im 5. Jahrhundert, als mit den Ausgaben für das Militär auch die Abgabeforderungen und Dienstleistungen ständig stiegen, gelegentlich im Frieden ein größeres Unglück als im Krieg. Und die Großgrundbesitzer zahlten damals Steuern überhaupt nur, wann und soweit es ihnen paßte[260].

In der zweiten Hälfte des 4. Jahrhunderts, vielleicht um 360, schrieb ein anonymer Heide «De rebus bellicis», eine interessante Studie, die nicht nur militärische, sondern auch ökonomische und verwaltungsmäßige Probleme behandelt, und zwar «mindestens zum Teil außerordentlich klug» (Mazzarino). Die Schrift «eines Mannes mit Vorschlägen», lang im Dom von Speyer aufbewahrt, verschwand zwar, war aber vorher abgeschrieben worden. Der unbekannte Heide, der sein Memorandum an einen unbekannten Herrscher richtete, wahrscheinlich an den Konstantinsohn Konstantius II., hofft, der Regent werde ihm seine Kühnheit, «im Namen der Freiheit der Forschung» (propter philosophiae libertatem) Reformvorschläge zu unterbreiten, verzeihen. Er erörtert zunächst die Notwendigkeit der Kürzung öffentlicher Ausgaben. Dann führt er «die Anfänge von Verschwendung und Auspressung» auf keinen anderen als Kaiser Konstantin zurück.

In einem eigenen Kapitel über «Die Beamtenkorruption» wirft er den Provinzstatthaltern die Ausbeutung der Steuerpflichtigen sowie die Beraubung des Staates vor und schreibt: «Diese Männer meinen, indem sie es an der ihrem Alter gebührenden Wertschätzung fehlen lassen, daß man sie in die Provinzen geschickt hat, damit sie dort Geschäfte machen. Sie richten um so mehr Schaden an, als somit das Unrecht bei denen seinen Ausgang nimmt, von denen man Abhilfe erwarten sollte ... Wann schon haben sie den Zeitpunkt der Steuerfestsetzung verstreichen lassen, ohne ihn ausbeuterisch zu nutzen? Welche gerichtliche Mahnung war ohne Gewinn für sie aus dem Hause gegangen? Das Anwerben von Rekruten, der Kauf von Pferden und Getreide und selbst die Summen, die dazu bestimmt waren, der Befestigung der Städte zu dienen, all dies diente ihnen mit schöner Regelmäßigkeit zur Bereicherung und nahm die Form amtlicher Plünderung an. Wenn aber untadelige Männer, die ganz durchdrungen wären vom Geist der Unsterblichkeit, die Provinzen regieren würden, dann wäre kein Raum mehr für Betrug, und der Staat würde durch diese moralische Bereicherung wieder gekräftigt»[261].

Abschließend appelliert der kühne Autor an den Herrscher, er möge «die Verworrenheit der Gesetze beseitigen» und damit die daraus resultierenden «ewigen Streitereien», könne doch eine klare Rechtsprechung mühelos unterscheiden, «was für jeden recht und billig ist». Katholik Clévenot bemerkt zu dieser Schrift: «Im gleichen Moment, in dem die Kaiser einen guten Teil ihrer Zeit damit verbringen, theologische Streitigkeiten zu schlichten, vertraut dieser hellsichtige und undogmatische Heide der Vernunft, der Philosophie und der Wissenschaft. Er will die Forschung anregen. Sensibel für die Verzweiflung der Unterdrückten zögert er nicht, die Unterdrücker zu benennen»[262].

Dieser ganze christliche Zwangsstaat war in hohem Grade tyrannisch und korrupt. Wie in kirchlichen Kreisen gerade im

4. Jahrhundert mit der plötzlich wachsenden Macht des Klerus die Simonie zu grassieren begann (S. 497 f), so kam auch unter Konstantin und seinen christlichen Söhnen der Handel mit staatlichen Ämtern in Schwang. Julian, «der Apostat», ging dagegen vor. Doch unter Theodosius I. verkaufte man ganze Provinzstatthalterschaften an den Meistbietenden. Und unter dessen Söhnen und während des ganzen 5. Jahrhunderts blieb es so. Am Hof des frommen Theodosius II. ist schlechthin alles feil. Und alles wird drakonisch regiert. «Die Beamten nicht nur der Städte, sondern auch der Landgemeinden und Dörfer sind lauter Tyrannen» (Salvian). Und so hart, bestechlich, korrupt wie die Beamten sind auch die hohen Offiziere, die gern die Truppenverpflegungen kürzen und für sich verkaufen, wobei Ausnahmen besonders germanische Offiziere wie Arbogast, Bauto, Stilicho bilden. Die Geheimpolizei aber, die in allen Behörden saß – mitunter hielt man sich über 10 000 Agenten –, erpreßte alles[263].

Die berüchtigsten Beamten waren die Steuerbüttel, die rundherum betrogen, den Staat und die zu Schröpfenden. Sie gingen oft schon bei der Veranlagung mit Zwangsmitteln aller Art vor, sie unterschlugen, sie arbeiteten mit gefälschten Rechnungen, ungültigen Quittungen, mit Gefängnis, Folter (etwa um möglicherweise versteckte Wertstücke zu erhalten), sogar mit Mord. Und ständig wurde es schlimmer damit[264].

Heidnische und christliche Chronisten des 4. Jahrhunderts schildern, wie das Volk, auf dem Marktplatz versammelt, zu höheren Steuersätzen genötigt wird durch Tortur oder Aussagen von Kindern gegen ihre Eltern, wie Kinder, um der Steuerauskunft willen, in die Sklaverei oder zur Prostitution verkauft werden müssen. So erklärt um die Wende zum 5. Jahrhundert in Ägypten eine Frau, die untertauchte, um den Schergen des Statthalters und der Kurie ihrer Stadt zu entgehen: «Nachdem mein Mann seit zwei Jahren wegen einer Steuerschuld von 300 solidi wiederholt gepeitscht wurde und eingesperrt ist und meine drei lieben Kinder verkauft wurden, befinde ich mich auf der Flucht und wandere von Ort zu Ort. Jetzt irre ich in der Wüste umher, oftmals aufgegriffen und fortwährend gepeitscht, und jetzt bin ich schon den dritten Tag ohne Nahrung in der Wüste». Und Kirchenvater Salvian schreibt: «Den Armen wird das letzte weggenommen, die Witwen seufzen, die Waisen werden mit Füßen getreten. Darum fliehen viele von ihnen, auch solche von vornehmer Herkunft und freie Leute, zu den Feinden, um nicht den Verfolgungen der öffentlichen Gewalt zum Opfer zu fallen und durch sie hingemordet zu werden. So suchen diese bei den Barbaren römische Menschlichkeit, weil sie bei den Römern die barbarische Unmenschlichkeit nicht ertragen können ... Sie wollen lieber unter dem Scheine der Knechtschaft frei sein, als unter dem Scheine der Freiheit ein Sklavenleben führen»[265].

Um der Korruption der Bürokratie, den Torturen und Strafen der Steuereinziehung zu entrinnen, übergaben viele, selbst ganze Dörfer, halb freiwillig, halb gezwungen, ihr Besitztum den großen Grundherren, bekamen es von diesen, besser «geschützt» nun, als Pächter wieder, der rusticus, vicanus, agricola aber sank dadurch zum Kolonen herab. In Rom häufen sich schon im späteren 4. Jahrhundert die Bettler derart, daß man sie zwangsweise als Kolonen oder Sklaven auf die Latifundien schickt. Und je reicher die Städte, desto größer das Elend. In Antiochien notiert seinerzeit Libanios: «Gestern gegen Abend seufzte jemand laut vor Schmerz, als er die Bettler zählte: die dort stehenden, aber auch die, die das nicht mehr konnten, die nicht einmal mehr zu sitzen vermochten, die Verstümmelten, die oft schon mehr verwest sind als viele Tote. Er sagte, es sei erbarmenswert, in solchen Lumpen solche Kälte auszuhalten. Tragen doch einige nur noch einen Schurz, bei andern sind die Schamgegend, die Schultern, Oberarme und Füße nackt; einige waren sogar zu sehen, die gänzlich unbekleidet waren ...» Armenhäuser, Almosen sind da kaum Feigenblätter, schäbige (christliche) Ausreden. Viele Arme, die noch kräftig genug sind, betreiben Straßenräuberei. Um ihr zu steuern, erlaubt die Regierung in Italien nur noch Hochgestellten Besitz und Gebrauch von Pferden, der Bevölkerung wird er insgesamt verboten[266].

Da die frühere Mittelschicht, der bürgerliche Stand, der Träger der antiken Kultur, durch Steuerdruck und Erpressung, Zwangsabgaben und Konfiskation immer mehr zerrieben, arm, abhängig wurde und im 5. Jahrhundert verschwindet, besteht die Gesellschaft schließlich im wesentlichen nur aus zwei extremen Gruppen: Auf der einen Seite die potentes oder honestiores, die Mächtigen, «Ehrbareren», besonders die von Steuerprivilegien begünstigte, immer einflußreichere Klasse adliger Großgrundbesitzer mit ihren weit ausgedehnten Gütern vor allem in Afrika, Gallien oder Kleinasien. Auf der anderen Seite die humiliores oder tenuiores, die breite Schicht der Niedrigen, Schwachen, Unterdrückten – geschundene, durch Steuerbüttel bedrängte, durch Gutsverwalter geplagte und die Priester gebändigte Menschen, die zwischen Apathie, Unzufriedenheit, Erschöpfung, etwas Protestgerede sogar hin und wieder noch Zeit für Gebet und Kirchgang hatten. Sie lebten in fortgesetzter unfreiwilliger Servilität «in einem reinen System des Zwangs, des Befehlens und des Gehorchens» (F. G. Maier)[267].

Gerade die Masse der Bevölkerung wurde in der zu Ende gehenden Antike vom christlichen Staat rücksichtslos ausgesaugt und in stets tiefere Armut gestürzt. Im ganzen Römischen Reich, besonders aber im Westen, vermehren sich im 4., 5. Jahrhundert die Latifundien der Großagrarier auf Kosten der kleinen freien Bauern. Je weniger freie Bauern, desto ausgedehntere Besitzungen in ganz verschiedenen Provinzen des Reiches, stets erhalten und getragen aber von einer Bevölkerung, deren Masse als Halbfreie auf dem Land lebt. Viele müssen für Darlehen bis zu 50 Prozent zahlen, viele müssen oft die Hälfte des Ernteertrages an den Staat abgeben, wobei sie selber die Lasten weite Wege in die Staatsspeicher schleppen. Frauen mit Säuglingen krepieren bei solchen Transporten elend unterwegs und werden nicht einmal beerdigt[268].

Diese ganze feudale Clique hängt vom Bauern ab. Er garantiert ihren Reichtum, ihren Luxus, fast alles. Sie lebt von ihm. Aber sie läßt ihn kaum leben. Er wird immer mehr verdrängt, immer bedingungsloser «an die Scholle gebunden», wird glebae adscriptus, ein Kolone, ein Höriger, ein Sklave des Bodens, servus terrae. Er darf seinen Arbeitsplatz nicht verlassen, er muß damit verkauft werden, seine Nachkommenschaft an seine Stelle treten. Auch seine Frau darf er nur aus den Kolonen des jeweiligen Gutsbezirks nehmen. Bei Flucht wird er wie ein entlaufener Sklave gesucht und streng bestraft. Hier gilt das paulinische: Jeder bleibe in dem Stand . . . *Hier dauert die alte Unfreiheit fort und entsteht eine neue.*[269]

Die mutmaßliche Zunahme der Sklaverei resultiert gerade aus der Degradation des Kleinbauern zum Sklaven. Überall, von Gallien über Italien, Spanien bis nach Afrika, herrschten offenbar dieselben trostlosen sozialen und volkswirtschaftlichen Zustände. Unfähig zum Steuerzahlen, gerieten die kleinen Grundbesitzer in die Abhängigkeit von den großen, den «patroni», oft wohl identisch mit den «curiales», welche die kleinen Güter als Pfänder schließlich aufsogen. Die Familien verarmten gänzlich und wurden mit den Kindern versklavt[270].

Seit Konstantin fliehen Bauern in allen Teilen des Reichs, in Palästina und Ägypten ebenso wie in Afrika und Italien. Überall Steuerkalamitäten, Dienstleistungen, Schikanen. Sogar die Staatspost, die oft unmäßige Ansprüche macht, nicht zuletzt von den ewig herumreisenden Bischöfen benutzt wird, nimmt den Bauern nicht selten die Ochsen vom Pflug weg, so daß deshalb etwa unter Kaiser Konstantius in Illyrien ungezählte Höfe veröden. Und da die Großagrarier im 4. Jahrhundert von dem ruinösen Steuerrecht profitieren – das sich dann in der «Immunität» des Mittelalters fortsetzt –, können sie die verschuldeten Kleinbauern völlig unterjochen. Diese werden die Opfer des barbarischen Systems, sie verlieren ihr Land, bebauen es aber, ohne jede Sicherung, weiter. Sie sind «Widerrufliche», die man, so ein Gesetz des Jahres 365, noch nach zwanzigjähriger Pacht fortjagen darf. «Die Verelendung der Landbevölkerung nimmt in dieser Epoche noch zu» (Reallexikon für Antike und Christentum)[271].

Die landbesitzende Aristokratie aber wird immer reicher. Ihre Truhen stehen voller Gold. Ihre Domänen, fruchtbar und groß, in Afrika, Sizilien, Italien, in Gallien (wo freilich auch, weil es an Personal fehlt, weite Gegenden gänzlich brachliegen), wachsen noch ständig und sind, wie ursprünglich nur die kaiserlichen, frei von vielen Lasten und Pflichten. Ja, während der Staat mehr und mehr verarmt, entwickeln sich diese Landgüter mit oft Tausenden von Sklaven, Kolonen, hörigen Bauern, deren Abgaben sie kassieren, zu einer «neuen Wirtschafts- und Verwaltungseinheit» (Imbert/Legohérel), zu autarken Domänen. Alles begibt sich immer mehr unter den «Schutz» der Großen, verkauft sich mit Haut und Haaren, ganze Dörfer und Marktflecken im Umkreis der Güter werden geschluckt, die Städte aufgezehrt, jede Notlage wird ekelhaft ausgenützt, wo man nicht willig ist, hilft Gewalt nach: Luft macht schon eigen, wie im Mittelalter.

So entstehen private Herrschaftszentren mit allen möglichen Arbeitern nicht nur, mit Küfern, Zimmerleuten, Ziegelbrennern, mit einer Mühle, einem Markt, sondern auch mit eigener Gerichtsbarkeit, eigenen Gefängnissen, Kirchen, Priestern, sogar – in Afrika, Spanien – mit eigenen Bischöfen, katholischen und donatistischen. Der Landsitz wird nun durch einen Graben, einen Turm geschützt, das Landgut (villa) wird zum Dorf (village). Der Herr hält sich eine kleine schlagende Truppe aus seinem Gesinde, stellt sich gut mit Räubern, es entsteht allmählich die mittelalterliche Burg, der mittelalterliche Landjunker und Ritter[272].

Im 5. Jahrhundert, zur Zeit Salvians (er lebte, radikal-sozial denkend als Priester bis gegen 480 bei Marseille, als einziger Autor der Zeit übrigens den definitiven Zusammenbruch des Weströmischen Reiches erkennend), fliehen viele Römer, auch vornehmer Abkunft, in der Hoffnung auf mehr Menschlichkeit zu den «Barbaren». Und Salvian schildert auch, die Misere vielleicht übersteigernd, im wesentlichen aber richtig, die entsetzliche Lage jener noch freien Armen, deren «einziger Wunsch» es ist, «bei den Barbaren leben zu dürfen» und nie wieder unter römischer Herrschaft. Da sie ihr bißchen Hab und Gut, ihre Hütten und Felder, freilich nicht mitnehmen können, bleiben sie und «ergeben sich wie Gefangene in den Schutz der Mächtigen», die fast ihr ganzes Vermögen einstecken. Und da man weiter Kopfsteuer wie Grundsteuer von ihnen fordert, geben sie ihren Ausbeutern aus Verzweiflung ihr Gut ganz. Sie gehen als Kolonen auf die Ländereien der Großen und verlieren mit ihrer Habe auch ihre Freiheit, verwandeln die Reichen doch ihre «Kolonen und Schützlinge aus Halbfreien und Freien in Sklaven»[273].

Auch in den germanischen Ländern aber waren im 4., 5. Jahrhundert die reichen Großgrundbesitzer stets reicher und die Massen der «kleinen Leute» immer zahlreicher geworden. Auch bei Langobarden, Franken, Goten, Burgundern wirtschafteten die Grundherren wie ihre römischen Vorgänger mit abhängigen zinspflichtigen Kolonen. Auch in den germanischen Königreichen bringt das Christentum natürlich keinerlei gesellschaftliche Veränderung, keine Umwälzung. Wie vordem gibt es Herren und Knechte, Freie und Unfreie. Wie im Römischen Reich gibt es schollengebundene Bauern, die nominell frei sind, tatsächlich jedoch keine Freiheit haben, weder die der Berufswahl noch der Eheschließung, vielmehr vererbt, verschenkt, vertauscht, verkauft werden können[274].

So kommt es auch hier, wie in vielen Teilen des Römischen Reiches, zumal in den Grenzgebieten, zu Aufständen; in Afrika zur Erhebung der religiös-revolutionären Bauernbewegung der Circumcellionen (I 474 ff); in Noricum ripense, Pannonien, Thrakien zur Skamarenbewegung; in Gallien und Spanien zur Erhebung der Bagauden, reinen Notwehrakten sowohl gegen die neuen Herren, die germanischen Invasoren, wie gegen die alten. Zumeist bäuerliche Gruppen haben hier in der ersten Hälfte des 5. Jahrhunderts wiederholt rebelliert, haben besonders in den Jahren 408 bis 411 und 435 bis 437 zu den Waffen gegriffen und sich von ihren Unterdrückern befreit, wobei fast alle (im weitesten Sinn) Versklavten zu den Bagauden standen. Überall, wo sie die Oberhand gewannen, wurden die römischen Gesetze und Rechte liquidiert, wurden die grundherrschaftlichen Organisationsformen entscheidend geschwächt, die bäuerlichen Nutzungsrechte am Boden erweitert. Die Grundherren, heißt es in einem Gedicht des Rutilius Namatianus, seien Sklaven ihrer Knechte geworden. Die katholische Kirche aber stand bei diesen Aufständen der Entrechteten entschieden auf der Seite der Ausbeuter, der Sklavenhalter, sie stützte, schützte sie und predigte den Sklaven, den Kolonen Demut und Gehorsam. Erst nach einer

Reihe schwerer Schlachten gelang es den Römern, die Bewegung 451 in Gallien niederzuschlagen, und die spanischen Bagauden vernichtete 454 ein westgotisches Heer. Hat man doch schon in der Antike fast alles vernichtet, was man nicht ausbeuten oder bekehren konnte, ob es nun, wie wir sahen, das arianische Christentum betraf oder jüdische Synagogen, ob die Donatisten, die Samariter, ob die Wandalen und Goten. Oder das Heidentum[275].

Wir haben bereits in Band I auch die blutrünstige Bekämpfung des Heidentums im Alten Testament verfolgt (I 73 ff), dann die antipaganen Attacken der Christen im Neuen Testament, in vorkonstantinischer Zeit, die primitive Diffamierung des Kosmos, der Religion, Kultur, die Verleumdung der altgläubigen Kaiser, ihre Schilderung mit allen kirchenväterlichen Dreckfarben als Monstra ohnegleichen (I 183 ff). Ebenfalls betrachteten wir bereits die Fortsetzung der literarischen Polemik, Beschimpfung der ersten drei Jahrhunderte durch den seit Konstantin beginnenden Unterdrückungstrend, durch das Konfiszieren und Ruinieren von Statuen, den Abbruch vereinzelter Tempel (I 278 ff) – nachdem freilich vordem als erster schon der hl. Gregor der Erleuchter, der Apostel Armeniens, dort die Tempel mit Hilfe von Truppen vernichtet hatte (I 290)[276].

In Band II klang auch die *faktische* Zerstörung des Heidentums zwar immer wieder an (19 f, 43 f, 47 f, 207 ff, 334 f, 389 ff u. a.), wurde aber nie ausführlicher und im Zusammenhang gezeigt, was die Bedeutung dieses tragischen Vorgangs unerläßlich macht, zumal ihn die christliche, besonders die klerikale Geschichtsschreibung eher mehr als weniger ignoriert. Der totalitäre Anspruch dieser Religion, die immer unverhüllter, zynischer zum Ausdruck kommende Machtgier ihrer weltlichen wie geistlichen Herren ließen freilich kaum etwas anderes als Vernichtung erwarten.

6. KAPITEL

VERNICHTUNG

«Nur der Milde verdankt die Kirche, die der Herr in seinem Blute gestiftet hat, ihre Ausbreitung. Sie ahmt dem himmlischen Wohltäter nach . . .» Der hl. Ambrosius[1]

«Die Kirche hat immer betont, daß sie die religiösen Werte der heidnischen Welt achtet». Der katholische Theologe Jean Daniélou[2]

«So wurden überall zu Wasser und zu Lande die Tempel der Dämonen zerstört.» Kirchenvater Theodoret[3]

«Die völlige Rechtlosigkeit des Heidentums, bezw. seiner Tempel wird hier in eigentümlicher Weise offenbar. Wo die Christen in hinreichend starker Anzahl waren, haben sie schwerlich erst die kaiserliche Erlaubnis zur Tempelzerstörung eingeholt; wo sie einer starken Übermacht gegenüberstanden, gab es Mittel und Wege, die staatliche Gewalt zu diesem Zweck in Bewegung zu setzen.» Victor Schultze[4]

«Von Mesopotamien bis nach Nordafrika überschwemmte eine Welle religiös motivierter Gewalt Stadt und Land». Peter Brown[5]

«Die Bischöfe leiteten den Kampf, die Scharen der schwarzen Mönche führten ihn in vorderster Linie». H. Lietzmann[6]

«. . . plündern christliche Mönche unter Führung von Schenute oder Macarius von Thu die heidnischen Tempel, setzen sie in Brand, zerschlagen die Idole und machen sich manchmal sogar die Gelegenheit zunutze, um das Tempelpersonal niederzumetzeln.» Jacques Lacarrière[7]

«Das Bündnis von Säbel und Weihwasserwedel bringt immer (!) Intoleranz und Verfolgung Andersdenkender hervor.» Der katholische Theologe Michel Clévenot[8]

CHRISTLICHE BÜCHERVERNICHTUNG IN DER ANTIKE

«Die apokryphen Schriften aber, die unter dem Namen der Apostel eine Pflanzstätte mannigfacher Verkehrtheit enthalten, sollen nicht nur verboten, sondern überhaupt eingezogen und mit Feuer verbrannt werden». Kirchenlehrer Papst Leo I., «der Große»[9]

«Niemand soll es (sc. dieses Buch) abschreiben; doch nicht nur das – wir halten vielmehr auch dafür, daß es verdient, dem Feuer übergeben zu werden». Konzil von Nizäa (787)[10]

«Vom 4. Jahrhundert an bis in die Neuzeit brannten Scheiterhaufen, die aus Schriften der Häretiker bestanden ... Die Regierung Konstantins bildete den Anfang dieser Entwicklung.» «Für Johannes Chrysostomos ist die heidn. Literatur schon fast vergessen u. untergegangen; nur noch vereinzelt seien solche Schriften bei den Christen zu finden.» «Erst im MA weiß man zu berichten, daß im christl. Altertum aus Prüderie heidnische Bücher vollständig beseitigt wurden.» Wolfang Speyer[11]

Vorchristliche Büchervernichtungen

Bücher wurden schon in vorchristlicher Zeit mit Argwohn betrachtet, verboten, vernichtet. Man zog sie aus dem Verkehr, indem man sie (in noch magisch-religiös geprägten Epochen) verbarg, indem man Ton- oder Steintafeln in Stücke schlug, Papyrusrollen und Pergamentkodizes verbrannte, Schriften in Flüsse warf, ins Meer[12].

Griechen, mehr noch Römer, haben Bücher beseitigt, zerstört, Schriften von Dichtern, Astrologen, Zauberern, mitunter ganze Bibliotheken, Tora-Rollen und Steuerakten, Orakel und Geheimkult-Rituale, Rhetoren und Philosophen wurden vertrieben, eingekerkert, politisch engagierte Schriftsteller, Geschichtsschreiber verfolgt. Der Seleukidenkönig Antiochos IV. Epiphanes ließ bei seiner Bekämpfung der Juden (I 105 ff) jeden töten, den man mit einem Exemplar ihres heiligen Buches ertappte. Man hat den griechischen Historiker Hermogenes aus Tarsos unter Domitian liquidiert, die Abschreiber seines Werkes ans Kreuz geschlagen – und sie waren nicht die einzigen schreibenden Opfer dieses eher literaturfreundlichen, doch fast krankhaft mißtrauischen Herrschers. Unter Hadrian wickelten die Römer in Bether alle Knaben, die das Gesetz abschrieben, in ihre Rollen ein und verbrannten sie darin[13].

Einige Kaiser gingen auch gegen die Christen durch Büchervernichtung vor, allerdings erst spät. Es kam dabei sogar zu Martyrien, da manche Christen, besonders in Numidien, sich weigerten, ihr Heiligstes, Bibeln, liturgische Texte und ähnliches, preiszugeben. Sehr viele freilich zögerten nicht, als traditores codicum ihren Glauben zu verraten und ihre Haut zu retten, darunter anscheinend, wie die Donatisten behaupteten, die katholischen Bischöfe Felix von Abthungi (I 274), Mensurius von Karthago, dessen Archidiakon Cäcilian (ebd.) sowie sicher der römische Oberhirte Marcellinus, offenbar samt seinen drei Presbytern und Nachfolgern, den Päpsten Marcellus I., Miltiades und

Silvester I. (I 275; II 106 f); aber auch, als Diakon, der donatistische Bischof Silvanus[14].

Bücher wurden nicht nur mit Absicht vernichtet, sie verschwanden auch durch Kriege, Naturkatastrophen, durch Wandlungen des Zeitgeistes, wie etwa (mutmaßlich) nach Ablösung der attischen Schrift durch das ionische Alphabet (403/402 v. Chr.). Oder infolge der Zurückdrängung der griechischen durch die lateinische Sprache im Westen während des 2. Jahrhunderts. Oder einfach dadurch, daß man sie, wie vor allem viele pagane Publikationen in christlicher Zeit, im 4., 5. Jahrhundert nicht mehr abgeschrieben hat, was freilich schon mit bewußter Verdrängung zusammenhängt[15].

Die heidnischen Kaiser hatten allerdings nur selten eine Strafe auch auf Leser und Hersteller eines verurteilten Buches ausgedehnt, wie es dann unter christlicher Herrschaft üblich wurde. Überdies verhängten sie nur weltliche Strafen. Die Kirche dagegen begnügte sich nicht mit der Zerstörung oppositioneller Schriften. Sie ging dagegen auch mit Exkommunikation und Verfluchung des Verfassers vor, mitunter ebenso gegen Leser und Produzenten. Auch haben sich offenbar nicht nur Staat und Kirche an der Vernichtung unerwünschter religiöser Literatur beteiligt, sondern auch die Gläubigen. Jedenfalls dauerte die Verbrennung «häretischer» Schriften bis ins 18. Jahrhundert hinein[16].

Zerstörung christlicher Literatur durch Christen

Solang die Kirche machtlos war, begnügte sie sich drei Jahrhunderte hindurch mit einer sozusagen geistigen Auseinandersetzung und Verfluchung ihrer Gegner, was von früh, vom Neuen Testament an, in heftigster Weise geschah (I 2., 3., 4. Kap.). Seit ihrer Anerkennung und Förderung durch Konstantin aber ging sie auch mit Hilfe des Staates gegen alles vor, was sich ihr widersetzte, suchte sie zunächst die Bösen, Uneinsichtigen zu treffen, indem sie deren literarischen Waffenbestand vernichtete, meist durch Feuer, wobei man sich natürlich als maßgeblicher Hüter der «Tradition» aufspielte. Gewiß mag vieles einfach im Lauf der Zeit verlorengegangen sein. Doch wir kennen systematische Bücherverbrennungen schon damals. Und zweifellos hat man sehr viel vernichtet, ohne daß uns dies ausdrücklich überliefert ist. Zum Beispiel waren die Briefe des Origenes ursprünglich in vier verschiedenen Sammlungen enthalten, in der einen allein mehr als hundert Briefe – insgesamt erhalten blieben zwei. So führt vom 4. Jahrhundert an «eine gerade Linie zur Inquisition des Mittelalters und zum Ketzergericht mit öffentlicher Verbrennung der häretischen Schriften im Namen des christlichen Kaisers oder Königs» (Speyer). Doch verfolgte man gewöhnlich nur gegen den Glauben verstoßende, noch nicht anscheinend, wie im Mittelalter, «obszöne» Literatur[17].

Die Methode der Büchervernichtung wurde im antiken Christentum von allen gegen alle praktiziert. Häretiker trieben zur Beseitigung großkirchlicher Schriften, und noch mehr sorgte die Großkirche für die Büchervernichtung ihrer Gegner, besonders der verschiedenen «häretischen» Richtungen. Die Büchervernichtungsgesetze des Staates betrafen gewöhnlich namentlich angeführte «Ketzer». Dagegen waren Verfügungen der Kirche mitunter generell gehalten: «The books of the heretics and their book cases (receptacles) search out in every place, and wherever you can, eihter bring (them) to us or burn (them) in the fire». Und schon im 7. Jahrhundert dokumentierte man die Zerstörung «ketzerischer» Literatur. Wolfgang Speyer nennt unter den Kirchenschriftstellern, deren Werke gelegentlich auf Betreiben großkirchlicher Kreise zensuriert, beschlagnahmt oder vernichtet wurden, unter anderen: Tatian, Origenes samt seinen Schülern, den Presbyter Lukian von Antiochien, Diodor von Tarsos, Theodor von Mopsuestia, Theodoret von Kyrhos, Tertullian, Novatian und Rufinus[18].

Schon um 320 hat Bischof Macedonius von Mopsuestia die Bücher des Paulinus von Adana, eines Zauberers und nachmaligen christlichen Bischofs, den man wegen Sittenlosigkeit wieder ausstieß, ins Feuer geworfen. Bald darauf ließ Konstantin in Nizäa (325) alle Klageschriften der Konzilsväter verbrennen, um ihre Streitereien aus der Welt zu schaffen – vergebliche Liebesmüh. Sie selbst zerfetzten auf der berühmten Versammlung das ihnen vorgelegte arianische Glaubensbekenntnis. Wenige Jahre danach, 333, befahl der Kaiser die Verbrennung der Schriften des Arius. Auch hat er bereits, kann man Euseb vertrauen, die Fahndung nach markionitischer Literatur gesetzlich verfügt. Jedenfalls wurde das Werk Markions, des meistbekämpften «Ketzers» im 2. Jahrhundert und eines der edelsten Christen, von der späteren Kirche so vollständig vernichtet, daß es bis heute keine einzige überlieferte Zeile gibt, die sich mit Sicherheit auf ihn selbst zurückführen läßt. Er stellt quellenmäßig «geradezu einen blinden Fleck» dar (Beyschlag). Und gleichfalls restlos vernichtet wurde das Schrifttum seiner Schüler[19].

Theodosius I. zerriß die Glaubensbekenntnisse arianischer, makedonischer und anderer Bischöfe. Papst Johannes IV. (640–642) verurteilte eine in Konstantinopel angeschlagene Schrift gegen das Konzil von Chalkedon (449) und wirkte auf den Kaiser ein, sie zerreißen zu lassen. Im ausgehenden 4. Jahrhundert befahl der Eunuch Eutropius (II 15 f) in Ostrom die Vernichtung der Bücher des Eunomios, des Bischofs von Kyzikos und führenden Jungarianers. Er wurde vertrieben und in Verbannung geschickt. Der Besitz seiner Schriften war seit 398 durch kaiserlichen Erlaß bei Todesstrafe verboten. Nur zwei von ihnen sind noch vollständig erhalten[20].

Ebenso bedrohte 398 der «Ketzer» und Heiden jagende Arkadius (II 19 ff) den Besitz montanistischer Schriften mit dem Tod. Im 4./5. Jahrhundert wurden zahlreiche Werke des Origenes in Ägypten vernichtet. Theodoret von Kyrhos ließ im frühen 5. Jahrhundert in seinem Bistum über zweihundert Exemplare von Tatians Diatessaron (S. 76) konfiszieren und vermutlich zerstören[21].

Die «Väter» des Konzils von Ephesus (431) ersuchten die Kaiser Theodosius II. und Valentinian, die Werke des Nestorios, wo immer man sie auffinde, ins Feuer werfen zu lassen. Und nach seiner Absetzung befahlen im Herbst 435 zwei kaiserliche Dekrete, seine Güter zugunsten der Kirche einzuziehen, alle seine Schriften zu vertilgen und seinen Anhängern den Schimpfnamen «Simonianer» (nach dem «Ketzer» Simon Magus) zu geben[22].

Verschiedene katholische Bischöfe, wie Rabulas von Edessa, ein wendiger Opportunist, der nach dem Konzil von Ephesus 431 rasch zu den Siegern überwechselte, oder Akakios von Melitene, drängten auf Verbrennung der Opera des Theodor von Mopsuestia, einst wahrscheinlich der Lehrer des Nestorios. Bischof Rabulas verflucht alle, die Theodors Bücher nicht auslieferten[23].

Im Jahr 448 dekretierte Theodosius II., alle gegen die Konzilien von Nizäa und Ephesus sowie gegen Kyrill von Alexandrien gerichteten Schriften durch Feuer zu vernichten. Zuwiderhandelnde sollten schwerste Strafen treffen. In mehreren Edikten wurde auch die Verbrennung nestorianischer Bücher befohlen. Ja, selbst die Verbrennung der Werke des Kirchenvaters Theodoret von Kyrhos ordnete der fromme Kaiser an. Wer sie oder die des Nestorios verbarg, den traf Verlust seines Vermögens und immerwährendes Exil. Im Kampf vor allem gegen Monophysiten und Eutychianer (II 282 ff, bes. 287) verfügten 455 die katholischen Kaiser Valentinian III. und Marcian gesetzlich die Verbrennung aller antichalkedonischen Literatur und verhängten für deren Aufbewahrung oder Verbreitung immerwährende Verbannung. Allerdings annullierten sie bereits 452 die Bestimmung bezüglich Theodorets[24].

Schon etwas früher ließ auch Kirchenlehrer Papst Leo I., der seit 443 geradezu inquisitorisch die Verfolgung der Manichäer anheizt (II 263 ff), nicht nur sie selber wie Tiere hetzen, sondern auch ihre Schriften einfordern und öffentlich verbrennen. Desgleichen befahl der «große» Papst, die besonders von den Priszillianisten, dieser «abscheulichen Sekte», geschätzten apokryphen Traktate zu verfeuern. Gegen Ende des Jahrhunderts jagte auch Gelasius I., gar wortreich die «Bosheit», «Versuchung», «Pestilenz» aller Abweichler bekämpfend (II 332 ff), die Manichäer, vertrieb sie aus Rom und verbrannte ihre Bücher vor dem Eingang der Basilika S. Maria Maggiore. Ebenso ließen seine Nachfolger, Papst Symmachus, unter dem in Rom der Bürgerkrieg tobte, auch ein erneutes Manichäerpogrom ausbrach und das Fälscherhandwerk blühte wie kaum je (II 337 ff), und Papst Hormisdas, der vor allem den Religionskrieg im Osten schürte (II 349 ff, 356 ff), das Manichäer-Schrifttum vor der Lateranbasilika ins Feuer werfen[25].

Als man um 490 in Berytos eine Magie zelebrierende Studentenverbindung aushob, die je ein Armenier, Thessaloniker, Syrer und Ägypter leiteten, wobei man allerdings den schwarzen Sklaven des Ägypters um Mitternacht im Zirkus opfern wollte, hat man zahlreiche «Zauberbücher» sichergestellt und verbrannt; sogar Leontios, Professor an der Rechtsschule von Berytos, von Kaiser Justinian in seinem Einführungsgesetz zu den Digesten rühmend erwähnt, war damals angeklagt. Dann aber verfügte auch Justinian die Verbrennung dieses Schrifttums und drohte bei Widersetzlichkeit entsprechende Strafe an. Und als die katholischen Bischöfe des Orients über Papst Agapet I. auf den Kaiser einzuwirken suchten, um auch die Verbrennung der Werke des Patriarchen Severos von Antiochien (II 346 ff) zu erreichen, befahl Justinian auch dies. Zudem sollte jeder, der sie – selbst nur als Schreibübung – abschrieb, die Hand verlieren. Und im ausgehenden 6. Jahrhundert ließ der katholische König der Westgoten alles arianische Schrifttum («omnes libros Arrianos») bei Toledo verbrennen[26].

Derart ruinös konnten die «Häretiker» mit der großkirchlichen Literatur nur selten verfahren, davon konnten sie oft bloß träumen. Dies zeigt beispielsweise die Legende von der Verbrennung der Werke Papst Gregors I. Oder die gefälschte monophysitische «Weissagung» des Pisentios von Qifṭ, wonach ein römischer König sämtliche Schriften des Konzils von Chalkedon verbrennen werde. Und jeder, der auch nur etwas davon aufbewahren, herstellen, lesen, glauben und sich weigern sollte, dies zu verbrennen, sollte selbst verbrannt werden – der christliche Wunschtraum einer verfolgten Minderheit. Die Arianer aber haben gelegentlich Bücher vernichtet, katholische und die anderer «Ketzer». So hat der wandalische König Hunerich (II 409 ff) nicht nur, gelegentlich nach greulichen Folterungen, Katholiken selber töten, wilden Tieren vorwerfen, lebendig verbrennen lassen, sondern auch ihre Bücher verbrannt[27].

Schon durch den Einfluß des Paulus, seine mirakulösen und exorzistischen Kunststücke, haben viele Goëten, Zauberer, in Ephesus ihre Bücher im Wert von angeblich «fünfzigtausend Silbergroschen» selbst verbrannt, eine fast unglaublich hohe Summe und darum vielleicht auch ein unglaublicher Vorgang. Immerhin. «So wuchs das Wort durch die Kraft des Herrn und ward mächtig», renommiert die Bibel[28].

So wuchs das Wort des Herrn jedenfalls, als der Staat christlich geworden war, wobei man bei der Bekämpfung von Zauberbüchern und astrologischen Schriften an die heidnische Gesetzgebung anknüpfen konnte. Nicht lange nach 320, als Bischof Macedonius von Mopsuestia die Bücher des Zauberers und exkommunizierten Bischofs Paulinus ins Feuer werfen ließ (S. 552 f), wollte Kirchengeschichtsschreiber Euseb alle paganen Schriften mythologischen Inhalts vernichtet sehen.

Auch die 15 Bücher «Gegen die Christen» des Porphyrios, des scharfsinnigsten Christengegners in vorkonstantinischer Zeit (I 210 ff), befahl Konstantin zu verbrennen – «das erste staatliche Bücherverbot im Interesse der Kirche» (Harnack). Und seine Nachfolger Theodosius II. und Valentinian III. verdammten Porphyrios' Streitschrift 448 abermals zum Scheiterhaufen, nachdem Bischof Euseb von Caesarea immerhin mindestens 25, Kirchenlehrer Kyrill 30 Bücher dagegen geschrieben hatten (I 334 f)[29].

Eine riesige Bücherverbrennung erfolgte – zusammen mit vielen Hinrichtungen – unter dem arianischen Kaiser Valens im späteren 4. Jahrhundert (I 348 f). Fast zwei Jahre lang wütete der christliche Regent «wie ein wildes Tier», ließ foltern, strangulieren, lebendig verbrennen, köpfen. Bei ungezählten Durchsuchungen hat man Bücher aufgespürt und vernichtet, besonders aus dem Bereich der artes liberales und des Rechts. Ganze Bibliotheken flogen im Osten – wo in Syrien auch Bischöfe die «Schwarze Kunst» getrieben – als «Zauberbücher» ins Feuer oder wurden von den Besitzern aus panischer Angst selber beseitigt[30].

Auch bei den Tempelstürmen zerstörten die Christen, besonders häufig im Osten, nicht nur Götterbilder, sondern auch die Rituale und Orakelbücher. Der katholische Kaiser Jovian (363–364) ließ in Antiochien die von seinem Vorgänger, dem Heiden Julian eingerichtete Tempelbibliothek niederbrennen. Auch beim Sturm auf das Serapeion im Jahr 391, wobei der berüchtigte Patriarch Theophilus (II 136 ff) die von dem großen athenischen Künstler Bryaxis geschaffene Kolossalstatue des Sarapis eigenhändig mit einem Beil zertrümmerte, ging die Bibliothek in Flammen auf. Seit die zuletzt 700 000 Rollen zählende Bibliothek des Museions im alexandrinischen Krieg Caesars (48/47 v. Chr.) das Opfer einer Feuersbrunst geworden war, hatte der Ruhm Alexandriens, die größten und besten Bücherschätze zu besitzen, nur durch die Bibliothek des Serapeions fortgedauert, auch wenn die angebliche Absicht des Antonius, Kleopatra die Bibliothek Pergamons mit 200 000 Rollen als Ersatz für die verbrannte Museion-Bibliothek zu schenken, anscheinend nicht verwirklicht worden ist. Doch solche Bibliotheksniederbrennungen bei Tempelstürmen waren häufig, besonders im Osten; so etwa, gleichfalls unter Patriarch Theophilus, bei der Vernichtung eines ägyptischen Heiligtums in Kanopus oder der des Marneions in Gaza 402[31].

Im beginnenden 5. Jahrhundert ließ Stilicho im Westen, zur großen Erregung der altgläubigen Aristokratie Roms, das Schrifttum der heidnischen Sibylle verbrennen, der unsterblichen Mutter der Welt, wie Rutilius Namatianus klagte, ein vornehmer, hohe Staatsämter am weströmischen Hof bekleidender Gallier, dem die Christensekte schlimmer als das Gift der Circe erschien. Im späten 5. Jahrhundert verbrannte man in Beirut die dort gefundenen libelli – ein «Greuel in den Augen Gottes» (Zacharias Rhetor) – vor der Kirche der hl. Maria. Kirchenschriftsteller Zacharias, der damals in Beirut die Rechte studierte, war an dieser vom Bischof sowie von der staatlichen Behörde unterstützten Aktion selber führend beteiligt. Und 562 verfügte auch Kaiser Justinian, der heidnische Philosophen, Rhetoren, Juristen und Ärzte verfolgen ließ, die Verbrennung paganer Bilder und Bücher, und zwar im Kynegion in Konstantinopel, wo man die Verbrecher liquidierte. (553 verbot der Herrscher den Talmud.)[32]

Bereits an der Schwelle zum Mittelalter hat anscheinend Papst Gregor I., «der Große», ein fanatischer Heidenfeind, astrologische Bücher in Rom verbrannt. Und dieser Berühmte, als einziger Papst neben Leo I. mit dem Titel eines Kirchenlehrers gezeichnet, ein erklärter Verächter antiker Bildung, der er die ständige Verherrlichung der «Heiligen Schrift» gegenüberstellt, soll auch die fehlenden Bücher des Livius zerstört haben. Ist es doch gar nicht unwahrscheinlich, daß er die kaiserliche Bibliothek auf dem Palatin ruinieren ließ. Jedenfalls behauptet der englische Scholastiker Johannes von Salisbury, Bischof von Chartres, Papst Gregor habe in römischen Bibliotheken Handschriften klassischer Autoren absichtlich vernichtet[33].

Anscheinend häufig verbrannten Heiden, die zum Christentum übertraten, zur Demonstration ihres Gesinnungswandels, ihre Bücher öffentlich, vor aller Augen, astrologische Arbeiten, Schriften der mathematici, Schriften mit Anrufungen der heidnischen Götter, mit Dämonennamen, Zauberbücher etc. Auch einige hagiographische Berichte, seien sie nun echt oder gefälscht, weisen die Büchervernichtung sozusagen als Symbol, als Topos der Bekehrungsgeschichte auf[34].

Nicht immer schritt man zum Scheiterhaufen. Schon in der ersten Hälfte des 3. Jahrhunderts gab Origenes, hierin Papst Gregor sehr verwandt, «unbedenklich den Unterricht in der Grammatik als wertlos und der heiligen Wissenschaft widersprechend auf und verkaufte in weiser Berechnung, um nicht von fremden Händen unterstützt werden zu müssen, alle Werke alter Schriftsteller, mit welchen er sich früher beschäftigt hatte» (Euseb)[35].

Von den wissenschaftlichen Angriffen des Heidentums gegen das Christentum ist fast nichts mehr vorhanden; dafür haben Kirche und Kaiser gesorgt. Sogar viele Gegenschriften der Christen sind verschwunden, da sie vermutlich noch zuviel des heidnischen Giftes enthielten[36].

Verschwunden ist seinerzeit aber auch das Heidentum selbst im Römischen Reich.

DIE VERNICHTUNG DES HEIDENTUMS

Der letzte heidnische Kaiser der Antike, der große Julian (I 325 ff), hatte zwar die Heiden systematisch begünstigt, gleichzeitig aber die Christen ausdrücklich geduldet: «Es ist, bei den Göttern, mein Wille, daß die Galiläer weder getötet noch zu Unrecht geschlagen werden noch sonst eine Unbill erleiden; jedoch erkläre ich, daß die Verehrer der Götter durchaus den Vorrang vor ihnen haben müssen. Denn wegen der Torheit der Galiläer wäre um ein Haar alles umgestürzt worden, durch die Huld der Götter aber sind wir alle gerettet. Daher soll man den Göttern und den sie verehrenden Menschen und Gemeinden Ehre erweisen»[37].

Erschüttert beklagt der antiochenische Redner Libanios nach dem Tod Julians, dem er sich glaubensmäßig und freundschaftlich verbunden fühlt, den Sieg des Christentums und dessen barbarische Attacken wider die alte Religion. «Weh, großes Leid hat nicht nur das Land der Achäer, sondern das ganze Reich erfaßt, wo römisches Recht gebietet . . . Dahin sind die Ehren, die den Guten zuteil wurden; die Gesellschaft der Bösen und Zügellosen genießt hohes Ansehen. Gesetze, die Unterdrücker des Übels, sind entweder aufgehoben oder haben die Aufhebung in Bälde zu gewärtigen; die verbliebenen aber werden praktisch nicht befolgt.» Und erbittert, verstört wendet er sich an seine gedemütigten Gesinnungsgenossen: «Der Glaube, der bislang verlacht wurde und gegen euch einen so heftigen, unermüdlichen Krieg führte, hat sich als der stärkere erwiesen. Er hat das heilige Feuer ausgelöscht, die Freude der Opfer gebremst, hat sie (die Gegner) wild ausschlagen und die Altäre umstürzen lassen, hat Heiligtümer und Tempel geschlossen, vernichtet oder als gottlos erklärt und in Bordelle verwandelt, hat jede Beschäftigung mit eurem Glauben aufgehoben und den Sarg eines Toten in euern Landanteil gestellt . . .»[38]

Die christlichen Kaiser waren bei diesem Sturm auf das Heidentum teilweise und zeitweise weniger aggressiv als die christliche Kirche.

Unter Julians erstem Nachfolger Jovian (363–364) wurde das Heidentum, abgesehen von einigen Tempelschließungen und -schleifungen, anscheinend nicht stark benachteiligt. Auch Jovians Nachfolger Valentinian I. und Valens, während deren Regierung der Name pagani (I 184) für die Altgläubigen aufkommt, verhielten sich gegenüber diesen verhältnismäßig tolerant. Zumal der Katholik Valentinian, dessen Hauptinteresse der Armee und der Kriegführung galt, brauchte inneren Frieden, weshalb er religiöse Konflikte zu vermeiden suchte. Er besetzte die höchsten Regierungsstellen noch fast paritätisch, mit leichtem Übergewicht sogar der Göttergläubigen, wobei die Religionszugehörigkeit seiner leitenden Funktionäre gewöhnlich den jeweiligen Bevölkerungsmehrheiten entsprach. Unter Valens dagegen, einem Arianer homöischen Glaubens, waren die hohen christlichen Beamten gegenüber den heidnischen wieder in der Mehrheit. Doch bekämpfte er die Katholiken sogar mit Hilfe der Heiden, freilich aus purem Opportunismus[39].

Obwohl Kaiser Gratian, in Fortsetzung der eher liberalen Religionspolitik seines Vaters Valentinian I., fast allen Glaubensrichtungen im Römischen Reich durch ein Edikt 378 Duldsamkeit versprochen, praktizierte er, stark beeinflußt von dem Mailänder Bischof Ambrosius, bald das Gegenteil (I 400 ff). Unter Gratians Bruder Valentinian II. gab es zwar einen gewissen Umschwung, wurde das Verhältnis zwischen hohen heidnischen und christlichen Funktionären wieder ausgeglichen, spielten am Kaiserhof die göttergläubigen Heermeister Bauto und Arbogast sogar die politisch entscheidende Rolle. Und auch in Rom fungierten die hochangesehenen Heiden Praetextatus und Symmachus als Prätorianer- und Stadtpräfekt[40].

Aber allmählich gerät auch Valentinian II., ganz wie einst Bruder Gratian, unter den verheerenden Einfluß des Mailänder Residenzbischofs (I 443 ff), ähnlich auch Kaiser Theodosius I. (I 453 ff). Lebte doch Ambrosius gemäß seinem Wort: «denn ‹die Götter der Heiden sind nur Dämonen›, wie die Hl. Schrift sagt.

Jeder, der also Soldat dieses wahren Gottes ist, hat nicht Beweise der Toleranz (!) und des Entgegenkommens (!), sondern des Eifers für den Glauben und die Religion zu erbringen». Und so regiert selbst der mächtige Theodosius in seinen letzten Jahren, zumindest religionspolitisch gesehen, ganz gemäß den Wünschen des Ambrosius. Erst werden anfangs 391 die heidnischen Riten endgültig verboten, dann Tempel und Heiligtümer des Sarapis in Alexandrien geschlossen, schließlich zerstört, 393 die Olympischen Spiele abgeschafft. Die Kinderkaiser des 5. Jahrhunderts bekommt die Kirche völlig in die Hand. Und somit geht auch vom Staat eine stets intensivere Bekämpfung des Heidentums aus, die, von der Kirche schon im 4. Jahrhundert vehement geschürt, immer mehr zur systematischen Vernichtung des alten Glaubens führt[41].

Die bekanntesten Bischöfe beteiligen sich an dieser Vernichtung, die besonders nach dem großen Konzil von Konstantinopel (381) einsetzt, wobei die Hauptkampfgebiete zwischen Heiden und Christen Rom und der Orient sind, vor allem Ägypten[42].

Kirchenlehrer Johannes Chrysostomos ruiniert Tempel

Johannes Chrysostomos, der Patriarch Konstantinopels, hatte trotz seiner scharfen, ihn schließlich selbst vernichtenden Auseinandersetzungen mit seinem Bruder in Christus, Theophilus, dem Patriarchen von Alexandrien (II 136 ff), und trotz seines fanatischen, eines Julius Streicher würdigen Kampfes gegen die Juden (I 133 ff) noch immer genug Zeit für allerlei Attacken, verbale und faktische, auf die Heiden. Ja, er hatte, so bestätigt selbst (mit Imprimatur 1970) das über tausendseitige Sammelwerk «Reformer der Kirche», «ständig das Ziel vor Augen, die heidnischen Sitten auszurotten»[43].

Die Heiden sind für Chrysostomos vor allem Sittenstrolche. Sie «treiben Unzucht und Ehebruch». Ein Heide ist «ein befleckter

Mensch, der ärger als die im Kot sich wälzenden Schweine mit allen Weiberkörpern sich besudelt». Doch nicht genug: die Heiden waren auch scharf auf «Absonderlichkeiten und Widernatürlichkeiten». Sie «entbrannten» zu der «unnatürlichen Liebe». Und die ist ein «unglückseliger Krieg», ein Krieg, der sogar mehr gegen das Naturgesetz verstößt «als jeder andere Krieg»! «Knabenschänder», behauptet der hl. Bischof, «sind schlimmer als Menschenmörder; denn es ist besser zu sterben, als so geschändet zu leben . . . Nein, nein, es gibt nichts, was schlimmer wäre . . .»! Sie müßten «mit Steinen beworfen werden». Und doch hielt, höhnt Chrysostomos, «das hochweise Volk der Athener und sein großer Solon diesen Brauch nicht für eine Schändlichkeit, sondern für vornehm, zu gut für den Stand der Sklaven und nur für Freie passend. Auch viele andere Bücher von Weltweisen kann man finden, die angesteckt sind von dieser Krankheit»[44].

Es ist klar, wie ein solcher Geist über heidnische Philosophie denkt – Lehren aufgeblasener Leute, die in «törichte Vernünfteleien» versinken, sich «der Finsternis ihrer Vernunft» anvertrauen, deren Weisheit nur «Torheit» ist, «prahlerischer Schein», «Verirrung», «nicht mehr wert», faucht er, «als das Wahngerede von alten betrunkenen Weibern». Heidnische Philosophen dienen dem Bauch und sind feig, bieten mehr Fabeln als Wissenschaft. Nicht bewundern sollte man sie, sondern «verabscheuen und hassen, weil sie eben zu Toren geworden»[45].

All dies stammt nach dem Patron der Prediger vom Teufel. Es wurde «von den Dämonen gelehrt», sei «den unvernünftigen Tieren» nahe. Im Gefolge der Kirchenväter schon des 2. und 3. Jahrhunderts (I 192 ff) bekämpft Chrysostomos jede Heiligung von Tieren. Oft kommt er darauf. «Manche von diesen Weisheitslehrern haben sogar Stiere, Skorpione, Drachen und allerhand anderes Gewürm in den Himmel versetzt. Allenthalben gab sich der Teufel Mühe, die Menschen bis herab zu den Bildern von Kriechtieren zu bringen.» Der Kirchenlehrer mokiert sich über «das alte Ägypten» (zu dem die moderne Welt pilgert!), «das gegen Gott gestritten und gewütet, das Katzen verehrte, das vor Zwiebeln sich fürchtete und erschrak». Kurz, der Patriarch kennt «nichts Lächerlicheres als eine solche Lebensweisheit», wobei «die Quelle des Übels», mit Paulus immer wieder betont, in der «Gottlosigkeit» liege, «in den Glaubenslehren der Heiden», die zugrunde gehen «leichter als wenn man Spinngewebe zerstört»[46].

Der große Kirchenfürst half dabei etwas nach. Er hat den berühmten Kult der Artemis in Ephesus endgültig ruiniert, wenn die hochverehrte ephesinische Stadtgöttin, die von Zeus mit ewiger Jungfrauschaft begnadete «Gebetserhörerin», «Retterin», die man im Mai, ihrem Monat, besonders verehrte, später auch mit Maria verschmolz. Doch geht noch die gewaltsame Zerstörung vieler anderer phönizischer Göttertempel auf Johannes Chrysostomos zurück, der einmal die Ausrottung des Heidentums als besondere Aufgabe dem Priester Konstantinos ans Herz legt, vor allem aber mit gedungenen Mönchshaufen operiert. «Als er vernahm», berichtet Theodoret, «daß Phönizien noch immer für die Mysterien der Dämonen schwärme, sammelte er von göttlichem Eifer glühende Aszeten, rüstete sie mit kaiserlichen Gesetzen aus und sandte sie gegen die Götzentempel . . . Auf solche Weise ließ er die bisher noch verschonten Tempel der Dämonen von Grund aus zerstören»[47].

So mancher Bischof unterstützte ihn dabei.

Der hl. Porphyrios predigt das Evangelium «in aller Sanftmuth und Geduld . . .»

Der Oberhirte von Gaza, Porphyrios, hatte ein Jahrzehnt lang erst in der Sketischen Wüste in Ägypten, dann in Palästina ein entsagungsreiches Büßerleben geführt, bis die Christen Gazas um einen Hirten baten, «der fähig sei, in Werk und Wort den Götzendienern entgegenzutreten», wie Markus Diakonus, der Biograph des Porphyrios, schreibt. Da wurde Porphyrios 395 Bischof von Gaza[48].

Die Stadt war damals noch immer – mit Duldung des katholischen Kaisers – eine Hochburg des Heidentums, denn die heidnischen Bürger des reichen Gaza zahlten hohe Steuern. So fand Porphyrios dort bei seinem Amtsantritt acht Tempel vor, darunter den berühmten, vielleicht von Hadrian erbauten des Marnas («des Herren») mit einem vielbefragten Orakel; «der Gegensatz zwischen Christus und Marnas beherrscht das ganze Dasein der Stadt» (Geffcken). Es gab häufig Raufereien zwischen Heiden und dem Bischofsanhang – bei nur 280 Christen. Doch anno 395 konnte der Prälat, eben noch rechtzeitig, bevor es regnete, Gott um Regen bitten, und 78 Männer, 35 Frauen, 9 Knaben und 5 Mädchen bekehrten sich. Stießen aber auch 35 Nachzügler im Lauf des Jahres noch dazu, Gaza hatte auch jetzt nicht einmal fünfhundert Christen und bis 398 anscheinend auch keine weitere Bekehrung, kein Regenwunder, nichts dergleichen. Doch in jenem Jahr gelang es dem hl. Porphyrios, über den Kaiser Arkadios sieben der acht Heidentempel durch einen gewissen Hilarius, einen subadiuva des magister officiorum, schließen zu lassen und überdies eine prominente Dame im Kindbett zu retten – Mutter samt Säugling sowie 64 weitere Seelen bekehrten sich zur alleinseligmachenden Religion. Aber viel war auch das nicht bei all dem Aufwand. Und die Schließung des Marneions, Hauptheiligtum des Marnas («Unser Herr»), verhinderte die Bestechung des Hilarius. Selbst als der Heilige am Kaiserhof für das Reich Gottes in Gaza wirkte, bei seiner Rückkehr eine Statue der Aphrodite umfiel, zerbrach und weitere 32 Männer sowie 7 Frauen zum wahren Glauben konvertierten (freilich auch die reichen Heiden, Übles ahnend, Gaza bereits zu verlassen begannen), war die Bekehrungsrate betrüblich[49].

So reist der hl. Porphyrios (dessen ungeheure Sanftmut der katholische Kirchengeschichtsschreiber Donin betont) im Frühjahr 401 in Begleitung seines Metropoliten, des Erzbischofs von Caesarea, nach Konstantinopel. Dort wenden sich die geistlichen Herren an keinen Geringeren als den hl. Chrysostomos und legen ihm die Vernichtung der «Götzentempel» Gazas nahe. Das hört der Patriarch natürlich mit «Freude und Innigkeit». In seiner Predigt zwar lehrte er Liebe und Milde: «Du magst Wunder wirken, magst Tote erwecken, magst tun, was du willst: nie werden die

Heiden dich so bewundern, als wenn sie sehen, daß du sanft und mild und freundlich im Umgang bist ... Nichts gewinnt ja die Herzen so sehr als die Liebe». (Dieselben Töne kennen wir ja bis zum Überdruß von ungezählten anderen Heiligen, etwa von Augustinus, der freilich auch Rache predigt, Verfolgung, Folter, je nach Bedarf: I 479 ff.) In der Praxis aber gewinnt der hl. Chrysostomos im Verein mit dem hl. Porphyrios – über den frommen Kammerherrn Amyntas – nun auch die streng katholische Kaiserin Eudoxia für das Vernichtungswerk, eine Frau, die maßgeblichen Einfluß auf die Innen- und damit Religionspolitik hat, und ebenfalls gewinnt er ihr Gold. Doch obwohl man dies gleich im Palast verteilt, lassen fiskalische Bedenken, Gazas hohe Steuern und häufige Spenden an den Fiskus, den Kaiser die Entscheidung verzögern. Dann aber legt man die schriftliche Bitte zur Zerstörung der Tempel dem eben geborenen Prinzen bei seiner Taufe in den kleinen unschuldigen Schoß, und nun konnte der hl. Porphyrios nicht weniger als acht Götzenbauwerke in und außerhalb der Stadt dem Erdboden gleichmachen.

Es geschah dies mit Hilfe von Militär und den ansässigen Christen. In zehn Tagen wurden sieben Tempel niedergerissen, die Idole vernichtet, die Tempelschätze konfisziert. Nur noch das Marneion, von den Priestern besonders geschützt, trotzte. Doch kam man ihm mit Feuer bei und errichtete an seiner Stelle eine Kirche, die Eudoxiana – wieder mit dem Gold der Kaiserin, die auch dem Erzbischof Johannes von Caesarea tausend Goldstücke und anderes gespendet, außerdem jedem Mitglied der bischöflichen Delegation hundert Goldstücke als Reisespesen. Doch ließ der hl. Porphyrios auch viele Götzenbilder in Privathäusern zertrümmern und gleichzeitig eine Razzia auf «Zauberbücher» veranstalten, die man ins Feuer warf. Ja, der fromme Bischof zögerte nicht, auch mit den Tempeln der Umgebung aufzuräumen, vermutlich sogar ohne kaiserliche Vollmacht. Katholik Bardenhewer sieht hier durch die «Vita Porphyrii» des Markus Diakonus «packende Bilder aus der letzten Phase des Kampfes zwischen Christentum und Heidentum» entrollt. Und wir können nur ergänzen: «Nichts gewinnt ja die Herzen so sehr als die Liebe»[50].

Das «Lexikon für Theologie und Kirche» rühmt noch im 20. Jahrhundert den «Feuereifer» des hl. Porphyrios für die «Ausbreitung des Christentums ... Er erwirkte, 2mal (401 sogar persönlich) in Konstantinopel vorstellig, die Entsendung von kaiserl. Truppen nach Gaza, die dort sämtliche Tempel der Heiden zerstörten». Auch den Kampf des Porphyrios gegen den Manichäismus nennt das katholische Lexikon «wirkungsvoll». Und gelegentlich wirkte der fromme Bischof, wäre er doch anders kein Heiliger, wieder mal ein Mirakelchen, wie an jener Manichäerin, die er durch ein Kreuzzeichen tötete – und predigte weiter «das Evangelium in aller Sanftmut und Geduld ...» (Donin)[51].

Wie Porphyrios, wie Kirchenlehrer Chrysostomos, so erwarb auch dessen rabiater Kollege und Gegenspieler, der ebenso gebildete wie grundsatz- und skrupellose alexandrinische Patriarch Theophilus (II 136 ff), Meriten im Kampf gegen die Heiden.

Wie Patriarch Theophilus von Alexandrien mit Tempeln und Kunstschätzen umgeht und mit den religiösen Gefühlen der Altgläubigen

Im Jahr 391 ließ der Kirchenfürst, offenbar mit militärischer Unterstützung, den mächtigen, durch Alexander den Großen erbauten Serapistempel ausrauben und bis auf den Grund ruinieren, den Tempel des Stadtgenius zu einer Kneipe machen. Andere pagane Kultstätten wandelte er, wie einen Tempel des Dionysos, in Kirchen um.

Die Anhänger der alten Religion verteidigten das Serapeion mit bewaffneter Hand. Der neuplatonische Historiker Eunapios von Sardes ironisiert den «heroischen Kampf» der christlichen Soldateska: «Im Serapeion nahmen sie nur den Boden nicht mit wegen des Gewichtes der Steine ... Sie warfen alles durcheinander, die tapferen Helden, und streckten ihre Hände aus, nicht nach Blut, aber nach Geld. Sie berichten stolz, die Götter besiegt zu haben, und rechneten sich Tempelraub und Gottlosigkeit als ihr persönliches Lob an.» Bitter schließt Eunapios, an der heiligen Stätte hätten sich nun Mönche angesiedelt, denn «eine tyrannische Macht besaß damals jeder Mensch, der ein schwarzes Kleid trug, auch wenn er sich in aller Öffentlichkeit ungebührlich benehmen wollte: zu solcher Tugend hatte sich das Menschengeschlecht entwickelt»[52].

Das Serapeion war ein ungemein reicher, prachtvoller, an Grandiosität nur mit dem römischen Kapitol vergleichbarer Tempel, aus dem auch die nicht unbeträchtliche Bibliothek spurlos verschwand. So kam es nach dem christlichen Gewaltakt zu wilden Straßenkämpfen, wobei selbst Rhetoren, besonders Philosophen, die Waffen schwangen, der Lexikograph und Zeuspriester Helladius, später Professor in Konstantinopel, neun Christen mit eigener Hand niederschlug. Dies jedenfalls berichtet sein Hörer Kirchengeschichtsschreiber Sokrates. Da mehr Christen als Heiden getötet, auch Ungezählte auf beiden Seiten verwundet wurden, befahl der Kaiser alle Tempel der Stadt zu zerstören. Auch ein Mithräum wurde auf seinen Befehl «gesäubert». Aber: «Die Hauptverantwortung für die Ausschreitungen trägt Theophil, nicht der Kaiser» (Tinnefeld).

Selbst die berühmte, von dem großen athenischen Bildhauer Bryaxis geschaffene und seit siebenhundert Jahren bestaunte Kolossalstatue des Serapis, deren Nähe als todbringend galt, zerschlug der Ortsbischof eigenhändig mit einem Beil, wobei aus dem morschen Holz des Kerns Mäuse hervorkamen. «Der Gott der Ägypter war eine Wohnstätte für Mäuse», höhnt Theodoret. Und der hl. Hieronymus spottet: «Der ägyptische Serapis ist Christ geworden». In Anwesenheit der heidnischen Priester wurde die erschlaffte Gottheit (senex veternosus) Stück für Stück verbrannt, der Kopf aber, wie das Haupt eines besiegten Feindes, durch die Stadt getragen. Und Theophilus befreite nicht nur die Welt vom «Wahn des Götzendienstes», sondern enthüllte auch «den Betrogenen die Kunstgriffe der sie betrügenden Priester» (Theodoret). Machten sie doch die Idole hohl, fügten sie fest an eine Mauer an, gelangten durch unbemerkbare Gänge in das Innere der Statuen und konnten dann, in diesen verborgen, Orakel geben oder befehlen, was immer sie wollten. (Von den Kunstgriffen der betrügenden Kleriker, der wunderbaren Mechanik katholischer Heiligenbilder, kann das fromme Mittelalter ein Lied singen. Und noch die Neuzeit.) Götterstatuen und sonstige Tempelkostbarkeiten aber wurden nun eingeschmolzen und die Edelmetalle vom Kaiser der alexandrinischen Kirche geschenkt. Natürlich riß Theophilus sein Triumph fort. Auch in der benachbarten reichen Handelsstadt Kanopos (vgl. S. 320 f) ließ er die angesehenen heidnischen Heiligtümer dem Erdboden gleichmachen. Und mit den alexandrinischen Tempeln fielen die von ganz Ägypten den Christen zum Opfer, wobei sich besonders die Mönche hervortaten[53].

Die schon unter Konstantin begonnene Profanation der heidnischen Kultgeräte wird fortgesetzt und gesteigert.

So läßt Bischof Theophilus bei seiner Einschmelzung der Götterstatuen ausgerechnet das Bild eines Affen erhalten und öffentlich aufstellen, um zu zeigen, was die Heiden angebetet hatten. Als er freilich in einer Spottprozession auch Obszönes oder vielmehr das, was er dafür hielt, Statuetten, die Phalloi der Götterbilder herumtragen läßt, kommt es zu blutigen Unruhen. An Verhöhnung der Heiligtümer anderer ließen es Christen, besonders Bischöfe und Heilige, ja nie fehlen. Bei der Vernichtung versteckter Idole aus Menuthis durch Theophil brüllte der katholische Pöbel: «die Statuen brauchen den Turnlehrer, denn sie haben keine Gelenke». Anderwärts beraubte man diese Bilder ihres Gold- und Silbermantels «unter großem Hohngelächter», so Jakob von Sarug (gest. 521), der Bischof von Batnai bei Edessa, der als kennzeichnendes Merkmal schon der urchristlichen Mission unter Petrus, Paulus, Thomas, also von Rom bis Indien, die Vernichtung der Götterbilder sieht[54].

In Wirklichkeit aber hatten sich gegenüber dem 2. Jahrhundert die Zeiten in Alexandrien doch sehr geändert, wo, so ein zeitgenössischer Autor, «die Religionen ebenso zahlreich» waren «wie die Geschäfte» und die Leute, die mit der Mode gingen, auch die Götter wechselten «wie andernorts den Arzt». Damals schienen sich die Christen noch gut angepaßt zu haben, schien ihr alleinseligmachender Dünkel noch nicht so absolut. Zumindest kam es dem – gegenüber Religionen bemerkenswert aufgeschlossenen – Kaiser Hadrian so vor, der um 130 Alexandrien besuchte und ein guter Ägyptenkenner war. «Man kann hier erleben», schreibt er seinem Schwager Servianus, «daß Bischöfe, die sich Christen nennen, einen Serapiskult zelebrieren. Kein samaritischer, jüdischer oder christlicher Priester, der nicht auch ein Mathematiker, Haruspex oder aliptes wäre. Der Patriarch selbst betet, wenn er nach Ägypten kommt, zu Christus und Serapis, um es jedermann recht zu machen . . .»[55]

Daß es bei der Vernichtung des Heidentums – wie bei der Bekämpfung der «Ketzer» – viel weniger um den Glauben ging als um die Macht, ließ Heidenjäger Theophilus selber erkennen. Konnte er doch derart weitherzig sein, daß er den schon eigenhändig von ihm getrauten Synesios von Kyrene, einen intellektuellen Lebemann, Haudegen und neuplatonischen Mystiker, alles in einem (vgl. S. 495), im Jahr 410 auch noch zum Bischof von Ptolemais (Kyrenaika) weihte, trotz seines offen eingestandenen (und dann treulich bewahrten) Heidentums![56]

Kirchliche und staatliche Gewaltaktionen gegen die Altgläubigen

Viele Priester haben sich bei der Ausrottung des Heidentums um die alleinseligmachende, dem Heidentum doch in so vielem so ähnliche Religion hochverdient gemacht. Nach prominenten Kirchenvätern von Euseb bis Augustinus handelt es sich zwar bei den christlichen Heidenattacken so gut wie ausnahmslos um ein staatlich legalisiertes Vorgehen. Oft aber ist das Gegenteil der Fall. Und wohl oft auch haben klerikale Kreise solche behördliche Befehle zu Vernichtungsaktionen initiiert, was sich in einigen Fällen auch noch nachweisen läßt[57].

Patriarch Georgios von Alexandrien beispielsweise, der auch ein von Konstantius ihm geschenktes Mithräum «entsühnte», erwirkte sich von demselben Kaiser die Erlaubnis, in Alexandrien Götterstatuen und Weihegaben plündern zu dürfen. Auch ein gewisser Parthenius, ein Priestersprößling, der schon achtzehnjährig so erfolgreich Wunder zu wirken begann, daß er sein Leben als Fischer aufgeben, Mitarbeiter seines Heimatbischofs, schließlich selber Bischof von Lampsacus werden konnte, erbat in der beginnenden zweiten Hälfte des 4. Jahrhunderts einen besonderen kaiserlichen Befehl zur Beseitigung der Tempel. Parthenius, bereits zur Zeit Konstantins I. fanatisch um Ausrottung des Heidentums bemüht, wurde Heiliger der griechischen Kirche[58].

Auch der Diakon Kyrill ruinierte schon unter Konstantin in Heliopolis am Libanon «viele Götzenbilder» (Theodoret). Unter Konstantinsohn Konstantius, durch den die Heidenverfolgung bereits bemerkenswert scharf zu werden begann, brillierte in Arethusa der Bischof Markos durch Tempelzerstörungen, in Kyzikos der Bischof Eleusios. Ähnliches geschah in Daphne, wo Christen auch das Apollobild verbrannten und dann wunderbare Erklärungen wie Blitzschlag oder Funkenflug erfanden. Im kappadokischen Caesarea zertrümmerten Christen den Jupiter- und Apollotempel sowie das Heiligtum der Tyche. Unter Julian, als schon, wie Libanios klagt, Tempel, Altäre, Götterbilder am Boden lagen und die Priester vertrieben waren, brachen die Christen Makedonios, Theodalos und Tatian nachts in den Tempel von Meros (Phrygien) ein und demolierten die dort gerade erst wiederhergerichteten und neu aufgestellten Statuen. Alle eben genannten Barbarismen aber waren «eigenmächtige Gewaltmaßnahmen seitens der Kirche» (Noethlichs)[59].

Der hl. Bischof Markellos von Apameia (am Orontes) wollte «nicht länger die Tyranney des Teufels» dulden (Theodoret). Er wollte und mußte sozusagen den Zeustempel, ein sehr großes und reiches Bauwerk, ruinieren, wobei ihn der kaiserliche Präfekt mit zweitausend Mann Militär beschützte. Der Prälat unterbrach deshalb sogar seine Siesta, bearbeitete den besonders massiven Tempel mit allerlei Heiligem, mit dem Kreuzzeichen, mit Weihwasser, welches das angelegte Feuer denn auch wie Öl genährt haben soll. So brachte er die (vorsorglich untergrabenen) Säulen zum Einsturz und noch einen bösen Geist zum Aufbruch. «Das Getöse erfüllte die ganze Stadt, denn es war groß, und lockte alle zu dem Schauspiel herbei. Als sie vollends von der Flucht des feindlichen Dämons erfuhren, erhoben sie ihre Stimme zum Preise des Gottes aller Dinge. In dieser Weise zerstörte jener heilige Bischof auch die übrigen Götzentempel. Ich wüßte über diesen Mann noch viele andere sehr staunenswerte Dinge zu erzählen; so schrieb er zum Beispiel Briefe an die siegreichen Martyrer und erhielt auch schriftliche Antworten von ihnen» (vgl. S. 141) «und zuletzt erlangte er selbst die Krone der Martyrer; ich will es aber unterlassen, dieses jetzt des weiteren zu berichten ...» (Theodoret)[60].

Tun wir es. Nachdem nämlich der hl. Markellos, Vater übrigens mehrerer Söhne, in Apameia die Tempel niedergerissen, setzte er in der Umgebung sein Heilswirken fort. Doch als er einst durch einen Haufen Gladiatoren und Soldaten, den er persönlich kommandiert zu haben scheint, einen großen Tempel in der Gegend von Aulon stürmen und zerstören ließ und selber, wegen eines Fußleidens, etwas abseits stand, ergriffen ihn die Heiden, zerrten ihn fort und verbrannten ihn lebendig, worauf er zum Heiligen der griechischen und römischen Kirche avancierte[61].

Ein wilder Bekämpfer alles Nichtkatholischen wurde der asketische Mönchsbischof Rabulas von Edessa (412–436).

Er war nicht immer so rechtgläubig. Als Sohn eines «Götzenpriesters» um 400 Christ geworden, lebte er als Mönch, zeitweise auch als Anachoret in einer Höhle, nachdem er sich von Gattin und Kindern getrennt, die angeblich auch das Klosterleben erwählten. Seit etwa 412 Bischof von Edessa, stand Rabulas beim Konzil von Ephesus 431 (II 172 ff) auf der Seite der Antiochener, die es mit dem «Ketzer» Nestorios gehalten und den hl. Kyrill abgesetzt hatten. Nach dessen Sieg aber wechselte Rabulas eilig die Front und wurde nun zur «Säule und Grundfeste der Wahrheit», ein fanatischer Überläufer, ein Freund und Vertrauter Kyrills, mit dem er gemeinsam den Nestorianismus bekämpfte – von seinem eigenen Priester und Nachfolger Ibas «Tyrann von Edessa» geschimpft.

Bischof Rabulas ließ allein in der Stadt vier Tempel ruinieren, attackierte aber auch alles Nichtorthodoxe. So machte er, die «bedeutendste Persönlichkeit der Theologie von Edessa» (Kirsten), Tausende von Juden zu Christen. Er bekehrte angeblich, wie im «Leben des Rabulas» steht, «die verrückten Manichäer». Er wandte «bedenkenlos nackte Gewaltmaßregeln im Ketzerkampf» an, waren doch schon vor ihm bei Edessa und in Kleinasien ganze Dörfer «von Grund auf entvölkert und zerstört worden» (W. Bauer). Rabulas heilte «mit der Sorgfalt des großen Arztes», so die von einem Mitstreiter verfaßte Vita, das «faulende Krebsgeschwür der marcionitischen Irrlehre». Er riß das Versammlungshaus, die Kapellen der Bardesaniten nieder – hatte doch einst «dieser verfluchte Bar Daisan durch seine Arglist und die Süßigkeit seiner Gesänge alle Vornehmen der Stadt an sich gezogen» – und kassierte ihr ganzes Besitztum. Er schleifte auch die Kirche der Arianer, vernichtete die Sekten der Audianer, Borborianer, Sadduzäer und verbrannte die gegnerischen Schriften – «verleihe Frieden der ganzen Welt», flehte er in seinem Marienhymnus, wenn er echt ist, was man bezweifeln darf. Echt dagegen ist sicher das «Leben des Rabulas», das sein Wirken in Form einer Heiligenbiographie darstellt, freilich seine Rolle im kyrillfeindlichen Lager auf dem Konzil von Ephesus und seinen Parteiwechsel verschweigt, ihn dafür aber schon vor dem Konzil in öffentlicher Predigt in Konstantinopel, wo Nestorius noch den Patriarchenstuhl drückte, «den alten Irrtum des neuen Juden» widerlegen läßt[62].

Als Rabulas allerdings die Kultbilder von Baalbek kaputtzumachen suchte, wo die Heiden noch lange in der Mehrheit waren, soll er von den Göttergläubigen halbtot geschlagen worden sein; ebenso Eusebios, der spätere Bischof von Tella.

Immer wieder sind es gerade Mönche oder aus dem Mönchsstand kommende Asketen, die das Heidentum besonders erbittert bekämpfen. Ihre wahnwitzigen Kasteiungen dürften ihre Aggressionen noch gesteigert haben.

Der Mönch Barsauma vermehrte um 421 die Verdienste seiner Jerusalemwallfahrt, indem er unterwegs mit 40 Mönchsgenossen nicht nur heidnische Tempel, sondern auch jüdische Synagogen zerstörte. Der ortsgebundene Anachoret Thalelaeus dagegen hockte «mit vielen Sünden belastet» länger als ein Jahrzehnt in seinem selbstgezimmerten winzigen Verschlag geduldig neben einem alten «Götzentempel», bekehrte durch solch wunderbares Leben viele Heiden und riß dann mit ihrer Hilfe das Ärgernis nieder[63].

Das Fasten, Prügeln, Rauben, Ruinieren und Morden des hl. Abtes Schenute von Atripe (gest. 466) ist typisch für die Greueltaten des alten Mönchtums und wurde bereits ausführlich dargelegt (II 203 ff, bes. 207 ff).

Ungefähr in den letzten Jahren des Schenute und ganz nach Art und Weise von dessen Missions- und Christianisierungspraktiken unternahm in Oberägypten auch Apa Macarius von Thu mit seinen Mönchen eine «Expedition» zu einem Tempel, in dem Griechen noch immer den Gott Kothos verehrten. Dazu stahlen sie Christenkinder, erwürgten diese auf dem Altar, weideten sie aus, benutzten die Därme als Saiten auf ihren Kitharen und spielten damit den Göttern auf! Den Rest der Kinderleichen verbrannten sie und gebrauchten die Asche zur Schatzsuche, wobei sie wieder auf den Kinderdärmen ihrer Kitharen musizierten, bis «die Reichtümer» erschienen! Apa Macarius glaubte vielleicht dies Greuelmärchen, entzündete ein großes Feuer und warf mit allen «Götzen» auch den Hohenpriester Homer hinein[64].

Im Westen vernichtet der hl. Benedikt auf dem Monte Cassino ein uraltes, vom Volk verehrtes Apolloheiligtum. Benedikt zerschlägt das Götterbild, zerstört den Altar, läßt die heiligen Haine in Feuer aufgehn und beseitigt derart den «Dämonendienst». Aus dem Tempel selbst macht er eine Kirche[65].

Schon erheblich früher, im späten 4. Jahrhundert, wütet im Westen ein nicht minder bekannter Mönch, der hl. Bischof Martin, gegen die Altgläubigen – was man «die Evangelisierung der gallischen Länderregion» nennt. Kaum ein den Heiden heiliger Ort, wo Martin nicht Götterbilder, Altäre zertrümmert, Tempel niederbrennt. In schwierigen Situationen macht er etwas Hokuspokus und setzt Soldaten als «Engel» ein. Noch über den bescheidensten ruinierten Kultstätten, den Göttern des Wassers, der Bäume, der Hügel geweiht, erhoben sich dann Christentempel. Dabei war dieser hl. Barbar derart aktiv, daß man ihm allein die Ruinierung der Tempel anrechnet, daß noch heute Hunderte französischer Pfarreien sich seiner Patenschaft rühmen, daß man noch heute an ungezählten Orten auf «Saint-Martin» trifft ...[66]

Immer wieder auch unterstützen die Beamten der Kaiser die christlichen Greuel.

Noch unter Konstantin zerstört der Prätorianerpräfekt Rufinus einen Hermestempel in Antiochien. 376/77 vernichtet der römische Stadtpräfekt Gracchus ein Mithräum und erwirbt sich dafür den besonderen Beifall des hl. Hieronymus. 399 schleifen die comites Gaudentius und Jovius in Karthago und afrikanischen Provinzstädten Tempel und Götterstatuen zur tiefen Genugtuung des hl. Augustin (I 507)[67].

Besonders «großen Ruf», so wenigstens der spanische Bischof Idatius, erlangt sein Landsmann, der Prätorianerpräfekt Maternus Kynegius, den (Kaiser) Theodosius I. mit in den Osten gebracht hatte. Als praefectus praetorio Orientis hatte er von 384 bis 388 für die Ausführung der allerhöchsten Religionsgesetze zu sorgen. Dabei beeinflußte den weithin wütenden, von einem großen Militäraufgebot begleiteten Mann noch zusätzlich seine dem Klerus, vor allem gewissen Mönchskreisen, blind ergebene Gattin Acanthia. Mit «herrlichen Werken» der Vernichtung drang so Kynegius bis nach Syrien und Ägypten vor, zerstörte überall die Idole der «pagani» und ließ sogar noch einen Tempel in Edessa niederreißen, den der Kaiser unter Schutz gestellt, ohne daß ihn dieser freilich zur Rechenschaft gezogen hätte. Im Gegenteil. Als Kynegius 388 starb, ehrte Theodosius den katholischen Fanatiker aufs höchste durch Beisetzung in der Apostelkirche, der kaiserlichen Begräbnisstätte[68].

Der christliche Staat kollaborierte selbstverständlich eng mit der christlichen Kirche. Manche Herrscher waren weniger von ihr abhängig, manche mehr, wie Gratian etwa oder Valentinian II. Und einige hatte sie ganz in der Hand, wie die katholischen Kinderkaiser. Doch sogar der selbständigere Theodosius I. erließ fast in jedem Jahr seiner Regierung Edikte gegen Heiden oder «Ketzer». Überhaupt wurde die Gesetzgebung gegen Andersgläubige von Konstantin bis Julian, bei allen Schwankungen, immer schärfer. Die Herrscher hatten natürlich ein starkes Interesse an der religiösen Einigung des Reiches, aber keineswegs an Tumulten, an brutaler Gewalt, an Terror. Im Gegenteil. Die Regenten suchten das Ziel ihrer Religionspolitik in der Regel ohne große Beunruhigung zu erreichen, mochte es auch immer wieder zu harten Maßnahmen kommen. Zweifellos führten die Idolvernichtungen, Tempelschließungen und -zerstörungen häufig hohe Beamte der christlichen Potentaten durch. Doch bleibt es eine denkwürdige Tatsache, daß in den erhaltenen Kaisergesetzen bis einschließlich Theodosius I. nie eine Tempelzerstörung befohlen wird. Klerus und Volk aber schritten auch ohne Autorisation zu Vernichtungsakten, besonders im Orient. Schon unter Konstantius II. mußten Tempel gegen christliche Übergriffe geschützt werden. Und während 399 ihre Zerstörung für Syrien gesetzlich befohlen wird, stellt man sie, im selben Jahr, im Westen abermals unter Schutz. Noch 423 hatte ein Gesetz des Kaisers Honorius jedes gewaltsame Vorgehen gegen Person und Besitz ruhig lebender Heiden mit schwerer Strafe bedroht, um eigenmächtige Attacken christlicher Fanatiker zu unterbinden. Und ebenso verbot im Osten der ganz klerushörige Theodosius II. willkürliche Gewaltakte fanatischer Christen gegen friedliche Heiden und Juden und befahl, bei Unrecht an Heiden den Schaden drei- und vierfach zu ersetzen. Auch waren Provinzstatthalter manchmal insgeheim dem alten Glauben gewogen[69].

Ebenfalls haben christliche Kaiser und Staatsmänner mitunter Götterbilder sowie einige Tempel durch Umwandlung in staatliche «Museen» erhalten helfen. Und mögen nun die Aufstellungen paganer Kultfiguren in Konstantinopel und Rom unter Konstantin Profanations- oder Schutzmaßnahmen gewesen sein (vermutlich waren sie beides): sein Sohn Konstantius soll «aus kunsthistorischem Interesse die Götterbilder generell unberührt» gelassen haben (Funke). Zumindest befahl er wiederholt: volumus ... ornamenta servari. Selbst der allerchristlichste Kaiser

Theodosius ließ den schon geschlossenen Tempel von Osrhoene wieder öffnen, um dessen schöne Idole nicht der Allgemeinheit zu entziehen. Auch andere Götterstatuen schützte er nach vorausgehender Reinigung als Kunstwerke. Durch Stilicho wurde das Standbild der Victoria wieder aufgestellt, natürlich gleichfalls nicht als Kultobjekt. Wie man denn auch sonst noch im 5. Jahrhundert Götterstatuen zum Schmuck der Städte erhalten, ja, durch Kriegseinwirkung beschädigte wieder restauriert hat. Sogar Kaiser Justinian brachte das Götterbild der Athene Promachos nach Konstantinopel, wo es bis 1203 stand[70].

Im übrigen wollte selbst die Kirche nicht alles vernichtet sehen, wenn auch bloß in eignem Interesse. Wo man also – dies der Regelfall gegenüber den Idolen – nicht einfach alles kurz und klein schlug, konfiszierte man, machte man die alten Heiligtümer kurzweg zu christlichen.

Die «Christianisierung» des Raubes und die Vertreibung der «bösen Geister»

Allein aus Ägypten sind 23 «Christianisierungen» bekannt, wie das euphemistische Kunstwort lautet, aus Syrien und Palästina 32. Selbstverständlich raubte man dabei auch die Tempeldämonen, und die heidnischen Tempelstädte waren oft reich. Sie hatten ein Einkommen aus dem Stiftungskapital, aus Gebühren, örtlichen Steuern und natürlich Spenden. Aus allen möglichen Quellen floß Geld, und die Bettelpriester diverser orientalischer Kulte waren für ihre einnehmende Hand berühmt. Auch hatten die Tempelstädte Grundbesitz mit 3000 bis 6000 Pächtern. Aber schon das Gebäude allein war sehr nützlich und es lohnte sich zuzugreifen. In Adra (Ezra) zwischen Bostra und Damaskus lautet eine Inschrift der Kuppelkirche wahrscheinlich aus dem Jahr 515: «Ein Haus Gottes ist geworden die Herberge der Dämonen». In Rom, wo Umwandlungen von Tempeln in Kirchen vor dem 6. Jahrhundert nicht nachweisbar sind, formte Papst Felix IV.

(526–530) das Templum Sacrae Urbis und das Templum Romuli in eine Kirche für die hl. Ärzte Kosmas und Damian (S. 323 ff) um und fand noch viele Nachahmer; beispielsweise Papst Bonifaz IV., der im frühen 7. Jahrhundert, mit Einverständnis des kaiserlichen Bluthundes Phokas, das Pantheon – berühmtestes Christianisierungsexempel Roms – zur Kirche Santa Maria ad Martyres machte, ohne es zu verändern. In Cuma und Fondi wurden so Tempel zu Kirchen, in Cassinum errichtete der hl. Benedikt im Apollotempel eine Martinskirche und über dem Apolloaltar eine Johanneskirche. Auf Sizilien sind die Umwandlungen der heidnischen Tempel von Agrigent, Segesta, Himera, Tauromenium und Syrakus in christliche Kirchen bezeugt. Auch nahm man auf Sizilien schon im 4. Jahrhundert den Heiden ihre Grabstätten weg, die römisch-pagane Totenstadt verwandelt sich in einen christlichen Friedhof, die heidnischen Kultobjekte verschwinden. Auch in Gallien und den Alpenländern, in Tirol, im Wallis, macht man Tempel zu Kirchen oder errichtet diese über jenen. In Griechenland, wo auf dem klassischen Boden antiker Kultur die «Christianisierung» am langsamsten fortschritt, wurden unter anderen auch der Apollotempel in Delphi, die Tempel von Olympia und der Parthenon zu Athen christliche Kirchen; ebenfalls in Athen Theseion (der Hephaistos-Tempel) und Erechtheion, ohne daß man deren Äußeres verändert hätte. Auch bei dem Umbau des dreischiffigen Inneren des Parthenons in eine dreischiffige Emporenbasilika blieb das Innere weitgehend erhalten. Auch aus dem Athener Asklepieion und dem Illissostempel wurden Kirchen. In Afrika stellte zur Zeit des Augustinus der Bischof Aurelius von Karthago, der nordafrikanische Primas, am hochheiligen Osterfest seine Cathedra in den bereits geschlossenen Tempel der Dea Caelestis, den man dann später doch noch abriß. Aber auch in anderen Orten Afrikas machte man heidnische Tempel zu christlichen, in Henschir Chima, Madaura, Maktar, in Sabratha, Thuburbo u. a. In Nazianz war das Gotteshaus des hl. Kirchenlehrers Gregor vorher ein Tempel. In Ephesos installierte man im sogenannten Serapeion eine Kirche. In Alexandrien wurde der Dionysostempel zu einer Kirche und der Tempel des

Stadtgenius zu einem Wirtshaus. In Konstantinopel machte Kaiser Theodosius aus dem Heliostempel ein Wohngebäude, aus dem Artemistempel ein Spielhaus, aus dem Aphroditetempel einen Wagenschuppen und ließ zur besonderen Verhöhnung ringsum Wohnungen errichten für arme Nutten[71].

Das Rauben, die «Christianisierung» von Tempeln, im Osten selten, in Griechenland, im Westen, häufiger, begann gewöhnlich mit exorzistischen Riten, einer Geisteraustreibung! Glaubten doch die größten Kirchenlehrer nicht weniger an Gespenster als die dümmsten Altgläubigen (S. 399 ff). Nach der Vertreibung der Dämonen wurden die «Eidola», Altar und Kultbild, umgestürzt, zerstört, dann öfter darauf Kirchen errichtet. Auch die Niederbrennung galt als Exorzismus, da Feuer ja die bösen Geister verjagt! Nach dem Brand reinigte man den Platz und benutzte die Tempelmauer oder das Fundament zum Bau der Kirche; oder, zur besonderen Profanierung, als Hofpflaster. So verfuhr man in Aphaka, Burkusch, Qal'at Qalôta, Baalbek. Auch der fromme Bischof von Gaza, der hl. Porphyrios, ließ nach der Vernichtung des dortigen Marneion (S. 563 ff) mit den als heilig geltenden Marmorstücken des Adyton den Weg vor dem Tempel pflastern zur besonderen Manifestation des Triumphes über das Heidentum – «damit jene nicht nur von Männern mit Füßen getreten würden, sondern auch von Frauen und Schweinen und anderen Tieren» –, was beiläufig daran erinnert, wohin die Frauen von katholischen Heiligen gerückt worden sind; keine Ausnahme! Auch zu Bordellen hat man Tempel gemacht. Bei Erhaltung der Mauern ruinierte man gewöhnlich den bildlichen Schmuck: Plastiken, Reliefs, Malereien wurden zerschlagen, verputzt, übermalt, die Wände mit christlichen Symbolen dekoriert[72].

Wie viele Tempel, so blieben auch zahlreiche Götterbilder vor der Vernichtung nur verschont, weil sie die Christen für ihre Zwecke weiterverwendeten, vor allem in Konstantinopel Paläste und Plätze damit schmückten. Gebrauchten sie ja auch sonstiges aus den heidnischen Heiligtümern zur Herstellung ihrer Kirchen und Klöster sowie für deren Ausstattung. So benutzte man in Ägypten Götterstatuen und Amulette weiter, indem man ihnen christliche Zeichen einritzte. So wurde offenbar ein Standbild des Asklepios, jener wohl berühmtesten antiken Heilgottheit, von der eine Fülle frappierender Züge auf Jesus überging (S. 272 f), zu einem Christusbild, ein Aphroditekopf in Athen zu einem Marienbild, eine Kybele in Konstantinopel durch Beseitigung der Löwen und Änderung der Arme zu einer Orans. In Eleusis verehrten die Christen ein Götterbild der Demeter, das den Erntesegen verbürgte, bis ins 19. Jahrhundert, als man es, unter allgemeinem Bedauern, nach England schaffte. In Mateleone (Süditalien) rufen die Katholiken eine antike Aphroditestatue als S. Venere noch heute an, besonders zur Heilung von Frauenkrankheiten[73].

Nicht nur Tempel aber, auch heidnische Profanbauten wurden von den Christen als sakrale Gebäude gebraucht, wenn auch seltener. So richtete man im Amphitheater von Salona in zwei Räumen Oratorien ein. Meist spielten wohl materielle Gründe bei solchen Übernahmen eine Rolle, weshalb sie bloß in armen Gebieten häufig vorkamen und danach auch kaum noch bauliche Manipulationen erfolgten[74].

Auch andere Methoden gab es.

Auf der Insel Philä am ersten Nilkatarakt stand ein Isistempel, ein von weit her besuchter Wallfahrtsort. Noch lang florierte der Kult, eine seltene Ausnahme, in christlicher Zeit. Erst Narses verhaftete die Priester und sandte die Idole nach Byzanz. Bei der folgenden Usurpation des Heiligtums aber überzog man das altägyptische Bildwerk mit Nilschlamm – ein durch die Archäologen auch sonst nachgewiesenes Verfahren –, versah die Kruste mit einer weißen Schicht und bemalte diese mit christlichen Motiven. So spitzten in einer alten Cella in Theben die Kuhhörner der Göttin Hathor, der ägyptischen Venus, aus dem Heiligenschein des Apostels Petrus. Besonders in Oberägypten hat man heidnische Darstellungen in Tempeln oft übertüncht – «angefüllt ist das Land der Ägypter mit ehrwürdigen und heiligen Kirchen» (Patriarch Kyrill)[75].

Eine ganz andere Missionsmethode demonstrierte der Mönch Abraames, der jedoch keine Einzelerscheinung damit ist. Verkleidet als Kaufmann, läßt er sich in einem heidnischen Dorf am Libanon nieder und predigt schließlich das Christentum. Zwar widersetzen sich die Leute erst gewaltig, doch nutzt der Missionar eine Steuerkalamität so raffiniert, daß man ihm nun eine Kirche baut und ihn als Priester wünscht. Drei Jahre wirkt er im Weinberg des Herrn, dann beginnt er anderwärts dieselbe Masche[76].

In der Regel war es freilich anders. Denn eindeutig ist es die Kirche, die zur harten Auseinandersetzung mit dem Heidentum, zu seiner Vernichtung treibt; die mit Ungeduld das zeitweilige Zögern des Staates sieht, die Phasen der Zurückhaltung neben solchen des bereitwilligen Eingehens auf ihre Wünsche, des rücksichtslosen Durchgreifens. Es war die Kirche, die durch den Mund der Bischöfe und auf Synoden über die Lässigkeit der staatlichen Beamten klagte, die den fortdauernden Götterkult für eine fortdauernde Gotteslästerung erklärte und seine Ausrottung als heilige Pflicht. Mochte man da und dort die Liquidierung des Konkurrenten auch mit friedlichen Mitteln der Mission zu erreichen suchen, häufiger waren, vor allem auf dem Land, Kampf und Gewalt gegen die «Häuser der Dämonen», die «Bilder der Dämonen», kam es nicht selten zu blutigen Balgereien, und die christliche Menge hatte dabei «in den Geistlichen und Mönchen ihre Leiter» (Schultze)[77].

Es war die Kirche, die zur Vernichtung trieb

Nur ganz vereinzelt scheinen klerikale Stimmen den gewaltsamen Kampf gegen das Heidentum mißbilligt zu haben. So ließ der 60. Kanon der Synode von Elvira niemand als Märtyrer gelten, der beim Zertrümmern von Götterstatuen getötet worden ist. Auch Bischof Theodoret tadelte die Attacke eines christlichen Fanatikers auf einen persischen Feuertempel – aber nur, weil die Zerstörung «unzeitgemäß» war, weil sie «ganz schwere und wilde Wogen gegen die Jünger des wahren Glaubens» wälzte! Von wirklicher Toleranz kann nirgends die Rede sein. Natürlich auch nicht bei Theodoret, dem J.-C. Fredouille noch 1981 «gegenüber den Heiden eine neue Stellung» attestiert – Freundschaft! Doch wie Theodoret die «gottesmörderischen Juden» anprangert, wie er die «Bosheit der Häretiker» geißelt, «die gottlose Lehre der Arianer», «das gottlose Gift», «die Waffen des Teufels», ihre «geistige Krankheit», «diesen Aussatz» etc., so fällt er – vor allem in seiner Kirchengeschichte, aber auch in seiner «Heilung der heidnischen Krankheiten», als eine der schönsten Apologien gepriesen – immer wieder über die heidnischen «Freunde» her, die erkenntnisunfähig und ungebildet (apaideutos) seien, auch den Christen ethisch unterlegen, nur Theoretiker der Tugend, nicht, wie die Christen, Praktiker derselben. Er attackiert ihre «sogenannten Götter», die «das aufgehende Licht» des Christentums «wie Nachtmahre in die Finsternis verwiesen». Er geißelt ihre «Götzenbilder», ihre «schmutzigen Mysterien», die von Verkehrtheit und Unmoralität strotzten, wie in Heliopolis etwa, «wo jeder Götzendiener ist, wo die teuflischen Gewerbe der sinnlichen Lust im Schwange sind, wo grausige Schlupfwinkel wilder Tiere sich finden». Er bejubelt die christlichen Tempelstürmer: den «ganz ausgezeichneten Marcellus», den Bischof von Apamea, «der nach der Vorschrift des heiligen Apostels (Paulus!) inbrünstig war im Geiste»; den Bischof Theophilus von Alexandrien, der die Stadt vom «Irrwahn des Götzendienstes» befreit und «von Grund aus die Götzentempel» vernichtet habe; Johannes Chrysostomos, «das große Licht des Erdkreises», ließ auch dieser doch in Phönizien «die bisher noch verschonten Tempel der Dämonen von Grund aus zerstören»[78].

Ein Zeitgenosse Theodorets, der Bischof Maximus von Turin, demonstrierte die christliche Feindesliebe in ebenfalls anschaulicher Weise. Als einst die im Gebiet von Trient missionierenden Christen Alexander, Martyrus und Sisinnius beim Einschreiten gegen eine Lustrum-Feier, eine heidnische Flurprozession, von den aufgebrachten Altgläubigen erschlagen und auf dem Gebälk einer ad hoc eingerissenen Kirche verbrannt worden waren, da ermahnt Bischof Maximus seine Schäfchen, es den heiligen Märtyrern gleichzutun und die «Götzenbilder» ringsum zu entfernen.

Sei es doch nicht recht, predigt er, «daß ihr, die ihr Christus im Herzen tragt, den Antichrist in euren Wohnungen habt, daß eure Hausgenossen den Teufel in den (Götter-)Kapellen (fanis) verehren, wenn ihr Gott in der Kirche anbetet». Ein Götter verehrender Heide ist für den Bischof (dessen Predigten, «kurz und kernig», ihn als «echten Volksprediger» erweisen: Altaner) «ein Verrückter (dianaticus)» oder «ein Zeichendeuter (aruspex). Eine mit Wahnsinn schlagende Gottheit pflegt nämlich einen verrückten Priester zu haben». Die katholischen Herzen dagegen «werden gereinigt, wenn unser ehedem besudeltes Gewissen vom Schmutze des Teufels nicht mehr festgehalten wird». Ach, welch großes Übel ist der Götzendienst! «Er befleckt die, die ihn üben, er befleckt die Bewohner, er befleckt die Zuschauer, er dringt bis zu denen, die Dienste leisten, er dringt zu den Mitwissern, er dringt zu denen, die dazu schweigen. Wenn nämlich der Bauer opfert, wird der Gutsherr (domnedius) besudelt. Er muß unbedingt befleckt werden, wenn er eine Speise zu sich nimmt, die der sakrilegische Bauer gepflanzt hat, die die blutige Erde hervorsprießen ließ und die besudelte Vorratskammer (tetrum horreum) aufbewahrte: alles ist dort befleckt, alles ist verrucht, wo der Teufel wohnt ... Nichts ist dort frei vom Frevel, wo alles im Frevel verweilt ...» usw.[79]

Ein «Paradebeispiel für antiheidnische Greuelpropaganda von christlicher Seite» nennt Tinnefeld ein Machwerk des Zacharias Rhetor (Scholastikos), des Metropoliten von Mytilene, der erst monophysitisch, dann neuchalkedonisch war und schließlich mit anderen Bischöfen 536 in Konstantinopel seinen Freund und früheren Gesinnungsgenossen, den Patriarchen Severos von Antiochien (II 346 ff), verurteilt hat. Mittels eines von ihm angeblich entdeckten Zauberstabs zeigt der bischöfliche Autor, wie das Heidentum von Zauberei und Betrug lebt, wie man Anleitungen gibt, ganze Städte mit Satans Hilfe zu verwirren, wie man lehrt, das Volk zur Empörung, die Väter gegen Kinder und Enkel aufzustacheln, wie man Anweisungen zu Diebstahl, Ehebruch, Vergewaltigung, Mord und anderes erteilt – eine einzige Hetze gegen das Heidentum, das geradezu als kriminelles Komplott gegen die

Gesellschaft erscheint und deshalb natürlich entsprechend zu bekämpfen ist[80].

Mit allen möglichen Mitteln, mit Gesetzen, Gewalt, Spott, mit Tricks, mit direkten und indirekten Interventionen bei Kaisern und Behörden, mit Konzilsbeschlüssen, kanonischen Reglementierungen aller Art, mit einer Fülle von staatlichen und kirchlichen Verboten, Strafen ging die christliche Welt gegen das Heidentum vor, und noch bevor es wirklich zerstört ist, bejubelt man seinen Untergang, verkündet, fördert, fordert man ihn, triumphiert[81].

Die bekanntesten Kirchenlehrer stimmen hier ein. Die Idole seien gefallen, die Altäre gestürzt, die Dämonen geflüchtet, jauchzt bereits der hl. Basilius und sieht, durchaus zutreffend, die Völker im apostolischen Netz gefangen. Chrysostomos prahlt, in Ägypten – für Christen stets das klassische Land des «Götzendienstes» – sei «die Tyrannei des Teufels ganz vernichtet». Kyrill von Alexandrien sieht denn auch dies Land jetzt «voll von ehrwürdigen und heiligen Kirchen: Überall Altäre, Herden von Mönchen, Schwärme von Jungfrauen, frohgemutes Aufsichnehmen der asketischen Mühen . . .». Selbst in Rom, der Hochburg des alten Glaubens, meldet Hieronymus, erleide «die Heidenschaft Verödung», und er höhnt: «Die, welche die Götter der Völker waren, haben jetzt mit Eulen und Käuzchen einen Unterschlupf auf den Dächern gesucht». Und Augustinus, für den der alte Glaube Ehebruch, Hurerei ist, feiert die Götterdämmerung als die Erfüllung alttestamentlicher Prophetie, lobt die staatlichen Ausrottungsbefehle, die Zerstörung der gegnerischen Kulte, er verspottet sie und gebietet selber das Ruinieren der Tempel, der heidnischen Haine, Bilder, die Vernichtung ihres ganzen Gottesdienstes (I 503 ff)[82].

Eine Woge von Terrorismus überflutet die Länder

Weithin im Osten, im Westen werden unersetzliche Kunstwerke vernichtet, Götterbilder und Altäre zerschlagen, heilige Bäume gefällt, Tempel verbrannt, geschleift. Die Mönche besetzen gewöhnlich das Land, die Bischöfe erobern die Städte. In Kleinasien ist das Heidentum im wesentlichen schon im 4. Jahrhundert erledigt. Syrien, wo ein rücksichtsloser Terror tobt, wird mit Tempeltrümmern übersät. In Ägypten sind noch im 5. Jahrhundert viele Kämpfe bezeugt. «In Blut und Massakern gehen die ägyptischen Götzen und Götter unter», schreibt Jacques Lacarrière. «Immer, bei jedem Aufstand ... dasselbe ‹Szenario› mit denselben Greuelszenen, demselben Massenauflauf, denselben haßerfüllten Schreien auf demselben Hintergrund von zerschlagenen und zertrümmerten Idolen, die durch Straßen geschleppt, von Tempeln, die in Brand gesteckt und von Heiden, die bis in die Heiligtümer verfolgt werden». Auf seiten der Besiegten fühlt man sich dem Weltuntergang nah. «Wenn wir noch leben», schreibt einer von ihnen, «dann ist das Leben selbst tot»[83].

In Kappadokien, das sich rühmt, eine «heilige und durch seine Frömmigkeit allen bekannte» Provinz zu sein, kennt der hl. Gregor von Nazianz Tempel nur noch «in Trümmern und in Verminderung». In ganz Hellas, im Peloponnes sinken die antiken Heiligtümer, die bewunderten Werke der Kunst, durch christliche Horden in Schutt und Asche: Eleusis, dessen Priester man sämtlich ermordet, Sparta, Korinth, Olympia werden als Sitze des Götterdienstes verheert. Delphi, schon von Konstantin geplündert, wird von Theodosius geschlossen. Die Werke des Theopomp, des Anaxandridas und anderer über Delphis geraubte Schätze sind verloren! Auf Korfu ruiniert man einen hellenistischen Tempel und läßt in einer Inschrift Kaiser Jovian, der die Insel nie betreten, als Zerstörer des Tempels und Erbauer einer christlichen Kirche sich rühmen. Die Zahl der Bischofssitze in Griechenland aber wächst derart zwischen dem frühen 4. und der Mitte des 5. Jahrhunderts von 10 bis 15 auf fast 50![84]

Dennoch existierte das Heidentum noch lange, zumal in griechischen Kreisen, weshalb bei den Kopten «Hellenen» soviel wie «Heiden» hieß. Auch im 5. Jahrhundert leben und schaffen noch bedeutende «pagani». Vor allem Proklos, das einflußreiche Haupt der platonischen Akademie in Athen, ein stark religiös geprägter Philosoph, von dem freilich vieles nicht erhalten blieb, darunter seine Schrift gegen die Christen. Nonnos von Panopolis, der hervorragendste griechische Epiker der Spätzeit, schrieb seinerzeit die Dionysiaka, die Geschichte des Gottes Dionysos, die letzte große heidnische Dichtung, verfaßte im späteren Alter aber, wohl als Christ, die (metrisch wie stilistisch schwächere) Metabolē, eine hexametrische Paraphrase des Johannesevangeliums. Auch pagane Geschichtsschreiber arbeiten noch: der den Kaiser Julian vergötternde, entschiedene Christenfeind Eunapios von Sardes; Olympiodor aus Theben (Ägypten), der in etwa Eunapios mit 22 Büchern besonders über die weströmische Geschichte fortsetzt. Oder der schon um die Wende zum 6. Jahrhundert wirkende Christengegner Zosimos, von dem wir eine Nea Historia, eine römische Kaisergeschichte in sechs Büchern besitzen[85].

Alle heidnischen Institutionen aber wurden allmählich zu Fall gebracht. Die Bibliothek Antiochiens mit wohl vorwiegend antichristlichen Schriften, die Julian eingerichtet, brannte man schon unter dessen Nachfolger nieder. Und noch unter Julian war auch der Daphnetempel Antiochiens den Flammen zum Opfer gefallen. Die Olympischen Spiele fanden 394 zum letztenmal statt. «Denn was ist der olympische Kampf anders als das Fest des Teufels, welcher das Kreuz schmäht?» (Kirchenlehrer Basilius). Als der Stadtpräfekt Leontius 434/35 beabsichtigt, in Chalkedon Olympische Spiele zu veranstalten, scheitert das Vorhaben am erbitterten Widerstand des Mönches Hypatius, der darin ein Wiederaufleben des Götzendienstes sieht. Sämtliche heidnischen Feiertage wurden verboten, die Luperkalien, das letzte noch bestehende pagane Fest, unter Papst Gelasius I. (II 334 f). Die Universität von Athen – «the only stable institution of the time» (Frantz) – schloß man 529 (sie bestand danach nicht mehr, wie manche Forscher annehmen) und ordnete zugleich die Einziehung des Stiftungsvermögens an. Doch blieben noch zahlreiche griechische Professoren, Schriftsteller, Verwaltungsbeamte bis zum Ende des 6. Jahrhunderts unbeirrbare Heiden[86].

Karriere konnten Altgläubige allerdings längst nicht mehr machen. Selbst ihr religiöses Leben war schon um die Wende zum 5. Jahrhundert immer mehr eingeschränkt, fast unmöglich. Aus den «templa» der Städte verdrängt, spielte es sich allenfalls noch in den «fana», heidnischen Heiligtümern und «Kapellen» auf dem Lande ab. Ihre Besucher nannte man «fanatici»! (Der Ausdruck Fanatismus – fanaticus, von Gott ergriffen, rasend – stammt bekanntlich aus der religiösen Sphäre.) Commodian, ein asketisch lebender Laienchrist und wenig bedeutender Poet, der durch seine Kunst die Heiden für Christus gewinnen will, erwähnt einmal in «De simulacris eorum» (sc. deorum dearumque) «die geringe Zahl und die zum Bettel zwingende Armut der Götzenpriester». Leider wissen die Gelehrten weder, wo Commodian beheimatet war, in Gaza, Nordafrika, Rom oder Gallien, noch ob er im 3., 4. oder 5. Jahrhundert gelebt hat[87].

Schon um die Wende zum 5. Jahrhundert verkriecht sich das Heidentum immer mehr, entrechtet, bestraft, verfolgt. Nur noch versteckt, gleichsam spielerisch wagt man im Zeitalter der «Heidendämmerung» (Kaegi) da und dort zu reagieren – auf Spielmarken. Einige derselben, von denen András Alföldi sagt, man könne sich «kaum etwas Ärmlicheres und Unscheinbareres vorstellen», zeigen die Gottheiten Sarapis, Isis, Jupiter, vor allem jedoch Julian, den «Apostaten», nach dessen Tagen man sich zurücksehnen mochte. Antichristliche Propaganda am Spieltisch, als Straftat aber kaum faßbar. Doch trieb dies die Christen zur Produktion rechtgläubiger Spielmarken. Von professionellen Graveuren wesentlich besser erstellt, zeigen einige die katholischen Kaiser Honorius und Arcadius oder einen Fisch mit dem konstantinischen Christogramm[88].

Nur da und dort erhalten sich kleine heidnische Inseln. Beispielsweise im ausgehenden 5. Jahrhundert die Isisgläubigen von Menuthis; wenn auch wahrscheinlich bloß darum, weil dort «die Christen so sehr in der Minderzahl und in ihrem Glauben so schwach waren», wie ein Chronist schreibt, «daß sie das Geld der Heiden nehmen und die letzteren dafür nicht bei ihren Opfern behindern»[89].

Im frühen 6. Jahrhundert schildert Bischof Jakob von Sarug, der die längste Zeit seines Lebens in der Nähe von Edessa verbrachte, die kulturelle und religiöse Situation: «Die Tempel der Götter stehen verlassen, und in ihren Palästen nisten die Igel . . .; ihre Verehrer fallen der Verachtung anheim; die Versammlungen lösen sich auf, und kein Mensch besucht mehr ihre Feste. Auf den Gipfeln der Berge errichtet man Klöster anstelle der Tempel der Glücksgottheiten, auf den Hügeln baut man Gotteshäuser statt der Götterheiligtümer, auf den verlassenen Höhen wohnen die Einsiedler». Und man sieht fast förmlich die letzten Zuckungen des Heidentums, liest man: «Während Satan das eine Götterbild wieder aufrichtet, fällt ein anderes zu Boden. Während er dorthin eilt, um einen Gott von seinem Fall zu erheben, hört er den Lärm, den hier ein einstürzender Tempel verursacht»[90].

Ihren staatlichen Gipfel erreichte die Heidenbekämpfung durch Kaiser Justinian (II 7. Kap.). Zu schwersten gesetzlichen Schikanen, zu Verbrennungen heidnischer Bücher, Tempelzerstörungen, Vermögenskonfiskationen, zur Vertreibung und Einkerkerung von Priestern kamen auch Hinrichtungen. Damit hatte freilich schon die erste christliche Majestät begonnen, die den Philosophen Sopatros über die Klinge springen ließ. Auch der unter Kaiser Zenon vertriebene Grammatiker Pamprepios wurde später hingerichtet, worauf in Alexandrien eine Verfolgung heidnischer Philosophen begann. Noch unter Zenon war auch der Philosoph Hierokles wegen antichristlichen Verhaltens blutig gegeißelt worden. Unter Justinian nun wurden mehrere des «Hellenentums» Angeklagte getötet: der Ex-Referendarius Makedonios, der Quästor Thomas, ein gewisser Pagesios samt seinen Kindern. Der gleichfalls inkriminierte Ex-Präfekt Asklepiodotos kam seiner Verurteilung zuvor, indem er Gift nahm; ebenso später ein gewisser Phokas, den der Kaiser «wie einen Esel» verscharren ließ. Viele Heiden bekehrten sich daraufhin in Konstantinopel zur allein wahren Religion[91].

In den Tagen Justinians machte auch der monophysitische Bischof Johannes von Ephesus, der sich selbst als «Heidenlehrer» und «Zertrümmerer der Götzenbilder» feiert, «mit Gottes Hilfe» Streifzüge in die entlegensten Gegenden von Asia Minor. Er ruinierte mit seinen Komplizen, vor allem fanatischen Mönchen, zahlreiche Tempel, fällte heilige Bäume, verbrannte etwa 2000 heidnische Schriften, befreite «vom Irrtum des Götzendienstes» angeblich 70 000 (oder 80 000) Heiden und erbaute insgesamt 99 Kirchen und 12 Klöster. Als er im Gebirg von Tralles in der hochgelegenen Stadt Dario einen «großen und berühmten Götzentempel» bis auf die Fundamente schleifte und darauf ein «gewaltiges» Kloster schuf, bekam er noch Streit mit dem Bischof, der seine Diözesanrechte verletzt sah[92].

Zwanzig Jahre, nachdem man im Sommer 559 in Konstantinopel aufgegriffene Heiden durch die Stadt geführt und ihre Bücher samt Götterbildern auf dem Kynegion verbrannt hatte, kam es 579 auf Befehl von Kaiser Tiberios II. (578–582) in Heliopolis (Baalbek) zu einem Heidenmassaker. Aussagen Gefolterter ergaben die Existenz paganer Zentren in verschiedenen orientalischen Städten, besonders die einer geheimen Kultgemeinschaft in Antiochien – die letzte Nachricht von einer heidnischen Religionsgemeinschaft in dieser Stadt. Von den kaiserlichen Häschern verfolgt, nahm sich der Oberpriester Antiochiens, Rufin, das Leben. Ein gewisser Anatolius und andere Heiden wurden nach Konstantinopel vor den Kadi geschleppt. Doch da man sie entließ und das Gerücht entstand, die Richter seien bestochen worden, rebellierte das Volk und schrie: «Die Gebeine der Richter sollen ausgegraben werden! Die Gebeine der Heiden sollen ausgegraben werden! Der christliche Glaube soll verherrlicht werden!» Der Pöbel schreckte weder vor Brand noch Mord zurück. Er ergriff zwei Heiden, einen Mann, eine Frau, zerrte sie zum Meer, setzte sie in einen Kahn und verbrannte sie zusammen. Danach kam es zu einer Revision des Prozesses, auch zu neuen Verhaftungen in Kleinasien, in Syrien, wobei oft politische und andere Motive mitspielten, Auseinandersetzungen der byzantinischen Oberschicht. Die Gefängnisse der Hauptstadt füllten sich.

Die verdammten Heiden, viele Senatoren darunter, wurden hingerichtet, den wilden Tieren vorgeworfen, dann verbrannt. Doch zogen sich die Verfahren wegen der Menge der Verklagten, wegen der Sucht der Christen, immer neue Heiden aufzuspüren und sie der «gerechten Strafe» preiszugeben, bis in die Regierung des Kaisers Maurikios hin. Und als dieser im ausgehenden 6. Jahrhundert in Edessa die Monophysiten verfolgte und das Kloster «der Orientalen» schloß, von denen 400 umgebracht wurden, jagte in Carrhae der Bischof noch immer die Heiden, darunter Akindynos, den vornehmsten Mann der Stadt[93].

Im Byzantinischen Reich gab es noch im 7. Jahrhundert und später kleine Kreise Altgläubiger, meist in abseitigen Gebieten und ohne jeden Einfluß. Verbreitet waren damals und dort vorchristliche Kulte bloß unter slawischen Stämmen auf dem Balkan, die erst gegen Ende dieses Jahrhunderts teilweise unter byzantinische Oberhoheit gerieten. Noch im Jahr 691/92 bekämpft das Trullanische Konzil – wenig erfolgreich – unter dem Vorsitz Kaiser Justinians II. in Konstantinopel den Paganismus, fordert es die Ausrottung der letzten Relikte «hellenischer» Torheit, heidnischer Bräuche, Feste, Eide et cetera mit solcher Intensität, daß man daraus auf eine Wiederbelebung paganen Brauchtums im Lauf des 7. Jahrhunderts schloß. – Das Fest der Brumalien, vom Trullanum gleichfalls verboten, feierte man im Byzantinischen Reich bis ins Hochmittelalter[94].

Die sogenannten heidnischen Bräuche waren im 7. Jahrhundert noch weit verbreitet, offensichtlich in allen Schichten, in der städtischen wie ländlichen Bevölkerung. «Selbst unter dem Klerus gab es offenbar nicht wenige Personen, die solche Bräuche pflegten» (Rochow). Einige derselben gingen in die Folklore auf dem Balkan über. Die abendländischen Konzilien des 6. und 7. Jahrhunderts verbieten immer wieder Magie, Vogelschau, sie verurteilen Zauberer, Wahrsager und jederlei Art von «Götzendienst». Ja, was bekämpfte die Kirche nicht alles hoch und heilig, vom öffentlichen Tanz bis hin zum Tragen von Männerkleidung durch die Frau, schon im 4. Jahrhundert untersagt – und noch im 14. Jahrhundert getadelt . . . In Gallien gibt es bis tief ins 6. Jahrhundert, in Friesland bis ins 8. den Kult zu Ehren Jupiters, Merkurs, der Diana und Venus. Die Existenz von Götterbildern ist für Patmos noch um 1100, für Kreta noch um 1465 bezeugt. Orakelgebende Idole werden im Abendland bis ins hohe Mittelalter verehrt[95].

Die Schweden konnte man erst damals, die baltischen Völker sogar erst bis zum 15. Jahrhundert «bekehren». Dann freilich war das Heidentum im Abendland so gut wie liquidiert. Denn gegenüber jeder nichtchristlichen Gottesverehrung (worship) blieb die Haltung dieser Kirche «one of war, and war of the bitter end» (Dewick)[96].

Aber wie einst das Heidentum, wird einmal auch das Christentum zu Ende vegetieren.

NACHBEMERKUNG

Kaum in Rezensionen, doch oft in Diskussionen halten mir Christen (erfahrungsgemäß oft solche, die mich – sicherheitshalber – gar nicht gelesen haben) entgegen, ich könne noch so viele kirchliche Verbrechen zusammentragen («Kriminalromane» schreiben, wie mir im Sender Freies Berlin ein Kirchenmann zuschnaubte), das erschüttere ihren Glauben an Christentum und Christus nicht. Nun zeige ich aber in all diesen Bänden nie nur die ethische, sondern ab und zu auch die dogmatische Seite des Christentums. Und da verfängt das fromme Argument keinesfalls mehr. Allein das längste Kapitel des vorliegenden Bandes, das erste, führt eine Berufung auf den christlichen Glauben historisch ad absurdum[1].

Freilich: «Gläubigen» geht es fast nie um historische, philosophische, ethische Probleme, um Wahrheit oder, bescheidener gesagt, Wahrscheinlichkeit, sondern um ihr eigenes Problem. Sie «glauben», sie könnten ohne ihren Glauben nicht leben. Obwohl sie ja, als Inder etwa, wahrscheinlich einen ganz anderen Glauben hätten. Und als Afrikaner wieder einen anderen – ein Aspekt, der jeden «Glauben» von vornherein relativiert. Mein Leben zeigt mir, daß man sehr gut ohne «Glauben» leben kann. Und Tausende von oft erschütternden Zuschriften bezeugen, daß es auch andere können, nach Preisgabe ihres christlichen Glaubens sehr viel besser können als vorher, daß sie viel freier leben, ja, daß sie erst zu leben beginnen – und kaum «unmoralischer» als die Christen.

ANHANG

ANMERKUNGEN

Die vollständigen Titel der angeführten Sekundärliteratur sind auf S. 646 ff verzeichnet; die vollständigen Titel der wichtigsten antiken Quellenschriften finden sich im Abkürzungsverzeichnis auf S. 675 ff. Autoren, von denen nur ein Werk benutzt wurde, werden in den Anmerkungen meist nur mit ihrem Namen zitiert, die übrigen Werke mit Stichworten.

1. KAPITEL
Christliche Fälschungen in der Antike – 1. Fälschungen im vorchristlichen Heidentum

1 Meyer, A., Pseudepigraphie 95, 106
2 Farrer 106
3 Reicke/Rost 1529 f. Haag 1425. A. Meyer, Besprechung 150. Speyer, Religiöse Pseudepigraphie 88 ff, 234 ff, 246. Ders. Literarische Fälschung 13
4 Torm 118 mit Bez. auf E. Stemplinger, Das Plagiat in der griechischen Literatur 1912. Erbse 209 ff, bes. 216 f. Brox, Falsche Verfasserangaben 75 f. Speyer, Literarische Fälschung 15
5 Candlish 24. Brox, Problemstand 316 f, 322 ff. M. Rist zit. ebd.
6 Mensching, Irrtum 73
7 Erbse 216. Speyer, Literarische Fälschung 15. Ders. Fälschung, literarische 237, 240, 242 f. Ders. Religiöse Pseudepigraphie 199 f. Brox, Falsche Verfasserangaben 68 ff
8 Diog. Laert. 9,6. dtv-Lexikon, Geschichte II 365 f. Erbse 216 ff. Gudeman 48
9 dtv-Lexikon, Geschichte III 108 f. Pearson 70 ff. Erbse 221 ff
10 Brox, Falsche Verfasserangaben 76 f
11 Speyer, Fälschung, literarische 241
12 Ebd. 239. Torm 111, 122 f. Meyer, Pseudepigraphie 99. Syme 306 f
13 Syme ebd. Speyer, Fälschung, literarische 238
14 Speyer, Literarische Fälschung 14
15 Speyer ebd. 13 f. Candlish 12 f, 24 f
16 Bousset 4 f. Speyer, Fälschung, literarische 238. Brox, Falsche Verfasserangaben 50
17 Brox ebd. 60 f. Speyer, Literarische Fälschung 82. Jachmann 86
18 Gudeman 47 ff
19 Platon rep. 2,364 e. Aristot. de anima 1,5,410 b 27. Cic. nat. deor. 1,38,107. Pauly III 1479, IV 304 f, 351 ff. dtv-Lexikon, Philosophie III 259 ff. F. Hauck 118. Krüger, Quaestiones 42 ff. Ziegler, Orpheus 239 ff. Meyer, Pseudepigraphie 98. Gudeman 44 ff. Brox, Falsche Verfasserangaben 45
20 Pauly II 1169. dtv-Lexikon, Philosophie II 239. Tusculum Lexikon 125. Diller 271 ff. Gudeman 49. Brox, Falsche Verfasserangaben 45
21 dtv-Lexikon, Philosophie III 334. Syme 303 f. Gudeman 56 f. Meyer, Pseudepigraphie 97. Brox, Falsche Verfasserangaben 46
22 Gudeman 58 ff. Meyer, Pseud-

epigraphie 97, 99. Ders. Besprechung 150 f. Speyer, Fälschung, literarische 268

23 Pauly I 988 f, II 1275 ff. dtv-Lexikon, Philosophie I 132, 337 ff, II 268, III 110 f. Gudeman 71 ff. v. d. Mühl 1 ff

24 Pauly I 957, IV 698 f. dtv-Lexikon, Geschichte I 186 f. Farrer 1 ff. Syme 304. Gudeman 60 ff. Torm 113. Brox, Falsche Verfasserangaben 46 f

25 Brox ebd. 47

26 Liv. 40,29,3 ff. Plin. nat. 13,27. August civ. Dei 7,34. Pauly IV 185 f. dtv-Lexikon, Geschichte III 18

27 Pauly II 1191 ff (hier die Zitate von A. Alföldi und Mommsen). J. Straub in: dtv-Lexikon, Philosophie II 243 f. Dessau 337 ff. Syme 309 f. Hohl 132 ff

28 Pauly II 1, 674 f. Tusculum Lexikon 101. dtv-Lexikon, Philosophie II 139. W. Bauer, Leben Jesu 471 f, 476 Anm. 1. Syme 306. Heinrici 75 ff. Brox, Falsche Verfasserangaben 47

29 Pauly I 1182. dtv-Lexikon, Philosophie I 310. Farrer 4 ff

30 Candlish 10 f. Brox, Falsche Verfasserangaben 51 ff

31 Thukyd. 1,128 f. Pauly IV 568 f. Candlish 11. Syme 299 f. Speyer, Literarische Fälschung 12

32 Vgl. dazu meinen umfangreichen Aufsatz: Warum ich Agnostiker bin 115 ff

33 Pausanias zit. nach Trede 40. Meyer, Besprechung 151. Speyer, Fälschung, literarische 241

34 Speyer, Religiöse Pseudepigraphie 220 ff

35 dtv-Lexikon, Geschichte I 108. dtv-Lexikon, Religion I 67 ff, II 27

36 dtv-Lexikon, Religion I 68 f. Reitzenstein, Poimandres 118 f. Ders. Hellenistische Theologie 180 ff, zit. nach Speyer, Religiöse Pseudepigraphie 202, 219, 225, 236. Duhm 1 ff. S. Schott 285 ff. Morenz, Ägyptischer Totenglaube 399 ff. Ders. Ägyptische Religion 242 ff. W. Wolf, Ägypten 295 ff

37 Liechtenhan 227. Speyer, Literarische Fälschung 13. Ders. Religiöse Pseudepigraphie 234 ff, 246. Brox, Problemstand 318

38 Meyer, Pseudepigraphie 97 ff

39 dtv-Lexikon, Philosophie III 256. Pauly IV 726, V 1152 (zu Phemonoe und Vegoia). Speyer, Religiöse Pseudepigraphie 202 ff. Quintilian nach Syme 309

40 Xenoph. Hellen. 6,4,7. Diod. 15,53,4. Frontin, strateg. 1,11,16. Pauly I 253, II 281, IV 323 ff. dtv-Lexikon, Religion I 204 f, II 134. H. Popp 32 f. Nock, Conversion 93 ff. Speyer, Religiöse Pseudepigraphie 202

41 Lact. div. inst. 2,16,1. epit. 23,7. dtv-Lexikon, Religion II 133 f. Speyer, Religiöse Pseudepigraphie 234

2. Fälschungen im Alten Testament und in seinem Umkreis

42 G. E. Lessing, Die Erziehung des Menschengeschlechts § 77

43 Meyer, Pseudepigraphie 106

44 Speyer, Fälschung, literarische 242, 251, 270

45 Reicke/Rost 240 f. Kindermann/Dietrich 361. v. Wilpert II 624. O. Stegmüller 151

46 Leipoldt/Morenz 11 f, 19 ff, 29 f, 38 ff. Lanczkowski 11 ff, 109 ff. v. Glasenapp, Der Pfad passim, bes. 7 ff. Ringgren/Ström 262 ff. Heiler, Erscheinungsformen 342 ff mit einer Fülle von Literaturhinweisen. Schneider, Geistesgeschichte I 315 ff

47 Nielen 10. Stiefvater 16. Die übrigen Zitate bei Garden 88

48 Reicke/Rost 66 ff. Haag 916 f. O. Stegmüller 152. Smend, Die Entstehung 3. A. 13 ff

49 LThK 1. A. V 774 ff. Reicke/Rost 66 ff. Haag 915 ff. Cornfeld/Botterweck II 310 ff, 419 ff. Luther zit. nach Grisar, Luther II 710, III 442. Stegmüller 152 f. Conc. Trid. Sess. 4 de script. can. Conc. Vat. I sess. 3

50 Reicke/Rost 1773 f. Haag 918 ff, 1577 ff. Simmel/Stählin 25 f. Stegmüller 153

51 Ri. 5,24 ff, 5,27 ff. 4. Mos. 21,1. Vgl. dazu Faulhaber, Charakterbilder 3. A. 1916, 6. A. 1935, 72. Ders. Judentum 44, 49

52 Faulhaber, Charakterbilder 84 ff, bes. 87 f

53 Ebd. 72 ff, 84, 88 f. Eppelsheimer I 263 ff, II 86 ff. Ahlheim, Hebbel 300 ff, bes. 305. Wetzer/Welte III 51, V 477 (hier die übliche fadenscheinige Apologetik)

54 Faulhaber, Charakterbilder 74. Für das LThK 1. A. III 171 ist das Deboralied «eines der schönsten Erzeugnisse hebräischer Dichtung». Zu Maria als Blut- und Kriegsgöttin ausführlicher: Deschner, Das Kreuz 396 ff

55 Altaner/Stuiber 106 f. Harnack, Marcion 68, 189 ff, 106 f, 242 ff. Knox 19 ff, 39 ff, 158 ff. Werner, Die Entstehung 130, Anm. 91, 144 ff, bes. 160 Anm. 58. Ders. Der Frühkatholizismus 353 f. Goodspeed, A History 153. Knopf, Einführung 160. Jirku 5 f. Lanczkowski 20 f. Nigg, Ketzer 70. Heiler, Urkirche 98. Ausführlich über Markion: Deschner, Hahn 311 ff

56 Lampl, Overbeck, in: Deschner, Das Christentum I 357. Buonaiuti I 97. Vgl. 102

57 G. E. Lessing, Die Erziehung des Menschengeschlechts § 77. Kraus, H.-J., Geschichte 123 ff

58 Borchardt, Shelley, in: Deschner, Das Christentum I 205 f

59 Ayck, Mark Twain ebd. I 353

60 Harnack, Marcion, 2. A. 1924, 127, 222. Zit. nach Kraus, Geschichte 385 f

61 Stoeckle 36 ff

62 Cornfeld/Botterweck II 310 f, 350

63 Ebd. II 350, 523. Stegmüller 153

64 Zu Faulhaber vgl. neuestens auch meinen fiktiven Brief an Michael Kardinal Faulhaber, in: R. Niemann (Hg.), Verehrter Galileo, 1990

65 Garden 28 ff, bes. 32

66 Haag 1172 ff. Reicke/Rost 1239 ff. Lexikon der Ikonographie III 283 ff. Brockington 188 f. Smend, Das Mosebild 23 ff. F. Cornelius in ZAW 78, 1966, 75 ff

67 Reicke/Rost 1413. Bauer, Rechtgläubigkeit 1964, 201 ff. Borchardt, Shelley 203

68 Ich folge hier Reicke/Rost 1413 f. Vgl. Haag 1347 ff

69 Jaspers I 215 zit. nach Smend, Das Mosebild 63. Vgl. dazu ebd. 26 f.

70 Reicke/Rost 1239 ff, bes. 1241, 1413. Cornfeld/Botterweck IV 1003 ff, bes. 1006. G. Hölscher 86. Oßwald 132 ff, 479, 482 ff. Vgl. auch 173 ff, bes. 182 (Verfasserin selbst zweifelt nicht an der Geschichtlichkeit des Mose (485). Faulhaber, Charakterbilder 40. Lohfink 109 f. Smend, Das Mosebild 20

71 Beek 22 ff. Vgl. die sehr instruktive Übersicht über das Mosesbild der Forschung bei Smend, Das Mosebild passim, bes. 26 ff

72 5. Mos. 34,1 ff. Beek 28 f

73 Stiefvater 91. Vgl. a. folg. Anm.

74 2. Mos. 31,18; 32,19. Vgl. 2. Mos. 34,27 f mit 2. Mos. 24,12; 31,18;

32,15 f; 34,1 u. ö. Cornfeld/Botterweck I 164 ff, bes. 167, II 428 ff, 475 ff, 514 ff, bes. 523 ff. Haag 460, 915. Reicke/Rost 1241. Bertholet 322. Delitzsch I 52 f. Hölscher 86, 129. Meinhold 15. Menes 47 ff. Greßmann, Mose 7 ff. Jeremias, Das Alte Testament 400 ff. Eißfeld, Die Genesis 26 ff. Oßwald 132 ff, 479, 482 ff. Kuhl 53 ff. Mensching, Leben und Legende 24 f. Noth, Das zweite Buch Mose 4 ff, 15 f. Ders. Gesammelte Studien 13 f, 23 ff, 53 ff. Lohfink 37. Gelin 44 f. Hempel 128. O. H. Kühner 76 f. Speyer, Religiöse Pseudepigraphie 228 ff. H.-J. Kraus, Geschichte 61 f, 536 ff. Meyer, Pseudepigraphie 100. Smend, Die Entstehung 38 f. Nielsen 126 f. Vgl. auch Deschner, Hahn 31 f

75 Haag 711, 1237 f, 1345 ff. Reicke/Rost 1413 ff. Kraus, Geschichte 174 ff.Vgl. auch den sehr ausführlichen Artikel Bibelkritik bei Cornfeld/Botterweck II 314 ff. Smend, Das Mosebild 1 ff, bes. 7 ff. Noth, Das zweite Buch Mose 4 ff. Ders. Das dritte Buch Mose 2 ff. Ders. Das vierte Buch Mose 7 ff.

76 Haag 1349 ff. Kraus, Geschichte 293 f.

77 Nielsen 64, 69 ff. Noth, Das dritte Buch Mose 6

78 Über die Gesetzgebung des Moses aber bleibt auch für M. A. Beek jede Theorie Spekulation, solange die Gesetzestafeln (Ex. 32,15; Deut 10,4) «nicht wieder aufgefunden sind – was immerhin nicht ganz unmöglich erscheint –». Das klingt fast wie eine Drohung jedenfalls für den, dem die faktischen Fälschungen und die großen Fälschungsmöglichkeiten der neueren Zeit bewußt sind. Denn selbst wenn ich von dem (in manchem durchaus bemerkenswerten) radikalen Rundumschlag «Die Fälschung der Geschichte des Urchristentums» des (angeblich) 1959 in der DDR verhungerten Wilhelm Kammeier absehe, so habe ich doch auch die erheblichen Zweifel von zwei theologischen Gelehrten und Christen, Hermann Raschke und Carl Schneider, noch im Ohr, eine mir damals kaum begreifliche Skepsis angesichts der sensationellen, die zuständige wissenschaftliche Welt nur so elektrisierenden «Funde» vom Toten Meer 1947 und in den folgenden Jahren. Kammeier (Textbearbeitung R. Bohlinger). S. etwa auch Garden 28 ff, 43 ff. – Beek 29. Haag 1346 f mit vielen Quellenhinweisen, ebenso Cornfeld/Botterweck 1282 ff

79 Gamm 75 f. Beek 59

80 Cornfeld/Botterweck II 351 f, 414 f, V 1169 ff. Haag 1421 ff (oft reichlich optimistisch). Eppelsheimer I 39. Brockington 189. Kraus, Geschichte 546 ff. Wanke 108. Nielsen 93 f

81 Vgl. dazu Deschner, An König David, 80 ff

82 Cornfeld/Botterweck II 416 ff, V 1303. Haag 1507 ff

83 Frost, Old Testament Apocalyptic 167. Zit. nach Brockington 190 Anm. 3

84 Pred. 1,1; 1,12; 9,9 f; 12,12. 1. Kön. 5,12 f

84 Pred. 1,1; 1,12; 2,4 ff; 2,15; 2,21; 2,24; 3,12; 5,17; 8,15; 9,9 f; 12,8; 12,12. 1. Kön. 5,12 f. Cornfeld/Botterweck V 1155 ff; 1301 ff. Reicke/Rost 1483 f. Haag 1401 ff. Meyer, Pseudepigraphie 100 ff. Brock 97 ff. Brox, Falsche Verfasserangaben 42. Bardy 164. Rienecker 1090. Forman, The Pessi-

mism 336 ff. Ders. Kohelet's Use of Genesis 256 ff. Rainey 148 ff. Smend, Die Entstehung 218 f.

85 1. Kön. 5,13. Cornfeld/Botterweck V 1301 ff. Haag 1625 ff. Skehan, The seven Columms 190 ff. Ders. A single Editor 115 ff. Smend, Die Entstehung 209 ff; hier weitere Literatur. Beek 68

86 Reicke/Rost 2158 f. Haag 1881 f. Cornfeld/Botterweck VI 1453 f. LThK 1. A. X 792 f. Candlish 14 ff mit vielen Quellenhinweisen. Reese 391 ff. A. G. Wright 524 ff. Lietzmann, Geschichte 95 f.

87 W. Nauck in: Reicke/Rost 1328 f. Vgl. 1520 f, 1523 ff. Haag 1509. LThK 1. A. I 543 f, VII 673 ff, VIII 544. Cornfeld/Botterweck II 422 ff. Eißfeldt, Einleitung 826 ff. Adam, Salomo-Oden 141 ff. O'Dell 241 ff

88 Jer. 29,10. Sach. 1,1; 1,7. Haag 887 f mit zahlreichen Literaturhinweisen. R. Hentschke in: Reikke/Rost 895 f. Cornfeld/Botterweck II 470, III 813 ff, V 1254 ff. Brockington 185. Noth, Das Buch Josua 7 ff. Alt, Josua 13 ff. Kraus, Geschichte 17, 455 ff. Rudolph, Der «Elohist» 164 ff

89 Zu den Anspielungen auf den leidenden und sterbenden Gottesknecht vgl. viele Anspielungen bei den Synoptikern und Paulus; ferner etwa Jh. 1,29; 1,36; 12,38. 1. Petr. 2,21 ff. Barn. 5,2. 1. Clem. 16. Just. apol. 1,50 f. Tryph. 13. Cornfeld/Botterweck III 751 ff. Haag 779 ff. Reicke/Rost 851 ff. LThK 1. A. V 616 ff. bes. 618 ff. Drews, Die Christusmythe 247 ff. Caspari 126. Wolff, Jesaja 53 passim. North 111 ff. Fohrer, Entstehung 113 ff. Ders. Jesaja I 148 ff. Ders. Zum Aufbau 170 ff. Brockington 185 ff mit Anm. 1. Smend, Die Entstehung 143 ff. Vielhauer, Einleitung 409 f.

90 Cornfeld/Botterweck II 423 f. Haag 780 f. Reicke/Rost 857. Altaner/Stuiber 119

91 Sacharja 1,1: «Im achten Monat des zweiten Jahrs des Königs Darius» = 521 v. Chr. Cornfeld/Botterweck V 1236 ff. Brockington 187

92 Haag 465. Cornfeld/Botterweck II 479 ff. Herrmann, Ezechielstudien. Torrey 291 ff. Irwin 54 ff. Rowley, The Book of Ezekiel 146 ff. Eichrodt 37 ff. Fohrer, Die Glossen 33 ff. Smend, Die Entstehung 164 ff

93 Hieron. Comm. in Daniel. zit. nach Halbfaß, Porphyrios I 28

94 Dan. 1,17; Cornfeld/Botterweck I 87, II 405 ff. Haag 308 ff, 311 ff mit vielen Literaturhinweisen. LThK 1. A. III 144 ff. Th. Hobbes, Leviathan c. 33. Baumgartner 59 ff, 125 ff, 201 ff. Meyer, Pseudepigraphie 101. Noth, Gesammelte Studien 250 ff. Rowley, The Composition 272 ff. Ders. The Meaning 387 ff. Lohse, Die Offenbarung 2. Smend, Die Entstehung 222 ff. Kraus, Geschichte 63.

95 Reicke/Rost 105 ff, bes. 107 f. Haag 83 f. Cornfeld/Botterweck I 85 ff. Lohse, Die Offenbarung 1 f. Vielhauer, Einleitung 407 ff

96 Vielhauer ebd. 410 f

97 Haag 170, 325. Reicke/Rost 201 ff. Cornfeld/Botterweck I 269. LThK 1. A. II 9. Vielhauer, Einleitung 418

98 Cornfeld/Botterweck I 90 f. Reikke/Rost 202 f

99 Haag 1178. LThK 1. A. I 537 f

100 Cornfeld/Botterweck I 91. Haag 14 f. LThK 1. A. I 537 ff

101 Just. apol. 1,60. Clem. Al. strom. 1,162,1 f. Orig. c. Cels. 5,54. RAC Artikel Esra VI 599 ff. Bardy 164.

Meyer, Pseudepigraphie 101 f. Brockington 188 ff. Bultmann, Ist die Apokalyptik die Mutter der christlichen Theologie? 476 ff, Gudeman 59 f. Syme 301. Torm 116 f. Brox, Falsche Verfasserangaben 42 f

102 RAC I 1950, 354 f

103 Torm 118 f, 123. Syme 301

104 Pauly II 980 ff, IV 806 f. Bardy 165. Meyer, Pseudepigraphie 102. Speyer, Religiöse Pseudepigraphie 102. Ders. Fälschung, literarische 270

105 Pauly I 555 f. dtv-Lexikon, Philosophie I 172. Haag 105 f. Cornfeld/Botterweck II 422. Trede 114 mit Bez. auf August. civ. dei 18,42; 15,23. Lietzmann, Geschichte I 94 f. Meecham 5 ff. Charlesworth 78 f. mit einer großen Fülle weiterer Literaturhinweise. Howard, The Letter of Aristeas 337 ff. Murray 337 ff. Lewis 53 ff

106 Plut. de Pyth. or. 6,397 A. Speyer, Religiöse Pseudepigraphie 216. Vielhauer, Einleitung 422. Kurfess, Christliche Sibyllinen 498 ff

107 Pauly II 1075, 1297, V 158 ff. dtv-Lexikon, Philosophie IV 189 f. LThK 1.A. IX 525 ff. Altaner/Stuiber 119 ff. Candlish 17 f, 23, 32 ff. Speyer, Fälschung, literarische 258 f

108 Vielhauer, Einleitung 422. Kurfess, Christliche Sibyllinen 500 f

109 Haag 711. Cornfeld/Botterweck I 88 ff, II 421 ff, V 1109. Altaner 46. Altaner/Stuiber 117 ff. Reicke/Rost 692 f. LThK 1.A. III 797 f, IV 961 f. A. van den Born in: Haag 711. Vgl. auch Deschner, Hahn 19 f

110 Reicke/Rost 1529 f. Haag 436 f. Altaner 46. Altaner/Stuiber 117 ff. McColley 21 ff. Lohse, Die Offenbarung 2. Vielhauer, Einleitung 411. Baars 82 ff. Speyer, Literarische Fälschung 285. Charlesworth, The Old Testament Pseudepigrapha 94 ff. Conclusions: 102

111 LThK 1. A. I 539. Haag 1733 f. Charlesworth, The Old Testament Pseudepigrapha 94 ff. Conclusions: 102. Ders. The pseudepigrapha 211 ff. de Jonge, Recent Studies 77 ff. Ders. Die Textüberlieferung 27 ff. Ders. Studies on the Testaments passim. J. Becker, Die Testamente passim. Vielhauer, Einleitung 411. Vgl. auch vorausg. Anm.

112 Vgl. LThK 1. A. I 539, V 251 f

113 Andres 367

2. Fälschungen im Neuen Testament

114 Dieringer I 47

115 Stiefvater 15 f

116 Frits van der Meer 8

117 Schneider, Geistesgeschichte II 20 Anm. 1

118 Brors Nr. 35. Dibelius, Jesus 12 ff

119 Pfister 509. Guardini 32. Vgl. dazu Deschner, Hahn, 1. Kapitel, Die Bestreitung der Geschichtlichkeit Jesu. Eine apologetische Übersicht über «Das Problem des historischen Jesus» bei O. Betz, Was wissen wir von Jesus 9 ff

120 Dibelius, Botschaft I 298. Werner, Die Entstehung 65. Goguel 73. Zu v. Soden vgl. Ackermann 396. Schneider, Geistesgeschichte I 29. Vgl. auch Bultmann, Synoptische Tradition 396

121 A. Schweitzer, Leben-Jesu-Forschung 555. Conzelmann, Die formgeschichtliche Methode 61. Percy 20. Dibelius, Jesus 24. Ders. Formgeschichte 34 ff, 295. Bornkamm, Jesus 11 f. Bultmann, Jesus 11 f. Ders. Synoptische Tradi-

tion 1, 163, 176, 366 ff, 394 ff. Grönbech, Zeitwende I 128. Grobel 65. Knopf, Einführung 239. Stauffer, Jesus 7. Grundmann, Die Geschichte 15. Ben-Chorin 7 ff

122 Cornfeld/Botterweck I 85 ff, bes. 87. Schoeps, Studien 63 f, 68 ff

123 Mk. 9,1; 1,15; 13,30. Mt. 4,17; 10,7; 10,23; 16,28. Lk. 11,51. Cornfeld/Botterweck II 393 f, III 766 ff

124 J.Weiß, Die Predigt Jesu vom Reiche Gottes 1892, 2. A. 1900. A. Schweitzer, Das Messianitäts- und Leidensgeheimnis 1901. Ders. Von Reimarus zu Wrede 1906. Ders. Die Mystik des Apostels Paulus 1930. Bultmann, Das Urchristentum 102. Heiler, Der Katholizismus 22

125 C. Gröber 18

126 Ausführlich aufgezeigt und belegt in: Deschner, Hahn 17 ff

127 2. Petr. 3,4. 1. Clem. 23,3

128 Vgl. 1. Kor. 7,29 ff u. 15,51; 16,22 mit 1. Kor. 11,29 ff; 15,22 ff; 2. Kor. 5,17; 6,2. Bultmann, Geschichte und Eschatologie 44 f. Haenchen 87 ff, 114 f. Schweitzer, Die Mystik 93, 98 ff. Taubes 67 f. Conzelmann, Die Mitte der Zeit 80 ff. Selby 21 ff. Werner, Der protestantische Weg I 142 ff. Schoeps, Paulus 102 ff. Buonaiuti I 46 ff. Graesser 76 ff, 157 ff, 178 ff, 199 u. ö.

129 Theophil. ad Autol. 2,15; 2,22; 3,13 f. Euseb h. e. 3,39,4. Hieron. ep. 121,6,15. Altaner/Stuiber 75 ff. Ausführlich Deschner, Hahn 145 ff.

130 Altaner/Stuiber 77. Bauer, Rechtgläubigkeit 187 ff. Hennecke, Neutestamentliche Apokryphen 8 ff. Schneemelcher, Haupteinleitung bei Hennecke 11, 43.

131 Schneemelcher ebd. 11. Reicke/Rost 1304. Haag 923 f. Altaner/Stuiber 72, 106 f. Harnack, Marcion passim, bes. 246. Knopf, Einführung 160

132 1. Clem. 47,1 ff. Ign. Eph. 12,2. Just. apol. 1,67. Reicke/Rost 1304

133 Euseb. h. e. 4,26,13 f. Reicke/Rost 1303. Schneider, Geistesgeschichte I 329 f. Vgl. auch Anm. 131, 132

134 Reicke/Rost 1304 f. Altaner/Stuiber 110 ff, bes. 113. Bardenhewer I 426 f

135 Ich folge hier eng Bardenhewer II 87 f. Dort alle Quellenhinweise. Vgl. auch ebd. 42

136 Iren. 4,20,2. Tert. de orat. 16. Euseb. h. e. 3,25,1 ff. Haag 922 ff. Reicke/Rost 1304 f. LThK 1. A. V 778 f. Streeter 439. Wikenhauser, Einleitung 28, 31. Schneemelcher, Haupteinleitung 13 ff, 18 ff

137 Athanasius' Behauptung im 39. Festbrief. Haag 923 f. Reicke/Rost 1304 f. LThK 1. A. V 779. Ausführlicher über das Zustandekommen des Neuen Testaments: Deschner, Hahn 143 ff

138 LThK 1. A. V 778. Theologisches Wörterbuch III 979 ff. Jülicher 450 ff, 555. Hennecke, Neutestamentliche Apokryphen, hg. Schneemelcher I 1 ff

139 Reicke/Rost 1304 f. Haag 924. LThK 1.A. V 779. Luther zit. nach Grisar I 523 f, III 442 f, dort die Quellenhinweise. Schneemelcher, Haupteinleitung 12 ff

140 Bultmann, Synoptische Tradition passim. Schelkle 28

141 Reicke/Rost 1308 f

142 Brox, Falsche Verfasserangaben 11 ff, 78. Schelkle 29. v. Campenhausen, Die Entstehung 380. Clévenot, Die Christen 132 f

143 Meyer, Pseudepigraphie 110. Charlesworth, The pseudepigrapha 25. Vgl. ders. The Renaissance 107 ff

144 Speyer, Fälschung, literarische 251
145 Brox, Falsche Verfasserangaben 63, 111
146 Brox, ebd. 14. Ders. Problemstand 311
147 So Norbert Brox in seiner Einleitung zu Pseudepigraphie 1 ff. Vgl. auch Meyer, Besprechung 150
148 Haag 218 ff
149 Ebd. 227. Reicke/Rost 1307. Knopf, Einführung 22 f, 63. Lietzmann, Geschichte II 94. Bauer, Rechtgläubigkeit 163. Feine-Behm 23, 320, 334. Hirsch, Frühgeschichte passim, bes. 70 ff, 99 ff, 123 ff
150 Bauer, Rechtgläubigkeit 163. Kober, Die Deposition 675. Meyer, Besprechung 150 f. Speyer, Religiöse Pseudepigraphie 247 ff, 259 ff. Ders. Literarische Fälschung 85 f, 219 f, 260 ff, 310
151 Brox, Falsche Verfasserangaben 30 f, 49 f
152 Ebd.
153 Meyer, Besprechung 150 f. Speyer, Religiöse Pseudepigraphie 247 ff
154 Speyer, Literarische Fälschung 221. Brox, Problemstand 328 ff
155 Hennecke, Neutestamentliche Apokryphen I 126 ff, II 58 ff, 221 ff. Speyer, Literarische Fälschung 220. Ders. Fälschung, literarische 241 f, 254 f, 262. Brox, Falsche Verfasserangaben 98 f, 105 ff
156 Speyer, Literarische Fälschung 220. Ders. Fälschung, literarische 255
157 Ebd.
158 Zach. Reth. h. e. 3,10. Bardenhewer IV 317. Altaner/Stuiber 234, 241. Speyer, Literarische Fälschung 284
159 Speyer ebd. 14. Brox, Falsche Verfasserangaben 52 ff
160 Seeck, Urkundenfälschungen 4. Heft 399. Syme 299 ff, 305, 309. Schreiner 133. Speyer, Literarische Fälschung 47 ff, 58 ff, 92 f, 277 ff. Ders. Fälschung, literarische 239 f. Ders. Religiöse Pseudepigraphie 201, 240. Brox, Problemstand 314. Ders. Falsche Verfasserangaben 20 f, 51 ff, 57 ff
161 Speyer, Fälschung, literarische 239 f
162 Ebd.
163 H. v. Campenhausen ThLZ 94, 1969, 43 zit. nach Brox, Falsche Verfasserangaben 82. Vgl. auch Brox ebd. 69. Herde 300 f
164 Papias bei Euseb. h. e. 3,39,10. Cornfeld/Botterweck IV 930, 948. Aland, Noch einmal 121 ff insistiert mit Recht auf der viel zu geringen Beachtung des Problems der Anonymität im ur- und frühchristlichen Schrifttum gegenüber dem der Pseudonymität. Vgl. auch Anm. 154
165 Papias bei Euseb. h. e. 3,39,13; 3,39,16. Iren. adv. haer. 3,1,1; dazu Euseb. h. e. 5,8,2. Haag 1112 f. Cornfeld/Botterweck III 762 ff, IV 952 ff. Wikenhauser, Einleitung 133. Speyer, Religiöse Pseudepigraphie 245. Kümmel 73 ff, bes. 91 f. Abel 138 ff. Marxsen, Einleitung 149 ff, bes. 155 f. K. Stendahl, The School of St. Matthew 2.A. 1968 zit. nach Marxsen ebd.
166 «Wenn's Hündla net g'schissen hätt', hätt's den Hasen g'fangen.» – Schelkle 31 ff, 53 f. Lichtenberg 350
167 Haenchen 95 ff. Jülicher 437 ff. Hommel 152 ff. Wellhausen, Kritische Analyse 35. Vielhauer, Zum «Paulinismus» 2 ff. Schweitzer, Die Mystik 6 ff. Norden, Agnostos Theos 1 ff. Cornfeld/Botterweck IV 929 ff

168 Cornfeld/Botterweck IV 929 f, 948. Meyer, Pseudepigraphie 94. Torm 127 f, 141. Heinrici 74. Brox, Falsche Verfasserangaben 25 f. Marxsen, Einleitung 139 ff, bes. 147 ff, 156 ff, 167 ff, bes. 172. Kümmel 53 ff, bes. 69 f. Ferner 73 ff, bes. 91 f, 116 ff, 141 ff

169 Jh. 1,14 f; 13,23; 19,35; 21,24. 2. Jh. V. 1; 3. Jh. V. 1. Iren. adv. haer. 2,22,5; 3,1,1; 3,3,4; 3,5,8. Euseb. h. e. 3,25,3. Hieron. vir. ill. 9,18. Haag 869 ff. Cornfeld/Botterweck II 374, III 796 ff. K. T. Bretschneider, Probabilia de evangelii et epistolarum Joannis apostoli indole et origine, 1820. Bacon 127 ff. Bauer, Das Johannesevangelium 236. Eisler, Das Rätsel 323 ff. Windisch 144 ff. Hirsch, Studien 140 ff. Leipoldt, Geschichte I 52. Meyer, Pseudepigraphie 90 ff. Torm 129 f. Schelkle 30. Teeple 279 ff. Parker 35 ff. Gericke 807 ff. Williams 311 ff

170 Kümmel 155 ff, bes. 162 ff und 200 ff. Vgl. auch die vorhergeh. Anm. u. Deschner, Abermals 44 ff

171 Haag 870 f. Schelkle 79 ff, 91 f. Je weiter man bei Schelkle liest, desto mehr möchte man auf seinen (wohl nicht nur diesbezüglichen) Unglauben schwören. Meyer, Pseudepigraphie 90 ff. Lietzmann, Geschichte I 235 ff, bes. 246 ff. Leidenschaftlich verteidigt noch Ehrhard, Urkirche 98 ff die Verfasserschaft des Apostels Johannes

172 Apk. 1,1; 1,4; 1,9; 22,8. LThK 1.A. I 289. Lohse, Die Offenbarung 4

173 Euseb. h. e. 7,24,1 ff. Altaner/Stuiber 210 f

174 Euseb. h. e. 7,25,1 ff

175 Ebd. 7,25,17 ff

176 Lohse, Die Offenbarung 5 ff

177 Meyer, Pseudepigraphie 94. Brox, Falsche Verfasserangaben 40

178 Cornfeld/Botterweck II 368 ff. Haag 1319

179 1. Tim. 1,1; 1,3; 1,12 ff; 1,19 f; 2,7; 2,12; 3,14 f; 4,2; 4,7; 6,1. 2. Tim 1,1; 1,11 f; 3,11; 4,9 ff. Tit. 1,1; 1,3; 1,10 f. Cornfeld/Botterweck II 368 ff. Haag 1319

180 Hieron. praef. comm. in ep ad Tit. Bauer, Rechtgläubigkeit 228 f. Heiler, Der Katholizismus 61 ff. Rist 39 ff, 50 ff. Knox 73 ff. Werner, Die Entstehung 162 f, 209 f.

181 Haag 1323. Campenhausen, Polykarp von Smyrna 8. Dibelius-Kümmel 10. Klausner, Von Jesus zu Paulus 235 ff. Knopf, Einführung 86 f. Barnikol 8. Meyer, E., Ursprung und Anfänge III 582. Jülicher 162 ff. Knox 73 ff. Goodspeed, An Introduction 327 ff. Speyer, Religiöse Pseudepigraphie 249 f, 254 f. Ders. Literarische Fälschung 286. McRay 2 ff. Moule, The Problem 430 ff. Brox, Zu den persönlichen Notizen 272 ff, bes. das Resümee 290 ff. Kümmel 323 ff. Vgl. auch 343 ff, 367 ff, bes. 371 ff, 378 ff. Binder 70 ff. Harrison 77 ff.

182 2. Thess. 2,1 ff; 3,17. Cornfeld/Botterweck II 367 f. Lindemann 35 ff, bes. 46. Marxsen in: Reicke/Rost 1970 f. Marxsen, Der zweite Thessalonikerbrief 107 ff. Schweitzer, Die Mystik 42 f. Kautsky 18 f. Jülicher 62 ff. Braun, Zur nachapostolischen Herkunft 152 ff. Trilling, passim

183 Reicke/Rost 416 ff. Cornfeld/Botterweck II 364 ff (hier die Zitate von Guthrie und Schlier). van Rhyn 112 ff. Barnikol 7. Lietzmann, Geschichte I 226 f. Dibelius-Kümmel 10 f. Knopf, Einführung 73, 85 f. Käsemann, Leib und Leib Christi 138 ff. Goodspeed, The Meaning of Ephesians. Ders. An introduction 222 ff. Kümmel

308 ff, bes. 314 ff. Schelkle will den Epheserbrief, wenn er schon nicht echt sein sollte, doch «durch einen Schüler» des Apostels verfaßt sehen: 172 ff, bes. 174. S. auch 178 ff, bes. 182, 185 ff

184 Cornfeld/Botterweck II 356, 370 ff. Leipoldt, Geschichte I 219 ff. Jülicher 146 ff. Kuss 1 f. schließt «eine unmittelbare Autorschaft des Apostels Paulus» aus und fügt hinzu: «das dürfte heute allgemeine Überzeugung sein». – Vgl. auch Rienecker 570. Bruce, «To the Hebrews» 217 ff. Ders. Recent Contributions 260 ff. Marxsen, Einleitung 174 ff

185 Schrage/Balz 1 ff

186 2. Petr. 1,1; 1,16 ff; 2,1 f; 2,10; 2,12; 2,14; 2,18; 3,1; 3,3 f; 3,14; Haag 1368. Cornfeld/Botterweck II 378 ff. Altaner/Stuiber 280 f. Schrage, Der zweite Petrusbrief 118 ff. Talbert 137 ff

187 1. Petr. 1,1; 1,15; 2,1 f; 3,10; 5,12. Vgl. auch 2,12. Cornfeld/Botterweck II 377 f. Schrage, Der erste Petrusbrief 59 ff. Hunzinger 66 ff. Bultmann, Bekenntnis- und Liedfragmente 285 ff. Danker 93 ff. Moule, The Nature 1 ff. van Unnik 92 ff. Brox, Zur pseudepigraphischen Rahmung 78 ff. Auch für den Katholiken Rudolf Schnackenburg ist heute der 1. Petrusbrief «wahrscheinlich pseudonym», wozu er anmerkt: «Die Stimmen mehren sich auch auf katholischer Seite, daß dieses Schreiben möglicherweise ein pseudonymes ist». Erst recht gehört natürlich für Schnackenburg der 2. Petrusbrief «schon dem 2. Jahrhundert an»: Schnackenburg 33

188 Euseb. h. e. 3,25,2 f; 3,39,17; 6,14,1; 6,25,10. Balz, Die Johannesbriefe 150 ff

189 2. Joh. 10 f. 3. Joh. 9 f. Cornfeld/Botterweck II 374 ff. Käsemann Ketzer und Zeuge 292 ff. Braun Literar-Analyse 210 ff. Bergmeier 93 ff. Bultmann, Die kirchliche Redaktion 381 ff

190 Haag 858. Balz, Die Johannesbriefe 150 ff. Zit. 155

191 Jk. 1,1; 1,22; 2,1. Luther, Tischreden 3,254; 5,157, 382, 414. Haag 805 f. Lietzmann, Geschichte I 212 f. Marxsen, Der «Frühkatholizismus» 22 ff. Ders. Einleitung 222 ff, 243 ff, 272 ff. Halson 308 ff. Schrage, Der Jakobusbrief 5 ff. Luck, Weisheit und Leiden 253 ff. Ders., Der Jakobusbrief 161 ff. Kümmel 356 ff, bes. 363 ff 383 ff, bes. 390 ff, 396

192 Jud. 1. Vgl. auch 17. Cornfeld/Botterweck II 376. Marxsen, Einleitung 236 ff

193 Marxsen ebd. 174. Speyer, Religiöse Pseudepigraphie 252, 258. Ders. Literarische Fälschung 209.

194 Candlish 11. Bauer, Rechtgläubigkeit 178

195 Heinrici 79. Wikenhauser, Einleitung 75 ff.

196 Martial 5,24. Harnack, Mission und Ausbreitung I 117 Anm. 1. Weinel bei E. Hennecke, Neutestamentliche Apokryphen 1924, 330. Schneider, Geistesgeschichte I 401 ff. Werner, Die Entstehung 598 ff. Moreschini II 110. Ausführlicher über die Entstehung des Trinitätsproblems: Deschner, Hahn 381 ff

197 Bas. hex. 9. hom. 6. Vgl. hex. 6 hom. 2. Greg. Nyssa, Cat. 4,1. Altaner/Stuiber 303. Mühlenberg: «Die theologische Fassung des altkirchlichen Trinitätsdogmas ist Gregor zu verdanken.» S. 58

198 1. Hen. 39,5 ff; 61,8 ff, 1. Tim. 5,21; Lk. 9,26. Apk. 1,1 f; 1,4 f. Vgl. auch Mk. 8,38. 1. Tim. 5,21; 1. Thess. 3,13. Apk. 3,5; 14,10. Ju-

stin. apol. 1,6. Werner, Die Entstehung 302 ff, 635

199 Harnack, Mission und Ausbreitung 140. Weinel, Biblische Theologie 202. Schweitzer, Die Mystik 228 Anm. 1. Lietzmann, Geschichte I 55. Klostermann 232 f. Dibelius, Formgeschichte 285. Bultmann, Synoptische Tradition 310, 333. E. Meyer, Ursprung und Anfänge I 15, 92. Heitmüller 2 ff. Werner, Glaube und Aberglaube 70. Ackermann 121 f. Grass 30 f. Schweitzer, Das Herrenmahl 585

200 Haag 300 f. Jülicher 589. Thiele 61 ff

201 Cornfeld/Botterweck III 796 ff

202 Brox, Falsche Verfasserangaben 26 f.

203 Speyer, Fälschung, literarische 242, 251, 270. Ders. Religiöse Pseudepigraphie 238

204 Farrer 94, 106

205 Bardenhewer I 503. Schneemelcher, Haupteinleitung 17, 32. Vgl. auch Deschner, Hahn 143 ff

206 Iren. adv. haer. 1,20,1. Tert. pud. 10,12. Bardenhewer I 78 f. Schneemelcher, Haupteinleitung 4 ff, 34 f.

207 Reicke/Rost 108 ff

208 Brox, Falsche Verfasserangaben 61 f.

209 Bardenhewer I 79, 499

210 Ebd. 79, 500 f.

211 Brox, Falsche Verfasserangaben 64 ff

212 Meyer, Pseudepigraphie 102 f. Bardenhewer I 500. Speyer, Religiöse Pseudepigraphie, in JbAC 1965/66, 119 ff. Derselbe Aufsatz bei Brox, Pseudepigraphie 253 ff

213 Hieron. apol. adv. Rufin, 1,7. Comm. in Jerem. 4,22. ep. 57,2; 133,3. Socrat. h. e. 1,23. Altaner/Stuiber 309 f, 392 ff. Speyer, Literarische Fälschung 206 ff. Ders. Fälschung, literarische 242

214 Kober, Die Desposition 675. Bardenhewer I 499 f. Fuhrmann, H. 78. Bauer, Rechtgläubigkeit 163. Speyer, Religiöse Pseudepigraphie 259 ff. Brox, Falsche Verfasserangaben 28

215 Vgl. Schneemelcher, Einleitung 48 ff

216 Apk. 2,6. Iren. adv. haer. 1,31,1 ff. Epiphan. haer. 26,2,5; 38,1 f. Reicke/Rost 453. LThK 1. A. V 746, VII 572. Bardenhewer I 351 f. Bauer, Leben Jesu 499 f. Puech 159 f, 228 f.

217 Reicke/Rost 453 f. Meyer, Pseudepigraphie 102 f.

218 Vielhauer, Judenchristliche Evangelien 90 ff., dort auch die übrigen Zitate.

219 Epiphan. haer. 30,13,2 ff. Vielhauer, Judenchristliche Evangelien 100 ff. Vgl. 79 ff

220 Vielhauer ebd. 100 ff

221 Hieron. Comm. in Mich. 7,6; in Jes. 40,9; in Hes. 16,13; 18,7; in Eph. 5,4. Bardenhewer I 513 ff. Vielhauer, Judenchristliche Evangelien 104 ff.

222 Pist. Soph. c. 42; 44 (Schmidt-Till). Puech 174 ff, 194. Bardenhewer I 530. Bauer, Leben Jesu 503

223 Puech 168 ff, 173 f, 183 ff, jeweils mit den Quellen und Belegen

224 Testament. Dom. 1,17. Altaner 45. Altaner/Stuiber 257. Kraft 479. Brox, Falsche Verfasserangaben 34. Speyer, Fälschung, literarische 240. Ders. Religiöse Pseudepigraphie 258

225 Puech 194 ff, 197 f, bes. 229 ff, 245 ff

226 Ev. Petr. V. 59 f. Bardenhewer I 524 ff. Torm 128. Speyer, Religiöse Pseudepigraphie 213. Chr. Maurer, in: Hennecke, Neutestamentliche Apokryphen 118 ff. Dort Quellenhinweise bzw. Belege

227 Clem. Al. strom 6,15,128. Hennecke/Schneemelcher II 54, 58 ff.

228 Euseb. h. e. 6,14,1. Method. symp. 2,6. Sozom. h. e. 7,19. Reicke/Rost 1432. Haag 86. Altaner/Stuiber 141 f. Bardenhewer I 610 ff. Hennecke/Schneemelcher II 468 ff. James 270 ff. Quispel/Grant 31 f. Michaelis 469 ff. Vgl. auch die folgende Anm.

229 Bardenhewer I 547 ff, 615 ff. H. Duensing in Hennecke/Schneemelcher II 536 ff. Silverstein 231 ff. Merkle 489 ff

230 Sozom. h. e. 7,19. August. serm 98,9. Bardenhewer I 615 ff

231 Speyer, Literarische Fälschung 234 f, 281 f, 288. Ders. Fälschung, literarische 262

232 Protev. Jak. 6,1; 7,2; 8,1 ff; 12,3; 15,3; 20,1 ff; 25,1. Clem. Al. strom. 7,16. Zeno v. Ver. 2,8. Vgl. auch nachfolg. Anm.

233 Haag 804. Bardenhewer I 533 ff. Speyer, Fälschung, literarische 256

234 Schreiner 156. Speyer, Literarische Fälschung 280

235 Puech 250 ff

236 Ebd.

237 ebd. 186 ff

238 Altaner 60 f. Altaner/Stuiber 124 f. Kraft 191 f. Duensing bei Hennecke 126 ff. Speyer, Religiöse Pseudepigraphie 256. Brox, Falsche Verfassernamen 27 f

239 Didasc. 24

240 Bardenhewer II 304 ff.

241 Apg. 15; Did. c. 16; 24. Didasc. Apost. 43,12 ff; 44,21 ff, Altaner 37 ff, 41 f. Bardenhewer II 304 ff. Knöpfler 127 ff. Bauer, Leben Jesu 309 f, 497. Brox, Falsche Verfasserangaben 31 ff. Speyer, Literarische Fälschung 223. Ders. Religiöse Pseudepigraphie 213, 257 f. Bardy 167. Hennecke, Apostolische Pseudepigraphen 86. G. Strecker, in: Bauer: Rechtgläubigkeit 2. A. 1964 248 ff. Schille 84 ff

242 Apost. Konst. 1,1; 1,6; 5,13; 6,15; 6,18; 7,46; 8,30 f. Bardenhewer IV 262 ff, bes. 272 ff. Altaner/Stuiber 254 ff. Kraft 49 f. Bihlmeyer I 157 f, 360 f. Bardy 167. Hennecke, Apostolische Pseudepigraphen 86. Brox, Falsche Verfasserangaben 33 f. 127 f. Knöpfler 128 f. Speyer, Literarische Fälschung 223 f. Ders. Religiöse Pseudepigraphie 213, 257 f.

243 Speyer, Literarische Fälschung 225

244 Speyer, Fälschung, literarische 225 f. Brox, Problemstand 326

245 Ambros. Explanat. Symb. c. 2. Vgl. Iren. adv. haer. 1,10,1; 3,4,1. Selbst ein und derselbe Kirchenvater verwendet verschiedene Formen für das Bekenntnis. Vgl. Iren. adv. haer. 1,10,1 ff mit 4,33,7 und die Behauptung Tert. praescr. haer. 13. Harnack, Dogmengeschichte 85 ff. Lietzmann, Geschichte II 110. Werner, Glaube und Aberglaube 67 f. Knox 33 f. Cullmann, Die ersten christlichen Glaubensbekenntnisse 12. Brox, Falsche Verfasserangaben 35 f. Trillhaas passim, bes. 14 ff, 28 f, 86 (setzt aber die Entstehung des Glaubensbekenntnisses schon um 120 an.

246 Speyer, Fälschung, literarische 256

247 Schneemelcher, Apostelgeschichten 110 ff. Speyer, Religiöse Pseudepigraphie 261, bes. Anm. 226 mit vielen Hinweisen. Ders. Literarische Fälschung 222 ff

248 Euseb. h. e. 3,25,6 f. Epiphan. haer. 47,1,5. August. contra adv. legis et proph. 1,20,39. ep. 237. Opitz, in: Reicke/Rost 873. Bardenhewer I 574 ff. Schäferdiek 125 ff. Pulver 141 ff

249 Bardenhewer I 550 ff. Schmidt, C., Zur Datierung 150 ff. Turner 119 ff. W. Schneemelcher, Die Petrusakten, in: Hennecke/Schneemelcher II 177 ff

250 Schneemelcher ebd. Ders. Paulusakten ebd. 221 ff. E. Peterson 183 ff.

251 Vgl. Bardenhewer I 547 ff. Hennecke/Schneemelcher II 110 ff

252 Candlish 35

253 Hennecke, Neutestamentliche Apokryphen 9 f. Brox, Falsche Verfasserangaben 37 ff. Dort alle Quellenhinweise

254 Euseb. h. e. 3,3,5 f; 3,25,4. Altaner/Stuiber 136 f. Kraft 413. Bardenhewer I 598 ff. Schneemelcher, in: Hennecke/Schneemelcher II 54, 80 ff

255 Speyer, Literarische Fälschung 47 ff, 252 ff. Ders. Fälschung, literarische 254, 261 f.

256 Tert. praescr. haer. 32. Ps. Clem. hom. 2,19; Recog. 1,41. ad virg. 2,15. Altaner 73 ff, bes. 76 ff. Altaner/Stuiber 45 ff, bes. 47, 88 f, 134 f. Kraft 140 ff. Rehm 197 ff. Bardy 168. Candlish 34 f. Hennekke, Apostolische Pseudepigraphen 88. Bauer, Leben Jesu 346. Lietzmann, Geschichte I 211 f. Speyer, Fälschung, literar. 267. Brox, Falsche Verfasserangaben 29

257 Altaner 79. Altaner/Stuiber 48, 256. Kraft 295 verliert über die Fälschungen kein Wort. Bardenhewer IV 270 ff. Lexikon der alten Welt 1369. Zeller 113. Pfleiderer II 226 f. Krüger bei Hennecke, Neutestamentliche Apokryphen 2. A. 1924 518. Goodspeed, A History 28 f. Diekamp 25 ff. Candlish 20. Bardy 172 f. Lietzmann, Geschichte I 251 f. Brox, Falsche Verfasserangaben 30, 61. Speyer, Literarische Fälschung 266. Paulsen I 38 f

258 Altaner 92 f, 275, 296. Altaner/Stuiber 65 ff. Kraft 334 f. Bardenhewer I 206 ff, bes. 230 ff. Geffcken, Zwei griechische Apologeten 267 ff. S. auch Register Ps.-Justin bei Bauer, Leben Jesu 559. Brox, Falsche Verfasserangaben 30. Bammel I 57 f

259 Altaner/Stuiber 154, 160, 410. Kraft 474, 478 f. Bardenhewer II 432 ff

260 August. ep. 93,38. Contra Crescon. Donat. 1,32; 2,31; 2,33. Altaner 147 f. Altaner/Stuiber 177 f. Vgl. auch Kraft 155. Bauer, Leben Jesu 233. S. auch Register 559. Speyer, Literarische Fälschung 207

261 August. ep. 188,2,4 f. de gest. Pelag. 22. Hieron. dial. c. Pelag. 3,16. Altaner/Stuiber 459. Kraft 433 f. Bardenhewer IV 520 f. Bardy 176 ff. Speyer, Literarische Fälschung 219 f, 268 f. Ders. Fälschung, literarische 267.

262 dtv Lexikon 12, 119. Altaner 232 f. Altaner/Stuiber 47, 274, 289, 314, 335. Kraft 63 ff. Opitz 204 f. Bardenhewer III 44 ff, 54 ff. Brox, Falsche Verfasserangaben 50. Speyer, Literarische Fälschung 266, 270. Ders. Fälschung, literarische 267

263 Altaner/Stuiber 253 f. Vgl. auch 385

264 Altaner/Stuiber 210 f, 313 ff. Bardenhewer III 285 ff. Bardy 171 f, 174. Grillmeier I 169 ff. Speyer, Literarische Fälschung, 271 ff. Ders. Fälschung, literarische 267 f.

265 Zachar. Rhet. h. e. 4,12. Speyer, Literarische Fälschung 273 ff. Ders. Fälschung, literarische 268

266 Altaner 335 ff, 341. Altaner/Stuiber 384 f, 389 ff. Kraft 21, 27 ff. Hauck, F. 10. Knöpfler 240. Bardenhewer III 498 ff, bes. 506 ff,

543 ff. Speyer, Fälschung, literarische 254, 265

267 Altaner 352. Altaner/Stuiber 401. Kraft 271. Schiwietz I 49 f. Völter 6. Reitzenstein, Historia Monachorum 70. Heussi, Der Ursprung des Mönchtums 70. Syme 301. Caspar I 256. Haller, Papsttum 2. A. 1936 I 17 f. Laccarière 81 ff

268 Altaner 341, 382 ff. Kraft 21, 95 ff. Bardenhewer I 343, 570 B. nennt in seinem Standardwerk Dutzende von unechten Augustinusschriften IV 454 ff. Nur teilweise zusammenfassend 501 f. Brox, Falsche Verfasserangaben 50

269 Apg. 17,34. Ps. Dion. ep. 7,2 f. de div. nom. 2,11; 3,2. Altaner 453 ff. Kraft 173 f. Bardy 183 f.

270 Römisches Martyrologium 71

271 Altaner 454. Kraft 173 f. Roques 1075 ff. Stiglmayr, Der sogenannte Dionysius Areopagita 1 ff, 161 ff. Ders. Um eine Ehrenrettung 52 ff. Günter, Die christliche Legende 152 ff. Bihlmeyer 381 ff. Meyer, Pseudepigraphie 105 f. Bardy 181 ff. Riedinger 276 ff. Engberding, Kann Petrus der Iberer 68 ff. Ders. Zur neuesten Identifizierung 218 ff. Speyer Literarische Fälschung 231, 289, 303. Brox, Falsche Verfasserangaben 30, 62 Anm. 20 mit Bez. auf Speyer, Fälschung 190, 198. Kawerau, Geschichte der mittelalterlichen Kirche 180 f

272 Speyer, Literarische Fälschung 86

273 Ebd. 240 ff

274 Ebd. Ders. Fälschung, literarische 257 f. Zur Bestreitung der Geschichtlichkeit Jesu vgl. Deschner, Hahn 13 ff

275 Tert. Apol. 5,2; 21,24. Euseb. h. e. 2,2,1 ff. Michl in: LThK 2, 1958, 689 f. Bardy 170 f. Speyer, Literarische Fälschung 148, 242 f, 250 f. Ders. Fälschung, literarische 258

276 Greg. Tur. hist. Fr. 1,21; 1,24. Bauer, Leben Jesu 187 ff, 363 f, 469 f. Speyer, Literarische Fälschung 236 f, 244 f. Vgl. auch 278. Ders. Fälschung, literarische 258

277 PL 8,964 ff. Altaner 268. Kraft 160 f. Speyer, Bücherfunde 139. Ders. Fälschung, literarische 265.

278 Speyer ebd. 251, 257. Ders. Literarische Fälschung 234 ff. Ders. Bücherfunde 138. Hennecke/Schneemelcher II 488 ff

279 Hieron. vir. ill. 12. Etwas skeptischer August. ep. 135,14. Altaner 59. Thudichum II 339 ff. Torm 133. Syme 301, 307. Dibelius-Kümmel 9. Speyer, Fälschung, literarische 261. Brox, Falsche Verfasserangaben 28. Ellert 262 ff. Hennecke/Schneemelcher II 88

280 Es gibt weniger bekannte christliche Brieffälschungen. Zum Beispiel einen Brief des Caesars Gallus, eines überaus blutrünstigen «rechtgläubigen» Christen (I 324 f), an seinen Stiefbruder Julian, den späteren Kaiser, der in der Fälschung zum christlichen Heuchler gestempelt wird. Oder einen unechten Brief der aufs scheußlichste ermordeten heidnischen Philosophin Hypatia an den hl. Kirchenlehrer Kyrill, der hinter dem Mord stand (II 200); dieser lateinisch erhaltene Brief ist die Fälschung eines Nestorianers. Speyer, Fälschung, literarische 262. Hennecke/Schneemelcher 85

281 Kraft 424. Bratke 1 ff, 157 ff, 240 ff

282 Euseb. h. e. 3,19 f. Altaner/Stuiber 109 f. Speyer, Fälschung, literarische 259 ff

283 Ausführlich über die ungeheueren Übertreibungen der Christenverfolgungen: Deschner, Hahn 334 ff. S. auch Speyer, Literarische Fälschung 54 ff, 252 ff

284 Suet. Nero 16. Tacit. annal. 15,44. Schwartz, Kaiser Konstantin 31. Schneider, Geistesgeschichte II 293. Ders. Die Christen 319. Clévenot, Von Jerusalem nach Rom 137. Ausführlicher: Deschner, Hahn 336 f

285 Clévenot, Von Jerusalem nach Rom 138 f

286 Ehrhard, Die Kirche der Märtyrer 21

287 Gal. 6,16. Hebr. 11,9; 11,13; 13,14. 1. Petr. 1,1; 1,17; 2,9; 2,11; Diog. 6,8 u. a. Barn. 5,7; 13,6. Herm. vis. 4,3,2 ff. 2. Clem. 5,1; 5,5. Barn. 5,7; 13,6. Arist. Apol. 16. Justin. Tryph. 119. Orig. c. Cels. 3,8. Tert. ad martyr. 1 f. Cypr. ep. 12. Lact. de mort. persec. 12,3. Schwartz, Kaiser Konstantin 35. Krueger, Die Rechtsstellung 123 ff, 231 ff. Harnack, Mission und Ausbreitung 509. Dannenbauer I 50 f. Wlosok I 176 ff. a. 317 wurde Laktanz «Hauslehrer des Kronprinzen», des Konstantinsohnes Krispus: Scheich I 206

288 RAC I 744 ff. Römisches Martyrologium passim. Eutychian ebd. 2. Heft 108. Caspar I 97 ff. Haller I 54. Krüger, Die Rechtsstellung 223. Wickert I 160 läßt Eutychian, wie viele andere, «den Märtyrertod» sterben. Das gilt nur eingeschränkt. Sogar Bischof Kornelius stirbt hier «in der Verbannung den Märtyrertod»: S. 171. Rüger, 309

289 Cypr. ep. 6. Vita Cypr. 7,14. Harnack, Das Leben Cyprians 74 f. Achelius 295, 313. Ehrhard, Die Kirche der Märtyrer 69. Auch ein so prominenter Lehrer wie Clemens Alexandrinus sah sich «zu rascher Flucht veranlaßt». Ritter, Klemens von Alexandrien I 122. Allerdings sei bei ihm als Fluchtgrund auch ein Konflikt mit seinem Bischof «nicht völlig ausgeschlossen» ebd.

290 Syme 298. Kötting, Die Stellung des Konfessors 22. Speyer, Literarische Fälschung 214

291 Martyr. S. Polyc. 5,2; 9,1; bes. c. 16 ff. Wetzer/Welte VIII 572 ff. LThK 1.A. VIII 360 f. Römisches Martyrologium 17. Bardenhewer I 160 ff. Surkau 126 ff. Campenhausen, Bearbeitungen und Interpolationen passim. Schuchert 146. Conzelmann, Bemerkungen passim, bes. 5 ff (bzw. 43 ff). Fazit: 20 (bzw. 58). Rordorf 249. Kraft, Die Lyoner Märtyrer 250 ff. Zit. 254

292 Ausgewählte Akten persischer Märtyrer passim

293 Ebd. 150 ff

294 Ebd. 121, 126, 130, 134 f

295 Ebd. 160 ff

296 Römisches Martyrologium 1. Heft 9

297 Donin VII S. III, V. I 106 ff. Vgl. auch II 311 ff u. v. a.

298 Auer, W., 25

299 Ausgewählte Akten persischer Märtyrer 114, 137, 148 f

300 Ebd. 137 f

301 Ebd. 87, 93 ff, 97 ff. 100 ff, 113, 185

302 Römisches Martyrologium 1. Heft 15, 23, 27, 32, 42 f, 47, 50, 54, 59, 66, 68 f, 91, 102, 105, 118 f. 2. Heft 69, 73, 93 f, 119. Altaner/Stuiber 408. Ehrhard, Die Kirche der Märtyrer 103. Graf, Das Martyrium 209. Weitere große Zahlen bei Günter, Psychologie der Legende 139 f. Kötting, Peregrinatio 331

303 Drews, Die Christusmythe II 57 mit Berufung auf Hausrath. Schneider, Geistesgeschichte II 41 Anm. 1. Hertling, Geschichte 50, 67. Stockmeier, Leo I. 100

304 Schuck 115

305 Ebd. 127, 149
306 Pauly III 365 f. dtv-Lexikon XI 31. Syme 308
307 Bauer, Rechtgläubigkeit 6 ff, 21 ff, 49 ff, 175 ff, 193 ff. Vgl. auch G. Strecker in seinem «Nachtrag» bei Bauer ebd. 245 ff
308 Clem. Al. strom 7,17,106. Ptolem. ep ad Floram 5,10. Wetter 46 f. Bauer, Rechtgläubigkeit 123 f. Campenhausen, Lehrerweihen 240 ff. Werner, Die Entstehung 171 ff
309 Dölger, Byzanz 111 ff. Speyer, Literarische Fälschung 299. Ders. Fälschung, literarische 264
310 RAC 1950 I 281 f. Altaner/Stuiber 209 f. Bardenhewer II 263 ff, bes. 266 ff. Müller, K., Kirchengeschichte 121. Bauer, Rechtgläubigkeit 49 ff, 57 f, 64, 68, 120 f. 163 ff. Harnack zit. ebd. 49 f.
311 Theodor. Anagn. h. e. 2,2 (PG 86,1,184). Speyer, Literarische Fälschung 297. Ders. Fälschung, literarische 263. Ders. Bücherfunde 81 f.
312 Schwartz, Aus den Akten 4. Speyer, Literarische Fälschung 296. Ders. Fälschung, literarische 264
313 RAC 1950 I 683
314 Bauer, Rechtgläubigkeit 7 ff. Ders. Leben Jesu 541. Dobschütz, Christusbilder 103 ff, 127 ff. Speyer, Fälschung, literarische 240
315 Euseb. h. e. 1,13,1 ff. Bardenhewer I 590 f
316 Euseb. h. e. 1,13,10
317 Ebd. 1,13,11 ff
318 Kirsten 573. Syme 301. Meyer, Pseudepigraphie 105. Bauer, Rechtgläubigkeit 15 ff, 38 ff. Speyer, Literarische Fälschung 295. Ders. Fälschung, literarische 263
319 Altaner/Stuiber 139. Bardenhewer I 591 ff. Bauer, Leben Jesu 266 Anm. 2. Ders. Rechtgläubigkeit 13 ff, 21 ff. Speyer, Literarische Fälschung 296. Ders. Fälschung, literarische 263
320 Bardenhewer I 592 ff
321 Dobschütz, Christusbilder 105 ff
322 Ebd. 1 ff
323 Thudichum I 425 ff, II 136 ff. Speyer, Bücherfunde 23 ff, 30 ff, 41. Stübe 1 f.
324 Ebd.
325 Bernoulli 175 ff. v. Schubert I 76. Levison 9. Koch, Sankt Fridolin 71 ff
326 Pelag. I. ep. 24. Stein, Eine gefälschte Urkunde 98 ff, Egger 62 f. Speyer, Fälschung, literarische 263 f. Ders. Literarische Fälschung 300 f mit weiteren zahlreichen Literaturhinweisen
327 Caspar I 344 ff. Haller I 84 ff. Speyer, Fälschung, literarische 263. Ders. Literarische Fälschung 296 f, 301
328 Stamer 15 f. Speyer, Fälschung, literarische 264. Ders. Literarische Fälschung 301
329 Schneider, Geistesgeschichte II 244. Speyer, Literarische Fälschung 301 f
330 Rippel 64
331 Speyer, Literarische Fälschung 283 ff
332 Zach, Rhet. h. e. 3,10. Altaner/Stuiber 3, 234, 524 f. Kraft 34. Speyer, Literarische Fälschung 197, 295, 309. Ders. Fälschung, literarische 262. Brox, Falsche Verfasserangaben 118 f
333 Altaner/Stuiber 139. Speyer, Literarische Fälschung 300 mit Literaturhinweisen
334 Hengel und Speyer zit. bei Brox, Problemstand 320 f
335 Torm 147. Brox, Falsche Verfasserangaben 13 ff
136 Bludau, Schriftfälschungen passim, bes. 80 ff

337 Vgl. etwa Candlish 7 ff
338 Brox, Problemstand 322. Ders. Falsche Verfasserangaben 77. Speyer, Literarische Fälschung 92 f, 220, 232. Ders. Fälschung, literarische 237 f
339 A. Neander, Geschichte der Pflanzung und der Leitung der christlichen Kirche durch die Apostel, 2. A. 1838 II 451, Anm. 1 nach Candlish 9. Torm 112 ff, 147, von dem ich mit den letzten Ausführungen abweiche. Vgl. auch Meyer, Besprechung 150
340 Tert. de bapt. 17. Torm 117 f, 125 f. C. Schmidt, Acta Pauli 2.A. 1915, 174, zit. nach Torm ebd.
341 Vgl. Brox, Falsche Verfasserangaben 63 ff
342 Ebd. 55 ff
343 Meyer, Pseudepigraphie 109. Ders. Besprechung 152. Brox, Problemstand 317 f. Ohlig 58 ff
344 Torm 114, 118
345 Candlish mit Bez. auf Clem. Al. strom. 5,8 ff, 7,9. Orig. c. Cels. I, Praef. 5. Brox, Problemstand 323 f. Speyer, Literarische Fälschung 94 ff
346 Plat. Pol. 2,382 c; 3,389 b. Brox. Falsche Verfasserangaben 85 f
347 Brox ebd. 86 f
348 Nietzsche, Der Antichrist 44. Thudichum I 240 ff. Müller, G., Die Wahrhaftigkeitspflicht 34 ff
349 Röm. 3,7
350 Clem. Al. strom. 1,160,2; 6,124,3; 7,53,2. Dazu Brox, Falsche Verfasserangaben 87 f
351 Orig. bei Euseb. h. e. 6,25,13 f
352 Orig. c. Cels. 4,19. Brox, Falsche Verfasserangaben 88 f, 94 f
353 Greg. Nyssa or. cat. m. 22 ff. Greg. Naz. or. 39,13. Brox, Falsche Verfasserangaben 95 f
354 Joh. Chrysost. hom. 7,5 de poenitent. Vgl. auch hom. 53,3 in Gen.; de sacerdot. 1,8. Baur, Der heilige Johannes Chrysostomus I 319 ff. Kantzenbach, Urchristentum und alte Kirche 137
355 Alle Quellenhinweise bei Brox, Falsche Verfasserangaben 92 f. S. auch 98 und LThK 1. A. V 13 ff, bes. 17
356 Cass. coll. 1,8 ff, 17,17 ff. Altaner/Stuiber 452 ff. Kraft 128 f, Brox, Falsche Verfasserangaben 90 f
357 Speyer, Literarische Fälschung 96 f
358 Brox, Falsche Verfasserangaben 91 f
359 August. conf. 6,6. de civ. dei 5,24. contra mendac. 24. Quaest. de Evang. 2,51
360 Brox, Falsche Verfasserangaben 104 f
361 Müller, Die Wahrhaftigkeitspflicht 286. Ohm 736
362 Hoensbroech, 14 Jahre Jesuit II 441 ff, bes. 454 ff
363 Dostojewski 619
364 Hoensbroech, 14 Jahre Jesuit II 460
365 Häring, Gesetz Christi III 545 ff

2. KAPITEL
WUNDER- UND RELIQUIENBETRUG – 1. WUNDERBETRUG

1 Zit. nach Fries, Zeichen/Wunder 463
2 Anhang zu den philosophischen Gedanken XXIV. Zit. nach Halbfaß, Diderot I 102
3 Strauß, Die christliche Glaubenslehre I 224 f
4 Lessing, Vom Erweis des Geistes und der Kraft, Ges. Werke, hg. P. Rilla VIII
5 Bayle zit. nach v. Schmid, Apologetik 267
6 Schopenhauer, Sämtliche Werke, 1873 f, VI 411, 422

7 Brunsmann I 195
8 Monden 242
9 Ebd.
10 Russell 34
11 Daecke, Wunder 90 ff
12 1. Kg. 17,1 ff. 2. Kg. 2,8; 2,11; 2,14. 2. Mos. 4,2 ff. August. civ. dei 10,17. dtv-Lexikon Religion II 312 f. Luegs II 702 ff. v. Schmid, Apologetik 323. Specht, Lehrbuch 96, 100. Zwettler 132
13 Haag 1901
14 Jh. 2,1 ff. Mt. 8,23 ff. Mk. 4,35 ff. Lk. 8,22 ff. Mt. 14,22 ff. Mk. 6,45 ff. Jh. 6,15 ff. Mt. 14,13 ff, 15,29 ff. Mk. 6,32 ff, 8,1 ff. Lk. 9,10 ff. Jh. 6,1 ff. Mt. 9,18 ff. Mk. 5,21. Lk. 8,40 ff, 7,11 ff. Jh. 11,1 ff. Mt. 17,24 ff
15 Diderot, Anhang zu den philosophischen Gedanken (Addition aux Pensées philosophiques) XXVI. Zit. nach Halbfaß, Diderot I 102. Th. Vogel, Goethes Selbstzeugnisse 1903. Fehlt in der Jubiläumsausgabe! Zit. nach v. Frankenberg, Goethe I 161
16 Zwettler 133 ff. Peters 263. Gnilka, Zeichen/Wunder 452. Glaubensverkündigung 120
17 dtv-Lexikon, Religion II 312. Glaubensverkündigung 121
18 Mk. 7,33 f, 8,22 ff. Jh. 9,6 ff. Mensching, Irrtum 38 f. Gnilka, Zeichen/Wunder 453
19 Euseb. h. e. 1,13,6; 1,13,18. Just. Dial. 69. de resurr. 4. Iren. 3,11,5. Arnob. 1,43 f. Vgl. auch Ps. Clem. hom. 1,6
20 Alles ausführlich gezeigt und belegt bei Deschner, Hahn 37 ff, 51 ff. Wagenmann 61
21 Trede 46, 51, 57. Münzer zit. bei Schultz, Die Wahrheit der Ketzer 110. Alles weitere belegt bei Deschner, Hahn 56 ff
22 Glaubensverkündigung 121. Mensching, Irrtum 38
23 All dies ziemlich ausführlich gezeigt und belegt bei Deschner, Hahn 56 ff, bes. 61 ff, daher hier nicht wiederholt
24 Ausführlich und mit allen Belegen ebd.
25 Ebd. 69 ff, 89 ff, 98 ff
26 Klug 154, 156. A. Rosenberg zit. ebd. 158
27 Suet. Aug. 31. Cicero, divin. Liv. 39,13,12. Herod. 7,111. Paus. 9,30,9. Bieler 90 ff. Leipoldt/Morenz 34. Trede 71 f
28 Mk. 3,22 f. Mt. 9,34. Orig. c. Cels. 2,28; 2,48; 3,28; 3,33; 8,9. Tert. adv. Marc. 3,5 ff. Clem. Al. strom. 6,15,122,1. Just. apol. 1,21; 1,30; 1,31,7 f; 1,33,2 u. a. Just. dial. 69,4 f. Lact. inst. 4,15. August. in ev. Joh. 35,8. Novat. de trin. 11. Trede 89 ff. Schlingensiepen 43 ff. Bauer, Leben Jesu 361, 365 f. Speigl, Die Rolle der Wunder 303 ff
29 Fries, Zeichen/Wunder 465 ff. Vgl. auch Stieglitz 179 f
30 Mk. 1,2 f; 11,9 f; 14,27; 15,24; 15,29; 15,36. Mt. 2,6; 2,11; 2,15; 2,17; 2,23; 4,14; 8,17; 13,25; 21,4; 26,15; 27,34; 27,43. Lk. 1,31; 23,49. Jh. 2,17; 6,31; 6,45; 12,14; 12,37 ff; 19,36 f. Röm. 1,2; 3,21; 15,3; 16,26. 1. Kor. 15,3 f. Gal. 3,13. Clem. Al. strom. 6,15,128. Haag 1557 ff. Bauer, Leben Jesu 537 f. Tenney 300 ff. Hillyer 12 ff
31 Weitere Belege bei Bauer, Leben Jesu 538 f. Harnack zit. ebd. Speigl, Die Rolle der Wunder 304 f. Dannenbauer I 132 f.
32 Orig. c. Cels. 2,28; 4,2. Iren. adv. haer. 2,32,4. Speigl, Die Rolle der Wunder 303 f.
33 Ausführlich: Deschner, Hahn 115 f, 120 ff
34 Ausführlich ebd. 116 ff
35 Orig. c. Cels, 2,13. Orig. hom. 17 in Lc. Ungern-Sternberg 16.

Hirsch, Das Alte Testament 10 ff. Werner, Die Entstehung 158 ff. Lohse, Märtyrer 116. Vgl. auch das 16. Kapitel «Der Weissagungsbeweis», Deschner, Hahn 114 ff

36 Hennecke, Neutestamentliche Apokryphen I 32 ff

37 Viele Quellenhinweise bei Bauer, Leben Jesu 363 ff. Viele vergleichende Beispiele auch bei Deschner, Hahn 51 ff

38 Bauer, Leben Jesu 134 ff

39 Scheidweiler/Schneemelcher II 361

40 Lucius 340. Schlingensiepen 22 ff. Söder 112 ff. Speigl 296 ff. Cullmann, Kindheitsevangelien 272 ff

41 Ps. Thomas 2,1 ff; 3,1 ff; 4,1 ff; 9,1 ff; 17 f

42 Mk. 6,12 f. 2. Kor. 12,12. Röm. 15,18. Agp. 3,6; 4,10; 5,12; 5,15 ff; 19,11. Dazu etwa Schweizer E., Neues Testament 93 ff

43 Bardenhewer I 571. Hennecke, Neutestamentliche Apokryphen 83, 95. Deschner, Hahn 53 ff

44 Mart. Pol. 5,2; 9,1; 15. Acta Pauli et Theclae 33. Ign. Rom 5 Mart. Perpet. 19. Mart. Mironis Acta Agathae 8 f. Keller, Reclams Lexikon 438. Lucius 83, 85, 92. Surkau 126 ff. Dannenbauer I 371. Peters 59. Ausführlicher Deschner, Hahn 349 ff

45 Römisches Martyrologium I 13 ff, 24, 32, 42 ff, 53, 56, 58 f, 63, 66 ff, 81 f, 101, 106, 108, II 68, 114, 116. Lucius 95 ff

46 Daniel 3. Apg. 5,19. Hermas. sim. 9,28. Cypr. ep. 58,3; 76,7. de laude martyr. 16. de mortal. 17. de laps. 12. Martyr. Polyc. 2; 16. Orig. exhort. 2; 4; 14; 34. Euseb. h. e. 8,7,1 ff; 8,9,1 ff. Acta Pauli et Theclae 22; 33. Römisches Martyrologium I 10, 14, 22, 28, 50, 94; II 21, 90. Lucius 51 ff, 75 ff. Baumeister 267 ff

47 Alle Beleghinweise bei Lucius 91

48 Euseb. h. e. 8 passim. Zit: 8,1,1; 8,4,5; 8,6,9; 8,7,1 f; 8,9,3; 8,9,5; 8,12,5; 8,14,13.

49 Ruhbach 225

50 Ambros. de virg. 1,2; 2,7; 4,22 ff. Alle anderen Beleghinweise bei Lucius 85 f. Anm. 3; 90 Anm. 2

51 Theodor. 17. Sulp. Sever. Dial. 2,8. Römisches Martyrologium I 15, 46, 65, 81 f. Lucius 408

52 Römisches Martyrologium I 6, 9, 14, 24, 27, 30, 54 ff, 62, 90, 97, 108, II 18, 69

53 Euseb. h. e. 5,1,16.

54 Ebd. 5,1,18 ff. Römisches Martyrologium 93 f

55 Clévenot, Die Christen 72 ff

56 Donin III 335 f. van der Meer, Die alte Kirche I 17

57 Donin VII 215. Kraft, Die Lyoner Märtyrer 257 f. Brox, Irenäus von Lyon 83

58 Acta Pauli et Theclae passim. Greg. Naz. carm. 4. Greg. Nyssa, in cant. hom 14. Ambros. virg. 2 f. August. in Faust. 30,4. Sulp. Sev. dial. 2,14. Joh. Chrysost. in Act. Apost. hom. 25. Donin V 235 ff. Keller, Reclams Lexikon 475. Bardenhewer I 561 ff

59 Bardenhewer I 562 f. Aerssen 30

60 Auer, W. 533

61 Donin V 238 f

62 Altaner/Stuiber 238 f. Kraft 404 f. Lacarrière 105, 112 f, 125, 144

63 LThK 1. A. IV 897 f. Lucius 337 ff. Dannenbauer I 176 f. Speigl 297 f. Puzicha 301

64 Lucius 345 ff

65 Sulp. Sever. Vita Martini c. 6 ff, 12,3. Dial. 2,3,6 ff; 3,6. Paulin. v. Nola carm. 28,60 ff, 23,82. Hieron. ep. 108,13. Rufin. hist. mon. c. 9 ff

66 Alle Beleghinweise bei Lucius 402 ff. Vgl. auch Pfister 617 f.

67 Vita Patr. 1,16. Vita Joann. Elee-

mosyn. 54 f. Euagr. h. e. 4,33. Hieron, Vita Hilar. 46

68 Hieron. Vita Pauli 10,16. Römisches Martyrologium I 8. Keller, Reclams Lexikon 414. Kühner, Lexikon 258 ff, bes. 262. Aerssen 81. Denis-Boulet 66

69 Vita Ant. c. 50; 58. Hist. mon. 30. Hist. Laus. 8. Socrat. h. e. 4,23. Sozom. h. e. 1,14

70 Aerssen 81. Zöckler 232 f. Lucius 383. Weinreich 128

71 Theod. hist. rel. 8. Hist. Laus. 12 f, 17. Hieron. Vita Hilar. Vita Onophrii 10 f. Kraft 405 f. Lecky I 332 f. Lucius 378 ff. Reitzenstein, Historia Monachorum 121, 124 ff. Heussi, Der Ursprung des Mönchtums 172 ff

72 Hieron. adv. Vigil. Sulp. Sever. Dial. 1,26,5. Lucius 392 ff mit vielen Quellenhinweisen

73 Vgl. etwa Lotter 310

74 Theodor. h. e. 4,16. Sozom. h. e. 7,26 ff. Marc. Diac. Vita Porph. 3,19 ff. Gregor. I. dial. 3,2 ff. Lucius 410 ff

75 Faust. 4,6

76 Ebd. 4,12

77 Sulpic. Sever. dial. 2,9. Römisches Martyrologium II 91. Weinreich 127 f. Mohr 23 ff. Walterscheid 16 f. Goosen 87 ff. Clévenot, Der Triumph 77 f

78 Greg. I 2. dial. 2,3; 2,5 ff; 2,11 f; 2,15 ff; 2,28; 2,32. Römisches Martyrologium I 11. Walterscheid 43. Puzicha 284 ff, bes. 301 ff

79 Moschus, Prat. 47 f. Lucius 462. Weitere Beispiele für Strafwunder überhaupt, auch für Schaden- und Krankheitswunder bei Günter, Legendenstudien 40 ff, 142 ff

80 Apg. 5,1 ff; 13,6 ff. Weinreich 55 ff

81 Theodor. 1. Vit. Pachom. c. 34. Lacarrière 124 f

82 Diese und weitere Beispiele mit sämtlichen Quellenhinweisen bei Funke 813 f

83 Donin V 296 ff

84 Altaner/Stuiber 477. Rückert II 203. Lucius 407 f

85 LThK 1.A. X 646 ff. Speyer, Literarische Fälschung 66

86 Epiphan. 49,1. Iren. 1,14,1. Lucius 340 ff. Zu Paulus ausführlich: Deschner, Hahn 156 ff

87 Vita Ant. c. 47 ff, 60, 65 f. Römisches Martyrologium I 27. Lucius 340 ff. Dörries, Die Vita Antonii I 171. Momigliano, Das Christentum 417. Schneemelcher, Das Kreuz Christi 381 ff, bes. 386. Staats, Antonius 236 ff. Tetz 1 ff

88 Altaner/Stuiber 262 f. Kraft 403. Grützmacher, Pachomius 83 ff. Nigg, Geheimnis der Mönche 85

89 Römisches Martyrologium I 35, 44. Kawerau, Geschichte der alten Kirche 201

90 Altaner/Stuiber 211 f. Kraft 255. Bardenhewer II 315 ff. Minowska, Die Jungfrau 145 f. Gregorovius 1869, I 99. Lucius 420 f. Loewenich, Von Augustin zu Luther 110. Ausführlich Deschner, Hahn 360 ff

91 Sulp. Sever. dial. 3,13. Lucius 378. Mohr 33 ff

92 Bardenhewer I 500

93 Wetzer/Welte VI 412 f. LThK 1. A. VI 450. Günter, Die christliche Legende 3 f, 9

94 Greg. I. dial. 3,2. Caspar II 189 ff

95 Wetzer/Welte VI 412. LThK 1. A. VI 451

96 Günter, Die christliche Legende 1 ff. Schauerte 40

97 Speyer, Literarische Fälschung 215. Ders. Fälschung, literarische 252

98 Günter, Die christliche Legende 178, 189. Beissel, Geschichte der Verehrung Marias 144, 491. Vgl. auch die folgende Anmerkung.

99 Graus, Volk 448 f. Vgl. auch Speigl 296 ff. S. ferner die vorhergeh. Anm.

100 Weber, M. Grundriß III 1. Halbbd. 241 ff. Vgl. auch Graus, Volk 40. Dort weitere Literatur

101 Epiphan. adv. haer. 2,30. Eurip. Bacch. 142. Pausan. 6,26,2. Harnack, Mission und Ausbreitung I 237. Bousset, Kyrios Christos 62. Greßmann, Tod und Auferstehung 22 ff. Bauer, Das Johannesevangelium 44. Wilamowitz-Moellendorf 68. Otto 90 ff. Dibelius, Formgeschichte 99. Leipoldt, Von Epidauros bis Lourdes 38 f

102 Donin VI 360. Graus, Volk 40

103 August. de civ. dei 22. Lecky I 330. Troeltsch, Augustin 9. Kötting, Peregrinatio 264 f. Kawerau, Geschichte der alten Kirche 202. Andresen, Die Kirchen 519

104 Kirchl. Erlasse, in: Archiv f. kath. Kirchenrecht 507 f. Naegle II 297

105 Büchner, Kraft und Stoff 36. Schopenhauer, S. W. 1873 f. VI 411, 422. Vgl. etwa Brunsmann I 182 f. Th. Specht 87 f.

106 Spinoza und Bayle zit. nach v. Schmid, Apologetik 267, 325. G. E. Lessing, Vom Erweis des Geistes und der Kraft, in: Gesammelte Werke, hg. v. P. Rilla VIII

107 Harnack, Lehrbuch der Dogmengeschichte I 3. A. 63. Zit. nach v. Schmid, Apologetik 296. Ferner Daecke, Wunder 91. Bultmann, Zur Frage des Wunders 214 ff

108 Daecke, Wunder 91 f. Vgl. auch ders. in: Mein Gottesbild, Eine Anthologie, München 1990 25 ff, bes. 30 (Ich empfehle in diesem überwiegend konservativen bis erzreaktionären Sammelband, in dem Johannes Paul II. und ich Koautoren sind, vor allem zur Lektüre die Essays von Horst Herrmann, Kein Vater, keine Liebe 141 ff, und von meinem Freund Klaus Katzenberger, Mit Krawatte im All. Ein Götterbild aus lauter Fetzen 186 ff)

109 Strauß, Die christliche Glaubenslehre I 240. Renan, Leben Jesu 43 f

110 Holbach, zit. nach Hoehl 132. Schelling, Vorlesungen über die Methode des akademischen Studiums, Sämtl. Werke 1803 1. Abt. V 302. v. Ségur 192

111 v. Schmid, Apologetik 247. Peters 61. Faßbinder Heft 9, 519. Specht/Bauer s. Th. Specht, 96

112 Brunsmann 204 ff. Zwettler 131

113 Justin. apol. 1,26; 56. Iren. adv. haer. 2,31,2; 2,32,3 ff. August. de trinit. 3,9 f; 3,19. civ. dei 10,10; 10,12. Vgl. auch 10,17 f. Dannenbauer I 176

114 Vgl. auch Strauß, Die christliche Glaubenslehre I 224 f. Brunsmann 181

2. Reliquienbetrug

115 Pfister 618 f

116 LThK VIII 1963, 1220

117 Kötting, Peregrinatio 331, 341

118 LThK VIII 1963, 1216. v. Glasenapp, Glaube und Ritus 103. Heiler, Erscheinungsformen 431 f. Vgl. 230, 312

119 LThK VIII 1963, 1216. v. Glasenapp, Glaube und Ritus 103 f. Heiler, Erscheinungsformen 431 f

120 4. Mos. 19,11 ff. Wetzer/Welte IX 198. LThK VIII 808. Glasenapp, Glaube und Ritus 104

121 Pfister 377 ff, 385 ff, 397, 623 ff

122 Diod. 11,38; 11,53; 11,66; 16,20. Plut. Dion. 46. Herod. 5,47. Pfister 417 ff, 579 ff

123 Pfister 401 ff, 445 ff. Kötting, Der frühchristliche Reliquienkult 10 ff

124 Pfister 423 ff, 429 ff, 527. Vgl.

321 ff. Kötting, Der frühchristliche Reliquienkult 13 ff

125 Pfister 188 ff, 433 ff

126 Ebd. 439 ff. Heinzelmann, Translationsberichte 18 f

127 Pfister 510 ff

128 Ebd. 489 ff

129 Basil, hom. in Ps. 115. Pfister 527 ff, 610 ff

130 Pfister 324, 443 f, 534. Die Ausnahmen: körperliche Reliquien außerhalb des Grabes: ebd. II 423 ff. Greßmann, Tod und Auferstehung 10

131 Mt. 9,20 ff. Apg. 5,15; 19,11 f. Wetzer/Welte IX 198. LThK 1.A. VIII 808

132 Für Wetzer/Welte IX 198 beginnt der Reliquienkult mit Ignatius von Antiochien. Pfister 323, 429 ff. Kötting, Peregrinatio 325. Ders. Reliquienverehrung 321 f.

133 Kyrill v. Jerusal. Catech. 18,16. Basil. hom. in Ps. 115. Belege bei Pfister 609 ff

134 Lexikon der Ikonographie III 538. LThK VIII 1963, 1217. Pfister 323, 617

135 Prudent. Peristeph. II (PL 60, 294 ff) V 555 f (PL 60,410). Wetzer/Welte IX 197. LThK 1.A. VIII 807 ff. Rauch, Lexikon 1030. Kötting, Reliquienverehrung 329 ff. Heinzelmann, Translationsberichte, 17

136 Lucius 405 f

137 Beleghinweise in Lexikon der Ikonographie III 538. Kötting, Reliquienverehrung 325. Ders. Der frühchristliche Reliquienkult 15 ff

138 Sozom. h. e. 5,19,12 f (PG 67, 1275 f). Herzog, Der Kampf um den Kult 117 ff. Kötting, Reliquienverehrung 324, 328

139 Theodor. 15 f; 21. Hieron. Contra Vigil. c. 5. Sozom. 7,21; 7,29. August civ. dei 22,8. Euagr. h. e. 1,13; Cassian. Collat. 6,1. Gregor Tur. Vita Patr. 13,3. Lexikon der Ikonographie III 539. LThK VIII 1963, 1221. Heinzelmann, Translationsberichte 63 f

140 Hieron. Vit. Hilar. 46. Greg. Tur. Hist. Franc. 1,48. Sozom. 3,14 Stockmeier, Johannes Chrysostomus 143

141 Außer I 431 ff. vgl. auch Ambr. ep. 22. Mart. Polyk. 13,2. Pontius, Vita Cypr. 16,6. Wetzer/Welte IX 200 (hier Ambros.-Zit.). Kötting, Reliquienverehrung 325 Anm. 26. Leipoldt, Von Epidauros bis Lourdes 98

142 Ambros. ep. 22. Moreau in LThK 1. A. X 624 f. Ewig, Spätant. und fränk. Gallien 293 ff. Clévenot, Der Triumph 80 f. Heinzelmann, Translationsberichte 27

143 Clévenot, Der Triumph 81

144 Die Quellenangaben bei Wetzer/Welte IX 200

145 Johannes v. Damaskus, de fide orthodoxa 4,15 (PG 94, 1165A). Altaner/Stuiber 526

146 Fichtinger 38. Donin VI 279 ff. Maschek 583 f. Kötting, Peregrinatio 411

147 Sulpic. Sever. Dial. 3,3 (CSEL 1, 200). Anonym. Piac. c. 20 (CSEL 39,172). LThK 1. A. III 202 f. Altaner/Stuiber 231. Lucius 214 ff. Kötting, Peregrinatio 225 f, 405 f

148 Greg. Tur. in gloria mart. 30. Vit. patr. 8,11. Lexikon der Ikonographie III 538 f. LThK 1.A. I 294 ff. Wieland 74 ff. Kirsch/Klauser 335 ff. Kötting, Reliquienverehrung 325. Ders. Peregrinatio 331 f. Heinzelmann, Translationsberichte 26 f

149 Hormisdas ep. 77 (Coll. Avell. 218). Avitus v. Vienne ep. 27 (MGH Auct. antiqu. 6,2,59). LThK III 1959, 1170. Kötting, Peregrinatio 239 ff

150 Holzmann, König Heinrich I. 62 ff. Heinzelmann, Translationsberichte 24 f, 35 ff, 68 f

151 Lucius 205 ff. Kötting, Peregrinatio 332

152 Greg. Tur. in gloria confess. 78 (MGH Script. rer. Merov. I/2,346)

153 Greg. Nyssa, hom. in XL mart. (PG 46,784). Prudent. Peristeph. 5,341 f (PL 60, 398) Athan. Vita Anton. 90 (PG 26, 969) Heinzelmann, Translationsberichte 18 f

154 Maxim. Tur. hom. 81. Greg. Tur. Hist. Franc. 6,27 (MGH SS rer. Mer. 1,266). Dölger, F. J., Das Kultvergehen 245 ff. Kötting, Peregrinatio 332 f

155 Cod. Theod. 9,17,7. Nov. Valentin. 23. Greg. I. ep. 4,30. LThK 1. A. VIII 808. Ebd. VIII 1963, 1219 f. Lucius 191. Schlesinger, Kirchengeschichte II 459. Leipoldt, Von Epidauros bis Lourdes 95 ff. Kötting, Peregrinatio 334. Heinzelmann, Translationsberichte 39 ff

156 LThK VIII 1963, 1220. Kötting, Reliquienverehrung 326 f

157 Greg. Tur. in glor. mart. 13 (MGH Script. rer. Merov. I/2, 47 f). LThK VIII 1963, 1219. Heinzelmann, Translationsberichte 21 f

158 Victric. de laude sanct. 6. August. de opere mon. 28,36. Greg. Tur. in glor. mart. 46 (MGH, Script. rer. Merov. I/2, 69). Kötting, Peregrinatio 341. Ders. Reliquienverehrung 324. Heinzelmann, Reliquientranslationen 22

159 Alle Quellenhinweise bei Kötting, Reliquienverehrung 327 f. S. auch ders. Peregrinatio 335, 340 f. Lucius 183. Pfister 431. Heinzelmann, Translationsberichte 20 ff

160 dtv Lexikon Bd. 13, 316 f. Kühner, Lexikon 40. Fichtinger 297 f. LThK 1. A. VIII 809. Theiner I 215 f. Trede 206. Kötting, Peregrinatio 341. Reliquienverehrung 323 f, 331 f

161 Greg. Tur. Hist. Franc. 3,29. LThK 1.A. X 636 f. Pfister, Reliquienkult 213 f, 322

162 Mk. 6,3. Tert. Carne Chr. 7. Orig. hom. 17 in Luc. Chrysost. hom. 21,1 in Joh. hom. 24,1 in Matth. Vgl. auch hom. 44. Theod. Lect. h. e. 1,1 (PG 86,1,165A). Lucius 420, 470 ff. Drews, Die Marienmythe 159. Kötting, Peregrinatio 295. Schneider, Geistesgeschichte I 243 Anm. 1; II 226

163 August. de trinit. 8,5. Lexikon der Ikonographie III 155 ff. Lucius 468 ff. Vgl. zu Maria als Kriegsgöttin vor allem: Höcht, Maria rettet das Abendland. Es ist das perverseste, verrückteste Buch das mir in der kirchengeschichtlichen Literatur des 20. Jahrhunderts bekannt geworden ist. S. auch ders. Fatima und Pius XII. Etwas ausführlicher: Deschner, Das Kreuz 396 ff

164 Anonym. Piacenza 20 (CSEL 39,173). Lexikon der Ikonographie III 544. Lucius 467 f mit vielen Quellenbelegen. Kötting, Peregrinatio 101. Vgl. auch die folg. Anm.

165 Beissel, Geschichte der Verehrung Marias 132 f. Hoensbroech, 14 Jahre Jesuit II 318 f. Pfliegler 194. Leipoldt, Von Epidauraos bis Lourdes 167 ff, bes. 169. H. Bornkamm, Kurfürst Friedrich d. Weise 80 f

166 Drews, Die Marienmythe 181

167 Mt. 2,13 ff. Pfister 324 ff und 398 Berichtigung zu S. 256

168 Pfister 353 ff

169 Kötting, Reliquienverehr. 324 f

170 Hieron, ep. 109,1. Wetzer/Welte I 132, II 572 ff, IX 201. LThK 1.A. I 143, II 982, X 607 f. Kötting, Peregrinatio 334 f.

171 Conc. Trident. Sess. XXV de invoc. et venerat. Ss. Zu Verordnungen gegen «Mißbräuche» vgl. Conc. Lateran IV c. 62 (a. 1215). CIC can. 1283, § 1; 1285, § 2. Wetzer/Welte IX 203

172 Maxim. v. Turin, hom. 81 (PL 57,428 B). Kötting, Peregrinatio 331 ff

3. KAPITEL
WALLFAHRTSSCHWINDEL

1 Kötting, Peregrinatio 102

2 Steinmann 231

3 Wetzer/Welte XI 794 f. Pauly V 1347 f. Bertholet 633. Vgl. auch 226. LThK 1.A. X 735 f. Kötting, Peregrinatio 12 ff, 32 ff, 57 ff, 69 ff, 316

4 Rahner, Pompa diaboli 239 ff. Kötting, Peregrinatio 386 ff

5 Mt. 5,33 ff. Paulin. v. Nola, carm. 20,67 ff. Kötting, Gelübde RAC IX 1081 ff. Ders. Peregrinatio 324 f

6 Greg. Tur. Vit. patr. 6,2 (MG Script. rer. Merov. I 681). LThK 1.A. X nach S. 700. Rouse 187 ff. Herzog, Die Wunderheilungen 52 ff, 126 ff. Kötting, Peregrinatio 298 ff

7 Joseph. Bell. Jud. 5,13,6. Aristophan. Wolken 599. J. Sauer in LThK 1.A. X nach S. 700 mit zahlreichen Quellenhinweisen. Weinreich 118

8 Aristoph. Plutos 406 ff. Ovid. met. 15,628 ff. Plut. Perikles 13. dtv-Lexikon Religion II 12 ff. Bertholet 271 f. LThK 1.A. V 405 f. Weinreich 76 ff. 110 ff. Wittmann, Kosmas und Damian 22 f.

9 Altaner/Stuiber 520 f. LThK 1.A. V 405 f. Kötting, Peregrinatio 215, 328 u. 396 f. Wittmann, Kosmas und Damian 23 f.

10 Bertholet 334 ff, 543 ff. LThK 1.A. X 736. Heiler, Erscheinungsformen 143. Zum Ganzen v. Glasenapp, Heilige Stätten

11 Pauly V 1347. Croon 1203 ff.

12 Orig. c. Cels. 3,24. Philostr. Vita Apoll. 1,7. Croon 1216, 1221. Weinreich 1, 14, 89, 111, 197. Lucius 253 ff. Geffcken, Der Ausgang 102 Anm. 97. Herzog, Die Wunderheilungen 46 ff, 71 ff. Schneider, Geistesgeschichte I 55 f. Dort auch Quellenbelege. Vgl. auch Deschner, Hahn 69 f

13 Just. apol. 1,22. Arnob. nat. 1,48 ff. Zahlreiche Beleghinweise bei Croon 1221 ff

14 Croon 1206 f, 1215 f. Kötting, Peregrinatio 13, 20 ff, 32

15 RAC 1962 V 531 ff mit zahlreichen Literaturangaben. Croon 1205 ff. Pauly II 303 ff mit weiterer Literatur. Kötting, Peregrinatio 15 ff mit vielen Beleghinweisen. Vgl. auch 47, 315 Anm. 3, 320

16 RAC 1962, V 532 ff. Pauly II 303 ff. Kötting, Peregrinatio 20 ff

17 RAC 1962 V 336 ff. Vgl. auch Anm. 16

18 Plut. Sulla 12,3; Pomp. 24,5. Pausan. 9,7,5. Diodor. 38,7. Appian 12,54. RAC 1962 V 533, 538. Pauly II 304. Kötting, Peregrinatio 32

19 Pausan. 2,4,6; 3,14,5; 7,21,13; 9,24,1. Croon 1217 ff. dtv-Lexikon der Antike, Religion II 233; dort weitere Literatur. Weinel, Die Stellung des Urchristentums 20 ff. Heitmüller 71. Pfannmüller 57 ff. Deissmann, Licht vom Osten 311 f. Bousset, Kyrios Christos 240 ff. Staerk 130 ff. Nestle, Griechische Religiosität 38 f. Vgl. auch Deschner, Hahn 381 f

20 Die Artemis Ephesia hieß «Gebetserhörerin», «Retterin», der Mai wurde, wie später im Marienkult, als ihr Monat besonders

gefeiert. Sogar ihre vom Himmel gefallenen Bilder gingen dann im Glauben an die vom Himmel gefallenen Marienbilder in den Katholizismus über. «Alle Welt weiß», schrieb stolz der Stadtschreiber von Ephesus, «daß Ephesus die Tempelhüterin der Artemis und ihres vom Himmel gefallenen Bildes ist». Apul. Met. 11,2; 11,25. Juvenal 12,88. Tibull 1,3,27. Trede 114. Spiegelberg 94 ff, bes. 97. Norden, Die Geburt des Kindes 76 ff, 112 ff. Drews, Die Marienmythe 119 ff, 155 ff. Nestle, Griechische Religiosität 39 ff. Wittmann, Das Isisbuch 9 ff, 15 ff, 29 f, 94, 130 ff. Hyde, Paganism 54. Lehmann/Hass 213 f. Leipoldt, Der soziale Gedanke 18 f. Ders. Die Frau 9. Ders. Von Epidauros bis Lourdes 157 ff. Kötting, Peregrinatio 46. Schneider, Geistesgeschichte I 3, 186, 239 ff, II 116, 226. Vgl. auch Deschner, Hahn 360 ff, bes. 365 ff

21 Pausan. 4,31. Kötting, Peregrinatio 46 ff. Clévenot, Von Jerusalem nach Rom 114 f

22 1. Sam. 1,3 ff. Amos 2,7 f; 4,4; 5,5. Kötting, Peregrinatio 58 ff

23 Ps. 121,1. Lk. 2,41. Philon, de specialibus leg. 1,66 ff. Peregrin. Aether c. 30 ff. Bertholet 633 f. LThK 1.A. X 736. Kötting, Peregrinatio 59 ff, 325

24 Philon, de special. leg. 1,66 ff. Flav. Joseph. bello iudaico 6,9,3. Kötting, Peregrinatio 59 ff. Vgl. auch Kriminalgeschichte I 102 f mit den dazugehörigen Quellen- und Literaturhinweisen

25 Orig. c. Cels. 1,51. Euseb. h. e. 11,2. Hieron. vir. ill. 62, Altaner/Stuiber 244. LThK 1. A. X 736. Kötting, Peregrin. 84 ff, 90, 325

26 Apg. 5,15 f; 19,12. Kötting, Peregrinatio 294

27 Euseb. h. e. 6,11,2. LThK 1. A. I 238

28 A. E. Mader in LThK 1. A. V 661. Kötting, Peregrinatio 89 ff

29 Lexikon der Ikonographie III 541 f. Pfister 368 ff

30 Euseb. V. C. 3,25 ff. LThK 1. A. IV 847, 943 f, VI 252 ff, X 736. Donin IV 513 ff. Hümmeler 399 f. Schamoni 76

31 Euseb. V. C. 3,43. Socrat. h. e. 1,17. Rufin h. e. 1,8. Ambros. de obitu Theod. 34. Paulin v. Nola ep. 31,4 ff. LThK 1. A. VI 252 f, 813, Bertholet 325. Kraft 160 ff. Donin IV 515 f

32 Kyrill v. Jerus. cat. 4,10; 10,19; 13,4; 17,16. LThK 1. A. VI 253 f. Altaner/Stuiber 499 f. Hümmeler 395 f

33 Kyrill cat. 4,10; 10,19. Paulin. v. Nola ep. 31,6. Lucius 165. Stoll 683 ff. Hartmann, Kirche und Sexualität 111 f. Heiler, Der Katholizismus 169. Taylor, Sex in History 42 f. Kötting, Peregrinatio, 295, 335. Ronner 233 f. Ausführlich zur Vorhautmystik, Vorhautproblemen etc. mit vielen Literaturhinweisen: Deschner, Das Kreuz 118 ff

34 Clemen 193 ff

35 Birgitta, Revelationes 4,112. Clemen ebd.

36 Clemen ebd. Kühner, Lexikon 135 ff

37 Keller, Reclams Lexikon 245. Kötting, Peregrinatio, 92, 100 f, 173, 406

38 Peregrinatio Aetheriae 37,2. Baumstark 92 ff

39 Bludau, Pilgerreise 215 f. Steinmann 231

40 Vgl. Peregr. Aeth. 44,16; 47,11; 58,31; 62,5; 65,29 u. a. Altaner/Stuiber 245. Bludau, Pilgerreise 1 ff, 215 ff, 232 ff, 245 ff, 286

41 Peregr. Aeth. 42,2; 48,26; 65,11 ff.

Bludau, Pilgerreise 218 f. Kötting, Peregrinatio 105

42 2. Mos. 34,1 ff. Peregr. Aeth. 38,2; 38,6 ff; 42,15; 42,27; 43,23 ff. Bludau, Pilgerreise 9 ff

43 Peregr. Aeth. 53,19 ff

44 Ebd. 12,6; 54,22 ff. Anonym. Piac. 15 (CSEL 39,169). Altaner/Stuiber 245. Bludau, Pilgerreise 24 f

45 Peregr. Aeth. 41,21 ff; 42,26 ff; 56,26 ff; 58,4 ff; 64,9 ff; 65,13 ff; 68,8 ff

46 Pausan. 10,5,2. Hieron. ep. 108,9. Itinerarium Burdig. 589 ff, 592. Peregr. Aeth. 37,1. Anonym. Piacenza 22 (CSEL 39,174). van der Leeuw 36. Kötting, Peregrinatio 92, 98. Clévenot, Der Triumph 17 ff

47 Anonym. Piac. 9; 22. Kötting, Peregrinatio 98 ff

48 Vgl. Lk. 24,36 ff, bes. 24,51 (auch 23,43) mit Apg. 1,1 ff und Lk. 24,50 mit Apg. 1,12. Just. apol. 1,21. Itiner. Burdig. 595 (CSEL 39,23). Menzel II 248 Anm. 3. Heinz-Mohr 131 ff. Pfister 326. Bertram 204 f. Lohmeyer, Galiläa und Jerusalem 99. Grundmann, Das Problem 46 f. Werner, Die Entstehung 99. Trillhaas 67 f. Kötting, Peregrinatio 93, 99. Conzelmann, Die Mitte der Zeit 79. Clévenot, Der Triumph 22 f.

49 Lucius 168, 193. Toldo 338 f. Kötting, Peregrinatio 102, 406. Maschek 261 f

50 August. civ. dei 22,8. Sulpic. Sever. Chron. 2,33,7 f. Kötting, Peregrinatio 406 f

51 Kötting ebd. 105

52 Homer, Hymnen an Hermes 21. Kallimachos, Hymnen an Zeus 48. Anonym. Piac. 29 (CSEL 39,178). Lexikon der Ikonographie III 545. Drews, Die Marienmythe 102 ff. Schneider, Geistesgeschichte I 49 f, II 112

53 Anonym. Piac. 5 (CSEL 39,161 f) Klameth 1 ff. Kötting, Peregrinatio 103

54 Sozom. h. e. 5,21. Sophron. Mir 46 (PG 87,3,3597 B/C). Hieron. ep. 46; 108,13. Peregr. Aeth. 15. Theodosius 2; 20 (CSEL 39,137; 39,145) Anonym. Piac. 7 f; 12; 24; 28; 46. LThK 1.A. V 461 ff, bes. 463. Kötting, Peregrinatio 106 ff, 112, 408. Bronder, Christentum 65

55 Heinz-Mohr 301. Kötting, Peregrinatio 318 f mit einer Reihe von Quellenhinweisen

56 Kötting ebd. 109, 295, 403

57 Greg.Tur. in glor. mart. 6 (MGH SS rer. Mer. 1,492). Kötting, Peregrinatio 403 ff mit vielen Quellen- und Literaturhinweisen

58 Kötting ebd. 103 f

59 1. Mos. 25,7. Vgl. Mt. 1,16 mit Lk. 3,24. Ambros. Expos. Ev. Lc. 10,114. Basil. Comm. in Is. 5,1 (PG 30,2,348). Hieron, ep. 46,3. Cornfeld/Botterweck V 1097 ff, bes. 1100 u. 1109. Clévenot, Der Triumph 23

60 Itiner. Burdig. 599. Sozom. h. e. 2,4 (PG 67,944 AC). Altaner/Stuiber 227

61 Itiner. Burdig. 585, 588, 596, 598. LThK 1.A. X 1024. Clévenot, Der Triumph 23

62 Joh. Chrysost. hom. ad pop. Ant. 5,1 (PG 49,69). Vgl. hom. 16,5 in 1. Kor. u. hom. 28,3 in 1. Kor. (PG 61,157; 237). Itiner. Burdigal. 587; 598. Kötting, Peregrinatio 106

63 Kötting, Peregrinatio 93

64 Hieron. ep. 58,4

65 Trede 89 ff. Wetter 83. Kötting, Peregrinatio 297 f

66 Vgl. etwa Philostr. vita Apoll. 1,6; 1,19; 3,41; 4,19 f; 4,45; 5,22; 7,10; 8,30 u. a. Pauly IV 625. Wetter 14 f. Nestle, Griechische Religiosität 123 ff. Geffcken, Das Christentum 20 f. Fiebig, Die Umwelt 49 f

67 Kötting, Peregrinatio 298 ff
68 Lacarrière 113 f, 121 ff, 143
69 Ebd. 109 f, 118 f. Kötting, Peregrinatio 188
70 LThK 1.A. V 261. Lacarrière 106, 185 ff
71 LThK 1.A. IX 871. Lacarrière 191. Kötting, Peregrinatio 301 f
72 Cumot 138. Rothes 400. H. D. Betz, Lukian 14. Zum Ganzen: F. J. Dölger, Ichthys, das Fischsymbol in frühchristlicher Zeit 1922 ff
73 Lukian, de dea Syria 28. Bertholet 352. Kötting, Peregrinatio 116 ff gibt «einige Ähnlichkeiten» zu, bestreitet aber mit fadenscheiniger Begründung eine Abhängigkeit. Lacarrière 190 f
74 Syr. Vita c. 27 ff, c. 97. LThK 1.A. IX 566 f. Lacarrière 189 f
75 Theodor. hist. rel. 26,14; 26,23 f. LThK 1.A. IX 567. Kötting, Peregrinatio 116. Lacarrière 191 f, 196
76 Kyr. v. Scythop. Vita Euthymii 30. Lacarrière 191 f
77 Syr. Vita 31 f; 49; 93; 98 f. Vgl. Mk. 7,33 f; 8,22 ff; Jh. 9,6 ff. Apg. 5,15; 19,12. Theodor. hist. rel. 26,11 f
78 Theodor. ebd. Kötting, Peregrinatio 407 f
79 Vita Anton. c. 22. Theodor. hist. rel. 26,19. Euagr. Schol. h. e. 1,14 (PG 86,2,2460 f); 6,21 (PG 86,2,2873 ff). Sophron. Mir. 34 (PG 87,3,3537 C). Kötting, Peregrinatio 122 f. Schneider, Geistesgeschichte I 665 Anm. 1. Sehr ausführlich zur Diffamierung der Frau im Christentum, Deschner, Das Kreuz 205 ff
80 Theodor. hist. rel. 26,11. h. e. 26,21
81 Theodor. hist. rel. 26. Syr. Vita 55 f; 103; 108 f. LThK 1.A. IX 567. Kötting, Peregrinatio 120 ff. Lucius 400 f. Lacarrière 192
82 Augustin. civ. dei 5,26. Greg.Tur. Hist. Franc. 5,14. Kötting, Peregrinatio 319
83 Syr. Vita 97
84 Ebd. 102; 107; 124 ff; 136. Kötting, Peregrinatio 114 ff, 123 ff
85 LThK 1. A. I 329; III 148 f; IX 567 f. Lietzmann, Byzantinische Legenden 1 ff. Kötting, Peregrinatio 114 f, 221 f. Lacarrière 193 ff. Vgl. das Kapitel über Daniel bei Clévenot, Der Triumph 184 ff, bes. 188
86 Altaner/Stuiber 241 f. Lacarrière 195. Noch eine Abart des Säulenheiligenwesens sei erwähnt, das freilich viel seltenere Dendritentum (von dendros, Baum). Die Dendriten lebten dabei, von Anfang an vor den Unbilden der Witterung geschützter, «in einem Baum mit schattigem Laub», wie es in einem «Gedicht über die Mönche» eines Bischofs namens Georgius heißt, «der sie mit seinen Früchten und Blättern nährt. Mehrere sind hinaufgestiegen, um dort alle Tage ihres Lebens zu verbringen, und sie werden hin- und hergeworfen durch die Heftigkeit der Winde».

David von Thessalonike, einer der berühmtesten dieser christlichen Asketen, lebte im 6. Jahrhundert in einem Klosterhof bei Thessalonike drei Jahre auf einem Mandelbaum. Ein anderer Dendrit hatte sich in einer großen Zypresse bei Apamea eingenistet und führte dort unentwegte Kämpfe mit dem Teufel, der ihn oft vom Baum hinunterwarf. Deshalb band der Mann seinen Fuß mit einer Eisenkette am Baum fest und hing dann stets, vom Satan zwar gestürzt, aber ohne den Boden zu berühren, kopfunter vom Baum, bis ihn die dort lebenden Dorfleute wieder auf seinen Platz hinaufhoben. Da er aber nicht mehr menschlicher Hilfe bedürftig sein wollte, bat er Gott um Abhilfe. «Und so geschah es», berichtet eine altsyrische Chronik aus dem Kloster von Mar Maron bei Apamea. «Jedesmal wenn der Widersacher ihn hinunterstürzte, stieg ein Engel vom Himmel hernieder und hob ihn auf seinen Platz zurück.» Jacques Lacarrière sieht «die tiefere Bedeutung dieser Askese» darin, jede Berührung mit einer für sterbend und verdammt gehaltenen Welt zu vermeiden, um zwischen den Zweigen und im Wind «das unbeschwerte Leben eines Vogels zu führen, eines Vogels, der trunken ist vom Himmel und von Gott». Ganz schön verrückt. Und vom unbeschwerten Leben eines Vogels kann ja wohl kaum die Rede sein, wenn man jahrelang nahezu unbeweglich auf einem Baum hockt, mag man nun mit einer Eisenkette angebunden sein oder nicht, herunterfallen oder nicht, von Menschen hochgehoben werden oder von Engelhand. Auch erhebt sich die Frage, ob Leute, die zu solchen Verrückten nicht nur aus Neugierde, Schaulust eilen, sondern um sie zu verehren, bewundern, ausgerechnet von ihnen Hilfe zu erflehen und dafür auch noch zu zahlen, wie arm immer sie selbst sein mögen, ob solche Leute nicht fast ebenso verrückt oder noch verrückter sind, ganz zu schweigen von jenen, die heute noch ergriffen darüber berichten. Lacarrière 196 ff.

87 Gaudent. Tract. 17,14 f (CSEL 68,144 f). Theodosius, de situ terrae sanct. 15 (CSEL 39,144,12 f). Kötting, Peregrinatio 138 f

88 Kötting, Peregrinatio 138, 183 ff, 295

89 Holzhey in LThK 1. A. X 28 ff

90 Tert. bapt. 17. Wetzer/Welte X 835. Kühner, Lexikon 32. LThK 1.A. I 565, IV 356, X 28 ff. Altaner/Stuiber 136 f. Rolffs 192 ff. Donin V 235 ff

91 Basil. v. Seleuk. vita Thecl. 1 (PG 85,557 a ff). Altaner/Stuiber 335. Kötting, Peregrinatio 140 ff

92 Peregr. Aeth. 22,2 ff. Epiphan. haer. 79,5 (PG 42,748). Kötting, Peregrinatio 140 ff, 155 ff, 382 ff mit vielen Quellenhinweisen

93 Kötting ebd. 141, 154 f mit den Quellenhinweisen

94 Weinreich 120 f. Vgl. 46, 125 ff, Die Quellenhinweise bei Kötting, Peregrinatio 155 f. Vgl. auch 144 f, bes. Anm. 330, 294 f

95 Simeon Syr. Vita c. 67; 97. Anonym. Piac. 18 (CSEL 39,171). J. Sauer, LThK 1.A. X nach 700 mit vielen Quellen- und Literaturhinweisen. Kötting, Peregrinatio 401 f, 409 f

96 Greg. Tur. in glor. mart. 15; de virt. S. Martini 1,11; 1,18. Kötting, Peregrinatio 399 f

97 Lukian de dea Syr. c. 41. Basil v. Seleuk., Vita Thecl. 2,8 (PG 85,577 B). Sophron. Mir. 49 (PG 87,3,3605 A/B). Kötting, Peregrinatio 400 f.

98 Greg. Tur., de virt. S. Juliani 31. Kötting, Peregrinatio 401

99 Die Quellenhinweise bei Kötting, Peregrinatio 153 f, 156

100 Beissel, Geschichte der Verehrung Marias 144 f

101 LThL 1. A. II 31. Kraft 115. Altaner/Stuiber 335

102 Zit. nach Kötting, Peregrinatio 151

103 Ebd. 151 ff, 391 f mit vielen Quellenhinweisen

104 Die Quellenhinweise ebd. 154

105 Ebd. 316 ff

106 Ebd. 317 f, 321

107 Ebd. 321

Seite 308–316

108 Basil. Seleuk. vita Thecl. 2,9; 2,18. Sophron. Mir. 38. Herzog, Wunderheilungen 80. Kötting, Peregrinatio 321 f.

109 Sozom. h. e. 2,3 (PG 67,940 f). August. civ. dei 22 (CSEL 40,2,607). Altaner/Stuiber 227. Kötting, Peregrinatio 316

110 LThK 1. A. VII 77 ff

111 LThK 1. A. VII 77 f. Kötting, Peregrinatio 198 ff. Schneider, Geistesgeschichte I 707 f. Andresen, Die Kirchen 500 f

112 August. civ. dei 22,8. Anonym. Piac. 18. Miracula s. Stephani LThK VII 1. A. 78 f. Kötting, Peregrinatio 199 f, 404 f. Andresen, Die Kirchen 500 f. Vgl. auch die folg. Anm.

113 LThK 1. A. VII 79. Heinz-Mohr 31 f. Kötting, Peregrinatio 198 ff mit vielen Quellenhinweisen. Vgl. auch 410. Andresen, Die Kirchen 500 f

114 LThK 1. A. VII 79 f. Kötting, Peregrinatio 201. Reekmans 325 ff. bes. 338 f

115 Strabo, Geogr. 17. Kötting, Peregrinatio 201 f

116 Epiphan. Brev. expos. fidei 12 (PG 42,804). Kötting, Peregrinatio 202 f

117 Bogaert 870. Kötting, Peregrinatio 203 f

118 Sophron. Laud. Cyri et Ioannis (PG 87,3,3388 ff). Altaner/Stuiber 242, 520 f. Kötting, Peregrinatio 203 ff

119 Kyrill. Oratio 18. Sinthern. Kötting, Peregrinatio 203 ff

120 Kötting, Peregrinatio 201, 207, 210

121 Römisches Martyrologium, Titelblatt u. 63 f

122 Maschek 477 f

123 Kraus, W., Dioskuren 1133 ff. Kötting, Peregrinatio 213 ff mit vielen Literaturhinweisen. Dassmann, Ambrosius 50

124 Wittmann, Kosmas und Damian 32 ff, 48 ff, 76 ff

125 Ebd. 119 ff, 137 ff, 161 ff, 173 ff

126 Kötting, Peregrinatio 241 ff

127 Tert. Scorp. 15; praescr. 36. apologet. 5. Euseb. h. e. 2,22,2 ff. Wetzer/Welte VIII 257. LThK 1. A. VIII 32 f. Keller, Reclams Lexikon 412. Fichtinger 310. Ehrhard, Urkirche 86. Nock, Paulus 112 f. Kötting, Peregrinatio 229. Bradford, Die Reisen 255

128 Fulgent. Vita 13,27 (PL 65,130). Paulin. v. Nola e. 17,1. Altaner/Stuiber 409, 498. Kötting, Peregrinatio 236 ff. Zur großen Bedeutung des Petrus bei Angelsachsen und Franken vgl. Zwölfer 64 ff

129 Leo I. ep. 56; 58 (PL 54,860; 864). Kötting, Peregrinatio 238, 240 ff.

130 August. ep. 29,10. sermo 311,3 ff (PL 38,1414 f). Paulin. ep. 13,11. Greg. Tur. in glor. mart. 93. Kötting, Peregrinatio 236 f, 257 f

131 Prudent. Peristeph. 11; 14. Geront. Vita Melan. 5. Kirsch, Die Grabstätten 107 ff. Kötting, Peregrinatio 233 ff

132 Kötting, Peregrinatio 232 f, 237 f. Clévenot, Der Triumph 65

133 Kötting, Peregrinatio 239 f. Vgl. 411

134 Greg. Tur. in glor. mart. 27 (MGH SS rer. Mer. 1,504,12 ff). Kötting, Peregrinatio 218 f, 232, 238 ff, 409

135 Fulgent. Vita 13,27 (PL 65,130 D). Sophron. Mir. 35 (PG 87,3,3544 C). Greg Tur. de virt. S. Mart. 3,3; 3,15; 3,36; 4,15. Kötting, Peregrinatio 401 f

136 Freidenker, München, Mai/Juli 1990, 13

4. KAPITEL
VERDUMMUNG

1 Tat. or ad Fr. 26,5

2 Tert. de praescr. haer. 7,14. de anima c. 2. Zit. nach Dannenbauer I 111
3 Zit. ebd. I 114
4 Rauch (Hg.) 253
5 H. v. Schubert, Bildung und Erziehung in frühchristlicher Zeit 90 ff
6 Ballauff I 316
7 Vogt, Der Niedergang 403
8 Dannenbauer I 178
9 Blomenkamp 505. Fuchs, H. Bildung 346. Rabbow 161 ff. Marrou 75 ff. Gigon 70
10 Blomenkamp 505. Fuchs, H. Bildung 347 mit Bez. auf Xen. mem. 4,7. dtv-Lexikon 17, 108. Rabbow 109 ff.
11 Blomenkamp 506. Fuchs, H. Bildung 347
12 Blomenkamp 507 ff. Ausführlich und mit einer Fülle von Belegen: Marrou 141 ff
13 Blomenkamp 510 ff. dtv-Lexikon, Philosophie III 216 f. Fuchs, H., Bildung 348 f
14 Blomenkamp 515. Wolf, P., Vom Schulwesen 24 ff. Marrou 321 ff. u. a.
15 Nach Blomenkamp 516 ff mit vielen Beleghinweisen
16 Ebd. 518 ff
17 Apg. 4,13. Fuchs, H., Bildung 350 ff mit einer Fülle von Quellenhinweisen. v. Soden, Christentum und Kultur 8 ff. Campenhausen, Tradition und Leben 216 ff, bes. 219. Dannenbauer I 114. Ausführlicher: Deschner, Hahn 292 ff
18 Athenag. resurr. 25. Blomenkamp 520 ff mit vielen Quellenhinweisen aus dem N. T. und den Kirchenvätern
19 2. Kor. 6,9. 1. Tim. 1,20. Hebr. 12,29. Blomenkamp 521 ff, bes. 524
20 Orig. c. Cels. 3,56. Orig. Psalmen-Komm. 1,3. Joh. Chrysost. in Ephes. hom. 21. in 1. Tim. 9,2 in glor. 85 ff. Hieron. ep. 107,4.9 Basil, Mahnwort an die Jugend 1 Blomenkamp 521 ff mit Quellen- und Literaturhinweisen. Heilmann, Texte I 267. Ballauff I 316
21 Joh. Chrysost., Predigt über das Erdbeben 3. Ballauff 278
22 Blomenkamp 525
23 Ephes. 6,4. Kol. 3,21. Blomenkamp 528 ff mit Quellenhinweisen
24 Ephes. 5,24. 1. Tim. 2,11 ff. August. in Joh. tr. 51,13. Joh. Chrysost. vid. el. 9
25 Tert. cultu fem. 1,1. c. 5 f. virg. vel. 7 f; 11; 17. coron. 14. Zscharnak 16. Bartsch 50. Dannenbauer I 161 ff. Ausführlich: Deschner, Das Kreuz, 18. Kap. Die Diffamierung der Frau 205 ff
26 1. Tim. 2,15. Luther zit. nach Ronner 109. Grisar II 492
27 Clem. Al. strom. 2,139,5. Tert. uxor. 1,5; exh. cast. 12. Ambros. virg. 1,25. Hieron. adv. Helv. 20. Blomenkamp 526 f mit weiteren Quellenhinweisen
28 Vgl. Harnack, Mission und Ausbreitung I 246 f. Ausführlich: Deschner, Hahn 292 ff, 302 ff
29 1. Kor. 1,19 ff. Kol. 3,8. Vgl. auch Kol. 2,18; 2,23. Apg. 17,18. Luegs II 258 f
30 2. Mos. 20,4; 5. Mos. 5,8. Mk. 13,1 f. Mt. 6,33; 24,1 f. Lk. 10,39 ff. 21,5. Lortz I 8. Daniel-Rops, Umwelt Jesu 285 ff. Ausführlicher: Deschner, Hahn 292 ff
31 Vgl. u. a. Jh. 12,31; Apk. 17,15; 18,3; Tit. 3,3; 1. Petr. 1,14; 1,18; 2,1; 4,3; Gal. 6,16; Hebr. 11,9; 11,13; 13,14. Ign. Trall. 3,2. Herm. vis. 3,7,2; 4,3,2 ff. 2. Clem. 5,1; 5,5; 6,3 f. Diog. 6,8. Barn. 5,7; 13,6. Arist. apol. 16. Just. Tryph. 119. Ps. Cypr. de pascha computus c. 17
32 Tert. adv. Prax. 3. Bardenhewer I

74 ff, bes. 76. Harnack, Mission und Ausbreitung I 389 Anm. 2. Ballauff 287. Dannenbauer I 110 f, 122

33 Zit. nach Ahlheim, Celsus 20. Clévenot, Die Christen 78

34 v. Boehn 40 f. Struve, T., 542. Hauck, A., I 54. Sternberg 189 f

35 Athan. vita Ant. c. 19. Pallad. Hist. Laus. c. 38. Bened. reg. c. 7: hier allerdings «nur» im Hinblick auf den christlichen Kadavergehorsam. Heussi, Der Ursprung des Mönchtums 221 ff. Nigg, Geheimnis der Mönche 55. Lacarrière 132 f. u. o. Vgl. dazu auch Deschner, Das Kreuz 80 ff

36 Lacarrière 175 ff, bes. 178 ff

37 Pallad. hist. Laus. c. 38. Joh. Clim. scal. par. 24. Altaner/Stuiber 238. Hilpisch passim. Lacarrière 114 f, 120, 123, 144

38 Altaner/Stuiber 241 f. Kraft 309 f. Lacarrière 121, 181 ff

39 Lacarrière 133 f. Robert Amelineau zit. ebd.

40 Vita Ant. c. 1. Lecky II 93. Hertling, Antonius 15 f. Dannenbauer I 154

41 RAC 1950 I 864. Harnack, Das Leben Cyprians 81. List 46 ff, bes. 49. Zum bezweifelbaren Alter: Völter 10 f. Nigg, Geheimnis der Mönche 51 meint allen Ernstes, es «bedarf die Gegenwart eines neuen Antonius»! – Clévenot, Die Christen 178 ff

42 Iren. adv. haer. 1,31. Hippol. ref. omn. haer. 9,11. Harnack, Mission und Ausbreitung I 75. v. Boehn 33. Lietzmann, Geschichte III 102

43 Vgl. dazu auch Ballauff 284 ff

44 1. Kor. 3,19. Hermias 1,2,10. LThK 1. A. IV 993. Altaner/Stuiber 78. Bardenhewer I 325 ff. Krause, Die Stellung 73

45 Ignat. Ant. ad Phil 6,2; ad Magn. 1,2; ad Smyr. 5,1; ad Trall. 4,2; ad Ephes. 11,1; 17 ff; ad Rom. 3; 6,1; 7,1 f. Bardenhewer I 131 ff, bes. 134. Krause, Die Stellung 61 f

46 Theoph. ad Autol. 2,2; 2,8; 2,12; 2,15; 2,33; 3,1 ff; 3,16 f, 3,29. Bardenhewer I 302 ff. Krause, Die Stellung 70 ff. Ballauff 287

47 Syr. Didasc. c. 2. Altaner/Stuiber 84 f. Krause, Die Stellung (zusammenfassend) 87

48 Krause ebd. 73 f, 86 ff. Campenhausen, Griechische Kirchenväter 46. Schneider, Geistesgeschichte I 295 f

49 Min. Fel. Dial. Oct. 1,4 f; 14,2; 23,1 ff; 38,5

50 Tert. apol. 19; 42. praescr. haer. 7. anima 2. Auch Tatian hatte schon die biblischen Schriften für älter erklärt als alle Lehrsätze der Griechen. Ballauff 285. Morgan, The importance 366. Rollfs, Tertullian. Loofs, Dogmengeschichte 166. Heiler, Altkirchliche Autonomie 11. Dannenbauer I 118

51 Tert. pall. 2; praescr. haer. 7; 14. anima 1. spect. 17; 29. apol. 46. Krause, Die Stellung 101, 108. Ballauff 288. Dannenbauer I 111, 119, 364

52 RAC 1950 I 709 ff. Bardenhewer II 517 ff

53 Arnob. advers. nat. 2,5 ff; 2,38 ff; 3,28; 3,32 ff; 4,33 ff; 7,32 ff u. a.

54 Vgl. die entsprechende Zusammenfassung bei Krause, Die Stellung. Ferner Ballauf 288 ff. Weißengruber, Monastische Profanbildung passim, bes. 18

55 Vgl. die Einleitung von Weismann, Kirche und Schauspiele und 197 ff

56 Ebd. u. 104 f. Cramer 105 f

57 Salv. gub. 6,34; 6,37 f. August. serm. 9,5. civ. dei 3,19,34 ff. Vgl. die Einleitung bei Weismann, Kirche und Schauspiele und 104 f, 157, 164 f

58 Tert. spect. 3,3 ff; 20,1 ff. Vgl. auch 2,1; 3,1; 8,10. Arnob. adv. nat. 6,35. August. serm. 88,16,17; 9,3. Weismann, Kirche und Schauspiele 70 ff, 199. Jürgens 191 ff

59 Arnob. adv. nat. 6,35. August. civ. dei 2,4. Cod. Just. 3,12,11. RAC 1950 I 594. van der Nat 749 f. Kraft 293. Altaner/Stuiber 349. Cramer 104 f. Weitere Quellenhinweise bei Weismann, Kirche und Schauspiele 72, Anm. 15. Vgl. auch 197

60 Tat. or. ad Gr. 22,1 ff

61 Lukian, de saltat. Liban, orat. 64. Cypr. Donat. 8. Viele weitere Quellenhinweise bei Weismann, Kirche und Schauspiele 72 ff, 197. Vgl. Mesk 59 ff. Cramer 104

62 August. civ. dei 2,26. Alle anderen und eine Fülle weiterer Quellenhinweise bzw. -belege bei Weismann, Kirche und Schauspiele 94 ff, 197

63 Cod. Theod. 2,8,20; 2,8,23. Viele Belege und Quellenhinweise ebd. 96 ff. Vgl. auch Geffcken, Der Ausgang 179 f. Cramer 104 ff

64 Clem. Al. strom. 7,36,3. Tert. pud. 7,15; spect. 24,3. Syn. Elvira c. 62. 1. Syn. Arelat. c. 4 f. 2. Syn. Carth. c. 63. 3. Syn. Carth. c. 11. 4. Syn. Carth. c. 88. 7. Syn. Carth. c. 2. Apost. Const. 8,47; 8,32. Viele weitere Hinweise und Belege bei Weismann, Kirche und Schauspiele 69 ff, 104 ff. S. auch Cramer 104. Kühner, Lexikon 21

65 Tert. spect. 29,3

66 Ebd. 25,5; 29. Cramer 105

67 Quodvultdeus symb. 1,3 ff. Bardenhewer IV 522

68 August. Tract. Joh. 7,6. civ. dei 2,4,14. ep. 138,14. de ordine 25 f. En. ps. 50,1; 80,23. serm. 9,13. lib. arb. 2,166. Weismann, Kirche und Schauspiele 123 ff, 133 ff, 173, 201 f. Dort viele weitere Quellenhinweise

69 August. en. ps. 39,9; 96,10. Tract. Joh. 7,6. de vera rel. 51,100. de musica 1,4,7; 1,6,11. Weismann, Kirche und Schauspiele 174. F. G. Maier, Augustin 31 ff

70 August. civ. dei 1,32 f; 2,4; 2,8 ff; 2,27,16 ff. Weismann, Kirche und Schauspiele 198

71 Tert. spect. 30

72 Ott, Christliche Aspekte 187 ff

73 Ebd. 189 ff. Zum Prinzipiellen vgl. Lawrence 17 ff

74 Marcuse, Obszön 212. Häring, Gesetz Christi II 456, 470, III 316

75 Vgl. die 12. erweiterte und aktualisierte Neuausgabe meiner Sexualgeschichte des Christentums, Das Kreuz 432 ff, bes. 456. Auch meinen (arg verstümmelten) Artikel im Stern, Nr. 46, 10. Nov. 1988, 21 ff

76 Dannenbauer I 122 ff, 140 ff. Vogt, Der Niedergang 275. Jones, The Social Background 19 ff, 26 ff

77 Fontaine 5 ff

78 Statuta Eccl. Ant. c. 38. Dannenbauer I 113 f. Illmer 8, 59 f.

79 Just. Tryph. 2,1. Apol. 1,46; 1,10. Clem. Al. strom. 1,5,28,3 f. 1,4,27,3 ff; 4,22,136,3 ff; 1,9,44,4 ff. Dannenbauer I 114 ff. Jaeger 28. Ausführlich auch Deschner, Hahn 302 ff

80 August. retr. 1,13,3

81 Dannenbauer I 121, 145. Basil. hom. 22,1; 22,7. Dannenbauer I 121, 145

82 Socrat. h. e. 2,9

83 Euseb. h. e. 5,28,14 f

84 RAC 1976 IX 787. Dannenbauer I 97

85 Tat. or. ad Gr. 17,7 ff, 18,1 ff. Dannenbauer I 118

86 Tat. or. ad Gr. 27,7 ff. Dannenbauer I 147

87 Jürss 393

88 dtv-Lexikon Philosophie II 30 f, 236. Holzhey, Das Bild 177 ff. Prause 34 ff

89 2. Kor. 12,2. Ps. 148,4. Ambros. exam. 1,6; 2,2; 3,2

90 Ambros. hex. 1,6,24; 2,1,3; 2,2,7; 6,2,7 f; off. 1,26,122. de Abrah. 2,11,8. Fid. ad Grat. 1,5,42. Lukaskomm. Proömium 2 f. RAC 1950 I 366. Bardenhewer III 503. Niederhuber XXI. Mesot 103. Dannenbauer I 131, 136 f

91 August. conf. 6,4,5 f. Altaner/Stuiber 412 ff. Bardenhewer III 527. Kellner 31 ff. Dannenbauer I 129, 132 ff. Chadwick, Origenes 152

92 Ambros. exam. 4,5,20. Altaner/Stuiber 381. Kellner 77 ff. Moreschini 118

93 Ambros. exam. 5,19

94 Ebd. Vgl. Bartsch 50

95 Bardenhewer III 509

96 Ambros. exam. 5,20

97 Ambros. ebd. 5,24. RAC 1966 VI 890 ff. Bardenhewer III 508 ff. Niederhuber I 3. Heiler, Erscheinungsformen 89

98 Ambros. exam. 5,23. Niederhuber 224. Heiler, Erscheinungsformen 208 ff

99 Ambros. ebd. Bardenhewer III 526

100 Ambros. exam. 5,24. Bardenhewer III 509 f

101 Barn. 9,8 f. Vgl. 12,2. Dazu 5. Mos. 33,17. Vgl. etwa auch Hebr. 9,13 ff, 9,18 ff. Tert. adv. Marc. 3,18. Goodsped, A History 34. Dannenbauer I 134 f. Viel ausführlicher über derartige Exegetenkünste: Deschner, Hahn 114 ff

102 Altaner/Stuiber 430

103 August. Tract. in evang. Ioh. 122,8. Altaner/Stuiber 429 ff. Eggersdorfer 166 ff. Dannenbauer I 133. Crombie 17

104 Eine teilweise Aufzählung der Forscher, die seine Unechtheit vertreten, bei Feine-Behm 118 f. Vgl. auch Goguel 74. Schon das Schlußwort des 20. Kapitels zeigt, daß das Evangelium damit schloß

105 Dannenbauer I 141 f, 371. Vgl. 147. K. Holl, Gesammelte Aufsätze 3,94 zit. nach Dannenbauer I 371

106 August. ep. 82. c. Faust. 11,5. de doctr. 1,37,41. civ. dei 21,6. Dannenbauer I 141 f, 147. Lorenz, Wissenschaftslehre 221

107 Altaner/Stuiber 413. Capelle, RAC I 1950, 982 f. Dannenbauer I 93

108 RAC I 1950, 989. Pauly V 1131 ff. dtv-Lexikon Philosophie IV 325 ff. Tusculum Lexikon 267. Altaner/Stuiber 429. Dannenbauer I 95, 97

109 August. civ. dei 21,9,2; 21,16. Holl, Augustins innere Entwicklung 106 f. Dannenbauer I 98 f. Weißengruber, Monastische Profanbildung 12 ff

110 August. ord. 2,9,27. Enchir. 9,3. de trin. 11,1,1. de gen ad litt. 5,16,34. conf. 10,35. Zahlreiche weitere Belege bei van der Nat, Apol. u. patr. Väter, RAC IX 1976, 745. Dannenbauer II 71 f. Lorenz Wissenschaftslehre 51, 245 f

111 August. enarr. in Ps. 118,29,1. conf. 3,4,7. ep. 101,2. Capelle, RAC I 1950, 983 f. Dannenbauer I 143 f. Lorenz, Wissenschaftslehre 51, 245 f. Weißengruber, Monastische Profanbildung 14 f. Maxsein 232 ff. H. Maier, Augustin 87 ff, bes. 92 ff

112 August. civ. dei 22,8. Tract. in Jh. 7,12. Classen 159. Kawerau, Geschichte der alten Kirche 201. Hoevels 291 ff

113 August. de doctr. christ. 2,41. Kraft 94 f. Altaner/Stuiber 430.

Bardenhewer IV 480 f. Opelt, Materialien 64 ff. H. Maier, Augustin 96 ff

114 August. de doctr. Christ. 2,1 ff. serm. 177,2. Dannenbauer I 144 f. Vgl. auch das sehr aufschlußreiche Erziehungsprogramm des Hieronymus ebd. 161

115 Hartmann, Geschichte Italiens I 181. Vogt, Der Niedergang 285. Dannenbauer I 92 ff

116 Denk 88, 93. Buchner, Die Provence 83. Vogt, Der Niedergang 404, 527. Dannenbauer I 95 f. Wolf, P., Vom Schulwesen 53 ff Haarhoff passim, bes. 39 ff

117 Jouassard 501 ff. Altaner/Stuiber 316. Libanios zit. nach Wolf, P., Vom Schulwesen 88. Vgl. 29

118 Dannenbauer I 96, 111

119 Vogt, Der Niedergang 402 ff. Dannenbauer I 96 ff, 147, 178. Wieacker 78 ff. Randers-Pehrson 272 f

120 Denk 197 f. Dannenbauer II 59, 68 ff, 79 ff. Weißengruber, Weltliche Bildung 13 ff. Illmer 150 ff

121 Für Augustin war eine «schola Christi» die Kirche, für Cassian das Kloster. August. serm. 177,2. Cassian, Collationes 3,1 f. Denk 196. Weißengruber, Weltliche Bildung 15 ff. Illmer 11 ff, 27 ff

2. Der Ausbruch des christlichen Geisterwahns

122 Schweizer, Geister 698

123 Heiler, Erscheinungsformen 315

124 Kyrill. Jerus. Myst. Cat. 13,3,36

125 Athan. Vita Anton. 23

126 Rubin 126

127 Luegs I 509 f

128 Ratzinger zit. in Frankfurter Rundschau 24. April 1978, Nr. 85

129 Bertholet 195. Heiler, Erscheinungsformen 476 f

130 Oldenberg 264 ff. Colpe 555 ff. Eisler, Orphisch-dionysische Mysteriengedanken 322

131 Colpe 556 f mit vielen Quellen- und Literaturhinweisen. Heiler, Erscheinungsformen 226

132 Colpe 615 ff

133 Ebd. 565 f. Heiler, Erscheinungsformen 478

134 Maier, J., Geister 579 ff mit einer Fülle von Quellen und Literaturangaben. Heiler, Erscheinungsformen 84. Zu Aussagen der «zwischentestamentarischen Literatur» und ihrem starken Einfluß auf das Christentum vgl. etwa Stockmeier, Glaube und Kultur 160 f

135 Maier, J., Geister 580 ff

136 RAC IX 630 ff. Heiler, Erscheinungsformen 477 f

137 Daniel-Rops, Umwelt Jesu 301 ff

138 Maier, J., Geister 672 ff. S. auch RAC IX 772

139 Maier ebd.

140 Daniel-Rops, Umwelt Jesu 314 ff

141 Maier, J., Geister 674 f

142 van der Nat 718

143 Vgl. etwa Tert. de idolol. 9. Lact. div. inst. 2,15. Chrysost. hom. 21 ad popul. Antioch. Sehr ausführlich: Deschner, Hahn 37 ff, 252 ff, 283 ff, 360 ff, 382 ff. Ferner ders. Der gefälschte Glaube passim

144 RAC IX 624 f, 775, 778

145 Min. Fel. 26,9. Tert. apol. 23,1. an. 1,4 f; 28,5; 41,1. Optat. Mil. 4,6. August. c. Iul. 2,1,3. Kallis, Geister 710. van der Nat 750 f. Schweizer, Geister 698

146 1. Tim 4,1 setzt die «Irrgeister» den «Dämonen» gleich. Auch in der Apk. 16,13 werden die «drei unreinen Geister» als «Teufelsgeister», als «Dämonen» bezeichnet. Mk. 1,23 ff; 1,34; 5,2 ff; 3,11.15.22.30; 6,7.13; 7,25 f. Mt. 8,16.31. Lk. 4,35 f; 4,41; 7,21; 8,2; 8,29 ff

147 Vgl. außer den im Text genannten Stellen noch Mt. 25,41; 8,29. 1. Kor. 6,3. Ferner van der Nat 728

148 Mk. 1,24. Mt. 12,43 ff, 8,29. Lk. 13,11.16. Schweizer, Geister 693 ff

149 Mk. 3,22; 9,16; Mt. 12,22; 17,14 ff; Lk. 9,38; 11,15. Luegs I 155 ff. Zit. 157

150 Mk. 1,23 ff; 1,32 ff; 16,9. Mt. 8,16; 15,22 ff. Lk. 4,33 ff; 8,2 f

151 Mt. 9,32 ff; 12,22; 17,14 ff. Lk. 4,41; 11,14 ff

152 Mk. 5,1 ff. Mt. 8,28 ff. Lk. 8,26 ff. Borchardt, Shelley 206

153 Mk. 3,13 ff; 6,7; 16,17. Mt. 10,1 ff. Lk. 9,1; 10,17. Apg. 5,15 f. 8,7; 19,11 ff. Eph. 2,2

154 Dannenbauer I 55 ff. Heiler, Erscheinungsformen 316. Vgl. auch Anm. 156

155 Frankfurter Rundschau 28. Febr. 1973, 13. und 20. Sept. 1976, 27. Febr. 1978. Süddeutsche Zeitung 25. Juli 1976. Südkurier 13. April 1978

156 Euseb. h. e. 6,43,11. Ausführlich: Harnack, Mission und Ausbreitung I 108 ff mit vielen Belegen. – Lecky I 332

157 Just. 1. apol. 26. Vgl. ebd. 56 u. 58. 2. apol. 1

158 Athan. Vita Ant. c. 69. Euseb. h. e. 5,19,3. RAC IX 786 f. Bauer, Rechtgläubigkeit 1934, 138 f. Vogt, Cyprian 9 ff. Zum Montanismus vgl. Deschner, Hahn 322 ff

159 Vgl. Clévenot, Die Christen 68

160 Ebd. 65

161 Just. apol. 2,6. Dial. 85

162 Tert. apol. 23 f

163 Orig. c. Cels. 4,65. Vgl. auch Synesios bei Tinnefeld, Die frühbyzantinische Gesellschaft 233

164 Harnack, Mission und Ausbreitung I 116 f, 126. Graus, Volk 40

165 Sophron. laud. Cyr. et Joh. (PG 87,3,3627 f). Schneemelcher, Der diakonische Dienst 93

166 Just. apol. 2,4(5); 1,9; 10; 12; 26; 58. Athenag. leg. 23 ff. Clem. Al. strom. 5,10,2. Tert. apol. 22; bapt. 5; anima 3. Lact. div. inst. 2,14. Firm. Mat. err. 13,4; 26,2. Lea III 431. Hansen, Zauberwahn 22 ff. BKV 1913, Bd. 12, S. 89 Anm. 1. Zwetsloot 40 ff

167 Tert. an. 39; 57,4. August. div. daem. 3,7. van der Nat 727 ff, 734 ff mit einer Fülle von Quellenhinweisen

168 Orig. c. Cels. 7,35; 8,30; mart. 45. Lact. inst. 2,14,14. Basil. in Jes. 97. Greg. Nyssa paup. 1. Kallis, Geister 701 ff. mit vielen Quellen- und Literaturhinweisen. van der Nat 720 ff, 734 ff, 746 ff ebenfalls mit vielen Belegen. RAC IX 774 ff, 781 f

169 Joh. Damsc. fid. orth. 4,4 (PG 94, 1108 C). Vgl. auch Just. apol. 2,5(6). Kallis, Geister 706 ff

170 Const. apost. 8,47,79. Syn. Orange (441) c. 15(16). Syn. Orl. (538) c. 24 f. RAC IX 781

171 RAC IX 784 f

172 Ebd. 781 f

173 Athan. vita Ant. c. 8 ff, c. 28. Lucius 350 ff mit zahlreichen Beleghinweisen. Dörries, Die Vita Antonii 171. Schneemelcher, Das Kreuz Christi 381 ff

174 August. conf. 8,6,14 f; 8,12,29

175 August. civ. dei 11,11 ff; 12,1 f; 15,23. Gen. ad litt. 3,10,14 f; 11,2,4 f; 11,16,21; 11,19,26; 11,26,33. en. in ps. 103. c. Iul. 3,26,63

176 civ. dei 2,4; 2,24; 2,29; 4,1; 4,19; 7,33; 8,22. c. Faust. 22,17. ep. 102,18 f. en. in ps. 113; 135,3. Funke 802

177 August. civ. dei 8,15 f; 9,7; 9,20; 21,10; 15,23. enchir. 15,59. ep. 238,2,15. div. daem. 3,7; 4,8. Gen. ad litt. 3,10,14 f; 2,17,37. Vgl. auch 243,5 (PL 38,1145) mit ep.

9,2 f (CSEL 34,1,20 f). van der Nat 730 ff
178 van der Nat 718. Vgl. auch die vorausg. Anm.
179 August. civ. dei 8,14 ff; 8,17 ff; 8,22; 9,2 f; 9,7 ff; 22,8. Dölger, F. J., Beiträge (1964) 7
180 August. ep. 55,20. civ. dei 7,33 ff; 8,12 ff; 15,23; 22,8. Trede 177 f. Wahrmund, Inquisition 7. Kawerau, Geschichte der alten Kirche 197. Windelband 221 f. Selbst dem Katholiken Stockmeier ist Augustins Schrifttum ein Beweis dafür, «wie sehr das frühe Christentum dem dämonisierten Weltbild seiner Zeit verhaftet war»: Glaube und Kultur 165 f
181 RAC IX 787
182 Reicke/Rost 1003 f
183 Tert. de coron. mil 3. ad uxor 2,5. Athanas. c. gent. 1 (PG 25,5 A). Theodor. h. e. 3,3,4. in ps. 22,4; 109,2 (PG 80,1028 B, 1769 B/C). Joh. Chrysost. in Matth. hom. 54,4. Kallis, Geister 713. Dölger, Beiträge (1963) 10 ff, 30 ff, ebd. (1964) 8 f
184 Hippol. K. O. 46,2. Taufe im nackten Zustand fordert noch Kyr. Jerus. cat. 20,2. RAC IX 783, 786, 789. Heiler, Erscheinungsformen 317
185 Heiler ebd. 316 f
186 Ebd. 178 mit weiteren Literaturhinweisen. S. auch RAC IX 782 f
187 Bächtold-Stäubli III 868 ff, V 938 ff. Bertholet 45. RAC IX 781 ff. Andresen, Die Kirchen 440

5. KAPITEL
Ausbeutung
1. Die kirchliche Predigt

1 Min. Fel. Octav. 36
2 Zit. bei Heimann, Texte III 379
3 Joh. Chrysost. hom. ad 2. Kor. 12,5 f
4 Wieling 1176, 1180
5 Ebd. 1180 ff. Brockmeyer 70 ff, 86 ff. Finley 118 f
6 Wieling 1178, 1182 f. Brockmeyer 88 ff
7 Plin. nat. hist. 18,35. Sen. ep. 89,20. dtv-Lexikon Philosophie III 342 f, IV 183 ff. Wieling 1182 ff. Clausing 236 ff. Lübtow 324 ff. Mommsen VII 357 ff. Tinnefeld, Die frühbyzantinische Gesellschaft 19 f
8 Bogaert 899. H. Schneider, Wirtschaft 93 ff. Finley 56 f
9 Liv. per. 88. Vell. 2,28. Plin. nat. hist. 7,137. Sen. clem. 1,12,2. Orig. c. Cels. 2,30. Euseb. dem. ev. 3,32. Oros. hist. 6,20 ff. Pauly I 744 ff, III 1265, V. 416 ff. dtv-Lexikon, Geschichte I 164 ff, bes. 167; III 229 f. Finley 57. Vgl. zur Augustustheologie auch Deschner, Hahn 85 ff
10 Plin. 13,92. Tac. ann. 13,42. Dio 60,34; 61,10. dtv-Lexikon Philosophie III 343 ff, IV 183 ff. dtv-Lexikon, Geschichte I 233 f. Pauly I 948 f. Horn 924. Duncan-Jones 177 ff. Finley 56 ff, Pekáry 132 f. Mommsen VII 352, 375
11 Dio 77,10,4. dtv-Lexikon Geschichte I 208 f, 282 f. Grant, Das Römische Reich 53
12 Ebd. 56 ff
13 Ebd. 58 ff
14 Dio 78,9,2; 78,9,4. Grant, Das Römische Reich 60, 100
15 Dio 76,15. Grant, Das Römische Reich 60 ff
16 Grant ebd. 61 ff, 67 ff. Finley 27
17 dtv-Lexikon Geschichte II 63, III 74 f. Grant, Das Römische Reich 68 f mit den Quellenhinweisen
18 Aristot. Rhetor. 1367 a 32. RAC I Art. Armut I 698. Finley 31 f
19 Herod. 1,94. Art. Handel RAC XIII 1986, 519 ff u. Art. Geld (Geldwirtschaft) RAC IX 1976,

817 ff mit vielen Quellenhinweisen. dtv Lexikon XI 311

20 Cic. fin. 2,56. Prop. 4,1,81. Vgl. August. civ. dei 4,21; 7,12. RAC IX 839 f.

21 Cic. de off. 1,42; 1,150 f. RAC XIII 562. Siber 161 ff

22 Alle Belege und weitere in RAC IX 824 f

23 Xen. mem. 1,2,1. Plat. Phaedr. 3; symp. 174 A. 269 B. Diog. Laert. 2,3; 9,35 f. Jambl. 69,32. RAC I 706 f. RAC IX 825. Drexhage 561

24 Xen. symp. 4,34 ff. Diog. Laert. 6,85 ff. Philostr. Apoll. 13,2. Orig. c. Cels. 2,41. dtv-Lexikon, Philosophie III 14. RAC I 700, 706. Stritzky 1198

25 Sen. brev. v. 25,1. Cic. fin. 3,20, 67. Epikt. diss. 1,2,37. enchir. 24,3. dtv-Lexikon Philosophie IV 370 f. RAC I 706 f. RAC IX 827. Stritzky 1198 f.

26 RAC IX 813 f. Poehlmann II 465 ff. Jirku 19. Taubes 66 f mit einer Fülle von Quellenbelegen.

27 Joseph. B. J. 2,8,3. DSD 1,11 f; 3,2; 4,2; 5,2; 6,20. RAC I 707. RAC IX 814 f. Braun, Radikalismus II 73 ff

28 Bogaert 899 ff mit vielen Quellenhinweisen

29 dtv-Lexikon Philosophie III 96 f. RAC IX 829 f. Finley 34 f

30 Bogaert 843 ff

31 Mk. 10,25. Mt. 5,3; 8,20; 19,24. Lk. 1,52 f; 6,24 ff; 9,58; 12,33; 14,33; 16,9.11.19 ff. Bogaert 844 ff mit weiteren Beleghinweisen. Heussi, Der Ursprung des Mönchtums 17 f. Fuchs, E., Christentum passim. Ausführlicher: Deschner, Hahn 410 ff

32 Apg. 4,32 ff. Vgl. auch 2,42 ff. Stritzky 1199 f. Bogaert 844. Plöchl I 94. Wikenhauser, Die Apostelgeschichte 68. Hengel 41. Vgl. auch Deschner, Hahn 412 ff

33 Apg. 3,17. 1. Tim 6,6 ff. Jak. 2,1 ff; 4,1 ff; 5,1 ff. Horn 918 f. Harnack, Mission und Ausbreitung II 560 ff. Salin 26

34 Barn. 19,5; Herm. sim. 1,6; 1,8; vis. 3,6,7. Arist. apol. 15,9. Just apol. 1,14. Bas. ep. 65. Weinel, Die Stellung des Urchristentums 14. Kautsky 345. Dannenbauer I 57. Kupisch, Kirchengeschichte I 27. Büttner/Werner 18 ff. – Zu Faulhaber vgl. meinen fiktiven Brief An Michael Kardinal Faulhaber 127 ff, bes. 132

35 Iren. adv. haer. 1,25,3; 1,26,2; 5,1,3. Orig. c. Cels. 1,65; 2,1. Clem. Al. strom. 3,7,2. Tert. ad uxor. 2,8; de cult. fem. 2,9; pat. 7; adv. Marc. 4,15,13. Cypr. de op. et eleemos. 13. Epiphan. haer. 30,17,2; 61,1,1 August. de haer. 7. Bogaert 855 f, 899. Stritzky 1204. RAC I 707 f. LThK 1. A. 571, III 516

36 de div. 8,1 ff; 10,2 ff; 17,3; 19,1 ff u. ö.

37 Rapp 1756. Graus, Volk 282 f, bes. 304 ff

38 Bogaert 846. Reitzenstein, Historia Monachorum 165 ff. Ausführlich, Deschner, Hahn 416 ff

39 Sehr ausführlich ebd. 168 ff, bes. 181 ff, 191 ff.

40 1. Kor, 9,4 ff. 2, Kor. 8,12 ff. Röm. 13,8. Gal. 5,14; 6,6. Ephes. 5,5. Kol. 3,5. Greeven 108. Preisker 103, 174

41 Apg. 5,1 ff. Art. Todesstrafe in LThK 2. A. X 1965, 229 f

42 Apg. 6,1 ff. Ausführlich über die Spaltung in der Urgemeinde: Deschner, Hahn 152 ff

43 Lk. 4,5 ff; 13,1 ff; 22,25 ff. Mt. 20,25. Apk. 17,1; 17,5 u. ö. Röm. 13,1 ff. Weinel, Die Stellung des Urchristentums 24 f, 33. Knopf, Das nachapostolische Zeitalter 105 f, 112. Bousset, Kyrios Chri-

stos 246. Stauffer, Gott und Kaiser 14 f. Voigt 2 ff. Fuchs, H., Der geistige Widerstand 21 ff. Rissi 96 ff Feine-Behm 274, 286. Ausführlich: Deschner, Hahn 499 ff.

44 Arist. apol. 15. Athenag. leg. 2; 37

45 Tert. apol. 42. praescr. 30,1 f. adv. Marc. 4,4,3. Drexhage 568 ff. Schilling, Reichtum 53 ff. Staats, Deposita pietatis 8. Ausführlich über Markion: Deschner, Hahn 311 ff

46 Hipoll. ref. 7,36,1. Herm. vis. 3,6,5 ff; 3,9,6; sim. 1.1; 2,5; 4,5; 8,9,1; 9,20,1 ff; 9,30,4. Hipoll. ref. 7,36,1. Euseb. h. e. 5,28,9. Bogaert 874 ff

47 Plin. nat. hist. 18,7. Bogaert 865 f. Schilling, Soziallehre 197 ff. Warmington 64 ff. Bosl, Europa 23 ff

48 Vgl. vor allem Bas. hom. 6 (PG 31,277 ff). Ferner Basil. 5. hom. 7; 7. hom. 7; 8. hom. 8. Greg. Naz. or. 14,16. In div. 1. Stritzky 1201. Gruszka 665

49 Ich folge hier eng: Staats, Deposita pietatis 11 Anm. 59

50 Plato resp. 422 a. Aristot. pol. 1265 b 12. RAC I 699. Gruszka 661, 665

51 Ausführlich hierzu mit allen Belegen: Deschner, Hahn 425 ff. Vgl. auch ders. Opus Diaboli 226 ff

52 1. Clem. 38,2. Kraft 140 f. Clévenot, Von Jerusalem nach Rom 171 ff

53 2. Clem. 20,1,4. Bogaert 853. Kraft 141

54 Did. 1,5 f; 2,7; 4,8. Bogaert 852. Kneller 779 ff

55 RAC I 652 ff. dtv-Lexikon Geschichte I 125. Bardenhewer I 187 ff. bes. 194 f. Arist. apol. 15 ff, zit. nach Clévenot, Die Christen 43. K. Julius in BKV 1913, Bd. 12, 23

56 Just. apol. 1,11 f; 1,17. BKV 1913, Bd. 12,5

57 1. Kor. 7,21. Tat. or. adv. Gr. 4,2; 11,3. Seipel, 60

58 Cypr. ad. Donat. 12. Bogaert 856. Seipel 60

59 Joh. Chrysost. in Mt. hom. 63,4. RAC I 461 ff

60 Clem. Al. Quis div. salv. passim

61 Ebd. 41,1. LThK 1. A. VI 34. Ritter, Christentum und Eigentum 1 ff; doch recht apologetisch; «katholischer» als der Kommentar des Katholiken Clévenot, Die Christen 99 ff. Staats, Deposita pietatis 23 ff

62 Clem. Al. Quis div. salv. 3 ff; 11 ff; 16,3; 17,1; 27,1; strom. 3,6; 4,21,1; 6,99,5; paid. 2,10,2; 2,33,3; 3,12. Vgl. aber auch paid. 2,122,3; 3,7,38; 2,12,120; 3,57,1.

63 Hauschild 37 ff.

64 Kyr. Jerus. catech. 8,6 f. hom. in paralyt. 11. Bogaert 881, 900 f. RAC I 304 ff. Healy 138 ff. Bolkestein, Wohltätigkeit 200 ff, 231 ff. Clévenot, Die Christen 37

65 Bolkestein/Schwer 306 f. Gruszka 366. Schneemelcher, Der diakonische Dienst 88, 90. Vgl. dazu Deschner, Hahn 318 mit den entsprechenden Quellen- und Literaturhinweisen

66 Greg. Nyssa, Vita s. Macrinae 191 f. Bogaert 884 ff

67 Vgl. Schilling, Reichtum 79

68 Greg. Naz. or. 14,6; 14,18 f; 14,22 f; 14,27 f; 16,18 f; 19,11; 26,6; 43,34 u. a. de paup. amore c. 6. Bogaert 884

69 Greg. Naz. or. 19,13

70 Ambros. exam. 5,2; 5,27. expos. in ps. 118; bes. 118,8,22. sermo 8,2; de Nab 1,1; 3,11; 7,36; 13,55; 16,67. de off. min. 1,28,132; 1,11,39; 2,25,128; comm. in Lc. 7,124. de Tobia 24,92. ep. 1,2,11; 18,16. RAC I 705. Sommerlad I 117. Schnürer I 32 f. Dudden, The Life II 549. Wacht 28,54, 62 f

71 Joh. Chrysost. hom. in Mt. 35,3; 60,7; 61,2; 64,4; 74,5; 83,2; 88,3. hom. in ep. 1 ad Tim. 12,3 f; hom. in Hebr. 10,4. hom. in Joh. 82,4. Bogaert 887 ff. Pöhlmann II 476 f, 488 ff. Bury I 139. Graus, Volk 282 f. Ich selbst beurteilte ihn in Abermals krähte der Hahn 415 f. noch zu positiv

72 Joh. Chrysost. hom. ad Tit. 4,4. Heilmann, Texte III 514

73 Joh. Chrysost. hom. ad pop. Ant. 19,1; 2,8. de Anna serm. 5 hom. in 1. Kor. 39,9; hom. in 2. Kor 12,5. hom. in Gen. 50,1. Heilmann, Texte III 372 f. Holzapfel 80 ff, bes. 89 f

74 Joh. Chrysost. hom. in Jh. 44,1. Seipel 124. Eberle 41 ff (sehr ausführlich). Fichtenau, Askese und Laster 66. Prinz, Frühes Mönchtum 532. Fetscher 46

75 Joh. Chrysost. hom. 2. Tim. 1,2 f

76 Theodor. de provid. 8 f. ep. 23. Holzapfel 103 ff, bes. 106

77 Theodor. de provid. 7

78 Theodor. Graec. aff. cur. 6. de provid. 6. Holzapfel 100 ff

79 August. de ord. 2,25. civ. dei 15,22. ep. 155,2,8. enarr. in ps. 131,5. Troeltsch, Augustin 143. Schnürer I 75 f. Dittrich II 230. Holl, Augustins innere Entwicklung 86 f. Zumkeller 136

80 August. serm. 50,4,6; 113,4 ff. ep. 157,4,26 ff. en. in ps. 62,14; 51,14 f. u. a. Salv. gub. 3,50. Drexhage 572 f. Linhardt 213

81 August. in ps. 51,14 f. sermo 61,9,10. Stritzky 1203. Troeltsch, Augustin 146. Diesner, Studien zur Gesellschaftslehre 23 ff, 92 ff

82 August. in Jh. tract. 6,25. ep. 185,9,36. Weitere Beleghinweise bei Bogaert 893, 896. Vgl. auch 870

83 August. de doctr. christ. 1,28,29, serm. 61,11,3; 61,11,12; civ. dei 19,16; de op monach. 30,38. Bogaert 895 ff. Stritzky 1202. Schilling, Soziallehre 217

84 August. lib. arb. 1,15,32,110. serm. 14,3,4; 14,4,6; 14,5,7; 48,8; 50,4; 50,7; 61,2 f; 61,10; 61,11,12; 85,6,7; discipl. 10. ep. 50,3,5; 50,5,7; 153,26; 155,3,9. en. in ps. 48; 51,14; 62,14; 147,13; de opere monach. 25

85 August. serm. 14,3,4; 85,5,6; 85,6,7; 14,4,6. ep. 104,3; 157, 23. conf. 7,6. Diesner, Studien zur Gesellschaftslehre 33

86 August, ep. 104,1,3; civ. dei 18,49; de opere monach. 21,24 f. Holzapfel 7. Prinz, Frühes Mönchtum 532. Ausführlich mit einer Fülle von Belegen über die Einschätzung der Arbeit im Christentum Eberle 6 ff

87 August. de opere mon. 17,20; de ordine 1,8. Petr. Chrys. serm. 10, Hieron. ep. ad Arm. et Paul 4 f, 46,12. Kraft 419. Holzapfel 137. Clévenot, Der Triumph 117

88 Schilling, Soziallehre 242 f. Ders. Reichtum 26

89 August. civ. dei 19,16. de eccl. cath. 1,30 (63)

90 August. op. imperf. 1,22

2. Die kirchliche Praxis

91 Zeno zit. bei Fichtenau, Askese und Laster 95

92 Bogaert 867 ff

93 Salv. ad eccl. 1,1

94 Dannenbauer I 243

95 Hieron. ep. 123

96 Staats, Deposita pietatis 4, Anm 6

97 Plöchl 95. Sommerlad I 301. Seipel 84

98 Tert. apologet. 39,5 ff. Iren. adv. haer. 4,18,6

99 Wieling 1192 f. Plöchl 94 f

100 Bogaert 867. Staats, Deposita pietatis 5 f

101 1. Kor. 9,4 ff. Gal. 6,6. Cypr. ep. 66. Orig. in num. hom. 11,1. Theod. Mops. in ep. ad Eph. August. de op. mon. 16,17. Preisker, Das Ethos 103, 174

102 Zur Entstehung der kirchlichen Ämter ausführlicher: Deschner, Hahn 223 ff

103 Vgl. Ign. Ephes. 6,1. Trall. 3,1. Smyrn. 8,1 f; 9,1. Magn. 7,1. Philad. 7,2 u. ö.

104 Schwer, Armenpflege 695

105 Nylander 23, Plöchl 95 f

106 Cod. Theod. 16,2,8. Nov. Valent. III 23. Drexhage 547, 550. Plöchl 96

107 Didask. 9 f; 15; 18. Staats, Deposita pietatis 7

108 LThK 1. A. III 399 f. Caspar I 40

109 Wieling 1193. Caspar I 40 f

110 Euseb. h. e. 6,43,11. Plöchl 95. Gülzow, Kallist 102 ff. Staats, Deposita pietatis 8

111 Cypr. ep. 41; 62,3. Staats, Deposita pietatis 8

112 dtv-Lexikon Geschichte III 283. Frend, Martyrdom 433 f. Staats, Deposita 8 f. Andresen, Die Kirchen 288 f, zit. nach Staats ebd.

113 Bogaert 851 f. LThK 1. A. VI 413 f

114 Polyk. 4,3. Dempf, Geistesgeschichte 116. Staats, Deposita 6 f, 27

115 Harnack, Mission und Ausbreitung I 127. Zit. nach Staats, Deposita 5 f

116 Euseb. h. e. 7,5,1 f. Vgl. 4,23,10. Staats, Deposita 6

117 Staats, Deposita 13 mit Bez. auf Cypr. ep. 41–43

118 Bogaert 869

119 Kuujo 168 f. Reinhard 149, dazu Anm. 22

120 Cod. Theod. 16,2,4. Cod. Just. 1,2,14,1; 1,2,14,9; 1,2,23,2. Nov. Just. 7,4; 111,1. Wieling 1193 f. Caspar I 131 ff. Bogaert 867. Caspar I 131 ff. Dannenbauer I 63 f

121 Soz. 1,8,10. Bogaert 867 f. Gregorovius I 169. Dopsch, Wirtschaftliche u. soz. Grundlagen II 206 f

122 Wieling 1194. Bogaert 868

123 Bogaert 872 f. Heussi, Der Ursprung des Mönchtums 182, Anm. 1. Ausführlicher: Deschner, Hahn 329 ff

124 Ausführlich über soziale Betätigung des Mönchtums: Savramis 24 ff

125 Athan. Vita Ant. 44. Chrysost. hom. 11 in 1. ep. ad Tim. August. de opere monach. c. 22. Kober, Die körperliche Züchtigung 395. Leipoldt, Schenute 70. Heussi, Der Ursprung des Mönchtums 114 f, 301 ff. Dagegen die Schönfärbung bei Nigg, Geheimnis der Mönche 48; andererseits ebd. 30

126 Mt. 6,25 ff, 6,31 ff, Lk. 12,22 ff, 10,39. RAC I 588. Troeltsch, Soziallehren I 45. Péguy 102 f

127 Vgl. Röm. 1,29 ff; 1. Kor. 5,10 f; 2. Kor. 6,6 f. Gal. 5,19 ff; Eph. 4,2 f; 5,22 ff. Kol. 3,5 ff; 3,18 ff. Weitere Quellenhinweise bei Schwer, Beruf 148 ff, 154 ff. S. auch Buonaiuti I 48. Holzapfel 150 f

128 Troeltsch, Soziallehren I 316, Anm. 137 u. S. 344. Vgl. auch 327, Anm. 145. Eberle 47 ff

129 Ausführlich Dörries, Wort und Stunde I 277 ff

130 Vita Pachomii c. 5; c. 7. Zöckler 201 ff. Fichtenau, Askese und Laster 66. Ranke-Heinemann 14. Nigg, Geheimnis der Mönche 68. Bacht 215

131 Theod. Pherme 10. Schiwietz I 176 ff, 187, 206 ff, 219 ff. Grützmacher, Pachomius 48 f, 135. Dörries, Wort und Stunde I 297 ff

132 Euagr. Pont. C. pract. ad Anat. 6. Holzapfel 192 ff. Prinz, Frühes Mönchtum 533

133 Reg. Bened. c. 50. Prinz, Frühes Mönchtum 533 ff. Grünwald 125 ff

134 August. Reg. 1. Reg. Bened. c. 1 f; 5; 7 (Gehorsam); c. 33; 55 (Eigentum). Zöckler 360 f, 264 ff. Zumkeller 136 ff. Balthasar, Ordensregeln 123. Savramis 59

135 Wilpert, J., 42 ff. Schiwietz I 176 ff, 206. Grützmacher, Pachomius 135

136 Rufin. h. e. 2,4. Hist. Laus. c. 10. Grützmacher, Pachomius 101 f. Savramis 46 ff

137 Zit. bei Andresen, Frühes Mönchtum I 43. Dannenbauer I 166 f

138 Liban. or. 30,11. Oldenberg, Buddha 326 f. Savramis 59 f. Mensching, Soziologie 129. Tinnefeld, Die frühbyzantinische Gesellschaft 23. Kosminski/Skaskin 11

139 Alle Belege RAC XIII 552 ff, 574. Bogaert 874

140 Zosim. 4,23. LThK 1. A. X 1095

141 Herm. sim 9,26. Polyk. ad Phil. c. 11. Euseb. h. e. 5,18,2; 5,28,10 ff. Bauer, Rechtgläubigkeit 126 ff. Andresen, Die Kirchen 210. Zu Montanus und dem Montanismus: Deschner, Hahn 322 ff

142 Cypr. ep. 50; 52. Staats, Deposita 21 f

143 Orig. in Mt. 16,21 f. Burckhardt 119. Andresen, Die Kirchen 304 f. Staats, Deposita 10

144 Vgl. außer Kriminalgeschichte II 94 ff Clévenot, Die Christen 111 ff, bes. 116 f. Staats, Deposita 20 f

145 Staats, ebd. 10

146 Euseb. h. e. 7,30,14. Kraft 411. Schnürer I 6. Clévenot, Die Christen 157 ff. Vgl. auch Deschner, Das Kreuz 182

147 Euseb. h. e. 7,32,3 f

148 Cypr. BKV 34, 1918, 96 f. Zit. nach Clévenot, Die Christen 150. Klauser 140 ff. Staats, Deposita 10

149 Can. apost. c. 57; 59. Vgl. im 5. Jh. auch Salv. gub. dei 5,56. Kober, Deposition 689 ff. Sternberg 196

150 2. Mos. 22,25. 3. Mos. 25,35 ff. 5. Mos. 23,19 f. Vgl. Ez. 18,8. Plat. de leg. 5,742. Aristot. Pol. 1,3. Conc. Nic. c. 17. Hilar. Tract. in ps. 14,15. Greg. Naz. or. 16,18. Lact. inst. 6,18. Ambros. de Nab. 4,15. August. en. in ps. 128,6; en. in ps. 36. serm. 3,6. Schilling, Reichtum 91 f, 115, 137. Seipel 167 ff

151 Chrysost. hom. 61 in Mt. Kober, Deposition 705. Eban 139 f. Pirenne, Sozial- und Wirtschaftsgeschichte 137

152 Syn. Elvira c. 19 f; 28; 48. Bogaert 852. LThK 1.A. VII 131. Plöchl 95. Blazques 653 f. Clévenot, Die Christen 170 ff

153 Conc. Nic. (325) c. 17. Vgl. Syn. Elvira (306) c. 20. Syn. Arles (314) c. 12. Syn. Laodic. c. 4. Syn. Karthag. (397) c. 16. Syn Arles (443) c. 14. Syn. Agde (506) c. 64; c. 69. Vgl. auch Sulp. Sev. Chron. 1,23. Kober, Die Deposition 610. Schmitz, Die Bußbücher und die Bußdisciplin 292 ff. Hellinger 90 f

154 Drexhage 548 f mit zahlreichen Quellenhinweisen

155 August. serm. 355,6. Hieron. ep. 22,33. Nil. Sin. ep. 2,101. Joh. Cass. de inst. coen. 7,2; 7,6; 7,9 f. Greg. I. ep. 1,40; 12,6. Kraft 387 f. Bogaert 873 f, 890. Bardenhewer IV 558 ff. Dannenbauer I 165 f

156 Greg. Tur. hist. Franc. 3,34. Alle Belege RAC XIII 551 f, 556. Bogaert 877

157 Greg. Tur. hist. Fr. 4,12; 5,5. ACO 2,1,353. Bogaert 872. Giesecke 122 f.

158 Ambros. off. 1,185. Hieron. ep. 52,5,3. Bogaert 868. RAC XIII 549 f, 570 ff. Schinzinger 50

159 Joh. Chrysost. in Mt. hom. 39,3 (PG 57,437 C). Horn 921. Tinnefeld, Die frühbyzantinische Gesellschaft 22. Clévenot, Der Triumph 96

160 Clévenot ebd. 93. Tinnefeld, Die frühbyzantinische Gesellschaft 21
161 Cod. Theod. 16,2,27. Clévenot, Der Triumph 93 ff
162 Clévenot, Der Triumph 96
163 Ebd. 99 f
164 Theodor lector h. e. 2,55. Bogaert 868. Dopsch, Wirtschaftliche und soziale Grundlagen II 206. Caspar I 124 ff 131, II 326 f. Andresen, Die Kirchen 602
165 Schubert, H. v. I 102. Caspar I 127. Arnold zit. nach Staats, Deposita 27 f, dort der Quellenhinweis
166 Greg. Tur. hist. Fr. 4,26; 6,36; 7,40; 10,19. Bogaert 868 f
167 Clévenot, Der Triumph 66
168 Cod. Theod. 1,27,1 f; 16,2,7. RAC III 339. Caspar I 134 f, 156. Dannenbauer I 64. Voelkl, Kaiser Konstantin 93. Klauser, Bischöfe 172 ff. Chrysos 119 ff. Langenfeld 116 f.
169 Treucker 26 ff. Maier, Die Verwandlung 612. Noethlichs, Zur Einflußnahme 153. Prinz, Die bischöfliche Stadtherrschaft 8 ff, 12 ff. Reinhard 149. Held 132. Gassmann 64, 67 ff
170 Synes. ep. 57
171 Basil. (an Euseb. v. Samosata a. 373) ep. 41; 49. Hieron. ep. 33. Lecky II 123. Burckhardt 306. Caspar I 259. Leipoldt, Von Epidauros bis Lourdes 201. Vgl. Deschner, Hahn 236 ff
172 Cod. Theod. 16,2,20. Ammian 27,3,14 f. Hieron. contra Joh. Hieros. c. 7. Stein, Vom römischen 330. Caspar I 196 f. Hartke 422. Andresen, Die Kirchen 403. Clévenot, Der Triumph 45, 63 f. Vgl. auch Kriminalgeschichte I 111 ff
173 Syn. Sard. c. 2. Greg. Naz. or. 12,3; 18,35. Basil. ep. 53. Athan. Apologia ad Const. Imp. 28. Ambros. serm. c. Auxent. RAC XI 924. Baur, Der heilige Johannes Chrysostomus II 121. Hauck, A. I 77. Achelis 182. Weitzel 9 f
174 Greg. I. ep. 4,24; 8,3; 8,35; 13,22. Wetzer/Welte X 165 f. LThK 1. A. IX 582. Dudden I 400 f. Meier-Welcker 68. Zimmermann, Papstabsetzungen 174
175 Bogaert 855. Meier-Welcker 63 f. Weitzel 7 f, 11 ff
176 Syn. Elvira (306) c. 48. Dresdner 37. Meier-Welcker 64
177 Ambros. off. 2,23,117 f. Greg. Tur. hist. Fr. 3,2; 4,35; 10,26 u. a. Bogaert 871 f mit vielen weiteren Beleghinweisen. Meier-Welcker 63 f. Thiele, Studien 114 ff. Lautermann 32
178 Meier-Welcker 62, 64
179 E. Stauffer, zit. nach Cornfeld/Botterweck II 397
180 Euseb. h. e. 5,24,6. Ich folge hier Reinhard 147 f
181 Diehl 197 (Nr. 1030)
182 Greg. Tur. hist. Fr. 3,2; 10,31. Heinzelmann, Bischofsherrschaft 233 ff. Gassmann 50 ff, 143
183 Reinhard 145 f
184 Dopsch, Wirtschaftliche und soziale Grundlagen I 152 ff
185 Apost. Can. c. 26; 39 f. Syn. Ancyra (314) c. 14. 3. Syn. Karth. (397) c. 49. 4. Syn. Karth. (419) c. 32. Syn. Agde (506) c. 54. Plöchl 97. Jones, The later Roman Empire II 895 f. Reinhard 149
186 Pelag. I. ep. 33. Vgl. auch MGH Constit. I 1893, 70 ff. Kraft 49. Reinhard 149. Clévenot, Die Christen 117
187 Sämtliche Beleghinweise: RAC XIII 549. Dopsch, Wirtschaftliche und soziale Grundlagen II 206
188 Cod. Theod. 16,2,4. Lecky II 107 f. Sommerlad I 304 f. Dopsch, Wirtschaftliche und soziale Grundlagen II 206. Caspar I 131. Andresen, Die Kirchen 602. Tinnefeld,

Die frühbyzantinische Gesellschaft 21
189 Vogt, Der Niedergang. Clévenot, Der Triumph 140
190 Clévenot ebd. 109 ff, 142
191 Dopsch, Wirtschaftliche und soziale Grundlagen II 206 f
192 Cypr. de op. et eleemos. c. 18 f. Hieron. in Hes. 14,46,16. Salv. adv. avarit. 3,277. de gub. dei 1,1 ff, 1,23 ff. August. serm. 86,11. Joh. Chrysost. hom. Rom. 8,9. Lecky II 107. Bogaert 894. Sommerlad I 304 f. Schultze, Augustin und der Seelteil 187 ff. Schäfer, Römer und Germanen 21
193 Basil hom. 6 (PG 31,277 ff)
194 Lecky II 107 f. Sommerlad I 304 f
195 Cod. Theod. 16,2,20; 16,2,27 f. Hieron. ep. 52,6. Sommerlad I 311. Dopsch, Wirtschaftliche und soziale Grundlagen II 207. Hernegger 362. Diesner, Kirche und Staat 40. Lippold, Theodosius 37
196 Cod. Theod. 16,3,1; 16,2,20. Hieron. 52,6; 60,11. Dannenbauer I 166 f, 240 f

3. Die Erhaltung und Festigung der Sklaverei

197 Rather v. Verona zit. nach Pfaff-Giesberg 52
198 Ketteler 101
199 Finley 102
200 Češca 179
201 Ingram 3. Weber, Gesammelte Aufsätze 293. Pfaff-Giesberg 21 ff. Glasenapp, Glaube und Ritus 141 f
202 Pfaff-Giesberg 39, 42 f. Finley 76 f. Brockmeyer, Antike Sklaverei 114 f, 181
203 Thukydides 4,80. Diod. 12,67. Lechler 8 ff. Ingram 17 f. Pfaff-Giesberg 38 ff. Vogt, Wege zur Menschlichkeit 71 f. Rädle 324. Audring 107. Oliva 113. Ausführlich und nach neuestem Stand: Brockmeyer, Antike Sklaverei 77 ff, 98 ff, 111 ff, 134 ff
204 Brandes 58 f. Pfaff-Giesberg 42 ff. Steinbach, Der geschichtliche Weg 11 f. Brockmeyer, Antike Sklaverei 172 ff
205 Varro, res rust. 1,17,1. Paulus 5,3,1. dtv-Lexikon Philosophie III 290 f. Lecky I 271. Weber, Gesammelte Aufsätze 297 f. Finley 65. Wolff, Hellenistisches Privatrecht 72. Brockmeyer, Antike Sklaverei, 9, 150 ff
206 Weber, Gesammelte Aufsätze 299 f. Steinbach, Der geschichtliche Weg 11. Gülzow, Christentum und Sklaverei 101 f, 134. Ausführlich erörtert die Behandlung von Unrechtstaten von Sklaven nach römischem Recht in der älteren Zeit, der klassischen Zeit und den nachklassischen Jahrhunderten: Nehlsen 68 ff. Die Stellung der Sklaven im öffentlichen Strafrecht 86 ff. – Brockmeyer, Antike Sklaverei 159 ff, 164, 178 ff
207 Tacit. Ann. 13,27. Seneca ep. 47; benef. 3,17 ff. Lecky I 212 ff, 272 ff. Pfaff-Giesberg 45 ff. Finley 84 ff. Gülzoz, Christentum und Sklaverei 46 ff mit vielen Quellenhinweisen. Steinbach, Der geschichtliche Weg 12 f. Zur Stellung des Sklaven im römischen Recht: Benöhr 123 ff. Wacke, Kannte das Edikt 111 ff. Ders. Zur Lehre vom pactum tacitum 240 ff. Brockmeyer, Antike Sklaverei 182 ff
208 Tacit. Germ. 25. Lindauer 121
209 Cornfeld/Botterweck V 1292
210 Ebd. 1296
211 Alle Belege hierzu ebd. 1292 ff. Vgl. auch Brockmeyer, Antike Sklaverei 193

212 Alle Belege bei Cornfeld/Botterweck V 1293, 1296

213 Lecky II 54 ff. Ingram 150. Pfaff-Giesberg 28

214 2. Mos. 21,2; 5. Mos. 15,12 ff. Greeven 45 ff. Schaub 22 ff. Pfaff-Giesberg 50

215 1. Kor. 7,21. Lechler, 2. Teil 1 ff. Steinmann 44 ff. Schulz, Gott ist kein Sklavenhalter 139

216 Lappas 94

217 Ephes. 6,5 ff. Tit. 2,9 f. Tim. 6,2 f. 1. Petr. 2,18 ff. Kol. 3,23 f. Thudichum III 281. Glasenapp, Glaube und Ritus 142. Dibelius, Botschaft I 322 f. Gülzow, Christentum und Sklaverei 57 ff, 64 ff

217a Grant, Christen als Bürger 103 f

218 Ign. Polyc. 4,3. Did. 4,11. Apk. Petr. 11. Lechler, 2. Teil 8 f. Hennecke, Neutestamentliche Apokryphen 136, 314

219 Syn. Gangra c. 3. Hefele I 781. Gülzow 118. Grant, Christen als Bürger 107. Graus, Volk 308

220 Theod. Mops. in ep. ad Philem. Ambros. parad. 14,72; vgl. ep. 63,112. Epperlein 124 f. Grant, Christen als Bürger 105 f

221 Ambros. de Abrah. 1,84. Apolog. David altera 12, de virgin. 17. Schneider, K.-P., Christliches Liebesgebot 82 ff. – eine sehr lesenswerte, instruktive Untersuchung

222 Ambros. ep. 2,23; 2,31; 5,20, 5,23. de off. 3,22 de fide 1,78. Schneider, K.-P., Christliches Liebesgebot 93 ff

223 Greg. Nyssa, in eccl. hom. 4. Joh. Chrysost. hom. 22 in ep. ad Eph. Vgl. de Lazaro hom. 6,7 f, auch hom. 4 in ep. ad Tit. August. de civ. dei 19,15. Lechler, 2. Teil 19 f. Baur, Der heilige Johannes Chrysostomus I 318. Schilling, Soziallehre 239. Dempf, Geistesgeschichte 115. Češca 177. Grant, Christen als Bürger 109

224 van der Meer, Augustinus 171 f. Vgl. dazu Deschner, Opus Diaboli 57 ff u. 207 ff, bes. 57 f. u. 221

225 August. serm. 211,5; 356,3.7; en in ps. 124,7. qu. in hept. 2,72. de civ. dei 19,14 ff. Gen. ad litt. 11,37,50. de morib. eccl. 63 f. ep. 29,12; 105,3 ff. 108,14; 133,2; 185,15. vera rel. 87. RAC I 589. Heilmann, Texte IV 563. Lechler, 2. Teil 23 f. Schilling, Soziallehre 237. Schnürer I 65. Troeltsch, Soziallehren I 133, 145. Diesner, Studien zur Gesellschaftslehre 41 ff. Ders. Kirche und Staat 48. Widmann 84. Baus/Ewig 421

226 Franko II 213. Steinmann, Sklavenlos 50. Baur, Der heilige Chrysostomus I 319. Lechler 2. Teil passim. Meinerts 209 f. Häring, Gesetz Christi III 136

227 Sen. ben. 3,20,1; ep. 44; 47; 95; de ira 2,31. Epikt. 1,13,5; 3,22,96; 4,1,127. Schaub 12 ff. Greeven 6 ff, 28 ff. Wilamowitz-Moellendorf II 60 ff, bes. 67 u. 72. Leipoldt, Dionysos 53 ff. Ders. Der soziale Gedanke 120. Ders. Die Frau 54 f. Gülzow 46 f, 49 ff

228 Sem. de clem. 1,18,2; de benef. 3,18,2; 3,20,1; 3,28. ep. 31,11; 47,44; de vit. beat. 24,3; de ira 2,31. Epikt. 1,13,5; 3,22,96; 4,1,127. Lecky I 273 f. Schaub 12 ff. Schilling, Soziallehre 235. Greeven 6 ff, 28 ff. Grant, Die Christen als Bürger 107

229 Leo I. ep. 4. Jonkers 229, falls der von Jonkers als authentisch verwendete Brief Stephans nicht gefälscht ist. Hartke 422. Hellinger 120

230 Vogt, Der Niedergang 382. Gülzow 101 ff, bes. 104 f. Grant, Die Christen als Bürger 107

231 Gülzow 104. Kantzenbach, Christentum in der Gesellschaft 68. Brockmeyer 157 f

232 Harnack, Reden und Aufsätze II 40 ff. Troeltsch 142. K. Müller, Kirchengeschichte I 566
233 Keller, Reclams Lexikon 368 ff. Lecky II 51. v. Schubert II 541
234 Cod. Theod. 9,9,1. Cod. Just. 6,1,6. Lecky II 23 ff, 51. Voelkl, Kaiser Konstantin 150 f, 197. Vgl. ferner die in Kriminalgeschichte I 267 ff genannte Literatur
235 Lechler 2. Teil 26. Schaub 49. Troeltsch 19, 133 f, 141. K. Müller, Kirchengeschichte 565 f. Diesner, Studien zur Gesellschaftslehre 87. Langenfeld 24 ff, 31 ff
236 Langenfeld 211 ff
237 Joh. Chrysost. hom. 15,3 f in Eph.; nach Baur, Der heilige Johannes Chrysostomus I 318
238 Syn. Elvira c. 5; 7 f; 12; 75
239 Ammian. 31,4 ff. Dannenbauer I 188. Thompson, The Visigoths 39 ff
240 Const. Apost. 2,57. Baur, Der heilige Johannes Chrysostomus 316 ff. Alfaric 311 f. Lippold, Theodosius 66 f. Gülzow 101 ff
241 Lib. or. 25,1. Lex Romana Visigoth. 3,7,1 ff. Nehlsen 103. Tinnefeld, Die frühbyzantinische Gesellschaft 144.
242 Lecky II 54 ff. Sternberg 165. Schaub 49. Harnack, Mission und Ausbreitung 192 ff. Ders. Reden und Aufsätze II 47. Troeltsch I 19, 132 ff, 356 Anm. 160. Weinel, Biblische Theologie 493. Müller, K., Kirchengeschichte I 565. Nehlsen 55 f. Hauck I 65. Heussi, Kompendium 121. Graus, Die Gewalt 72 ff. Alfaric 311 f. Kosminski/Skaskin 10 ff
243 Baus/Ewig 421. Deschner, Ein Papst reist zum Tatort, in: Ders. Opus Diaboli 207 ff
244 Maier, Die Verwandlung 87 f, 92 f, 97 f
245 Schulz-Falkenthal 193. Held, Einige Probleme 143 ff. Herrmann/Sellnow 25. Tinnefeld, Die frühbyzantinische Gesellschaft 45 ff. K.-P. Johne 219. Vgl. auch die folg. Anm.
246 Cod. Theod. 5,17,1. Schnürer I 18. Warmington 66. Jones, Slavery 198. Engelmann, Zur Bewegung 375. Tinnefeld, Die frühbyzantinische Gesellschaft 46, 49. Maier, Die Verwandlung 93
247 Cod, Just. 11,48,21; 11,50,2. Nov. 162. Tinnefeld, Die frühbyzantinische Gesellschaft 46 ff
248 Salv. de gub. dei 5,8. Wieling 1189. Engelmann/Büttner 371 f. Büttner/Werner 13 ff. Kominski/Skaskin 6. Lippold, Theodosius 61 ff, 66
249 Maier, Die Verwandlung 97. Tinnefeld, Die frühbyzantinische Gesellschaft 52 f
250 Maier, Die Verwandlung 91 ff
251 Tinnefeld, Die frühbyzantinische Gesellschaft 19 ff
252 Dannenbauer I 235
253 Euseb. V. C. 1,42,2; 2,45; 3,54; 4,45 ff. Aurel Vict., Epit. 41. Zos. 2,38. Zon. 13,4. Weitere Beleghinweise bei Horn 926. Seeck, Geschichte I 50. Stein, Vom römischen 168. Grant, Die Christen als Bürger 169 f
254 Bogaert 859 f. Vogt, Der Niedergang 198 f. Mazzarino 48. Clévenot, Der Triumph 57
255 Voelkl, Kaiser Konstantin 211 f. Clévenot, Der Triumph 31
256 Julian or. 2,57. Vict. epit. 41,22. Zosim 2,42,2. Seeck, Geschichte IV 87 ff. Baus/Ewig 35
257 Themist. orat. 8,115. dtv-Lexikon Geschichte I 242 f. Mickwitz 18 ff. Finley 102 f
258 Maier, Die Verwandlung 77 ff
259 Cod. Theod. 16,1 f. Ammian. 27,7,8; 30,8,8; 31,6,6. Zosim 4,16,4. Suet. Tib. 32. Dannenbauer I 33 f, 236, 248 f

260 Ammian. 16,5,15. Vgl. Salv. de gub. dei 4,30 f, 5,35. Priskos, Fragm. Hist. Gr. 4,86 f. Cod. Just. 12,2,2. Dannenbauer I 247 f. Kominski/Skasin 54. Maier, Die Verwandlung 147

261 Mazzarino 48 ff. Clévenot, Der Triumph 56 ff

262 Clévenot ebd. 61 f

263 Ammian. 15,13,4; 20,5,7; 30,4,21. Zos. 4,27 ff; 5,1; 5,16; 5,46. Eunap. fr. 87. Salv. de gub. 5,4,15 ff. Dannenbauer I 235 ff

264 Dannenbauer I 239, 245

265 Hist. mon. 16,5 ff. Salv. de gub. 5,5,21 f. Maier, Die Verwandlung 79.

266 Liban. or. 7,1 f. Dannenbauer I 257. Maier, Die Verwandlung 82, 90. Tinnefeld, Die frühbyzantinische Gesellschaft 140 f

267 Dannenbauer I 267. Maier, Die Verwandlung 87 ff, 96

268 Schnürer I 17. Kosminski/Skaskin 54. Maier, Die Verwandlung 80, 85 ff. Clévenot, Der Triumph 26 f

269 Cod. Theod. 13,10,3. Cod. Just. 11,50,2; 11,52,1. Dannenbauer I 38

270 Salv. de gub. dei 4,21; 5,23; 6,67. Sternberg 51 f, 76, 165. Schilling, Soziallehre 197 ff. Hauck I 65 f

271 Wieling (RAC) 1187. Cod. Theod. 5,17,1 f; 11,1,7; 11,24,6; 11,28,13; 8,5,1. Cod. Just. 7,39,2. Ammian. 19,11,3. Wieling (RAC) 1187. Dannenbauer I 255 f. Clévenot, Der Triumph 31

272 Augustin. litt. Petil. 2,247. Wieling 1187 ff. Dannenbauer 205, 259 ff, 266 f. J. Imbert/H. Legohérel, Histoire économique, des origines à 1789, 1970, 105. Zit. nach Clévenot, Der Triumph 27. Maier, Die Verwandlung 146

273 Salv. de gub. dei 5,8 f. Vgl. 5,21 ff. Schnürer I 18. Schäfer, Römer und Germanen 75. Maier, Die Verwandlung 135

274 Dannenbauer II 33 f, 40 ff

275 Rutil. Namat. 1,215 f. Zosim. 6,5,2 f. Salvian. de gub. dei 5,22 f. Maier, Die Verwandlung 148. Kosminski/Skaskin 33 ff, 44 f. Günther, Volksbewegungen 169 ff. Köpstein, Zur Rolle der Agrarbevölkerung 190 ff

276 Euseb. V. C. 3,26; 3,51 f. RAC I 6, II 1228 f, 1231

6. KAPITEL
VERNICHTUNG
1. CHRISTLICHE BÜCHERVERNICHTUNG IN DER ANTIKE

1 Ambros. Über die Buße 1,1 f (Heilmann. Texte II 346)

2 Daniélou 10

3 Theodor. h. e. 5,23

4 Schultze, Geschichte II 356 f.

5 Brown, Welten 133

6 Lietzmann, Geschichte IV 82

7 Lacarrière 124

8 Clévenot, Die Christen 136

9 Leo I. ep. 15,5 (PL 54,688 A)

10 Conc. Nic. (787) 5. Sitzung (Mansi 13,176 A)

11 Speyer, Büchervernichtung, in: JbAC 1970, 139, 142

12 Speyer, Büchervernichtung (1981) 4, 25 ff, 30 ff, 36 ff

13 Sulp. Sever. chron. 2,19,18. Opt. Mil. 7,1. Ausführlich: Speyer, Büchervernichtung 43 ff, 51 ff, 83 ff, 180 f. JbAC 1970, 138 f

14 August. c. litt. Petil. 2,23,53; 2,92,202. c. Cresc. 3,29,33. Vgl. auch Pot. Mil. 1,13 f. Speyer, Büchervernichtung (JbAC 1970) 139 f

15 Vgl. Speyer, Büchervernichtung 15 ff, 22 ff

16 Ebd. 180 ff

17 Altaner/Stuiber 205. Bauer,

Rechtgläubigkeit 157 ff, 163, 172 ff. Speyer, Fälschung, literarische 240. Ders. Büchervernichtung 120 ff, 139 f

18 Speyer, Büchervernichtung 142 f, 158 ff

19 Euseb. V. C. 3,66. Rufin. h. e. 10,2. Sozom. h. e. 1,17,4 f; 1,21,4. Theodor. h. e. 1,7,15. Socr. h. e. 1,9. Speyer, Büchervernichtung 131. Beyschlag 69 f

20 Philostorg. h. e. 11,5. Cod. Theod. 16,5,34. Altaner/Stuiber 310. Kraft 197. Weitere Belege und Hinweise bei Speyer, Büchervernichtung 38 f

21 Cod. Theod. 16,5,34. Die Vernichtung nimmt J. de Ghellinck an: Patristique et moyen âge 2, 358. Nach Speyer, Büchervernichtung. Speyer (JbAC 1970, 144) vermutet nur ihre Sekretierung.

22 ACO 1,1,3,5

23 ACO 1,4,86. Speyer, Büchervernichtung (JbAC) 146

24 ACO 1,1,4,66; 2,3,348,14 f. Cod. Just. 1,1,3. 1,5,8,9 f. Speyer, Büchervernichtung (JbAC) 145

25 Lib. pont. 1,255; 1,270 f (Duchesne). Leo I. ep. ad Turrib. 15 (PL 54,688). Caspar II 120. Vollmann 133 f. Speyer, Büchervernichtung (JbAC 1970) 144 f

26 Cod. Just. 1,5,16,3. Nov. Just. 42,1,2. ACO 3,121,25 f. Fredegar chron. 4,8. Pauly III 573. RAC IX 789 f. Kaden 63 ff. Speyer, Büchervernichtung (JbAC 1970) 144 f

27 Vict. Vit. hist. pers. Vand. 3,10. Speyer, Büchervernichtung (JbAC 1970) 147

28 Apg. 19,18 ff. Speyer, Büchervernichtung (JbAC 1970) 148 f

29 ACO 1,1,4,66. Cod. Just. 1,1,3. Harnack, Porphyrius 31

30 Amm. Marc. 29,2,4. Barb 116 f. Speyer, Büchervernichtung (JbAC 1970) 141

31 Sen. tranqu. an. 9,5. Dio Cass. 42,38,2. Plut. Ant. 58 f. Suet. Dom. 20. Socrat. h. e. 5,16. Sozom. h. e. 7,15. Marc. Diac. vit. Porph. 71. Oros. hist. 6,15,32. Joh. Ant. frg. 181. RAC II 239 f

32 Zachar. Rhet. vita Sever. Marc. Diac. vita Porph. 71. Rut. Nam. 2,51 ff. Altaner/Stuiber 228. Tusculum Lexikon 229. Cameron 220 f. Speyer, Büchervernichtung 132 ff. Ders. Büchervernichtung (JbAC 1970) 141

33 Joh. Salisbury, policr. 2,26; 8,19. Gregorovius (dtv) I,1 271 ff, 275 ff. Hartmann, Geschichte Italiens II 1. H. 94 f. v. Schubert I 198. Caspar II 344 ff. Dannenbauer II 52 f, 73 ff. Sandys 444 f. Rand 249. Gontard 152. Speyer, Büchervernichtung (JbAC 1970) 141 f

34 Greg. Naz. or. 24,12. August. en in ps. 61,23. Cod. Theod. 9,16,12. Cod. Just. 1,4,10. Speyer, Büchervernichtung (JbAC) 149)

35 Euseb. h. e. 6,3,8 f.

36 Vgl. Speyer, Büchervernichtung 134 f

2. Die Vernichtung des Heidentums

37 Jul. ep. 49. Weis 157. Haehling, Die Religionszugehörigkeit 537 ff

38 Liban. or. 17

39 Haehling, Die Religionszugehörigkeit 555 ff, 560 ff, 567 f. Vgl. auch Kriminalgeschichte I 340 ff

40 Haehling, Die Religionszugehörigkeit 576 ff

41 Ambros. ep. 17,1 f. Clévenot, Der Triumph 88 ff

42 Tinnefeld, Die frühbyzantinische Gesellschaft 282

43 Hammann 221

44 Joh. Chrysost. hom. 12 in Ephes.

hom. 3,13. hom. 1. Komm. zum Römerbr. 5. hom. 1 ff

45 Joh. Chrysost. Mt.-Komm. 8. hom. 5. Komm. zum Römberbr. 3. hom. 6. 4. hom. 2 f. hom. 17,2; 19,1. Baur, Der heilige Johannes Chysostomus I 272

46 Joh. Chrysost. Mt.-Komm. 1,4 f; 8,5. Römerbr.-Komm. 4,3; 5,2; 6,2. Vgl. etwa auch die Attacken gegen die heidnische Philosophie bei Chrysost. hom. 17,2; 19,1 ad pop. Ant. hom. 21,3 in Ephes.; hom. 3,3 de Lazaro; hom. 28,2 in Jh.; hom. 35,4 in 1. Kor. u. a.

47 Joh. Chrysost. ep. 221. Theodor. h. e. 5,30. RAC I 468, 746. Schultze, Geschichte I 318, 353 ff, II 226, 326. Geffcken, Der Ausgang 102. Schneider, Geistesgeschichte I 239

48 Marc. Diac. Vita Porph. c. 12. Bardenhewer IV 308 f. Althaus 224

49 Marc. Diac., Vita Porphyr. 26 f. LThK 1.A. VIII 378. RAC II 1230. Bardenhewer IV 309. Schultze, Geschichte I 354 ff. Geffcken, Der Ausgang 192 f. Baur, Der heilige Johannes Chrysostomus II 145 ff. Althaus 224 ff. Grant, Christen als Bürger 20 f.

50 Marcell. com. a. 402. Chron. pasch. a. 402. Joh. Chrysost. hom. 1. Kor. 33,5. Marc. Diac. Vita Porph. 37 ff, 75. Pauly II 407. RAC II 1229 f. Funke, Götterbild 309 f. Donin I 560 ff. Bardenhewer IV 308. Schultze, Geschichte I 355 f. Güldenpenning 137 f. Geffcken, Der Ausgang 193. Baur, Der heilige Johannes Chrysostomus II 148 ff. Althaus 225 f. Holum 54 ff

51 LThK 1. A. VIII 377. Donin I 560 ff

52 Eunap. vit. 6,11,2 ff. dtv-Lexikon. Philosophie II 108 f. Dazu Tinnefeld, Die frühbyzantinische Gesellschaft 284 f

53 Socrat. h. e. 5,12; 5,16; 6,2. Sozom. h. e. 7,15. Liban. or. 30,8 ff. Theodor. 5,21 ff. Hieron. ep. 107,2. Rufin. 2,22 ff. Funke, Götterbild 795, 810 f. dtv-Lexikon Kunst I 172. Kraft 464 f. Schultze, Geschichte I 261 ff. Seeck, Geschichte V 233 f. Geffcken, Der Ausgang 157 f, 192. Rauschen, Jahrbücher 301 ff, 534 ff verlegt die Zerstörung des Serapeions in das Jahr 389. Stein, Vom römischen 323. Haller I 106. Chadwick, Die Kirche 194. Haehling, Die Religionszugehörigkeit 208. Tinnefeld, Die frühbyzantinische Gesellschaft 284 f. Andresen, Die Kirchen 499. Lacarrière 45, 151. Noethlichs, Heidenverfolgung 1162

54 S. vor allem Sozom. h. e. 7,15. Socrat. h. e. 11,29. Alle weiteren Belege bei Funke, Götterbild 813, 815, 820

55 Nach Lacarrière 48 f

56 Tinnefeld, Die frühbyzantinische Gesellschaft 287. Ders. Synesios 139 ff. Zu Synesios in Athen: Frantz 190

57 Noethlichs, Heidenverfolgung 1178

58 Socr. h. e. 3,2 f. Soz. h. e. 5,7. LThK 1. A. VII 990. RAC I 746. Noethlichs, Heidenverfolgung 1156

59 Alle Quellenhinweise bei Noethlichs, Heidenverfolgung 1178 f. Vgl. auch 1157

60 Theodor. h. e. 5,22. Soz. h. e. 7,15

61 Sozom. 7,15. LThK 1.A. VI 870 f. Rauschen 315. Noethlichs, Heidenverfolgung 1184

62 Kraft 445. RAC I 1115 f. Kirsten, Edessea RAC IV 574. Heilmann, Texte II 247. Schiwietz III 355 ff. Bardenhewer IV 388 ff. Stein, Vom römischen 459. Bauer, Rechtgläubigkeit 30 ff

63 Schiwietz II 314 f, 340

64 Lacarrière 160 f

65 Puzicha 284 ff, bes. 299 f

66 Clévenot, Der Triumph 79 f.

67 Noethlichs, Heidenverfolgung 1154, 1179

68 Theodor. h. e. 5,21 f. Zosim. 4,37. Rufin. h. e. 11,22 f. Hyd. chron. 18. Liban. or. 30,8 ff; 30,44 ff. Ders. pro templis 46. Cod. Theod. 16,10,9. Pauly III 398 f. Gams II 1. Abtl. 125. Rauschen 228 f, 286 f. Schultze, Geschichte I 259 f. Geffcken, Der Ausgang 156 f. Seeck V 218 f. Stein, Vom römischen 318, Dudden II 404. Lietzmann, Geschichte IV 77. Ensslin, Die Religionspolitik 57. Chadwick, Die Kirche 194. Stroheker, Germanentum 65. Matthews, A Pious Supporter 438 ff. Ders. Western Aristocracies 107 ff. Haehling, Die Religionszugehörigkeit 72 f. Tinnefeld, Die frühbyzantinische Gesellschaft 273 f, 282 f. Noethlichs, Die gesetzgeberischen Maßnahmen 171. Holum 19

69 Theodor. h. e. 3,7; 5,23. Cod. Theod. 16,10,3; 16,10,15 f; 16,10,24. RAC II 1230. Güldenpenning 399. Schultze, Geschichte II 324 f. Geffcken, Der Ausgang 178 ff. Kötting, Religionsfreiheit 30. Noethlichs, Heidenverfolgung 1161, 1166

70 Cod. Theod. 16,10,15. Viele Belege bei Funke, Götterbild 815 ff. Vgl. auch Kötting, Religionsfreiheit 30

71 Greg. Naz. epigr. 30. Soz. h. e. 7,15. Greg. I. dial. 2,8. Kühner, Lexikon 40. RAC I 177 f, II 1230 ff, IV 64. Schultze, Geschichte II 171, 248, 253, 282. Geffcken, Der Ausgang 101. Deichmann, Frühchristliche Kirchen 105 ff. Dempf, Geistesgeschichte 135 f. Frantz 187 ff, bes. 194 ff, 201 ff mit zahlreichen Quellen- und Literaturhinweisen. Chadwick, Die Kirche 194. Finley 214 f. Kötting, Religionsfreiheit 31. Grant, Die Christen als Bürger 152 f

72 Euseb. V. C. 3,26. Theodor. h. e. 5,22. Marc. Diac. Vita Porph. 66; 76. RAC II 1230 ff, IV 64. Weber, W., Das römische Kaiserreich 271

73 Zosim. 2,31. Jacob. Sarug. hom. 101, 296 ff. RAC II 323, 1230, III 12 f. Funke 775 ff. Leipoldt/Grundmann III 50. Riemschneider 81 ff

74 Deichmann, Christianisierung II 1235 ff. Dyggve 19 ff

75 RAC I 136. Schultze, Geschichte II 230, 232

76 Theodor. hist. rel. 17. Schultze, Geschichte I 318 f

77 Schultze, Geschichte II 324 ff

78 Syn. Elvira c. 60. Theodor. h. e. 2,22; 3,6; 4,21 f; 5,7; 5,22 f; 5,28; 5,30; 5,41. Vgl. auch Orig. c. Cels. 8,38. Funke 812. Fredouille 888, der die «Heilung der heidnischen Krankheiten» zu den «schönsten» Apologien Theodorets zählt – ganz ähnlich schon Altaner 296 f. – Bigelmair 228 f. Kötting, Die Stellung des Konfessors 13. Tinnefeld, Die frühbyzantinische Gesellschaft 288

79 Maxim. Tur. serm. 76; 96 f. Unter dem Namen des Maximus von Turin sind allerdings nicht wenige Predigten überliefert, die von dem Gotenbischof Maximinus stammen (etwa 40), was in unserem Zusammenhang aber keine Rolle spielt. Altaner 407. Kraft 372. F. J. Dölger, Antike

80 Nach Tinnefeld, Die frühbyzantinische Gesellschaft. Ferner Pauly V 1445 f. Altaner 204. Altaner/Stuiber 228. Winkelmann 182

81 Vgl. außer den bereits genannten

Texten, Quellen, Literaturhinweisen noch Noethlichs, Heidenverfolgung 1176 ff

82 Basil or. 30 f. Joh. Chrysost. in Mt. hom. 8,4. c. Jud. et gent. 1; in ps. 109 expos. 5. Hieron. ep. 107,2; adv. Jovin. 2,38; Zosim. 5,38. Kyrill. Alex. in Isai. 45,14 f. August. fid. et op. 12,18. civ. dei 5,25. ep. 93,3; 93,26

83 Lacarrière 147 ff. Tinnefeld, Die frühbyzantinische Gesellschaft 289 f. Brown, Welten 133

84 Euseb. V. C. 3,1; 3,54. Liban. or. 7,10; 18,23; 17,7; pro templ. 2. Julian. Imp. or 7,228 b. Ammian. 22,4,3; 29,1,2. Greg. Naz. laud. frat. Basil. or 43. Socr. h. e. 1,3. Sozom. h. e. 7,15. Theodor. h. e. 3,7,3; 3,7,6; 5,21,5 ff. Zosim. 4,13. Hieron. ep. 107 ad Laet. dtv-Lexikon Religion I 205, II 84. Kraft 158. Keller, Reclams Lexikon 369. Menzel I 94. Schultze, Geschichte I 271 f, II 171 ff. Geffcken, Der Ausgang 108, 142. Hyde, Paganism 62. Schneider, Die Christen 322 f. Ders. Geistesgeschichte II 300. Vogt, Der Niedergang 244. Chadwick, Die Kirche 195. Baus/Ewig 203

85 Pauly II 427 f, IV 154 f, 289 f, 1160 ff, V 1562 ff. dtv-Lexikon Philosophie II 108 f, III 244 f, 250, IV 31 f, 379 f. Tusculum Lexikon 184 f, 281. RAC I 137. Tinnefeld, Die frühbyzantinische Gesellschaft 287. Zum Verhältnis von Heidentum und Christentum in Athen vgl. Frantz 187 ff, 194 ff

86 Basil or. 27. Kühner, Lex. 32. RAC I 209 f, 467. Schultze, Geschichte I 447 f, II 319. Dannenbauer I 90. Hernegger 347. Brown, Welten 116. Frantz 191. Haehling, Die Religionszugehörigkeit 131

87 Commod. Instruct. 1,17. Kluge-Götze, Etymologisches Wörterbuch 189. LThK 1. A. III 18. Altaner 363 f. Kraft 144 f. Güldenpenning 399. Thraede 90 ff. Aland, Über den Glaubenswechsel 42. Jonkers, Die Konzile 49 ff. Kötting, Religionsfreiheit 31. Vgl. auch die vorherg. Anm.

88 Alföldi, Heiden und Christen 19 ff. Dazu die 16 Münzen auf Tafel 7. Kaegi zit. nach Tinnefeld, Die frühbyzantinische Gesellschaft 287

89 Lacarrière 151 f. Dannenbauer I 405

90 Cramer 96 ff

91 Alle Beleghinweise bei Noethlichs, Heidenverfolgung 1155, 1168, 1170 f. Vgl. auch Rochow, Die Heidenprozesse 120 ff

92 RAC I 747. Noethlichs, Heidenverfolgung 1170 f. Altaner 191. Kraft 307. Holl, Die Missionsmethode 10

93 Euagr. h. e. 5,18. Joh. Ephes. h. e. 3,3,27 ff. RAC I 468, IV 576. Schultze, Geschichte II 292 ff. Tinnefeld, Die frühbyzantinische Gesellschaft 281 f, 292. Rochow, Zu «heidnischen» Bräuchen 489 ff

94 Trull. can. 61 f, 71, 94. RAC II 646 ff. Crawford 365 ff. Rochow, Zu «heidnischen» Bräuchen 483 ff. S. auch dies. in Winkelmann/Köpstein/Ditten/Rochow 227 ff

95 Conc. Orléans (511) c. 30. Conc. Braga (572) c. 1. Conc. Narbonne (589) c. 14 u. v. a. Funke 823. Fredouille 890. Vgl. auch RAC I 828 ff, III 1249 f, VII 764 ff. Rochow, Zu «heidnischen» Bräuchen passim, bes. 488, 493

96 Noethlichs, Heidenverfolgung 1150. Dewick 113 f. – Daß auch Gelehrte oft blind sind, ja, ihre eigenen Bücher nicht lesen können, beweist der gewiß verdienstvolle

Victor Schultze, der auf S. 319 seines Standardwerkes betont: «Die Kirche selbst hat durch den Mund ihrer Organe d. h. der Synoden wohl sich selbst und ihr Gebiet geschützt, aber in keinem einzigen Falle zu gewaltsamer Verwüstung des Heidentums Anweisung gegeben.» Denn nicht nur berichtet Schultze im nächsten Satz das Ersuchen der Synode von Karthago (401) an die weltliche Regierung, noch stehende Tempel und Kapellen der Heiden «in ganz Afrika» zu beseitigen. Sondern genau gegenüber von dem oben Zitierten, sozusagen Zeile an Zeile, steht auf S. 318, daß der hl. Kirchenlehrer Chrysostomos «kein Bedenken getragen hat, die gewaltsame Zerstörung heidnischer Tempel anzuordnen». So bleibt die «Kirche selbst» makellos und der Historiker selbst auch: er bekommt die theologische Doktorwürde (der Universität Dorpat). Dabei berichtet er sogar von der Kirche immer wieder Vernichtungskämpfe und widerspricht sich selbst, z. B. im Hinblick auf die Zeit Augustins: «Gerade damals nun begann in Afrika ein energischer Vernichtungskampf der Kirche gegen die noch vorhandenen Tempel. Die Regierung war damit nicht einverstanden ...» (S. 350 und oft).

NACHBEMERKUNG

1 Wem dies nicht genügt: mein umfangreiches Buch «Abermals krähte der Hahn» erörtert historisch und systematisch zum weitaus größten Teil (neben der Nichtsingularität der christlichen Ethik) gerade die fundamentale Glaubensproblematik. Und mein Buch «Der gefälschte Glaube» erörtert beide ausschließlich. – Tausende von Menschen schrieben mir, meine Arbeit habe sie geistig freier gemacht. Ich konnte – zu meinem fast täglichen Kummer – nur selten danken und bitte, meine Arbeit als meinen Dank zu betrachten.

BENUTZTE SEKUNDÄRLITERATUR

erstellt von Katja Deschner

Abel, E. L., Who Wrote Matthew, in: New Testament Studies, 17, 1970
Achelis, H., Das Christentum in den ersten drei Jahrhunderten, 2. A. 1925
Ahlheim, K., Celsus, in: Deschner (Hg.), Das Christentum I, 1969
Ahlheim, K., Friedrich Hebbel, in: Deschner (Hg.), Das Christentum I, 1969
Aland, K., Über den Glaubenswechsel in der Geschichte des Christentums, 1961
Aland, K., Noch einmal: Das Problem der Anonymität und Pseudonymität in der christlichen Literatur der ersten beiden Jahrhunderte, in: Dassmann/Frank (Hg.), Pietas, 1980
Alfaric, P., Die sozialen Ursprünge des Christentums, 1963
Alföldi, A., Heiden und Christen am Spieltisch, in: JbAC, 18, 1975
Alt, A., Josua, ZAWB 66, 1936
Altaner, B., Patrologie, 1951
Altaner, B./Stuiber, A., Patrologie. Leben, Schriften und Lehre der Kirchenväter, 8. Aufl. 1980
Althaus, H., Porphyrios von Gaza, in: P. Manns (Hg.), Reformer der Kirche, 1970
Andres, S., Die Biblische Geschichte, 1968
Andresen, C., Die Kirchen der alten Christenheit, 1971
Andresen, C. (Hg.), Frühes Mönchtum im Abendland, I. Band, Lebensformen, 1975
Aerssen, J. v., Kirchengeschichte für Schule und Haus, 1901
Asmussen, J. P./Laessøe, J. in Verbindung mit Colpe, C., Handbuch der Religionsgeschichte, Bd. II 1972
Audring, G., Historische Leistungen der attischen Bauernschaft, in: Herrmann/Sellnow, Die Rolle der Volksmassen in der Geschichte der vorkapitalistischen Gesellschaftsformationen, 1975
Auer, W., Heiligen-Legende für Schule und Haus. Mit Bild, Leben eines Heiligen, Lehre und Gebet für jeden Tag des Jahres, 5. A. 154. bis 160. Tausend, 1907
Ausgewählte Akten persischer Märtyrer. Aus dem Syrischen übersetzt von Dr. Oskar Braun, BKV, 1915
Ayck, Th., Mark Twain, in: Deschner (Hg.), Das Christentum I, 1969
Baars, W., Eine neue griechische Handschrift des 3. Makkabäerbuches, in: Vetus Testamentum 13, 1963
Bacht, H., Das Vermächtnis des Ursprungs. Studien zum frühen Mönchtum I, 1972
Bächtold-Stäubli, H. (Hg.), Handwörterbuch des deutschen Aberglaubens, 6 Bde., 1927–1942
Bacon, B. W., The four Gospels in Research and Debate, 1909
Ballauff, I., Pädagogik. Eine Geschichte der Bildung und Erziehung. I: Von der Antike bis zum Humanismus, 1969
Balthasar, H. U. v. (Hg.), Die großen Ordensregeln, 1948

Balz, H., Die Johannesbriefe, 1973
Bammel, C. P., Justin der Märtyrer, in: M. Greschat (Hg.), Alte Kirche I, 1984
Barb, A. A., The survival of magic arts, in: A. Momigliano (Hg.), The Conflict between Paganism and Christianity in the fourth Century, 1964
Bardenhewer, O., Geschichte der altkirchlichen Literatur, 2. A., IV Bde., 1913
Bardy, G., Betrug und Fälschung in der Literatur der christlichen Antike, in: Brox (Hg.), Pseudepigraphie, 1977
Barnikol, E., Mensch und Messias, 1932
Bartsch, R., Die Rechtsstellung der Frau als Gattin und Mutter. Geschichtliche Entwicklung ihrer persönlichen Stellung im Privatrecht bis in das 18. Jahrhundert, 1903
Bauer, W., Das Leben Jesu im Zeitalter der neutestamentlichen Apokryphen, 1909
Bauer, W., Das Johannesevangelium, 2. A. 1925
Bauer, W., Rechtgläubigkeit und Ketzerei im ältesten Christentum, 1934, u. 2. durchgesehene Auflage mit einem Nachtrag hgg. v. Georg Strecker, 1964
Baumeister, Th., Der Märtyrer Philemon, in: E. Dassmann/K. S. Frank (Hg.), Pietas, 1980
Baumgartner, W., Ein Vierteljahrhundert Danielforschung, in: TR 11, 1939
Baumstark, A., Abendländische Palästinapilger des ersten Jahrtausends und ihre Berichte, 1906
Baur, Chr., Der heilige Johannes Chrysostomus und seine Zeit I, 1929
Baus, K./Ewig, E., Die Reichskirche nach Konstantin d. Großen. Erster Halbband: Die Kirche von Nikaia bis Chalkedon, 1979
Becker, J., Die Testamente der zwölf Patriarchen, 1974
Beek, M. A., Geschichte Israels. Von Abraham bis Bar Kochba, 1961
Beissel, S., Geschichte der Verehrung Marias in Deutschland während des Mittelalters. Ein Beitrag zur Religionswissenschaft und Kunstgeschichte, 1909
Ben-Chorin, Schalom, Bruder Jesus, Der Nazarener in jüdischer Sicht, 1977
Benöhr, H. P., Arglist und Kenntnis der Hilfspersonen beim Abschluß schuldrechtlicher Geschäfte, in: ZSSR, Rom. Abt., 1970
Benz, E., Paulus als Visionär. Eine vergleichende Untersuchung der Visionsberichte des Paulus in der Apostelgeschichte und in den paulinischen Briefen, in: Akademie der Wissenschaften und Literatur, Abh. d. geistes- und sozialwissenschaftlichen Klassen, Jg. 1952
Bergmeier, R., Zum Verfasserproblem des II. und III. Johannesbr., ZNW 57, 1966
Bernoulli, C. A., Die Heiligen der Merowinger, 1900
Bertholet, A., Wörterbuch der Religionen, 1952
Bertram, G., Die Himmelfahrt Jesu vom Kreuz aus und der Glaube an seine Auferstehung, 1927
Betz, H. D., Lukian von Samosata und das Neue Testament. Religionsgeschichtliche und paränetische Parallelen – ein Beitrag zum Corpus Hellenisticum Novi Testamenti, 1957
Betz, O., Was wissen wir von Jesus? 1965
Beyschlag, K., Marcion von Sinope, in: M. Greschat (Hg.), Alte Kirche I, 1984
Bieler, L., Das Bild des «göttlichen Menschen» in Spätantike und Frühchristentum I., 1935
Bigelmair, A., Die Beteiligung der Christen am öffentlichen Leben in vorkonstantinischer Zeit, 1902

Bihlmeyer, K., Kirchengeschichte auf Grund des Lehrbuches von F. X. Funk, I. Teil: Das christliche Altertum, 10. A. 1936
Binder, H., Die historische Situation der Pastoralbriefe, in: F. C. Fry (Hg.), Geschichtswirklichkeit und Glaubensbewährung (Festschrift für Bischof F. Müller), 1967
Blazquez, J. M., Die Rolle der Kirche in Hispanien im 4. u. 5. Jahrhundert, in: Klio 63, 1981
Blomenkamp, P., Artikel Erziehung, in: RAC VI, 1966
Bludau, A., Die Schriftfälschungen der Häretiker. Ein Beitrag zur Textkritik der Bibel, 1925
Bludau, A., Die Pilgerreise der Aetheria, 1927
Bogaert, R., Art. Geld (Geldwirtschaft), in: RAC IX, 1976
Boehn, M. v., Die Mode. Menschen und Moden im Mittelalter. Vom Untergang der alten Welt bis zur Renaissance, 1925
Bolkestein, A., Wohltätigkeit und Armenpflege im vorchristlichen Altertum, 1967
Bolkenstein, H./Schwer, W., Art. Almosen, in: RAC I, 1950
Borchardt, G., Percy Bysshe Shelley, in: Deschner (Hg.), Das Christentum I, 1969
Bornkamm, G., Jesus von Nazareth, 1956
Bornkamm, H., Kurfürst Friedrich d. Weise (1463–1525), in: Archiv für Reform. Gesch. Jg. 64, 1973
Bosl, K., Europa im Mittelalter. Weltgeschichte eines Jahrtausends, 1970
Bousset, W., Jüdisch-christlicher Schulbetrieb in Alexandria und Rom, 1915
Bousset, W., Kyrios Christos, 2. A. 1921
Bradford, E., Die Reisen des Paulus, 1979
Brandenburg, A./Urban, H. J. (Hg.), Petrus und Papst. Evangelium. Einheit der Kirche. Papstdienst. Beiträge und Notizen, 1977
Brandes, G., Urchristentum, 1927
Bratke, E. (Hg.), Das sogenannte Religionsgespräch am Hof der Sasaniden, 1899
Braun, H., Zur nachapostolischen Herkunft des zweiten Thessalonicherbriefes, in: ZNW 44, 1952/53
Braun, H., Spätjüdisch-häretischer und frühchristlicher Radikalismus, Jesus von Nazareth u. die essenische Qumransekte, 1957
Braun, H., Literar-Analyse und theologische Schichtung im ersten Johannesbrief, in: Gesammelte Studien zum NT und seiner Umwelt, 1962
Brock, E., Die Grundlagen des Christentums, 1970
Brockington, L. H., Das Problem der Pseudonymität, in: Brox, Pseudepigr., 1977
Brockmeyer, N., Sozialgeschichte der Antike. Ein Abriß, 2. A. 1974
Brockmeyer, N., Antike Sklaverei, 2. A. 1987
Bronder, D., Christentum in Selbstauflösung, 2. A. 1959
Brors, F. X., Modernes ABC für Katholiken aller Stände, 1901
Brown, P., Welten im Aufbruch: Die Zeit der Spätantike. Von Mark Aurel bis Mohammed, 1980
Brox, N., Zur pseudepigraphischen Rahmung des ersten Petrusbriefes, in: Bibl. Zeitschr. N.F. 19, 1975
Brox, N., Falsche Verfasserangaben. Zur Erklärung der frühchristlichen Pseudepigraphie, 1975
Brox, N., Zum Problemstand in der Erforschung der altchristlichen Pseudepigraphie, in: Brox (Hg.), Pseudepigraphie, 1977

Brox, N., Zu den persönlichen Notizen der Pastoralbriefe, in: Brox (Hg.), Pseudepigraphie, 1977
Brox, N. (Hg.), Pseudepigraphie in der heidnischen und jüdisch-christlichen Antike, 1977
Brox, N., Irenäus von Lyon, in: M. Greschat (Hg.), Alte Kirche I, 1984
Bruce, F. F., «To the Hebrews» or «To the Essenes», in: New Testament Studies, 9, 1962/63
Bruce, F. F., Recent Contributions to the Understanding of Hebrews, in: Expository Times, 80, 1968/69.
Brunsmann, J., Lehrbuch der Apologetik. Erster Band: Religion und Offenbarung 2. A. 1930
Büchner, L., Kraft und Stoff, 7. A. 1862
Buchner, R., Die Provence in merowingischer Zeit. Verfassung – Wirtschaft – Kultur, 1933
Bultmann, R., Das Urchristentum im Rahmen der antiken Religionen, 1949
Bultmann, R., Jesus, 1951
Bultmann, R., Die Geschichte der synoptischen Tradition, 3. A. 1957
Bultmann, R., Geschichte und Eschatologie, 1958
Bultmann, R., Zur Frage des Wunders, in: Glauben u. Verstehen I. 4. A. 1961
Bultmann, R., Die kirchl. Redaktion des ersten Johannesbr., in: Exegetica, 1967
Bultmann, R., Bekenntnis- und Liedfragmente im ersten Petrusbriefe, in: Exegetica, 1967
Bultmann, R., Ist die Apokalyptik die Mutter der christlichen Theologie?, in: Exegetica, 1967
Buonaiuti, E., Geschichte des Christentums I, 1948
Burckhardt, J., Die Zeit Constantins des Großen, 1954
Bury, J. B., The History of the later Roman Empire. From the death of Theodosius I to the death of Justinian. In two Volumes, 1958
Büttner, Th./Werner, E., Circumcellionen und Adamiten. Zwei Formen mittelalterlicher Häresie, 1959
Cameron, A., Claudian. Poetry and Propaganda at the Court of Honorius, 1970
Campenhausen, H. v., Lehrerweihen und Bischofsweihen im 2. Jahrhundert, in: Memoriam E. Lohmeyer, 1951
Campenhausen, H. v., Polykarp von Smyrna und die Pastoralbriefe, Sitzungsbericht d. Heidelb. Akademie d. Wissenschaft, Phil.-hist. Kl. 2. Abh. 1951
Campenhausen, H. v., Griechische Kirchenväter, 3. A. 1955
Campenhausen, H. v., Bearbeitungen und Interpolationen des Polykarpmartyriums, SAH 1957
Campenhausen, H. v., Tradition und Leben. Kräfte der Kirchengeschichte, Aufsätze und Vorträge, 1960
Campenhausen, H. v., Die Entstehung der christlichen Bibel, 1968
Candlish, J. S., Über den moralischen Charakter pseudonymer Bücher, in Brox (Hg.), Pseudepigraphie, 1977
Caspar, E., Geschichte des Papsttums. Von den Anfängen bis zur Höhe der Weltherrschaft. Erster Band: Römische Kirche und Imperium Romanum, 1930
Caspari, W., Die israelitischen Propheten, 1914
Češka, J., Die Rolle des Christentums am Ausgang der Antike, in: Das Altertum, Bd. 13, 1967

Chadwick, H., Die Kirche in der antiken Welt, 1972
Chadwick, H., Origenes, in: Greschat (Hg.), Alte Kirche I, 1984
Charlesworth, J. H., The Renaissance of Pseudepigrapha Studies: The SBL Pseudepigrapha Project, in: Journal for the Study of Judaism 2, 1971
Charlesworth, J. H., The pseudepigrapha and modern research, 1976
Charlesworth, J. H., The Old Testament Pseudepigrapha and the New Testament. Prolegomena for the Study of Christian Origins, 1985
Christ, K. (Hg.), Der Untergang des Römischen Reiches, 1970
Chrysos, E., Die angebliche «Nobilitierung» des Klerus durch Kaiser Konstantin, in: Historia, Bd. 18, 1969
Classen, P., Die Hohen Schulen und die Gesellschaft im 12. Jh., in: AK 1966
Clausing, R., The Roman Colonate. The theories of its origin, 1965
Clemen, O., Eine seltsame Christusreliquie, in: O. Clemen, Kleine Schriften zur Reformationsgeschichte (1897–1944), hgg. v. E. Koch, Bd. III (1907–1911), 1983
Clévenot, M., Von Jerusalem nach Rom. Geschichte des Christentums im 1. Jahrhundert, 1987
Clévenot, M., Die Christen und die Staatsmacht. Geschichte des Christentums im II. und III. Jahrhundert, 1988
Clévenot, M., Der Triumph des Kreuzes. Geschichte des Christentums im IV. und V. Jahrhundert, 1988
Colpe, C., Art. Geister (Dämonen), in: RAC IX, 1976
Conzelmann, H., Die Mitte der Zeit. Studien zur Theologie des Lukas, 1954
Conzelmann, H., Die formgeschichtliche Methode, in: Schweizerische Theolog. Umschau, Nr. 3, 1959
Conzelmann, H., Bemerkungen zum Martyrium Polykarps, 1978
Cornfeld, G./Botterweck, H. (Hg.), Die Bibel und ihre Welt. Eine Enzyklopädie, 1972
Cramer, W., Irrtum und Lüge. Zum Urteil des Jakob von Sarug über Reste paganer Religion und Kultur, in: JbAC, 23, 1980
Crawford, R., De Bruma et Brumalibus festis, in: BZ 23, 1920
Crombie, A. C., Von Augustinus bis Galilei. Die Emanzipation der Naturwissenschaft, 2. A. 1965
Croon, J. H., Art. Heilgötter, in: RAC XIII, 1986
Cullmann, O., Die ersten christlichen Glaubensbekenntnisse, 1943
Cullmann, O., Kindheitsevangelien, in: Hennecke, NA, 4. A. II. Bd., 1971
Cumont, F., Die orientalischen Religionen im römischen Heidentum, 1910
Daecke, S., Wunder, in: H. J. Schultz (Hg.), Theologie für Nichttheologen, ABC protestantischen Denkens, IV. Folge, 1965
Daecke, S., in: Mein Gottesbild. Eine Anthologie, München 1990
Daniel-Rops, H., Die Umwelt Jesu. Der Alltag in Palästina vor 2000 Jahren, 1980
Daniélou, J., Die heiligen Heiden des Alten Testaments, 1955
Danker, F. W., I Peter 1,24–2,17 – A Consolartory Pericope, ZNW 58, 1967
Dannenbauer, H., Die Entstehung Europas. Von der Spätantike zum Mittelalter. I. Der Niedergang der alten Welt im Westen 1959. II. Die Anfänge der abendländischen Welt, 1962
Dassmann, E., Ambrosius und die Märtyrer, JbAC, 18, 1975
Dassmann, E./Frank, K. S. (Hg.), Pietas, Festschrift für Bernhard Kötting, JbAC, 8, 1980

Deichmann, F. W., Frühchristliche Kirchen in Rom, 1949
Deichmann, F. W., Art. Christianisierung II (der Monumente), in: RAC II, 1954
Deissmann, A., Licht vom Osten, 4. A. 1923
Delitzsch, F., Die große Täuschung. Kritische Betrachtungen zu den alttestamentlichen Berichten über Israels Eindringen in Kanaan. Die Gottesordnung von Sinai und die Wirksamkeit der Propheten, 1920
Dempf, A., Geistesgeschichte der altchristlichen Kultur, 1964
Denis-Boulet, N. M., Das Kirchenjahr, 1960
Denk, V. M. O., Geschichte des gallo-fränkischen Unterrichts- und Bildungswesens von den ältesten Zeiten bis auf Karl den Großen. Mit Berücksichtigung der literarischen Verhältnisse, 1892
Deschner, K., Abermals krähte der Hahn. Eine kritische Kirchengeschichte von den Anfängen bis zu Pius XII., 1962
Deschner, K. Warum ich Agnostiker bin, in: ders. (Hg.), Warum ich Christ, Atheist, Agnostiker bin, 1977
Deschner, K. (Hg.), Das Christentum im Urteil seiner Gegner I 1969, II 1971
Deschner, K., Ein Papst reist zum Tatort, in: Deschner, Opus Diaboli, 1987
Deschner, K., Opus Diaboli, 1987
Deschner, K., An König David, in: R. Niemann (Hg.), Liebe Eva, lieber David!, 1989
Deschner, K., Der gefälschte Glaube. Eine kritische Betrachtung kirchlicher Lehren und ihrer historischen Hintergründe, 1988
Deschner, K., Das Kreuz mit der Kirche. Eine Sexualgeschichte des Christentums, 1974, 12., erweiterte und aktualisierte Neuausgabe 1989
Deschner, K., An Michael Kardinal Faulhaber, in: R. Niemann (Hg.), Verehrter Galileo!, 1990
Dessau, H., Über Zeit und Persönlichkeit der Scriptores Historiae Augustae, Hermes 24, 1889
Dewick, E. C., The Christian Attitude to other Religions, 1953
Dibelius, M., Die Formgeschichte des Evangeliums, 2. A. 1933
Dibelius, M., Jesus, 1949
Dibelius, M., Botschaft und Geschichte. Gesammelte Aufsätze, 1953
Dibelius-Kümmel, Paulus, 1951
Diehl, E., Inscriptiones latinae Christianae veteres, I, 1925
Diekamp, F., Patres apostolici, editionem Funkianam novis curis in lucem emisit, II., 1913
Dieringer, F. X., Kanzelvorträge
Diesner, H.-J., Studien zur Gesellschaftslehre und sozialen Haltung Augustins, 1954
Diesner, H.-J., Kirche und Staat im spätrömischen Reich. Aufsätze zur Spätantike und zur Geschichte der Alten Kirche, 1963
Diesner/Barth/Zimmermann (Hg.), Afrika und Rom in der Antike, 1968
Diller, H., Stand und Aufgaben der Hippokrates-Forschung, Jb. d. Akad. d. Wiss. u. d. Lit. Mainz, 1959
Dittrich, O., Geschichte der Ethik. Die Systeme der Moral vom Altertum bis zur Gegenwart, 2 Bde. 1926
Dobschütz, E. v., Das Kerygma Petri kritisch untersucht, 1893
Dobschütz, E. v., Christusbilder. Untersuchungen zur christlichen Legende, 1909

Dodds, E. R., The Greeks and the Irrational, 1951
Dölger, F. J., Das Kultvergehen der Donatistin Lucilla von Karthago, in: F. J. Dölger, Antike und Christentum III, 1932
Dölger, F. J., Beiträge zur Geschichte des Kreuzzeichens, in: JbAC VI, 1963, JbAC VII, 1964
Dölger, F. J., Byzanz und die europäische Staatenwelt. Ausgewählte Vorträge und Aufsätze, 1964
Dölger, F. J., Antike und Christentum, 2. A. 1976
Donin, L. (Hg.), Leben und Thaten der Heiligen Gottes oder: Der Triumph des wahren Glaubens in allen Jahrhunderten, 2. A., 7 Bde., 1861/62
Dopsch, A., Wirtschaftliche und soziale Grundlagen der europäischen Kulturentwicklung. Aus der Zeit von Caesar bis auf Karl den Großen, 2 Bde., 2. A. Neudruck 1961
Dörries, H., Wort und Stunde I, 1966
Dörries, H., Die Vita Antonii als Geschichtsquelle, in: Wort und Stunde I, 1966
Dostojewski, F., Tagebuch eines Schriftstellers, 1963
Dresdner, A., Kultur- und Sittengeschichte der italienischen Geistlichkeit im 10. und 11. Jahrhundert, 1890
Drews, A., Die Christusmythe II, 1911
Drews, A., Die Marienmythe, 1928
Drexhage, H.-J., Art. Handel I (geschichtlich), II (ethisch), in: RAC XIII, 1986
dtv-Lexikon der Antike, Philosophie, Literatur, Wissenschaft I–IV, 1969/1970
dtv-Lexikon der Antike, Religion, Mythologie I–II, 1970
dtv-Lexikon der Antike, Geschichte I–III, 1971
Dudden, F. H., Gregory the Great I, 1905
Dudden, F. H., The Life and Times of St. Ambrose, 2 Bde., 1935
Duhm, H., Der Verkehr Gottes mit den Menschen im Alten Testament, 1926
Duncan-Jones, R., The Finances of the Younger Pliny, Papers of the British School at Rome, N. S. 20, 1965
Dyggve, E., History of Salonitan Christianity, 1951
Eban, A., Dies ist mein Volk. Die Geschichte der Juden, 1970
Eberle, F. X., Arbeitsmotive im Lichte der christlichen Ethik, 1912
Egger, R., Der hl. Hermagoras, 1948
Eggersdorfer, F. X., Der hl. Augustinus als Pädagoge, 1907
Ehrhard, A., Die Kirche der Märtyrer, 1932
Ehrhard, A., Urkirche und Frühkatholizismus, 1935
Eichrodt, W., Der neue Tempel in der Heilshoffnung Hesekiels, in: Festschr. Rost, BZAW 105, 1967
Eisler, R., Orphisch-dionysische Mysteriengedanken in der christlichen Antike, 1925
Eisler, R., Das Rätsel des Johannesevangeliums, in: Eranos-Jahrbuch 3, 1935
Eißfeldt, O., Die Genesis der Genesis. Vom Werdegang des ersten Buches der Bibel, 1958
Eißfeldt, O., Einleitung in das Alte Testament, 3. A. 1964
Ellert, G., Die schweigenden Jahrhunderte. Das Urchristentum im Zwielicht der Geschichte, 1965
Engberding, H., Kann Petrus der Iberer mit Dionysius Areopagita identifiziert werden?, OrChr 38, 1954

Engberding, H., Zur neuesten Identifizierung des PsD., Philos Jb 64, 1956
Engelmann, E., Zur Bewegung der Bagauden im römischen Gallien, in: Kretschmar, H. (Hg.), Vom Mittelalter zur Neuzeit, 1956
Engelmann, E./Büttner, T., Soziale Erhebungen im spätrömischen Reich, in: Kretschmar H. (Hg.), Vom Mittelalter zur Neuzeit, 1956
Ensslin, W., Die Religionspolitik des Kaisers Theodosius d. Gr. SBA phil.-hist. Kl., 1953
Eppelsheimer, H. W., Handbuch der Weltliteratur. Erster Band, Von den Anfängen bis zum Ende des 18. Jahrhunderts, 2. A. 1947. Zweiter Band, Neunzehntes und zwanzigstes Jahrhundert, 1950
Epperlein, S., Herrschaft und Volk im karolingischen Imperium. Studien über soziale Konflikte und dogmatisch-politische Kontroversen im fränkischen Reich, 1969
Erbse, H., Überlieferungsgeschichte der griechischen, klassischen und hellenistischen Literatur, in: Textüberlieferung der antiken Literatur und der Bibel, 1975
Ewig, E., Spätantikes und fränkisches Gallien, hgg. von H. Atsma, Bd. II, 1979
Farrer, J. A., Literarische Fälschungen. Mit einer Einführung von A. Lang, 1907
Faßbinder, H., Wunder außerhalb der wahren Kirche, in: Pastor bonus, Monatsschrift für kirchliche Wissenschaft und Praxis, April, Mai, Juni 1915
Faulhaber, M., Judentum, Christentum, Germanentum. Adventspredigten, 1933
Faulhaber, M., Charakterbilder der biblischen Frauenwelt, 6. A. 1935
Feine-Behm, Einleitung in das Neue Testament, 9. A. 1950
Fetscher, I., Arbeit, in: Bussiek, H. Veränderung der Gesellschaft, 1970
Fichtenau, H., Askese und Laster in der Anschauung des Mittelalters, 1948
Fichtinger, C., Lexikon der Heiligen und Päpste, 1980
Fiebig, P., Die Umwelt des Neuen Testaments, 1926
Finley, M. J., Die antike Wirtschaft, 1977
Fohrer, C., Zum Aufbau der Apokalypse des Jesajabuchs, in: Studien zur alttestamentlichen Prophetie, 1967
Fohrer, C., Jesaja I als Zusammenfassung der Verkündigung Jesajas, in: Studien zur alttestamentlichen Prophetie, 1967
Fohrer, C., Entstehung, Komposition und Überlieferung von Jesaja 1–39, in: Studien zur alttestamentlichen Prophetie, 1967
Fohrer, G., Die Glossen im Buche Ezechiel, ZAW 63, 1951
Fontaine, J., Christentum ist auch Antike. Einige Überlegungen zu Bildung und Literatur in der lateinischen Spätantike, in: JbAC 25, 1982
Forman, C. C., The Pessimism of Ecclesiastes, in: JSS 3, 1958
Forman, C. C., Kohelet's Use of Genesis, in: JSS 5, 1960
Frankenberg, G. v., Johann Wolfgang Goethe, in: Deschner (Hg.), Das Christentum I, 1969
Franko, S., Handbuch populärer Antworten auf die am meisten verbreiteten Einwendungen gegen die Religion. Ein vollständiges Verzeichniß aller religiösen, politischen und socialen Irrthümer unserer Zeit, 2 Bde., 1870
Frantz, A., From Paganism to Christianity in the temples of Athens, in: DOP, 19, 1965
Fredouille, J.-C., Art. Götzendienst, RAC XI, 1981
Frend, W. H., Martyrdom and Persecution in the Early Church, 1965
Fries, H. (Hg.), Handbuch theologischer Grundbegriffe I–IV, 1970

Fries, H., Zeichen/Wunder, in: ders. (Hg.), Handbuch IV, 1970
Frohnes, H./Knorr U. W. (Hg.), Die alte Kirche, 1974
Fry, F. C. (Hg.), Geschichtswirklichkeit und Glaubensbewährung (Festschrift für Bischof F. Müller), 1967
Fuchs, E., Christentum und Sozialismus, in: Blätter für deutsche und internationale Politik, 2, 1959
Fuchs, H., Der geistige Widerstand gegen Rom in der antiken Welt, 1938
Fuchs, H., Art. Bildung, in: RAC II, 1954
Fuhrmann, H., Einfluß und Verbreitung der pseudoisidorischen Fälschungen. Von ihrem Auftauchen bis in die neuere Zeit. Erster Teil, 1972
Funke, F., Art. Götterbild, in: RAC XI, 1981
Gamm, H.-J., Sachkunde zur Biblischen Geschichte, 1965
Gams, P., Kirchengeschichte von Spanien, 2 Bde., 1. Abtlg., 1864
Garden, E., Sagt die Bibel die Wahrheit? 2. A. 1959
Gassmann, P., Der Episkopat in Gallien im 5. Jahrhundert, 1977
Geffcken, J., Zwei griechische Apologeten, 1907
Geffcken, J., Das Christentum im Kampf und Ausgleich mit der griechisch-römischen Welt, 3. A. 1920
Geffcken, J., Der Ausgang des griechisch-römischen Heidentums, 1920
Gelin, A., Moses im Alten Testament, in: Moses in Schrift und Überlieferung, 1963
Gericke, W., Zur Entstehung des Johannes-Evangeliums, ThLZ 90, 1965
Giesecke, H.-E., Die Ostgermanen und der Arianismus, 1939
Gigon, O., Die antike Kultur und das Christentum, 1966
Glasenapp, H. v., Heilige Stätten Indiens. Die Wallfahrtsorte der Hindus, Jainas und Buddhisten, 1928
Glasenapp, H. v., Der Pfad der Erleuchtung. Grundtexte der buddhistischen Heilslehre, 1956
Glasenapp, H. v., Glaube und Ritus der Hochreligionen in vergleichender Übersicht, 1960
Glaubensverkündigung für Erwachsene. Deutsche Ausgabe des Holländischen Katechismus, 1968
Gnilka, J., Zeichen/Wunder, in: Handbuch theologischer Grundbegriffe IV, 1970
Gnilka, C./Schetter, W., (Hg.), Studien zur Literatur der Spätantike, 1975
Goguel, M., Das Leben Jesu, 1934
Gontard, F., Die Päpste. Regenten zwischen Himmel und Hölle, 1959
Goodspeed, E. J., The Meaning of Ephesians, 1933
Goodspeed, E. J., An Introduction to the New Testament, 1937
Goodspeed, E. J., A History of Early Christian Literature, 1942
Goosen, L., Martin von Tours, in: Greschat, Alte Kirche II, 1984
Göpfert, F. A., Moraltheologie, 2 Bde., 1897
Graesser, E., Das Problem der Parusieverzögerung in den synoptischen Evangelien und in der Apostelgeschichte, 1957
Graf, G., Das Martyrium des hl. Pappus und seiner 24 000 Gefährten, in: Beiträge zur Geschichte des christl. Altertums u. d. Byzantinischen Literatur, Festgabe für Albert Ehrhard, hgg. v. A. M. Koeniger, 1922
Grant, M., Das Römische Reich am Wendepunkt. Die Zeit von Mark Aurel bis Konstantin, 1972
Grant, R. M., Christen als Bürger im Römischen Reich, 1981

Grass, H., Ostergeschehen und Osterberichte, 1956
Graus, F., Die Gewalt bei den Anfängen des Feudalismus und die «Gefangenenbefreiung» der merowingischen Hagiographie, in: JW 1961
Graus, F., Volk, Herrscher und Heiliger im Reich der Merowinger. Studien zur Hagiographie der Merowingerzeit, 1965
Greeven, H., Das Hauptproblem der Sozialethik in der neuen Stoa und im Urchristentum, 1935
Gregorovius, F., Geschichte der Stadt Rom im Mittelalter. Vom V. bis zum XVI. Jahrhundert, 2. A. 8 Bde. 1869/1874. Fast stets benutzt wurde aber die im dtv vollständig edierte und überarbeitete Ausgabe von W. Kampf, 1978
Greschat, M. (Hg.), Alte Kirche I u. II, 1984
Greßmann, H., Mose und seine Zeit, 1913
Greßmann, H., Tod und Auferstehung des Osiris, in: Der alte Orient, 23. Bd. 3. H., 1923
Grillmeier, A., Die theologische und sprachliche Vorbereitung der christologischen Formel von Chalcedon, in: Grillmeier, A./Bacht, H. (Hg.), I 1951, II 1953
Grillmeier, A./Bacht, H. (Hg.), Das Konzil von Chalcedon, I 1951, II 1953
Grisar, H., Luther, 3 Bde., 1911/12
Grobel, K., Formgeschichte und synoptische Quellenanalyse, 1937
Groeber, C., Kirche, Vaterland und Vaterlandsliebe. Zeitgemäße Erwägungen und Erwiderungen, 1935
Grönbech, V., Zeitwende I, 1. Jesus der Menschensohn, 1941
Grundmann, W., Das Problem des hellenistischen Christentums innerhalb der Jerusalemer Urgemeinde, in: ZNW 38, 1939
Grundmann, W., Die Geschichte Jesu Christi, 1957
Grünwald, H., Die pädagogischen Grundsätze der Benediktinerregel, 1941
Gruszka, P., Die Stellungnahme der Kirchenväter Kappadoziens zu der Gier nach Gold, Silber u. anderen Luxuswaren im täglichen Leben der Oberschichten des 4. Jahrhunderts, in: Klio 63, 1981
Grützmacher, G., Pachomius und das älteste Klosterleben. Ein Beitrag zur Mönchsgeschichte, I 1901, II 1906, III 1908
Guardini, R., Das Bild von Jesus dem Christus im Neuen Testament, 1936
Gudeman, A., Literarische Fälschungen bei den Griechen, in: N. Brox (Hg.), Pseudepigraphie, 1977
Güldenpenning, A., Geschichte des oströmischen Reiches unter den Kaisern Arcadius und Theodosius II., 1885, Nachdruck 1965
Gülzow, H., Kallist von Rom. Ein Beitrag zur Soziologie der römischen Gemeinde, in: ZNW 58, 1967
Gülzow, H., Christentum und Sklaverei in den ersten drei Jahrhunderten, 1969
Günter, H., Legendenstudien, 1906
Günter, H., Die christliche Legende des Abendlandes, 1910
Günter, H., Psychologie der Legende. Studien zu einer wissenschaftlichen Heiligengeschichte, 1949
Günther, R., Volksbewegungen in der Spätantike, in: Herrmann/Sellnow (Hg.), Die Rolle der Volksmassen, 1975
Haag, H. (Hg.), Bibel-Lexikon, 1968
Haarhoff, T. J., Schools of Gaul. A study of pagan and christian education in the last century of the Western Empire, 2. A. 1958

Haefner, A. E., Eine einzigartige Quelle für die Erforschung der antiken Pseudonymität, in: Brox (Hg.), Pseudepigraphie, 1977
Haehling, R. v., Die Religionszugehörigkeit der hohen Amtsträger des Römischen Reiches seit Constantius I. Alleinherrschaft bis zum Ende der Theodosianischen Dynastie (324–450 bzw. 455 n. Chr.), 1978
Haenchen, E., Die Apostelgeschichte, 10. A. 1956
Halbfaß, W., Porphyrios, in: Deschner (Hg.), Das Christentum I, 1969
Halbfaß, W., Diderot, in: Deschner (Hg.), Das Christentum I, 1969
Haller, J., Das Papsttum. Idee und Wirklichkeit I–V, 1965
Halson, R. R., The Epistle of James: «Christian Wisdom»?, in: Studia Evangelica IV, Texte u. Untersuchungen zur Geschichte der altkirchlichen Literatur 102, 1968
Hammann, A., Johannes Chrysostomos, in: P. Manns (Hg.), Reformer der Kirche, 1970
Hansen, J., Zauberwahn, Inquisition im Hexenprozeß im Mittelalter und die Entstehung der großen Hexenverfolgungen, 1900
Häring, B., Das Gesetz Christi. Moraltheologie. Sechste erweiterte u. gründlich bearbeitete Aufl., 3 Bde., 1961
Harnack, A., Reden und Aufsätze, 2. A. 1906
Harnack, A., Das Leben Cyprians, 1913
Harnack, A., Porphyrius, ‹Gegen die Christen›: 15 Bücher. Zeugnisse, Fragmente und Referate, 1916
Harnack, A., Dogmengeschichte, 7. A. 1922
Harnack, A., Marcion: Das Evangelium vom fremden Gott, 1921, 2. A. 1924
Harnack, A., Mission und Ausbreitung des Christentums in den ersten drei Jahrhunderten, 1924
Harnack, A., Über den Verfasser und den literarischen Charakter des Muratorischen Fragments, ZNW, 1925
Harrison, P. N., The Authorship of the Pastoral Epistles, in: Expository Times, 67, 1955/56
Hartke, W., Römische Kinderkaiser, 1951
Hartmann, C. M., Geschichte Italiens im Mittelalter, 4 Bde., 1897 ff (Neudruck 1969)
Hartmann, H., Kirche und Sexualität, Der Wandel der Erotik, 1929
Hauck, A., Kirchengeschichte Deutschlands, 5 Bde., 1887–1920
Hauck, F., Theologisches Fremdwörterbuch, 1950
Hauschild, W.-D., Christentum und Eigentum. Zum Problem eines altkirchlichen «Sozialismus», in: ZEE, 1972
Healy, P. J., Social and economic questions in the early Church, in: Cath. Univ. Bull. 17, 1911
Hefele, C. J., Conciliengeschichte I, 1873
Heiler, F., Der Katholizismus. Seine Idee und seine Erscheinung, 1923
Heiler, F., Urkirche und Ostkirche, 1937
Heiler, F., Altkirchliche Autonomie und päpstlicher Zentralismus, 1941
Heiler, F., Erscheinungsformen und Wesen der Religion, 1961
Heilmann, A., Texte der Kirchenväter. Eine Auswahl nach Themen geordnet, 1963
Heilmann, A./Kraft, H. (Hg.), Einsichten des Glaubens. Texte der Kirchenväter, 1968

Heinrici, C. F. G., Zur Charakteristik der literarischen Verhältnisse des zweiten Jahrhunderts, in: Brox (Hg.), Pseudepigraphie, 1977
Heinzelmann, M., Bischofsherrschaft in Gallien. Zur Kontinuität römischer Führungsschichten vom 4. bis zum 7. Jahrhundert. Soziale, prosopographische und bildungsgeschichtliche Aspekte, 1976
Heinzelmann, M., Translationsberichte und andere Quellen des Reliquienkultes, 1979
Heinz-Mohr, G., Lexikon der Symbole. Bilder und Zeichen der christlichen Kunst, 1971
Heitmüller, W., Taufe und Abendmahl im Urchristentum, 1911
Held, W., Einige Probleme des Kolonats in Nordafrika zur Zeit des Prinzipats, in: Diesner/Barth/Zimmermann (Hg.), Afrika und Rom in der Antike, 1968
Held, W., Die gallische Aristokratie im 4. Jahrhundert hinsichtlich ihrer Siedlungsstandorte und ihrer zentralen Stellung zur römischen Provinzial- bzw. Zentraladministration, in: Klio 1976
Hellinger, W., Die Pfarrvisitation nach Regino von Prüm, in: ZSSR, Kan. Abt., 1962/63
Hempel, J., Die alttestamentlichen Religionen, in: Handbuch der Orientalistik 1, 8, 1964
Hengel, M., Eigentum und Reichtum in der frühen Kirche, 1973
Hennecke, E., Neutestamentliche Apokryphen, 2. A. 1924
Hennecke, E., Apostolische Pseudepigraphen, in: Brox, Pseudepigraphie, 1977
Hennecke, E., Neutestamentliche Apokryphen in deutscher Übersetzung, 4. A. hgg. von W. Schneemelcher, I. Band: Evangelien, 1968
Hennecke/Schneemelcher, Neutestamentliche Apokryphen, 4. A. II. Bd. Apostolisches, Apokalypsen und Verwandtes, 1971
Herde, P., Röm. u. Kanon. Recht bei der Verfolgung des Fälschungsdelikts im Mittelalter, in: Traditio. Studies in Ancient and Medieval History, Thought and Religion, 1965
Hernegger, R., Macht ohne Auftrag. Die Entstehung der Staats- und Volkskirche, 1963
Herrmann, J., Ezechielstudien, in: BWANT, 1908
Herrmann, J./Sellnow, J. (Hg.), Die Rolle der Volksmassen in der Geschichte der vorkapitalistischen Gesellschaftsformationen. Zum XIV. Intern. Historiker-Kongreß in San Francisco, 1975
Hertling, L., Antonius der Einsiedler. 1. H., Forschungen zur Geschichte des innerkirchlichen Lebens, 1929
Hertling, L., Geschichte der katholischen Kirche, 1949
Herzog, R., Die Wunderheilungen von Epidauros. Ein Beitrag zur Geschichte der Medizin und der Religion, in: Philologus, Supplementband 22, H. 3, 1931
Herzog, R., Der Kampf um den Kult von Menuthis (Pisciculi, Festschrift F. J. Dölger, 1940)
Heussi, K., Der Ursprung des Mönchtums, 1936
Heussi, K., Kompendium der Kirchengeschichte, 11. A. 1957
Hillyer, N., Matthew's Use of the Old Testament, in: Evang. Quarterly, 36, 1964
Hilpisch, St., Die Torheit um Christi willen, in: Zeitschrift für Aszese und Mystik, 6. Jg. 1931
Hirsch, E., Das Alte Testament und die Predigt des Evangeliums, 1936

Hirsch, E., Studien zum vierten Evangelium, 1936
Hirsch, E., Frühgeschichte des Evangeliums, 1941
Höcht, J. M., Fatima und Pius XII. Der Kampf um den Weltfrieden. Die überraschende Kriegswende 1942/43 und der kommende Triumph Mariens, 1950
Höcht, J. M., Maria rettet das Abendland. Fatima und die «Siegerin in allen Schlachten Gottes» in der Entscheidung um Rußland, 1953
Hoehl, E., Paul Thiry d'Holbach. Paul Heinrich Dietrich von Holbach, in: Deschner (Hg.), Das Christentum I, 1969
Hoensbroech, P. v., 14 Jahre Jesuit. Persönliches und Grundsätzliches, 3. unveränderte A., 2 Bde., 1910
Hohl, E., Über das Problem der Historia Augusta, W St. 71, 1958
Holl, K., Augustins innere Entwicklung, in: Gesammelte Aufsätze zur Kirchengeschichte III, 1928
Holl, K., Die Missionsmethoden der alten und die der mittelalterlichen Kirche, in: H. Frohnes/U. W. Knorr (Hg.), Die alte Kirche, 1974
Hollerich, M. J., The Alexandrian bishops and the grain trade: JournEconSocHistOrient 25, 1982
Hölscher, G., Geschichte der israelitischen und jüdischen Religion, 1922
Holum, K. G., Theodosian Empresses. Woman and Imperial Dominion in Late Antiquity, 1982
Holzapfel, H., Die sittliche Wertung der körperlichen Arbeit im christlichen Altertum, 1941
Holzhey, K., Das Bild der Erde bei den Kirchenvätern, in: Festgabe Alois Knöpfler, 1917
Holzmann, W., König Heinrich I. und die hl. Lanze, 1947
Hommel, H., Neue Forschungen zur Areopagrede Acta 17, in: ZNW 3–4, 1955
Horn, H.-J., Art. Gold, RAC XI, 1981
Hoevels, F. E., Märchen und Magie in den Metamorphosen des Apuleius von Madaura, 1979
Howard, G., The letter of Aristeas and Diaspora Judaism, in: JThS, 22, 1971
Hümmeler, H., Helden und Heilige, o. J.
Hunger, H./Stegmüller, O./Erbse, H./Imhof, M./Büchner, K./Beck, H.-G./Rüdiger, H., Die Textüberlieferung der antiken Literatur und der Bibel, 1975
Hunzinger, C.-H., Babylon als Deckname für Rom und die Datierung des 1. Petrusbriefes (Festschrift Hertzberg), 1965
Hyde, W. W., Paganism to Christianity in the Roman Empire, 1946
Illmer, D., Formen der Erziehung und Wissensvermittlung im frühen Mittelalter. Quellenstudien z. Frage d. Kontinuität des abendl. Erziehungswesens, 1971
Ingram, K., Geschichte der Sklaverei und der Hörigkeit, 1895
Irwin, W. A., Ezekiel Research Since 1943, VT 3, 1953
Jachmann, G., Gefälschte Daten, in: Klio, 1942
Jaeger, W., Das frühe Christentum und die griechische Bildung, 1963
James, M. R., The Rainer Fragment of the Apocalypse of Peter, JThSt 32, 1931
Jaspers, K., Die großen Philosophen I, 1957
Jeremias, A., Das Alte Testament im Lichte des alten Orients, 4. A. 1930
Jirku, A., Das Alte Testament und die deutsche Gegenwart, 1935
Johne, K.-P., Zum Problem von Sklaverei und Kolonat in der römischen Landwirtschaft, in: Jahrbuch für Wirtschaftsgeschichte, III. Teil, 1973

Jones, A. H. M., Slavery in the Ancient World, in: EHR, 1956
Jones, A. H. M., The Social Background of the struggle between Paganism and Christianity, in: Momigliano (Hg.), The Conflict, 1964
Jones, A. H. M., The later Roman Empire 284–602. A social, economic and administrative survey, 2 Bde., 1973
Jonge de, M., Recent Studies on the Testaments of the Twelve Patriarchs, in: Svensk exegetisk Årsbok, 36, 1971
Jonge de, M., Die Textüberlieferung der Testamente der zwölf Patriarchen, in: ZNW, 63, 1972
Jonge de, M., Studies on the Testaments of the Twelve Patriarchs, Studia in Veteris Testamenti Pseudepigrapha, 3, 1975
Jonkers, E. J., Das Verhalten der alten Kirche hinsichtlich der Ernennung zum Priester von Sklaven, Freigelassenen und Curiales, Mnemosyne 1942
Jonkers, E. J., Die Konzile und einige Formen alten Volksglaubens im 5. und 6. Jahrhundert, in: VigChr. 22, 1968
Jouassard, G., Cyrill von Alexandrien, in: RAC III, 1957
Jülicher, A., Einleitung in das Neue Testament, 7. A. 1931
Jürgens, H., Pompa Diaboli. Die lateinischen Kirchenväter und das antike Theater, 1972
Jürss, F., Bemerkungen zum naturwissenschaftlichen Denken in der Spätantike, in: Klio, Bd. 43/45, 1965
Kaden, E.-H., Die Edikte gegen die Manichäer von Diokletian bis Justinian, in: Festschrift für H. Lewald, 1953
Kallis, A., Art. Geister (Dämonen) C II Griech. Väter, in: RAC IX, 1976
Kammeier, W., Die Fälschung der Geschichte des Urchristentums, 1. A. (Husum) 1982
Kantzenbach, F. W., Urchristentum und alte Kirche. Das Christentum von seinen Anfängen bis zum Zerfall des römischen Reiches, 1964
Kantzenbach, F. W., Christentum in der Gesellschaft. Grundlinien der Kirchengeschichte, I. Bd. Alte Kirche und Mittelalter, 1975
Käsemann, E., Leib und Leib Christi, 1933
Käsemann, E., Ketzer und Zeuge. Zum johanneischen Verfasserproblem, ZThK 48, 1951
Kautsky, K., Der Ursprung des Christentums. Eine historische Untersuchung, 1910
Kawerau, P., Geschichte der alten Kirche, 1967
Kawerau, P., Geschichte der mittelalterlichen Kirche, 1967
Keller, H. L., Reclams Lexikon der Heiligen und der biblischen Gestalten, Legende und Darstellung in der bildenden Kunst, 1968
Kellner, J. B., Der hl. Ambrosius, Bischof von Mailand, als Erklärer des Alten Testamentes, 1893
Ketteler, W. E. v., Die Arbeiterfrage und das Christenthum, 1864
Kindermann, H./Dietrich M., Lexikon der Weltliteratur, 1950
Kirsch, J. P., Die Grabstätten der römischen Märtyrer und ihre Stellung im liturgischen Märtyrerkult, in: RQ, 1930
Kirsch, J. P./Klauser, Th., Altar III (christlich), in: RAC I, 1950
Kirschbaum, E. (Hg.), Lexikon der Ikonographie III, 1971
Kirsten, E., Art. Edessa, in: RAC IV, 1959

Klameth, G., Die neutestamentlichen Lokaltraditionen Palästinas in der Zeit vor den Kreuzzügen, in Ntl A. V,1, 1914
Klauser, Th., Bischöfe auf dem Richterstuhl, in: JbAC 1962
Klauser, Th., Bischöfe als staatliche Prokuratoren im 3. Jahrhundert?, in: JbAC 14, 1971
Klausner, J., Von Jesus zu Paulus, 1950
Klostermann, H., Das Matthäusevangelium, 2. A. 1927
Klug, I., Der katholische Glaube in seinen grundlegenden Wahrheiten. Siebte Aufl. hgg. v. T. Hübenthal, 1938
Kneller, C. A., Zum schwitzenden Almosen, ZKTh 26, 1902
Knopf, R., Das nachapostolische Zeitalter, 1905
Knopf, R., Einführung in das Neue Testament, 3. A. 1930
Knöpfler, A., Lehrbuch der Kirchengeschichte, 6. A. Unverä. Neudruck von 1924
Knox, J., Marcion and the New Testament, An Essay in the Early History of the Canon, 1942
Kober, F., Die Deposition und Degradation, nach den Grundsätzen des kirchlichen Rechts historisch dogmatisch dargestellt, 1867
Kober, F., Die körperliche Züchtigung als kirchliches Strafmittel gegen Cleriker und Mönche, 1875
Koch, M., Sankt Fridolin und sein Biograph Balther. Irische Heilige in der literarischen Darstellung des Mittelalters, 1959
Koeniger, A. M. (Hg.), Festgabe Albert Erhard, 1922
Köpstein, H., Zur Rolle der Agrarbevölkerung in Byzanz, in: Herrmann/Sellnow (Hg.), Die Rolle der Volksmassen, 1975
Köpstein, H./Winkelmann, F. (Hg.), Studien zum 7. Jahrhundert in Byzanz, 1976
Kosminski, J. A./Skaskin, S. D., Geschichte des Mittelalters I, 1958
Kötting, B., Peregrinatio Religiosa. Wallfahrten in der Antike und das Pilgerwesen in der alten Kirche, 1950
Kötting, B., Reliquienverehrung, ihre Entstehung und ihre Formen, in: Trierer ThZ, 67. Jg. 1958
Kötting, B., Der frühchristliche Reliquienkult und die Bestattung im Kirchengebäude, 1965
Kötting, B., Die Stellung des Konfessors in der Alten Kirche, in: JbAC, 19, 1976
Kötting, B. (B. Kaiser), Art. Gelübde, RAC IX, 1976
Kötting, B., Religionsfreiheit und Toleranz im Altertum, 1977
Kötting, B., Festschrift, in: JbAC 8, 1980
Kraft, H., Kirchenväterlexikon, 1966
Kraft, H., Die Lyoner Märtyrer und der Montanismus, in: E. Dassmann/K. S. Frank, Pietas, 1980
Kraus, H.-J., Geschichte der historisch-kritischen Erforschung des Alten Testaments, 3. A. 1982
Krause, W., Art. Dioskuren, RAC III, 1957
Krause, W., Die Stellung der frühchristlichen Autoren zur heidnischen Literatur, 1958
Krüger, A., Quaestiones Orphicae, 1934
Krueger, G., Die Rechtsstellung der vorkonstantinischen Kirchen, 1935
Kuhl, B. C., Die Entstehung des Alten Testaments, 1953
Kühner, H., Lexikon der Päpste von Petrus bis Paul VI, o. J.

Kühner, O. H., Das Jahr Null und die Bibel, 1962
Kümmel, W. G., Einleitung in das Neue Testament, 21. A. 1983
Kupisch, K., Kirchengeschichte, I 1973, II 1974
Kurfess, A., Christliche Sibyllinen, in: Hennecke/Schneemelcher, 1971
Kuss, O., Der Verfasser des Hebräerbriefes als Seelsorger, Trierer Theolog. Zeitschr., 67 Jg. 1958
Kuujo, E. O., Das Zehntwesen in der Erzdiözese Hamburg-Bremen bis zu seiner Privatisierung, 1949
Lacarrière, J., Die Gott-Trunkenen, 1967
Lampl, H. E., Franz Camille Overbeck, in: Deschner (Hg.), Das Christentum im Urteil seiner Gegner I, 1969
Lanczkowski, G., Heilige Schriften, Inhalt, Textgestalt und Überlieferung, 1956
Langenfeld, H., Christianisierungspolitik und Sklavengesetzgebung der römischen Kaiser von Konstantin bis Theodosius II., 1977
Lappas, J., Paulus und die Sklavenfrage. Eine exegetische Studie in historischer Schau, 1954
Lautermann, W., Mittelalter, 1970
Lawrence, D. H., Pornographie und Obszönität und andere Essays über Liebe, Sex und Emanzipation, 1971
Lea, H. C., Geschichte der Inquisition im Mittelalter I: Ursprung und Organisation der Inquisition, 1905. II: Die Inquisition in den verschiedenen christl. Ländern, 1909. III: Die Tätigkeit der Inquisition auf besonderen Gebieten, 1913
Lechler, G. V., Sklaverei und Christentum, 2 Teile, 1877 u. 1878
Lecky, W. E. H., Sittengeschichte Europas von Augustus bis auf Karl den Großen. Zweite rechtmäßige Auflage mit den Zusätzen der dritten englischen vermehrt, und durchgesehen von F. Löwe, 2 Bde., 1879
Leeuw, G. van der, Phänomenologie der Religion, 1933
Lehmann, E./Hass, H., Textbuch zur Religionsgeschichte, 1922
Leipoldt, J., Schenute von Atripe und die Entstehung des national ägyptischen Christentums, 1903
Leipoldt, J., Geschichte des neutestamentlichen Kanons, I 1907, II 1908
Leipoldt, J., Dionysos, 1931
Leipoldt, J., Der soziale Gedanke in der altchristlichen Kirche, 1952
Leipoldt, J., Die Frau in der antiken Welt und im Urchristentum, 2. A. 1955
Leipoldt, J., Von Epidauros bis Lourdes, 1957
Leipoldt, J./Grundmann, W., Umwelt des Urchristentums, 2. A. 1967
Leipoldt, J./Morenz S., Heilige Schriften, Betrachtungen zur Religionsgeschichte der antiken Mittelmeerwelt, 1953
Levison, W., Aus rheinischer und fränkischer Frühzeit. Ausgewählte Aufsätze, 1948
Lewis, J. J., The Table-Talk Section in the letter of Aristeas, in: New Testament Studies, 13, 1966
Lexikon der alten Welt, 1965
Lexikon der Ikonographie, hg. v. E. Kirschbaum, III, 1971
Lichtenberg, G. Chr., Sudelbücher. Hg. von F. H. Mautner, 1984
Liechtenhan, R., Die pseudepigraphe Literatur der Gnostiker, in: ZNW 3, 1902
Lietzmann, H., Byzantinische Legenden, 1911
Lietzmann, H., Geschichte der alten Kirche, 2. A. 4 Bde., 1953

Lindauer, J., Tacitus Germania. Bericht über Germanien, 1975
Lindemann, A., Zum Abfassungszweck des zweiten Thessalonicherbriefes, in: ZNW 68, 1977
Linhardt, R., Die Sozialprinzipien des heiligen Thomas von Aquin. Versuch einer Grundlegung der speziellen Soziallehren des Aquinaten, 1932
Lippold, A., Theodosius der Große und seine Zeit, 1968
List, J., Das Antoninusleben des Hl. Athanasius d. Gr. Eine literarhistorische Studie zu den Anfängen der byzantinischen Hagiographie, in: Texte und Forschungen zur Byzantinisch-Neugriechischen Philosophie Nr. 11, 1930
Lohfink, N., Bibelauslegung im Wandel. Ein Exeget ortet seine Wissenschaft, 1967
Lohmeyer, E., Galiläa und Jerusalem, 1936
Lohmeyer, E., Das Evangelium des Markus, 1937
Lohse, E., Märtyrer und Gottesknecht, 1955
Lohse, E., Die Offenbarung des Johannes, 10. neubearb. A. 1971
Loofs, F., Dogmengeschichte, 4. A. 1906
Lorenz, R., Die Wissenschaftslehre Augustins, in: ZKG 67, 1955/56
Lortz, J., Geschichte der Kirche in ideengeschichtlicher Betrachtung, 4. A. 1936
Lotter, F., Servinus und die Endzeit römischer Herrschaft an der oberen Donau, in: Arch. f. E. d. M., 1968
Loewenich, W. v., Von Augustin zu Luther. Beiträge zur Kirchengeschichte, 1959
Lübtow, U. v., Das römische Volk, sein Staat und sein Recht, 1955
Lucius, E., Die Anfänge des Heiligenkultes in der christlichen Kirche, hgg. v. G. Anrich, 1904
Luck, U., Weisheit und Leiden. Zum Problem Paulus und Jakobus, ThLZ 92, 1967
Luck, U., Der Jakobusbrief und die Theologie des Paulus, ThGl, 1971
Luegs, S., Biblische Realkonkordanz. Repertorium für Prediger, Religionslehrer, Seelsorger und Theologen. Revidiert und verbessert von Bernhard Mairhofer, Domkapitular, 2 Bde., 21.–24. Tausend, 1928
Maier, F. G., Augustin und das antike Rom, 1955
Maier, F. G., Die Verwandlung der Mittelmeerwelt, 1968
Maier, H., Augustin, in: H. Maier, H. Rausch, H. Denzer (Hg.), Klassiker des politischen Denkens, I. Von Plato bis Hobbes, 2. A. 1968
Maier, J., Art. Geister (Dämonen), in: RAC IX, 1976
Manns, P. (Hg.), Reformer der Kirche, 1970
Marcuse, L., Philosophie des Glücks. Zwischen Hiob und Freud, 1962
Marcuse, L., Obszön, Geschichte einer Entrüstung, 1962
Marrou, H. J., Geschichte der Erziehung im klassischen Altertum, 3. A. 1957
Marxsen, W., Der «Frühkatholizismus» im Neuen Testament, 1958
Marxsen, W., Einleitung in das Neue Testament. Eine Einführung in seine Probleme, 4. A. 1978
Marxsen, W., Der zweite Thessalonikerbrief, 1982
Maschek, S., Unsere Vorbilder. Heilige. Helden. Namenspatrone. Eine neuzeitliche Heiligenlegende, 1964
Matthews, J. F., A Pious Supporter of Theodosius I.: Maternus Cynegius and His Family, in: JThS, 18, 1967
Matthews, J. F., Western Aristocracies and the Imperial Court, 1975
Maxsein, A., Philosophia cordis. Das Wesen der Personalität bei Augustin, 1966
Mazzarino, S., Das Ende der antiken Welt, 1961

McColley, The Book of Henoch and «Paradise lost», in: HThR, 1938
McRay, J., The Authorship of the Pastoral Epistles, 1963
Meecham, H. G., The letter of Aresteas, 1935
Meer, F. van der, Augustinus als Seelsorger, 1951
Meer, F. van der, Die Alte Kirche. Einleitung, in: M. Greschat (Hg.), Alte Kirche I, 1984
Meier-Welcker, H., Die Simonie im frühen Mittelalter, in: ZKG LXIV, 1952/53
Meinerts, M., Theologie des Neuen Testaments II, 1950
Meinhold, J., Der Dekalog, 1927
Menes, A., Die vorexilischen Gesetze Israels im Zusammenhang seiner kulturgeschichtlichen Entwicklung, BZAW 50, 1928
Mensching, G., Leben und Legende der Religionsstifter, 1955
Mensching, G., Soziologie der großen Religionen, 1966
Mensching, G., Der Irrtum in der Religion, 1969
Menzel, W., Geschichte der Deutschen II, 1872
Merkle, S., Die Sabbatruhe in der Hölle. Ein Beitrag zur Prudentiuserklärung und zur Geschichte der Apokryphen, in: Römische Quartalschrift für christliche Altertumskunde und für Kirchengeschichte, 9, 1895
Mesk, J., Des Aelius Aristides Rede gegen die Tänzer, in: Wiener Studien, 30, 1908
Mesot, J., Die Heidenbekehrung bei Ambrosius von Mailand, 1958
Meyer, A., Religiöse Pseudepigraphie als ethisch-psychologisches Problem, in: Brox (Hg.), Pseudepigraphie, 1977
Meyer, A., Besprechung von Frederik Torm: Die Psychologie ... in Brox, Pseudepigraphie, 1977
Meyer, E., Ursprung und Anfänge des Christentums, 4. u. 5. A. 1921
Michaelis, W., Die Apokryphen Schriften zum Neuen Testament, übersetzt und erklärt, 1956
Michl, J., Briefe, apokryphe, in: LThK 2, 1958
Mickwitz, G., Geld und Wirtschaft im römischen Reich des 4. Jahrhunderts, 1932
Mohr, H. (Hg.), Menschen und Heilige. Katholische Gestalten, 1930
Momigliano, A. (Hg.), The Conflict between Paganism and Christianity in the fourth Century, 1964
Momigliano, A., Das Christentum und der Niedergang des Römischen Reiches, in: K. Christ (Hg.), Der Untergang des Römischen Reiches, 1970
Mommsen, Th., Römische Geschichte VII, 1976
Monden, L., Theologie des Wunders, 1961
Monks, G. R., The church of Alexandria and the city's economic life in the 6th century, in: Speculum 28, 1953
Morenz, S., Ägyptische Religion, 1960
Morenz, S., Ägyptischer Totenglaube im Rahmen der Struktur ägyptischer Religiosität, in: Eranos-Jahrbuch 34, 1965
Moreschini, C., Ambrosius von Mailand, in: M. Greschat (Hg.), Alte Kirche II, 1984
Morgan, J., The importance of Tertullian in the development of christian Dogma, 1928
Moule, C. F. D., The Nature and Purpose of 1. Peter, in: New Testament Studies 3, 1956/57
Moule, C. F. D., The Problem of Pastoral Epistles, in: BJRL 47, 1964/65

Mühl, P. von der, Zur Unechtheit der antiphonischen Tetralogien, MH 5, 1948
Mühlenberg, E., Gregor von Nyssa, in: M. Greschat (Hg.), Alte Kirche II, 1984
Müller, G., Die Wahrhaftigkeitspflicht und die Problematik der Lüge, in: Freiburger Theologische Studien 78, 1962
Müller, H. (Hg.), Aurelius Augustinus, Selbstgespräche. Von der Unsterblichkeit der Seele, 1986
Müller, K., Kirchengeschichte I, 2. A. 1929
Murray, O., Aristeas and Ptolemaic Kingship, in: JThS, 18, 1967
Naegle, A., Einführung des Christentums in Böhmen, 2 Bde., 1915/1918
Nat, P. G. van der, Art. Geister (Dämonen): C. III. Apologeten u. lateinische Väter, in: RAC IX, 1976
Nehlsen, H., Sklavenrecht zwischen Antike und Mittelalter. Germanisches und römisches Recht in den germanischen Rechtsaufzeichnungen. I. Ostgoten, Westgoten, Franken, Langobarden, 1972
Nestle, W., Griechische Religiosität von Alexander d. Gr. bis auf Proklos, 1934
Niederhuber, J., Ambrosius von Mailand, in: BKV, 1914
Nielen, J., Die religiöse Bedeutung des Alten Testaments für den katholischen Christen, 2. A. 1935
Nielsen, E., Die Religion des alten Israel, in: J. P. Asmussen/J. Laessøe in Verbindung mit C. Colpe, Handbuch der Religionsgeschichte, Bd. II 1972
Niemann, R. (Hg.), Liebe Eva, Lieber David!, 1989
Niemann, R. (Hg.), Verehrter Galileo!, 1990
Nigg, W., Das Buch der Ketzer, 1949
Nigg, W., Vom Geheimnis der Mönche, 1953
Nock, A. D., Conversion, 1931
Nock, A. D., Paulus, 1939
Noethlichs, K. L., Die gesetzgeberischen Maßnahmen der christlichen Kaiser des vierten Jahrhunderts gegen Häretiker, Heiden und Juden, 1971
Noethlichs, K. L., Zur Einflußnahme des Staates auf die Entwicklung eines christlichen Klerikerstandes, in: JbAC 1972
Noethlichs, K. L., Art. Heidenverfolgung, in: RAC XIII, 1986
Norden, E., Agnostos Theos, 1913
Norden, E., Die Geburt des Kindes, 1924
North, C. R., The ‹Former Things› and the ‹New Things› in Deutero-Isaiah, in: Studies in O. T. Prophecy, 1950
Noth, M., Das Buch Josua, 2. A. 1953
Noth, M., Gesammelte Studien zum Alten Testament, 1957
Noth, M., Das zweite Buch Mose, Exodus, 1959
Noth, M., Das dritte Buch Mose, Leviticus, 5. A. 1985
Noth, M., Das vierte Buch Mose, Numeri, 4. A. 1982
Nylander, J., Das kirchliche Benefizialwesen Schwedens während d. MA, 1953
O'Dell, J., The Religious Background of the Psalms of Salomon, RQ 3, 1961/62
Ohlig, K.-H., Die theologische Begründung des neutestamentlichen Kanons in der alten Kirche, 1972
Ohm, T., Thomas von Aquin und die Heiden- und Mohammedanermission, in: Lang, A./Lechner, J./Schmaus, M. (Hg.), Aus der Geisteswelt des Mittelalters, Supplementband III, 2. Halbband, 1935
Oldenberg, H., Religion des Veda, 2. A. 1914

Oldenberg, H., Buddha. Sein Leben, seine Lehre, seine Gemeinde, 4. A. 1921
Oliva, P., Die Helotenfrage in der Geschichte Spartas, in: Herrmann/Sellnow (Hg.), Die Rolle der Volksmassen, 1975
Opelt, I., Materialien zur Nachwirkung von Augustins Schrift De doctrina christiana, in: JbAC 1974
Opitz, H.-G., Untersuchungen zur Überlieferung der Schriften des Athanasius, 1935
Oßwald, E., Das Bild des Mose in der kritischen alttestamentlichen Wissenschaft seit Julius Wellhausen, Habil.-Schrift, 1955
Ott, S., Christliche Aspekte unserer Rechtsordnung, 1968
Otto, W. F., Dionysos, 2. A. o. J.
Parker, P., John, the son of Zebedee and the Fourth Gospel, JBL 81, 1962
Paulsen, H., Ignatius von Antiochien, in: M. Greschat (Hg.), Alte Kirche I, 1984
Pauly, Der Kleine, Lexikon der Antike, hg. v. K. Ziegler/W. Sontheimer, I–V, 1979
Pax, W., Art. Brumalia, in: RAC II, 1954
Pearson, L., The lost Histories of Alexander, 1960
Péguy, C., Erkämpfte Wahrheit, Gedanken, 1951
Pekáry, T., Die Wirtschaft der griechisch-römischen Antike, 1976
Percy, E., Die Botschaft Jesu. Eine traditionskritische und exegetische Untersuchung, 1953
Peters, F. J., Die Lehre der katholischen Kirche gebildeten Kreisen dargeboten, 1932
Peterson, E., Einige Bemerkungen zum Hamburger Papyrusfragment der Acta Pauli, in: Frühkirche, Judentum, Gnosis, 1959
Pfaff-Giesberg, R., Geschichte der Sklaverei, 1955
Pfannmüller, G., Jesus im Urteil der Jahrhunderte, 2. A. 1939
Pfister, F., Der Reliquienkult im Altertum, 1909/1912; fotomechanischer Nachdruck, 1974
Pfleiderer, O., Das Urchristentum, 1902
Pfliegler, M., Dokumente zur Geschichte der Kirche, 2. A. 1957
Pirenne, H., Sozial- und Wirtschaftsgeschichte Europas im Mittelalter, o. J.
Plöchl, W., Geschichte des Kirchenrechts, I 1953, II 1955
Poehlmann, R. v., Geschichte der sozialen Frage und des Sozialismus in der antiken Welt, 3. A. 1925
Popp, H., Die Einwirkung von Vorzeichen, Opfern und Festen auf die Kriegsführung der Griechen im 5. und 4. Jahrhundert v. Chr., 1957
Prause, G., Niemand hat Kolumbus ausgelacht. Fälschungen und Legenden der Geschichte richtiggestellt, 1969
Preisker, H., Das Ethos des Urchristentums, 1949
Prinz, F., Frühes Mönchtum im Frankenreich. Kultur und Gesellschaft in Gallien, den Rheinlanden und Bayern am Beispiel der monastischen Entwicklung (4.–8. Jh.), 1965
Prinz, F., Die bischöfliche Stadtherrschaft im Frankenreich vom 5. bis zum 7. Jahrhundert, in: HZ, 1973
Puech, H.-C., Gnostische Evangelien und verwandte Dokumente, in: Hennecke/Schneemelcher, NA II, 1971
Pulver, M., Jesu Reigen und Kreuzigung nach den Johannesakten, in: Eranos-Jahrbuch 9, 1942

Puzicha, M., Vita iusti (Dial 2,2). Grundstrukturen altkirchlicher Hagiographie bei Gregor dem Großen, in: E. Dassmann/K. S. Frank (Hg.), Pietas, Festschrift für Bernhard Kötting, JbAC, 8, 1980
Quispel, G./Grant, R. M., Note on the Petrine Apocrypha, VigChr. 6, 1952
Rabbow, P., Paidagogia, Die Grundlegung der abendländischen Erziehungskunst in der Sokratik, 1960
Rädle, H., Der Selbstfreikauf griechischer Sklaven im Lichte der Inschrift SEG XII, 1955, 314 aus Beroia, in: Zeitschrift der Savigny-Stiftung für Rechtsgeschichte, Romanistische Abteilung, 89. Bd., 1972
Rahner, H., Pompa diaboli, in: ZKTh 55, 1931
Rainey, A. F., A Study of Ecclesiastes, in: Concordia Theol. Monthly, 35, 1964
Rand, K., Founders of the middle ages, 1928
Randers-Pehrson, J. D., Barbarians and Romans. The Birth Struggle of Europe, A.D. 400–700, 1983
Ranke-Heinemann, U., Das frühe Mönchtum. Seine Motive nach den Selbstzeugnissen, 1964
Rapp, F., Art. Wirtschaftsgeschichte III. Kirchliche, RGG 3. A. VI, 1962
Rauch, W. (Hg.), Lexikon des katholischen Lebens, 1952
Rauschen, G., Jahrbücher der christlichen Kirche unter dem Kaiser Theodosius d. Gr. Versuch einer Erneuerung der Annales Ecclesiastici des Baronius für die Jahre 378–395, 1897
Reekmans, L., Siedlungsbildung bei spätantiken Wallfahrtsstätten, in: Dassmann, E./Frank, K. S., Pietas, 1980
Reese, J. M., Plan and Structure of the Book of Wisdom, in: CBQ 27, 1965
Rehm, B., Art. Clemens Romanus II, in: RAC III, 1957
Reicke, B./Rost, L. (Hg.), Biblisch-Historisches Handwörterbuch. Landeskunde. Geschichte. Religion. Kultur. Literatur, 1962
Reinhard, W., Nepotismus, Der Funktionswandel einer papstgeschichtlichen Konstanten, in: ZKG, 86. Bd., 1975
Reitzenstein, R., Hellenistische Theologie in Ägypten, in: NJbb 13, 1904
Reitzenstein, R., Poimandres, 1904
Reitzenstein. R., Historia Monachorum und Historia Lausiaca. Eine Studie zur Geschichte des Mönchtums und der frühchristlichen Gnostiker und Pneumatiker, 1916
Renan, E., Das Leben Jesu, 1864
Rhyn, M. van, Treasures of the Dust, 1929
Riedinger, U., Pseudo-Dionysios Areopagites, Pseudo-Kaisarios und die Akoimeten, in: Byz. Zs. 52, 1959
Rienecker, F. (Hg.), Lexikon zur Bibel, 1961
Ringgren, H./Ström, A. V., Die Religionen der Völker, Grundriß der allgemeinen Religionsgeschichte, 1959
Rippel, G., Die Schönheit der katholischen Kirche, dargestellt in ihren äußeren Gebräuchen in und außer dem Gottesdienste für das Christenvolk, 1911
Rissi, M., Zeit und Geschichte in der Offenbarung des Johannes, 1952
Rist, M., Pseudepigraphic Refutations of Marcionism, in: JR 22, 1942
Ritter, A. M., Christentum und Eigentum bei Klemens von Alexandrien auf dem Hintergrund der frühchristlichen «Armenfrömmigkeit» und der Ethik der kaiserzeitlichen Stoa, in: ZKG, 86. Bd., 1975

Ritter, A. M., Klemens von Alexandrien, in: M. Greschat (Hg.), Alte Kirche I, 1984
Rochow, I., Zu «heidnischen» Bräuchen bei der Bevölkerung des Byzantinischen Reiches im 7. Jahrhundert, vor allem auf Grund der Bestimmungen des Trullanum, in: Klio 1971
Rochow, I., Die Heidenprozesse unter den Kaisern Tiberios II, Konstantinos und Maurikios, in: Köpstein, H./Winkelmann, F. (Hg.), Studien zum 7. Jahrhundert in Byzanz, 1976
Rolffs, E., Paulusakten, in: E. Hennecke, Neut. Apokr., 2. A. 1924
Rolffs, E., Tertullian, der Vater des abendländischen Christentums, ein Kämpfer für und gegen Rom, 1930
Römisches Martyrologium, ed. v. F. X. Weninger, 1842
Ronner, W., Die Kirche und der Keuschheitswahn, 1971
Roques, R., Art. Dionysius Areopagita, in: RAC III, 1957
Rordorf, W., Zum Problem des «Großen Sabbats» im Polykarp- und Pioniusmartyrium, in: E. Dassmann/K. S. Frank (Hg.), Pietas, Festschrift für Bernhard Kötting, JbAC, Ergänzungsband 8, 1980
Rothes, W., Heidnisches in altchristlicher Kunst und Symbolik, in: Beiträge zur Geschichte des christlichen Altertums und der Byzantinischen Literatur, 1922
Rouse, W. H., Greek votive offerings, 1902
Rowley, H. H., The Book of Ezekiel in Modern Study, BJRL 36, 1953/54
Rowley, H. H., The Composition of the Book of Daniel, VT5, 1955
Rowley, H. H., The Meaning of Daniel for Today, in: Interpretation 15, 1961
Rubin, B., Das Zeitalter Justinians I, 1960
Rückert, H., Culturgeschichte des deutschen Volkes in der Zeit des Übergangs aus dem Heidenthum in das Christenthum, 2 Teile, 1853
Rudolph, W., Der «Elohist» von Exodus bis Josua, ZAWB 68, 1938
Rüger, L., Geborgenheit der katholischen Kirche. Katholisches Familienbuch, 1951
Ruhbach, G., Euseb von Caesarea, in: M. Greschat (Hg.). Alte Kirche I, 1984
Russell, B., Essays in skepticism, 1962
Salin, E., Politische Ökonomie. Geschichte der wirtschaftspolitischen Ideen von Platon bis zur Gegenwart, 1967
Sandys, J. E., A history of classical scholarship, 3. A. 1921
Savramis, D., Zur Soziologie des byzantinischen Mönchtums, 1962
Schäfer, A., Römer und Germanen bei Salvian, 1930
Schäferdiek, K., Johannesakten, in: Hennecke/Schneemelcher II, 1971
Schamoni, W., Das wahre Gesicht der Heiligen, 3. A. 1950
Schaub, F., Studien zur Geschichte der Sklaverei im Frühmittelalter, 1913
Schauerte, H., Die volkstümliche Heiligenverehrung, 1948
Scheich, Th., Konstantin der Große, in: Greschat (Hg.), Alte Kirche I, 1984
Scheidweiler, F./Schneemelcher, W., Bartholomäusevangelium, in: Hennecke, NA., 4. A. II. Bd. 1971
Schelkle, K. H., Das neue Testament. Seine literarische und theologische Geschichte, 1963
Schille, G., Das Recht der Propheten und Apostel – gemeinderechtliche Beobachtungen zu Didache Kapitel 11–13, in: P. Wätzel/G. Schille (Hg.), Theol. Versuche, 1966

Schilling, O., Reichtum und Eigentum in der altkirchlichen Literatur. Ein Beitrag zur sozialen Frage, 1908
Schilling, O., Die Staat- und Soziallehre des hl. Augustinus, 1910
Schinzinger, F., Ansätze ökonomischen Denkens von der Antike bis zur Reformationszeit, 1977
Schlesinger, W., Kirchengeschichte Sachsens im Mittelalter, 2 Bde., 1962
Schiwietz, S., Das morgenländische Mönchtum I, 1904
Schlingensiepen, H., Die Wunder des Neuen Testaments, Wege und Abwege ihrer Deutung bis zur Mitte des 5. Jahrhunderts, 1933
Schmid, A. v., Apologetik als spekulative Grundlegung der Theologie, 1900
Schmidt, C., Eine bisher unbekannte altchristliche Schrift in koptischer Sprache Sitzungsberichte der k. preuß. Akad. d. Wiss. zu Berlin, 1895
Schmidt, C., Acta Pauli, 2. A. 1915
Schmidt, C., Zur Datierung der alten Petrusakten, ZNW 29, 1930
Schmitz, H. J., Die Bußbücher und die Bußdisciplin der Kirche. Nach den handschriftlichen Quellen dargestellt, 1883
Schnackenburg, R., Die Stellung des Petrus zu den anderen Aposteln, in: A. Brandenburg/H. J. Urban (Hg.), Petrus und Papst. Evangelium. Einheit der Kirche Papstdienst. Beiträge und Notizen, 1977
Schneemelcher, W., Art. Esra, in: RAC VI, 1966
Schneemelcher, W. (Hg.), Evangelien, I. Bd., 1968
Schneemelcher, W., Apostelgeschichten des 2. und 3. Jahrhunderts. Einleitung in Hennecke/Schneemelcher, Neutest. Apokr. II. Bd., 1971
Schneemelcher, W., Der diakonische Dienst in der Alten Kirche, in: Schneemelcher, Gesammelte Aufsätze, 1974
Schneemelcher, W., Haupteinleitung, in: Hennecke, Neutestamentliche Apokryphen
Schneemelcher, W., Gesammelte Aufsätze, 1974
Schneemelcher, W., Das Kreuz Christi und die Dämonen. Bemerkungen zur Vita Antonii des Athanasius, in: Dassmann/Frank, Pietas, 1980
Schneider, C., Geistesgeschichte des antiken Christentums I u. II, 1954
Schneider, C., Die Christen im römischen Weltreich, Historia Mundi IV, 1956
Schneider, H., Wirtschaft und Politik. Untersuchungen zur Geschichte der späten römischen Republik, 1974
Schneider, K.-P., Christliches Liebesgebot und weltliche Ordnungen. Historische Untersuchungen zu Ambrosius von Mailand, 1975
Schnürer, G., Kirche und Kultur im Mittelalter, 3 Bde., 2. A. 1927/29
Schoeps, H.-J., Paulus, 1959
Schoeps, H.-J., Studien zur unbekannten Religions- und Geistesgeschichte, 1963
Schott, S., Ritual und Mythe im altägyptischen Kult, in: Studium Generale 8, 1955
Schrage, W./Balz, H. R., Die «Katholischen» Briefe. Die Briefe des Jakobus, Petrus, Judas und Johannes, 11. A. (1. A. der Neubearbeitung) 1973
Schrage, W., Der zweite Petrusbrief, 1973
Schrage, W., Der Jakobusbrief, 1973
Schreiner, K., Zum Wahrheitsverständnis im Heiligen- und Reliquienwesen d MA, in: Saeculum, Bd. 17, 1966
Schubert, H. v., Geschichte der christlichen Kirche im Frühmittelalter, I 1917, II 1921

Schubert, H. v., Bildung und Erziehung in frühchristlicher Zeit, in: Salin, E. (Hg.), Bilder und Studien aus drei Jahrtausenden, 1923
Schuchert, A., Kirchengeschichte, 1958
Schuck, J., Geschichte der Kirche Christi dem katholischen Volk erzählt, I. u. II. Band, 1949
Schultze, A., Augustin und der Seelteil des Germanischen Erbrechts. Studien zur Entstehungsgeschichte des Freiteilsrechtes, 1928
Schultz, H. J. (Hg.), Theologie für Nichttheologen. ABC protestantischen Denkens, IV. Folge, 1965
Schultz, H. J. (Hg.), Die Wahrheit der Ketzer, 1968
Schultze, V., Geschichte des Untergangs des griechisch-römischen Heidentums, I. Staat und Kirche im Kampfe mit dem Heidentum, 1887
Schulz, S., Gott ist kein Sklavenhalter, 1972
Schulz-Falkenthal, H., Zu einigen Wesensmerkmalen und Erscheinungsformen der antiken Produktion, in: Jahrbuch für Wirrtschaftsgeschichte, III. Teil, 1973
Schwartz, E., Aus den Akten des Conzils von Chalkedon, 1925
Schwartz, E., Kaiser Konstantin und die christliche Kirche, 2. A. 1936
Schweitzer, A., Die Mystik des Apostels Paulus, 1930
Schweitzer, A., Geschichte der Leben-Jesu-Forschung, 6. A. 1951
Schweizer, E., Das Herrenmahl im Neuen Testament, in: ThLZ 10, 1954
Schweizer, E., Neues Testament, in: Westermann, C. (Hg.), Theologie 1967
Schweizer, E., Art. Geister (Dämonen), in: RAC IX, 1976
Schwer, W., Art. Armenpflege, in: RAC I, 1950
Schwer, W., Art. Beruf, in: RAC II, 1954
Seeck, O., Urkundenfälschungen des 4. Jahrhunderts, in: ZK, 2. u. 4. Heft, 1909
Seeck, O., Geschichte des Untergangs der antiken Welt, 6 Bde., 1895/1920
Ségur, v., Antworten auf die Einwürfe gegen die Religion. Nach dem Französischen frei bearbeitet und mit Zusätzen und Anmerkungen versehen v. H. Müller, 14. A. 1910
Seipel, I., Die wirtschaftsethischen Lehren der Kirchenväter, 1907
Selby, D. J., Changing Ideas in New Testament Eschatologie, in: HThR 1, 1957
Siber, H., Operae liberales, in: Iherings Jahrbücher 52, 1940
Silverstein, Th., Did Dante know the Vision of St. Paul?, in: Harvard Studies on Notes in Philology and Literature 19, 1937
Simmel, O./Stählin, R. (Hg.), Christliche Religion, 101.–125. Tausend, 1959
Sinthern, P., Zum Kult des «Anargyroi», in: ZKTh 69, 1947
Skehan, P. W., The seven Columns of Wisdom's House in Prov. 1–9, in: CBQ 9, 1947
Skehan, P. W., A single Editor for the whole Book of Proverbs, CBQ 10, 1948
Smend, R., Das Mosebild von Heinrich Ewald bis Martin Noth, 1959
Smend, R., Die Entstehung des Alten Testaments, 1978, 3. A. 1984
Soden, H. v., Christentum und Kultur in der geschichtlichen Entwicklung ihrer Beziehungen, 1933
Söder, R., Die apokryphen Apostelgeschichten und die romanhafte Literatur der Antike, 1932
Sommerlad, Th., Die wirtschaftliche Tätigkeit der Kirche in Deutschland, I 1900, II 1905

Specht, Th., Lehrbuch der Apologetik oder Fundamentaltheologie, 2. A. hg. v. G L. Bauer, 1924
Speigl, J., Die Rolle der Wunder, ZKTh 92, 1970
Speyer, W., Religiöse Pseudepigraphie und literarische Fälschungen im Altertum, in: JbAC, 1965/66
Speyer, W., Art. Fälschung, literarische, in: RAC VII, 1969
Speyer, W., Büchervernichtung, in: JbAC XIII, 1970
Speyer, W., Die literarische Fälschung im heidnischen und christlichen Altertum Ein Versuch ihrer Deutung, 1971
Speyer, W., Religiöse Pseudepigraphie und literarische Fälschung im Altertum, in Brox, N. (Hg.), Pseudepigraphie, 1977
Speyer, W., Büchervernichtung und Zensur des Geistes bei Heiden, Juden und Christen, 1981
Spiegelberg, W., Eine neue Legende über die Geburt des Horus, in: Zeitschrift f. ägyptische Sprache u. Altertumskunde, Bd. 53, 1917
Staats, R., Deposita pietatis – Die Alte Kirche und ihr Geld, in: ZThK 76, 1979
Staats, R., Antonius, in Greschat (Hg.), Alte Kirche I, 1984
Stamer, L., Kirchengeschichte der Pfalz, 1936
Staerk, W., Soter, Die biblische Erlösererwartung als religionsgeschichtliches Problem I, 1933
Stauffer, E., Gott und Kaiser im Neuen Testament, 1935
Stauffer, E., Jesus, 1957
Stegmüller, O., Überlieferungsgeschichte der Bibel, in: Die Textüberlieferung der antiken Literatur und der Bibel, 1975
Stein, E., Eine gefälschte Urkunde aus dem Rechtsstreit zwischen Aquileja und Grado, in: Byz.-Neugr. Jahrbücher 2, 1921
Stein, E., Vom römischen zum byzantinischen Staate (284–476 n. Chr.), 1928
Steinbach, F., Der geschichtliche Weg des wirtschaftlichen Menschen in die soziale Freiheit und politische Verantwortung, 1954
Steingießer, F., Das Geschlechtsleben der Heiligen. Ein Beitrag zur Psychopathia sexualis der Asketen und Religiosen, 1901
Steinmann, A., Sklavenlos und alte Kirche. Eine historisch-exegetische Studie über die soziale Frage im Urchristentum, 1910
Steinmann, J., Hieronymus, 1961
Stendahl, K., The School of St. Matthew, 2. A. 1968
Sternberg, G., Das Christentum des fünften Jahrhunderts im Spiegel der Schriften des Salvianus von Massilia, in: Theol. Schriften und Kritiken, 82. Jg. 1909
Stiefvater, A., Was ist wahr? Schlag-Wörter-Buch für katholische Christen, 1961
Stieglitz, H., Ausgeführte Katechesen über die kathol. Glaubenslehre, 8. A. 1907
Stiglmayr, J., Der sogenannte Dionysius Areopagita und Severus von Antiochien, in: Scholastik, III, 1928
Stiglmayr, J., Um eine Ehrenrettung des Severus von Antiocheia, in: Scholastik, VII, 1932
Stockmeier, P., Leo I. des Großen Beurteilung der kaiserlichen Religionspolitik, 1959
Stockmeier, P., Glaube und Kultur, Studien zur Begegnung von Christentum u. Antike, 1983
Stockmeier, P., Chrysostomus, in: M. Greschat (Hg.), Alte Kirche II, 1984

Stoeckle, B. (Hg.), Wörterbuch christlicher Ethik, 1975
Stoll, O., Das Geschlechtsleben in der Völkerpsychologie, 1908
Strauß, D. F., Die christliche Glaubenslehre I, 1840
Streeter, B. H., The four Gospels, A Study of Origins, Treating of the Manuscript Tradition, Sources, Authorship and Dates, 1956
Stritzky, M.-B. v., Art. Grundbesitz II (ethisch), in: RAC XII, 1983
Stroheker, K. F., Germanentum und Spätantike, 1965
Struve, T., Zur Geschichte der Hersfelder Klosterschule im Mittelalter, in: DAEM 1971
Stübe, R., Der Himmelsbrief. Ein Beitrag zur allgemeinen Religionsgeschichte, 1918
Surkau, H. W., Martyrium in jüdischer und frühchristlicher Zeit, 1938
Syme, R., Fälschung und Betrug, in: Brox (Hg.), Pseudepigraphie, 1977
Talbert, C. H., II Peter and the Delay of the Parousia, in: Vigiliae Christianae, 20, 1966
Taubes, J., Abendländische Eschatologie, 1947
Taylor, G. R., Sex in History, 1953
Teeple, H. M., Methodology in Source Analysis of the Fourth Gospel, JBL 81, 1962
Tenney, M. C., The Old Testament and the Fourth Gospel, in: Bibl. Sacra, 120, 1963
Tetz, M., Athanasius und die Vita Antonii, in: ZNW 73, 1982
Theiner, J. A. u. Theiner, A., Die Einführung der erzwungenen Ehelosigkeit bei den christlichen Geistlichen und ihre Folgen. Ein Beitrag zur Kirchengeschichte, 1892
Thiele, A., Studien zur Vermögensbildung und Vermögensverwertung der Kirche im Merowingerreich, in: Stud. Mitt. z. Gesch. d. Benediktinerordens 80, 3/4, 1969
Thiele, W., Beobachtungen zum Comma Johanneum, ZNW 50, 1959
Thompson, E. A., The Visigoths in the Time of Ulfila, 1966
Thraede, K., Beiträge zur Datierung Commodians, JbAC 2, 1959
Thudichum, F., Kirchliche Fälschungen, I 1898, II 1906, III 1911
Tinnefeld, F., Synesios von Kyrene: Philosophie der Freude und Leidensbewältigung. Zur Problematik einer spätantiken Persönlichkeit, in: C. Gnilka/W. Schetter (Hg.), Studien zur Literatur der Spätantike, 1975
Tinnefeld, F., Die frühbyzantinische Gesellschaft. Struktur – Gegensätze – Spannungen, 1977
Toldo, P., Leben und Wunder der Heiligen im Mittelalter, in: Studien zur vergleichenden Literaturgeschichte, 5. Bd., H. 3, 1905
Torm, F., Die Psychologie der Pseudonymität im Hinblick auf die Literatur des Urchristentums, in: Brox (Hg.), Pseudepigraphie, 1977
Torrey, C. C., Certainly Pseudo-Ezekiel, JBL 53, 1934
Trede, Th., Wunderglaube im Heidentum und in der alten Kirche, 1901
Treucker, B., Politische und sozialgeschichtliche Studien zu den Basilius-Briefen, 1961
Trillhaas, W., Das apostolische Glaubensbekenntnis. Geschichte – Text – Auslegung, 1953
Trilling, W., Untersuchungen zum 2. Thessalonicherbrief, 1972

Troeltsch, E., Die Soziallehren der christlichen Kirchen und Gruppen I, 1912
Troeltsch, E., Augustin, die christliche Antike und das Mittelalter. Im Anschluß an die Schrift «De civitate Dei». Neudruck der Ausgabe 1915, 1963
Turner, C. H., The Latin Acts of Peter, JThSt 32, 1931
Tusculum Lexikon der griechischen und lateinischen Literatur vom Altertum bis zur Neuzeit, 1948
Ungern-Sternberg, A. v., Der traditionelle alttestamentliche Schriftbeweis «De Christo» und «De Evangelico» in der alten Kirche bis zur Zeit Eusebs von Caesarea, 1913
van Unnik, W. C., The Teaching of Good Works in 1 Peter, New Testament Studies 1, 1954/55
Vielhauer, P., Zum «Paulinismus» der Apostelgeschichte, in: EvTh 1950, H. 1
Vielhauer, P., Judenchristliche Evangelien, in: Hennecke, NA in dt. Übersetzung, 4. A. hgg. von Schneemelcher, I. Band Evangelien, 1968
Vielhauer, P., Einleitung, in: Hennecke/Schneemelcher, Neutestamentliche Apokryphen II, 1971
Vogt, J., Der Niedergang Roms. Metamorphose der antiken Kultur, 1965
Vogt, J., Wege zur Menschlichkeit in der antiken Sklaverei, in: Sklaverei und Humanität. Studien zur antiken Sklaverei und ihrer Erforschung, 2. A. 1972
Vogt, H. J., Cyprian — Hindernis für die Ökumene?, in: Theologische Quartalschrift, 164, 1984
Voigt, K., Staat und Kirche, 1936
Voelkl, L., Der Kaiser Konstantin, 1957
Vollmann, B., Studien zum Priscillianismus. Die Forschung, die Quellen, der fünfzehnte Brief Papst Leo des Großen, 1965
Völter, D., Der Ursprung des Mönchtums, in: Sammlung gemeinverständlicher Vorträge und Schriften aus dem Gebiet der Theologie und Religionsgeschichte, 21, 1900
Wacht, M., Privateigentum bei Cicero und Ambrosius, in: JbAC (25), 1982
Wacke, A., Kannte das Edikt eine integrum restitutio propter dolum?, in: ZSSR, Rom. Abt., 1971
Wacke, A., Zur Lehre vom pactum tacitum und zur Aushilfsfunktion der exceptio doli, in: ZSSR, Rom. Abt. 1973
Wagenmann, J., Die Stellung des Apostels Paulus neben den Zwölf in den ersten zwei Jahrhunderten, in: ZNW Beiheft 3, 1926
Wahrmund, L., Bilder aus dem Leben der christlichen Kirche des Abendlandes, Heft 2, Inquisition und Hexenprozeß, 1925
Walterscheid, J., Deutsche Heilige. Eine Geschichte des Reiches im Leben deutscher Heiliger, 1934
Wanke, G., Die Zionstheologie der Korachiten in ihrem traditionsgeschichtlichen Zusammenhang, Beiheft zur Zeitschrift für die alttestamentliche Wissenschaft, 97, 1966
Warmington, B. H., The North African Provinces from Diocletian to the Vandal Conquest, 1954
Wätzel, P./Schille, G. (Hg.), Theol. Versuche, 1966
Weber, M., Gesammelte Aufsätze zur Sozial- und Wirtschaftsgeschichte, 1924
Weber, M., Grundriß der Sozialökonomik, III Bd. 1. u. 2. Halbband, 3. A. 1947
Weber, W., Das römische Kaiserreich und der Eintritt der Germanen in die Welt-

geschichte, in: K. A. v. Müller/P. R. Rohden (Hg.), Knaurs Weltgeschichte, Von der Urzeit bis zur Gegenwart, 1935
Weinel, H., Die Stellung des Urchristentums zum Staat, 1908
Weinel, H., Biblische Theologie des Neuen Testaments, 4. A. 1928
Weinreich, O., Antike Heilungswunder. Untersuchungen zum Wunderglauben der Griechen und Römer, 1909
Weis, B. K., Julian, Briefe, Griechisch-Deutsch, 1973
Weismann, W., Kirche und Schauspiele. Die Schauspiele im Urteil der lateinischen Kirchenväter unter besonderer Berücksichtigung von Augustin, 1972
Weißengruber, F., Weltliche Bildung der Mönche im 6. Jahrhundert, in: Röm. hist. Mitt., 1964/65
Weißengruber, F., Monastische Profanbildung in der Zeit von Augustinus bis Benedikt, in: Röm. hist. Mitt., 1966/67
Weitzel, J., Begriff und Erscheinungsformen der Simonie bei Gratian und den Dekretisten, 1967
Wellhausen, J., Kritische Analyse der Apostelgeschichte, 1914
Werner, M., Die Entstehung des christlichen Dogmas, problemgeschichtlich dargestellt, 1941
Werner, M., Der Frühkatholizismus, in: Mensch und Gottheit in den Religionen, 1942
Werner, M., Der protestantische Weg des Glaubens I, 1955
Werner, M., Glaube und Aberglaube, Aufsätze und Vorträge, 1957
Westermann, C. (Hg.), Theologie VI × 12 Hauptbegriffe, 1967
Wetter, G. P., «Der Sohn Gottes». Eine Untersuchung über den Charakter und die Tendenz des Johannes-Evangeliums. Zugleich ein Beitrag zur Kenntnis der Heilandsgestalten der Antike, 1916
Wetzer, H. J./Welte, B. (Hg.), Kirchen-Lexikon oder Encyklopädie der katholischen Theologie und ihrer Hilfswissenschaften I–XI, 1847–1854
Wickert, U., Cyprian, in: M. Greschat (Hg.), Alte Kirche I, 1984
Widmann, M., Geschichte der alten Kirche im Unterricht, 1970
Wieacker, F., Recht und Gesellschaft in der Spätantike, 1964
Wieland, F., Altar und Altargrab der christlichen Kirchen im 4. Jahrhundert, 1912
Wieling, H., Art. Grundbesitz I, in: RAC XII, 1983
Wikenhauser, A., Das Evangelium nach Johannes, 1948
Wikenhauser, A., Einleitung in das Neue Testament, 2. A. 1956
Wikenhauser, A., Die Apostelgeschichte, 5. A. 1961
Wilamowitz-Moellendorf, Der Glaube der Hellenen, 1932
Williams, F. E., Fourth Gospel and Synoptic Tradition, JBL 86, 1967
Wilpert, G. v., dtv-Lexikon der Weltliteratur, 1970
Wilpert, J., Die gottgeweihten Jungfrauen in den ersten Jahrhunderten der Kirche, 1892
Windelband, W., Lehrbuch der Geschichte der Philosophie, hgg. v. H. Heimsoeth, 14. A. 1948
Windisch, H., Der vierte Evangelist und Johannes, ThBl 7/8, 1937
Winkelmann, F., Die Kirchengeschichtswerke im Oströmischen Reich, in: Byzlav 37, 1976
Winkelmann, F./Köpstein, H./Ditten, H./Rochow, I., Byzanz im 7. Jahrhundert, 1978

Wittmann, W., Das Isisbuch des Apuleius, 1938
Wittmann, A., Kosmas und Damian. Kultausbreitung und Volksdevotion, 1967
Wlosok, A., Laktanz, in: M. Greschat (Hg.), Alte Kirche I, 1984
Wolf, P., Vom Schulwesen der Spätantike, Libanius-Interpretationen, 1951
Wolf W., Das alte Ägypten, 1971
Wolff, H., Jesaja 53 im Urchristentum, 3. A. 1952
Wolff, H. J., Hellenistisches Privatrecht, in: ZSSR, Rom. Abt., 1973
Wright, A. G., Numerical Patterns in the Book of Wisdom, in: CBQ 29, 1967
Wytzes, J., Der letzte Kampf des Heidentums in Rom, 1977
Zeller, F., Die Apostolischen Väter, in: BKV, 1918
Ziegler, K., Orpheus in Renaissance und Neuzeit, in: «Form und Inhalt», Festschrift Otto Schmitt, 1950
Zimmermann, H., Papstabsetzungen des Mittelalters, 1968
Zöckler, O., Askese und Mönchtum. 2. und gänzlich neu bearbeitete und stark vermehrte Auflage der «Kritischen Geschichte der Askese», 1. u. 2. Bd. 1897
Zwölfer, Th., Sankt Peter, Apostelfürst und Himmelspförtner. Seine Verehrung bei den Angelsachsen und Franken, 1929
Zscharnak, L., Der Dienst der Frau in den ersten Jahrhunderten der christlichen Kirche, 1902
Zumkeller, A., Das Mönchtum des heiligen Augustinus, 1950
Zwetsloot, H., Friedrich Spee und die Hexenprozesse, 1954
Zwettler, A., Auf diesem Fels. Das Fundament des katholischen Glaubens, 1952

ABKÜRZUNGEN

antiker Literatur, wissenschaftlicher Zeitschriften und Nachschlagewerke, die in den Anmerkungen häufiger zitiert werden.

AAS: Acta Apostolicae Sedis, 1909 ff
ACO: Acta conciliorum oecumenicorum, hg. v. E. Schwartz, 1914 ff
Ad Diognet: Diognetbrief
Afrah. Dem.: Afrahat, demonstratio (= Homilien)
Agathias: Agathias (Scholastikos) aus Myrina (Aiolis)
Agnellus, Liber pont. eccl. Ravenn.: Agnellus, Liber Pontificalis ecclesiae Ravennatis (MGScript. Rer. Langob.) 333
Alex. Alexandr. Sermo de anima: Alexander von Alexandrien, de anima et corpore deque passione domini
Ambr. virg.: Ambrosius, de virginibus (PL 16, 187 ff) (vgl. de virginitate; de institutione virginis)
Ambros. c. Aux.: Sermo contra Auxentium de basilicis tradendis (PL 16, 1007 ff)
Ambros. de Abrah.: de Abraham (PL 14, 419 ff)
Ambros. bono mort.: de bono mortis (PL 14, 539 ff)
Ambros. de incarn.: de incarnationis dominicae sacramento (PL 16, 817 ff)
Ambros. de fide: de fide ad Gratianum (PL 16, 527 ff)
Ambros. de ob. Theod.: Oratio de obitu Theodosii (PL 16, 1385 ff)
Ambros. de ob. Valent.: de obitu Valentiniani consolatio (PL 16, 1357 ff)
Ambros. de off.: de officiis ministrorum (PL 16, 23 ff)
Ambros. de paenit.: de paenitentia (PL 16, 465 ff)
Ambros. de parad.: de paradiso (PL 14, 275 ff)
Ambros. de Tob.: de Tobia (PL 14, 759 ff)
Ambros. enarr. ps.: Enarrationes in XII psalmos Davidicos (PL 14, 921 ff)
Ambros. ep.: Epistulae (PL 16, 876 ff)
Ambros. exaem.: Hexaëmeron (PL 14, 123 ff)
Ambros. exhort. virgin.: Exhortatio virginitatis (PL 16, 335 ff)
Ambros. Exposit. Evangelii sec. Lucam: Expositionis evangelii secundum Lucam libri decem (PL 15, 1527 ff)
Ambros. Exp. ps.: Expositio in psalmum CXVIII (PL 15, 1197 ff)
Ammian.: Ammianus Marcellinus, Res gestae
AMrhKG: Archiv für mittelrheinische Kirchengeschichte 1949 ff
Anastas. I. ep.: Papst Anastasius I., Epistulae
Anastas. imp. ep.: Kaiser Anastasios I., Epistulae
Anastas. Sin., Hodegos: Anastasius Sinaita, Hodegos
Anon. Val.: Anonymus Valesianus
Apg.: Apostelgeschichte
Apk.: Johannesapokalypse
Apoll. Sid. ep.: Apollinaris Sidonius (s. auch Sidonius Apollinaris), Epistulae
Aponius, Expl. in cant. cantic.: Explanatio in Canticum canticorum

App.: Appendix
Arist. apol.: Aristides, Apologie
Arnob. adv. nat.: Arnobius von Sicca, adversus nationes (advers. gent.)
AT: Altes Testament
Athan. ad Afros episc.: Athanasius, An die Bischöfe Westafrikas (PG 26, 1029 ff)
Athan. ad episc. Aeg.: Ep. encyclica ad episcopos Aegypti et Libyae (PG 25, 537 ff)
Athan. ad Serap.: An den Bischof Serapion von Thmuis (PG 26, 529 ff)
Athan. apol. ad Const.: Apologia ad Constantium imperatorem (PG 25, 595 ff)
Athan. apol. c. Ar.: Apologia contra Arianos (PG 25, 247 ff)
Athan. apol. de fuga sua: Apologia de fuga sua (PG 25, 643 ff)
Athan. c. Arian.: Orationes contra Arianos (PG 26, 9 ff)
Athan. c. gent.: oratio contra gentes (PG 25, 3 ff)
Athan. hist. Arian.: Historia Arianorum ad monachos (PG 25, 691)
Athan. de incarn. et c. Arian.: de incarnatione et contra Arianos (PG 26, 983 ff) (stammt vielleicht von Marcellus v. Ankyra)
Athan. de sent. Dion.: epist. de sententia Dionysii (PG 25, 479 ff)
Athan. de decr.: Epistola de decretis Nicaenae synodi (PG 25, 415)
Athan. de syn.: Epistola de synodis Arimini in Italia et Seleuciae in Isauria celebratis
Athan. ep. ad Serap. de morte Arii: Brief an Bischof Serapion von Thmuis über den Tod des Arius
Athan. ep. encycl.: Epist. ad episcopos encyclica (PG 25, 221 ff)
Athan. Vita Ant.: Vita s. Antonii (PG 26, 835 ff)
Athenag. leg.: Athenagoras der Apologet, Legatio
August. ad Donat. post coll.: Augustinus, Ad Donatistas post collationem liber unus (PL 43, 651 ff)
August. advers. Jud.: Adversus Judaeos (PL 42, 51 ff)
August. brev. coll.: Breviculus collationis cum Donatistis (PL 43, 613 ff)
August. c. Parm.: Contra epistolam Parmeniani libri tres (PL 43, 33 ff)
August. c. Acad.: Contra Academicos (PL 32, 905 ff)
August. civ. dei: de civitate Dei (PL 41)
August. cons.: de consensu evanglistarum libri quatuor (PL 34, 1041 ff)
August. c. Cresc.: Contra Cresconium grammaticum partis Donati libri quator (PL 43, 445)
August. c. Gaud.: Contra Gaudentium Donatistarum episcopum libri duo (PL 43, 707 ff)
August. conf.: Confessiones (PL 32, 659 ff)
August. don. persev.: de dono perseverantiae liber ad Prosperum et Hilarium secundus (PL 45, 393 ff)
August. de cura ger. pro mort.: de cura gerenda pro mortuis (PL 40, 591 ff)
August. De grat. chr. et de pecc. orig.: de gratia Christi et de peccato originali, contra Pelagium et Caelestium, libri duo (PL 44, 359 ff)
August. de haeres.: de haeresibus (PL 42, 21 ff)
August. de pecc. mer.: de peccatorum meritis et remissione et de baptismo parvulorum ad Marcellinum, libri tres (PL 44, 109 ff)
August. de serm. domini in monte: de sermone Domini in monte secundum Matthaeum libri duo (PL 34, 1229 ff)
August. de unico bapt.: de unico baptismo contra Petilianum, ad Constantinum, liber unus (PL 43, 595 ff)
August. de un. eccl.: de unitate ecclesiae
August. de urb. excid.: de urbis excidio (PL 40, 714 ff)
August. ord.: de ordine (PL 32, 977 ff)

August. util. ieiun.: de utilitate ieiunii (PL 40, 707 ff)
August. de util. cred.: de utilitate credendi (PL 42, 65 ff)
August. de vera rel.: de vera religione liber unus (PL 34, 121 ff)
August. c. litt. Pet.: Contra litteras Petiliani Donatistae Cirtensis episcopi libri tres (PL 43, 245 ff)
August. de baptism.: de baptismo contra Donatistas libri septem (PL 43, 107 ff)
August. en. in ps.: Enarrationes in psalmos (PL 36 f)
August. corr. et grat.: de correptione et gratia (PL 44, 915 ff)
August. in ev. Joh.: In Johannis evangelium tractatus 124 (PL 35, 1379 ff)
August. Gen. ad litt.: de Genesi ad litteram (PL 34, 219 ff)
August. ep.: Briefe (PL 33)
August. serm.: Sermones (PL 38 f)
August. de bono coniug.: de bono coniugali (PL 40, 373 ff)
August. de catech. rudibus: de catechizandis rudibus (PL 40, 309 ff)
August. de gestis Pelagii: de gestis Pelagii, ad Aurelium episcopum, liber unus (PL 44, 319)
August. de mor. eccl. et de mor. manich.: de moribus ecclesiae catholicae et de moribus Manichaeorum libri duo (PL 32, 1309 ff)
August. de nat. et grat.: de natura et gratia, ad Timasium et Jacobum, contra Pelagium, liber unus (PL 44, 247 ff)
August. de lib. arb.: de libero arbitrio libri tres (PL 32, 1221)
August. de trin.: de trinitate libri quindecim (PL 42, 819 ff)
August. op. imperf.: opus imperfectum contra Julianum (PL 45, 1049 ff)
August. retract.: Retractationes (PL 32, 583 ff)
August. solil.: Soliloquia (PL 32, 869 ff)
Aurel. Vict. Caes.: Aurelius Victor, De Caesaribus
Aurel. Vict. Epit.: Epitome
Avit. Vienn. ep.: Avitus von Vienne, Briefe
Barn.: Barnabasbrief
Basil. ep.: Basilius von Cäsarea, Briefe (PG 32, 291 ff)
Basil. Hex.: Homiliae 9 in Hexaemeron (PG 29, 3 ff)
Basil. hom.: Homilien
Bibl.: Biblica, 1920 ff
BKV: Bibliothek der Kirchenväter, hg. v. O. Bardenhewer, Th. Schermann, C. Weymann, 1911 ff
Bonif. I. ep.: Papst Bonifatius I., Briefe
ByZ: Byzantinische Zeitschrift, 1892 ff
Byzlav: Byzantinoslavica
Cass. var.: Flavius Magnus Aurelius Cassiodorus, Variae
Cass. Dio: Cassius Dio
Catal. Felic.: Catalogus Felicianus, ältester Teil des Liber Pont. (s. d.), fußt auf dem Catalogus Liberianus
Catal. Liberianus MG hist. Auct. ant.: Monumenta Germaniae Historica, Auctores antiquissimi
CHR: The Catholic historical Review, 1915 ff
1., 2. Chron.: Chronikbücher
Chrysost.: Johannes Chrysostomos
Chrysost. hom.: Homilien
Chrysost. ep.: Briefe
Chrysost. sac.: de sacerdotio
Chrysost. de stat.: Homiliae 21 de statuis
Chrysost. adv. Jud.: 8 Homilien Gegen die Juden
Chrysost. de S. Babyla c. Jul. et c. gent.: de S. Babyla contra Iulianum et gentiles
Cic. de divin.: Cicero, de divinatione
Cic. de orat.: de oratore
Cic. nat. deor.: de natura deorum
Cic. Cat.: Cato maior de senectute
CIL: Corpus Inscriptionum Latinarum, hg. v. d. Berliner Akademie der Wissenschaften, 1863 ff

1. Clem.: 1. Clemensbrief
Clem. Al. protr.: Clemens von Alexandrien, Logos protreptikos
Clem. Al. paed.: Paidagogos
Clem. Al. Quis dives salv.: Quis dives salvetur (Hom. über Mk. 10,17 ff)
Clem. Al. strom.: Stromateis
Cod. Just.: Codex Justinianus
Cod. Theod.: Codex Theodosianus
Coelestin I. ep.: Papst Coelestin I., Briefe
Coll. Avell.: Collectio Avellana
Coll. Casin.: Collectio Casinensis
Corp. Jur. Civ.: Corpus iuris civilis
CSEL: Corpus scriptorum ecclesiasticorum latinorum, hg. v. d. Wiener Akademie der Wissenschaften, 1866 ff
Cypr. ad. Donat.: Cyprianus von Karthago, ad Donatum
Cypr. bono pat.: de bono patientiae
Cypr. de unit.: de catholicae ecclesiae unitate
Cypr. ep.: Briefe
Cypr. laps.: de lapsis
Cyrill. Hieros. catech.: Cyrill von Jerusalem, 24 Katechesen
DAM: Deutsches Archiv für die Erforschung des Mittelalters
Dam. ep.: Papst Damasus I., Briefe
Decret, Gelas.: Papst Gelasius I., Dekretalen
Did.: Didache
Didasc.: Didascalia
Dio.: Dio Cassius
Diodorus: Diodor von Tarsus
Diog.: Diognetbrief
DOP: Dumbarton Oaks Papers, ed. Harvard University, 1941 ff
DZGw: Deutsche Zeitschrift für Geschichtswissenschaft, 1889 ff; ab 1898: HV
Ennod.: Magnus Felix Ennodius, Bischof von Pavia
Ennod. Libell.: Libellus adversus eos, qui contra synodum scribere praesumpserunt
Ennod. paneg. Theod.: Panegyricus auf König Theoderich (nach seinem Eingreifen zugunsten von Papst Symmachus)
Ephes.: Epheserbrief
Ephräm, Carmina Nisibena: Ephräm der Syrer, 77 Lieder (8, 22, 23, 24 fehlen)
Ephräm, hym. de fide: 87 Hymnen über den Glauben
Ephr. hymn. c. haer.: Hymni (Sermones) contra haereses
Epiphan. de mensur: Epiphanius von Salamis, de mensuris et ponderibus
Epiphan. haer.: Haereses (auch als Panarion zitiert)
Epit. Caes.: s. Aurel. Victor
Epitome: s. Aurel. Victor
Euagr. h.e.: Euagrius Scholasticus, Kirchengeschichte
Eumen. pan.: Eumenius, Panegyrici Latini
Eunap. Vitae sophist.: Eunapios von Sardes, Sophistenviten (Plotin, Porphyrios, Iamblich, Aidesios, Libanios u. a.)
Euseb. h.e.: Eusebius von Caesarea, Kirchengeschichte
Euseb. Or. ad s. coetum: Oratio ad sanctorum coetum
Euseb. V. C.: Vita Constantini
Eutr. brev.: Eutropius, Breviarium ab urbe condita
EvTh: Evangelische Theologie, 1934 ff
Ez.: Ezechiel (Hesekiel)
Faust: Faustus von Byzanz
FF: Forschungen und Fortschritte, 1925 ff
FHG: Fragmenta Historicorum Graecorum, ed. C. Müller
Firm. Mat. err.: Firmicus Maternus, de errore profanorum religionum
frg.: Fragment
Fulgent. C. Arrian.: Fulgentius v. Ruspe, contra Arrianos
Fulgent. de fide: de fide ad Petrum
Gal.: Galaterbrief
Gel. Cyz. h.e.: Gelasius von Cyzicus (Kyzikos), Kirchengeschichte

Gelasius I. ep.: Papst Gelasius I., Briefe
Gennadius de vir. ill.: Gennadius von Massilia, de viris illustribus
Gesta conc. Aquil.: Gesta concilii Aquileiensis
Gregor I. dial.: Papst Gregor I., dialogi de vita et miraculis patrum Italicorum
Greg. I. hom.: Homilien
Greg. II. ep.: Papst Gregor II., Briefe
Greg. Naz. or.: Gregor von Nazianz, Reden
Greg. Naz. de vita.: Carm. de vita sua
Greg. Nyssa: Gregor von Nyssa
Greg. Nyss. in cant. hom.: Gregor von Nyssa, Homilien über das Hohelied
Greg. Nyss. or.: Reden
Greg. Tur. in glor. mart.: Gregor von Tours, in gloria martyrum
Greg. Tur. hist. Fr.: Historiarum libri X (Hist. Francorum)
Hebr.: Hebräerbrief
Hermes: Hermes, Zeitschrift für klassische Philologie, 1866 ff
Hieron. adv. Jovin.: Sophronius Eusebius Hieronymus, Adversus Jovinianum
Hieron. adv. Joh. Hierosolym.: Adversus Johannem Hierosolymitanum
Hieron. Contra Vigil.: Contra Vigilantium
Hieron. Dialogi contra Pelagianos: Dialogi contra Pelagianos libri III
Hieron. adv. Rufin: Apologia adversus libros Rufini
Hieron. Comment. in Ez.: Ezechielkommentar
Hieron. de nom. Hebr.: liber interpretationis Hebraicarum nominum
Hieron. ep.: Briefe
Hieron. vir. ill.: de viris illustribus
Hieron. in Hierem.: in Hieremiam prophetam libri sex
Hieron. Comment. in Isaiam: Jesajakommentar
Hilar. c. Constant.: Hilarius von Pictavium (Poitiers), Contra Constantium imperatorem
Hilar. de trinit.: de trinitate (de fide, adversus Arianos)
Hilar. Super Psalmos: Tractatus super Psalmos
Hilar. contra Auxent.: Contra Arianos vel Auxentium Mediolanensem episcopum
Hilar. lib. ad. Constant.: liber I ad Constantium
Hippol. refut.: Hippolyt, Refutatio omnium haeresium (Philosophumena)
Hippol. trad. apost.: Apostolische Überlieferung (oder Kirchenordnung Hippolyts)
HJ: Historisches Jahrbuch der Görres-Gesellschaft, 1880 ff, 1950 ff
Hos.: Hosea
HThR: The Harvard Theological Review, 1908 ff
HV: Historische Vierteljahresschrift, 1898 ff, bis 1898: DZGw
Hydat. Chron.: Hydatius (Idacius), Bischof von Aquae Flaviae (Chaves, Port.), Chronicon
HZ: Historische Zeitschrift, 1859 ff
Ignat. Tral.: Ignatios von Antiochien, An die Tralleser
Ign. ad Magn.: An die Magnesier
Ign. ad Philad.: An die Philadelphenser
Ign. ad Rom: An die Römer
Ign. ad Smyrn.: An die Smyrnaer
Innoz. I. ep.: Papst Innozenz I., Briefe
Iord. Get.: Iordanes, de origine actibusque Getarum (Gotengeschichte)
Iord. Rom.: de summa temporum vel origine actibusque gentis Romanorum
Iren. haer.: Irenäus von Lyon, adversus haereses
Isid. hist. got.: Isidor von Sevilla, Geschichte der Goten, Vandalen und Sueben
Isid. Pel. ep.: Isidor von Pelusium, Briefe (mindestens dreitausend, davon zweitausend erhalten)
Jak.: Jakobusbrief

JbAC: Jahrbuch für Antike und Christentum
JBL: Journal of Biblical Literature, publ. by the Society of Biblish Literature and Exegesis, 1881 ff
JEH: The Journal of Ecclesiastical History, 1950 ff
Jer.: Jeremia
Jes.: Jesaja
Jh.: Johannesevangelium
JJS: Journal of Jewish Studies, 1948 ff
JK: Regesta Pontificum Romanorum ab condita ecclesia ad annum post Christus natum MCXCVIII von Ph. Jaffé u. a. 1885 ff
Joh. Chrysost.: s. Chrysostomos
Joh. Malal. Chron.: Johannes Malalas, Chronographie
Joh. Mosch. prat. spir.: Johannes Moschus, pratum spirituale
Joh. Nikiu, Chron.: Johannes von Nikiu, Weltchronik
Joseph. Ant. Jud.: Flavius Josephus, Jüdische Altertümer
Joseph. Bell. Jud.: Jüdischer Krieg
Joseph. c. Apionem: Contra Apionem (Apologie)
Joseph. vit.: de vita sua
JR: The Journal of Religion
JRS: The Journal of Roman Studies
JThS: The Journal of Theological Studies, 1899 ff
Jud.: Judasbrief
Julian. Aecl. Lib. ad Florum: Julianus von Aeclanum, Lib. ad Florum in: August. op. imperf. (8 Bücher)
Julian. Aecl. Lib. ad Turbant.: Lib. ad Turbantium (4 Bücher)
Julian. ep.: Flavius Claudius Julianus (Apostata), Briefe
Julian. or.: Reden
Just. apol.: Justin der Märtyrer, 1. u. 2. Apologie
Justin. (dial.) Tryph.: Dialog mit dem Juden Tryphon
Juvenal. Sat.: D. Junius Juvenalis, Saturae
Kol.: Kolosserbrief
1., 2. Kön.: Könige (Bücher)
1., 2. Kor.: 1., 2. Korintherbrief
Kyr. Alex. ep.: Kyrill von Alexandrien, Briefe (PG 77, 401 ff)
Kyr. Alex. hom.: Predigten (PG 77, 981 ff
Kyrill. Alex. Advers. nolentes confit. sanct. virg. esse Deiparam: Adversus nolentes confiteri sanctam virginem esse deiparam (PG 76, 255 ff)
Kyr. Alex. ad. reg.: ad reginas (PG 76, 1201 ff)
Kyrill. Jerus.: s. Cyrill. Hieros.
Lact. div. inst.: Lactanz, divinae institutiones
Lact. mort. pers.: de mortibus persecutorum
Leo I. ep.: Papst Leo I., Briefe (PL 54, 593 ff)
Leo I. serm.: sermones (PL 54, 137 ff)
Liban. or.: Libanios, Reden
Lib. ep.: Libanios, Briefe
Liber Heracl.: Liber Heraclidis
Libert Pont.: Liber Pontificalis, 2 Bde., ed. Duchesne, 1886 ff., 2. A. 1955, Bd. 3, hg. v. C. Vogel, 1957
Liberat. Brev.: Breviarium Causae Nestorianorum et Eutychianorum
Liberius ep.: Papst Liberius, Briefe (PL 8, 1349 ff)
Liv.: Livius
Lk.: Lukasevangelium
LThK: Lexikon für Theologie und Kirche
Lucif. Calar.: Lucifer von Calaris (Cagliari auf Sardinien)
Malal.: s. Joh. Malal.
Makk.: Makkabäerbücher (1 u. 2)
Marc. Diac. vita Porphyr.: Diakon Markus, Vita des Bischofs Porphyrios von Gaza
Marc. comes Chron.: Marcellinus comes, Chronik (opus rusticum)
Mansi, Conc. coll.: J. D. Mansi, Sacrorum conciliorum nova et amplissima collectio, Nachdruck u. Fortsetzung ed. v. L. Petit/J. B. Martin, 1899 ff

MG Auct. Ant.: Monumenta Germaniae Historica, Auctores antiquissimi
MG SS rer. Langob.: Monumenta Germaniae Historica, Scriptores rerum Langobardicarum
Min. Fel. dial. oct.: Minucius Felix, Dialog Octavius
MIÖG: Mitteilungen des Instituts für Österreichische Geschichtsforschung, 1880 ff
Mk.: Markusevangelium
1., 2., 3., 4., 5. Mos.: 5 Bücher Mosis
Mt.: Matthäusevangelium
MThZ: Münchener Theologische Zeitschrift
Nazar. pan.: Nazarius, Panegyricus
Nestor. Lib. Heracl.: Nestorios, Liber Heraclidis
NT: Neues Testament
Olymp. frg.: Olympiodoros schrieb 22 Bücher bes. über die weströmische Geschichte zw. 407 und 425
Optat.: Optatus von Milewe
OrChr.: Oriens Christianus, 1901 ff
OrChrA: Orientalia Christiana Analecta, 1923 ff
OrChrP: Orientalia Christiana periodica, 1935 ff
Orig. Cels.: Origenes, contra Celsum
Orig. comm. Ser.: Serienkommentare
Orig. hom.: Homilienkommentare
Orig. de princ.: de principiis
Oros. hist.: Orosius, Historiae advers. paganos libri VII
Oros. Lib. Apol.: Liber apologeticus
OstKSt: Ostkirchliche Studien, 1951 ff
Pacat. paneg.: Latinus P. Drepanius Pacatus, Panegyricus
Pallad. dial.: Palladius, Dialogus de vita s. Joannis Chrysostomi
Pallad. Hist. Laus.: Historia Lausiaca
Pallad. Vita Joh. Chrys.: Dialogus de vita s. Joannis Chrysostomi
Paneg. lat.: Panegyrici latini
Paulin. Vita Ambr.: Paulinus, Vita s. Ambrosii
Pauly: Der Kleine Pauly, Lexikon der Antike, hg. v. K. Ziegler/W. Sontheimer, 5 Bde., 1979
Pauly-Wissowa: Paulys Realencyklopädie der klassischen Altertumswissenschaft, neue Bearb. v. G. Wissowa/W. Kroll, 1893 ff
Pelag. ep.: Pelagius, Briefe
Pelagius, Ad Demetriadem: Epistula ad Demetriadem
1., 2. Petr.: 1., 2. Petrusbrief
PG: Patrologiae cursus completus ... series graeca
Phil.: Philipperbrief
Philostorg. h.e.: Philostorgios, Kirchengeschichte
Philostr. vita Apoll.: Philostratos, Vita Apollonii
PL: Patrologiae cursus completus ... series latina
Plin. nat. hist.: Plinius der Ältere, Naturalis historia
Plot. enn.: Plotinos, Enneaten
Plut. de Is. et Os.: Plutarch, de Iside et Osiride
Plut. Cam.: Camillus
Plut. Num.: Numa
Plut. Quaest. Graec.: Quaestiones Graecae
Plut. Quaest. conv.: Quaestiones convivales
Plut. Rom.: Romulus
Poen. Cumm.: Poenitentiale Cummeani
PO: Patrologiae cursus completus ... series orientalis
Polyc. ad Phil.: Polykarp von Smyrna, Philipperbriefe
Posid. Vita: Possidius von Calama, Vita s. Augustini
Prokop. bell. vand.: Prokop von Caesarea, Wandalenkrieg
Prok. bell. got.: Gothenkrieg
Prokop. bell. pers.: Perserkriege
Prokop. de aedific.: de aedificiis (Panegyrikos über Justinians Bauleidenschaft)
Prokop. hist. arcan.: historia arcana (Anekdota), Geheimgeschichte

Prol.: Prolog
Proöm.: Proömium
Prosper. Chron.: Tiro Prosper, Chronik (PL 61, 535 ff)
Prudent. c. Symm.: Aurelius Clemens Prudentius, Contra Symmachum
Ps.: Psalm
Ps.: Pseudo
Ps. Clem. hom.: Pseudoklementinen, Homilien
Ps. Clem. recog.: Recognitiones
Ps. Cypr. sing. cler.: Pseudo-Cyprian, de singularitate clericorum
Ps. Just. or ad Graecos: Pseudo-Justin, oratio ad Graecos
RAC: Reallexikon für Antike und Christentum, hg. v. Th. Klauser, 1941 (1950) ff
RGAK: Reallexikon der germanischen Altertumskunde, hg. v. J. Hoops, 1911 ff
RGG: Die Religion in Geschichte und Gegenwart, 1909 ff, 2. A. 1927 ff, 3. A. 1956 ff
RhMus: Rheinisches Museum für Philologie, 1833 ff
Ri.: Das Buch Richter
Röm.: Römerbrief
Rufin. c. Hieron: Rufinus von Aquileia, Apologia contra Hieronymum
Rufin, h.e.: Kirchengeschichte
Rusticus diac., C. Acephalos disput.: Diakon Rusticus (Neffe des Papstes Vigilius) contra Acephalos disputatio
RV: Rheinische Vierteljahresblätter
Sach.: Sacharja
Saeculum: Saeculum. Jahrbuch für Universalgeschichte, 1950
Salv. de gub. dei: Salvianus von Massilia, de gubernatione dei
1., 2. Sam.: Die Samuelbücher
SbPAW phil.-hist. Kl.: Sitzungsberichte der Preußischen Akademie der Wissenschaften, philologisch-historische Klasse
Sen. ben.: Seneca, de beneficiis
serm.: sermones
Sid. Apoll.: s. Apollinaris Sidonius
Sir.: Das Buch Jesus Sirach
Siric. ep.: Papst Siricius, Briefe
Sixt. III. ep.: Papst Sixtus III., Briefe
Socr. h.e.: Sokrates, Kirchengeschichte
Soz. h.e.: Sozomenos, Kirchengeschichte
StdZ: Stimmen der Zeit (vor 1914: Stimmen aus Maria-Laach), 1871 ff
Suet. Claud.: Sueton, Claudius
Suet. Tit.: Titus
Suet. Vesp.: Vespasianus
Sulp. Sev. Chron.: Sulpicius Severus, Chronicorum libri duo
Sulp. Sev. dial.: Dialogorum libri duo
Sulp. Sev. Vit. Mart.: Vita S. Martini
Symm. ep.: Q. Aurelius Symmachus, Briefe
Symm. rel.: relationes
Symmach. or.: Reden
Syn.: Synode
Syn. Antioch.: Antiochien
Syn. Arel.: Arelate (Arles)
Syn. Carth.: Carthago
Syn. Elv.: Elvira
Syn. Laodic.: Laodicea
Syn. Narb.: Narbonne
Syn. Orl.: Orleans
Syn. Serd.: Serdica
Syn. Tol.: Toledo
Synes. ep.: Synesios von Cyrene (Kyrene), Briefe
SZG: Schweizer Zeitschrift für Geschichte
Tacit. Ann.: Tacitus, Annalen
Tacit. Germania: de origine et situ Germanorum
Tacit. hist.: Historien
Tat. or.: Tatian, oratio ad Graecos
Tert. ad scap.: Tertullian, ad Scapulam
Tert. adv. Marc.: adversus Marcionem
Tert. anima: de anima
Tert. Apol.: Apologeticum
Tert. cor.: de corona
Tert. de idol.: de idololatria
Tert. de pat.: de patientia

Tert. de praescr. haer.: de praescriptione haereticorum
Tert. de pud.: de pudicitia
Tert. de spect.: de spectaculis
Tert. jeun.: de ieiunio adversus psychicos
Tert. mart.: ad martyres
ThBl: Theologische Blätter, 1922 ff
Themist. or.: Themistios, Reden
Theodor. h.e.: Theodoret von Cyrus (Kyrrhos), Kirchengeschichte
Theodor. hist. rel.: Historia religiosa
Theodor. ep.: Briefe
Theodor. Lect. h.e.: Theodorus Lector, Kirchengeschichte
Theoph. ad Autol.: Theophilius von Antiochien, ad Autolycum
Thess.: 1., 2. Thessalonikerbrief
ThGl: Theologie und Glaube, 1909 ff
ThJ: Theologische Jahrbücher, 1842 ff
ThLZ: Theologische Literaturzeitung, 1878 ff
ThRE: Theologische Realenzyklopädie
ThSt: Theological Studies, 1940 ff
1., 2. Tim.: Timotheusbriefe
ThZ: Theologische Zeitschrift, 1945 ff
Tit.: Brief an Titus
TR: Theologische Rundschau
Veget. Epit. rei mil.: P. V. Renatus Vegetius, epitoma rei militaris
Venant. Fortunat., Vita Hil.: Venantius Fortunatus, vita et miracula S. Hilari
Vict. Tonn.: Victor von Tonnona, Chronik (444–566)
Vict. Vitens. pers.: Victor von Vita, historia persecutionis Africanae provinciae
VigChr: Vigiliae christianae, 1947 ff
WbSt: Woodbrook Studies
Zachar. Rh. h.e.: Zacharias Rhetor, Kirchengeschichte
ZAW: Zeitschrift für alttestamentliche Wissenschaft, 1881 ff
ZDMG: Zeitschrift der deutschen morgenländischen Gesellschaft, 1847 ff
ZHT: Zeitschrift für historische Theologie
ZKG: Zeitschrift für Kirchengeschichte, 1876 ff
ZKTh: Zeitschrift für Katholische Theologie, 1877 ff
ZMR: Zeitschrift für Missionswissenschaft und Religionswissenschaft, 1934 ff, 1950 ff
ZNW: Zeitschrift für die neutestamentliche Wissenschaft und die Kunde der älteren Kirche, 1900 ff, 1934 ff
Zon.: Zonaras, Weltchronik
Zos. hist.: Zosimos, Historien
ZPE: Zeitschrift für Papyrologie und Epigraphik
ZSavRGkan: Zeitschrift der Savigny-Stiftung für Rechtsgeschichte, Kanonistische Abteilung, 1911 ff
ZSavRGrom: Zeitschrift der Savigny-Stiftung für Rechtsgeschichte, Romanistische Abteilung, 1880 ff
ZThK: Zeitschrift für Theologie und Kirche, 1891 ff

REGISTER

Vorbemerkung: Das folgende Register umfaßt alle im vorliegenden Band 3 enthaltenen Namen von Personen, auch von fiktiven, legendären oder gefälschten, sowie die Namen aller mehr oder minder fingierten oder mythischen Gestalten aus den alten Literaturen und Religionen.

Da sämtliche Zitate buchstabengetreu aus den Quellen übernommen wurden, kommen etliche Namen in verschiedenen Schreibweisen vor.

Zur Erleichterung der Suche wurde in bestimmten Fällen ein und dieselbe Person mit mehreren Namensvarianten in das Register aufgenommen. Auf Querverweise wird weitgehend verzichtet, um dem Benutzer Unbequemlichkeiten zu ersparen.

Vornamen, Titel, Ränge, Verwandtschaftsverhältnisse ergänzen pragmatisch, nicht systematisch, das Stichwort, damit der Leser nicht unnötig nachschlägt.

Der Beiname «Christus» ist unter dem Stichwort «Jesus» verzeichnet, welches im Text so häufig auftaucht, daß eine komplette Aufzählung aller Fundstellen sinnlos gewesen wäre. In diesem Fall, dem einzigen, wurden nur die Seiten registriert, die den Namen Jesus/Christus nicht bloß erwähnen, sondern auch relevante Aussagen zur Person(ifikation) dieses Namens enthalten.

Basilius «der Große», hl., Kirchenlehrer: 111, 138, 144, 209, 246, 252, 258, 296, 339, 367, 415, 441, 448, 455, 479, 496, 499, 504, 583, 585
Basilius von Seleukia, Metropolit: 143, 271, 310, 314 f
Bathseba, Frau des Urias und des Königs David im AT: 50
Bauer, Georg Lorenz, deutscher Orientalist und Bibelexeget (1755–1806): 239
Bauer, Walter, deutscher ev. Theologe: 169, 239, 572
Baus, Karl, deutscher kath. Kirchenhistoriker: 535
Bauto, fränkischer Heermeister in römischen Diensten: 539, 560
Bayle, Pierre, französischer Philosoph: 189, 236
Beda Venerabilis, hl., angelsächsischer Theologe und Historiker: 291
Beek, Martinus A., niederländischer reformierter Theologe: 43 f, 49 f
Beelzebub, «der Teufel Oberster» (nach Matth. 12,24): 392
Beissel, Stephan, deutscher Hagiograph, Jesuit: 232, 314
Belial, ein Teufel im NT: 392
Belisar, Feldherr des oströmischen Kaisers Justinian I.: 329
Bellerophon, Heros der griechischen Sage: 290
Belsazar, im AT der letzte König von Babylon: 58
Belzner, Emil, deutscher Schriftsteller: 413
Benaja, Chef der Leibwache des Königs David im AT: 51
Benedikt von Aniane, hl., Abt, Klosterreformer: 207, 227
Benedikt von Nursia, hl., Gründer des Benediktinerordens: 223, 346, 478 f, 573, 577
Benedikt XII., Papst: 284
Benedikt XIV., Papst: 218
Benjamin, ein Mönch in der Sketis: 219
Benofer (= Onuphrios), hl., abessinischer Prinz, Mönch, Asket im kappadokischen Göreme: 219, 346 f, 405
Bentley, Richard, englischer Theologe und Altphilologe: 22
Berthold von Henneberg, Kurfürst und Erzbischof von Mainz: 363
Bertholet, Alfred, schweizerischer ev. Theologe: 282
Bes, zwerggestaltiger ägyptischer Gott des [Kinder-]Segens: 390
Bessarion, Wandereremit: 216, 347
Beyschlag, Willibald, deutscher ev. Theologe: 553
Bibianus, gallischer Bischof: 495
Bihlmeyer, Karl, deutscher kath. Theologe und Kirchenhistoriker: 148
Bileam (= Balaam), Wahrsager im AT: 263
Birgitta von Schweden, hl.: 284
Blandina, hl.: 211 f
Blomenkamp, P.: 335, 340
Bludau, August, Bischof von Ermland: 178, 286 ff
Bogaert, Raymond, Wirtschaftshistoriker: 432, 448, 465, 474 f
Bonfrère, J., Jesuit: 42
Bonifatius (Bonifaz) IV., Papst: 259, 577
Bonifatius, römischer Feldherr, comes Africae: 88
Born, A. van den: 67
Borrow, George, englischer Autor: 191
Botterweck, Gerhard Johannes, deutscher kath. Theologe: 40, 43, 72, 113, 289, 512
Bradford, Ernle, Historiker: 326
Britannicus, Sohn des römischen Kaisers Claudius und der Messalina: 419
Briticus, Nachfolger des hl. Martin von Tours: 326
Brockington, L. H.: 41
Brockmeyer, N.: 510
Brors, F. X., Jesuit: 70
Brown, Peter: 547
Brox, Norbert, deutscher kath. Theologe: 20, 82, 86, 106, 108, 115, 141, 178, 185, 186

Dessau, Hermann, deutscher Althistoriker: 23
Deuterojesaja, bibelwissenschaftlicher Name für den (späteren) Verf. des Abschnitts Jesaja 40–55 im AT: 55
De Wette, Wilhelm Martin Leberecht, deutscher ev. Theologe: 47
Dewick, E. C.: 590
Dexianus von Seleukia, Bischof: 315
Diana, römische Göttin: 590
Dibelius, Martin, deutscher ev. Theologe: 70, 121
Diderot, Denis, französischer Schriftsteller und Enzyklopädist: 189, 193, 238
Didymos der Blinde, alexandrinischer Kirchenschriftsteller: 104, 182
Dieringer, Franz Xaver, deutscher kath. Theologe: 69
Diesner, Hans-Joachim, deutscher Althistoriker: 460
Diktys von Kreta, angeblicher Verf. eines griechischen «Tagebuchs vom Trojanischen Krieg»: 24
Dimme, altorientalische Dämonin: 391
Diodor[os oder -us Siculus], griechischer Historiker des 1. Jh.s v. Chr.: 509
Diodor von Tarsos, Bischof: 552
Diogenes von Sinope, griechischer Philosoph, Kyniker: 426, 428
Diognet[os], wahrscheinlich fiktiver Adressat der Christentumapologie «Brief an D.»: 352
Diokletian, Gajus Aurelius Valerius Diocletianus, römischer Kaiser: 23, 157, 164, 165, 209, 211, 323, 420, 421, 423, 448
Dion von Syrakus, sizilischer Herrscher, Freund Platons: 244
Dionysios Areiopagites (= Dionysius Areopagita), Paulusschüler (Apg. 17), angebl. 1. Bischof von Athen; Pseudonym eines christlichen Autors um 500: 147–149
Dionys[ios] «der Große», Patriarch von Alexandrien, Origenesschüler: 97, 98, 144, 158, 472
Dionysios von Halikarnass[os], griechischer Rhetor und Historiker: 22
Dionysios von Korinth, Bischof: 109
Dionysos, griechischer Gott: 197, 243, 290, 291, 292, 521, 566, 585
Dioskor (= Dioskur) I., Patriarch von Alexandrien, Neffe des hl. Kyrill: 314, 499
Diotrephes: Gemeindemitglied, gegen welches der 3. Johannesbrief im NT polemisiert: 107
Domitian[us], Titus Flavius, römischer Kaiser: 155, 420, 469, 550
Domitilla, Flavia, hl., römische Märtyrerin: 469
Domnina, hl.: 300
Domnius, Petrusschüler: 174
Domnos (= Domnus) II., Neffe und Nachfolger des Erzbischofs Johannes von Antiochien: 499
Domnus, Sohn des Bischofs Demetrianus, Hauptgegner und Amtsnachfolger des Paul von Samosata: 484
Donatus von Euröa, Bischof: 221
Donin, Ludwig, deutscher kath. Theologe: 215, 282, 564, 566
Dopsch, Alfons, deutscher Historiker: 501, 503
Dorotheos von Tyros, Bischof: 168
Dorotheus, Presbyter in Antiochien: 484
Dostojewski, Fjodor Michailowitsch, russischer Schriftsteller: 186 f
Drews, Arthur, deutscher Philosoph: 263
Duhm, Hans, deutscher ev. Theologe: 55

Eck, Johannes, Gegner Luthers: 34
Egeria *siehe* Aetheria
Ehrhard, Albert, deutscher kath. Theologe: 156
Eichhorn, Johann Gottfried, deutscher ev. Theologe, Orientalist, Bibelwissenschaftler (1752–1827): 54, 100
Ekphantos von Syrakus, griechischer Philosoph, Pythagoreer: 369
Eleusios von Kyzikos, Bischof: 570

Johannes Cassianus von Marseille *siehe* Cassian[us], Johannes
Johannes Paul II., Papst: 364, 439, 443, 529
Jojachin, König von Juda im AT: 56
Jona[s], Prophet im AT: 376
Jonius von Chartres, Märtyrer: 149
Jordan, Pascual, deutscher Physiker: 237
Joseph, hl., sog. «Nährvater Jesu»: 129, 152, 160 f, 295, 296
Joseph, Sohn des Patriarchen Jakob und der Rahel im AT: 43 f, 243
Joseph von Arimathia, hl., Bestattungshelfer Jesu im AT: 128, 139, 176
Josephus (= Flavius Josephus), jüdischer Historiker: 70, 150, 153, 278, 381, 427
Josua, Prophet im AT: 53, 54, 287
Jouassard, G.: 385
Jovian[us], Flavius, römischer Kaiser: 557, 560, 584
Jovius, comes: 574
Judas (Thaddäus), hl., Apostel; 108, 121, 124
Judas Ischarioth, Apostel: 202, 290, 429
Judas Makkabäus (= Juda Makkabi), jüdischer Befreiungsheld: 193
Judas Thomas: 124
Judas Zelotes: 131
Judith von Bethulia, jüdische Befreiungsheldin, Mörderin des Holofernes: 36, 184
Julian, Flavius Claudius Julianus, genannt «Apostata» (= der Abtrünnige), römischer Kaiser: 224, 225, 507, 537, 539, 557, 559, 560, 570, 575, 585 f
Julian von Aeclanum, Bischof, evtl. der «Praedestinatus»: 142, 294, 463
Juliana, hl. Jungfrau: 211
Julianus, hl.: 316
Julianus, Diakon des burgundischen Königs Sigismund: 254
Jülicher, Adolf, deutscher ev. Theologe: 102
Julius I., hl., Papst: 144, 151
Julius Africanus, Sextus, römischer Historiker jüd. Herkunft: 144, 169
Julius, Kaspar, Hofstiftskanonikus: 445
Jupiter, römischer Gott: 354, 360, 424, 570, 586, 590
Justin[us Martyr], hl., christlicher Philosoph und Apologet: 62, 65, 75, 76, 111, 141, 195, 199, 200, 239, 272 f, 288, 290, 343, 366, 368, 399, 401, 402, 431, 445
Justinian I., «der Große», byzantinischer Kaiser: 148, 152, 254, 271, 400, 493, 498, 507, 531, 533, 555, 557, 576, 587 f
Justinian II., byzantischer Kaiser: 589
Justin[us] I., oströmischer Kaiser: 329
Justus von Auxerre, Märtyrer: 149
Justus von Tiberias, jüdischer Historiker im 1. Jh. n. Chr.: 70
Juvenal[is], Decimus Junius, römischer Satirendichter: 358
Juvenalis von Jerusalem, Erzbischof: 169

Kabir (= Kabeiros), griechische Gottheit, meist im Plural: Kabiren: 253
Kaegi, Werner E.: 586
Kain, Sohn Adams und der Eva im AT: 66, 267
Kaiphas (= Kajaphas), jüdischer Hohenpriester im NT: 290
Kallist[os] (= Calixtus) I., hl., Papst: 327, 439, 483
Kallista, von der hl. Thekla geschönte Ehefrau: 315
Kant, Immanuel, deutscher Philosoph: 309
Karl II., der Kahle, westfränkischer König, Karolinger: 262
Karlstadt, eigentlich: Andreas Bodenstein, deutscher Reformator: 42
Karpokrates, Gnostiker: 432
Kastor (Castor), einer der Dioskuren (= Zeussöhne), Bruder des Pollux: 290, 324
Kastor, «Augenzeuge» eines Strafwunders der hl. Thekla: 315

Moreau, E. de, Jesuit: 252
Morenz, Siegfried, deutscher Ägyptologe: 28
Moreschini, C.: 373
Moses, jüdischer Gesetzgeber im AT: 40–49, 53, 60, 61, 62, 141, 180, 192, 223, 267, 287 f, 303, 338, 353
Mozart, Wolfgang Amadeus, österreichischer Komponist: 223
Münzer, Thomas, deutscher Theologe: 196
Musaios (= Musäus), griechischer Dichter: 20, 29
Musonius (Gajus Musonius Rufus), römischer Philosoph, Stoiker: 335

Nabonid[us], letzter König von Babylon: 58
Naegle, August: 235
Nakayama Mikiko, japanische Sektenstifterin: 32 f
Namatianus, Claudius Rutilius *siehe* Rutilius Namatianus, Claudius
Napoleon I., Kaiser der Franzosen: 70
Narcissus, Kabinettchef des römischen Kaisers Claudius: 419
Narsê, seliger, Märtyrer: 163
Narses, Feldherr des Kaisers Justinian I.: 579
Nat, P. G. van der: 408
Natalius, Konfessor, 482 f
Nathan, Prophet im AT: 51
Nathanael, ein Jesusjünger im NT: 131
Nauck, W.: 53
«Nazarius», hl., erfundener Märtyrer: 251
Nebukadnezar, babylonischer König im AT: 58
Nektarios, Patriarch von Konstantinopel, Jurist: 491
Neophytus, hl., Märtyrer: 207
Nepos von Arsinoë, Bischof: 97
Neri, Filippo (= Philipp), hl., italienischer kath. Theologe: 146
Nero, Claudius Caesar Drusus Germanicus, römischer Kaiser: 155 f, 278, 417, 419, 511
Nerses, hl., «Oberbischof»: 221 f
Nerva, Marcus Coccejus, römischer Kaiser: 155
Nestorios von Konstantinopel, Erzbischof: 119, 144, 553, 554, 571, 572
Nicasius von Rouen, Märtyrer: 149
Nicetus, ein Säulenheiliger: 307
Nicodemus (= Nikodemus), ein Pharisäer im NT: 139, 151
Nicon, hl., Märtyrer: 164
Nicostratus, Novatianer: 483 f
Niederhuber, Johannes: 371, 375
Nielen, J.: 33
Nielsen, E.: 48
Nietzsche, Friedrich, deutscher Philosoph: 182
Nigg, Walter, schweizerischer ev. Theologe: 38, 227
Nilus Sinaita, Klostervorsteher bei Ancyra, deshalb auch: Neilos von Ankyra: 481, 488
Noah (= Noe), der erste der Erzväter im AT: 48, 49, 62, 219, 267
Noethlichs, Karl Leo, deutscher Althistoriker: 570
Nofretete, ägyptische Königin, Gattin des Amenophis IV. Echnaton: 28
Nonnos von Panopolis, griechischer Epiker: 585
Noth, Martin, deutscher ev. Theologe: 47
Novatian[us], römischer Presbyter, theologischer Autor, Gegenpapst: 199, 358, 483, 552
Novatus: 399
Numa Pompilius, sagenhafter zweiter König von Rom nach Romulus: 23, 172
Numenios von Apamea, griechischer Philosoph, Neupythagoreer: 366
Numerianus, Marcus Aurelius, römischer Kaiser: 23
Nylander, J.: 468

Odoakar, germanischer Heerführer: 384
Oinomaos von Gadara, griechischer Philosoph, Kyniker: 30

Mönchsbischof, syrischer Kirchenschriftsteller: 554, 571 f
Radegund[e] (Radegundis), hl., fränkische Königin: 282
Ragnemond von Paris, Bischof: 498
Rahab (Rachab), Dirne von Jericho im AT: 184
Rapp, F.: 433
Rather von Verona, Bischof: 507
Ratzinger, Joseph Kardinal, deutscher Theologe: 389
Rauscher, Hieronymus, Hofprediger: 231
Rebekka (Rebecca), Gattin des Isaak im AT: 296, 372
Rekitach, Vetter des Ostgotenkönigs Theoderich d. Gr.: 384
Reimarus, Hermann Samuel, deutscher Theologe, Orientalist, Aufklärungsphilosoph: 72
Reinhard, Wolfgang, deutscher Historiker: 500, 501
Rekkared I., Westgotenkönig: 282
Remigius von Reims, hl., Bischof: 255, 500
Renan, Ernest, französischer Schriftsteller, Orientalist, Religionswissenschaftler: 237
Rhadamantys, Totenrichter in der Unterwelt des griech. Mythos: 362
Rhodon, Gestalt aus dem Urchristentum: 139
Riccobonus, Antonius, italienischer Humanist: 24 f
Rilke, Rainer Maria, österreichischer Dichter: 50
Rist, M.: 14
Rochow, I.: 589
Rodewyk, Adolf, deutscher Jesuit: 399
Romanus, Märtyrer: 206
Roques, René: 148
Rosenberg, Alfred, deutscher Nazi, Rassenideologe: 198
Roswitha (Hrotsvit) von Gandersheim, deutsche Dichterin, Nonne: 204
Rubin, Berthold, deutscher Byzantinist: 389
Rufin, Oberpriester Antiochiens: 588
Rufinus, Flavius, oströmischer Staatsmann gallischer Herkunft, Praefectus praetorio Orientis: 286, 574
Rufin[us Tyrannius] von Aquileja, lateinischer Kirchenschriftsteller: 104, 119, 216, 224, 282, 299, 300, 552
Rüger, L., deutscher kath. Kirchenschriftsteller: 157
Ruricius I. und II., von Limoges, Bischöfe: 500
Russell, Bertrand, englischer Mathematiker und Philosoph: 191
Rutilius Namatianus, Claudius, lateinischer Dichter gallischer Herkunft: 544, 557
Ruyer, Raymond, französischer Gnosisforscher: 299

Sacharja, Prophet im AT: 56
Sadok (Zadok), ein Hohenpriester im AT: 51
Sadoth, hl., Bischof: 164
Salin, Edgar, deutsch-schweizerischer Nationalökonom, Soziologe: 431
Sallust (Gajus Sallustius Crispus), römischer Historiker: 19
Salome, eine Zweiflerin im «Protevangelium Jacobi»: 129
Salomo[n], König von Juda und Israel im AT: 47, 49, 50, 51, 52 f, 152, 201, 295, 297, 353, 512
Salonius von Genf, Bischof: 500
Salvian[us] von Marseille, gallischer Presbyter, lateinischer Kirchenschriftsteller: 355, 358, 458, 465, 504, 539, 540, 543
Samuel, Prophet im AT: 50
Sanktus, mit der hl. Blandina gefolterter Diakon: 212
Saphira, Gattin des Ananias im NT: 224, 436
Sappho, griechische Lyrikerin: 425
Šāpūr (= Schapur, Sapor), Sassanidenkönig: 164
Sara (Sarah, Sarai), Gattin Abrahams im AT: 296
Sarapis (Serapis), ägyptischer Gott der

ÜBER DEN AUTOR

Karl Heinrich Leopold Deschner wurde am 23. Mai 1924 in Bamberg geboren. Sein Vater Karl, Förster und Fischzüchter, katholisch, entstammte ärmsten Verhältnissen. Seine Mutter Margareta Karoline, geb. Reischböck, protestantisch, wuchs in den Schlössern ihres Vaters in Franken und Niederbayern auf. Sie konvertierte später zum Katholizismus.

Karlheinz Deschner, das älteste von drei Kindern, ging zur Grundschule in Trossenfurt (Steigerwald) von 1929 bis 1933, danach in das Franziskanerseminar Dettelbach am Main, wo er zunächst extern bei der Familie seines Tauf- und Firmpaten, des Geistlichen Rats Leopold Baumann, wohnte, dann im Franziskanerkloster. Von 1934 bis 1942 besuchte er in Bamberg das Alte, Neue und Deutsche Gymnasium als Internatsschüler bei Karmelitern und Englischen Fräulein. Im März 1942 bestand er die Reifeprüfung. Wie seine ganze Klasse meldete er sich sofort als Kriegsfreiwilliger und war – mehrmals verwundet – bis zur Kapitulation Soldat, zuletzt Fallschirmjäger.

Zunächst fernimmatrikuliert als Student der Forstwissenschaften an der Universität München, hörte Deschner 1946/47 an der Philosophisch-theologischen Hochschule in Bamberg juristische, theologische, philosophische und psychologische Vorlesungen. Von 1947 bis 1951 studierte er an der Universität Würzburg Neue deutsche Literaturwissenschaft, Philosophie und Geschichte und promovierte 1951 mit einer Arbeit über «Lenaus Lyrik als Ausdruck metaphysischer Verzweiflung» zum Dr. phil. Einer im selben Jahr geschlossenen Ehe mit Elfi Tuch entstammen drei Kinder, Katja (1951), Bärbel (1958) und Thomas (1959 bis 1984).

Von 1924 bis 1964 lebte Deschner auf einem früheren Jagdsitz der Würzburger Fürstbischöfe in Tretzendorf (Steigerwald), dann zwei Jahre im Landhaus eines Freundes in Fischbrunn (Hersbrucker Schweiz). Seitdem wohnt er in Haßfurt am Main.

Karlheinz Deschner hat Romane, Literaturkritik, Essays, Aphorismen, vor allem aber religions- und kirchenkritische Geschichtswerke veröffentlicht. Auf über zweitausend Vortragsveranstaltungen hat Deschner im Laufe der Jahre sein Publikum fasziniert und provoziert.

1971 stand er in Nürnberg «wegen Kirchenbeschimpfung» vor Gericht.

Seit 1970 arbeitet Deschner an seiner großangelegten «Kriminalgeschichte des Christentums». Da es für so unruhige und beunruhigende Geister wie ihn keine Posten, Beamtenstellen, Forschungsstipendien, Ehrensolde, Stiftungsgelder gibt, war ihm die ungeheure Forschungsarbeit und Darstellungsleistung nur möglich dank der selbstlosen Hilfe einiger Freunde und Leser, vor allem dank der Förderung durch seinen großherzigen Freund und Mäzen Alfred Schwarz, der das Erscheinen des ersten Bandes im September 1986 noch mitgefeiert, den zweiten Band aber nicht mehr miterlebt hat.

Im Sommersemester 1987 führte Deschner an der Universität Münster einen Lehrauftrag aus zum Thema «Kriminalgeschichte des Christentums».

Für sein aufklärerisches Engagement und für sein literarisches Werk wurde Karlheinz Deschner 1988 – nach Koeppen, Wollschläger, Rühmkorf – mit dem Arno-Schmidt-Preis ausgezeichnet.

DAS LITERARISCHE WERK KARLHEINZ DESCHNERS

Die Buchveröffentlichungen in zeitlicher Reihenfolge:

1956 Die Nacht steht um mein Haus
1957 Was halten Sie vom Christentum?
1957 Kitsch, Konvention und Kunst
1958 Florenz ohne Sonne
1962 Abermals krähte der Hahn
1964 Talente, Dichter, Dilettanten
1965 Mit Gott und den Faschisten
1966 Jesusbilder in theologischer Sicht
1966 Das Jahrhundert der Barbarei
1968 Wer lehrt an deutschen Universitäten?
1968 Kirche und Faschismus
1969 Das Christentum im Urteil seiner Gegner, Band I
1970 Warum ich aus der Kirche ausgetreten bin
1970 Kirche und Krieg
1971 Der manipulierte Glaube
1971 Das Christentum im Urteil seiner Gegner, Band II
1974 Das Kreuz mit der Kirche
1974 Kirche des Un-Heils
1977 Warum ich Christ/Atheist/Agnostiker bin
1981 Ein Papst reist zum Tatort
1982 Ein Jahrhundert Heilsgeschichte, Band I
1983 Ein Jahrhundert Heilsgeschichte, Band II
1985 Nur Lebendiges schwimmt gegen den Strom
1986 Die beleidigte Kirche
1986 Kriminalgeschichte des Christentums, Band I
1987 Opus Diaboli
1988 Kriminalgeschichte des Christentums, Band II
1989 Dornröschenträume und Stallgeruch
1990 Woran ich glaube
1990 Kriminalgeschichte des Christentums, Band III

KARLHEINZ DESCHNER

Kriminalgeschichte des Christentums

Band 2: Die Spätantike
Von den katholischen «Kinderkaisern»
bis zur Ausrottung der arianischen Wandalen
und Ostgoten unter Justinian I. (527–565)
688 Seiten. Gebunden

Inhalt

«Seit Jahrzehnten völlig auf sich allein gestellt, im Gegensatz zu seinen zahlreichen Gegnern ohne Zuträger und Geldmittel aus einer Universität, weist er als freier Schriftsteller nach, daß das Verbrechen ‹gegen die, denen Gott zürnt›, von Anfang an System hat.
Der Verdacht vieler, die Kirche habe schmutzige Hände, wird durch die Knochenarbeit Deschners zur Gewißheit. Die Fakten beginnen endlich die Vermutung der vielen zu ersetzen, und was die Phantasie erdacht hat, ist durch Hinweise auf die Realität übertroffen.»

Prof. Dr. Horst Herrmann, «Der Spiegel»

ROWOHLT

KARLHEINZ DESCHNER

Opus Diaboli

Fünfzehn unversöhnliche Essays über
die Arbeit im Weinberg des Herrn
288 Seiten. Broschiert

Inhalt

«Mehr als 30 Bücher hat Karlheinz Deschner bisher geschrieben und nichts von seiner Schärfe verloren: faszinierend die Analyse, brillant der Stil. Frech, pointiert, fesselnd, bei aller Wissenschaftlichkeit immer auch dem Laien verständlich und spannend wie ein Krimi.» *«Münchner Stadtzeitung»*

ROWOHLT